INVESTMENTS
11th Edition

投资学

（原书第11版·精要版）

[美] 滋维·博迪   亚历克斯·凯恩   艾伦·J. 马库斯 ◎著
(Zvi Bodie)   (Alex Kane)   (Alan J. Marcus)
（波士顿大学）   （加利福尼亚大学）   （波士顿学院）

汪昌云 张永冀 ◎编译

机械工业出版社
CHINA MACHINE PRESS

本书是在博迪等作者原书第 11 版《投资学》的基础上根据国内教学实践进行精简的版本。与原版本相比，本书删减了 11 个章节，剩余内容涵盖了投资学的主要概念框架，更适合本科生一学期的教学安排。同时，编译者还对不同章节的部分内容进行重新组织编排，力求一气呵成，以保证整本书阅读学习的连贯性。

本书适合作为高等院校金融学、经济学等专业的本科生和研究生的教材，还适合作为专业人生的参考读物。

Zvi Bodie, Alex Kane, Alan J. Marcus.
Investments, 11th Edition.
ISBN 978-1-260-08339-2

Copyright © 2018 by McGraw-Hill Education.

All Rights reserved. No part of this publication may be reproduced or transmitted in any form or by any means, electronic or mechanical, including without limitation photocopying, recording, taping, or any database, information or retrieval system, without the prior written permission of the publisher.

This authorized Chinese adaptation is published by China Machine Press in arrangement with McGraw-Hill Education (Singapore) Pte. Ltd. This edition is authorized for sale in the Chinese mainland (excluding Hong Kong SAR, Macao SAR and Taiwan).

Translation copyright © 2023 by McGraw-Hill Education (Singapore) Pte. Ltd. And China Machine Press.

版权所有。未经出版人事先书面许可，对本出版物的任何部分不得以任何方式或途径复制或传播，包括但不限于复印、录制、录音，或通过任何数据库、信息或可检索的系统。

此中文简体改编版本经授权仅限在中国大陆地区（不包括香港、澳门特别行政区及台湾地区）销售。

翻译版权 ©2023 由麦格劳－希尔教育（新加坡）有限公司与机械工业出版社所有。

本书封底贴有 McGraw-Hill Education 公司防伪标签，无标签者不得销售。

北京市版权局著作权合同登记　图字：01-2021-3901 号。

图书在版编目（CIP）数据

投资学：原书第 11 版·精要版 /（美）滋维·博迪（Zvi Bodie），（美）亚历克斯·凯恩（Alex Kane），（美）艾伦·J. 马库斯（Alan J. Marcus）著；汪昌云，张永冀编译 .—北京：机械工业出版社，2023.1（2025.3 重印）

书名原文：Investments, 11th Edition
ISBN 978-7-111-72450-6

I. ①投⋯　II. ①滋⋯ ②亚⋯ ③艾⋯ ④汪⋯ ⑤张⋯　III. ①投资学　IV. ① F830.59

中国国家版本馆 CIP 数据核字（2023）第 009927 号

机械工业出版社（北京市百万庄大街 22 号　邮政编码 100037）
策划编辑：王洪波　　　　　责任编辑：王洪波
责任校对：龚思文　张　薇
责任印制：常天培
天津嘉恒印务有限公司印刷
2025 年 3 月第 1 版第 4 次印刷
185mm×260mm · 32 印张 · 814 千字
标准书号：ISBN 978-7-111-72450-6
定价：79.00 元

电话服务	网络服务
客服电话：010-88361066	机　工　官　网：www.cmpbook.com
010-88379833	机　工　官　博：weibo.com/cmp1952
010-68326294	金　书　网：www.golden-book.com
封底无防伪标均为盗版	机工教育服务网：www.cmpedu.com

作者简介
ABOUT THE AUTHORS

滋维·博迪

滋维·博迪(Zvi Bodie)是波士顿大学管理学院金融学与经济学教授。他拥有麻省理工学院的博士学位，并且曾在哈佛商学院、麻省理工学院斯隆管理学院担任教职。博迪教授在养老金和投资策略领域的前沿专业期刊上发表过多篇文章。在与CFA协会的合作中，他最近做了一系列的网络广播，并且出版了专著《未来生命周期中的储蓄与投资》。

亚历克斯·凯恩

亚历克斯·凯恩(Alex Kane)是加利福尼亚大学圣迭戈分校国际关系和太平洋学院研究生院教授。他曾在东京大学经济系、哈佛商学院、哈佛肯尼迪政府学院做过访问教授，并在美国国家经济研究局担任助理研究员。凯恩教授在金融和管理类的期刊上发表过多篇文章，他的主要研究领域是公司理财、投资组合管理和资本市场。他最近的研究重点是市场波动的测量以及期权定价。

艾伦·J. 马库斯

艾伦·J. 马库斯(Alan J. Marcus)是波士顿学院卡罗尔管理学院的教授。他在麻省理工学院获得经济学博士学位。马库斯教授曾经在麻省理工学院斯隆管理学院和Athens工商管理实验室担任访问教授，并在美国国家经济研究局担任助理研究员。马库斯教授在资本市场以及投资组合领域发表过多篇文章。他的咨询工作也包括新产品研发以及为效用测评提供专业测试。他曾经在联邦住房贷款抵押公司(房地美)做了两年的研究并开发出抵押贷款定价模型和信用风险模型。他最近在CFA协会中担任研究基金顾问委员会成员。

编译者简介
ABOUT THE COMPILERS

汪昌云

现任中国人民大学财政金融学院教授,博士生导师,长江学者特聘教授,曾任中国人民大学汉青经济与金融高级研究院院长,中国财政金融政策研究中心主任。2007年获国家杰出青年科学基金资助,2013年入选"百千万人才工程"国家级人选,2014年享受国务院政府特殊津贴。主要从事金融衍生工具、资产定价、中国资本市场等领域的研究,在国际高质量金融学期刊发表论文50余篇,担任中国农业银行等多家上市公司独立董事。

张永冀

北京理工大学管理与经济学院副教授,高级会计师,注册会计师,北京理工大学信息披露与公司治理研究中心副主任,专业学位中心副主任。北京大学光华管理学院会计系博士后,中国人民大学财务与金融系博士。在公司金融领域发表学术论文40余篇,主持参加10余项国家级科研项目,担任多家上市公司独立董事。

前 言
PREFACE

持续创新的金融市场,让我们不断反思过去的金融知识能否满足当前的社会需求,出版已有近30年历史的博迪《投资学》,同样在不断的更新中力求最大限度地贴合全球投资实务的发展,特别是贯穿全书的实例均来自近年市场的真实实践,从而让这本经典的教材焕发出时代的金融气息。然而,随着本书在各高校越来越受到不同专业学生的关注,同时教师授课也囿于课时的限制,使这样一本厚重的教材限制了很多入门读者和学生的阅读兴趣,所以我们决定编译"精要版"来满足这一需求。

本书是在博迪等作者《投资学》(原书第11版)的基础上根据教学实践进行精简的版本。与原版相比,本书内容涵盖了投资学的主要概念框架,更适合本科生一学期的教学安排。同时,编译者还对不同章节的部分内容重新组织编排,力求一气呵成,以保证整本书阅读学习的连贯性。

本书共17章,各部分之间相对独立,读者可以根据学习计划或兴趣安排阅读顺序。

第1章和第2章讲述金融市场、金融工具和证券交易制度等投资学基本概念,以使读者对全球投资环境有整体把握。

第3~8章为现代投资组合理论的核心。第3章讲述如何计量风险和收益以及资本市场历史带给投资者的启示。第4章与第5章描述投资者的风险偏好、资产配置过程、有效分散化和投资组合优化理论。第6章和第7章探讨资产组合理论中风险与收益权衡的问题,重点介绍资本资产定价模型、指数模型以及描述风险与收益间关系的高级模型。第8章介绍了有效市场假说,并从行为科学角度评论了基于投资者理性假设的相关投资理论。

第9~13章分别介绍了债务市场、权益市场以及如何对两种基础证券进行从宏观到微观的分析,使读者建立起对证券定量与定性分析的整体框架。

第14、15章讨论金融衍生工具中最为典型的期权市场,使读者对金融市场的理解更为全面。第16、17章介绍了期货市场的交易机制、主要的金融期货产品以及如何利用金融衍生品进行风险管理。

在本书的精简过程中,我们得到了很多高校老师热心的指导和帮助,他们是广州大学杨勇华,上海财经大学金德环、王安兴、陈艳,杭州电子科技大学金辉,大连理工大学迟国泰,福建江夏学院王冰，内蒙古财经大学郭玉洁，湖南农业大学刘舜佳，中山大学黄诒蓉，云南财经大学段伟，上海立信会计金融学院曹雷、章劼，厦门大学黄海玉、徐宝林、刘彦来，汕头大学吉云，上海国家会计学院陈胜群，浙江农林大学刘剑锋，广东财经大学邓学斌，北方工业大学黄凌灵，海南大学黄成明，中国科学院大学杨海珍，上海海事大学高劲，天津大学杨宝臣，上海对外经贸大学嵇尚洲，湖南大学何婧，山西财经大学李燕平，安徽财经大学高志，西北师范大学何红霞，山东建筑大学胡宁，河北师范大学刘慧瑾，合肥学院程永文，淮阴工学院江俊龙，闽南师范大学梁贺新，仲恺农业工程学院初昌雄等，在此表示感谢！

客观而言，投资学作为一门不断对创新进行总结的学科，仍需对大量专业词汇、用词习惯进行标准规范。我们力求将学术界与实务界讲法统一，给出更为精准的释义，但其中依然存在大量分歧巨大的用词与表述，欢迎同仁提出专业的指导与改进建议。由于编译者水平所限，对于书中还存在的不足之处，恳请读者批评指正。

汪昌云　张永冀

目 录
CONTENTS

作者简介
编译者简介
前　言

第1章　投资环境　1
　　1.1　实物资产与金融资产　2
　　1.2　金融资产　3
　　1.3　金融市场与经济　4
　　1.4　投资过程　7
　　1.5　市场是竞争的　8
　　1.6　市场参与者　9
　　1.7　2008年的金融危机　13
　　小结/习题/概念检查答案　20

第2章　资产类别与金融工具　23
　　2.1　货币市场　23
　　2.2　债券市场　29
　　2.3　权益证券　34
　　2.4　股票市场指数与债券市场指数　37
　　2.5　衍生工具市场　43
　　小结/习题/CFA考题/概念检查答案　45

第3章　风险与收益入门及历史回顾　49
　　3.1　利率水平的决定因素　49

3.2 比较不同持有期的收益率 52
3.3 国库券与通货膨胀（1926~2015年） 55
3.4 风险与风险溢价 56
3.5 历史收益率的时间序列分析 58
3.6 正态分布 62
3.7 偏离正态分布和风险度量 64
3.8 风险组合的历史收益 66
3.9 正态性与长期投资 72
小结/习题/CFA考题/概念检查答案 75

第4章 风险资产配置 79

4.1 风险与风险厌恶 79
4.2 风险资产与无风险资产组合的资本配置 84
4.3 无风险资产 86
4.4 单一风险资产与单一无风险资产的投资组合 86
4.5 风险容忍度与资产配置 89
4.6 被动策略：资本市场线 92
小结/习题/CFA考题/概念检查答案 95
附录4A 风险厌恶、期望效用与圣彼得堡悖论 100
附录4B 效用函数与风险溢价 103

第5章 最优风险资产组合 104

5.1 分散化与组合风险 104
5.2 两个风险资产的组合 106
5.3 股票、长期债券、短期债券的资产配置 111
5.4 马科维茨资产组合选择模型 115
5.5 风险集合、风险分担与长期投资风险 121
小结/习题/CFA考题/概念检查答案 125
附录5A 电子表格模型 132
附录5B 投资组合统计量回顾 136

第6章 资本资产定价模型 142

6.1 资本资产定价模型概述 142
6.2 资本资产定价模型的假设和延伸 151
6.3 资本资产定价模型和学术领域 160
6.4 资本资产定价模型和投资行业 161
小结/习题/CFA考题/概念检查答案 162

第7章 套利定价理论与风险收益多因素模型 168

7.1 多因素模型：概述 168

7.2 套利定价理论 171
7.3 套利定价理论、资本资产定价模型和指数模型 176
7.4 多因素套利定价理论 178
7.5 法玛-弗伦奇(FF)三因素模型 180
小结/习题/CFA考题/概念检查答案 181

第8章 有效市场假说 186

8.1 随机漫步与有效市场假说 186
8.2 有效市场假说的含义 191
8.3 事件研究 195
8.4 市场是有效的吗 197
8.5 共同基金与分析师业绩 208
小结/习题/CFA考题/概念检查答案 212

第9章 债券的价格与收益 218

9.1 债券的特征 218
9.2 债券定价 224
9.3 债券收益率 229
9.4 债券价格的时变性 234
9.5 违约风险与债券定价 238
小结/习题/CFA考题/概念检查答案 247

第10章 债券资产组合管理 253

10.1 利率风险 253
10.2 凸性 261
10.3 消极债券管理 267
10.4 积极债券管理 275
小结/习题/CFA考题/概念检查答案 276

第11章 宏观经济分析与行业分析 285

11.1 全球经济 285
11.2 国内宏观经济 287
11.3 需求与供给波动 289
11.4 联邦政府的政策 289
11.5 经济周期 291
11.6 行业分析 295
小结/习题/CFA考题/概念检查答案 303

第12章 权益估值模型 310

12.1 比较估值 310

12.2 内在价值与市场价格　312

12.3 股利贴现模型　313

12.4 市盈率　325

12.5 自由现金流估值方法　333

12.6 整体股票市场　336

小结/习题/CFA考题/概念检查答案　338

第13章　财务报表分析　346

13.1 主要的财务报表　346

13.2 衡量企业绩效　350

13.3 盈利能力度量　350

13.4 比率分析　354

13.5 财务报表分析范例　362

13.6 可比性问题　364

13.7 价值投资：格雷厄姆方法　370

小结/习题/CFA考题/概念检查答案　371

第14章　期权市场介绍　382

14.1 期权合约　382

14.2 到期日期权价值　387

14.3 期权策略　391

14.4 看跌-看涨期权平价关系　395

14.5 类似期权的证券　397

14.6 金融工程　402

14.7 奇异期权　403

小结/习题/CFA考题/概念检查答案　404

第15章　期权定价　412

15.1 期权定价：导言　412

15.2 期权价值的限制　415

15.3 二项式期权定价　417

15.4 布莱克-斯科尔斯期权定价　424

15.5 布莱克-斯科尔斯公式应用　431

15.6 期权定价的经验证据　440

小结/习题/CFA考题/概念检查答案　441

第16章　期货市场　450

16.1 期货合约　450

16.2 期货市场的交易机制　455

16.3 期货市场策略　459

16.4 期货价格的决定 462
16.5 期货价格与预期将来的现货价格 467
小结/习题/CFA考题/概念检查答案 469

第17章 期货、互换与风险管理 474

17.1 外汇期货 474
17.2 股票指数期货 480
17.3 利率期货 485
17.4 互换 486
17.5 商品期货定价 492
小结/习题/CFA考题/概念检查答案 495

第1章
CHAPTER 1

投资环境

投资是指当前投入资金或其他资源以期望在未来获得收益的行为。例如，人们购买股票并期望带来未来收益，就是因为这项投资可以补偿相对应的货币时间价值和风险。你投入时间来学习这门课程也是一项投资，因为你放弃了当前的休闲时间或是通过工作赚钱的可能。你期望通过未来职业生涯的发展以补偿你在这门课上所付出的时间和努力。尽管这两类投资在很多方面都不相同，但它们具有一个重要的共同点，这也是所有投资的共性，那就是：投资者放弃现在有价值的东西以期望未来获益。

本书会帮助你成为一名视野开阔的投资实干家。尽管本书重点是证券投资（如股票、债券、期权和期货等），但我们讨论的大部分内容适用于各种类型的投资分析。本书将介绍各类证券市场组织的发展背景，适用于债券市场和股票市场的估值技术和风险管理原理，以及构建投资组合的基本原理。

本章主要介绍三个方面的内容，它们将为你接下来的学习奠定良好的基础。在进入"投资"这一主题之前，我们将首先介绍金融资产在经济中的作用。这部分内容主要包括金融资产，以及金融资产与那些实实在在为消费者提供产品和服务的实物资产之间的关系，并解释金融资产在发达经济中起到至关重要作用的原因。

在介绍了这些背景知识之后，我们将讨论投资者在构建投资组合时所面临决策的类型。这些决策都是在高风险伴随高收益的环境下做出的，因此很少会有因定价失误而导致价格明显低估的情况。风险和收益的权衡以及金融资产的有效定价是投资过程中的中心主题，本章将简要介绍它们的含义，这些内容在以后的章节中将有更详尽的阐述。

最后，本章将介绍证券市场的组织形式和各种类型的市场参与者。这部分内容将使你对证券市场的参与者和他们所处的环境有一个直观的了解。由2007年爆发并于2008年达到顶峰的金融危机形象地描绘了金融系统和实体经济的联系。在具体实例中，本章简要地介绍了这次金融危机的起源以及它带给我们的关于系统性风险的反思。

1.1 实物资产与金融资产

一个社会的物质财富最终取决于该社会经济的生产能力,即社会成员创造产品和服务的能力。这种生产能力是经济体中**实物资产**(real assets)的函数,实物资产包括土地、建筑物、机器以及可用于生产产品和提供服务的知识等。

与实物资产相对应的是**金融资产**(financial assets),如股票和债券。这些证券不过是几张纸,或者更普遍的是一些计算机录入的条目,它们并不会直接增加一个经济体的生产能力。但是,在发达经济社会,这些证券代表了持有者对实物资产所产生收入的索取权(或对政府收益的索取权)。我们即使没有自己的汽车厂(实物资产),仍然可以通过购买福特或丰田汽车的股份来分享汽车生产所产生的收入。

实物资产为经济创造净利润,而金融资产则是确定收益或财富在投资者之间的分配方式。人们可以在即期消费和投资之间进行选择。如果选择投资,他们可以通过购买各种各样的证券来投资金融资产。投资者购买企业发行的证券,企业就可以用筹集到的资金购买实物资产,如厂房、设备、技术和原料等。因此,投资者投资证券的收益最终来源于企业通过发行证券所筹集的资金购买实物资产所产生的利润。

通过比较美国家庭资产负债表(见表1-1)和美国国内净资产的构成(见表1-2),我们可以发现实物资产和金融资产之间存在明显的区别。家庭财富包括银行存款、企业股票和债券等金融资产。这些证券一方面构成家庭的金融资产,另一方面又形成发行者的负债。例如:一张丰田汽车的债券对投资者来说是一项资产,因为它代表投资者对债券本金和利息的索取权;但对丰田汽车来说却是一项负债,因为它意味着丰田负有偿还本息的义务。当我们汇总家庭和企业所有的资产负债表时,金融资产和金融负债互相抵销,仅剩下实物资产作为经济的财富净值。国民财富包括建筑物、设备、存货和土地等。⊖

表1-1 美国家庭资产负债表

资产	金额(10亿美元)	比例(%)	负债与净资产	金额(10亿美元)	比例(%)
实物资产			**负债**		
不动产	25 276	25.0	抵押贷款	9 711	9.6
耐用消费品	5 241	5.2	消费信贷	3 533	3.5
其他	463	0.5	银行和其他贷款	975	1.0
实物资产总额	30 979	30.6	其他	291	0.3
			负债总额	14 510	14.3
金融资产					
存款	10 693	10.6			
人寿保险	1 331	1.3			
养老保险	20 972	20.7			
公司权益	13 311	13.1			

⊖ 你或许有此疑问,为何表1-1中家庭持有的实物资产总额是30.979万亿美元,远低于表1-2中美国国内经济实物资产总额64.747万亿美元。其中一个主要原因是企业持有的实物资产(如财产、厂房和设备等)包含在家庭部门的金融资产中,主要以股东权益和其他股票市场投资的形式存在;另一个原因是表1-1中权益和股票投资的价值是以市场价值衡量的,而表1-2中的厂房和设备的价值是以重置成本计量的。

(续)

资产	金额（10亿美元）	比例（%）	负债与净资产	金额（10亿美元）	比例（%）
非公司权益	10 739	10.6			
共同基金份额	8 119	8.0			
债权型证券	4 200	4.1			
其他	962	0.9			
金融资产总额	70 327	69.4	净资产	86 796	85.7
资产总额	101 306	100.0		101 306	100.0

注：由于四舍五入，竖列各项之和可能与总额略有差异。

资料来源：*Flow of Funds Accounts of the United States*, Board of Governors of the Federal Reserve System, March 2016.

表 1-2 美国国内净资产的构成

资产	金额（10亿美元）
非住宅型房地产	17 269
住宅型房地产	31 643
设备和软件	8 104
存货	2 492
耐用消费品	5 240
总额	64 747

注：由于四舍五入，竖列各项之和可能与总额略有差异。

资料来源：*Flow of Funds Accounts of the United States*, Board of Governors of the Federal Reserve System, March 2016.

概念检查 1-1

下面的资产是金融资产还是实物资产？
a. 专利权
b. 租赁合同
c. 客户商誉
d. 大学教育
e. 一张 5 美元的票据

虽然本书将以金融资产为重点，但是我们仍然不能忽略这样一个事实：我们所购买的金融资产的优劣最终取决于实物资产的表现。

1.2 金融资产

金融资产通常可以分为三类：固定收益型、权益型和衍生金融资产。**固定收益型金融资产**[fixed-income，或称为**债券**（debt securities）]是承诺支付固定的，或按某一特定公式计算的现金流。例如，公司债券向证券持有者承诺每年支付固定的利息。而浮动利率债券向证券持有者承诺的收益则会随当前利率的变化而变化。例如，某种债券可能会向持有者承诺按美国国库券利率上浮2%来支付利息。除非债券发行方宣告破产，否则债券持有者将获得固定收益或按某一特定公式计算的收益。因此，固定收益型金融资产的收益受发行方财务状况的影响最小。

固定收益型金融资产的期限和支付条款多种多样。**货币市场**（money market）中交易的债券具有期限短、流动性强且风险小等特点，如美国国库券和银行存单。相反，**资本市场**（capital market）以长期债券交易为主，如长期国债，以及联邦代理机构、州和地方政府、公司发行的债券等。这些债券有的违约风险较低相对比较安全（如长期国债），而有的风险相对较高（如高收益债券或"垃圾"债券）。此外，这些长期债券在偿付条款和防范发行者破产条款的设计上有很大差异。本书将在第2章涉及此类证券，并在第9~10章深入分析债券市场。

与债券不同，普通股或**权益**（equity）型金融资产代表了证券持有者对公司的所有权。权益型证券持有者未被承诺任何的特定收益，但他们可以获得公司分配的股利，且拥有相应比例的公司实物资产的所有权。如果公司经营成功，权益价值就会上升；如果公司经营失败，权益价值就会下降。因此，权益投资绩效与公司经营成败密切相关，其风险高于债券投资。本书将在第 11~12 章讨论股权市场和权益证券估值。

衍生证券（derivative security，如期权和期货合约）的收益取决于其他资产（如债券和股票）的价格。例如，若英特尔公司股价一直低于每股 30 美元的行权价格，其**看涨期权**（call option）价值为零，但当股价高于行权价格时，看涨期权就会变得非常有价值。⊖之所以将这类证券称为衍生证券，是因为其价值取决于其他资产的价格，如英特尔公司看涨期权的价值取决于其股票的价格。其他主要的衍生证券还包括期货和互换合约。本书将在第 14~17 章讨论此类证券。

衍生证券已成为投资环境中不可或缺的一部分，规避风险是其最主要的用途之一，或者说通过衍生品的投资可以将风险转移给其他方。利用衍生证券规避风险的现象在金融市场中非常普遍，各种衍生金融资产每日的交易额可达上万亿美元。但衍生证券经常被喻为金融市场的"双刃剑"，很多投资者围绕其特点开展了大量高风险的投机活动。一旦投机失利，就会引发巨额损失甚至是市场的剧烈波动。尽管这些损失引起了人们越来越多的关注，但这只是其中一种意外情况，衍生证券更多还是被作为有效的风险管理工具来对冲风险而存在的。在投资组合构建乃至整个金融系统中，衍生证券将继续发挥其至关重要的作用。本书后面的章节会继续讨论这一话题。

此外，投资者和公司还会参与到其他金融市场。从事国际贸易的公司会定期将美元和其他货币来回兑换。仅在伦敦，将近 2 万亿美元的货币每天在外汇市场上交易。投资者还可直接投资于特定的实物资产。数十种商品如玉米、小麦、天然气、黄金、白银等在纽约、芝加哥的商品交易所交易。

商品和衍生品市场给予了企业调整其暴露于各种商业风险敞口的机会。例如，一家建筑公司可以通过购买铜期货合约来锁定铜价，从而降低原材料价格突然上涨的风险。只要社会经济中存在着不确定性，便有投资者会对此产生交易兴趣，或许是投机，或许是平抑风险，相应地就会诞生市场以满足此类投资者的交易需求。

1.3 金融市场与经济

我们之前说过，实物资产决定了经济中的净财富，金融资产仅代表了人们对实物资产的索取权。但是，金融资产和使金融资产得以交易的金融市场在发达经济中起着至关重要的作用。正是金融资产使我们可以创造经济中的大部分实物资产。

1.3.1 金融市场的信息作用

股价是投资者对公司当前业绩和未来前景综合评价的反映。当市场对公司更为乐观时，股价上升。此时，公司更容易筹集资金，投资也会变得更加活跃。在市场经济中，证券价格通常在资本配置中发挥着主要作用，引领着资本流向最具增长潜力的企业和领域。

通过股票市场来配置资本的过程有时候是无效的。有些公司在短期内可能会很"火"（例如 2000 年时的互联网泡沫），大量资金涌入，但转眼几年又迅速衰落。这种配置过程就是资源的严重浪费。

⊖ 看涨期权是指在期权到期日或之前按约定行权价格买入股票的权利。若英特尔公司股价低于每股 30 美元，那么以每股 30 美元购买该股票的权利会变得无人问津。但若在期权到期之前英特尔公司股价高于每股 30 美元，期权持有者就会以每股 30 美元的价格购入股票，这项权利就会被行使。

我们必须明确效率的标准到底是什么。没有人可以百分之百地预测出哪种商业冒险一定会成功或失败。因此，我们没有理由要求市场永远都对。股票市场只不过在适当的时间鼓励资本流向那些正处于风口的企业。那些训练有素、聪明、勤奋的专业人士会对这一风口做出独立的判断。股价是各方判断的集中体现。

你甚至可能会怀疑市场在资源配置中的作用。如果带有这样的疑问，可以设想一下其他可能的替代选择。是中央计划经济会更少犯错，还是由国会来制定决策会更加合理？套用温斯顿·丘吉尔对民主政治的评价就是：市场可能不是好的资本配置方式，但人类已尝试的其他方式更糟。

1.3.2 消费时机

在经济社会中，有的人挣的比花的多，有些人花的比挣的多。那么我们怎样才能把购买力从高收入期转移到低收入期呢？一种方法是通过购买金融资产来"储存"财富。在高收入期，我们可以把储蓄投资股票、债券等金融资产，然后在低收入期卖出这些金融资产以供消费。这样我们就可以调整一生的消费时机以获得最大的满足。因此，金融市场可以使人们的现实消费与现实收入相分离。

1.3.3 风险分配

事实上，所有实物资产都有一定的风险。例如，当丰田汽车公司投资建造工厂时，没有人确切地知道这些工厂可以产生的未来现金流。金融市场和在金融市场上交易的各种金融工具可以使偏好风险的投资者承担风险，而使厌恶风险的投资者规避风险。例如，丰田汽车公司向公众发行股票和债券以筹集资金来建造工厂，那么乐观或风险承受力较强的投资者就会购买股票，而保守的投资者则会购买债券。因为债券承诺了固定的收益，风险较小，而股票持有者需要承担较大的经营风险，同时也会获得潜在的更高的收益，这样资本市场便把投资的固有风险转移给了愿意承担风险的投资者。

这种风险分配方式对于需要筹集资金以支持其投资活动的公司而言也是有利的。当投资者可以选择满足自身特定"风险-收益"偏好的证券时，每种证券都可以以最合适的价格出售，这加速了实物资产证券化的进程。

1.3.4 所有权和经营权的分离

许多企业的所有者和经营者是同一个人，这种简单的组织形式非常适合小企业，事实上，这也是工业革命前最常见的一种企业组织形式。然而，在市场全球化和生产规模迅速发展的今天，企业对规模和资本的需求急剧增加。例如，通用电气的资产负债表显示其2015年房地产、厂房和设备的总价值约为570亿美元，资产总额接近4 930亿美元。规模如此之大的企业不可能简单地以业主经营的形式存在。实际上，通用电气拥有50多万个股东，每个股东对公司的所有权与他们持有的股份成比例。

这么多人显然不可能全部参与到公司的日常管理中。事实上，股东们的做法是：他们共同选举产生一个董事会，然后由董事会负责聘请并监督公司的管理层。这种结构意味着公司的所有者和管理者不是同一个人，公司也因此获得了业主经营企业形式下无法达到的稳定性。例如，如果股东不想继续持有公司的股份，他们可以将股份出售给其他投资者，而这一行为并不会影响公司的管理。因此，金融资产以及在金融市场上买卖这些金融资产的能力使所有权和经营权很容易地分离开来。

如何才能使公司各类股东（从持有上千万股的养老基金到仅持有 1 股的小投资者）就公司目标达成一致呢？金融市场再次提供了行动指南：所有股东都会赞成管理层追求提升股票价值的经营战略，因为这会增加他们的财富从而使他们可以更好地追求个人目标（无论这些目标是什么）。

管理层真的会努力使公司价值最大化吗？我们很容易发现他们会从事一些并非使股东价值最大化的活动，例如组建自己的集团，为保住自己的职位而避免投资风险项目，或是过度消费奢侈品（如乘坐公务机等），这些额外付出的成本大多由股东承担。由于管理层可能会追求个人利益最大化而非股东价值最大化，因此管理层和股东之间存在着潜在的利益冲突，这种冲突叫作**代理问题**（agency problem）。

许多管理机制应运而生，是为了缓解潜在的代理问题。首先是将管理层的薪酬与公司经营业绩挂钩。高层管理者薪酬中一大部分是以股票期权的形式存在的，这意味着股票价格上涨不仅会给股东带来利益，同样会使高层管理者从中获利（当然，我们现在已经知道过度使用期权也会产生代理问题，管理层可以操纵信息在短期内支撑股价，这样他们便有机会在股价回落到反映公司真实价值之前将其变现）。第二种机制是由董事会解雇那些表现不好的管理者（即便有时候董事会被认为是管理层的保护者）。第三种是由外部证券分析者和大型机构投资者（如共同基金、养老基金）密切监督公司，使那些业绩差的管理者的日子不那么好过（这些大型投资机构持有美国上市公司半数以上的股权）。

在最后一种机制中，糟糕的业绩有可能使现有董事会丧失对公司的控制权。如果董事会不严格监督管理层，那么从原则上讲股东可以重新选举产生新的一届董事会。股东可以通过发起一场代理权争夺战来获得足够的代理权（代表其他股东投票的权利），以控制公司并选举产生新的董事会。但是历史上这种威胁通常来说非常小，发起代理权之争的股东必须动用自己的资金，而管理层却可以使用公司的资金来进行防御，因此大多数代理权之争都会以股东失败告终。

然而，近年来，随着所谓的激进投资者的数量增加，代理权竞争的成功比率有所提高。这些财大气粗的投资者（通常是对冲基金）会找出他们认为在某些方面管理不善的公司，买入这些公司的大量股份，然后争夺董事会席位、实施具体改革。据估计，自 2009 年年底以来，标普 500 指数成分股公司中约有 15% 曾遇到过激进投资者，激进投资者们已持有标普 500 指数成分股公司中约一半公司的股票。2014 年，近四分之三的代理投票被持不同意见者赢得⊖。

除了代理权争夺之外，真正的收购威胁来自其他公司。如果一家公司观察到另一家表现不佳，它可以收购表现不佳的公司并以自己的团队取代其管理层。此时出于对业绩改善的良好预期，股价通常会上涨，而这又激励了公司加入收购活动中。

例 1-1 激进投资者和公司控制

以下是一些知名的激进投资者，以及他们最近的举措：

- Carl Icahn：最早期、最活跃且最具斗志的激进投资者之一，为增加投资者的现金分红挑战 Apple 公司。
- Pershing Square 公司的 William Ackman：在 JCPenney、Valeant Pharmaceuticals 和 Kraft Foods

---

⊖ "An Investor Calls", *The Economist*, February 7, 2015.

担任重要职位，希望能在实际管理中影响公司决策。
- Trian 公司的 Nelson Peltz：在杜邦寻求董事会席位，以期推动它分化成业务更加专一的公司。
- Third point 公司的 Dan Loeb：试图让索尼剥离其娱乐部门。
- Starboard Value 公司的 Jeff Smith：推动 Staples 和 Office Depot 合并。这些公司确实尝试了合并，但最终被联邦政府以违反反垄断法为由阻止。

1.3.5 公司治理和公司伦理

前面已经阐述了证券市场在资本优化配置方面起着重要作用，为了更有效地发挥这种作用，证券市场必须有一定的透明度以使投资者做出正确的投资决策。如果企业误导公众对其前景的预期，那么很多决策都会出错。

尽管已经有很多机制来平衡股东和管理者之间的利益，但是在 2000~2002 年这 3 年间似乎充斥着无休止的丑闻，这反映了在公司治理和公司伦理方面存在着的危机。例如，世通公司不当地将费用归类为投资，从而虚增利润 38 亿美元。真相曝光以后，美国发生了有史以来最大的一例破产案。美国第二大破产案是安然公司利用现在已臭名昭著的"特殊目的科目"将债务从其账簿中转移，同样向公众呈现了具有误导性的财务状况。不幸的是，这样的公司并不止一两家，其他公司像来德爱、南方保健、环球电讯、奎斯特通讯等也操纵并错报其账户达几十亿美元。丑闻并不仅限于美国，意大利牛奶公司帕玛拉特声称有 48 亿美元的银行存款，但实际上并不存在。这些案例说明代理问题和激励问题远没有被解决。

同期发生的其他丑闻还包括股票分析师做出的带有系统性误导和过度乐观的研究报告（他们乐观的分析是为了换取有关公司对未来投资银行业务的承诺，而且分析师的薪酬并不取决于他们分析的准确性和洞察力，而是取决于他们在获得投资银行业务方面所起的作用）。除此以外，还有将首次公开发行募集的资金分给公司执行官作为对其贡献的补偿，或是承诺将未来的业务返给 IPO 经理的丑闻。

那么被认为是公司监督者的审计师呢？由于近期业务的变化使事务所发现咨询业务比审计业务更有利可图，因此激励机制同样被扭曲了。例如，由于安然公司的审计师亚瑟·安达信为安然提供咨询服务的收入远远多于其提供的审计服务。考虑到亚瑟·安达信为确保其咨询收入最大化，那么他和其他审计师在审计工作中过于宽松也就不足为怪了。

为了应对接二连三的伦理丑闻，美国国会于 2002 年通过了《萨班斯-奥克斯利法案》以加强公司治理方面的监管。例如，法案要求公司要有更多的独立董事，即不在公司任职（或附属于管理者）的董事。法案还要求首席财务官亲自为公司财务报表担保，并设立监督委员会监督上市公司的审计工作，禁止审计师为客户提供其他服务。

1.4 投资过程

投资组合可简单理解为所投资产的集合。投资组合确定以后，通过出售现有证券并购入新证券，或投入额外资金扩大投资组合规模，或出售证券缩小投资组合规模，都可以使原来的投资组合更新或重构。

投资资产可以分为股票、债券、不动产、商品等。投资者在构建投资组合时，需要做出两类决策：**资产配置**（asset allocation）决策和**证券选择**（security selection）决策。资产配置决策是指投资者对这些资产大类的选择，证券选择决策是指在每一资产大类中选择特定的证券。

"自上而下"的投资组合构建方法是从资产配置开始的。例如，某人目前所有的钱都存放于一个银行账户，那么他首先要决定整个投资组合中股票、债券等所占的比例。这样，投资组合的大特点就确定了。例如，自1926年以来，大型公司普通股的平均年收益率一直高于11%，而美国短期国库券的平均年收益率却低于4%。另外，股票风险相对较大，其年收益率（根据标准普尔500指数）从最低的-46%到最高的55%不等。相比而言，美国短期国库券是无风险的，因为购买时你就已经知道可以获得的利率。因此，如何在股票市场和国库券市场之间配置将会对投资组合的收益和风险产生很大的影响。一个自上而下的投资者首先会确定如何在大类资产之间进行配置，然后才会确定在每一类资产中选择哪些证券。

证券分析（security analysis）包括对可能包含在投资组合中的特定证券进行估值。例如，投资者可能会问：默克和辉瑞哪家公司的股价更有吸引力？债券和股票都需要根据其对投资者的吸引力来进行估价，但是，股票估值要比债券估值难得多，因为股票的价格通常对发行公司的状况更敏感。

与"自上而下"的投资组合管理相对应的是"自下而上"的战略。使用"自下而上"的方法时，投资组合的构建是通过选择那些具有价格吸引力的证券而完成的，不需要过多地考虑资产配置。这种方法可能会使投资者无形中把赌注全押向经济的某一领域。例如，投资组合最终可能会集中于某一行业或某一地区，或是集中于某种不确定性。但是，"自下而上"法确实可以使投资组合集中在那些最具投资吸引力的资产上。

1.5 市场是竞争的

金融市场的竞争非常激烈，有成千上万位才华横溢、天赋异禀的分析师们皓首穷经地在证券市场寻找低估资产。这种竞争意味着我们应该能理解证券市场几乎没有"免费午餐"，即价值被明显低估的证券。没有"免费午餐"隐含了几层含义，下面将分析其中的两点。

1.5.1 风险-收益权衡

投资者投资是为了获得预期的未来收益，但是这种收益很难准确地预测。所有的投资都伴随着风险，实际获得的收益几乎总是偏离投资期初我们预期的收益。例如，标准普尔500指数在1931年下跌了46%（是自1926年以来最糟糕的一年），在1933年上涨了55%，我们可以确定投资者在这两年年初肯定没有预测到股市的这种极端变化。

如果其他条件相同，投资者会偏向于期望收益⊖最高的投资，这是很自然的。但是，没有"免费午餐"这一原则告诉我们其他条件不可能相同。想要获得更高的期望收益，就要承担更大的投资风险。如果不承担额外的风险便可以获得更高的期望收益，那么投资者就会疯狂抢购这些高收益资产，这样的结果是这类资产的价格大幅攀升。此时投资者会认为这些资产价格过高，投资吸引力下降，原因是购买价格越高，期望收益（指每1美元投资所能获得的利润）越低。如果一些资产被认为具有吸引力，其价格将继续上涨，直至其期望收益与风险相适应。这

⊖ 期望收益不是投资者认为他们必须获得的收益，也不是他们最可能获得的收益。期望收益是指所有可能结果的平均，有些结果的概率可能比其他结果高。期望收益率是所有经济形势下的平均收益率。

时，投资者可以获得一个与风险相适应的收益率，但不会更高。类似的，如果收益和风险相互独立，那么投资者会抛售高风险资产，使这些资产价格下跌（但是期望收益率会上升），直至跌到它们有足够的吸引力可以再次被纳入投资组合中。因此，我们可以得出这样一个结论：证券市场中存在**风险-收益权衡**（risk-return trade-off），高风险资产的期望收益率高于低风险资产的期望收益率。

当然，以上讨论中还有几个问题没有解决。我们应如何度量资产的风险？如何量化风险-收益权衡？有人认为资产风险与其收益的波动性有关，但这种猜测并非完全正确。当把某一资产加入投资组合中时，我们需要考虑资产之间的相互作用以及资产多样化对整个投资组合风险的影响。多样化意味着投资组合中包含多种资产，而每一种资产对组合风险的影响都是有限的。本书第3~5章将讨论资产多样化对投资组合风险的影响，合理度量风险的含义以及风险与收益之间的关系。这些都是现代投资组合理论的主题，该理论的创始人马科维茨和夏普·米勒因此获得了诺贝尔经济学奖。

1.5.2 有效市场

没有"免费午餐"的另一层含义：不要期望在证券市场发现价值被明显低估的资产。本书第8章将对"金融市场可以快速有效地处理所有相关信息"（即证券价格反映了投资者可以获得的关于证券价值的所有信息）这一假说进行探讨。根据该假说，因为投资者可以获得有关证券的新信息，因此证券价格可以即时迅速做出调整，与市场对证券价值的估值相等。如果这一假说成立，价值被明显低估或高估的证券将不会存在。

"有效市场假说"暗含了一个有趣的问题，即如何在积极型和消极型投资管理策略中进行选择。**消极型管理**（passive management）主张持有高度多样化的投资组合，无须花费精力或其他资源进行证券分析以提高投资绩效。**积极型管理**（active management）是试图通过发现错误定价的证券或把握投资时机（例如当某一股票看涨时增加买入量）来提高投资绩效。如果市场是有效的，而且价格反映了所有相关信息，或许采取消极型管理战略会更好，无须白费资源去猜测竞争对手的心思。

如果将有效市场假说极端化，那么进行积极的证券分析就变得没有意义了，只有傻瓜才会投入资源去积极地分析证券。然而，如果不进行持续的证券分析，证券价格最终会偏离"正确"的价值，这又会激励证券专家重操旧业。因此，即便在金融市场这样一个竞争激烈的环境中，我们也只能发现"近似有效"的市场，那些勤奋并且有创造力的投资者仍然可以发现获利机会。更重要的是，对证券分析和投资组合构建的讨论可以证明近似有效市场存在的可能性。

1.6 市场参与者

纵观整个金融市场，主要有三类参与者：

（1）公司。公司是净借款人，它们筹集资金并将其投资厂房和设备等，这些实物资产所产生的收益用于支付投资者（公司发行证券的购买者）收益。

（2）家庭。家庭通常是净储蓄者，它们购买那些需要筹集资金的公司所发行的证券。

（3）政府。政府可能既是借款人又是投资者，取决于税收和政府支出之间的关系。自第二次世界大战以来，美国政府通常是财政赤字，说明其税收低于政府支出。因此，政府不得不借款来填补财政赤字。发行短期国库券、票据和债券是政府向市场筹集资金的主要形式。相反，政府在20世纪90年代末期实现了财政盈余，从而有能力清偿一些债务。

公司和政府不会将其全部或大部分证券直接出售给个人。例如，约一半的股票由大型金融机构（如养老基金、共同基金、保险公司和银行等）持有，这些金融机构处于证券发行者（公司）和证券最终所有人（个人投资者）之间，因此，它们被称为金融中介。同样，公司不会直接向公众推销证券，而是聘请代理人（称为投资银行）代表它们与公众接洽。下面将讨论这些中介的作用。

1.6.1 金融中介

家庭希望用储蓄进行有价值的投资，但是由于大多数家庭的财务资产规模太小而不能直接投资。首先，有意提供小额贷款的个人投资者不可能通过在地方报纸上刊登公告来寻找理想的借款人；其次，个人投资者不可能通过多样化借款人降低风险；最后，个人投资者没有能力评估并监督借款人的信用风险。

在这样的背景下，**金融中介**（financial intermediary）应运而生，成为联系借款人和投资者的桥梁。金融中介包括银行、投资公司、保险公司和信贷联盟等。这些金融机构通过发行证券筹集资金以购买其他公司发行的证券。

例如，银行将吸收的存款贷给其他借款人，支付给储户的利率与向借款人索要的利率之差成为银行的利润来源。这样，借款人和投资者便无须直接联系，银行起到中介的作用。当借款人和投资者各自独立寻找共同的中介时，借贷双方的匹配问题就会迎刃而解。

金融中介区别于其他商业机构的主要特点在于其资产和负债大多数是金融性的。表1-3是美国商业银行（金融中介最主要的形式之一）的汇总资产负债表，可以看出，该资产负债表只包含极少数的实物资产，与非金融企业的汇总资产负债表（见表1-4）相比，非金融公司的实物资产约占总资产的一半。导致差距如此悬殊的原因在于金融中介仅仅是把资金从一个部门转移到另一个部门。事实上，这些金融中介的主要社会功能就是将家庭储蓄输送到企业。

表1-3 美国商业银行的汇总资产负债表

资产	金额（10亿美元）	比例（%）	负债与净资产	金额（10亿美元）	比例（%）
实物资产			负债		
设备和厂房	111.9	0.8	存款	11 349.4	76.2
其他不动产	13.2	0.1	借款和其他借入资金	1 038.1	7.0
实物资产总额	125.2	0.8	联邦基金和回购协议	259.4	1.7
			其他	563.7	3.8
			负债总额	13 210.6	88.7
金融资产					
现金	1 686.4	11.3			
投资证券	3 425.4	23.0			
贷款和租赁	8 060.9	54.1			
其他金融资产	553.0	3.7			
金融资产总额	13 725.7	92.2			
其他资产					
无形资产	350.4	2.4			

(续)

资产	金额（10亿美元）	比例（%）	负债与净资产	金额（10亿美元）	比例（%）
其他	692.1	4.6			
其他资产总额	1 042.5	7.0	净资产	1 682.8	11.3
资产总额	14 893.4	100.0		14 893.4	100.0

注：由于四舍五入，竖列各项之和可能与总额略有差异。

资料来源：Federal Deposit Insurance Corporation, www.fdic.gov, March 2016.

表 1-4 美国非金融企业的汇总资产负债表

资产	金额（10亿美元）	比例（%）	负债与净资产	金额（10亿美元）	比例（%）
实物资产			负债		
设备和软件	6 713	17.0	债券和抵押贷款	6 046	15.3
不动产	12 485	31.6	银行贷款	948	2.4
存货	2 219	5.6	其他贷款	1 103	2.8
实物资产总额	21 417	54.2	贸易债务	1 969	5.0
			其他	6 636	16.8
			负债总额	16 702	42.3
金融资产					
现金和存款	992	2.5			
有价证券	955	2.4			
贸易和消费信贷	2 719	6.9			
其他	13 418	34.0			
金融资产总额	18 084	45.8			
资产总额	39 501	100.0	净资产	22 799	57.7
				39 501	100.0

注：由于四舍五入，竖列各项之和可能与总额略有差异。

资料来源：*Flow of Funds Accounts of the United States*, Board of Governors of the Federal Reserve System, March 2016.

其他类型的金融中介还包括投资公司、保险公司和信贷联盟等。这些机构在发挥中介职能时具有以下共同优点：第一，通过聚集小投资者的资金可以为大客户提供贷款；第二，通过向众多客户贷款可以分散风险，因此可以提供单笔风险很高的贷款；第三，通过大量业务来储备专业知识，并可以利用规模经济和范围经济来评估、监控风险。

聚集并管理众多投资者资金的**投资公司**（investment company）也产生于规模经济。目前的问题在于大多数家庭投资组合的规模有限，不能覆盖各种各样的证券，而购买多家公司少量股票的经纪佣金和分析成本非常高。共同基金具有大规模交易和投资组合管理的优势，投资者享有与他们的投资额成比例的投资基金份额，这种机制解决了小投资者的难题，使他们愿意向共同基金的运营者支付管理费用。

投资公司也专门为那些具有特定目标的大型投资者设计投资组合。相比而言，共同基金占领的是零售市场，共同基金与投资公司的区别在于：共同基金的投资理念是吸引大量客户。

与共同基金类似，对冲基金同样替许多客户管理资产，但它主要服务于机构投资者，如养老金、捐赠基金或高净值人群。对冲基金会采用高风险复合投资策略，保留投资收益的一部分以作为管理费用，而共同基金仅是按照管理资产规模收取固定的费用。

规模经济也可以解释为什么越来越多的投资者愿意接受投资公司的分析服务。实时资讯提供商、数据库服务商以及经纪公司的分析服务均参与分析研究工作，然后它们再将信息卖给大客户群。于是这种组织应运而生，因为投资者需要信息，而自己亲自收集很不经济。如此一来赚钱的机会就产生了：一家公司可以为许多客户提供这种服务并收取费用。

1.6.2 投资银行

规模经济和专业化为金融中介创造了获利机会的同时，它们也为那些向企业提供专门服务的公司带来了盈利机会。公司大部分资金都是通过向公众发行证券（如股票和债券等）来筹集的，但频率并不高，专门从事此类业务的**投资银行**（investment bankers）可以以低成本（指低于在公司内部保留证券发行部门的成本）向公司提供这项服务。在这个过程中，投资银行被称为承销商。

投资银行在证券发行价格、利率等方面为公司提供建议。最后再由投资银行负责证券在**一级市场**（primary market，新证券向公众发行的市场）销售，随后投资者可以在**二级市场**（secondary market）买卖一级市场发行的证券。

自20世纪以来很长一段时间，根据美国法律规定，投资银行和商业银行必须相互独立，尽管这些规定在1999年被彻底废除，但直到2008年，久负盛名的"华尔街"还是主要由大型独立的投资银行（如高盛、美林、雷曼兄弟等）组成，但这种独立的格局在2008年戛然而止。美国所有主要的投资银行要么被并入商业银行，要么宣告破产，要么重组为商业银行。专栏华尔街实战1-1是对这些事件的介绍。

| 华尔街实战 1-1 | 投资银行业独立格局的告终 |

直到1999年，《格拉斯-斯蒂格尔法》还在禁止银行同时从事吸收存款和承销证券的业务，换句话说，它迫使投资银行和商业银行分离。《格拉斯-斯蒂格尔法》被废除以后，许多大型商业银行开始转型为"全能型银行"（可以同时提供商业银行和投资银行服务）。一些商业银行完全是从零开始设立自己的投资银行部，但大多数是通过兼并来实现业务扩张，例如，大通曼哈顿收购J.P.摩根组建了摩根大通。类似的还有花旗集团收购所罗门美邦，从而可以为客户提供财富管理、经纪业务、投资银行业务和资产管理等服务。欧洲大部分地区没有商业银行和投资银行必须分离的强制要求，因此，瑞士信贷、德意志银行、汇丰和瑞银等大型银行一直以来都是"全能型银行"。然而在美国，直至2008年，独立的投资银行一直都充满活力，如高盛、摩根士丹利、美林和雷曼兄弟等。

2008年，投资银行业受到巨大的冲击，许多投资银行因持有大量的抵押贷款支持证券而遭受巨额损失。2008年3月，濒临破产的贝尔斯登被并入摩根大通。9月14日，同样因抵押贷款而遭受重大损失的美林与美国银行达成收购协议。第2天，由于无法找到有能力并且有意愿的收购方，雷曼兄弟也因巨额损失而宣告破产，这是美国有史以来最大的破产案例。第2周，两家幸存下来的独立投资银行——高盛和摩根士丹利，决定转型为传统型商业银行股份有限公司，这样做的结果是它们将成为美联储等国家银行监管部门的监管对象，而且要遵守关于商业银行在资本充足率等方面更严格的规定。高盛和摩根士丹利认为转型是值得的，因为通过转型它们可以获得商业银行所具有的高稳定性，尤其是通过转型它们可以获取银行存款来支持其运营，而且可以拥有从美联储紧急借款的能力。以上这些并购和转型促成了投资银行业的终结，但不是投资银行业务的终结，这些服务将由大型"全能型银行"来提供。

今天，随着《格拉斯-斯蒂格尔法》被废除，金融界再次响起关于商业银行和投资银行是否有必要分业经营的大讨论。《华尔街改革和消费者保护法案》对银行的活动施加了新的限制。例如，沃尔克法则（以美联储前主席保罗·沃尔克的名字命名）禁止银行"自营交易"，即银行通过自己的账户交易证券，并限制其对冲基金或私募股权基金的投资。该法则旨在限制银行业潜在承担的风险。尽管沃尔克法则与《格拉斯-斯蒂格尔法》的初衷类似，都是基于联邦政府有必要对银行业的商业行为进行细化管理，但沃尔克法则的限制已经比前者宽松了许多。自营交易是投资银行的核心业务，商业银行在这一交易上的受限，将可能会使两种银行业务模式再次分离。

1.6.3 风险投资与私募股权

虽然大型公司在投资银行的帮助下可以直接从股票和债券市场募集资金，但那些尚未公开发行证券、规模较小、成立时间较短的公司就难有此选择。初创公司唯有依赖银行贷款或吸引那些愿意获取该公司所有权份额的股权投资者。我们将这种投资于早期阶段的股权投资称为**风险投资**（venture capital）。**风险投资**来源于专门的风险投资基金、富有的个人（天使投资人）或养老基金等机构。

大多数风险投资基金采取有限合伙的组织形式。基金管理人以自有资金和从其他有限合伙人（如养老基金）处募集的资金投资。风险投资基金的投向多种多样。基金管理人往往会向被投公司的董事会派驻成员代表以帮助被投公司招聘高级经理、提供经营建议。风险投资基金会收取管理费以监管投资。一定时间后（例如10年），基金会被清算，收益将分配给投资者。

风险投资人通常在初创公司的日常管理中发挥积极作用，但积极的投资人会更多地专注陷入财务危机的公司，收购之后进行业绩整改，后期再卖出获利。总体来说，聚焦于非上市公司的股权投资通常被称为**私募股权**（private equity）投资。

1.7 2008年的金融危机

本章已经给出了金融系统的大体框架以及金融界与实业界的部分联系。2008年的金融危机以一种惨痛的方式说明了这两个领域的密切关系，这一部分将简单地介绍此次金融危机，并试图从中吸取一些教训，以便于更深入地理解金融系统性风险在此中的影响。本部分内容比较复杂，在此只做简单介绍，当各位更深入地学习以后，可以再做更详尽的分析。

1.7.1 金融危机前夕

2007年年初，大多数评论员无论如何也不会相信在未来两年内全世界的金融系统将面临自大萧条以来最严重的危机。当时的经济似乎还在不断走强。上一次宏观经济的重大威胁来自2000~2002年的高科技泡沫，美联储对那次初露头角的经济衰退的反应是积极降低利率。从图1-1中可以看出2001~2004年美国短期国库券利率显著下降，LIBOR⊖（伦敦银行同业拆借利率）也相继下调。这些举措最终取得了成功，使得那次经济衰退的表现短暂且温和。

⊖ LIBOR代表伦敦银行同业拆借利率，指非美（主要以伦敦为主）银行间拆借市场上以美元计价的贷款的利率。期限3个月的贷款通常使用该利率。LIBOR与美国联邦基金利率密切相关。美国联邦基金利率是指美国银行间互相拆借的利率，通常是隔夜利率。

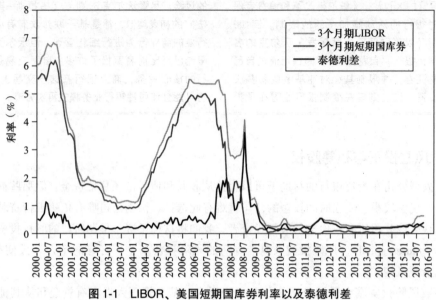

图 1-1　LIBOR、美国短期国库券利率以及泰德利差

到 2005 年前后，经济已有明显好转。尽管股票市场 2001~2002 年大幅度下跌，但是从图 1-2 中可以看出股票市场在 2003 年年初已经开始止跌回升，且几年后完全恢复到高科技危机之前的水平。同样重要的是，银行领域恢复了正常。银行领域通常用 LIBOR 与美国短期国库券利率（美国政府借款利率）之差（通常称为泰德利差⊖）来衡量信用风险，该差值在 2007 年年初只有 0.25% 左右（见图 1-1 最底部的曲线），说明银行领域对违约风险或者说"交易对手"风险的担忧非常少。

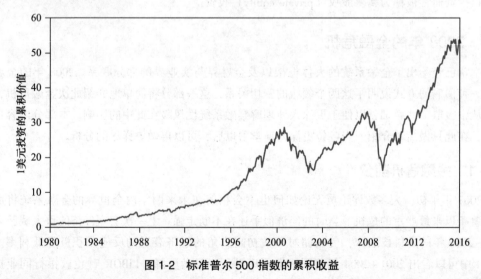

图 1-2　标准普尔 500 指数的累积收益

事实上，在这次经济衰退中货币政策（在过去 30 年里使用更频繁）取得的巨大成功催生了一个新术语——"大稳健"，用来形容最近的经济周期（尤其是经济衰退）比起过去更为温和。

⊖　泰德（TED）代表 Treasury-Eurodollar spread，此处的欧洲美元利率（Eurodollar rate）实际上是指 LIBOR。

有些评论员甚至宣称我们已经进入了宏观经济政策的黄金时代，经济周期的规律已被我们掌控。

低利率和经济稳定使房地产出现历史性繁荣。从图1-3中可以看出20世纪90年代末房地产价格开始明显上升，且2001年以后利率的大幅下降使得房地产价格加速上升，在1997年后的10年里甚至翻了3倍。

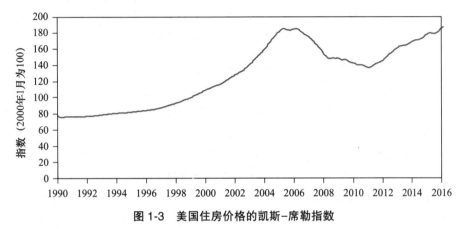

图1-3 美国住房价格的凯斯-席勒指数

但是，宏观经济政策在降低风险方面的过分自信，经济从高科技危机中的快速恢复，以及利率降低使房地产空前繁荣，这些因素播下了2008年经济崩溃的种子。一方面，美联储的低利率政策导致大多数投资的收益率降低，投资者渴望高收益率的替代投资。另一方面，经济的稳定和投资者日益增长的自负使他们对风险的容忍度进一步提高。这在不断膨胀的证券化抵押市场最明显。所有迹象都预示着美国的房地产市场和抵押金融市场即将迎来一场狂风骤雨。

1.7.2 住房融资的变化

1970年以前，大多数抵押贷款由当地金融机构提供，如附近的储蓄银行和信贷联盟。人们在买房时贷款，然后在很长一段时间（通常是30年）内偿还，因此传统储蓄机构的主要资产就是这些住房贷款的组合，而主要负债是储户的存款。当房利美（FNMA，联邦国民抵押贷款协会）和房地美（FHLMC，联邦住房贷款抵押公司）开始从贷款发起者手中购买抵押贷款并将它们捆绑在一起形成资产池，使其可以像其他金融资产一样交易时，这种格局开始改变。这些资产池实质上代表的是对相应抵押贷款的索取权，后来它们被称为抵押支持证券，这个过程被称为**证券化**（securitization）。房利美和房地美很快成为抵押贷款市场的巨头，它们大约购买了一半私人抵押贷款。

图1-4展示了抵押支持证券的现金流从最初借款人（房主）流向最终投资者的过程。贷款的最初提供者（如房屋互助协会）向房主提供100 000美元的住房贷款，房主需要在未来的30年内偿还本金和利息（P&I），然后贷款提供者把这些抵押贷款卖给房利美和房地美以回收贷款成本。贷款提供者会继续代替房利美和房地美每月从房主那里收取偿还金额，扣除少量服务费后的偿还金额将转交给房利美和房地美。房利美和房地美又把这些贷款汇总起来形成抵押支持证券并卖给养老基金和共同基金等投资者。通常情况下代理机构（房利美和房地美）会为每个资产池中的贷款提供信用担保或违约担保，它们把现金流转交给最终投资者时扣取担保费用。因为抵押贷款现金流从房主传递到投资者，再从投资者传递到房利美或房地美，最后由房利美或房地美传递给投资者，因此抵押支持证券又被称为**转递证券**（pass-through security）。

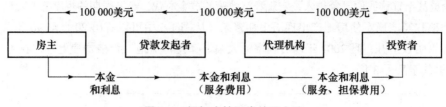

图 1-4 抵押支持证券的现金流

最近 10 年，大多数证券化的抵押贷款由房利美和房地美持有或担保。这些抵押贷款的风险很低，意味着符合证券化条件的贷款金额不能很大，且房主必须达到贷款标准以确保他们有能力偿还借款。例如，贷款金额占住房价值的比例不能超过 80%。但是证券化向抵押投资者提供了一个新的有利可图的市场："源于分配"（而不是"源于持有"）的商业模式。

符合条件的贷款几乎全部通过房利美和房地美汇集，一旦证券化模型形成，将产生一种新产品：由私营企业提供，以不符合条件且违约风险高的次级贷款为支持的证券化产品。私营转递证券的投资者要承担更大的风险，因为房主违约的可能性更大，这是私营转递证券与政府转递证券最大的区别之一。因此只要这些贷款可以出售给投资者，抵押贷款的发起经纪人就不会花费大量精力进行尽职调查。当然，投资者不可能与借款人直接联系，也不可能专注于确保贷款的质量。相反，他们依靠的是借款人持续的信用评分。

先向"简易型贷款"再向"无文档贷款"的发展趋势开始显现，对借款人还贷能力的验证越来越弱，其他次级贷款担保标准迅速降低。例如，允许的住房贷款杠杆（贷款金额占住房价值的比例）明显提高。常用的"搭载贷款"（把第二笔贷款置于第一笔贷款之上）使贷款-价值比率迅速上升。当住房价格下降到低于贷款余额时，很多房主则会拒绝还贷。

可调整利率抵押贷款（ARM）也日益普及。这些贷款向借款人提供一个很低的初始利率或者称为"诱惑利率"，但最终这些利率会被重新设定为市场利率，如短期国库券利率加 3%。在初始利率的诱惑下，许多借款人会使自身的借款能力达到最高，但是，一旦利率重新设定，他们每月的还款金额就会大增，尤其是在市场利率上升的情况下。

尽管这些风险显而易见，但是最近 10 年持续上涨的房价似乎使投资者得意忘形，人们普遍相信不断上涨的房价会使表现不佳的贷款摆脱困境。但是，从 2004 年开始，通过再融资来解救贷款的能力开始下降。首先，高利率使可调整利率抵押贷款的借款人承受了很大的还款压力。其次，如图 1-3 所示，房价在 2006 年达到最高点，因此房主运用已形成的住房权益进行再融资的能力下降。2007 年住房贷款违约率开始激增，抵押支持证券的损失也开始迅速增加，危机正向更严重的方向发展。

1.7.3 抵押贷款衍生工具

有人可能会问：谁愿意购买这些高风险的次级贷款？证券化、重组和信用增级已经给出了这个问题的大部分答案。新型的风险转移工具使投资银行可以从最初发行的"垃圾"贷款中挑出 AAA 级证券。担保债务凭证（CDO）是这些最终变为"垃圾"的创新产品中最重要的一种产品。

担保债务凭证把信用风险（即违约风险）集中在某一类投资者身上，从而使其他投资者可以相对较少地承担信用风险。理念是通过把资产池分为高低级别排出对贷款还款金额索取权的优先次序，这种高低级别被称为份额。高级份额享有对还款金额的优先索取权，只有当高级份额收到所有相应的份额后，低级份额才可以享有对还款金额的索取权。⊖例如，如果一个资产池被分为两类份额，其中70%为高级份额，30%为低级份额，那么还款金额的前70%将被全额支付给高级份额，也就是说只要资产池的违约率在30%以下，高级份额就不会有风险。即使资产池中包括高风险的次级贷款，违约率超过30%的可能性也极低，因此高级份额通常被主要的信用评级机构（如穆迪、标准普尔和惠誉）授予最高评级，如AAA级，从而有大量的AAA级证券从低利率的抵押贷款资产池中被挑选出来，本书第9章将会更详细地讨论担保债务凭证。

当然，现在我们知道这种评级是错误的。抵押贷款证券这种高低级的结构给高级份额带来的保护要远远低于投资者的预期。人们对高评级的普遍辩解是：如果组成资产池的抵押贷款来自不同的地理区域，那么整个资产池的违约率不可能超过高级份额投资者所能承受的损失水平。但是，如果整个国家的房价一起下跌，所有地区的违约率都会上升，那么通过跨地区来分散风险的目的将不会实现。

为什么评级机构会明显低估这些次级证券的风险呢？首先，违约率是使用不具有代表性的历史时期的数据估计的，该历史时期的特点是房地产市场蓬勃发展，宏观经济异常繁荣。其次，评级分析师根据历史违约经验推断新型的借款人资产池的违约率，但这种资产池没有首付，其中还包括还款数额激增的贷款和简易型或无文档贷款（也称为"骗子贷款"）。考虑到市场发生的深刻变化，历史违约经验事实上是无关的。再次，人们对区域多样化在降低风险方面的能力过度乐观。

最后，代理问题日益明显。证券发行者而非购买者向评级机构支付证券评级费用，因此评级机构面临来自发行者的压力，因为发行者可以"货比三家"去寻找评判条件更宽松的评级机构。

> **概念检查 1-2**
>
> 房利美和房地美把抵押贷款集中起来打包为证券，并由它们为这些证券进行担保。相反，没有机构为次级抵押支持证券进行担保，因此投资者需要承担更高的信用风险。这两种管理和分配违约风险的方式哪种更好？

1.7.4 信用违约掉期

与担保债权凭证市场相同，**信用违约掉期**（credit default swap，CDS）市场在这一时期也迅速发展。信用违约掉期实质上是一种针对借款人违约的保险合同，本书第9章将对此进行更详细的讨论。信用违约掉期的购买方每年支付保金（类似于保险费用）以使其规避信用风险。信用违约掉期成为信用增级的一种替代方法，它似乎允许投资者购买次级贷款并且可以保证其安全性。但是在实践中，一些信用违约掉期的发行方加大了它们需要面对的信用风险，却没有足够的资金来支撑这些合约。例如，大型保险公司美国国际集团（AIG）自己就卖出了价值4 000多亿美元的基于次级抵押贷款的信用违约掉期合约。

1.7.5 系统性风险的上升

截至2007年，金融系统已经表现出一些令人担忧的特点。许多大型银行和相关的金融机

⊖ 担保债务凭证和其他相关证券有时候被称为结构化产品。"结构化"是指初始现金流被分割并根据相关的规定在份额之间重新进行分配。

构都实施了一项有利可图的融资计划：把低利率的短期资本融资投资于流动性差但收益率更高的长期资产⊖，并把资产与负债之间的利差当作经济利润。但是这种商业模式非常危险：主要依靠短期借款作为资金支持，这些公司需要不断再融资（即借款到期后再借入其他资金），或者是出售流动性较差的资产组合，但这在面临财务压力时是很难实现的，而且这些机构的杠杆率都很高，几乎没有额外资金来应对损失。尤其是华尔街上的大型投资银行，当它们的资产组合出现问题时它们的杠杆率就会迅速提升，这增加了它们再融资的困难。因为即使是很小的资产组合损失也可能使其净资产变为负值，这样就不会有人愿意给它们延长贷款期限或是借款了。

金融机构脆弱性的另一个原因是很多投资者依靠通过如 CDO 的结构化产品实现"信用升级"。这些资产池中的很多资产流动性差、估值难，且高度依赖于对其他贷款表现的预测。在经济长期低迷时，加上评级较低，这些资产很难卖出去。

这种新的金融模型充满了**系统性风险**（systemic risk），当一个市场产生问题并波及其他市场时，整个金融系统可能会崩溃。当银行等投资者的资金受限并担心进一步遭受损失时，它们会理性地选择囤积资金而非借给客户，这会使其客户的资金问题继续加剧。

1.7.6 靴子落地

至 2007 年秋，住房价格普遍下降（见图 1-3），抵押贷款拖欠率持续上升，股票市场也开始大幅下挫（见图 1-2）。很多大量投资于抵押贷款的投资银行也开始摇摇欲坠。

这场金融危机在 2008 年 9 月达到顶峰。9 月 7 日，大型联邦抵押贷款机构房利美和房地美进入接受管理程序，这两家机构都持有大量的次级贷款支持证券（本书第 2 章将有更详细的介绍）。作为美国住房和抵押贷款金融行业的两大支柱，房利美和房地美的失败将金融市场置于恐慌之中。截至 9 月第 2 周，雷曼兄弟和美林已毫无疑问处于破产边缘。9 月 14 日，美林被美国银行收购，同摩根大通一样，美国银行可以享受政府牵线并担保其免受损失。第 2 天，雷曼兄弟提交破产保护申请，此前它拒绝了与美林相同的待遇。两天后，也就是 9 月 17 日，联邦政府借给美国国际集团 850 亿美元，理由是美国国际集团的失败将给银行业带来巨大的冲击，因为它持有联邦政府大量的信用担保凭证（即信用违约掉期合约）。第 2 天，美国财政部首次宣布将投入 7 000 亿美元购买"有毒的"抵押担保证券。

雷曼兄弟的破产对货币市场上的短期贷款造成了灾难性的后果。雷曼兄弟通过发行短期债务（称为商业票据）借了大量资金。商业票据的主要客户之一是货币市场上的共同基金，共同基金投资于短期、高流动性的债务。当雷曼兄弟倒闭时，持有雷曼兄弟大量 AAA 级票据的联邦货币市场基金遭受了严重的投资损失，以至于其净值降到每份额 1 美元以下。⊖恐慌在其他具有类似风险敞口的基金中蔓延，全美货币市场基金的客户纷纷赎回资金，大量资金从商业票据涌向安全性更高、流动性更好的短期国库券，最终使短期金融市场停止运转。

信用市场的冰冻否定了可以将金融危机限定在华尔街的这种判断。曾经依赖于商业票据市场的大型公司已无法筹集到短期资金，银行同样很难筹到资金（见图 1-1，用于衡量银行偿付

⊖ 流动性是指投资者将投资变现的速度和灵活程度。非流动资产（如不动产）想要快速出售非常困难，而且快速出售时的价格可能远远低于正常情况下出售的价格。

⊖ 通常情况下，货币市场基金几乎没有投资风险，且可以将资产价值维持在每份额 1 美元，因此投资者把它们视为支票账户的近似替代物。在这件事情发生之前，从未出现过其他货币基金跌破面值的情况。

恐慌的泰德利差在 2008 年飙升）。由于银行不愿意或不能够给客户扩大信用，很多依赖于银行贷款的小企业无法筹集到正常的营运资金。资金匮乏的公司不得不迅速缩减业务规模，失业率急剧上升，经济进入几十年以来最糟糕的时期。金融市场上的动荡已经波及实体经济，同华尔街一样，"主街"也陷入长期的痛苦中。

危机并不局限于美国。全球的住房市场都在下跌，欧洲政府不得不出手拯救它们的银行，而这些政府本身也负债累累。随着救助银行的成本的增加，政府偿还自己债务的能力受到质疑。这样，银行业危机就陷入了主权债务危机。

希腊受到的打击最为严重。希腊政府债务约为 4 600 亿美元，远高于其年度国内生产总值。2011 年，它的债务拖欠总额约为 1 300 亿美元。尽管欧盟、欧洲中央银行和国际货币基金组织提供了一系列救助方案，但希腊政府在 2016 年仍处于不利地位。

1.7.7 《多德-弗兰克法案》

金融危机之后，要求华尔街改革的呼声不绝于耳，最终促成了 2010 年《多德-弗兰克华尔街改革和消费者保护法案》（Dodd-Frank Wall Street Reform and Consumer Protection Act，简称《多德-弗兰克法案》）的诞生。

法案要求在银行资本、流动性和风险管理等方面加强监管，降低金融机构"大而不倒"问题出现的可能性和对金融系统稳定性的威胁。通过向大型金融机构征费建立"清算基金"，用于对濒临破产的金融机构的破产清算，确保相关成本由金融业界而不是纳税人承担。

法案还要求提高衍生品市场的透明度。例如，将信用违约掉期合约标准化，这样它们就可以移到交易所交易，它们的价格就可以在一个有深度的市场确定，损失和盈利可以每天结算。强制性的逐日保证金要求可以防止信用违约掉期参与者持有超出自身承受能力的风险，交易所交易也可以帮助分析参与者在该市场上的风险暴露。

法案同时引入"沃尔克法则"（Volcker rule），该法则以美联储前主席保罗·沃尔克姓氏命名。"沃尔克法则"限制大型金融机构的自营交易业务，限制了银行在对冲基金、私募股权基金中的投资比例。

此外，《多德-弗兰克法案》还将金融高管薪酬纳入监督。法案规定美联储将对企业高管薪酬进行监督，确保高管薪酬制度不会导致对风险的过度追求。对此，美联储将提供纲领性指导但不制定具体规则，一旦发现薪酬制度导致金融机构过度追求高风险业务，美联储将有权加以干预和阻止。

在《多德-弗兰克法案》中提出了设立金融稳定监督委员会，该委员会由财政部牵头，成员还包括其他九家监管机构。该机构的主要职责是防范和识别系统性金融风险，认定可能对金融系统构成威胁的大型综合性金融机构，并向美联储建议对该类金融机构执行更严格的资本、杠杆及其他规定。

信用评级机构的激励问题也是一个痛点。很少人对被评级的企业付费给评级公司的机制满意。《多德-弗兰克法案》提出在证券交易委员会下设信用评级办公室监管信用评级机构。

未来这些改革提案是否会实施还充满变数，不少国会议员对法案持批评态度，但此次金融危机让人们更加清晰地认识到金融系统在整个经济中的重要作用。

小 结

1. 实物资产创造财富，金融资产代表对财富的索取权，金融资产决定如何在投资者之间分配实物资产的所有权。
2. 金融资产分为固定收益型、权益型和衍生金融资产。自上而下的投资组合构建方法的起点是资产配置决策，即将资金在大类资产之间进行分配，然后在大类资产中选择具体证券。
3. 金融市场中的竞争使得风险与收益相互权衡，期望收益率更高的证券意味着投资者将承担更大的风险。然而，风险的存在意味着在投资期初实际收益率与期望收益率可能会相差甚远。证券分析师之间的竞争会促进金融市场向信息有效的方向发展，即价格反映了所有关于证券价值的可获得信息。消极型投资策略在近似有效市场上是有效的。
4. 金融中介汇集投资者的资金并进行投资。这种中介服务是存在需求的，因为小型投资者不能有效地收集信息、多样化并监控投资组合。金融中介把自有的证券出售给小型投资者，然后用筹集到的资金再进行投资，最后把获得的收益偿还给小型投资者，并从中赚取价差。
5. 投资银行提高了公司融资的效率，投资银行家在新发行的证券定价和推销方面具有专业优势。截至2008年年末，美国所有主要的独立的投资银行都并入了商业银行，或是重组为商业银行股份公司。在欧洲，全能型银行从来未被禁止，大型银行通常既包括商业银行部门又包括投资银行部门。
6. 2008年的金融危机说明了系统性风险的重要性。控制系统性风险的措施包括：提高透明度以使交易商和投资者可以评估对手的风险；提高资本充足率以避免交易参与者由于潜在损失破产；频繁结算收益或损失以避免某机构的累积损失超出其承受能力；制定有助于阻止承担过度风险的激励措施；由评估证券风险的机构进行更准确的风险评估。

习 题

基础题

1. 金融工程曾经遭到质疑，被认为仅仅是对资源的重新洗牌。批评家认为：把资源用于创造财富（即创造实物资产）而非重新分配财富（即捆绑和分拆金融资产）或许更好。评价这种观点。从各种基础证券中创造一系列的衍生证券是否带来了好处？
2. 为什么证券化只能发生在高度发达的证券市场上？
3. 在经济中，证券化和金融中介的作用之间有什么关系？证券化过程对金融中介有什么影响？
4. 尽管我们说实物资产组成了经济中真正的生产能力，但是很难想象一个现代的经济社会中没有发达的金融市场和多样化的证券。如果没有可以进行金融资产交易的市场，那么美国经济的生产能力将受到什么影响？
5. 公司通过在一级市场上发行股票从投资者那里筹集资金，这是否意味着公司的财务经理可以忽视二级市场上已发行股票的交易情况？

中级题

6. 假设全球的房价都涨了一倍
   a. 社会因此变得更富有了吗？
   b. 房主更富有了吗？
   c. 你对a和b给出的答案一致吗？会不会有人因为这种变化变得更糟？
7. Lanni Products是一家新成立的计算机软件

开发公司，它现有价值 30 000 美元的计算机设备以及股东投入的 20 000 美元现金。识别下列交易中的实物资产和金融资产。这些交易有没有创造或减少金融资产？

a. 公司取得一笔银行贷款，得到 50 000 美元现金，并签发了一张票据承诺 3 年内还款。

b. 公司把这笔钱以及自有的 20 000 美元投入新型财务计划软件的开发中。

c. 公司把该软件出售给微软，微软将以自己的品牌进行销售。公司收到微软的 2 500 股股票作为收益。

d. 公司以每股 80 美元的价格将微软股票出售，用所获得的部分资金偿还银行贷款。

8. 重新考虑第 7 题中的 Lanni Products 公司。

a. 若在其获得银行贷款后立即编制资产负债表，实物资产占总资产的比例是多少？

b. 若在其投入 70 000 美元开发软件产品后再编制资产负债表，实物资产占总资产的比例是多少？

c. 若在其接受微软的股份后再编制资产负债表，实物资产占总资产的比例是多少？

9. 回顾表 1-3 美国商业银行的汇总资产负债表，实物资产占总资产的比例是多少？对于非金融企业（见表 1-4）而言，这一比例是多少？为什么会有这种差别？

10. 图 1A 描述了美国黄金支持证券的发行过程。

a. 发行过程是在一级市场还是在二级市场进行？

b. 该证券是基础资产还是衍生资产？

c. 发行填补了什么市场空缺？

11. 讨论下列形式的管理层薪酬在缓和代理问题（指管理层和股东之间的潜在利益冲突）方面的优点和缺点。

a. 固定工资。

b. 公司股票，但是必须持有 5 年。

c. 与公司利润挂钩的工资。

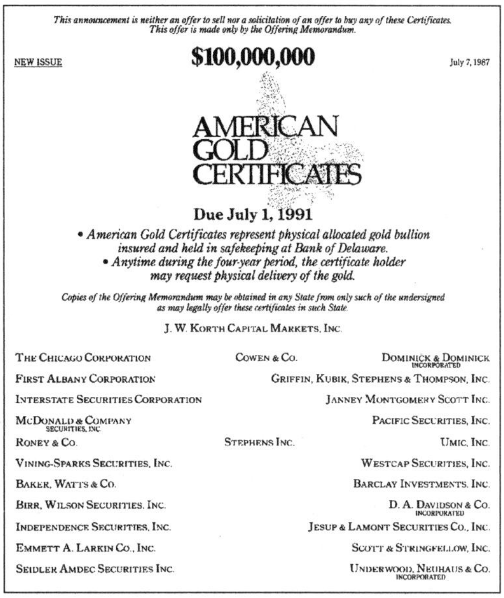
This announcement is neither an offer to sell nor a solicitation of an offer to buy any of these Certificates. This offer is made only by the Offering Memorandum.

NEW ISSUE　**$100,000,000**　July 7, 1987

AMERICAN GOLD CERTIFICATES

Due July 1, 1991

- *American Gold Certificates represent physical allocated gold bullion insured and held in safekeeping at Bank of Delaware.*
- *Anytime during the four-year period, the certificate holder may request physical delivery of the gold.*

Copies of the Offering Memorandum may be obtained in any State from only such of the undersigned as may legally offer these certificates in such State.

J. W. Korth Capital Markets, Inc.

The Chicago Corporation	Cowen & Co.	Dominick & Dominick Incorporated
First Albany Corporation		Griffin, Kubik, Stephens & Thompson, Inc.
Interstate Securities Corporation		Janney Montgomery Scott Inc.
McDonald & Company Securities, Inc.		Pacific Securities, Inc.
Roney & Co.	Stephens Inc.	Umic, Inc.
Vining-Sparks Securities, Inc.		Westcap Securities, Inc.
Baker, Watts & Co.		Barclay Investments, Inc.
Birr, Wilson Securities, Inc.		D. A. Davidson & Co. Incorporated
Independence Securities, Inc.		Jesup & Lamont Securities Co., Inc.
Emmett A. Larkin Co., Inc.		Scott & Stringfellow, Inc.
Seidler Amdec Securities Inc.		Underwood, Neuhaus & Co. Incorporated

图 1A　黄金支持证券

12. 我们发现大型机构投资者或债权人的监督是减轻代理问题的一种方法，为什么个人投资者没有同样的动机去监督公司的管理层？

13. 请举出 3 种金融中介的例子，并解释它们如何在小型投资者和大型资本市场或公司之间起到桥梁作用。

14. 自 1926 年以来，大型股票的平均投资收益率超过短期国库券 7% 的收益率，为什么还有人投资短期国库券？

15. 与“自下而上”的投资方式相比，“自上而下”的投资方式有什么优缺点？

16. 你看到一本书的广告，广告中声称这本书可以指导你在没有任何资金投入的情况下获得 100 万美元的无风险收益，你会购买这本书吗？

17. 为什么金融资产是家庭财富的组成部分，却不是国家财富的组成部分？为什么金融资产仍与经济社会的物质福利有关？

18. 华尔街上的金融机构把交易利润的一部分支付给交易商作为报酬，这将对交易商承担风险的意愿产生什么影响？这种行为将导致什么代理问题？

19. 金融系统如何改革才可以降低系统性风险？

概念检查答案

1-1　a. 实物资产
　　　b. 金融资产
　　　c. 实物资产
　　　d. 实物资产
　　　e. 金融资产

1-2　核心问题是对监督贷款质量（包括发放时及发放后）的激励问题。很显然，房利美和房地美有动机去监督它们所担保的贷款的质量，而且它们与抵押贷款发起者持续的关系也使它们有机会评估过去的记录。在次级贷款市场上，承担信用风险的证券（或是由这些证券支持的担保债权凭证）投资者不愿意投资那些与违约率不相称的贷款。如果他们了解自己承担的信用风险，那么他们会在支付的价格（会相应地下降）中强加对抵押贷款发起者和服务商的限制条件。事实上，他们愿意持有这些高风险的证券说明他们并没有意识到自己所承担的风险有多大，对房价过度乐观的推测或是信用报告机构有偏的评估或许误导了他们。原则上，对违约风险的排序可以保证对抵押贷款发起者进行适当的约束，但在实践中，房利美和房地美的信息优势或许使它们成为违约风险更好的承担者。我们从中得到的教训是：信息和透明度是保证市场良好运转的前提条件。

第 2 章
CHAPTER 2

资产类别与金融工具

第1章中我们已经学过，构建投资组合时首先要决定分配到各个资产大类中的资金比例，如货币市场基金、银行存款、长期债券、股票，甚至房地产和贵金属等，这个过程叫作资产配置。在每一资产大类中选择具体的资产进行投资，这一过程叫作证券选择。

每一资产大类都包含多种证券，而且每一小类的资产种类也多种多样。本章的学习目标是了解各大类资产的主要特点，为达成这一目标，本章将根据每一资产大类依次介绍各种金融工具。

金融市场通常被分为**货币市场**（money markets）和**资本市场**（capital markets）。货币市场工具主要包括期限短、变现能力强、流动性好、风险低的债务证券。货币市场工具有时被称为现金等价物，或简称为现金。相反，资本市场主要由期限较长、风险较大的证券组成。资本市场上的证券种类远远多于货币市场，因此又可以将资本市场细分：债券市场、权益市场以及期权与期货衍生工具市场。

本章将首先介绍货币市场工具，然后介绍债务证券和权益证券。因为市场基准组合在构建和评估投资组合时起到重要作用，本章还将分析各种股票市场指数的结构。最后本章介绍期权和期货合约的衍生证券市场。

2.1 货币市场

货币市场是固定收益市场的一部分，它由变现能力极强的超短期债务证券组成。表2-1列出了2015年货币市场一些主要工具的成交量，大多数这类证券的交易面值很大。个人投资者没有实力购买，但是他们可以通过购买货币市场基金参与该市场。货币市场基金汇集投资者的资金，并以他们的名义购买各种货币市场证券。

表 2-1　货币市场的主要工具的成交量

	10 亿美元		10 亿美元
回购协议	3 748	国库券	1 527
小额定期存单及储蓄存款①	8 991	商业票据	1 120
大额定期存单①	1 865	货币市场共同基金	2 716

①小额是指小于 100 000 美元。

资料来源：*Flow of Funds Accounts of the United States*，Board of Governors of the Federal Reserve System，March，2016.

2.1.1　短期国库券

短期国库券（T-bills 或 bills）是所有货币市场工具中变现能力最强的，它代表了一种最简单的借款形式：政府通过向公众出售国库券筹集资金，投资者以面值的一定折扣购入国库券，当国库券到期时，政府按面值从持有者手里赎回，购买价格与面值之差构成投资者的投资收益。

短期国库券的期限分为 4 周、13 周、26 周和 52 周。个人可以直接在一级市场上拍卖取得，也可以在二级市场上从政府证券交易商那里购入。短期国库券的流动性非常强，可以很容易地转化成现金，而且交易成本低，也没有多大的价格风险。大多数货币市场工具的最低交易面值是 100 000 美元，而短期国库券的最低交易面值只有 100 美元，尽管更常见的交易面值是 10 000 美元。此外，短期国库券的收益可以免除所有的州和地方税，这是短期国库券区别于其他货币市场工具的又一特征。

图 2-1 列出了美国部分短期国库券的收益率。财经报纸并不提供每种国库券的价格，它提供的是基于这些价格计算出的收益率。从图中可以看到与买方报价和卖方报价相对应的收益率。**卖方报价**（ask price）是指从证券交易商手中买入一张国库券时必须支付的价格。**买方报价**（bid price）是指将一张国库券卖给

美国短期国库券		买方报价收益率（%）	卖方报价收益率（%）	变化	基于卖方报价的收益率（%）
到期日	到期天数				
2016-07-14	66	0.155	0.145	0.005	0.148
2016-09-01	115	0.233	0.223	0.000	0.226
2016-10-27	171	0.350	0.340	0.000	0.345
2016-12-08	213	0.348	0.338	0.000	0.344
2017-04-27	353	0.503	0.493	0.002	0.502

图 2-1　美国部分短期国库券收益率

资料来源：Compiled from data obtained from *The Wall Street Journal Online*，May 9，2016.

交易商时所能收到的价格，它略低于卖方报价。**买卖价差**（bid-ask spread）是指卖方报价和买方报价之间的差额，它是交易商的利润来源。注意：图 2-1 中的买方收益率高于卖方收益率，这是因为价格与收益率之间成反比例关系。

图 2-1 中的前两种收益率是按银行贴现法计算的，即到期值或面值的贴现率是按年计算的（一年以 360 天计）。以 2016 年 10 月 27 日到期，距到期日还剩 171 天的国库券为例，对应于"卖方报价"的收益率是 0.340%，通过计算 0.340%×(171/360) = 0.161 5%，意味着交易商愿意按面值折扣 0.161 5% 的价格将这种国库券出售。因此，面值为 10 000 美元的国库券的出售价格是 10 000 美元×(1－0.001 615) = 9 983.85 美元。类似地，按"买方报价"的收益率 0.350% 计算，10 000 美元×[1－0.003 50×(171/360)] = 9 983.375 美元，即交易商愿意以每张 9 983.375 美元的价格买入这种国库券。

银行贴现法计算收益率已经有很长的历史，但它至少存在两方面的不足：第一，它假设一年只有 360 天；第二，它以面值为基础而非以投资者的购买价格为基础计算收益率。⊖仍以

⊖ 在计算机产生之前，为了简化计算就会产生这两种"误差"。基于面值的整数计算贴现率要比基于购买价格简单得多，而且按一年 360 天来计算收益率也相对容易，因为 360 是许多数字的偶数倍。

2016 年 10 月 27 日到期的国库券为例,投资者按卖方报价购入该国库券并持有至到期日,在 171 天里这种国库券涨了 10 000 美元/9 983.85 美元-1=0.161 8%,把这个收益率转换为按 365 天计算的年度收益率: 0.161 8%×365/171=0.345%,这便是表中最后一列"基于卖方报价的收益率"所对应的数值,被称为**债券等值收益率**(bond-equivalent yield)。

2.1.2 大额存单

大额存单(certificate of deposit,CD)是一种银行定期存款,不能随时提取,银行只在大额存单到期时才向储户支付利息和本金。但是,面额超过 100 000 美元的大额存单通常是可以转让的,也就是说所有者可以在大额存单到期前将其出售给其他投资者。短期大额存单的变现能力很强,但 3 个月期以上的大额存单流动性则会大打折扣。大额存单被联邦存款保险公司视为一种银行存款,当银行出现偿债能力危机时,其持有者可获得最高 25 万美元的保额。

2.1.3 商业票据

知名的大型公司通常不会直接向银行借款,而是发行短期无担保债务票据,这种票据叫作**商业票据**(commercial paper)。商业票据由一定的银行信用额度支持,这样可以保证借款者在票据到期时有足够的现金来清偿(如果需要的话)。

商业票据的期限可长达 270 天,期限通常在 1 个月或 2 个月以内,面值一般是 100 000 美元的倍数,因此小型投资者不能直接投资商业票据,只能通过货币市场上的共同基金投资。

商业票据被认为是一种相当安全的资产,因为公司的经营和财务状况在 1 个月这么短的时间内是可以监督并预测的。

商业票据通常由非金融公司发行,但近几年来,诸如银行此类的金融公司开始大量发行资产支持商业票据,这是一种短期商业票据,用于筹集资金来投资其他资产,而反过来这些资产再作为商业票据的担保品,因此这些票据被贴上"资产支持"的标签。2007 年夏初,当次级抵押贷款的违约率不断上升时,这种行为带来了很多问题,随着已发行商业票据的到期,银行发现它们无法再发行新的商业票据进行融资。

2.1.4 银行承兑汇票

银行承兑汇票(banker's acceptance)是指由银行客户向银行发出在未来某一日期支付一笔款项的指令,期限通常是 6 个月内。此时,银行承兑汇票类似于远期支票。当银行背书承兑后,银行开始负有向汇票持有者最终付款的责任,此时的银行承兑汇票可以像其他任何对银行的债权一样在二级市场上交易。银行承兑汇票以银行信用代表交易者信用,因而被认为是一种非常安全的资产。在国际贸易中,交易双方互不知晓对方信用情况时,银行承兑汇票得到了广泛的使用。像短期国库券一样,银行承兑汇票在面值的基础上折价销售。

2.1.5 欧洲美元

欧洲美元(Eurodollars)是指国外银行或美国银行的国外分支机构中以美元计价的存款。由于这些银行或分支机构位于美国境外,因此它们可以不受美联储的监管。尽管被冠以"欧洲"二字,但这些账户并不是必须设在欧洲的银行中,欧洲只是美国本土以外首先接受美元存款的地区。

大多数欧洲美元存款是数额巨大且期限短于 6 个月的定期存款。欧洲美元大额存单是欧洲美元定期存款的一种衍生品，它与美国国内银行的大额存单相似，唯一的区别在于它是银行非美分支机构（如伦敦分支机构）的负债。与欧洲美元定期存款相比，欧洲美元大额存单的优点在于它可以在到期前转让变现。但是，与美国国内的大额存单相比，欧洲美元大额存单流动性较差，而且风险较高，因而收益率也较高。公司也会发行欧洲美元债券，即在美国以外以美元计价的债券。但是由于期限太长，欧洲美元债券并不是货币市场投资工具。

2.1.6 回购和逆回购

政府证券的交易商使用**回购协议**（repurchase agreements，repos 或 RPs）作为一种短期（通常是隔夜）借款手段。交易商把政府证券卖给投资者，并签订协议在第 2 天以稍高的价格购回。协议约定的价格增幅为隔夜利息。通过这种方式，交易商从投资者那里借款一天，证券在其中充当抵押品。

定期回购本质上与普通回购一样，只是定期回购的期限可以超过 30 天。因为有政府证券作为担保，因此在信用风险方面回购协议被认为是非常安全的。逆回购恰是回购的一种镜像。在逆回购中，交易商找到持有政府证券的投资者买入证券，并协定在未来某一日期以稍高的价格售回给投资者。

2.1.7 联邦基金

像我们把钱存在银行一样，银行会把钱存在联邦储备体系中。联邦储备体系中的每一家会员银行都要在美联储中设立一个准备金账户，且账户要保证最低余额，最低余额的标准取决于银行客户的存款总额。准备金账户中的资金叫作**联邦基金**（federal funds，或 fed funds）。总有一些银行准备金账户中的余额高于最低金额，其他银行（尤其是位于纽约和其他金融中心的大型银行）的准备金则常常不足。在联邦基金市场上，准备金不足的银行可以向准备金超额的银行借款。这类借款通常是隔夜交易，这种银行间拆借的利率叫作联邦基金利率。

尽管联邦基金市场设立的初衷是为银行之间转移准备金余额以达到监管要求提供一种途径，但现在该市场已经发展成为许多大型银行利用联邦基金筹资的一种工具了。因此，联邦基金利率是金融机构间超短期借款的利率。尽管大多数投资者不能参与到联邦基金市场，但是联邦基金利率的高低逐渐成为了一个货币政策松紧的度量指标。

2.1.8 经纪人拆借

通过支付保证金形式购买股票的个人投资者可以向经纪人借款来支付股票，而经纪人可能又向银行借款，并协定只要银行需要则将即时归还。这种借款的利率通常比短期国库券的利率高出 1%。

2.1.9 伦敦银行同业拆借市场

伦敦银行同业拆借利率（London Interbank Offered Rate，LIBOR）是位于伦敦的大型银行之间互相借款的利率。这种根据以美元计价的贷款而确定的利率已经成为欧洲货币市场上短期借款的主要利率报价，也成为很多金融交易中的参考利率。例如，公司借款的利率可能是 LIBOR 加上 2% 的浮动利率。

除美元外，LIBOR 还可能与其他多种货币挂钩。例如，LIBOR 广泛地用于以英镑、日元、欧元等计价的交易。还有一种利率与 LIBOR 相似，叫作**欧洲银行同业拆借利率**（European Interbank Offered Rate，EURIBOR），它是欧元区银行间互相借款所使用的利率。

LIBOR 是货币市场的关键基准利率，与数万亿美元的贷款和衍生资产收益率挂钩。因此，2012 年暴露出的 LIBOR 人为操纵丑闻震动了整个金融市场。专栏华尔街实战 2-1 讨论了相关事件。

|华尔街实战 2-1|　　　　　　LIBOR 的人为操纵丑闻

LIBOR 最初只是银行间同业拆借利率的一项调查结果，但很快就成为被广泛接受的短期利率指导基准。超过 500 万亿美元的衍生品合约收益与其绑定，还有数百万亿美元与 LIBOR 挂钩的浮动利率贷款和债券在市场中流通。LIBOR 会采用多种币种进行报价，如美元、日元、欧元和英镑等，期限从 1 天到 1 年不等，以 3 个月最为常见。

然而，LIBOR 并非实际借款利率，仅是"预计"借款利率的调查结果，这使得它容易被操纵。多家大型银行会报告它们认为的银行间市场借款利率。在剔除极端值后，根据样本均值估算 LIBOR。

随着时间的推移，有些问题显现出来。首先，银行报告的利率可能低于它们实际的借款利率，以体现其强大的融资能力；而其他的调查结果却显示这些银行的借款利率会更高。此外，LIBOR 似乎并没有及时反映当前的市场状况。即便其他利率波动剧烈，大多数 LIBOR 报价却保持不变，而且 LIBOR 利差与其他信用风险度量指标，如信用违约掉期利差呈现了出奇的低相关性。更糟糕的是，参与咨询报价的银行合谋操纵 LIBOR 以提高其衍生品交易利润。交易员使用电子邮件和短信互相通气，让对方知悉期望更低或更高的利率报价。这种非正式的卡特尔银行成员单位在某个"牵头银行"的带领下根据它们的交易头寸彼此协调利率报价。

到目前为止，政府已经向几家大型银行开出了超过 50 亿美元的罚单：德意志银行 25 亿美元，瑞银 15 亿美元，苏格兰皇家银行 6.12 亿美元，巴克莱 4.5 亿美元，其他银行仍在调查中。但政府罚款可能只是序曲，与这些银行进行衍生品对手盘交易或有贷款往来的私人诉讼将纷至沓来，只要是利率与 LIBOR 挂钩的业务都可能牵涉其中。

针对于此，未来的改革包括：英国银行家协会不仅负责 LIBOR 的调查公布，也负有对 LIBOR 的监管责任；扩大调查银行样本规模，以使合谋更加困难，同时删除不活跃货币、期限不定的 LIBOR 报价，越是不活跃不定期限的货币，LIBOR 越容易受操控；更实质性的建议是，调查结果基于银行真实的拆借利率。

2.1.10　货币市场工具的收益率

尽管货币市场证券的风险很低，但并不是完全没有风险。货币市场证券承诺的收益率高于无风险的短期国库券，部分原因是其风险相对较高。此外，许多投资者要求高流动性，他们宁愿接受收益率低但可以快速低成本变现的短期国库券。如图 2-2 所示，银行大额存单一直以来持续支付高于短期国库券的风险溢价，且该溢价随经济危机的爆发而增加，如两次因石油输出国组织（OPEC）动荡而引发的能源价格波动、宾夕法尼亚广场银行的倒闭、1987 年股市崩盘、1998 年长期资本管理公司倒闭，以及 2008~2009 年由于次级贷款市场崩溃而引发的信用危机等。回顾第 1 章中的图 1-1，我们发现泰德利差，即 LIBOR 与短期国库券利率之差，在金融危机时也达到最高点。

货币市场基金是一种对货币市场工具进行投资的共同基金，现在它们已成为该领域的主要融资来源。专栏华尔街实战 2-2 讨论了 2008 年的信用危机对这些基金的影响。

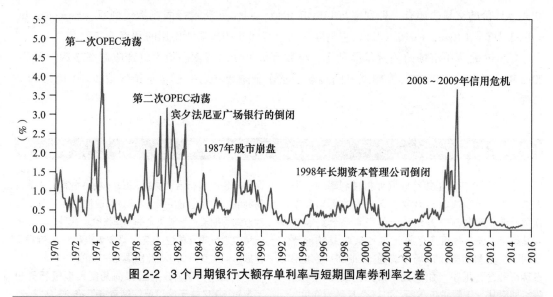

图 2-2 3 个月期银行大额存单利率与短期国库券利率之差

|华尔街实战 2-2| 货币市场基金与 2008 年的信用危机

货币市场基金是一种共同基金,对货币市场上的短期债务工具进行投资,2008 年,这些基金的投资总额约为 26 000 亿美元。它们被要求只能持有高质量的短期债务:平均期限短于 3 个月。它们最主要的投资是商业票据,但是大额存单、回购协议、短期国库券也占有相当大的比重。由于这种保守的投资组合,货币市场基金的价格风险很低。投资者通常可以针对其在基金中所享有的份额获得开具支票的特权,他们把货币市场基金作为银行账户的近似替代物。这种做法是可行的,因为货币市场基金几乎总能将每份价值维持在 1 美元,并以利息的形式向投资者支付投资收益。

到 2008 年,只有一只货币市场基金的价值曾跌破每份 1 美元。2008 年 9 月 15 日雷曼兄弟申请破产保护时,许多购买了其大量商业票据的基金都遭受了严重损失。第 2 天,储备主要基金(最早的货币市场基金)的每份价值跌到了 0.97 美元。

当投资者意识到货币市场基金正遭受巨大的信用危机时,市场上出现了严重的挤兑现象。为了避免进一步的资金流出,美国财政部宣布将为愿意支付一定数额保险费用的货币市场基金提供联邦保险,该项目类似于联邦存款保险公司的银行保险业务。资金外流的危险终于平息了。

然而,华尔街货币市场基金的动荡已经波及"主街"。货币市场基金管理者担心会有进一步的投资者挤兑,甚至连短期投资也不敢做,从而导致对商业票据的需求迅速枯竭。曾经可以以 2% 的利率借款的企业现在不得不支付高达 8% 的利率,而且商业票据市场也处于崩溃边缘。这些市场曾经是企业短期融资(用于从工资到存货的各种支出)的主要来源。货币市场的进一步崩溃可能对经济产生更广泛、更恶劣的影响。为了结束恐慌和稳定货币市场,联邦政府决定为货币市场基金投资提供担保。担保安抚了投资者,平缓了市场情绪,却将政府推向了潜在高达 3 万亿美元的负债边缘,相当于当时货币市场基金持有的全部资产规模。

为了降低这些基金的运营风险,美国证券交易委员会随后进行了一系列改革。机构货币市场基金(服务机构而不是私人投资者)需要根据其资产价值"浮动"其基金份额价格,而不是维持固定的每份 1 美元的价格。这一措施抑制了投资者在危机期间竞相成为第一个提现者而基金份额价格维持在不可持续的 1 美元水平。此外,如果基金资产下跌超过 30%,则基金管理人将有权限制赎回或征收高达 2% 的赎回费。最后,规则要求提高透明度,更多地披露资产价值、投资组合构成和流动性。

2.2 债券市场

债券市场由长期借款或债务工具组成,这些工具的期限比在货币市场上交易的要长。该市场主要包括中长期国债、公司债券、市政债券、抵押证券和联邦机构债券等。

有时候人们认为这些工具组成了固定收益资本市场,因为它们中的大多数承诺支付固定的收入流或是按特定公式来计算收入流。但实际上根据这些公式计算出来的收益并不是固定的,因此,"固定收益"这个词用得并不十分恰当,把这些证券称为债务工具或债券更简单直接。

2.2.1 中长期国债

美国政府主要通过发行**中期国债**(treasury notes)和**长期国债**(treasury bonds)进行融资。中期国债的期限最长为10年,长期国债的期限从10~30年不等,它们的面值可以为100美元,但是交易中更常见的面值是1 000美元。中期国债和长期国债都是每半年支付一次利息,叫作**息票支付**(coupon payments),该名称源于计算机出现之前,投资者依次撕下附在债券后面的息票交给发行者索取利息。

图2-3是一张中长期国债行情列表。表中标灰的中长期国债为2019年5月到期,其买入价为99.812 5,十进制版为 $99\frac{104}{128}$。最小的刻度尺寸,即债券市场的价格增量,一般是每一基点1/128。虽然债券通常以面值1 000美元的面值进行交易,但价格以面值的百分比报价。因此,买入价应解释为平价的99.812 5%,或1 000美元面值债券的998.125美元。同样,该债券可以出售给交易商的卖出价是平价的99.828 1%,或者998.281美元。-0.085 9的变化意味着当天的收盘价从前一天的收盘价下跌了面值的0.085 9%(相当于一个点的11/128)。最后,基于卖出价的到期收益率为0.933%。

财经媒体中报道的**到期收益率**(yield to maturity)是在半年收益率的基础上翻倍计算出来的,而不是将两个半年按复利方法计算的。这意味着使用单利方法计算的年收益率是一种年化百分比利率(APR)而非有效年收益率,这里的年化百分比利率也叫作**债券等值收益率**(bond equivalent yield)。本书第9~10章将对到期收益率进行详细阐述。

美国中长期国债					
到期日	息票利率	买入价	卖出价	变化	基于卖出价的到期收益率(%)
2018-05-15	1.000	100.398 4	100.414 1	-0.085 9	0.791
2019-05-15	0.875	99.812 5	99.828 1	-0.085 9	0.933
2021-02-15	7.875	130.578 1	130.593 8	-0.265 6	1.225
2025-08-15	2.000	102.281 3	102.296 9	-0.343 8	1.730
2030-05-15	6.250	152.398 4	152.460 9	-0.796 9	1.950
2041-11-15	3.125	111.789 1	111.820 3	-0.875 0	2.496
2046-05-15	2.500	97.992 2	98.023 4	-0.906 3	2.595

图2-3 中长期国债行情列表

资料来源:Compiled from data obtained from the *Wall Street Journal Online*, May 16, 2016.

> **概念检查2-1**
>
> 观察图2-3中将于2025年8月到期、息票收益为2%的长期国债,其买方报价、卖方报价和到期收益率分别是多少?其前一交易日的卖方报价是多少?

2.2.2 通胀保值债券

构建投资组合时最好的做法是从风险最小的证券开始。世界上许多国家的政府（包括美国政府）都发行过与生活成本指数相关的债券以使其国民可以有效地规避通货膨胀风险。

在美国，通胀保值债券被称为 TIPS（treasury inflation-protected securities）。这种债券的本金需要根据消费者物价指数（CPI）的增幅按比例进行调整，因此它们可以提供不变的实际货币（通货膨胀调整的）收益流。TIPS 债券的收益率是一种实际利率或是通货膨胀调整的利率，本书第 9 章将对 TIPS 债券进行更详尽的阐述。

2.2.3 联邦机构债券

一些政府机构会自己发行证券进行融资，这些机构成立的初衷是向那些国会认为无法通过正常的私人渠道获取充分信用的特定领域提供信用。

主要的抵押贷款机构有联邦住房贷款银行（FHLB）、联邦国民抵押贷款协会（FNMA，房利美）、政府国民抵押贷款协会（GNMA）、联邦住房贷款抵押公司（FHLMC，房地美）。联邦住房贷款银行将发行债券筹集的资金借给储蓄和贷款机构，再由这些机构把款项贷给需要住房抵押贷款的个人。

尽管没有明确地说明联邦机构的债务由联邦政府担保，但是长期以来人们普遍认为如果联邦机构濒临破产，政府一定会伸出援手。这种观点在 2008 年 9 月当房利美和房地美面临严重的财务困境时得到了验证。当两家公司处于破产边缘时，政府进入干涉、接管，并指定由联邦住房金融机构接管两家公司，事实上这是有利于公司债券的。本章稍后将讨论导致这次接管的事项。

2.2.4 国际债券

有许多公司从国外借款，也有许多投资者购买国外发行的证券。除美国国内资本市场外，主要以伦敦为中心的国际资本市场正蒸蒸日上。

欧元债券是一种以发行国以外的货币计价的债券。例如，在英国发行的以美元计价的债券叫作欧洲美元债券。类似地，在日本国外发行的以日元计价的债券叫作欧洲日元债券。由于欧洲的货币被称为欧元，"欧元债券"这个名称可能会引起误解，因此最好将欧元债券视为国际债券。

与以外币计价的债券相对应，许多公司在国外发行以本国货币计价的债券。例如，扬基债券是一种非美发行者在美国发行的以美元计价的债券，类似地，武士债券是指由非日发行者在日本发行的以日元计价的债券。

2.2.5 市政债券

市政债券（municipal bonds）是由州和地方政府发行的债券。市政债券类似于长期国债和公司债券，区别是市政债券的利息收入无须缴纳联邦所得税，在发行州也无须缴纳州和地方税。但当债券到期或投资者以高于买方报价将债券售出时，必须缴纳资本利得税。

市政债券通常分为两类：**一般责任债券**（general obligation bonds）和**收入债券**（revenue bonds）。一般责任债券完全由发行者的信用支撑（即课税能力）；而收入债券是为特定项目筹资而发行的,并由该项目获得的收入或运作该项目的特定市政机构担保。收入债券的发行者通常是机场、医院、公路和港口管理机构等。很明显,收入债券的违约风险高于一般责任债券。图2-4描绘了两类市政债券的债务总额。

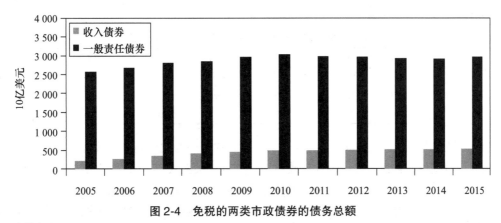

图2-4 免税的两类市政债券的债务总额

资料来源：*Flow of Funds Accounts of the United States*, Board of Governors of the Federal Reserve System, March, 2016.

产业发展债券（industrial development bond）是一种为商业企业筹措资金的债券,如为私营企业筹集资金建设厂房。事实上,这种以鼓励私营企业发展为目的的债券使企业可以获得像市政当局那样的免税借贷,但是联邦政府限制这类证券的发行量。⊖

像长期国债一样,市政债券的期限变动范围非常大。很大一部分市政债券是以短期**待付税款票据**（tax anticipation notes）的形式发行的,目的是在实际收取税款前筹集支出资金。其他市政债券都是长期的,用于支持大型资本投资,期限可长达30年。

免税是市政债券最主要的特点。由于投资者无须为利息所得支付联邦税和州税,因此他们愿意接受这类收益率较低的债券。

投资者在应税债券和免税债券之间选择时,需要比较每种债券的税后收益。要想做出准确比较,就必须计算税后收益率,这样才能清楚地说明所得税和已实现的资本利得。但在实际中,通常使用一种简单方法:假设用 t 表示投资者的边际税率等级（联邦与州复合税率）, r 表示应税债券的税前收益率,那么 $r(1-t)$ 即表示这些债券的税后收益率。⊜如果该值超过了市政债券的收益率 r_m,则投资者应购买应税债券。否则,投资者应购买免税的市政债券。

另一种比较方法是计算使应税债券税后收益率与市政债券收益率相等的应税债券利率。为了计算该值,首先假定两种债券的税后收益率相等,然后计算市政债券的**应税等值收益率**（equivalent taxable yield）,这就是应税债券与市政债券的税后收益率相等时应税债券需支付的税前利率。

$$r(1-t) = r_m \tag{2-1}$$

⊖ 注意,尽管产业发展债券通常是免税的,但若将筹集的资金用于以营利为目的的企业项目,则必须缴纳最低税额。

⊜ 联邦与州复合税率近似等于两个税率之和。例如,若联邦税率为28%,州税率为5%,那么复合税率约等于33%。更精确的方法是在计算联邦税时将州税扣除,因为应缴联邦税的所得额是扣除州税后的净所得额。因此,对于1美元的所得,税后收益为 $(1-t_{联邦})\times(1-t_{州})$。本例中,1美元的税后收益为 $(1-0.28)\times(1-0.05)=0.684$,因此,复合税率为 $1-0.684=0.316$,即31.6%。

或

$$r = r_m/(1-t) \tag{2-2}$$

因此，市政债券收益率除以 $1-t$ 即为应税等值收益率。表 2-2 给出了一些通过市政债券收益率和税率计算出的应税等值收益率。

表 2-2 与免税市政债券收益率对应的应税等值收益率

边际税率	市政债券收益率（%）					边际税率	市政债券收益率（%）				
	1%	2%	3%	4%	5%		1%	2%	3%	4%	5%
20	1.25	2.50	3.75	5.00	6.25	40	1.67	3.33	5.00	6.67	8.33
30	1.43	2.86	4.29	5.71	7.14	50	2.00	4.00	6.00	8.00	10.00

表 2-2 经常出现在免税共同债券基金的营销资料中，因为它向高税率等级的投资者证明了市政债券可以提供非常诱人的应税等值收益率，这可以根据式（2-2）计算出来。若应税等值收益率超过了应税债券的实际收益率，则对投资者而言持有市政债券更有利。注意，投资者的税率等级越高，应税等值收益率越高，市政债券的免税特性就越有价值。因此，高税率等级的投资者更倾向于持有市政债券。

运用式（2-1）或式（2-2）也可以计算出投资者处于何种税率等级时，持有应税债券和市政债券是无差别的。把式（2-2）变形，可以得出使两种债券税后收益率相等的临界税率等级。通过变形，得到

$$t = 1 - \frac{r_m}{r} \tag{2-3}$$

因此，收益率之比 $\frac{r_m}{r}$ 是决定市政债券收益率的关键因素。该比率越高，临界税率等级越低，就会有更多的投资者倾向于持有市政债券。图 2-5 是 20 年期市政债券收益率与 Baa 评级公司债券收益率之比。公司债券和市政债券的违约风险在一定范围内是可比的，但会随时间波动。例如，这一比例在 2011 年急剧上升，可能反映了当时市场对美国几个州、市经济状况的担忧，导致了这些市政债券利差扩大。

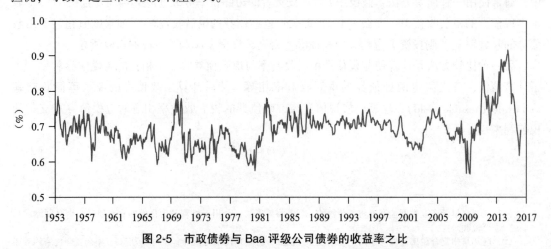

图 2-5 市政债券与 Baa 评级公司债券的收益率之比

资料来源：Authors' calculations, using data from www.federalreserve.gov/releases/h15/data.htm.

例 2-1　应税债券收益率与免税债券收益率的比较

从图 2-5 中可以看出，近 30 年来，免税债券与应税债券的收益率之比围绕 0.70 上下波动。这对临界税率等级（即投资者的税率等级一旦超过该值，持有免税债券将带来更高的税后收益率）意味着什么？根据式（2-3），若投资者的税率等级（联邦税加上州税）超过 1-0.70 = 0.30，即 30%，持有市政债券将获得更高的税后收益率。但需要注意，准确把握这些债券的风险差异极其困难，因此临界税率等级只能是一个近似值。

概念检查 2-2

假设你的税率等级是 30%，那么你会倾向于持有收益率为 6% 的应税债券还是收益率为 4% 的免税债券？该免税债券的应税等值收益率是多少？

2.2.6　公司债券

发行公司债券是私营企业直接向公众借款的融资方式。公司债券在结构上与中长期国债相似：它们通常每半年向持有者支付一次利息，到期时偿付本金。公司债券与国债最主要的区别在于风险的不同，违约风险是投资者购买公司债券时必须考虑的因素之一，本书第 9 章将详细阐述风险问题。在此只区分抵押债券、无抵押债券（或称为信用债券）以及次级债券。抵押债券是指公司违约时有担保物支持的债券，无抵押债券则没有任何担保物支持；次级债券是指公司违约时，对资产的求偿权位于其他债券之后的债券。

公司债券有时候会附有选择权。可赎回债券赋予公司按规定价格从持有者手中回购债券的选择权。可转换债券赋予债券持有者将债券转换成规定数量股票的选择权。本书第 9 章将详细讨论这些选择权。

2.2.7　抵押贷款和抵押担保证券

由于抵押担保证券的快速发展，几乎所有人都可以投资抵押贷款的投资组合，抵押担保证券也成为固定收益市场最主要的组成部分之一。正如第 1 章所述，抵押担保证券既代表了对抵押贷款资产池的求偿权，也代表了由该资产池做担保的一项负债。这种求偿权代表了抵押贷款的证券化，抵押贷款的贷款者发放贷款，然后将这些贷款打包并在二级市场销售。具体来讲，他们销售的是抵押贷款被偿还时其对现金流的求偿权。贷款发起者继续为这些贷款服务，负责收取本金和利息并转交给抵押贷款的购买者。因此，抵押担保证券也叫转递证券。大多数转递证券由符合标准的抵押贷款组成，即这些贷款在被房利美和房地美购买之前要满足特定标准（针对借款者信用的标准）。然而，在金融危机爆发的前几年中，大量次级抵押贷款（向财务状况较差的借款者发放的风险较大的贷款）被打包并被"私营"发行者销售。图 2-6 说明了金融危机前机构和私营抵押担保证券的爆炸式增长。

为了使低收入家庭也能买得起房子，房利美和房地美被鼓励购买次级抵押贷款资产池。正如我们在第 1 章中所看到的，这些贷款最终都变成了灾难，银行、对冲基金和其他类型的投资者共遭受了几万亿美元的损失，房利美和房地美则由于购买次级抵押贷款资产池而损失了几十亿美元。从图 2-6 可以看出，私营抵押担保证券市场在 2007 年之后快速萎缩。由于房利美和房地美按照新的协议缩减抵押担保证券的规模，联邦机构发行的抵押担保证券市场也急转直下。同时，现有抵押担保贷款池中健康的贷款被全部还清，违约的贷款在资产池中被移出。

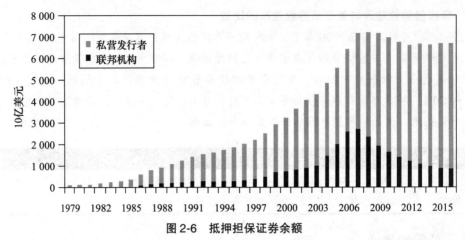

图 2-6 抵押担保证券余额

资料来源：*Flow of Funds Accounts of the United States*, Board of Governors of the Federal Reserve System, March, 2016.

最近几年，市场上的操作变得更为谨慎保守，尤其是最终借款者需严格符合的信用标准。尽管存在一些问题，但没有人相信资产证券化会就此终止。事实上，资产证券化在众多信贷领域已经越来越普遍，例如，汽车贷款、助学贷款、房屋净值贷款、信用卡贷款甚至私营企业的负债现在经常被打包为转递证券在资本市场上交易。图 2-7 描绘了自 1996 年以来非抵押贷款资产支持证券的快速增长情况。在 2007 年的前十年中，资产支持证券市场规模扩大了 5 倍。金融危机爆发后，对信用卡和房屋净值贷款违约风险的担忧激增，因此整体规模有所下降，但规模依然是巨大的。

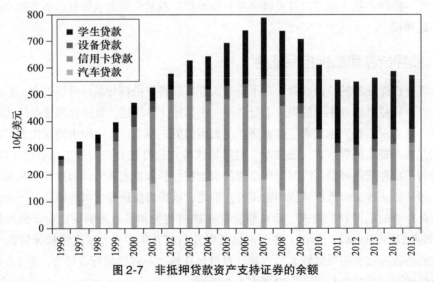

图 2-7 非抵押贷款资产支持证券的余额

资料来源：The Securities & Industry and Financial Markets Association, www.sifma.org.

2.3 权益证券

2.3.1 代表所有权股份的普通股

普通股（common stocks）又称为**权益证券**或**权益**（equities），代表对公司的所有权份额。

每份普通股都赋予其所有者在年度股东大会上对任何公司治理事务的一份投票权，同时也代表了对公司财务利益的一份索取权。⊖

公司由股东选举出的董事会控制。董事会每年只召开几次会议，董事会推选负责公司日常事务运作的管理层，管理层有权做出大部分经营决策，无须报董事会批准。董事会的责任是监督管理层以确保其行为可以实现股东利益最大化。

董事会成员由年度股东大会选举产生，无法参加股东大会的股东可以通过投票委托书（proxy）授权其他方以自己的名义进行投票。管理层通常会征集这种投票委托书以获得大部分投票代理权，这样一来它们就可以有适度的自由裁量权按自己认为合适的方式运作公司，无须受到来自实际拥有公司所有权的股东的日常监督。第1章中我们已经说过，所有权和经营权的分离会导致"代理问题"的产生，即经理人追求的目标与股东利益最大化相违背。但是有许多机制可以缓和这种代理问题，例如：薪酬激励计划，即将经理人的薪酬与公司业绩挂钩；董事会的内部监督以及证券分析师、债权人和大型机构投资者的外部监督；代理权争夺战的威胁，即不满经营现状的股东试图取代现在的管理团队，以及被其他公司兼并的威胁。

多数大型公司的普通股可以在一个或多个股票交易所自由买卖。股票不能公开交易的公司叫作封闭式持股公司，这类公司的所有者会积极参与管理，因此，它们通常不会面临被兼并的威胁。

2.3.2　普通股的特点

普通股作为一种投资工具有两大主要特点：**剩余追索权**（residual claim）和**有限责任**（limited liability）。

剩余追索权是指股东对公司资产和收益的追索权位于最后一位。当公司清算资产时，普通股股东只有在其他索偿人如税务部门、公司员工、供应商、债券持有者和其他债权人等都得到补偿后，才能对剩余资产享有索偿权。对于未处于清算中的公司，普通股股东只对扣除利息和税收之后的运营收益享有索偿权。公司管理层可以将剩余收益以现金股利的形式发放给股东，也可以将其再投资到公司的业务中以增加股票价值。

有限责任是指公司经营失败时，股东的最高损失是其原始投资额。与非公司制企业不同的是，债权人对公司股东的个人财产（如房子、汽车、家具等）不享有索偿权，股东最大

> **概念检查 2-3**
> a. 如果你购买 100 股 IBM 的股票，你将享有什么权利？
> b. 通过此项投资，第 2 年你最多赚多少钱？
> c. 如果你购买该股票时每股为 150 美元，第 1 年你最多损失多少钱？

的损失也不过是手中的股票变得一文不值，他们个人对公司的债务不负有任何责任。

2.3.3　股票市场行情

图 2-8 是纽约证券交易所部分股票的交易数据，纽约证券交易所是投资者买卖股票的主要市场之一。

⊖ 公司有时会发行两种普通股，一种享有投票权，而另一种则不享有。由于这种无投票权的普通股限制了所有者的权利，因此其售价低于有投票权的普通股。

公司名称	股票代码	收盘价（美元）	涨跌（美元）	成交量（股）	52周最高价（美元）	52周最低价（美元）	股利（美元）	股息收益率（%）	P/E	自年初涨幅（%）
Gap	GPS	21.81	0.14	4 948 832	40.64	21.11	0.92	4.22	9.82	−11.70
Gartner	IT	95.91	−1.50	587 975	97.98	77.80	...	...	46.33	5.74
GATX	GMT	44.23	0.03	407 499	57.93	33.53	1.60	3.62	8.90	3.95
Gazit-Globe	GZT	9.24	0.22	2 616	13.22	7.15	....		2.70	2.88
GCP Applied Technologies	GCP	22.45	−0.43	399 787	22.99	14.47			39.47	12.25
Genco Shipping&Trading	GNK	0.65	−0.12	276 030	7.85	0.45			...dd	−55.09
Gener8 Maritime	GNRT	7.02	−0.27	100 083	14.82	4.81			3.11	−25.71
Generac Holdings	GNRC	34.82	0.03	318 868	43.75	26.29			35.17	16.96
General Cable	BGC	15.35	−0.65	851 418	21.31	6.21	0.72	4.69	dd	14.30
General Dynamics	GD	142.97	−0.47	1 375 410	153.76	121.61	3.04	2.13	15.39	4.08
General Electric	GE	29.87	−0.25	26 458 696	32.05	19.37	0.92	3.08	30.68	−4.11

图2-8 纽约证券交易所部分股票行情

资料来源：Compiled from data from *The Wall Street Journal Online*, May, 2016.

为了更清楚地解释图2-8，我们将以通用电气公司（General Electric）为例进行说明。表中给出了它的股票代码（GE）、收盘价（29.87美元）、较前一交易日的涨跌（−0.25美元），当天的成交量约为2 650万股。表中还给出了过去的52周中交易的最高价和最低价，"股利"列中0.92的意思是上一季度的股利是每股0.23美元，即每年的股利为每股0.23×4＝0.92美元，年度股息收益率（即每美元股票投资得到的股利）为0.92/29.87＝0.030 8，即3.08%。

股利收益只是股票投资收益中的一部分，股票的投资收益还包括**资本利得**（capital gains），即股价上涨或损失。低股利公司通常被期望提供更高的资本利得，否则投资者将不会在投资组合中持有其股票。浏览一下图2-8，你会发现不同公司的股利收益率差别很大。

市盈率［price-earnings（P/E）ratio］是指当前股价与上一年每股收益之比。市盈率表示投资者必须为公司创造的每美元收益而支付的价格。以通用电气为例，其市盈率是30.68。不同公司的市盈率差别也很大。图2-8中没有报告部分公司的股利收益率或市盈率，这是因为这些公司没有发放股利，或是其上一年的每股收益为零或负数。我们将在本书第12章中详细阐述市盈率。最后，从图中还可以看出通用电气的股价自年初跌了4.11%。

2.3.4 优先股

优先股（preferred stock）具有权益和债务的双重特征。像债券一样，它向持有者承诺每年支付固定的收益，从这个角度讲，优先股类似于无限期的债券，即永久债券。另一个与债券相似的特点是：优先股没有赋予其持有者参与公司决策的权利。但是，优先股是一种权益投资，公司保留向优先股股东支付股利的自主权，支付股利并不是公司的合同义务。此外，优先股股利通常是累积的，也就是说，优先股股利可以累积，公司向普通股股东支付股利之前需要首先全部付清优先股股利。与债券不同的是，公司有义务向债权人支付利息，若无法支付，公司会进入破产程序。

优先股与债券在税收方面也有区别。由于向优先股股东支付的是股利而非利息，因此对公司来说不可抵税。因为公司计算应税收益时可以扣除从国内公司收到的70%的股利，所以优先股不可抵税的这种劣势被部分抵消了。因此，很多公司进行固定收益投资时都会选择优先股。

尽管公司破产时，优先股对公司资产的求偿权位于债券之后，但是优先股的收益率通常低于公司债券。这可能是由于优先股股利可以免税的原因，否则按常理来推，优先股的风险高于债券，则应提供更高的收益率。但是对于个人投资者而言，他们不能享受优先股股利 70% 的免税政策，因此优先股相对于其他投资而言并没有那么大的吸引力。

与公司债券类似，优先股的发行形式也多种多样。有的优先股可以由发行公司赎回，叫作可赎回优先股；有的优先股可以按一定比例转换为普通股，叫作可转换优先股；还有的优先股股利与当前市场利率相关联，它与浮动利率债券类似，叫作浮动利率优先股。

2.3.5 存托凭证

美国存托凭证（American Depositary Receipts，ADRs）是一种在美国市场上交易的代表国外公司所有权份额的凭证。每张存托凭证都与某一国外公司的部分股份相对应。推出存托凭证的目的是使国外公司更容易满足美国注册证券的要求。存托凭证是美国投资者投资海外公司股票最常用的方式。

2.4 股票市场指数与债券市场指数

2.4.1 股票市场指数

道琼斯工业平均指数的每日行情是晚间新闻报道的主要内容之一，尽管该指数是世界最著名的股票市场绩效衡量标准，但它只是标准之一。此外，衡量债券市场表现的指数也有很多。

国际贸易和投资所扮演的角色日渐重要，这使国外的一些金融市场指数也成为大多数新闻报道的内容，如东京日经指数和伦敦金融时报指数等国外股票交易指数也很快成为家喻户晓的指数。

2.4.2 道琼斯工业平均指数

以 30 家大型绩优公司股票为成分股的道琼斯工业平均指数（DJIA，最早可以追溯到 1896 年）被计算出来，其悠久的历史大概可以解释它在人们心中的重要地位（1928 年之前道琼斯工业平均指数仅包含 20 只成分股）。

最初，道琼斯工业平均指数是其成分股价格的简单平均数，即把该指数包含的 30 只成分股的价格加起来再除以 30。因此，道琼斯工业平均指数变化的百分比即为 30 只股票平均价格变化的百分比。

指数计算方法说明：道琼斯工业平均指数变化的百分比即 30 只成分股每只股票仅持有 1 股的投资组合收益率（不包括股利），该投资组合的价值等于 30 只股票的价格之和。由于 30 只股票平均价格变化的百分比等于 30 只股票价格之和变化的百分比，因此指数和投资组合每天的变动是一样的。

由于道琼斯工业平均指数相当于一个由 30 只成分股且每只股票仅持有 1 股的投资组合，投资于每家公司的金额与该公司的股价成比例，因此道琼斯工业平均指数被称为**价格加权平均**（price-weighted average）**指数**。

例 2-2 价格加权平均指数

参见表 2-3 中的数据，该表假设道琼斯工业平均指数中只包括两只成分股，比较两只成分股每只股票仅持有 1 股的投资组合的价值变化以及价格加权平均指数的变化。股票 ABC 的股价最初为每股 25 美元，后来涨到每股 30 美元；股票 XYZ 的股价最初为每股 100 美元，后来跌到每股 90 美元。

表 2-3 构建股票价格指数的数据

股票名称	初始价格（美元）	最终价格（美元）	股票数量（百万股）	发行在外股票的初始价值（百万美元）	发行在外股票的最终价值（百万美元）
ABC	25	30	20	500	600
XYZ	100	90	1	100	90
总计				600	690

投资组合：初始价值＝25+100＝125（美元）

最终价值＝30+90＝120（美元）

投资组合价值变化的百分比＝-5/125＝-0.04＝-4%

指数：初始指数＝(25+100)/2＝62.5

最终指数＝(30+90)/2＝60

指数变化的百分比＝-2.5/62.5＝-0.04＝-4%

投资组合的价值和指数都下降了 4%。

我们发现，价格加权平均指数在确定指数绩效时赋予高价股更高的权重。例如，尽管股票 ABC 的价格涨了 20%，股票 XYZ 的价格仅跌了 10%，但是指数却下降了。这是因为股票 ABC 价格上涨 20%（每股 5 美元）所增加的价值小于股票 XYZ 下跌 10%（每股 10 美元）造成的价值减少。该投资组合中投资于股票 XYZ 的金额是投资于股票 ABC 的 4 倍，因为 XYZ 的股价是 ABC 股价的 4 倍。因此，XYZ 的股价在平均价格中起主导作用。由此我们可以得出结论：高价股票在价格加权平均指数中起主导作用。

你可能会对此有疑问，道琼斯工业平均指数是其所包含的 30 只成分股的价格平均数，为何它还可以达到 19 000 点（2016 年年末）。当发生股票分拆、股利派发超过 10%，或 30 只成分股中任意一只股票被其他股票取代时，道琼斯工业平均指数不再等于 30 只股票的价格平均数，因为计算指数的过程需要做出调整。一旦发生上述事件，计算平均价格的除数会被调整以消除这些事件对指数的影响。

例 2-3 股票分拆和价格加权平均指数

假设将一股 XYZ 分拆为两股，那么其价格会下降为每股 50 美元，但我们并不希望道琼斯工业平均指数下降，因为这有可能被错误地理解为股票市场价格的普遍下降。因此发生股票分拆时，需要减小除数以使指数维持在原来的水平。表 2-4 阐明了这一点。当期初发生股票分拆时，XYZ 的初始价格从表 2-3 中的每股 100 美元下降到每股 50 美元。我们可以发现，发行在外的股票数量翻了一倍，但股票总的市场价值维持不变。

表 2-4 股票分拆后构建股票价格指数的数据

股票名称	初始价格（美元）	最终价格（美元）	股票数量（百万股）	发行在外股票的初始价值（百万美元）	发行在外股票的最终价值（百万美元）
ABC	25	30	20	500	600
XYZ	50	45	2	100	90
总计				600	690

我们可以通过下面的计算过程得出新的除数：股票分拆前，指数=125/2=62.5；股票分拆后，XYZ 的价格下降为每股 50 美元，那么必须找到一个新的除数 d 以确保指数不变。通过下面的方程可以求出新的除数 d：

$$\frac{\text{ABC 的股价} + \text{XYZ 的股价}}{d} = \frac{25+50}{d} = 62.5$$

通过计算可以得出，除数 d 由原来的 2.0 变为现在的 1.2。

由于指数分拆使 XYZ 的股价下降，那么价格加权平均指数中两只股票的相对权重也会发生变化。因此，指数的收益率会受股票分拆的影响。

期末，ABC 的股价变为每股 30 美元，XYZ 的股价变为每股 45 美元，这与表 2-3 中 -10% 的收益率相同。重新计算的价格加权平均指数 = (30+45)/1.20 = 62.5，因此，指数没有发生变化，收益率为零，而不是在没有股票分拆情况下计算出的 -4%。

股票分拆使 XYZ 在指数中所占的相对权重下降了，这是因为 XYZ 的初始价格降低了。由于 XYZ 的市场表现相对较差，其权重下降后指数的绩效反而会上升。这个例子说明，价格加权平均指数中隐含的权重因素具有随意性，它是由股票价格而非市值（股票价格乘以发行在外的股票数量）决定的。

同股票分拆需要重新计算除数一样，在道琼斯工业平均指数成分股中，当一家公司被另一家股价完全不同的公司代替时，也需要重新计算除数以确保指数不变。到 2016 年为止，用以计算道琼斯工业平均指数的除数已经下降到 0.146。

由于道琼斯工业平均指数中包含的成分股较少，因此一定要确保这些成分股能够代表广泛的市场。为了充分反映经济的变化，道琼斯工业平均指数的成分股变动频繁。表 2-5 列出了 1928 年道琼斯工业平均指数成分股的构成情况以及 2016 年年中的构成情况。该表展示了在过去 85 年里美国经济发生惊人变化的证据，在 1928 年曾被认为是蓝筹股的许多公司已不复存在，曾经作为美国经济支柱的行业也已让位给当时无法想象的其他行业。

表 2-5　1928 年和 2016 年道琼斯工业平均指数的成分股

1928 年的成分股	2016 年的成分股	股票代码	行业	入选成分股的年份
莱特航空	3M	MMM	多元化行业	1976
联合化学	美国运通	AXP	消费金融	1982
美国北方	苹果	AAPL	电子设备	2015
胜利唱机	波音公司	BA	航天和国防业	1987
国际镍	卡特彼勒	CAT	建筑业	1991
国际收割机	雪佛龙	CVX	石油和天然气	2008
西屋电气	思科系统	CSCO	建筑业	1991
得克萨斯湾硫黄	可口可乐	KO	饮料行业	1987
通用电气	杜邦公司	DD	化工业	1935
美国烟草	埃克森美孚	XOM	石油和天然气	1928
得州公司	通用电气	GE	多元化行业	1907
标准石油（新泽西）	高盛	GS	投行	2013
西尔斯罗巴克	家得宝	HD	家具建材零售业	1999
通用汽车	英特尔	INTC	半导体行业	1999

(续)

1928年的成分股	2016年的成分股	股票代码	行业	入选成分股的年份
克莱斯勒	IBM	IBM	计算机服务	1979
大西洋精炼	强生	JNJ	制药业	1997
派拉蒙影视公司	摩根大通	JPM	银行业	1991
伯利恒钢铁	麦当劳	MCD	餐饮业	1985
通用铁路信号	默克公司	MRK	制药业	1979
麦克货车	微软	MSFT	软件行业	1999
联合碳化物	耐克	NKE	服饰	2013
美国冶炼	辉瑞	PFE	制药业	2004
美国制罐	宝洁	PG	日用品行业	1932
波士顿公司	旅行者	TRV	保险业	2009
内斯汽车	联合健康	UNH	健康保险行业	2012
美国制糖	联合技术	UTX	航天航空业	1939
古德里奇	威瑞森	VZ	通信业	2004
无线电公司	万事达	V	电子支付	2013
伍尔沃斯公司	沃尔玛	WMT	零售业	1997
美国钢铁	迪士尼	DIS	广播和娱乐业	1991

2.4.3 标准普尔500指数

与道琼斯工业平均指数相比,标准普尔500指数在两个方面有所改进:一是其涵盖的成分股范围更广,包括500只股票;二是它是**市值加权指数**(market-value-weighted index)。以例2-2中的股票XYZ和股票ABC为例,标准普尔500指数赋予股票ABC的权重将是股票XYZ的5倍,因为ABC发行在外的股票市值是XYZ的5倍,分别为5亿美元和1亿美元。

> **概念检查 2-4**
>
> 假设表2-3中股票XYZ的价格上涨到每股110美元,股票ABC的股价下跌到每股20美元,计算包含两只股票的价格加权平均指数的变动百分比,并将其与这两只股票各1股组成的投资组合的收益率比较。

标准普尔500指数是通过计算500只成分股的总市值和前一交易日这些股票的总市值得出来的,从一个交易日到下一个交易日总市值的增长百分比即为指数增长的百分比。指数的收益率与包含全部500只股票且投资金额与各股票市值成比例的投资组合的收益率相等,当然,指数的收益率并没有反映公司支付的现金股利。

实际上,现在大多数指数使用的是市值加权修正法。该方法不是根据每只股票的总市值,而是根据每只股票公众持股的市值,即投资者可以自由买卖的股票的市值来赋予权重的。例如,在计算权重时不包括那些由创始家族和政府持有股票的市值,因为该部分投资者实际上无法自由买卖这些股票。在日本和欧洲区分这一点尤为重要,因为在这些地区,投资者无法自由交易股份的比例更高。

例2-4 市值加权指数

为了说明市值加权指数是如何计算的,让我们回顾一下表2-3,发行在外股票的最终市值是6.9亿美元,初始价值是6亿美元。假设随意给定由股票ABC和股票XYZ组成的市值加权指数的初始值，如 100，那么年末时该指数等于 100×(690/600) = 115。指数的增长比例说明，若某一投资组合包含这两只股票，且对各股票的投资额与其市值成正比关系，那么该投资组合的收益率为 15%。

与价格加权指数不同，市值加权指数赋予股票 ABC 更高的权重。价格加权指数赋予高价股票 XYZ 更高的权重，因此当 XYZ 的股价下跌时，价格加权指数下降；而市值加权指数赋予高市值股票 ABC 更高的权重，因此当价格加权指数下降时，市值加权指数反而上升了。

通过表 2-3 和表 2-4 我们还可以发现，市值加权指数不受股票分拆的影响。无论是否发生股票分拆，XYZ 的市值都从 1 亿美元降到了 9 000 万美元，因此股票分拆与指数的表现无关。

市值加权指数和价格加权指数的共同优点是它们都直接反映了投资组合的收益率。若投资者购买指数中包含的所有股票，且每一只股票的投资金额与其市值成正比，那么市值加权指数的变动恰好反映了该投资组合的资本利得情况；同样，若投资者仍购买所有成分股，且每一只股票的购买数量相等，则价格加权指数的变动恰好反映了该投资组合的收益情况。

> **概念检查 2-5**
> 重新考虑概念检查 2-4 中的股票 ABC 和股票 XYZ，计算市值加权指数的变动百分比，并将其与包含 500 美元的股票 ABC 和 100 美元的股票 XYZ 的投资组合（即指数投资组合）的收益率比较。

现在，投资者可以很容易地购买指数投资组合。一种方式是购买与各种指数对应的共同基金，这些共同基金的股票组合与标准普尔 500 指数或其他指数中的成分股持有比例相当。这种类型的共同基金叫作**指数基金**（index funds），指数基金的收益率等于相应指数的收益率，它为权益投资者提供了一种低成本的消极型投资策略。另一种方式是购买交易所交易基金，它是一种按基金单位进行交易的股票投资组合，其交易就像买卖个股一样方便。现有的交易所交易基金既包括覆盖面极广的全球市场指数，也包括覆盖面狭窄的行业指数。

2.4.4 其他美国市值加权指数

纽约证券交易所除了发布工业、公共事业、运输业和金融业等行业股票指数外，还发布一种包括所有纽约证券交易所上市股票的市值加权综合指数，这些指数甚至比标准普尔 500 指数的涵盖范围更广。全美证券交易商协会推出了一种涵盖纳斯达克市场交易的 3 000 多种股票的指数。纳斯达克 100 指数是综合指数中由较大公司组成的一个指数，但它的总市值占据了全市场很大的一部分。

到目前为止，涵盖范围最广的美国股票指数是威尔希尔 5000 指数，它是一种几乎包括美国全部交易活跃股票的市值加权指数。该指数的成份股一度超过 5 000 只，但到如今，成份股已不足 4 000 只。CRSP（芝加哥大学证券价格研究中心）也发布了类似的综合指数。

2.4.5 等权重指数

市场表现有时会用指数中每只股票收益率的等权重平均值来衡量。这种平均方法赋予每种收益率相同的权重，即对指数中每只股票的投资金额相同。这种赋权方法与价格加权法（要求对每只股票的投资数量相同）和市值加权法（要求对每只股票的投资金额与其市值成正比）均不相同。

与价格加权指数和市值加权指数不同的是,等权重指数不符合买进-持有的投资组合策略。回顾表2-3,假设你对股票ABC和股票XYZ分别投资了等额资金,一年之后股票ABC的价格涨了20%,股票XYZ的价格跌了10%,你的投资组合将不再是等权重的,此时股票ABC占有更大的权重。为了使投资组合恢复到等权重状态,你需要卖出部分股票ABC或再购入一些股票XYZ。为了使投资组合的收益率与等权重指数的收益率一致,上述平衡的重建措施是必要的。

2.4.6 美国国外及国际股票市场指数

全球金融市场的发展包括金融市场指数的构建。其中比较知名的指数包括日本日经指数(Nikkei)、英国富时指数(FTSE)、德国综合指数(DAX)、中国香港恒生指数(Hang Seng)和加拿大多伦多股市指数(TSX)等。

摩根士丹利资本国际(MSCI,又译明晟)是全球领先的指数编制公司,它构建了50多个国家以及许多地区性的金融市场指数。表2-6列出了部分由摩根士丹利资本国际计算的指数。

表2-6 摩根士丹利资本国际计算的指数示例

地区指数		国家或地区指数	
发达市场指数	新兴市场指数	发达市场指数	新兴市场指数
欧澳远东指数(EAFE)	新兴市场指数(EM)	澳大利亚	巴西
欧洲指数	亚洲新兴市场指数	奥地利	智利
欧洲货币联盟指数(EMU)	远东新兴市场指数	比利时	中国大陆
远东指数	拉美新兴市场指数	加拿大	哥伦比亚
Kokusai指数(除日本外的世界指数)	东欧新兴市场指数	丹麦	捷克共和国
北欧指数	欧洲新兴市场指数	芬兰	埃及
北美指数	欧洲和中东新兴市场指数	法国	希腊
		德国	匈牙利
太平洋地区指数		中国香港	印度
世界指数		爱尔兰	印度尼西亚
		以色列	韩国
除美国以外的世界指数		意大利	马来西亚
		日本	墨西哥
		荷兰	摩洛哥
		新西兰	秘鲁
		挪威	菲律宾
		葡萄牙	波兰
		新加坡	俄罗斯
		西班牙	南非
		瑞典	中国台湾
		瑞士	泰国
		英国	土耳其
		美国	

资料来源:MSCI, www.msci.com。

2.4.7 债券市场指标

就像股票市场指数提供整个股市的表现指南一样,债券市场指标可以衡量各类债券市场的表现。其中最著名的三大债券市场指数分别是美林指数、巴克莱指数（曾经是雷曼兄弟指数）和花旗大市投资级指数。图 2-9 列示了 2016 年美国固定收益证券市场的构成情况。

由于债券交易不频繁，难以获得可靠的最新价格，因此债券市场指数的最主要问题是很难计算债券的实际收益率。在实际中，许多价格必须通过债券估值模型估计，但这些"模型"得出的价格很可能与实际市场价值不同。

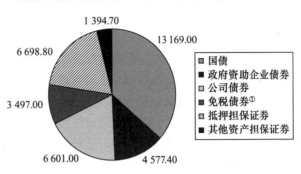

图 2-9 美国固定收益证券市场构成（单位：10 亿美元）

① 包括私人目的的免税证券。

资料来源：Flow of Funds Accounts of the United States: Flows & Outstandings, Board of Governors of the Federal Reserve System, March, 2016.

2.5 衍生工具市场

期权、期货及其相关衍生品合约提供的收益依赖于其他资产的价值，如商品价格、债券价格、股票价格或市场指数的价值。因此，这些金融工具也被称为**衍生资产**（derivative asset），它们的价值随其他资产价值的变化而变化。

2.5.1 期权

看涨期权（call option）赋予其持有者在到期日或到期日之前以特定价格［即**行权价格**（exercise price 或 strike price）］购买某种资产的权利。例如，一份 7 月到期的行权价格为 150 美元的 IBM 公司股票的看涨期权，赋予其持有者在 7 月到期日或到期日之前以每股 150 美元的价格购买 IBM 公司股票的权利。每份期权合约可以购买 100 股股票，但报价是每股的价格。看涨期权的持有者并不是必须行权，只有当资产的市场价格超过行权价格时行权才是盈利的。

当市场价格高于行权价格时，看涨期权的持有者会以行权价格买入资产，获得的收益等于市场价格与行权价格之差。当市场价格低于行权价格时，看涨期权的持有者不会行权。若期权合约到期时仍未行权，则该期权终止并不再具有价值。因此，看涨期权在股票价格上涨时可以提供较高的收益，看涨期权的盛行会向市场传递一种牛市信号。

相反，**看跌期权**（put option）赋予其持有者在到期日或到期日之前以特定的价格出售某种资产的权利。例如，一份 7 月到期的行权价格为 150 美元的 IBM 公司股票的看跌期权赋予其持有者在 7 月到期日或到期日之前以每股 150 美元的价格卖出 IBM 公司股票的权利，即使到时 IBM 公司股票的价格低于每股 150 美元。当标的资产价格增加时，看涨期权的收益增加；当标的资产的价格下降时，看跌期权的收益增加。只有当标的资产的市场价格低于行权价格时，看跌期权的持有者才会行权。

表 2-7 展示了 2016 年 5 月 10 日 IBM 公司股票期权的报价情况，当天 IBM 的股票价格为每股 149.97 美元，前两列分别是各种期权的到期月和行权价格。该表包括行权价格从 145 美元到 150 美元以及 155 美元，到期月分别为 2016 年 6 月和 7

表 2-7 2016 年 5 月 10 日 IBM 公司股票期权的价格

到期月	行权价格	看涨期权	看跌期权
6 月	145	6.60	1.57
6 月	150	3.31	3.30
6 月	155	1.27	6.53
7 月	145	7.73	2.58
7 月	150	4.43	4.42
7 月	155	2.28	7.30

资料来源：Compiled from data downloaded from Yahoo! Finance, May 10, 2016.

月的多种看涨期权和看跌期权。

例如，2016年7月到期行权价格为每股150美元的看涨期权的最新成交价为4.43美元。意思是以每股150美元的行权价格购买1股IBM公司股票的期权的售价是4.43美元，因此，每份期权合约（100股）的售价为443美元。

从表2-7中可以发现，看涨期权的价格随行权价格的增加而降低。例如，同样为2016年7月到期但行权价格为每股155美元的看涨期权的售价仅为2.28美元。这是合情合理的，因为付出高价购买股票的权利相对而言价值较低。相反，看跌期权的价格随行权价格的增加而增加。2016年7月，以150美元售出1股IBM公司股票的期权价格为4.42美元，而以155美元售出1股IBM公司股票的期权价格为7.3美元。

期权价格还随期限的增长而增加。很明显，相对于在2016年6月之前以每股150美元购买IBM公司股票的权利而言，投资者更倾向于在7月之前以同样的价格购买该公司股票的权利，这可以通过到期时间更久的期权价格较高表现出来。例如，行权价格同为每股150美元的看涨期权，7月到期的价格为4.43美元，而6月到期的价格仅为3.31美元。

> **概念检查2-6**
>
> 某投资者购买了行权价格为每股150美元、2016年6月到期的IBM公司股票的看涨期权，假设到期时股票价格为每股157美元，那么该投资者的收益或损失是多少？若该投资者购买的是看跌期权，其收益或损失又将是多少？

2.5.2 期货合约

期货合约是指在规定的交割日或到期日按约定的价格对某一资产（有时候是其现金价值）进行交割的合约。持有多头头寸（long position）的交易者承诺在交割日购买资产，而持有空头头寸（short position）的交易者承诺在合约到期时出售资产。

表2-8是2016年5月10日芝加哥交易所中玉米期货合约的行情数据。每份期货合约的标的物均为5 000蒲式耳⊖玉米，表中每一行给出了不同到期日的期货合约的详细价格。第一行是离到期最近的合约，将于2016年7月到期，最新成交价是每蒲式耳3.81美元。

多头头寸的交易者从价格的上涨中获利。假设期货合约到期时，玉米的售价是每蒲式耳3.83美元，而在2016年5月10日签订期货合约的多头头寸交易者在合约到期时则可以按每蒲式耳3.81美元购入玉米，而当时的玉米市价是每蒲式耳3.83美元。

表2-8 芝加哥交易所中玉米期货合约的价格（2016年5月10日）

到期月	期货价格
2016年7月	3.81
2016年9月	3.83
2016年12月	3.88
2017年3月	3.96
2017年5月	4.02
2017年7月	4.07

资料来源：www.cmegroup.com。

由于每份期货合约的标的物都是5 000蒲式耳玉米，因此，多头交易者的利润等于5 000×（3.83-3.81）=100（美元）。相反，空头交易者必须按约定的价格售出5 000蒲式耳玉米，其损失等于多头头寸交易者的利润。

看涨期权与期货合约中多头头寸的区别在于：前者赋予投资者以约定价格购买某一资产的

⊖ （英）1蒲式耳=36.27升，（美）1蒲式耳=35.24升。

权利，而后者则是按约定价格购买某一资产的义务。期货合约强迫多头方必须按交割价格购入资产，而看涨期权赋予其持有者一种以行权价格购买资产的权利，只有有利可图时期权持有者才会行使权利。

显然，如果期货价格与看涨期权的行权价格相等，则持有看涨期权的投资者比期货合约的多头交易者处于更有利的位置。当然，这种优势只有在同一价格下才存在，看涨期权必须购买才能拥有，而期货合约的签订无须任何成本。期权的购买价格叫作"期权费"。仅当有利可图时期权持有者才会行使权利，因此期权费是对期权出售者的一种补偿。同样，看跌期权与期货合约中空头头寸的区别在于前者赋予投资者按约定价格出售某一资产的权利，而后者则是按约定价格出售某一资产的义务。

小 结

1. 货币市场证券是极短期的债务，其变现能力强且信用风险相对较低。期限短和信用风险低的特点使货币市场证券只能获得最小的资本利得或损失。这类证券交易面值很大，但可以通过货币市场基金间接购买。

2. 美国政府通常通过发行中长期国债来借款。中长期国债是一种息票支付债券，设计上与息票支付形式的公司债券相似，通常以面值或接近面值的价格发行。

3. 市政债券与其他债券的最大区别在于其免税的特征，市政债券的利息收入（不包括资本利得）免征联邦所得税。市政债券的应税等值收益率等于 $\frac{r_m}{1-t}$，其中 r_m 表示市政债券的收益率，t 表示投资者的税率等级。

4. 抵押转递证券是将抵押贷款打包的资产池。转递证券的所有者从借款者那里获得本金和利息。抵押贷款的发起者起服务的作用，即把收到的本金和利息转交给抵押贷款的购买者。联邦机构通常会为抵押转递证券担保，但私营的抵押转递证券得不到这种担保。

5. 普通股代表对公司的所有权份额。每一股普通股都赋予其所有者对公司治理事务的一份投票权，并可以按持股比例享有公司派发的股利。股票或权益所有者享有对公司收益的剩余追索权。

6. 优先股通常在公司的生命周期内支付固定的股利，它类似于终身年金。但是，公司无力支付优先股股利并不意味着公司将会破产，未支付的股利将被累积起来。新型的优先股包括可转换优先股和浮动利率优先股。

7. 有许多股票市场指数可以衡量整个市场的业绩。道琼斯工业平均指数是最悠久、最闻名的指数，它是一种价格加权指数。如今，许多覆盖面广泛的市值加权指数每天都被计算，主要包括标准普尔500指数、纽约证券交易所指数、纳斯达克指数、威尔希尔5000指数，以及许多非美股票市场指数。

8. 看涨期权是在到期日或到期日之前以规定的行权价格购买某一资产的权利，而看跌期权是在到期日或到期日之前以规定的行权价格出售某一资产的权利。随着标的资产价格的上涨，看涨期权的价值将增加，而看跌期权的价值将减少。

9. 期货合约是在到期日以合同规定的价格购买或出售某一资产的义务。当标的资产的价值上涨时，承诺购买资产的多头头寸方将获利，而承诺出售资产的空头头寸方将遭受损失。

习 题

基础题

1. 优先股与长期债务的相似点是什么？其与权益的相似点又是什么？
2. 为什么有时把货币市场证券称为"现金等价物"？
3. 下面哪一项对回购协议的描述是正确的？
   a. 出售证券时承诺将在特定的日期按确定的价格回购这些证券。
   b. 出售证券时承诺将在不确定的日期按确定的价格回购这些证券。
   c. 购买证券时承诺将在特定的日期购买更多的同种证券。
4. 如果发生严重的经济衰退，你预期商业票据的收益率与短期国库券的收益率之差将如何变化？
5. 普通股、优先股以及公司债券之间的主要区别是什么？
6. 为什么与低税率等级的投资者相比，高税率等级的投资者更倾向于投资市政债券？

中级题

7. 回顾图2-3，观察将于2030年5月到期的长期国债。
   a. 购买这样一张证券你需要支付多少钱？
   b. 它的利率是多少？
   c. 该国债当前的收益率是多少？
8. 假设某一中期国债每6个月的收益率是2%，且该国债恰好还剩6个月到期。那么你预期一张6个月期的短期国库券的售价将是多少？
9. 某公司以每股40美元的价格购入一股优先股，并在当年末以同样的价格售出，同时还获得了4美元的年末股利，假设该公司的税率等级为30%，请计算该公司的税后收益率。
10. 回顾图2-8，并查看General Dynamics的股票行情。
    a. 5 000美元可以购买多少股股票？
    b. 这些股票一年可以给你带来多少股利收入？
    c. General Dynamics的每股收益是多少？
    d. 该公司前一交易日的收盘价是多少？
11. 下表中有3只股票A、B、C，其中P_t表示t时刻的股价，Q_t表示t时刻发行在外的股票数量，股票C在上一期由一股分拆成两股。

股票名称	P_0	Q_0	P_1	Q_1	P_2	Q_2
A	90	100	95	100	95	100
B	50	200	45	200	45	200
C	100	200	110	200	55	400

   a. 计算第1期（$t=0$到$t=1$）3只股票的价格加权指数的收益率。
   b. 第2年，价格加权指数的除数将会发生什么变化？
   c. 计算第2期（$t=1$到$t=2$）的收益率。
12. 用第11题的数据，计算3只股票的下列指数在第1期的收益率。
    a. 市值加权指数。
    b. 等权重指数。
13. 某投资者的税率等级为30%，若公司债券提供9%的收益率，要想使该投资者偏好市政债券，市政债券应提供的收益率最低为多少？
14. 某短期市政债券的收益率为4%，当投资者的税率等级分别为0、10%、20%和30%时，该市政债券的应税等值收益率分别为多少？
15. 若某一共同基金正试图开发一只与覆盖面广泛的等权重指数相关的指数基金，那么它会面临什么问题？
16. 下列各项中哪种证券的售价将会更高？
    a. 利率4%的10年期长期国债和利率5%的10年期长期国债。
    b. 期限3个月行权价格每股40美元的看涨期权和期限3个月行权价格每股35美元的看涨期权。
    c. 行权价格每股50美元的看跌期权和标

的物为另一只股票行权价格每股 60 美元的看跌期权（股票和期权的其他相关特点均相同）。
17. 参见表 2-8 中玉米期货合约的行情表。
   a. 假如你购买了一份将于 2017 年 3 月交割的期货合约，若该期货合约在到期月的收盘价为 4.06，你将获利多少？
   b. 将于 3 月交割的合约的未平仓量是多少？
18. 回顾表 2-7 并观察 IBM 公司股票的期权，假设你购买了一份行权价格为每股 150 美元将于 2016 年 6 月到期的看涨期权。
   a. 假设 6 月 IBM 公司的股价为每股 152 美元，你会行权吗？你的获利将是多少？
   b. 若你买入的是行权价格为每股 145 美元、6 月到期的看涨期权，情况会怎样？
   c. 若你买入的是行权价格为每股 155 美元、6 月到期的看跌期权，情况又会怎样？
19. 为什么看涨期权在其行权价格高于标的股票的价格时，售价依然为正？
20. 某一看涨期权和某一看跌期权的标的股票均为 XYZ，两者的行权价格均为每股 50 美元，期限均为 6 个月。若投资者以 4 美元的价格购入看涨期权，当股票价格分别为下列水平时，投资者的收益将各是多少？若投资者以 6 美元的价格购入看跌期权，当股票价格分别为下列水平时，投资者的收益又将各是多少？
   a. 40 美元   b. 45 美元   c. 50 美元
   d. 55 美元   e. 60 美元

高级题

21. 说明看跌期权与期货合约中空头头寸的区别。
22. 说明看涨期权与期货合约中多头头寸的区别。

CFA考题

1. 优先股的收益率经常低于债券的收益率，原因是_____。
   a. 优先股的机构评级通常更高
   b. 优先股的所有者对公司收益享有优先索偿权
   c. 当公司清算时优先股的所有者对公司资产享有优先求偿权
   d. 公司收到的大部分股利收入可以免除所得税
2. 某市政债券的利率为 6.75%，按面值进行交易，某纳税者的联邦和州综合税率等级为 34%，该市政债券的应税等级收益率是多少？
3. 若预期股市将会大幅增长，股票指数期权市场上的下列哪项交易的风险最大？
   a. 出售一份看涨期权
   b. 出售一份看跌期权
   c. 购买一份看涨期权
   d. 购买一份看跌期权
4. 短期市政债券的收益率为 4%，应税债券的收益率为 5%，当你的税率等级分别为以下情况时，哪一种债券可以提供更高的税后收益率？
   a. 0   b. 10%   c. 20%   d. 30%
5. 免税债券的利率为 5.6%，应税债券的利率为 8%，两种债券均按面值销售，当投资者的税率等级为多少时投资两种债券是无差别的？

概念检查答案

2-1 该债券的买方报价为 102.281 3%，即为面值的 102.281 3%，或者说 1 022.813 美元，卖方报价为 102.296 9%，或者说 1 022.969 美元，卖方报价对应的收益率为 1.730%。卖方报价较前一交易日下跌了 0.343 8，因此前一交易日的卖方报价应为102.640 7,或者说1 026.407美元。

2-2 6%的应税债券收益率等于4.2%[=6%×(1-0.30)]的税后收益率,因此你会更倾向于持有应税债券。免税债券的应税等值收益率等于4%/(1-0.30)=5.71%,因此,要与收益率4%的免税债券提供相等的税后收益,应税债券的收益率应为5.71%。

2-3 a. 你将获得IBM派发的与你所持股份成比例的股利,并享有在其股东大会上投票的权利。

b. 你的潜在收益是无限的,因为IBM的股价没有上限。

c. 你的投资额为150×100=15 000(美元),在有限责任条件下,这就是你可能承担的最大损失。

2-4 价格加权指数从62.5[=(100+25)/2]涨到了65[=(110+20)/2],收益率为4%。若对每只股票投资一股,初始投资额为125美元,后来涨到了130美元,收益率为4%(即5/125),等于价格加权指数的收益率。

2-5 市值加权指数的收益率是通过计算股票投资组合的价值增值得出的。这两只股票的初始市值为1+5=6(亿美元),后来跌到了1.1+4=5.1(亿美元),损失了0.9/6=0.15,即15%。指数投资组合的收益率是股票XYZ和股票ABC分别占1/6和5/6的加权平均收益率(权重与相对投资额成比例)。因为XYZ的收益率为10%,ABC的收益率为-20%,则指数投资组合的收益率为$\frac{1}{6}\times 10\% + \frac{5}{6}\times(-20\%) = -15\%$,等于市值加权指数的收益率。

2-6 该看涨期权的到期收益为每股7美元,期权成本为每股3.31美元,因此每股利润为3.69美元。而看跌期权到期时将变得没有价值,投资者的损失为看跌期权的成本,即每股3.30美元。

第 3 章
CHAPTER 3

风险与收益入门及历史回顾

观测和学术研究都表明投资风险与投资的期望收益同等重要。虽然关于风险与期望收益之间关系的一些理论在理性资本市场中非常流行，但是专注于市场中风险确切水平的相关理论却仍未面世，以至目前我们只能通过历史分析来尽可能估算投资者可能面临的风险水平。

无法准确确定风险水平这样的境况并不出人意料，因为市场上投资资产的价格会随着与企业相关的财富水平和影响利率水平的宏观经济状况的新闻而不断波动变化，学术界至今没有关于这类事件发生的频率及其影响力的理论，因此也就无法确定风险的一个"自然"水平。

因难以直接观测期望收益与风险，从而使得这一问题更加复杂化。我们只能观测到事后实现了的收益率。此外，在了解历史表现的过程中我们面临着"黑天鹅"问题⊖。即使选取再长的历史时期，我们也无法保证历史记录涵盖了未来可能发生的最坏（最好）情况，在考虑长期投资面临风险的时候，这个难题就显得更令人生畏了。为此本章讲述从历史表现中估算期望收益与风险所需要的基本工具，并思考历史记录对未来投资活动的启示。

本章的开端首先讨论利率和安全资产，并且对过去 90 年美国无风险资产投资进行回顾。接着，本章介绍了风险资产，先论述了风险资产情境分析的方法和进行情境分析必要的数据支持，随后提出了研究资产组合历史收益时间序列必需的统计学工具。然后以全球视野窥探各国或地区股票、债券市场的历史收益水平。本章的最后讨论了历史表现对未来投资的启示和各种度量业界风险收益的一般方法。

3.1 利率水平的决定因素

预测利率水平及未来利率是做投资决策时诸多环节中非常重要的一环。例如，假定你的存

⊖ 黑天鹅是一种比喻，用来隐喻发生概率很小，一旦发生影响力却很大的事件。在澳大利亚发现黑天鹅之前，欧洲人只见过白天鹅并认为黑天鹅是在合理概率区间之外的，或者用统计学术语来说，相对于他们的观察"样本"来说，黑天鹅是极端的"异常值"。

款账户中有 10 000 美元，银行以短期利率（比如 30 天短期国库券利率）作为参照向你支付浮动的利息，而你也可以选择将这部分钱转作以固定利率支付利息的长期存款。

你的决策显然根据你对利率的未来预期而定。如果你认为利率未来会下降，你会希望通过购买期限较长的定期存单把利率锁定在当前较高的水平上。相反，如果预期利率上升，你一定会选择推迟长期储蓄存单的购买计划。

众所周知，预测利率无疑是应用宏观经济学中最为困难的部分之一。然而即使如此，利率水平仍然由一些基本要素决定：

(1) 来自于存款人（主要是家庭）的资金供给；
(2) 来自于企业投资工厂车间、设备以及存货的融资需求；
(3) 通过美联储运作调整后政府的净资金供给或资金需求；
(4) 期望通胀率。

我们首先区别实际利率与名义利率。

3.1.1 实际利率和名义利率

利率是指在一定期限内（1 个月、1 年、20 年甚至更长）因持有一定量某种计价单位（美元、日元、欧元甚至购买力）而承诺的收益率。因此，当我们说到利率水平是 5% 时，必须明确说明它的记账单位和期限。即使一个利率对一单位账户和一段时间是无风险的，它对其他账户和时间未必是无风险的，举例来说，用美元计价时的无风险利率在使用购买力计量时就会因为通货膨胀的不确定性而存在风险。

例如，考虑期限为 1 年的无风险利率，假设 1 年前你在银行存了 1 000 美元，期限为 1 年，利率为 10%，那么现在你可以得到 1 100 美元现金。你投资所获得的真实收益是多少呢？这取决于现在的 1 100 美元以及 1 年前的 1 000 美元分别可以买多少东西，而消费者物价指数（CPI）衡量了城镇家庭一篮子商品服务消费的平均价格水平。

假定上一年的通货膨胀率（CPI 的变化百分率，计为 i）为 6%，一条去年价格 1 美元的面包今年需要花费 1.06 美元。去年你可以用资金购买 1 000 条。在投资一年后，你能够买 1 100/1.06 = 1 038 条面包。因此你的购买力水平提高了 3.8%。

部分利息收入被在年末所收到美元的购买力水平下降抵消。对于 10% 的利率，在去掉 6% 购买力水平下降后，所获得的购买力净收益大约为 4%。因此我们需要辨别名义利率——钱的增值——与实际利率——购买力的增值。

更准确地说，我们发现购买力的增长等于投资金额增长除以价格的增长。设名义利率（nominal interest rate）为 r_{nom}，实际利率（real interest rate）为 r_{real}，通货膨胀率为 i，那么可以得到

$$1 + r_{real} = \frac{1 + r_{nom}}{1 + i} = \frac{1.10}{1.06} = 1.038 \tag{3-1}$$

这个关系的粗略估计为

$$r_{real} \approx r_{nom} - i \tag{3-2}$$

总之，实际利率等于名义利率减去因通货膨胀导致的购买力损失。

式 (3-1) 的具体关系可以重新写为 $r_{real} = \dfrac{r_{nom} - i}{1 + i}$ (3-3)

可以看出由式 (3-2) 得出的近似值高估了实际利率 $1 + i$ 倍。

例 3-1　近似的实际利率

如果1年期储蓄存单的利率为8%，预期下一年的通货膨胀率为5%，利用近似公式可以得到实际利率为 r_{real}=8%-5%=3%，利用精确公式可以计算出实际利率为 $r_{real}=\dfrac{0.08-0.05}{1+0.05}=0.0286$，即2.86%。由此可以看到，近似公式得出的实际利率高估了14个基点（0.14%），通货膨胀率较低并采用连续复利度量时，近似公式较为准确。针对这一问题，后面有更为详细的论述。

常见的固定收益投资如银行存单承诺的是名义利率。但是，由于未来通胀具有不确定性，即使承诺的名义利率为无风险利率，但你所获得的实际利率仍有风险。所以，你能通过在名义利率基础上调整通胀来推测一项投资的预期实际收益率。

3.1.2　均衡实际利率

尽管经济体内存在多个不同的利率（犹如存在许多不同债务凭证），但这些利率变化趋同，所以在经济学家眼中似乎只有一个代表性利率。三种基本因素——供应、需求和政府的干预决定了实际利率。名义利率等于实际利率加上预期通胀率。

图 3-1 描绘了一条向下倾斜的需求曲线和一条向上倾斜的供给曲线，横轴代表资金的数量，纵轴代表实际利率。

需求曲线向下倾斜是因为实际利率低，厂商会加大其资本投资的力度。假定厂商选择投资项目是基于项目本身的投资收益率，那么实际利率越低，厂商会投资越多的项目，从而需要越多的融资。

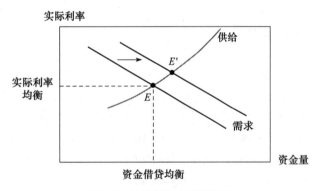

图 3-1　均衡实际利率的决定

供给曲线与需求曲线的交点形成图 3-1 中的均衡点 E。

政府和中央银行（美联储）可以通过财政政策或货币政策向左或向右移动供给曲线和需求曲线。例如，假定政府预算赤字增加，政府需要增加借款，推动需求曲线向右平移，均衡点从 E 点移至 E' 点。美联储可以通过扩张性货币政策来抵消这种上涨，这将使供给曲线向右偏移。

所以，尽管实际利率最为基本的决定因素是居民的储蓄倾向和投资项目的预期生产率（或利润率），其同时也受到政府财政政策或货币政策的影响。

3.1.3　均衡名义利率

上文指出资产的名义利率近似等于实际利率加通货膨胀率，因为投资者最为关心的是他们的实际收益率（即购买力的增加值），所以当通货膨胀率增加时，投资者会对其投资提出更高的名义利率要求，这样高的名义利率才能保证一项投资的实际收益率水平。

欧文·费雪（Irving Fisher，1930）认为名义利率应该伴随着预期通货膨胀率 $E(i)$ 的增加而增加。那么所谓的费雪等式为

$$r_{nom} = r_{real} + E(i) \tag{3-4}$$

式（3-4）表明，如果实际利率是稳定的，名义利率的变化将预测通货膨胀率的变化。根据不同的实证检验结果，这一关系是有争议的。尽管支持这一关系的经验数据并不是强有力的，人们仍然认为名义利率是预测通货膨胀率的一个可行的方法，部分原因是我们无法用其他方法来很好地预测通货膨胀率。

3.1.4 税收与实际利率

> **概念检查 3-1**
> a. 假定每年的实际利率为 3%，预期通货膨胀率为 8%，那么名义利率是多少？
> b. 假定预期通货膨胀率将上涨 10%，但实际利率不变，那么名义利率将有什么变化？

税赋是基于名义收入的支出，税率则由投资者的税收累进等级决定。美国国会意识到了不断上涨的税收累进等级与通货膨胀率之间的关系（当名义利率随通货膨胀率上升时，将使纳税人面对更高的税收累进等级），便于 1986 年税制改革中建立了同价格指数挂钩的税收累进制。

同价格指数联系的税收累进制度并没有将个人收入的纳税完全同通货膨胀率分离开来，假设税率为 t，名义利率为 r_{nom}，则税后名义利率为 $r_{nom}(1-t)$。税后实际利率近似等于税后名义利率减去通货膨胀率，即

$$r_{nom}(1-t) - i = (r_{real} + i)(1-t) - i = r_{real}(1-t) - it \tag{3-5}$$

因此，税后实际利率随着通货膨胀率的上升而下降，投资者承受了相当于税率乘以通货膨胀率的通胀损失。例如，假定你的税负为 30%，投资收益为 12%，通货膨胀率为 8%，那么税前实际利率为 4%，在通胀保护税收体系下，税后利率为 $4\% \times (1-0.3) = 2.8\%$，但是税法并没有认识到收益中的前 8% 只是用于补偿通胀，而不是实际收入。你的税后名义收益为 $12\% \times (1-0.3) = 8.4\%$，因此你的税后实际利率只有 $8.4\% - 8\% = 0.4\%$。正如式（3-5）指出，你的实际税后收益降低了 $8\% \times 0.3 = 2.4\%$。

3.2 比较不同持有期的收益率

考虑一个寻求安全投资的投资者，比如投资美国国库券。假设我们观察很多不同期限的零息票国库券。零息票债券会在第 9 章进行更深入的讨论，简单地说是以票面价值折价出售，收益来自购买价和最终票面价值的差价⊖。假设国库券价格为 $P(T)$，面值为 100 美元，持有期为 T 年。我们把期限为 T 年的无风险收益率表示成投资价值增长的百分比。

$$r_f(T) = \frac{100}{P(T)} - 1 \tag{3-6}$$

当 $T=1$ 时，式（3-6）提供了 1 年期的无风险收益率。

⊖ 美国财政部发行国库券，这是一种纯折扣（或零息票）证券，期限最长为 1 年。然而，金融机构通过购买票息创建零息票国债，称为本息分离国债，期限长达 30 年。他们通过购入息票国债，"剥离" 息票支付券，并分别出售息票支付券和面值最终索偿权。有关详细信息，请参阅第 9 章。

例 3-2　年化收益率

假定面值为 100 美元的零息国库券的价格和不同的年限如下所示。我们运用式 (3-6) 可以计算出每一种证券的总收益率。

期限	价格 $P(T)$（美元）	$[100/P(T)]-1$	该期限的无风险收益率（%）
半年	97.36	$100/97.36-1=0.0271$	$r_f(0.5)=2.71$
1 年	95.52	$100/95.52-1=0.0469$	$r_f(1)\ \ =4.69$
25 年	23.30	$100/23.30-1=3.2918$	$r_f(25)\ =329.18$

不出意料的是，在例 3-2 中，持有期越长，总收益率越高。我们应该怎样比较不同持有期的投资收益呢？这就需要我们将每一个总收益换算成某一常用期限的收益率。我们通常把所有的投资收益表达为**有效年利率**（effective annual rate, EAR），即一年期投资价值增长百分比。

对于 1 年期的投资来说，有效年利率等于总收益率 $r_f(1)$。总收入（1+EAR）是每一美元投资的最终价值。对于期限少于 1 年的投资，我们把每一阶段的收益按复利计算到 1 年。比如，对例 3-2 中 6 个月的投资，我们按 2.71% 的收益率复利计算得到 1 年后的投资终值 $1+\text{EAR}=1.0271^2=1.0549$，意味着 EAR=5.49%。

对于投资期长于一年的投资来说，通常把有效年利率作为年收益率。比如，例 3-2 中，持有期为 25 年的投资在 25 年里增长了 4.2918（也就是 1+3.2918）。所以有效年利率可以表达为

$$(1+\text{EAR})^{25}=4.2918$$
$$1+\text{EAR}=4.2918^{1/25}=1.0600$$

总的来说，我们可以把有效年利率与总收益率 $r_f(T)$ 联系在一起，运用下面的公式计算持有期为 T 时的收益。

$$1+\text{EAR}=[1+r_f(T)]^{1/T} \tag{3-7}$$

我们可以用例 3-3 来说明。

例 3-3　有效年收益率与总收益率

对于例 3-2 中的 6 个月的国债来说，$T=1/2$，$1/T=2$，因此
$$1+\text{EAR}=1.0271^2=1.0549,\ \ \text{EAR}=5.49\%$$
对于例 3-2 中 25 年的国债来说，$T=25$，因此
$$1+\text{EAR}=4.2918^{1/25}=1.060,\ \ \text{EAR}=6.0\%$$

3.2.1　年化百分比利率

短期投资（通常情况下，$T<1$）的年化收益率是以简单利率而不是复利来报告的。这被称为**年化百分比利率**（annual percentage rates, APRs）。比如，当涉及月收益率（例如信用卡的利率）时，年化百分比利率即为 12 乘以月率。通常说来，如果把一年分成 n 个相等的期间，并且每一期间的利率是 $r_f(T)$，那么，$\text{APR}=n\times r_f(T)$。反之，你可以通过年化百分比利率得到每个期间的实际利率 $r_f(T)=T\times\text{APR}$。

通过这个过程，例 3-2 中 6 个月债券（6 个月的利率为 2.71%）的年化百分比利率为 $2\times2.71\%=5.42\%$。概括一下对一个期限为 T 的短期投资来说，每年有 $n=1/T$ 个复利计算期。

因此,复利计算期、有效年利率和年化百分比利率的关系可以用下面的公式来表示:

$$1 + \text{EAR} = [1 + r_f(T)]^n = [1 + r_f(T)]^{1/T} = [1 + T \times \text{APR}]^{1/T} \quad (3\text{-}8)$$

即

$$\text{APR} = \frac{(1+\text{EAR})^T - 1}{T}$$

例 3-4 有效年利率与年化百分比利率

在表 3-1 中我们运用式 (3-8) 可以得出有效年利率为 5.8% 时不同复利计算期限对应的年化百分比利率。相反,我们同样可以得到年化百分比利率为 5.8% 时有效年利率的值。

表 3-1 有效年利率与年化百分比利率

期限	T	$\text{EAR} = [1+r_f(T)]^{1/T} - 1 = 0.058$		$\text{APR} = r_f(T) \times (1/T) = 0.058$	
		$r_f(T)$	$\text{APR} = [(1+\text{EAR})^T - 1]/T$	$r_f(T)$	$\text{EAR} = (1+\text{APR} \times T)^{1/T} - 1$
1 年	1.000 0	0.058 0	0.058 00	0.058 0	0.058 00
6 个月	0.500 0	0.028 6	0.057 18	0.029 0	0.058 84
3 个月	0.250 0	0.014 2	0.056 78	0.014 5	0.059 27
1 个月	0.083 3	0.004 7	0.056 51	0.004 8	0.059 57
1 星期	0.019 2	0.001 1	0.056 41	0.001 1	0.059 68
1 天	0.002 7	0.000 2	0.056 38	0.000 2	0.059 71
连续			$r_{cc} = \ln(1+\text{EAR}) = 0.056\ 38$		$\text{EAR} = \exp(r_{cc}) - 1 = 0.059\ 71$

3.2.2 连续复利

从表 3-1 (和式 (3-8)) 中可以明显地看到年化百分比利率和有效年利率随复利计算频率变化而产生的差异。随之而来的问题是:随着计算利息的频率不断提高,年化百分比利率和有效年利率的差异可以达到多大?换句话说,当 T 不断变小的时候,$(1+T \times \text{APR})^{1/T}$ 的极限是多少?当 T 趋近于零,我们得到**连续复利** (continuous compounding,CC),并且可以用下面的指数函数得到有效年利率与年化百分比利率 (在连续复利时,用 r_{cc} 表示) 的关系:

$$1 + \text{EAR} = \exp(r_{cc}) = e^{r_{cc}} \quad (3\text{-}9)$$

e 大约为 2.718 28。

为了从有效年利率得出 r_{cc} 的值,我们将式 (3-9) 化简,如下所示:

$$\ln(1 + \text{EAR}) = r_{cc}$$

这里 $\ln(\cdot)$ 是一个自然对数函数,是 $\exp(\cdot)$ 的反函数。指数函数和对数函数都可以在 Excel 中进行计算,分别叫作 EXP(·) 和 LN(·)。

例 3-5 连续复利利率

当给定有效年利率为 5.8% 时,连续复利计算的年化百分比利率 r_{cc} 为 5.638% (见表 3-1),与按日复利计算的年化百分比利率相同。但对复利频率较低的利率 (比如半年) 来说,为了得到相同的有效年利率,年化百分比利率的值竟然高达 5.718%。也就是说当计算复利频率较低时,达到相同有效收益所需的年化百分比利率会更高。

尽管连续复利看起来是烦琐的数学,但在很多情况下运用这种利率能够简化预期收益和风险的计算。举例来说，在连续复利情况下，对于任何期限 T，总收益 $r_{cc}(T)$ 就可以简单表示为 $\exp(T \times r_{cc})$ ⊖。换言之，总收益与时间阶段 T 之间成正向关系。这比用指数按不同阶段的复利计算要简单得多。另一个例子是，回顾式（3-1），实际利率 r_{real}、名义利率 r_{nom} 和通货膨胀率 i 之间的关系 $r_{\text{real}} \approx r_{\text{nom}} - i$，只是一个近似值，式（3-3）已给予证明。但是当我们将

> **概念检查 3-2**
> 一家银行提供给你两种 3 年定期存款 100 000 美元的利率选择：①月利率 1%；②年连续复利利率 12%。你选择哪一个？

所有的利率都看作连续复利，式（3-1）就是完全准确的⊖，也就是 r_{cc}(实际利率) = r_{cc}(名义利率) − i_{cc}。

3.3 国库券与通货膨胀（1926~2015年）

金融时间序列常被认为开始于 1926 年 7 月，因为芝加哥大学证券价格研究中心的精确收益数据库以此为起始日。

表 3-2 展示了月度美国国库券收益、通货膨胀率和实际利率的历史情况。你可以在网上找到所有 1926 年后月度数据的历史记录。

表 3-2 1926~2015 年短期国库券、通货膨胀率、实际利率的统计数据

	平均年利率			标准差		
	短期国库券	通货膨胀率	实际值	短期国库券	通货膨胀率	实际值
全部月份	3.46	3.00	0.56	3.12	4.07	3.81
前半段	1.04	1.68	−0.29	1.29	5.95	6.27
后半段	4.45	3.53	0.90	3.11	2.89	2.13

资料来源：Annual rates of return from rolling over 1-month T-bills：Kenneth French；annual inflation rates：Bureau of Labor Statistics.

表 3-2 的第一组列出了三个时期的平均年利率。我们历史上最近一段时期——1952~2015（基本上是战后时期）的平均利率为 4.45%，显著高于早期部分的 1.04%。原因是通货膨胀是国库券利率的主要驱动因素，其在样本后期的平均值（3.53%）明显高于前期的 1.68%。然而，最近一段时期的名义利率仍然很高，可以保持较高的平均实际利率 0.90%，而早期则为负 29 个基点（−0.29%）。

图 3-2 说明了为什么我们以 1952 年

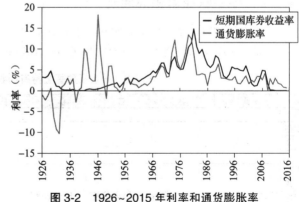

图 3-2 1926~2015 年利率和通货膨胀率

⊖ 推导自式（3-9），若 $1 + \text{EAR} = e^{r_{cc}}$，则 $(1 + \text{EAR})^T = e^{r_{cc} T}$。

⊖ $1 + r(\text{实际利率}) = \dfrac{1 + r(\text{名义利率})}{1 + \text{通货膨胀率}}$

$\Rightarrow \ln[1 + r(\text{实际利率})] = \ln\left(\dfrac{1 + r(\text{名义利率})}{1 + \text{通货膨胀率}}\right) = \ln[1 + r(\text{名义利率})] - \ln(1 + \text{通货膨胀率})$

$\Rightarrow r_{cc}(\text{实际利率}) = r_{cc}(\text{名义利率}) - i_{cc}$

划分样本期间。在那一年之后，通货膨胀的波动性大大降低，并且可能因此，名义利率跟随通货膨胀率并得到更大幅度的调整，从而产生更加稳定的实际利益，这表现为表 3-2 最后一栏中记录的显著降低的实际标准偏差。样本早期的标准差为 6.27%，后期仅为 2.13%。1952 年后实际利率低波动率反映了通货膨胀率类似的低波动率。我们可以发现当通货膨胀率更容易预测时费雪方程式更有效，投资者可以更准确地衡量他们为获得可接受的实际收益率所要求的名义利率。

3.4 风险与风险溢价

3.4.1 持有期收益率

假设你正在考虑投资股票指数基金。每一份额的现价为 100 美元，持有期为 1 年。实现的投资收益率由每份额年末价格和这一年的现金股利决定。

假定每份额的期末价格为 110 美元，这一年的现金股利为 4 美元。实现的收益率，也叫作**持有期收益率**（HPR，holding-period return，在这种情况下，持有期为 1 年）可以表示如下：

$$\text{HPR} = \frac{\text{期末每份价格} - \text{期初价格} + \text{现金股利}}{\text{期初价格}} \tag{3-10}$$

本例中

$$\text{HPR} = \frac{110 - 100 + 4}{100} = 0.14，即 14\%$$

持有期收益率的定义假设股利在持有期期末支付。如果提前支付股利，那么持有期收益率应该将持有股利至期末的再投资收益考虑入内。来自股利的收益百分比被称为**股息收益率**（dividend yield），所以股息收益率加上资本利得收益率等于持有期收益率。

3.4.2 期望收益率和标准差

1 年以后的每份基金价格和股利收入具有很大的不确定性，所以无法确定最终的持有期收益率。我们将市场状况和股票指数市场进行情境分析，将其分为四种情况，如表 3-3 所示。

表 3-3 股票指数基金持有期收益率的情境分析

	A	B	C	D	E	F	G	H	I
1									
2									
3	买价 =		$100			国库券利率 = 0.04			
4									
5									
6									
7	市场状况	概率	年末价格	现金股利	HPR	标准差	方差	超额收益	方差
8	大好	0.25	126.50	4.50	0.3100	0.2124	0.0451	0.2700	0.0451
9	好	0.45	110.00	4.00	0.1400	0.0424	0.0018	0.1000	0.0018
10	差	0.25	89.75	3.50	-0.0675	-0.1651	0.0273	-0.1075	0.0273
11	很差	0.05	46.00	2.00	-0.5200	-0.6176	0.3815	-0.5600	0.3815
12	Expected Value (mean) SUMPRODUCT(B8:B11,E8:E11)= 0.0976								
13	Variance of HPR			SUMPRODUCT(B8:B11, G8:G11) =			0.0380		
14	Standard Deviation of HPR					SQRT(G13) =	0.1949		
15	Risk Premium			SUMPRODUCT(B8:B11, H8:H11) =			0.0576		
16	Standard Deviation of Excess Return				SQRT(SUMPRODUCT(B8:B11, I8:I11)) = 0.1949				

我们怎样来评价这种概率分布？通过本书，我们将会用期望收益率 $E(r)$ 和标准差 σ 来表示收益率的概率分布。期望收益率值是在不同情境下以发生概率为权重的收益率加权平均值。假设 $p(s)$ 是各种情境的概率，$r(s)$ 是各种情境的持有期收益率，情境由 s 来标记，我们可以将期望收益率表达为

$$E(r) = \sum_s p(s) r(s) \tag{3-11}$$

将表 3-3 中的数据运用到式（3-11）中，我们会得到该股票指数基金的期望收益率为

$$E(r) = (0.25 \times 0.31) + (0.45 \times 0.14) + [0.25 \times (-0.0675)] + [0.05 \times (-0.52)]$$
$$= 0.0976$$

表 3-3 表明这个和可以很简单地由 Excel 得出，运用 SUMPRODUCT 公式先计算出一系列数字对的乘积，然后将这些乘积相加。在此，数字对是每种情境出现的概率和收益率。

收益率的方差（σ^2）是度量波动的一种方法。它是期望收益偏差的平方的期望值。波动率由真实收益和平均收益的偏离衡量。为了防止正的偏离与负的偏离相互抵消，我们计算偏离期望收益的平方。结果的波动性越强，这些方差的均值就越大。因此，方差和标准差提供了测量结果不确定性的一种方法，也就是

$$\sigma^2 = \sum_s p(s) [r(s) - E(r)]^2 \tag{3-12}$$

因此，在本例中

$$\sigma^2 = 0.25 \times (0.31 - 0.0976)^2 + 0.45 \times (0.14 - 0.0976)^2 + 0.25 \times (-0.0675 - 0.0976)^2 +$$
$$0.05 \times (-0.52 - 0.0976)^2 = 0.0380$$

这个值已经运用 SUMPRODUCT 公式在表 3-3 的 G13 单元格计算出来。在 G14 单元格的标准差可以这样计算：

$$\sigma = \sqrt{0.0380} = 0.1949 = 19.49\%$$

显然，困扰该指数基金潜在投资者的是一个市场崩盘或市场变坏的下跌风险，而不是市场变好带来的上涨潜力。收益率的标准差并没有区分好的市场或是坏的市场。它在两种情况下都仅仅表达的是对平均值的偏离程度。只要概率分布大致是关于平均值对称的，标准差就是一个风险的适当测度。在特殊情况下我们可以假设概率分布为正态分布（即众所周知的钟形曲线），$E(r)$ 和 σ 就可以完美地刻画出分布。

3.4.3 超额收益和风险溢价

你应该投资多少到指数基金中？回答这个问题之前，你必须知道承担股票投资风险可以期望的收益有多高。

我们把收益表示成股票指数基金的预期持有期收益率和**无风险收益率**（risk-free rate）的差值，无风险收益率是当你将钱投入无风险资产比如说短期国库券、货币市场基金或者银行时所获得的利率。我们将这种差值称为普通股的**风险溢价**（risk premium）。在我们的例子中无风险年利率为 4%，预期指数基金收益率为 9.76%，所以风险溢价为每年 5.76%。在任何一个特定的阶段，风险资产的实际收益率与实际无风险收益率的差值称为**超额收益**（excess return）。因此，风险溢价是超额收益的期望值，超额收益的标准差是其风险的测度。

注意，风险资产的风险溢价是实际数量。一个风险资产的期望收益率等于无风险资产加上风险溢价。风险溢价是超出无风险利率的部分，因此无论是名义利率还是实际利率都要进行补

充。投资者投资股票的意愿取决于其**风险厌恶**（risk aversion）水平。如果投资者是风险厌恶的，当风险溢价为零时，人们不愿意对股票市场做任何投资。理论上说，必须有正的风险溢价来促使风险厌恶的投资者继续持有现有的股票而不是将他们的钱转移到其他无风险的资产中去。

作为通用准则，当评估风险溢价时，无风险利率期限需要和投资期限匹配。长期投资者将会把长期无风险债券作为无风险利率的基准。为了考量合适的长期投资，我们需要从一个相关的真实无风险利率开始。事实上，超额收益通常是相对一个月国库券收益率来说的。这是因为大多数讨论涉及短期投资。

虽然情境分析解释了量化的风险和收益背后的概念，但你可能仍然想知道对于普通股票和其他证券来说怎样更加准确地估计 $E(r)$ 和 σ。历史给我们提供了敏锐的视角。由于历史上运用了各种各样的概念和统计工具来记载有价证券收益，所以首先让我们来做一个初步讨论。

概念检查 3-3

你将 27 000 美元投资于一个公司债券，每 1 000 美元面值债券售价为 900 美元。在第 2 年，1 000 美元债券能够提供的利息是 75 美元。年末债券的价格取决于当时的利率水平。你依据以下情境分析：

（单位：美元）

利率	概率	年末债券价格
高	0.2	850
不变	0.5	915
低	0.3	985

你的另一种投资则是国库券，它能够提供的收益率为 5%。计算每种情况的持有期收益率、$E(r)$ 和风险溢价。你投资的年末期望价值是多少？

3.5 历史收益率的时间序列分析

3.5.1 时间序列与情境分析

在着眼未来的情境分析中，我们设定一组相关的情境和相应的投资收益，并对每个情境设定其发生的概率，最后计算该投资的风险溢价和标准差。相反，资产和组合的历史收益率只是以时间序列形式存在，并没有明确给出这些收益率发生的概率，因为我们只观察到日期和持有期收益率。所以必须从有限的数据中推断收益率的概率分布，或者至少是分布的一些特征值，比如期望收益和标准差。

3.5.2 期望收益和算术平均值

使用历史数据时，我们认为每一个观测值等概率发生。所以如果有 n 个观测值，便将式（3-11）中的 $p(s)$ 替换为 $1/n$，这时期望收益可表示为

$$E(r) = \sum_{s=1}^{n} p(s)r(s) = \frac{1}{n}\sum_{s=1}^{n} r(s), \quad 即 \quad 收益率的算术平均值 \tag{3-13}$$

例 3-6 算术平均值与期望收益

表 3-4 显示了标准普尔 500 指数在一个连续 5 年间持有期收益率的时间序列。在样本期间，将 $n=5$ 观察期间中的每一个持有期收益率看作样本期间的年度收益，并等可能发生，概率为

1/5，表中的 B 列使用 0.2 作为概率值，C 列显示每年持有期收益率。将式（3-13）应用在表 3-4 的时间序列，计算可得持有期收益率与概率乘积之和等于持有期收益率的算术平均值（见 C7 和 C8）。

表 3-4 标准普尔 500 指数持有期收益率的时间序列

	A	B	C	D	E	F
1	时期	假设概率	持有期收益率	标准差	总HPR = =1+HPR	财富指数*
2	1	0.20	−0.1189	0.0196	0.8811	0.8811
3	2	0.20	−0.2210	0.0586	0.7790	0.6864
4	3	0.20	0.2869	0.0707	1.2869	0.8833
5	4	0.20	0.1088	0.0077	1.1088	0.9794
6	5	0.20	0.0491	0.0008	1.0491	1.0275
7	Arithmetic average	= AVERAGE(C2:C6)	0.0210			
8	Expected HPR	SUMPRODUCT(B2:B6,C2:C6)	0.0210			
9	Variance	SUMPRODUCT(B2:B6,D2:D6)		0.0315		
10	Standard deviation	SQRT(D9)		0.1774		
11	Standard deviation	STDEV.P(C2:C6)		0.1774		
12	Std dev(df=4)	SQRT(D9*5/4)		0.1983		
13	Std dev(df=4)	STDEV.S(C2:C6)		0.1983		
14	Geometric avg return	F6^(1/5)−1				0.0054
15						
16	* The wealth index is the cumulative value of $1 invested at the beginning of the sample period.					

例 3-6 举例说明了算术平均值在投资学中广泛应用的逻辑。如果每个历史收益的时间序列都代表了真实可能的概率分布，那么从历史数据中计算得到的算术平均值就是预期持有期收益的恰当估计。

3.5.3 几何（时间加权）平均收益

我们看到算术平均值是期望收益率的无偏估计，那么关于整个样本期间的投资组合的实际表现，这些时间序列是如何体现的呢？我们继续运用例 3-6 来进行说明。对于比较长时期的结果，我们在后续章节中讨论。

表 3-4 中 F 列显示了第一年年初投资 1 美元在标准普尔 500 指数上的财富指数。5 年年末财富指数的数值为 1.027 5 美元。这是 1 美元的最终价值，意味着 5 年投资持有期收益率为 2.75%。

样本期间的收益表现可以用某一年化持有期收益率来衡量，由时间序列中复利终值反推而得。定义该收益率为 g，则有

$$终值 = (1+r_1) \times (1+r_2) \times \cdots \times (1+r_5) = 1.027\,5$$
$$(1+g)^n = 终值 = 1.027\,5 \quad (表 3\text{-}4 中单元格 F6) \tag{3-14}$$
$$g = 终值^{1/n} - 1 = 1.027\,5^{1/5} - 1 = 0.005\,4 = 0.54\% \quad (单元格 F14)$$

式中，$1+g$ 是时间序列的总收益 $1+r$ 的几何平均数（可以使用 Excel 中 GEOMEAN 命令），g 是年化持有期收益率。

投资者称 g 为时间加权（区别于货币加权）的平均收益，它强调了在平均过程中每个历史收益是等权重的。理解两种平均方法的差别十分重要，因为投资经理作为投资者常常要面临基金数目显著变化的情况，可能需要购买或者赎回其投资份额，而规模大时比规模小时能获得更多的投资收益（或损失），不能单纯看收益率。

收益率波动越大，两种平均方法的差异越大。如果收益服从正态分布，预期差异为分布方

差的 1/2，即

$$E[\text{几何平均值}] = E[\text{算术平均值}] - 1/2\sigma^2 \qquad (3\text{-}15)$$

注意：使用式（3-15）时，需要将收益率换成小数形式，而不是百分数形式。当收益率服从正态分布时，式（3-15）的拟合效果较好⊖。

例 3-7　几何平均值与算术平均值

假设你在第一年的投资收益率为 -20%，第二年的投资收益率为 20%，它们的算术平均值为 0。然而，在期初投资 1 美元，在第二年年末会变成 0.8×1.2 = 0.96 美元，意味着几何平均收益率为负。与第一年相比，第二年的投资基数更小。想要弥补第一年 20% 的亏损，你在第二年需要达到 25% 的投资收益率。

现在假设投资收益率的顺序调换，第一年的投资收益率为 20%，第二年的投资收益率为 -20%。此时的算术平均收益依然为 0，然而最后你的 1 美元还是会变成 0.96 美元（= 1.20× 0.80）。在这种情况下，第二年的投资基数大于第一年的投资基数，导致了更大的亏损。在任意一种情况下，几何平均值都小于算术平均数。

3.5.4　方差和标准差

当人们考虑风险时，关注的是偏离期望收益的可能性。实际中，因为我们无法直接观察到预期，所以通过偏离期望收益估计值的平方和来计算方差。改动式（3-12），按每个观测值等概率出现，样本平均值为 $E(r)$

> **概念检查 3-4**
>
> 2018 年年初投资 100 万美元于标准普尔 500 指数基金。给定 2018 年收益率为 -40%，2019 年需要收益率为多少才可以弥补 2018 年的损失？

$$\text{方差} = \text{离差平方的期望值}$$
$$\sigma^2 = \sum p(s)[r(s) - E(r)]^2$$

使用历史数据，估计方差为

$$\hat{\sigma}^2 = \frac{1}{n}\sum_{s=1}^{n}[r(s) - \bar{r}]^2 \qquad (3\text{-}16)$$

由式（3-16）估计得到的方差是有偏的，这是由于采用的是对样本算术平均值 $\bar{r}$ 的偏差，而不是未知的真实期望 $E(r)$，故导致了一些估计误差。这又称为自由度偏差，可以通过方差算术平均值与因子 $n/(n-1)$ 的乘积来消除误差。方差和标准差变为

$$\hat{\sigma}^2 = \left(\frac{n}{n-1}\right) \times \frac{1}{n}\sum_{s=1}^{n}[r(s) - \bar{r}]^2 = \frac{1}{n-1}\sum_{s=1}^{n}[r(s) - \bar{r}]^2$$
$$\hat{\sigma} = \sqrt{\frac{1}{n-1}\sum_{s=1}^{n}[r(s) - \bar{r}]^2} \qquad (3\text{-}17)$$

⊖ 我们得知，度量某时段的历史收益时采用几何平均值，而估计未来收益表现时用算术平均。问题是，如果同样的样本出现在未来，收益采用几何平均，那么这是否是期望收益的最佳估计？令人惊讶的是，答案是否定的。未来的结果总是包括正的或负的偏差（与预期相比）。一连串的正的偏差相对一连串负的偏差对期末财富影响较大。正因为这种非对称性，几何平均是对未来平均收益的低估。这个低估等于方差的一半，所以采用算术平均来纠正这个误差。

例 3-8　方差和标准差

数据表 3-4D 列显示了偏离算术平均值的平方，D10 单元格给出标准差为 0.177 4，为偏离平方与概率乘积和的平方根。

D13 单元格显示了标准差的无偏估计值为 0.198 3，这略微大于 D11 中 0.177 4。如果样本很大，$\frac{n}{n-1}$ 接近于 1，这时自由度的调整可以忽略不计。

3.5.5　高频数据中的均值与方差估计

观测值的频率越高是否会使估计值越准确呢？这个问题的答案令人惊讶：观测值的频率不会影响均值估计的准确性。样本时段的长度而非样本观测值的数量能改进估计的准确性。

10 年总收益率除以 10 与 12 乘以 120 个月平均收益率能提供同样精度的预期年化收益率估计。平均月度收益率与 10 年的平均收益率具有一致性，额外的月度收益率观测值对平均收益估计提供不了额外的信息。但是，相比 10 年的收益率，更长的样本期比如 100 年的收益率能提供更准确的收益率估计，这里有个前提条件，即 100 年间收益分布不发生改变。

这就暗示着：即使使用很长时段的样本，你依然相信收益分布不变。不幸的是，旧数据往往包括较少的信息。19 世纪的数据是否可以用来估计 21 世纪的收益率？应该不行，这暴露了我们在估计平均收益时的局限。

相反，增加样本值可提高标准差或更高阶矩的估计准确性。所以我们可以用变频观测值来提高标准差和更高阶矩的估计准确性。

标准差估计先从方差估计开始。当日度收益不相关时，月度方差可以简单相加。当月度方差相同时，年化方差等于 $\sigma_A^2 = 12\sigma_M^2$。⊖ 总的来说，$T$ 个月的方差等于 T 乘以单个月的方差。所以，标准差的增长率为 $\sqrt{T}$，即 $\sigma_A = \sqrt{12}\sigma_M$。均值和方差随时间段成比例增长，而标准差随时间段长度的平方根的增长而增长。

3.5.6　收益波动性（夏普）比率

例 3-9　夏普比率

参见表 3-3，投资股指基金的情境分析得到 5.76% 的风险溢价，超额收益的标准差为 19.49%。这表明夏普比率等于 0.3，与历史股指基金的业绩一致。在下面的一些章节中将继续讨论这种重要的度量方法，证明它在度量分散化投资组合风险-收益的权衡时是一种合适的方法，但是将其运用在单个资产比如投资组合中的单只股票时是不合适的。

最后，必须注意到的是，应该假定投资者关注的是他们购买投资组合相对于国库券获得的预期超额收益和相应的风险。尽管国库券的利率不固定，我们仍然知道购买债券并持有到期的收益。其他投资比安全的国库券收益率更高，但难免带来更多的风险。投资者为风险资产定价使得其风险溢价能够弥补预期超额收益带来的风险。这样利用溢价的标准差代替总收益标准差

⊖ 当月度收益不相关时，我们可以不关心它们之间的协方差。12 个月度收益之和的方差等于 12 个月方差之和。如果月度收益相关，年化方差时需要调整收益之间的序列相关性。

来衡量风险更好。

收益（风险溢价）和风险（通过标准差来衡量）之间的权衡意味着人们需要利用投资的风险溢价与标准差的比率来度量投资组合的吸引力。

$$夏普比率 = \frac{风险溢价}{超额收益率的标准差} \quad (3-18)$$

注意，夏普比率等于风险溢价（与时段长度等比例变化）除以标准差（与时段长度为平方根关系），因此，用高频收益计算年化收益时夏普比率增大。这一比率被广泛用于评估投资经理的业绩。

> **概念检查 3-5**
>
> 用表3-4中3~5年的年度收益：
> a. 计算算术平均收益。
> b. 计算几何平均收益。
> c. 计算收益的标准差。
> d. 计算夏普比率，假设无风险利率为6%。

3.6 正态分布

正态分布在日常生活中频繁出现。例如，一个国家或地区全部人口的身高、体重情况都刚好符合正态分布。实际上，很多由一连串随机事件构成的变量都会呈现出正态分布的形态，例如在连续生产中用于向标准容器中灌1加仑（1加仑=3.78立方米）液体的机器每次的灌装误差。同样的逻辑，如果投资者对收益的期望是理性预期，那么实际收益率应该是服从以此期望为均值的正态分布。

正态分布为什么是"正态"的呢？假设一个报社在生意好的一天赚100美元，生意不好则不赚不赔，且两种情况发生的概率各为50%。因此，它平均每天的收益是50美元。我们可以据此画一个二叉树来描述所有可能发生的状况，下面的**事件树**（event tree）展示了两天生意可能发生的情况。

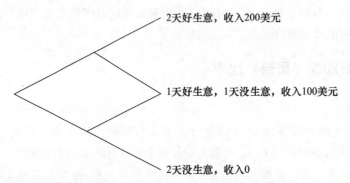

可见，两天会产生3种不同的结果，总的来说，n天会产生$n+1$种情况。在上图情况下，最有可能发生的情况是生意一天好、一天坏，概率为0.5，两种极端情况发生的概率各为0.25。

那么在经营很多天之后利润情况会是怎样呢？比如200天之后，可能性达到201种，但是最有可能发生的还是位于正中间的结果，而且抵达这种结果的路径多了很多。比如，只有一条路径能形成连续200天惨淡生意的结果，然而100天生意兴隆、100天生意惨淡的结果却有很多种排列的可能。随着天数的增多，这样的概率分布最终会形成大家熟悉的钟形形状。⊖

⊖ 历史上，18世纪早期对正态分布的描述基于很多期"二叉树"的结果，如同我们之前分析的一样。这一表达在实际中多用于期权定价，第15章会具体介绍。

图 3-3 展示的是一个均值为 10%、标准差为 20% 的正态分布。这个图形展示了在给定这些参数下各种收益水平发生的理论概率。较小的标准差意味着可能实现的收益水平更多地聚集在均值附近，较大的标准差则意味着可能实现的收益水平将会更加分散。任何一个特定收益率实现的概率都由均值和标准差来决定，换句话说，一个正态分布的形态完全由其均值和标准差这两个参数来决定。

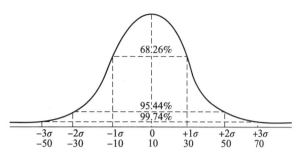

图 3-3　正态分布（均值 10%，标准差 20%）

如果收益率的分布可以用正态分布来近似拟合的话，投资管理将变得更加有理有据。第一，正态分布是左右对称的，也就是说，偏离均值左右程度相同的收益率，其发生的概率是一样的。没有对称性的话，用收益的标准差来衡量风险显然是不合适的。第二，正态分布具有稳定性，意味着对于具有正态性的不同资产，其构成组合的收益同样服从正态分布。第三，当资产或资产组合收益分布只有两个变量时，因为需要考虑的变量很少，未来的情境分析会变得简单许多。第四，当构造证券组合时，我们必须考虑证券收益的相关性。总体来说，这种相关性是多层面的。但是如果收益是正态分布，收益之间统计相关性可以用相关系数来表达。这样我们在描述任何两个证券的相关性时只需估计一个参数。

实际的收益分布需要与正态分布相似到什么程度时我们才可以使用正态分布代替收益的实际分布呢？显而易见，收益的分布是无法用正态分布完美代替的。比如，与正态分布不同的是，实际收益率并不会低于 –100%，但这并不是说正态分布就一无是处。在其他环境中类似的问题同样存在。比如，一个新生儿的体重会去跟所有新生儿体重的分布做对比，而显然新生儿的体重并不存在零或负值。但是在这种情况下，仍然使用正态分布来表示新生儿群体的体重分布情况，因为体重的标准差和体重的均值相比起来较小，问题中出现负值的概率基本可以忽略不计⊖。所以，类似地，我们必须给出一定的标准来决定收益率正态假设的合理性。

例 3-10　Excel 中的正态分布函数

假定标准普尔 500 的月收益率近似符合均值为 1%、标准差为 6% 的正态分布。那么在任何一个月指数收益为负的概率是多少？使用 Excel 建立一个函数能很快解决这个问题。在正态分布函数中观察的结果小于临界值的概率用 NORM.DIST（临界值，均值，标准差，TRUE）得到。在这个例子中想得到小于零的概率，即计算 NORM.DIST(0, 1, 6, TRUE) = 0.433 8，也可以在 Excel 中建立标准的正态函数来求均值低于 1/6 个标准差的概率：NORM.S.DIST(–1/6, TRUE) = 0.433 8。

> **概念检查 3-6**
>
> 在例 3-10 中指数收益低于 –15% 的概率是多少？

⊖ 实际上，均值为 3 958 克，标准差为 511 克。一个负的体重的概率要在离均值 7.74 个标准差以外，在正态分布的假设下，这一情况发生的概率为 4.97×10^{-15}，于是负的出生体重在实际研究中可以不用考虑。

3.7 偏离正态分布和风险度量

由前文可以看出超额收益的正态分布大大简化了组合选择的过程。正态分布保证标准差是风险的完美度量，因此夏普比率是证券表现的完美度量。然而，很多投资者通过观察，认为资产收益对正态分布的偏离已经非常显著，不可忽视。

正态偏离可以通过计算收益分布的高阶矩来得到。超额收益 R 的 n 阶中心矩为 $(R-\bar{R})^n$，一阶矩为零，二阶矩为方差的估计值 $\hat{\sigma}^2$。⊖

一个关于不对称性的度量，称为**偏度**（skew），计算公式如下：

$$偏度 = \left[\frac{(R-\bar{R})^3}{\hat{\sigma}^3}\right] 的平均值 \tag{3-19}$$

偏差的立方有正有负。因此，如果分布是右偏，则如图 3-4a 中黑色的曲线，偏度为正。左偏如浅色曲线所示，偏度为负。当偏度为正时，标准差高估风险；当偏度为负时，标准差低估风险。

另一个正态偏离的度量考虑分布两端极端值出现的可能性，即从图形上来看有肥尾特征的情况，分布的尾部发生的概率较正态分布预测的要高，分布中部发生的概率则较正态分布的低，如图 3-4b 所示。这种度量称为**峰度**（kurtosis），计算公式如下：

$$峰度 = \left[\frac{(R-\bar{R})^4}{\hat{\sigma}^4}\right] 的平均值 - 3 \tag{3-20}$$

之所以减去 3 是因为正态分布的上述比率为 3，所以正态分布的峰度为零，峰度为正则说明存在肥尾现象。图 3-4b 中的肥尾曲线峰度为 0.35。

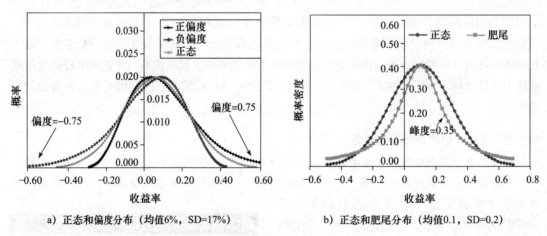

a) 正态和偏度分布（均值6%，SD=17%）　　b) 正态和肥尾分布（均值0.1，SD=0.2）

图 3-4　正态和偏度分布及肥尾分布

⊖ 对于一个关于均值对称的分布，比如正态分布而言，所有的奇数矩量（$n=1, 3, 5, \cdots$）的期望都为零，而所有的偶数矩量都仅仅是标准差的一个函数。比如，四阶矩为 $3\sigma^4$，六阶矩为 $15\sigma^6$。因此，对于服从正态分布的收益率而言，标准差 σ 提供了风险的全部信息，而资产组合的投资绩效可以通过夏普比率 $\frac{R}{\sigma}$ 来计算。然而对于其他非对称分布而言，奇数阶矩可能非零。一个比正态分布更大的偶数阶矩，加上一个负的奇数阶矩，意味着发生极端恶劣状况概率的增加。

极端负收益更常见于负偏度或正峰度（肥尾）分布。因此，我们需要一个风险度量来衡量极端负收益率的发生情况。要注意的是偏度和峰度都为纯数值，它们不会随着高频观测值的年化而变化。极端负收益的频繁发生会导致出现负偏和肥尾。因此，我们需要揭示极端负收益发生的风险测度。我们将讨论业界最普遍使用的该种测度：在险价值、预期损失、下偏标准差和极端收益频率（3-sigma）。

> **概念检查 3-7**
> 估计表 3-4 中 5 个概率的偏度和峰度。

3.7.1 在险价值

在险价值（value at risk，VaR）是度量一定概率下发生极端负收益所造成的损失。在险价值一般会写入银行的管理条例并由风险管理人员监控。在险价值的另一个名称是分位数。一个概率分布的 q 分位数是指小于这一分位数的样本点占总体的比例为 $q\%$。因此，当 $q=50$ 时的分位数就是中位数。从业者通常估计 1% 的 VaR，它表示有 99% 的收益率都将大于该值。因此，这一 VaR 实际上是 1% 的最坏的情况下最好的收益率。

当投资组合的收益率为正态分布时，VaR 可以从分布的均值和标准差中直接推导出来。标准正态分布（均值为 0，标准差为 1）的 1% 分位数为 -2.33，因此相应的 VaR 为

$$\text{VaR}(1\%, 正态分布) = 均值 - 2.33 \times 标准差$$

我们可以将观测值从高到低排列以获取 VaR 的估计值，VaR 就是样本分布 1% 的分位数。

3.7.2 预期尾部损失

当我们通过观测最坏的 1% 的情况来评估尾部风险时，VaR 是所有这些情况中收益率最高（损失最小）的。一个对损失敞口头寸更加现实的观点是：关注最坏情况发生条件下的预期损失。这样的一个值有两个名称：**预期损失**（expected shortfall，ES）或**条件尾部期望**（conditional tail expectation，CTE），后者强调了其与左尾分布之间的密切关系。在本书中，我们使用预期损失这一名称。以历史回报为例，我们需要求出所有观测值中最差的 1% 的平均值来评估 1% 预期尾部损失。⊖

3.7.3 下偏标准差与索提诺比率

正态分布情况下用标准差作为风险的度量存在以下几个问题：①分布的非对称性要求我们独立考察收益率为负的结果；②因为无风险投资工具是风险投资组合的替代投资，因此我们应该考察的是收益对无风险投资收益的偏离而不是对平均投资收益的偏离。

⊖ Jonathan Treussard 给出了正态分布下 ES 的一个公式（见 "The Nonmonotonicity of Value-at-Risk and the Validity of Risk Measures over Different Horizons"，*IFCAI Journal of Financial Risk Management*，March 2007）。其公式为

$$\text{ES} = \frac{1}{0.05}\exp(\mu)N[-\sigma-F(0.95)]-1$$

其中 μ 为连续复利计算的收益率的均值，σ 是其标准差，$N(\cdot)$ 为标准正态分布的累计分布函数，F 是其逆函数。需要注意的是，虽然 VaR 和 ES 都是利用历史样本估计的无偏估计值，但是仍然可能包含很大的估计误差。

下偏标准差（lower partial standard deviation，LPSD）可以解决这两个问题。其计算方法和普通标准差的计算相似，但只使用造成损失的那些样本，即它只使用相对于无风险收益率负偏（而非相对于样本均值负偏）的那些收益率，像求方差一样求这些偏离样本的平方和的平均值，然后求其平方根就得到了"左尾标准差"。因此下偏标准差实际代表的是给定损失发生情况下的均方偏离。注意到这样一个值忽略了负超额收益的频率，不同的负的超额收益的分布可能产生相同的下偏标准差值。

从业人员用下偏标准差来替代标准差，也用超额收益率对下偏标准差的比率来替代夏普比率（平均超额收益率对标准差的比率）。夏普比率的这一变形被称为**索提诺比率**（Sortino ratio）。

3.7.4 -3σ 收益的相对频率

这里我们可以关注，与具有相同均值和标准差的正态分布相比，大幅度负收益的相对发生频率。当股票价格发生大幅度变动时，我们称这种极端收益为**跳跃**（jumps）。我们比较低于均值的3倍标准差或以上的收益发生的样本数与正态分布下-3σ收益发生的相对频率。

这一程度对于股票价格下行风险具有信息价值，实践中它在高频大样本中作用更大。观察图3-3，-3σ跳跃的相对频率为0.13%，即每1 000个观察值中有1.3次。因此，在小样本中很难得到具有代表性的结果，或者说很难反映真实的关于极端变化的统计预期。

3.8 风险组合的历史收益

我们现在将前一小节中的分析工具应用于几个风险投资组合。我们先看美国短期国库券、国债和分散化的美国股票组合。美国政府向投资者违约的概率几乎为零，国库券的短期限意味着其价格相对稳定。长期美国国债的偿还也几乎确定，但是债券价格会随利率变化而变化，由此带来不小的风险。普通股是上述三个证券组合中风险最高的。作为公司的部分权益所有者，你的收益取决于公司的成败。

股票组合包含尽可能广泛的美国股票组合，包括在纽约证券交易所、美国证券交易所和纳斯达克上市的股票，并将此标注为"全美市场指数"。从逻辑上说，无人管理（被动）的证券组合应该更多投资于大型公司股票，因此这个基础组合是价值加权的组合。公司市值（market cap）一般向右高度倾斜，存在众多小规模公司，少了巨无霸公司。因为采用价值加权，因此"全美市场指数"组合以大公司为主导。月度数据系列包括1926年7月至2016年6月间的全部美国上市公司的月度超额收益，样本覆盖90年。年度数据系列包括1927～2015年的全年收益。

图3-5显示的是上述三个组合的年收益分布情况。显而易见，股票收益的波动性高于国库券和国债收益的波动性。与股票收益分布相比，债券收益分布集中在中间区域，偏离的较少。国库券的收益分布更为紧凑。更为重要的是国库券收益分布并不反映风险的变化而反映的是无风险利率的时序变化。任何持有国库券的人都清楚地知道国库券到期时的名义收益，由此其收益的波动不是短持有期的风险变化。

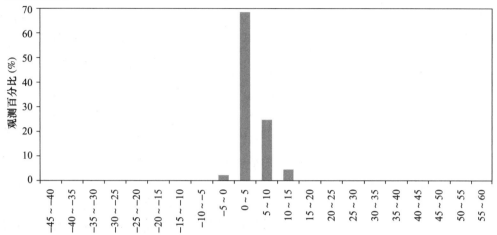

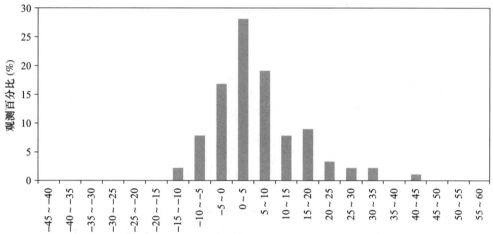

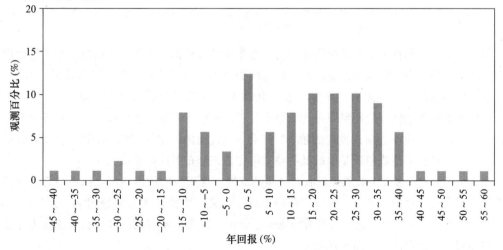

图 3-5 三个组合年收益分布

收益的频率分布是一种简单直观的投资风险表述，但是我们也需要有一种量化波动性的方法，这就是收益标准差。表 3-5 表明，股票收益的样本期标准差为 20.28%，是国债收益标准差 10.02% 的两倍，为国库券收益标准差的 6 倍。当然，高风险伴随着高收益。股票的超额收益（收益减去国库券收益率）平均为 8.3%/年，为权益投资者提供可观的风险溢价。

表 3-5　1926~2015 年主要大类资产的风险和收益

	短期国库券	长期国库券	股票
平均值	3.47%	6.00%	11.77%
风险溢价	N/A	2.53	8.30
标准差	3.13	10.02	20.28
最大值	14.71	40.36	57.53
最小值	-0.02	-14.90	-44.04

表 3-5 以很长的样本期估计风险和收益的平均水平。尽管这些平均数较好地反映了未来的相应水平，但是我们应该预期到风险和收益两者都是时时变化的。图 3-6 显示的是以最近 12 个月月度收益计算的年度市场组合超额收益的标准差。除了大萧条期间风险水平奇高外，市场风险涨涨跌跌，并没有显示出明显的趋势。这增强了我们以历史风险估计值来预测未来风险的信心。

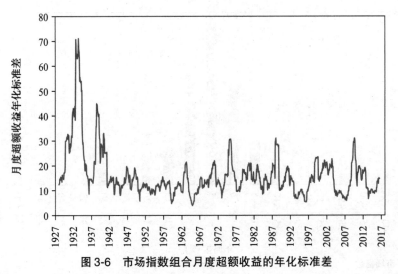

图 3-6　市场指数组合月度超额收益的年化标准差

资料来源：Authors' calculations using data from Prof. Kenneth French's Web site：http://mba.tuck.dartmouth.edu/pages/faculty/ken.french/data_library.html.

但是，正如我们在前面章节中所强调的，除非收益服从正态分布，否则标准差不足以度量风险。我们需要考虑尾部风险，即在左侧的那些概率不高但是后果显著的风险暴露。图 3-7 给出了这种风险暴露的一些证据。该图展示了 1926 年以来市场指数月度超额收益的分布频率。左边的柱子表示各种区间的超额收益历史频率，右边的柱子则是正态分布（与实际经验分布同均值同标准差）假设下的应该发生的频率。你会发现这里肥尾分布的一些证据：极端收益的实际频率，不管极端高收益还是极端低收益，均比正态分布下的频率高。

表 3-6 展示了更多关于股票超额收益分布的证据。这里我们用市场组合以及与之做比较的几个风格组合的月度收益数据。风格按照两个维度定义：规模（大市值公司 vs. 小市值公司）和价值 vs. 成长。高净市率的公司被看作成长型公司，因为市场预期其高成长来说服为什么股票价格相对于其每股净资产高出这么多。

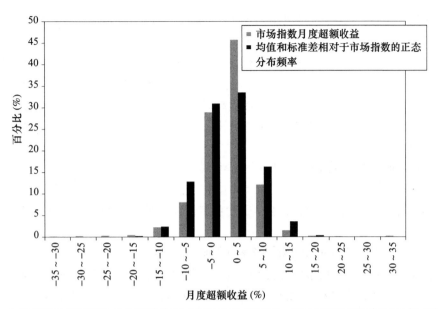

图3-7 市场指数月度超额收益的频率分布（每组中的左侧列）相对于用均值和标准差在正态分布中预测的频率分布（每组中的右侧列）

资料来源：This frequency distribution is for monthly excess returns on the market index, obtained from Prof. Kenneth French's Web site, http://mba.tuck.dartmouth.edu/pages/faculty/ken.french/data_library.html. The returns are expressed as continuously compounded rates, as these are most appropriate for comparison with the normal distribution.

表 3-6 四种不同类型组合的月度超额收益统计

	市场指数	大市值/成长	大市值/价值	小市值/成长	小市值/价值
A. 1926~2016 年 6 月					
平均超额收益（年化）	8.30	7.98	11.67	8.79	15.56
标准差（年化）	18.64	18.50	24.62	26.21	28.36
夏普比率	0.45	0.43	0.47	0.34	0.55
下偏标准差（年化）	19.49	18.57	22.78	25.92	25.98
偏度	0.20	-0.10	1.70	0.70	2.19
峰度	7.77	5.55	19.05	7.83	22.21
VaR 1%，实际（月）	-13.95	-14.68	-19.53	-20.59	-20.47
VaR 1%，正态分布	-11.87	-11.80	-15.63	-16.92	-17.87
月收益低于平均值3个标准差的百分比	0.94%	0.75%	0.94%	0.75%	0.57%
期望损失（月）	-20.14	-20.33	-24.30	-25.02	-25.76
B. 1952~2016 年 6 月					
平均超额收益（年化）	7.52	7.18	9.92	7.05	13.34
标准差（年化）	14.89	15.54	15.95	22.33	18.42
夏普比率	0.50	0.46	0.62	0.32	0.72
下偏标准差（年化）	16.51	15.67	16.01	23.79	19.36
偏度	-0.52	-0.36	-0.29	-0.36	-0.35
峰度	1.90	1.81	2.26	2.17	3.48
VaR 1%，实际（月）	-10.80	-10.90	-11.94	-16.93	-15.21
VaR 1%，正态分布	-9.37	-9.84	-9.89	-14.41	-11.26
月收益低于平均值3个标准差的百分比	0.66%	0.66%	0.80%	0.93%	1.19%
预期缺口（月）	-18.85	-17.99	-21.30	-24.66	-28.33

资料来源：Authors' calculations using data from Prof. Kenneth French's Web site：http://mba.tuck.dartmouth.edu/pages/faculty/ken.french/data_library.html.

以风格组合作为绩效评估的基准源于法玛（Fama）和弗伦奇（French）的一篇有影响的论文，他们在该文中证明公司规模和净市率可以预测股票收益，而且在全世界股票市场这种收益模式都类似。高净市率被解释为公司价值主要由公司现有资产而非未来成长前景创造。这些公司被称为"价值型"公司。与此相对应，低净市率公司的价值则主要源于公司的广阔成长机会。给定其他条件，价值股的历史平均收益高于成长股的收益，小公司股票收益高于大公司股票收益。法玛和弗伦奇数据库包括了按照规模（大、小）和净市率（高、适中和低）构建的美国股票组合的收益率。

参照法玛和弗伦奇的分组方法，我们放弃中等净市率公司，并将最高30%净市率公司称为"价值型"公司，最低30%净市率公司为"成长型"公司。按低于、高于市值中值将公司划分为大公司和小公司两组。这样我们得到4个比照组组合，即大型/价值、大型/成长、小型/价值、小型/成长组合。

表3-6A组，使用每月数据显示了整个样本期间，即1926年7月至2016年6月。前两行显示了每个投资组合的年化平均超额收益和标准差。广泛的市场指数优于短期国库券，其年化平均超额收益为8.30%，标准差为18.64%，夏普比率（第三行）为8.30/18.64 = 0.45。与法玛和弗伦奇的分析一致，小规模/价值型公司具有最高的平均超额收益率和最佳的风险–收益权衡，其夏普比率为0.55。但是，图3-5警示我们实际收益可能比正态分布更加肥尾，所以我们需要考虑超出标准差的风险度量。因此，该表还提出了适用于非正态分布的若干风险度量。

这些风险测度中有一些实际上没有显示出与对称正态分布显著的偏差。偏度通常接近于零；如果下行风险比上行潜力大得多，我们预计偏度通常为负，而事实并非如此。同样，下偏标准差通常非常接近传统的标准差。最后，虽然这些投资组合的实际1% VaR均高于具有匹配均值和标准差的正态分布预测的1% VaR，但实证和预测VaR统计值之间的差异并不大。这样看来，正态分布是实际收益分布一个不错的近似值。

然而，还有其他证据表明这些投资组合的收益分布中有肥尾。首先，请注意，峰度（分布尾部的"肥胖"的度量）是一致的。当然，投资者关注的是分布的下部（左侧）尾部；它们在处于极好的收益时不会让人焦虑！不幸的是，这些投资组合表明收益分布的左尾与正常情况相比过多。如果超额收益是正常分布的，那么只有0.13%的人会比平均值低3个标准差。实际上，每个投资组合的低于该临界值的超额收益的实际发生率至少是0.13%的数倍。

预期缺口（ES）估计值显示为什么VaR只是下行风险的不完全衡量指标。表3-6中的ES是那些落在最左端的观测值的平均超额收益，特别是那些低于1% VaR的观测值。根据定义，这个值必须比VaR小，因为它是所有收益中平均低于1%的临界值。它使用了"最坏情况结果"的实际收益，所以ES是迄今为止出现在极端事件中的更好指标。

图3-2向我们展示了战后年代（更确切地说，1951年之后的年份）更加可预测，至少在利率方面是如此。这表明在1951年后的时期检查股票收益可能是有益的。同时，看看股权投资的风险和收益特征是否在最近一段时间内发生了有意义的变化。相关的统计数据在表3-6的B组中给出。考虑到通货膨胀和利率的历史数据，最近一段时间实际上是有风险的判断就不奇怪了。近年来，所有五个投资组合的标准偏差明显较低，而我们衡量肥尾的峰度也大幅下降，VaR也下降。而且比平均值低3倍标准差以上的超额收益的数量变化不一致，因为标准差在此期间较低，那些负收益也不那么显著；预期的短缺通常在后期较低。

图3-5中的频率分布、表3-6中的市场指数以及风格投资组合的统计数据表明了一个结论

相当一致的故事。市场存在一些公认的不一致的肥尾的证据，所以投资者不应该把正态当作普遍现象。另一方面，极端收益实际上并不常见，特别是在最近几年。1951年后市场指数的收益率低于平均值3倍标准差以上的发生率为0.66%。正态分布预测为0.13%。极端不良结果的"超额"率仅为0.53%，或者在187个月$\left(15\frac{1}{2}年\right)$中约为一次。因此，当我们考虑构建和评估我们的投资组合时，用正态分布这样的估计是不合理的。

全球视野下的历史数据

随着全球金融市场的发展，金融市场变得越来越透明化，美国投资者正在谋求通过国际化投资使投资组合更加多元化。一些国外投资者为了降低风险，还投资于可以看作避风港的美国市场作为其本国市场投资的补充。这就相应提出了美国股市和全球股市相比，表现到底怎样的问题。

图3-8列出了20个股票市场1900~2015年这100多年间的平均超额收益率。这些国家的年度平均超额收益率为7.40%，中位数为6.50%。美国大致处于中间位置，历史风险溢价为7.55%。同样，美国的收益标准差（未显示）仅略低于其他国家的波动率中位数。因此，美国的表现与国际非常吻合。我们可以得出初步结论，粗略估计美国历史收益的特征同样适用更广泛国家风险-收益权衡。

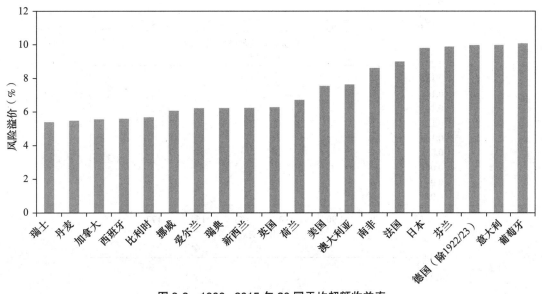

图3-8　1900~2015年20国平均超额收益率

注：德国的数据剔除了1922年和1923年的恶性通货膨胀期。

资料来源：Authors' calculations using data from E. Dimson, P. R. Marsh, and M. Staunton, Triumph of the Optimists: 101 Years of Global Investment Returns (Princeton, NJ: Princeton University Press, 2002), with updates kindly provided by Triumph's authors.

当然，我们已经看到逐年收益存在巨大差异，因此即使是长期平均表现也会对未来收益估计带来很大干扰因素。对于美国大型股票的历史平均风险溢价超过国库券8.30%（表3-6）是否一个合理的长期预测持续存在争论。这个争论主要围绕两个问题：第一，在这一历史时期（1926~2015）的经济因素是否足以代表那些预测期的经济因素？第二，可获得的历史平均表现是长期预测的一个很好的标准吗？稍后我们将在文中再讨论这些问题。

3.9 正态性与长期投资

根据历史经验，将短期收益分布近似看成对称性正态分布比较合理。即便如此，长期收益也不可能服从正态分布。如果 r_1 和 r_2 分别为两个时段的收益，服从相同的正态分布，两个收益的和，r_1+r_2，亦服从正态分布。但是两个时段的复合收益并不是两者之和，投资的资金复合增长 $(1+r_1)(1+r_2)$ 也不服从正态分布。随着投资期限延长，分布形态会发生显著变化。

举例来说，假设你今天投资 100 美元于期望月收益 1% 的股票。但是实际收益与预期值存在偏差：任何一个月份的实际收益高出期望收益 2%（即 1%+2%=3%）或低于期望收益 2%（1%-2%=-1%）有着相同的概率。我们看看几个投资期后的组合收益分布情况。图 3-9 显示其结果。

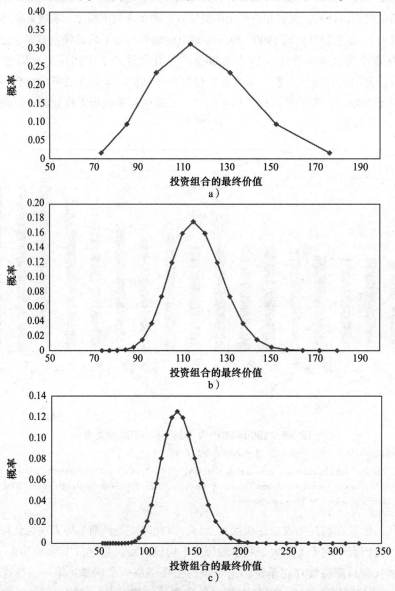

图 3-9　投资组合在不同月份后最终投资价值的频数分布。初始投资 100 美元，每个月组合增长 3% 和下跌 1% 的概率是相等的

6个月后（见图 3-9a）可能的价值分布开始变成我们熟悉的钟形曲线。因为有更多的路径引向中间区域的值，因此中间区域值发生的概率高。20 个月后（图 3-9b），钟形分布更明显，但是该图显示，极端好的累积收益（股票价格超过 180 美元，累积收益高达 80%）比极端差的累积收益（股票价格跌至 82 美元，累积收益损失仅 18%）高出更多。40 个月后（图 3-9c），这种不对称情况甚为显著。

出现上述情况源于复利。投资的增值潜力是无穷的，但是无论多少个月连续每月损失 1%，你的资金不可能变成零，因此这里存在一个最坏收益表现的极限：投资者不可能损失全部的本金。40 个月后，最好的情况下股票价值可以涨到 $100 \times 1.03^{40} = 326$（美元），累积收益高达 226%，但是最差情况是股价跌至 $100 \times 0.99^{40} = 66.9$ 美元，累积损失 33.1%。

尽管图 3-9 的概率分布是钟形的，但是明显属于非对称钟形，此分布也非正态分布。事实上，实际分布接近于**对数正态分布**（lognormal distribution）。对数正态分布意味着，股票终值的对数值服从正态分布。

上述结果是否意味着正态分布的简单假设存在严重问题呢？其实我们有一个简单的解决问题的方法，那就是，我们采用连续复利收益率而非实际收益率。如果两个月的连续复利收益率分别是 $r_{cc}(1)$ 和 $r_{cc}(2)$，那么投资资金在第一个月增长率为 $\exp[r_{cc}(1)]$，第二个月增长率为 $\exp[r_{cc}(2)]$，其中 $\exp[.]$ 是幂函数，这两个月的总增长为 $\exp[r_{cc}(1)] \times \exp[r_{cc}(2)] = \exp[r_{cc}(1) + r_{cc}(2)]$。换句话说，以连续复利表示的两个月的收益率等于两个单月收益率的和。由此，如果月度收益服从正态分布，则多月收益亦服从正态分布⊖。这样，如果用连续复利收益率，长期收益率也可以用正态分布刻画。而且，如果每个月收益分布相同，两个月的期望收益率等于当月期望收益率的两倍；如果收益率时间序列不相关，两个月收益的方差等于单月收益方差的两倍。⊖

我们从上述例子推广到一个长的投资期限 T，如果单期预期连续复利收益率以 $E(r_{cc})$ 表示，T 时段后的预期累积投资收益率则是 $E(r_{cc})T$，其投资组合的预期终值为 $E(W_T) = W_0 \exp[E(r_{cc})T]$，累积收益的方差与投资期数成正比，即 $\text{Var}(r_{cc}T) = T\text{Var}(r_{cc})$。因此，标准差与时段的平方根成正比，即

$$\text{SD}(r_{cc}T) = \sqrt{T\text{Var}(r_{cc})} = \sigma\sqrt{T}$$

3.9.1 短期与长期风险

关于不同时段投资的风险与收益的结果似乎表明，从长时期看投资风险会下降，因为期望收益与时段长度成比例增长，而标准差增长的速度较慢，这样一项长期风险投资的期望收益相对于其标准差增长更快。这是否意味着投资风险随着投资时段的增加而降低呢？我们将在例 3-11 分析这种可能性。

例 3-11 短期和长期收益损失风险

假设投资收益每年都是独立的，预期的复合收益率为 0.05，标准差为 0.30。让我们看看

⊖ 注意，如果我们取多月收益的对数，可得：$\ln[\exp[r_{cc}(1) + r_{cc}(2)]] = r_{cc}(1) + r_{cc}(2)$，服从正态分布。所以假如连续复利收益率服从正态分布，则这个组合的最终价值是服从对数正态分布的。

⊖ 警告：有效年利率的方差不完全等于连续复利收益率的方差。假设 σ^2 是连续复利收益率的方差，其均值为 μ，那么当收益率服从对数正态分布时有效年利率的方差为：$\text{Var}(r) = \exp[2(\mu + 1/2\sigma^2)] \times [\exp(\sigma^2) - 1]$。

投资在1、10和30年期限中的属性。这些数据都列在表3-7中。无论期限如何，平均年收益率均为5%，但平均累积收益率与 T 成正比。累积收益率的标准差与 T 的平方根成比例增加。

接下来，我们看一下累积收益率为负的概率，即投资者将遭受损失的概率。对于1年投资者而言，实际收益必须低于平均值 0.05。这意味着低于平均收益率的 0.05/0.3 = 0.167 个标准差的收益率。在正态分布假设下这种结果的概率为 0.434。（有关如何计算此概率的示例，请参见示例3-10。）对于10年投资者，平均累积连续复合收益率为 0.500，标准差为 0.949，因此，投资者只有在10年收益率 0.500/0.949 = 0.527 标准偏差低于预期值的情况下才会遭受损失。此结果的概率仅为 0.299。30年后损失的概率甚至更低，达到 0.181。随着期限的扩大，平均收益增长快于标准差，因此损失概率稳步缩小。

表3-7 不同期限下的投资风险

	投资期限			评论
	1	10	30	
平均总收益	0.050	0.500	1.500	= 0.05 * T
平均收益率	0.050	0.050	0.050	= 0.05
标准差总收益	0.300	0.949	1.643	= 0.30 * $\sqrt{T}$
概率收益<0	0.434	0.299	0.181	假设正态分布
1%VaR 总收益	−0.648	−1.707	−2.323	连续复合收益
意味着最终财富相对:	0.523	0.181	0.098	=exp(VaR 总收益)
0.1%VaR 总收益	−0.877	−2.432	−3.578	连续复合收益
意味着最终财富相对:	0.416	0.088	0.028	=exp(VaR 总收益)

警告：示例3-11在一个重要方面具有误导性。缺口的可能性是投资风险的不完全衡量标准。这种可能性没有考虑到潜在损失的大小，这可能导致某些可能的结果（尽管可能性极小）甚至几乎消失。最坏情况下30年投资远比1年投资差。我们可以通过比较不同期限投资的风险价值来更真切地看待这一点。

表3-7显示，一年后1%的风险价值导致持续复合的累计损失为0.648，这意味着每投入1美元收益将下降近一半，特别是 $e^{-0.648} = 0.523$。这个价值被称为"财富相对"投资（即投资组合的最终价值是初始投资基金的一部分）。30年后1%的风险价值要差得多：它意味着1个"财富相对"是0.098，不到1年风险价值的五分之一。因此，当投资期限延长时，损失概率会下降，而潜在损失的幅度会增加，当我们观察0.1%的风险价值时，这种比较甚至更为极端。

量化长期投资风险的一个更好的方法是计算保险费用的市场价格。保险费必须考虑到可能的损失概率和这些损失的程度。我们在后面的章节将讲解如何从期权定价模型中估计这种投资组合保险的市场价格。与更长期的投资降低了风险的直觉相反，投资组合保险的价值随着投资期限的增加而急剧增加。这些保费不会来得便宜：例如，如果参数合理，25年的保费将花费初始投资组合价值的约30%。

尽管如此，许多观察家认为投资风险与长期投资者的关联性较低。从较长期期限年化收益的标准差（或可能结果范围）较低的事实我们可以看到典型的证据。但是，这个示范对总收益的范围没有影响。

3.9.2 长期预测

我们之所以用算术平均收益来预测未来收益，是因为算术平均收益对相同持有期的期望收益的估计是无偏的。但是用短期的算术平均收益来预测长期累积收益将会出现偏差。这是因为对期望收益进行估计的样本误差会在长期复利计算中产生非对称性影响，且正的误差比负的误差影响更大。

Jacquier、Kane 和 Marcus 证明长期总收益的无偏预测要求计算所用的复利采用算术和几何平均收益率的加权值⊖。几何平均的权重系数等于预测期的长度和样本长度的比值。例如，用90 年的历史样本预测 25 年期的投资累积收益，其无偏估计应采用的复利利率是

$$几何平均值 \times \frac{25}{90} + 算术平均值 \times \frac{(90-25)}{90}$$

该修正大约降低了大盘股 0.5%的历史算术平均风险溢价，以及小盘股 2%的算术平均风险溢价。对未来 90 年的预测仅需要以几乎平均水平进行复利计算，投资期限越长，这个下降的值就越小。现时投资者预测期取决于其投资期的长短。

小 结

1. 经济学上实际利率的均衡水平取决于反映在资金供给曲线上的居民储蓄意愿以及反映在需求曲线上的企业投资固定资产、厂房设备的期望利润率水平。它也取决于政府的财政政策和货币政策。
2. 名义利率等于均衡实际利率加上预期通胀率。一般而言，我们可以直接观察名义利率，通过名义利率我们需用通胀率预测来推算预期实际利率。具有确定名义收益率的资产在实际收益率意义上看是有风险的，因为未来通胀率具有不确定性。
3. 任何证券的均衡期望收益率是由均衡实际收益率、预期通货膨胀率和证券特有风险溢价三者相加得到的。
4. 投资者面临着风险和期望收益的权衡选择。历史数据告诉我们，低风险资产带来低收益，反之亦然。
5. 其他国家 20 世纪的历史收益率表明，与其他国家相比，美国股票收益率的历史并非异常。
6. 与正态分布预测相比，股票的历史收益更频繁地表现出和平均值相比有更大的负偏差。实际分布的较低的部分标准差（LPSD）、偏度和峰度量化了与正态性的偏差。
7. 尾部风险（尾部条件期望）广泛使用于风险价值（VaR）和预期缺口。VaR 衡量的是超过指定概率（如 1%或 5%）的损失。预期缺口（ES）衡量了投资组合低于某一特定价值水平的预期收益率，因此，1%的 ES 是位于分布底部 1%结果的期望值。
8. 风险投资组合在长期来看并不是安全的。投资持有的时间越久，风险可能越大。这种看法的依据是，虽然从长期来看由于股票短期下跌的可能性变小了（所以表面上看它似乎是安全的），但是，短期下跌的概率对于保证投资安全来说是次要的，它忽视了可能产生损失的主要因素。

习 题

基础题

1. 费雪方程式说明实际利率约等于名义利率与通货膨胀率的差。假设通货膨胀率从 3%涨到 5%，是否意味着实际利率的下降呢？
2. 假设有一组数据集使你可以计算美国股票

⊖ Eric Jacquier, Alex Kane, and Alan J. Marcus, "Geometric or Arithmetic Means: A Reconsideration," *Financial Analysts Journal*, November/December 2003.

的历史收益率,并可追溯到1880年。那么这些数据对于预测未来一年的股票收益率有哪些优缺点?

3. 你有两个2年期投资可以选择:①投资于有正风险溢价的风险资产,这两年的收益分布不变且不相关;②投资该风险资产1年,第2年投资无风险资产。以下陈述哪些是正确的?
   a. 第1种投资2年的风险溢价和第2种投资相同。
   b. 两种投资两年收益的标准差相同。
   c. 第1种投资年化标准差更低。
   d. 第1种投资的夏普比率更高。
   e. 对风险厌恶的投资者来说第1种投资更有吸引力。

中级题

4. 你有5 000美元投资于下一年,有3种选择。
   a. 货币市场基金,平均期限30天,年收益率6%。
   b. 1年的储蓄存单,利率7.5%。
   c. 20年国库券,到期收益率为9%。
   未来利率的预期在你的决策中起什么作用?

5. 用图3-1来分析以下情况对实际利率的影响。
   a. 商业不景气,对未来产品需求越来越悲观,决定减少资本支出。
   b. 家庭倾向于更多储蓄,因为未来社会保障不确定性增大。
   c. 美联储在公开市场上购买国库券来增加货币供给。

6. 现在考虑,你愿意将50 000美元投资于利率为5%的传统1年期银行存单,还是投资于1年期与通货膨胀率挂钩的大额存单,年收益率为1.5%加上通货膨胀率。
   a. 哪种投资更安全?
   b. 哪种投资期望收益率更高?
   c. 如果投资者预期来年通货膨胀率为3%,哪种投资更好?
   d. 如果观察到无风险名义利率为5%,实际利率为1.5%,能推出市场预期通货膨胀率是3.5%吗?

7. 假设你对股价的预期如下表所示。

经济状况	概率	期末价格(美元)	持有期收益率(%)
繁荣	0.35	140	44.5
正常增长	0.30	110	14.0
衰退	0.35	80	−16.5

使用式(3-11)和式(3-12)来计算持有期收益率的均值和标准差。

8. 推导票面利率8%的30年国库券1年期持有期收益率的概率分布。现以面值出售,1年后到期收益率分布如下表所示。

经济情况	概率	到期收益率(%)
繁荣	0.20	11.0
正常增长	0.50	8.0
衰退	0.30	7.0

为了简化,认为利息为年末支付。

9. 计算随机变量q的标准差,其概率分布如下表所示。

q	概率
0	0.25
1	0.25
2	0.50

10. 一个股票的连续复利收益是正态分布的,均值20%,标准差30%。在95.44%的置信水平下,预期其实际收益的范围是多少?参考图3-4。
    a. −40.0% ~ 80.0%
    b. −30% ~ 80.0%
    c. −20.6% ~ 60.6%
    d. −10.4% ~ 50.4%

11. 应用表3-6 1926~2016年的历史风险溢价,你对标准普尔500指数的预期年持有期收益率为多少?无风险利率为3%。

12. 从Kenneth French教授的数据库网站(http://mba.tuck.dartmouth.edu/pages/faculty/ken.french/data_library.html)下载 "6 portfolios formed on size and book-to-market (2×3)" 的月度持有期收益率。选

择1930年1月至2016年12月（共1 020个月）的价值加权系列，把样本一分为二并且分别计算这两部分中六个投资组合收益率的均值、标准差、偏度和峰度。显示的结果在整个时期内收益率的分布是否相同？

13. 在恶性通货膨胀期间，某债券的名义持有期收益率为每年80%，通货膨胀率为70%。

 a. 该债券在1年里的实际持有期收益率是多少？

 b. 比较实际持有期收益率和近似实际利率。

14. 假定不远的将来预期通货膨胀率为3%，根据本章提供的历史数据，你对下列各项的预期如何？

 a. 短期国库券利率。

 b. 大盘股的期望收益率。

 c. 股票市场的风险溢价。

15. 经济正在从严峻的衰退中快速复苏，商业前景预计资本投资的需求量很大。为何这一发展影响实际利率？

高级题

16. 你面临持有期收益率的概率分布如表3-3所示。假设一份指数基金的看跌期权价格为12美元，行权价格为110美元，期限1年。

 a. 看跌期权持有期收益率的概率分布如何？

 b. 一份基金和一份看跌期权构成的组合，其持有期收益率的概率分布如何？

 c. 购买看跌期权如何起到保险的作用？

17. 继续前一问题，假设无风险利率为6%，你打算投资107.55美元于1年期银行存单，同时购买股票市场基金的看涨期权，行权价格为110美元，期限1年。你全部投资1年后收益的概率分布如何？

18. 考虑下面长期投资数据：

 - 10年期100美元面值的空息票通胀指数型债券价格为84.49美元；
 - 一项房产预期产生每季度2%收益，季度收益标准差为10%。

 a. 计算该债券年收益率。

 b. 计算该房产投资的年化连续复利风险溢价。

 c. 运用Excel或相关公式计算房产投资的年化超额收益的标准差（连续复利）。

 d. 10年后的损失概率是多少？

CFA考题

1. 投资100 000美元，从下表中计算投资权益的期望风险溢价。

投资	概率	期望收益（美元）
权益	0.6	50 000
	0.4	-30 000
无风险短期国库券	1.0	5 000

2. 基于以下情景，组合的期望收益如何？

	市场状况		
	熊市	正常	牛市
概率	0.2	0.3	0.5
收益率（%）	-25	10	24

基于股票X和Y的情境分析（见下表），回答3~6题。

	熊市	正常	牛市
概率	0.2	0.5	0.3
股票X（%）	-20	18	50
股票Y（%）	-15	20	10

3. 股票X和Y的期望收益率是多少？

4. 股票X和Y收益率的标准差是多少？

5. 假设投资9 000美元于股票X，投资1 000美元于股票Y。组合的期望收益率是多少？

6. 3种经济状况的概率和特定股票收益的概率如下表所示。

经济状况	概率	股票表现	给定经济状况下股票收益的概率
好	0.3	好	0.6
		正常	0.3
		差	0.1
正常	0.5	好	0.4
		正常	0.3
		差	0.3
差	0.2	好	0.2
		正常	0.3
		差	0.5

经济状况正常但是股票表现差的概率为多少?

7. 分析师估计某股票有以下收益分布。

经济状况	概率	收益(%)
好	0.1	15
正常	0.6	13
差	0.3	7

股票的期望收益为多少?

概念检查答案

3-1 a. $1+r_{nom} = (1+r_{real})(1+i)$
$= 1.03 \times 1.08 = 1.1124$
$r_{nom} = 11.24\%$
b. $1+r_{nom} = 1.03 \times 1.10 = 1.133$
$r_{nom} = 13.3\%$

3-2 ① $EAR = (1+0.01)^{12} - 1 = 0.1268 = 12.68\%$
② $EAR = e^{0.12} - 1 = 0.1275 = 12.75\%$
连续复利的 EAR 较高,故选②。

3-3 债券购买数量为 27 000/900 = 30

利率	概率	年终债券价格(美元)	持有期收益率	年终价值(美元)
高	0.2	850	(75+850)/900-1 = 0.027 8	(75+850)×30 = 27 750
不变	0.5	915	0.100 0	29 700
低	0.3	985	0.177 8	31 800
期望收益率			0.108 9	
期望年终价值				29 940
风险溢价			0.058 9	

3-4 (1+要求收益率)×(1-0.40) = 1
要求收益率 = 0.667,即 66.7%

3-5 a. 算术收益 = 1/3×0.286 9+1/3×0.108 8+1/3×0.049 1 = 0.148 3 = 14.83%
b. 几何平均值 = $\sqrt[3]{1.2869 \times 1.1088 \times 1.0491}$ $-1 = 0.1439 = 14.39\%$
c. 标准差 = 12.37%
d. 夏普比率 = (14.83-6)/12.37 = 0.71

3-6 收益率低于-15%这样极端差的月份的概率是非常低的:NORM. DIST (-15, 1, 6, TRUE) = 0.003 83。或者,可以定义-15%就是16/6标准差低于平均收益,利用标准正态分布函数计算 NORM. S. DIST(-16/6) = 0.003 83。

3-7 如果表 3-4 中的概率代表真实收益分布,我们可以用式(3-19)和式(3-20)得到:偏度为 0.093 1,峰度为-1.208 1,然而表中的数据样本时期短,自由度偏差需要修正。SKEW(C2:C6) = 0.138 7,KURT(C2:C6) = -0.283 2。

第 4 章
CHAPTER 4

风险资产配置

构建组合通常由两个部分组成：①整体投资组合由安全资产和风险资产构成，安全资产如货币市场账户或国库券，风险资产如股票；②确定整个投资组合中风险资产的组成。第一步，确定您的整体投资组合投入风险资产与无风险资产的比例，称为资产配置决策，这就是我们将开始的投资组合理论之旅。

当然，在不了解风险投资组合的特征，尤其是风险溢价和波动性的情况下，就无法合理地做出资本配置决策，但我们首先要假设投资者了解可接受的候选风险投资组合并了解其特征。就目前而言，你可以将风险投资组合视为共同基金公司可能提供的投资组合，甚至可以将其视为股票市场指数基金。在接下来的两章中，我们将重点关注如何构建这样的投资组合。

最优资本配置部分取决于风险投资组合提供的风险-收益权衡，但它也取决于投资者对风险的态度，因此我们需要一种方法来衡量和描述风险厌恶程度，我们将展现如何通过"效用函数"来表示风险厌恶程度。投资者可以用它来对具有不同期望收益和风险水平的投资组合进行排名。通过选择具有最高效用分数的整体投资组合，投资者可以优化风险和收益之间的权衡。也就是说，它们实现了风险与无风险资产的最佳资本配置。

效用模型还揭示了如何构建最优风险投资组合的适当目标函数，从而解释了投资管理行业在不知道每个人风险容忍度时如何为具有高度分散化偏好的投资者构建可接受的投资组合。

4.1 风险与风险厌恶

在第3章我们介绍了持有期收益率和超额收益率。我们同样讨论了估计风险溢价（预期超额收益）和作为风险度量的收益率标准差，并通过对特定风险组合的情境分析展示了这些概念。为了强调高风险必须以高收益作为回报，我们在这里首先介绍投机和赌博的差异。

4.1.1 风险、投机和赌博

投机是指承担一定的风险并获取相应的报酬。"一定的风险"是说风险水平足够影响投资决策。"相应的报酬"是指投资有正的风险溢价,即期望收益率高于无风险收益率。

赌博是"为了一个不确定的结果下注"。赌博与投机的核心差别在于赌博并没有"相应的报酬"。从经济学上讲,赌博是为了享受冒险的乐趣而承担风险,而投机则指为了风险溢价而承担风险。把赌博变成投机需要有足够的风险溢价来补偿风险厌恶投资者。因此,风险厌恶和投机并不矛盾。风险溢价为零的风险投资也叫作**公平博弈**(fair game),比如一些赌博,风险厌恶的投资者就不会进行这样的博弈。

在某些情况下赌博看起来像是投机。比如两个投资者鲍尔和玛丽对美元与英镑的远期汇率走势进行对赌。如果一年后1英镑价值超过1.4美元,则鲍尔付给玛丽100美元;相反则玛丽付给鲍尔100美元。这个赌局只有两种结果。如果两人对两种结果出现的概率有共同的认识,而两个人都认为自己不会输,则两种结果出现的概率只能为0.5。在这种情况下,双方的期望收益都为零,两人的行为更像是在赌博。

然而,更有可能的是鲍尔和玛丽对事件结果发生概率认识的不同。玛丽认为英镑汇率超过1.4美元的概率大于0.5,鲍尔认为汇率低于1.4美元的概率大于0.5,他们的主观预期并不相同。经济学家称这种现象为"异质预期"。在这种情况下,双方都把自己的行为看作投机,而非赌博。

4.1.2 风险厌恶和效用价值

第3章中展示了不同类型资产的收益率以及大量深入的实证研究,表明风险资产都需要风险溢价作为补偿,这说明大多数投资者都是风险厌恶型的。

风险厌恶(risk averse)的投资者会放弃公平赌局和更差的投资。他们更愿意考虑无风险资产和有正风险溢价的投资品。广泛地说,风险厌恶的投资者会"补偿"除去风险组合一定的收益率,以弥补其承担的风险。风险越大,补偿就越大。有人会质疑为什么一定要假设投资者是风险厌恶的,相信多数投资者都会同意这一观点,我们会在本章附录中进行详尽的讨论。

> **概念检查 4-1**
>
> 假设以美元标价的美国短期国债和以英镑标价的英国短期国债的到期收益率相等,两者均为短期资产,既无清偿风险,也无风险溢价。但是,一个拥有英国短期国债的美国人要承担汇率风险,因为他挣得的英镑要按汇率换回美元。美国投资者参与的是投机还是赌博?

为了阐述在众多风险水平下各种投资组合进行选择将会面临的问题,我们给出一个具体的例子讲解。假设无风险利率是5%,投资者面临表4-1中3种不同的投资组合。表中用风险溢价、风险水平(标准差,SD)来说明低风险短期债券(L)、中风险长期债券(M)和高风险股票组合(H)的特征。投资者会如何选择呢?

表4-1 可供选择的风险资产组合(无风险利率为5%)

组合	风险溢价(%)	期望收益(%)	标准差(%)
L(低风险)	2	7	5
M(中风险)	4	9	10
H(高风险)	8	13	20

我们假设投资者会根据收益和风险情况为每个资产组合给出一个效用值分数。分数越高说明这个资产组合越有吸引力。资产期望收益越高分数越高,波动性越大分数越低。业界存在很

多打分方法。金融学和特许金融分析师机构应用最多的一个效用函数是

$$U = E(r) - \frac{1}{2}A\sigma^2 \tag{4-1}$$

U 是效用值，A 是投资者的风险厌恶系数。系数 1/2 只是一个约定俗成的数值。

式（4-1）表明效用随期望收益的增加而增加，随风险的增加而降低。注意，无风险资产的效用值就是其自身的收益率，因为其风险补偿为零。风险资产方差降低资产效用值的程度由风险厌恶系数 A 决定。投资者对风险厌恶程度越高（A 越大），对风险要求的补偿就越高。投资者会在投资产品中选择其效用值最高的组合，华尔街实战专栏 4-1 会讨论财务顾问度量其客户的投资风险厌恶程度的一些方法。

例 4-1　通过效用得分评估投资

考虑 3 个风险厌恶程度不同的投资者：$A_1 = 2$，$A_2 = 3.5$，$A_3 = 5$。他们 3 人都在评价表 4-1 中的 3 个投资组合。因为无风险利率为 5%，用式（4-1）得到 3 个投资者对无风险资产的效用分数都是 0.05。表 4-2 展示了他们对每个风险资产的打分情况。每个投资者最优的选择是用粗体显示的部分。注意高风险组合 H 仅会在投资者有最低的风险厌恶 $A_1 = 2$ 时才会被选择；而低风险组合即使是最厌恶风险的投资者也不会选择。给定风险厌恶下，三个组合都击败了无风险资产。

表 4-2　几种投资组合对不同风险厌恶水平投资者的效用值

风险厌恶系数 (A)	资产组合 L 的效用分数 [$E(r)=0.07$；$\sigma=0.05$]	资产组合 M 的效用分数 [$E(r)=0.09$；$\sigma=0.10$]	资产组合 H 的效用分数 [$E(r)=0.13$；$\sigma=0.20$]
2.0	$0.07-1/2\times2\times0.05^2=0.0675$	$0.09-1/2\times2\times0.1^2=0.0800$	**$0.13-1/2\times2\times0.2^2=0.09$**
3.5	$0.07-1/2\times3.5\times0.05^2=0.0656$	**$0.09-1/2\times3.5\times0.1^2=0.0725$**	$0.13-1/2\times3.5\times0.2^2=0.06$
5.0	$0.07-1/2\times5\times0.05^2=0.0638$	**$0.09-1/2\times5\times0.1^2=0.0650$**	$0.13-1/2\times5\times0.2^2=0.03$

可以把风险资产的效用值看作投资者的**确定等价收益率**（certainty equivalent rate），即风险资产为达到与无风险资产相同的效用得分所需要的收益率。这个比率是说如果获得同样的效用需要多少确定的资产。确定等价收益率是比较竞争性投资组合效用价值的一种自然且直接的方法。

现在可以说，只有当一个投资组合的确定等价收益率超过无风险收益率时，这个投资才是值得的。对于一个极度厌恶风险的投资者，任何风险组合甚至风险溢价为正的投资，其效用都有可能低于无风险资产，这使得投资者拒绝风险资产组合。同时，风险厌恶程度较低的投资者可能因为在同样的风险资产组合中可以获得的效用高于无风险资产，从而愿意投资。如果风险溢价为零或负数，任何降低效用的调整都会使投资组合看起来更糟糕，所有风险厌恶型投资者都会选择无风险资产。

和风险厌恶者相对的，**风险中性**（risk-neutral）投资者（其中 $A=0$）只根据风险资产的期望收益率来判断收益预期。风险的高低对风险中性投资者无关紧要，这意味着他们对风险要求的补偿为零。他们的确定等价收益率就是资产的期望收益率。

> **概念检查 4-2**
>
> 一个资产组合期望收益率为 20%，标准差 30%，同时短期国债提供的无风险收益率为 7%，一个风险厌恶系数 $A=4$ 的投资者会在二者中如何选择？$A=2$ 呢？

风险偏好者（risk lover）（其中 $A<0$）则更加愿意参加公平博弈或其他赌博，在考虑了风险的乐趣后，这种投资者上调了效用水平。风险偏好者总是愿意参加公平博弈，因为公平博弈的确定等价收益率高于无风险收益率。

通过对投资者认为效用相同的投资组合风险和收益描点，我们可以得到投资者风险与收益的权衡。纵轴是期望收益，横轴是标准差。图 4-1 画出了资产组合 P 的风险–收益权衡情况。

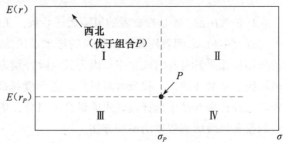

图 4-1 某投资组合 P 的风险–收益权衡

资产组合 P（期望收益为 $E(r_P)$，标准差为 σ_P），与第Ⅳ象限的所有组合相比期望收益更高，标准差更小，所以更受风险厌恶者的青睐。相反，第Ⅰ象限的所有组合都比 P 组合受欢迎，因为它们的期望收益大于等于 $E(r_P)$，标准差小于或等于 σ_P。

这就是**均值–标准差准则**，或称**均值–方差准则**（mean-variance criterion，M-V）。这可以表示：如果 $E(r_A) \geq E(r_B)$ 与 $\sigma_A \leq \sigma_B$ 至少有一个条件严格成立，那么投资组合 A 优于投资组合 B。

在图 4-1 中的期望收益–标准差曲线，最受欢迎的方向是左上方向，因为这个方向提高了期望收益同时降低了方差。这意味着所有 P 点西北方向的任何组合都优于组合 P。

那么第Ⅱ象限和第Ⅲ象限的投资组合又如何呢？与组合 P 相比，这些组合的受青睐程度完全取决于投资者的风险厌恶程度。假设投资者确认了所有和 P 一样好的投资组合，从 P 点开始，效用随标准差的增加而减少，这必须以期望收益率的提高作为补偿。因此对于投资者而言，图 4-2 中的 Q 点和 P 具有相同的吸引力。高风险高期望收益的资产和低风险低收益的组合对投资者的吸引力相同。在均值–标准差图表中，用一条曲线将这些效用相同的所有资产组合连在一起，就构成了**无差异曲线**（indifference curve），如图 4-2 所示。

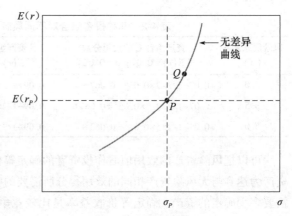

图 4-2 无差异曲线

表 4-3 风险厌恶系数 $A=4$ 的投资者对示例投资组合的效用值

期望收益	标准差	效用 $U=E(r)-A\sigma^2/2$
0.10	0.200	$0.10-0.5\times4\times0.04=0.02$
0.15	0.255	$0.15-0.5\times4\times0.065=0.02$
0.20	0.300	$0.20-0.5\times4\times0.09=0.02$
0.25	0.339	$0.25-0.5\times4\times0.115=0.02$

为了检验无差异曲线上的点，我们用表 4-3 中 $A=4$ 的投资者对曲线上不同投资组合的效用值进行计算。最终得到各资产组合的效用值相同，因为更高风险（标准差）的资产组合有更高的期望收益。

概念检查 4-3

a. 与图 4-2 的无差异曲线相比，一个风险厌恶程度更低的投资者的无差异曲线会如何变化？
b. 画出过 P 点的两条无差异曲线。

4.1.3 估计风险厌恶系数

如何量化实践中观测到的风险厌恶系数呢？有一些方法可供使用。专栏华尔街实战 4-1 的调查问卷就给出了简单的区分：高（保守）、中、低（激进）。其他一些问卷通过调查投资者对不同的假想彩票的选择可以得到其具体的风险厌恶水平。

通过观察活跃投资者的投资账户可以发现其投资组合随时间的变化而变化。结合这些信息和投资者这些头寸的风险收益搭配，可以从原理上计算投资者的风险厌恶系数。

最后，研究者通过跟踪观察一组对象的行为来获得风险厌恶系数的均值。这些研究的观察内容从保险选择到消费习惯，范围很广。专栏华尔街实战 4-1 讲述了风险和风险容忍度。

|华尔街实战 4-1|　　　什么样的风险水平适合你

没有风险就没有收益。大多数人非常明白他们必须承担一些风险才能获得可接受的投资组合收益。

但是你能承受多大的风险？如果你的投资变糟了，可能会危及你的退休计划，你孩子的大学教育费用，或者意外的现金需求。这些最糟糕的情况将我们的注意力集中于我们面临的不确定性。

温和地说，评估和量化风险厌恶水平是困难的，但我们需要面对这两个大问题。

首先，你可以承担多少投资风险？例如，如果你有稳定的高薪工作，你就有能力承受更大的投资损失。相反，如果你接近退休，你就不太可能根据糟糕的投资结果调整自己的生活方式。

其次，你需要考虑自己的个性，并决定你能承受多大的风险。当风险到达哪个临界点时，你晚上会睡不着觉？

为了帮助客户量化他们的风险偏好，许多金融公司设计了测验来帮助人们确定他们是保守的、稳健的还是激进的投资者。这些测验试图了解客户对风险的态度及其承受投资损失的能力。

以下是这些测验所提出的一系列问题的样本，以揭示投资者的风险承受能力。

衡量你的风险承受能力

圈出与你的答案对应的字母。

1. 2008 年股市下跌超过 30%。如果你当年持有大量股票投资，你会做以下哪一项选择？

A. 在有可能进一步下跌之前，将剩余的投资赎回。

B. 既不赎回也不购买。

C. 购买更多股票，判断市场现在更便宜，因此可以更好地交易。

2. 401(k) 计划中的一个基金（你的主要退休储蓄来源）的价值去年增加了 30%。你会怎么做？

A. 将你的资金转移到货币市场账户以防价格上涨逆转。

B. 坐着什么也不做。

C. 将更多资产投入该基金，并推断其基金价值显然呈上升趋势。

3. 你怎么描述你的非投资来源的收入（例如，你的工资）？

A. 非常不确定

B. 中等稳定

C. 非常稳定

4. 在月底，你会发现自己：

A. 缺少现金，不耐烦地等待你的下一个月薪水。

B. 工资不会超支，但不能节省很多。

C. 有足够的资金存入你的储蓄账户。

5. 你已年满 30 岁并参加公司的退休计划，你需要在 3 种基金中分配你的投资：货币市场账户、债券基金和股票基金。哪些分配听起来最适合你？

A. 将所有资金投资于安全的货币市场基金。

B. 在债券基金和股票基金之间平均分配资金。

C. 把所有资金都放到股票基金中，推断当你退休时，股票收益的年度波动将会变得平平。

6. 你是 *Let's Make a Deal* 的参赛者，刚刚赢了 1 000 美元。你可以兑换两种随机支付的奖金：一种选择是掷一次硬币，如果硬币人像面在上，奖金变为 2 500 美元。另一种选择是掷两次硬币，如果两次都是硬币人像面在上，则获得 6 000 美元的收益。你会怎么做？

A. 保证现金 1 000 美元。
B. 选择单掷硬币。
C. 选择掷两次硬币。

7. 假设你有机会投资初创公司，如果公司成功，你将得到十倍的收益。但如果失败了，你将失去一切。你认为成功的概率是 20% 左右。那你愿意投资初创公司多少钱？
A. 不投资
B. 2 个月的工资
C. 6 个月的工资

8. 考虑买入初创公司就需要借钱。你愿意贷款 1 万美元来进行投资吗？
A. 不会
B. 也许会
C. 会

评估你的风险承受能力

对于每个问题，如果你回答（A），得一分，如果你回答（B）则得两分，回答（C）得三分。你的总得分越高，你的风险承受能力越强，或者相当于风险厌恶程度越低。

4.2 风险资产与无风险资产组合的资本配置

历史一方面告诉我们长期债券是比短期国债投资风险高的投资品种，而股票投资风险就更高了，但从另一方面来看，更高风险的投资也确实能提供更高的收益。投资者在这些不同类别的资产中当然不会全选或者全不选，更多的是选择部分投资短期国债，部分投资更高风险资产的组合。

最直接的方法是通过分配短期国债及其他安全货币市场证券与风险资产之间的比例控制投资组合的风险。这种资本配置策略就是资产配置决策的一个例子——在大量投资资产种类中选择证券，而不仅仅是在每类资产中选择一些特殊证券。许多投资专家认为资产配置是投资组合构建中最重要的问题。思考下面约翰·博格的观点，这是他担任先锋集团投资公司总裁时发表的言论：

投资决策中最基本的决策在于如何分配你的资金。你愿意投入多少到股票市场，多少到债券市场？你应该持有多少现金准备……这一决策可以解释不同机构管理的养老金收益率差异的94%，这一发现是很惊人的。同时没有理由不相信这种决策与资产配置关系同样适用于个人投资者[○]。

因此，为了讨论风险-收益权衡，我们首先检查资产配置决策，决定投资组合中多少投资于无风险货币市场，多少投资于其他风险资产。

把投资者的风险资产组合用 P 表示，无风险资产组合用 F 表示。为方便解释，假设投资组合中的风险资产部分由两种共同基金构成：一种投资于股票市场，另一种投资于长期债券。现在假设给定风险资产组合，并只讨论风险资产组合和无风险资产之间的资产配置。在第 5 章我们再讨论风险资产的配置和证券选择。

当我们将资本由风险资产组合向无风险资产组合转移时，并不改变风险组合中各证券的相对比例。我们只是更偏好于无风险资产，从而降低风险组合的整体比例。

比如，假定初始投资组合的总市值为 300 000 美元，其中 90 000 美元投资于即期的货币市场基金，即无风险资产。剩余的 210 000 美元投资于风险证券——其中 113 400 美元投资于股权权益（E），96 600 美元投资于长期债券（B）。股权权益和长期债券组成了风险投资组合，E 和 B 的份额分别为 54% 和 46%：

[○] John C. Bogle. *Bogle on Mutual Funds* (Burr Ridge, IL: Irwin Professional Publishing, 1994), p. 235.

$$E: w_E = \frac{113\,400}{210\,000} = 0.54$$

$$B: w_B = \frac{96\,600}{210\,000} = 0.46$$

风险投资组合在**完整资产组合**（complete portfolio，包括无风险和风险投资）的比重记为 y。

$$y = \frac{210\,000}{300\,000} = 0.7 (风险资产)$$

$$1 - y = \frac{90\,000}{300\,000} = 0.3 (无风险资产)$$

每个风险资产组合占完整资产组合的权重如下：

$$E: \frac{113\,400}{300\,000} = 0.378$$

$$B: \frac{96\,600}{300\,000} = 0.322$$

$$风险组合 = E + B = 0.700$$

风险组合占到完整资产组合的70%。

例 4-2 风险组合

假设该投资组合的所有者为降低总体风险，希望将持有的风险投资组合比重从 0.7 降为 0.56。风险投资组合的总值降低为 0.56×300 000=168 000（美元），这需要卖出原来 210 000 美元风险组合中的 42 000 美元，用这个部分来购买即期资产（货币市场基金）。整个无风险资产增加到 300 000×(1-0.56)=132 000（美元）。原组合价值加上新购的货币市场基金价值：

$$90\,000 + 42\,000 = 132\,000（美元）$$

关键点在于风险资产组合中的资产比例依旧不变。由于 E 和 B 在风险投资组合中的权重分别是 0.54 和 0.46，卖出 0.54×42 000=22 680（美元）的 E 和 0.46×42 000=19 320（美元）的 B。在卖出后，每只股票在风险投资组合中的比例实际并无变化：

$$E: w_E = \frac{113\,400 - 22\,680}{210\,000 - 42\,000} = 0.54$$

$$B: w_B = \frac{96\,600 - 19\,320}{210\,000 - 42\,000} = 0.46$$

与其分别考虑风险资产 E 和 B，不如认为持有单一基金，即以固定比例持有 E 和 B。从这个角度讲，我们可以把风险资产组合看作单一的风险资产。

> **概念检查 4-4**
> 如果你决定将投资预算的 50% 以即期资产的形式持有，那么你投资股权（E）的价值和其在整个投资中的比重是多少？

给定这个简化方法，可以通过改变风险资产和无风险资产的组合来降低风险，即降低 y。只要风险资产中的资产权重不发生变化，那么风险资产的收益概率分布就不发生变化，改变的只是风险资产与无风险资产构成的完整资产组合收益率的概率分布。

4.3 无风险资产

因政府有税收和控制货币供给的权力,所以只有政府才可以发行无违约风险的债券。而事实上,即使政府担保无违约风险,债券在其持有期间也不是完全没有风险的。现实里唯一的无违约风险资产是一种理想的指数化债券。另外,无违约风险的理想指数化债券也只有在期限等于投资者愿意持有的期限时,才能对投资者的实际收益率进行担保。指数化债券因实际利率随时间变化难以预测,所以也面临利率风险。未来实际利率不确定时,未来指数化债券的价格就不确定。

尽管如此,在实际中仍把短期国债看作无风险资产。它们的短期性使得其价值对利率变动不敏感。确实,投资者可以通过购买债券并持有到期来锁定短期的名义收益。另外,尽管几个星期内或几个月内通货膨胀率的走势不确定,但与股票市场的不确定性相比基本可以忽略不计。

在实际操作中,大多数投资者使用货币市场工具作为无风险资产。所有货币市场工具几乎无利率风险,因为它们的期限短,并且从违约或信用风险来看基本是安全的。

多数货币市场基金大部分持有3种类型的证券:短期国债、其他国库券与美国政府机构证券、回购协议。非政府货币市场证券的到期收益率一般略高于短期国债。然而从第2章图2-2所示,它与短期国债的利差总体看较小,尽管在金融危机期间偶尔会显得较大。

货币市场基金随着时间推移改变了这些证券的相对持有量,但是,一般来说,短期国债只占到组合的20%左右。尽管如此,这些热门的短期投资工具如银行存单与商业票据的投资风险和大量其他资产如长期债券、股票或房地产相比简直微乎其微。因此,我们把货币市场基金看作大多数投资者最易接触到的无风险资产。

4.4 单一风险资产与单一无风险资产的投资组合

本节将研究可行的风险-收益组合。这是资产配置中的"技术性"部分:它只涉及给定广阔资本市场中投资者可以投资的机会。在4.5节会讨论资产配置中"个性化"部分——风险-收益可行集中个体的最优决策。

假设投资者已经确定了风险投资组合的构成,现在所要考虑的是在投资者投资预算中给风险投资组合 P 的比例 y,剩余部分 $1-y$ 分配给无风险资产 F。

定义风险组合 P 收益率为 r_P,期望收益为 $E(r_P)$,标准差为 σ_P。无风险资产收益率定义为 r_f。在下面的数字例子中,我们假设 $E(r_P) = 15\%$,$\sigma_P = 22\%$,无风险资产收益率 $r_f = 7\%$。因此,风险资产的风险溢价为 $E(r_P) - r_f = 8\%$。

风险投资组合的投资比例为 y,无风险投资组合比例为 $1-y$,整个组合 C 的收益率 r_C 为

$$r_C = yr_P + (1-y)r_f \tag{4-2}$$

取期望值,得

$$E(r_C) = yE(r_P) + (1-y)r_f = r_f + y[E(r_P) - r_f] = 7 + y(15-7) \tag{4-3}$$

很容易解释这一结果:任何一个投资组合的基本收益率都是无风险资产收益率。另外,投资组合总期望获得风险溢价,希望获取这一溢价的投资者为风险厌恶的。如果没有风险溢价,他们不会愿意持有风险资产。

当把一个风险资产和一个无风险资产放到一个资产组合中，整个组合的标准差就是风险资产的标准差乘以它在投资组合中的比例⊖。由于风险投资组合的标准差为 $\sigma_P = 22\%$，所以

$$\sigma_C = y\sigma_P = 22y \qquad (4\text{-}4)$$

这表明组合的标准差与风险资产的标准差和投资比例都是成比例的。总之，整个投资组合的期望收益率为 $E(r_C) = r_f + y[E(r_P) - r_f] = 7 + 8y$，标准差为 $\sigma_C = 22y$。

下一步是在期望"收益-标准差"平面坐标中标出给定某个 y 值投资组合的特征，如图4-3所示。无风险资产 F 在纵轴上，因为其标准差为零，风险资产 P 位于标准差为22%、期望收益为15%的坐标点上。如果投资者只选择风险资产，则 $y = 1.0$，整个组合就是 P。如果选择 $y = 0$，则 $1 - y = 1.0$，整个组合就是无风险资产 F。

当 y 落在0与1之间时，更有趣的组合会是什么样子的呢？这些组合坐标点会落在连接 F 和 P 之间的直线上。这条直线的斜率为 $[E(r_P) - r_f]/\sigma_P$，本例中为8/22。

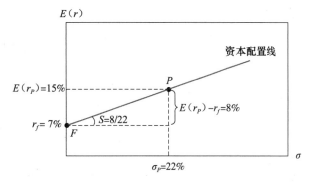

图4-3 单个无风险资产和单个风险资产的投资可行集

结论非常直观。随着风险资产投资比例 y 的增加，组合期望收益以 15% - 7% = 8% 的速率增长，根据式（4-4），标准差以22%的速率增长。每单位额外风险的额外收益是 8/22 = 0.36。

为了给出点 F 和 P 之间直线的方程，我们重新整理式（4-4）得到 $y = \sigma_C/\sigma_P$，替换到式（4-3）中来描述期望收益和标准差之间的权衡关系：

$$E(r_C) = r_f + y[E(r_P) - r_f] = r_f + \frac{\sigma_C}{\sigma_P}[E(r_P) - r_f] = 7 + \frac{8}{22}\sigma_C \qquad (4\text{-}5)$$

因此，整个组合关于标准差的期望收益函数是一条直线，截距为 r_f，斜率为

$$S = \frac{E(r_P) - r_f}{\sigma_P} = \frac{8}{22} \qquad (4\text{-}6)$$

图4-3为一系列投资可行集，即一系列不同的 y 值产生的所有投资组合期望收益与标准差的配对组合。图形是以 r_f 点为起点，穿过 P 的一条直线。

这条直线被称为**资本配置线**（capital allocation line，CAL），表示对投资者而言所有可能的风险-收益组合。资本配置线的斜率记为

> **概念检查 4-5**
>
> 任意风险资产与无风险资产组合的报酬-波动性比率（夏普比率）$S = [E(r_C) - r_f]/\sigma_C$，是否与单独风险资产的比率有所不同？本例中 $[E(r_P) - r_f]/\sigma_P$ 为 0.36。

S，等于每增加一单位标准差整个投资组合增加的期望收益。因此，斜率也被称为**报酬-波动性比率**（reward-to-volatility ratio），或者夏普比率（Sharpe ratio）。

⊖ 这是一个统计学中基本原理的应用：如果一个随机变量乘以一个常数，那么新变量的标准差也应由原标准差乘以该常数。

一个投资组合在风险资产和无风险资产之间等分,即 $y=0.5$,此时的期望收益 $E(r_C)=7+0.5\times 8=11\%$,意味着风险溢价为4%,标准差 σ_C 为 $0.5\times 22=11\%$,在直线 FP 上表示为 F 和 P 的中间点。报酬-波动性比率为 $S=4/11=0.36$,与 P 完全一致。

资本配置线上处于投资组合 P 右边的点是什么呢?如果投资者能够以无风险利率7%借入钱,就可以构造出 P 右边的点。

例4-3 杠杆

假定投资预算为300 000美元,投资者额外借入了120 000美元,将所有可用资金投入风险资产中。这是一个通过借款杠杆获得的风险资产头寸。这样的话,

$$y=\frac{420\ 000}{300\ 000}=1.4$$

此时 $1-y=1-1.4=-0.4$,反映出无风险资产的空头头寸。投资者不以7%的利率借出,而是借入资金。组合的收益分布仍然呈现相同的报酬-波动性比率:

$$E(r_C)=7\%+(1.4\times 8\%)=18.2\%$$

$$\sigma_C=1.4\times 22\%=30.8\%$$

$$S=\frac{E(r_C)-r_f}{\sigma_C}=\frac{18.2-7}{30.8}=0.36$$

正如预计的,杠杆风险投资组合比无杠杆投资组合的标准差要高。

当然,非政府投资者并不能以无风险利率借入资金。借款者的违约风险导致贷款者要求更高的贷款利率。因此,非政府投资者的借款成本超过 $r_f=7\%$,假设借入利率为 $r_f^B=9\%$,在这样的条件下报酬-波动性比率,也就是资本配置线的斜率将是 $[E(r_P)-r_f^B]/\sigma_P=6/22=0.27$。资本配置线在 P 点被扭曲,如图4-4所示。P 点的左边,投资者以7%借出资金,资本配置线的斜率是0.36;P 点的右边,$y>1$,投资者以9%借入资金,资本配置线斜率是0.27。

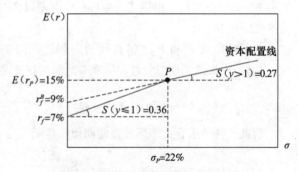

图4-4 借贷利率不相等时的可行集

> **概念检查 4-6**
> 假设风险资产收益率从15%增加至17%,如果所有其他参数保持不变,则资本配置曲线的斜率在 $y\leq 1$ 和 $y>1$ 时分别为多少?

在实际操作中,如果你在经纪人那里开立了保证金账户,借钱投资风险资产的方式将会非常容易且直接。你只需要告诉经纪人你要以"保证金"额度购买风险资产。保证金方式不能超过购买资产总价值的50%。因此,如果你的账户净值为300 000美元,你可以再借入300 000美元购买额外的股票⊖。这样你的风险资产头寸就达到600 000美元,负债为300 000美元,即 $y=2.0$。

⊖ 保证金交易要求投资者在经纪人处开立的保证金账户中存放证券。如果证券市值低于保证金维持水平值,追加保证金的指令会被发出,要求存款使账户净值达到合适的水平。如果追加不成,监管要求经纪人卖出部分或全部证券,收益用于补偿要求的保证金。

4.5 风险容忍度与资产配置

前面已经说明如何建立资本配置线，即资产配置决策下所有可行的风险报酬组合构成的图形。投资者必须从可行集中选择最优的组合。这个决策包含了风险和收益的权衡选择。个人投资者风险厌恶程度不同，意味着给定相同的可行集（无风险利率和夏普比率相同），不同的投资者将选择不同的头寸。特别地，越是风险厌恶的投资者越会选择更少的风险资产，更多地选择无风险资产。

一个面临无风险利率为 r_f 和期望收益为 $E(r_P)$、标准差为 σ_P 的风险资产投资者会发现，对于任意 y，组合的期望收益由式（4-3）给出：

$$E(r_C) = r_f + y[E(r_P) - r_f]$$

由式（4-4），整个组合的方差为

$$\sigma_C^2 = y^2 \sigma_P^2$$

投资者试图通过选择风险资产的最优配置 y 使效用最大化。效用函数由式（4-1）给出，即 $U = E(r) - A\sigma^2/2$。当风险资产配置增加（y 增加）时，期望收益增加，但是收益波动性也增加，因此效用可能增加也可能减少。表 4-4 展示了效用水平随 y 值变化的数据。一开始，效用随 y 增加而增加，最终随 y 增加而降低。

表 4-4 风险厌恶系数 $A=4$ 的投资者不同风险资产比例 y 带来的效用值

(1) y	(2) $E(r_C)$	(3) σ_C	(4) $U=E(r)-\frac{1}{2}A\sigma^2$	(1) y	(2) $E(r_C)$	(3) σ_C	(4) $U=E(r)-\frac{1}{2}A\sigma^2$
0	0.070	0	0.070 0	0.6	0.118	0.132	0.083 2
0.1	0.078	0.022	0.077 0	0.7	0.126	0.154	0.078 6
0.2	0.086	0.044	0.082 1	0.8	0.134	0.176	0.072 0
0.3	0.094	0.066	0.085 3	0.9	0.142	0.198	0.063 6
0.4	0.102	0.088	0.086 5	1.0	0.150	0.220	0.053 2
0.5	0.110	0.110	0.085 8				

图 4-5 给出了表 4-4 中效用函数的散点图。效用在 $y=0.41$ 时是最高的；当 $y<0.41$ 时，投资者愿意为更高的期望收益而增加投资风险；而当 $y>0.41$ 时，风险增加效用则会降低。

为了解决这一效用最大化问题，我们把问题写作：

$$\underset{y}{\text{Max}} \; U = E(r_C) - \frac{1}{2} A\sigma_C^2 = r_f + y[E(r_P) - r_f] - \frac{1}{2} Ay^2 \sigma_P^2$$

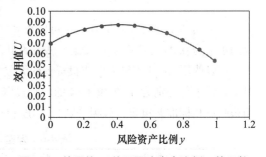

图 4-5 效用值 U 关于风险资产比例 y 的函数

学过微积分的学生知道最大化问题是使一阶导数为零。这样求解出风险厌恶者风险资产的最优头寸 y^* 如下：⊖

$$y^* = \frac{E(r_P) - r_f}{A\sigma_P^2} \tag{4-7}$$

⊖ 对 y 的一阶导数等于 $E(r_P) - r_f - yA\sigma_P^2$，使该式为零，得到式（4-7）。

这个解显示风险资产的最优头寸正如你所预料的那样，与风险厌恶程度和风险水平（由方差表示）有关。

例 4-4　资产配置

使用前述数字例子的数据（r_f=7%，$E(r_P)$=15%，σ_P=22%），所有收益用小数表示，一个风险厌恶系数为 A=4 的投资者的最优解为

$$y^* = \frac{0.15 - 0.07}{4 \times 0.22^2} = 0.41$$

换句话说，该投资者将会把投资预算的 41% 投资于风险资产，59% 投资于无风险资产，如图 4-5 所示，此时效用达到最高水平。

当 41% 投资于风险资产时，整个组合的期望收益和标准差为

$$E(r_C) = 7\% + [0.41 \times (15\% - 7\%)] = 10.28\%$$
$$\sigma_C = 0.41 \times 22\% = 9.02\%$$

整个组合的风险溢价是 $E(r_C) - r_f$ = 3.28%，标准差为 9.02%，注意到 3.28/9.02 = 0.36，这正是例子中所假设的报酬-波动性比率。

这个决策的图解法是利用无差异曲线进行分析的。为了理解如何构造无差异曲线，考虑风险厌恶系数 A=4 的一个投资者，他目前全部投资于无风险组合，收益率 r_f = 5%。因为这个组合的方差为零，式 (4-1) 告诉我们它的效用为 U = 0.05。当投资者投资于 σ = 1% 的风险组合时，为了获得相同的效用，其期望收益必须上升，以弥补更高的 σ 值：

$$U = E(r) - \frac{1}{2} \times A \times \sigma^2$$
$$0.05 = E(r) - \frac{1}{2} \times 4 \times 0.01^2$$

这说明必要的期望收益为

$$\text{必要的期望收益 } E(r) = 0.05 + \frac{1}{2} \times A \times \sigma^2 = 0.05 + \frac{1}{2} \times 4 \times 0.01^2 = 0.0502 \quad (4\text{-}8)$$

对不同的 σ 重复这样的计算，可以得到保证效用值为 0.05 所需的 $E(r)$。这个过程将得到效用水平为 0.05 时所有期望收益和风险的组合。把这些组合描点在图上便得到无差异曲线。

可以使用 Excel 表格来生成投资者的无差异曲线。表 4-5 包含了效用值分别为 0.05 和 0.09 对于风险厌恶分别为 A = 2 和 A = 4 的两个投资者的风险和收益组合。图 4-6 描绘了 A = 2 对应的期望收益和标准差组合，截距分别为 0.05 和 0.09，对应曲线的效用水平。

表 4-5　无差异曲线的数字计算

σ	A=2		A=4		σ	A=2		A=4	
	U=0.05	U=0.09	U=0.05	U=0.09		U=0.05	U=0.09	U=0.05	U=0.09
0	0.0500	0.0900	0.050	0.090	0.30	0.1400	0.1800	0.230	0.270
0.05	0.0525	0.0925	0.055	0.095	0.35	0.1725	0.2125	0.295	0.335
0.10	0.0600	0.1000	0.070	0.110	0.40	0.2100	0.2500	0.370	0.410
0.15	0.0725	0.1125	0.095	0.135	0.45	0.2525	0.2925	0.455	0.495
0.20	0.0900	0.1300	0.130	0.170	0.50	0.3000	0.3400	0.550	0.590
0.25	0.1125	0.1525	0.175	0.215					

注：无差异曲线的电子表格计算（第 2~5 列中的条目是提供指定效用值所需的期望收益）。

假定任何投资者都愿意投资于更高无差异曲线上的组合，获得更高的效用。更高无差异曲线上的资本组合在给定风险水平上能够提供更高的期望收益。例如，$A=2$ 的两条无差异曲线形状相同，但是对于任意水平的风险，效用为 0.09 那条曲线比 0.05 的那条曲线的期望收益高 4%。

图 4-6 反映出更高风险厌恶程度投资者的无差异曲线比低厌恶程度投资者的曲线更陡峭。更陡峭的曲线意味着投资者需要更多的期望收益来补偿同样的组合风险。

更高的无差异曲线意味着对应更高的效用水平，因此投资者更愿意在更高的无差异曲线上寻找投资组合。如图 4-7 所示，在表示可行集的资本配置线上加入无差异曲线，我们就可以得到与资本配置线相切的最高的无差异曲线，切点对应最优投资组合的标准差和期望收益。

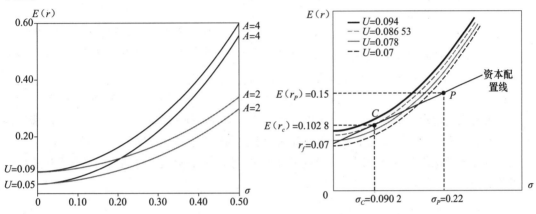

图 4-6 $U=0.05$ 和 $U=0.09$，分别对 $A=2$ 和 $A=4$ 的无差异曲线

图 4-7 用无差异曲线寻找最优组合

为了证明这一点，表 4-6 给出了投资者 $A=4$ 的四条无差异曲线（效用水平分别为 0.07、0.078、0.086 53、0.094）的计算。第 2~5 列利用式（4-8）计算出了各曲线为了得到相应的效用值对不同标准差所必需的期望收益值。列 6 由式（4-5）计算出 $E(r_C)$ 的资本配置线上各 σ 值对应的期望收益。

$$E(r_C) = r_f + [E(r_P) - r_f]\frac{\sigma_C}{\sigma_P} = 7 + (15 - 7) \times \frac{\sigma_C}{22}$$

表 4-6 四条无差异曲线和资本配置线对不同 σ 的期望收益，$A=4$

σ	$U=$ 0.07	$U=$ 0.078	$U=$ 0.086 53	$U=$ 0.094	资本配置线	σ	$U=$ 0.07	$U=$ 0.078	$U=$ 0.086 53	$U=$ 0.094	资本配置线
0	0.070 0	0.078 0	0.086 5	0.094 0	0.070 0	0.12	0.098 8	0.106 8	0.115 3	0.122 8	0.113 6
0.02	0.070 8	0.078 8	0.087 3	0.094 8	0.077 3	0.14	0.109 2	0.117 2	0.125 7	0.133 2	0.120 9
0.04	0.073 2	0.081 2	0.089 7	0.097 2	0.084 5	0.18	0.134 8	0.142 8	0.151 3	0.158 8	0.135 5
0.06	0.077 2	0.085 2	0.093 7	0.101 2	0.091 8	0.22	0.166 8	0.174 8	0.183 3	0.190 8	0.150 0
0.08	0.082 8	0.090 8	0.099 3	0.106 8	0.099 1	0.26	0.205 2	0.213 2	0.221 7	0.229 2	0.164 5
0.090 2	0.086 3	0.094 3	0.102 8	0.110 3	0.102 8	0.30	0.250 0	0.258 0	0.266 5	0.274 0	0.179 1
0.10	0.090 0	0.098 0	0.106 5	0.114 0	0.106 4						

图 4-7 画出了 4 条无差异曲线和资本配置线，图形反映出效用 $U=0.086\,53$ 的无差异曲

线与资本配置线相切；切点对应了最大效用值的资产组合。切点处 $E(r_C) = 10.28\%$，$\sigma_C = 9.02\%$。最优投资组合的风险-收益比例是 $y^* = 0.41$，这个数值和用式（4-7）得到的代数解相同。

综上所述，y^* 的决策主要取决于投资者的风险厌恶程度。

非正态收益

在前面的分析中我们假设收益呈正态分布，并以标准差作为风险度量。如第3章所述，正态性的偏离会导致极端损失的可能性远大于正态分布的情况。这些风险敞口，一般由在险价值或预期损失来衡量。

因此，对我们之前分析的一种拓展是给投资者展示在险价值和预期损失的预测值。我们把基于正态假设下的资本配置作为分析的基础，面对肥尾分布的投资者也许会减少风险组合的资金配置，并增加无风险资产的配置。

> **概念检查 4-7**
> a. 如果投资者的风险厌恶系数为 $A = 3$，最优投资组合将会如何变化？整个组合新的期望收益 $E(r_C)$ 和标准差 δ_C 是多少？
> b. 假定借入利率 r_f^B 为9%，高于贷出利率 r_f 7%，请用图形说明投资者的最优投资组合是如何受到更高借入利率的影响的？

因为有大量的观察值，凭经验就可以可靠估计金融领域中一般事件发生的概率。极端的负面事件发生概率极小，因此几乎不可能准确估计事件的概率。诚然，罕见但影响巨大的"黑天鹅"事件会导致极端负收益，因此，投资者很关注。我们将在后面讨论期权的章节看到这种投资者关注的大量证据。

4.6 被动策略：资本市场线

资本配置线由无风险资产和风险投资组合 P 导出，被动策略或主动策略决定风险资产组合 P。**被动策略**是指避免任何直接或间接的证券分析的投资决策㊀。乍看之下被动投资策略显得十分简单，然而，在大型资本市场中供给和需求的力量会使这种决策成为众多投资者的理性选择。

在第3章中介绍了不同类型资产收益率的历史数据汇总。这些数据可以在肯尼斯·弗伦奇教授的网站上（mba.tuck.dartmouth.edu/pages/faculty/ken.french/data_library.html）获得，我们可以用这些数据来检验被动策略。

一个合适的被动策略投资品是分散化的股票投资比如美国市场，因为被动策略要求我们不特意收集某只股票或某几只股票的信息，坚持分散化策略。一种方法是选择多样化的股票组合，这些股票反映美国经济中公司部门的价值。比如，投资微软的比例应该是微软的市值在上市股票总市值中的比重。

表4-7总结了标准普尔500指数1926~2015年90年间以及4个样本期的表现。该表展示组合的平均年收益、同期限1月期国债复利滚动收益率、相应的超额收益率和标准差。从1926至2015年间的夏普比率是0.40。换句话说，股票投资者为每1%的标准差获得0.40%的超额收益。但是我们从历史数据中推断出的风险-收益权衡并不精准。这是因为超额收益的标准差很大（20.59%）。如此巨大的波动率，容易推断风险-回报收益权衡也会大幅变

㊀ 间接证券分析是指将证券分析的职责交给中介代表，如职业的理财师。

动。子样本内夏普比率变化接近 2 倍，范围从 0.29 到 0.65。从此处我们得知，在利用历史数据预测未来收益时需要非常谨慎。收益和风险-收益权衡很难预测，我们对未来权衡只能有一个大概的认知。

表 4-7 大盘股和 1 月期短期国债的平均年收益率、标准差和报酬-波动性比率

时期	平均年收益		标准普尔 500 指数		
	标准普尔 500 指数	1 月期国债	超额收益	标准差	夏普比率
1926~2015	11.77	3.47	8.30	20.59	0.40
1992~2015	10.79	2.66	8.13	18.29	0.44
1970~1991	12.87	7.54	5.33	18.20	0.29
1948~1969	14.14	2.70	11.44	17.67	0.65
1926~1947	9.25	0.91	8.33	27.99	0.30

我们称 1 月期国债和一般股票指数构成的资本配置线为**资本市场线**（capital market line，CML）。被动策略产生于由资本市场线代表的一个投资可行集。

那么投资者采取被动策略投资是否合理呢？当然，在没有比较主动投资策略的成本和收益时我们是无法回答这一问题的。相关的观点如下。

首先，主动投资策略不是免费的。无论你是选择自己投入时间、资金来获取所需的信息，以形成最优的风险资产投资决策，还是把这一任务交给职业人士，主动策略的形成都比被动策略更昂贵。被动策略成本只有短期国债所需少量的佣金和支付给共同基金等市场指数基金和证券交易所的管理费用。例如，先锋公司管理着跟踪标准普尔 500 指数的组合。它购买标准普尔 500 中每个公司的股票，权重与公司股权在指数中的份额相同，因此便复制了市场指数的表现。这类基金的管理费用很低，因为它的管理成本很低。标普 500 指数成分股包括主要的大规模、高市值的公司，而先锋指数基金，即全股票市场指数基金，则为投资者提供覆盖全美大公司、小公司、成长股、价值股的所有美国股票市场风险暴露。它与我们所称的美国股票指数很接近。

投资者采取被动策略的第 2 个原因是"免费搭车"的好处。如果市场中有很多积极的具有专业知识的投资者，竞买被低估的股票，竞卖被高估的股票，那么我们可以得出结论：大多数时候股价是合理的。所以，一个充分分散化的股票组合会是一个合理的投资标的，被动投资策略可能不比一般积极投资者的策略差（我们在后续章节将展开论述这一点）。前面章节中论述过，过去几十年中被动股票基金的表现比大多数积极型基金的好，投资者越来越倾向于投资低成本、高投资绩效的指数型基金。

| 华尔街实战 4-2 | 投资者对专业投资管理者失望

投资者正在从专业人士管理的共同基金蜂拥而出，而将巨额资金转移到低成本的跟踪大盘指数的基金。根据晨星公司的数据，至 2012 年 11 月份，投资者从主动管理的美国股票基金抽出 1 193 亿美元。与此同时，他们向美国交易所交易基金注入 304 亿美元。

这一变动是对如下事实的直接反应：众多的基金经理收取高额管理费、追求高回报，但是跑输大盘指数。这样投资者不如简单地投资于成本低、看似风险也低的指数跟踪型基金。

主动管理型基金经理的目标是通过积极交易单只股票或债券来战胜大盘,同时收取高额管理费作为回报。而在交易所交易基金(ETF)(或跟踪指数的基金)中,基金经理仅仅调整组合以使组合表现精确反映跟踪指数,收取的费用也较低。

晨星公司报告指出,当投资者投资股票基金时,他们选择投入低成本的指数型基金或交易所交易基金。一些 ETF 年费低于资产的 0.1%,但是众多主动管理的基金收取的管理费超过 1%。

这一趋势对主动型管理者施加巨大压力,这影响着 140 万亿美元规模基金市场中巨头们的财富份额。

纽约一家"战略前瞻"咨询公司帮《华尔街日报》所做的共同基金资金流研究显示,作为主动型基金巨头之一的富达国际和美国基金出现了赎回或较少新基民进入的情况。

与此相反,世界上最大的指数型基金巨头先锋基金去年一年就有 1 410 亿美元的资金流入。

很多投资者指出,他们正在寻找成本低风险小的投资渠道。

资料来源:Adapted from Kirsten Grind, *The Wall Street Journal*, January 3, 2013. Reprinted with permission. ⓒ 2013 Dow Jones & Company, Inc. All Rights Reserved Worldwide.

总结一下,一个被动投资策略牵涉两个被动组合:接近于无风险的短期国债(或货币市场基金)和一个跟踪大盘指数的股票基金。代表这个策略的资本配置线称为资本市场线。根据 1926~2015 年的历史数据,该被动型风险组合的平均风险溢价为 8.3%,标准差为 20.59%,报酬-波动性比率等于 0.40。

被动投资者根据其风险厌恶程度,将投资预算配置在各种投资工具中,可以通过分析来推导典型投资者的风险厌恶系数。从第 1 章的表 1-1 我们估计得到 68.7% 的家庭财富净值投资于广义的风险资产⊖。假定这个组合和 1926 年以来标准普尔 500 指数展现的风险-收益特征相吻合,用式(4-7),我们得到:

> **概念检查 4-8**
>
> 假设现在标准普尔 500 和短期国债收益率的期望值与 2016 年相同,但是你发现现在投资国债的比例比 2016 年有所上升。你从 2016 年以来风险容忍度的变化中得出什么结论?

$$y^* = \frac{E(r_M) - r_f}{A\sigma_M^2} = \frac{0.083}{A \times 0.205\,9^2} = 0.687$$

风险厌恶系数为

$$A = \frac{0.083}{0.687 \times 0.205\,9^2} = 2.85$$

当然,这样的计算具有很强的主观性。我们假设一般投资者简单地认为历史平均收益和标准差是未来期望收益和标准差的最佳估计。因为一般投资者会在简单的历史基础上使用当时的有用信息进行投资,所以 A=2.85 的估计并非准确的推断。即使这样,很多针对各类投资性资产的研究显示,一般投资者的风险厌恶系数在 2.0~4.0。⊖

⊖ 该风险组合包括了第 1 章表 1-1 的所有资产:不动产(30.979 万亿美元),一半的养老保险(10.486 万亿美元),公司或非公司权益(24.050 万亿美元),一半的共同基金(4.06 万亿美元)。该组合价值为 69.575 万亿美元,占家庭净财富额(101.306 万亿美元)的 68.7%。

⊖ 见例 I. Friend and M. Blume, "The Demand for Risky Assets," *American Economic Review* 64 (1974);或 S. J. Grossman and R. J. Shiller, "The Determinants of the Variability of Stock Market Prices," *American Economic Review* 71 (1981)。

小 结

1. 投机是为了获取风险溢价而进行有风险的投资。风险溢价必须足够大,以补偿风险厌恶投资者的投资风险。
2. 公平博弈的风险溢价为零,风险厌恶投资者不会进行公平博弈。
3. 投资者对于期望收益和投资组合波动性的喜好程度可以用效用函数表示,它随着期望收益的增加而增加,随着组合方差的增加而降低。投资者的风险厌恶程度越高,对风险的补偿要求就越高。可以用无差异曲线来描述这些偏好。
4. 风险厌恶型投资者对风险投资组合的需求可以用投资组合的确定等价描述。等价投资组合收益率是一种能够确定且与风险组合等效用的值。
5. 把资金从风险投资组合移至无风险资产是降低风险最简单的方式,其他方法包括组合的多元化和套期保值。
6. 短期国债只是在名义上提供了一种完美的无风险资产,而且,短期国债实际收益率的标准差比其他资产如长期债券和普通股票都要小,所以,出于分析的需要,把短期国债视为无风险资产。除短期国债外,货币市场基金拥有相对安全的债权,比如商业票据和银行存单,它们只有一点违约风险,这一风险与绝大多数其他风险资产的风险相对而言很小。方便起见,也将货币市场基金看作无风险资产。
7. 一个投资者的风险组合,可以用它的报酬-波动性比率 $S = [E(r_P) - r_f]/\sigma_P$ 表示。这个比率也是资本配置线的斜率。制图时,这条线是从无风险资产连接到风险资产,其所有组合都在这条线上。当其他条件相同时,投资者更倾向于斜率陡峭的资本配置线,因为它对任一风险水平有更高的期望收益。如果借入利率高于贷出利率,资本配置线将在风险资产点处弯曲。
8. 投资者的风险厌恶程度可以用其相应的无差异曲线斜率表示。无差异曲线表明的是在任意的期望收益和风险水平上,为弥补一个百分点的额外标准差所需要的风险溢价。风险厌恶程度较高的投资者的无差异曲线更陡,即他们在面临更大的风险时要求有更高的风险溢价补偿。
9. 最优的风险资产头寸与风险溢价成正比,与风险厌恶程度和方差成反比,即 $y^* = \dfrac{E(r_P) - r_f}{A\sigma_P^2}$。用图形表示时,这个投资组合位于无差异曲线与资本配置线的切点。
10. 被动投资策略不进行证券分析,把目标放在投资单一无风险资产与一个分散化的风险资产组合如标准普尔500股票组合上。如果2016年投资者用标准普尔500指数的平均历史收益和标准差代表他们的期望收益率和标准差,那么对于普通投资者而言持有资产的价值意味着他的风险厌恶程度为 $A = 2.85$ 水平。这与其他研究的结论类似,这些研究估算的风险厌恶程度在 2.0~4.0 的水平。

习 题

基础题

1. 风险厌恶程度高的投资者会偏好哪种投资组合?
   a. 更高风险溢价。
   b. 风险更高。
   c. 夏普比率更低。
   d. 夏普比率更高。
   e. 以上各项均不是。
2. 以下哪几个表述是正确的?
   a. 风险组合的配置减少,夏普比率会降低。
   b. 借入利率越高,有杠杆时夏普比率越低。

c. 无风险利率固定时，如果风险组合的期望收益率和标准差都翻倍，夏普比率也会翻倍。

d. 风险组合风险溢价不变，无风险利率越高，夏普比率越高。

3. 如果投资者预测股票市场波动性增大，股票期望收益如何变化？参考式（4-7）。

中级题

4. 考虑一个风险组合，年末现金流为 70 000 美元或 200 000 美元，两者概率相等。短期国债利率为 6%。

   a. 如果要求风险溢价为 8%，你愿意投资多少钱？
   b. 期望收益率是多少？
   c. 要求风险溢价为 12% 呢？

5. 考虑一个期望收益率为 12%、标准差为 18% 的组合。短期国债收益率为 7%。投资者仍然偏好风险资产所允许的最大风险厌恶系数是多少？

6. 画出 $A=3$ 的投资者效用水平 0.05 的无差异曲线。

7. 针对 $A=4$ 的投资者，回答第 6 题。

8. 画出风险中性投资者效用水平 0.05 的无差异曲线。

9. 风险喜好者的风险厌恶系数 A 是怎样的？用图形表示一个效用值为 0.05 的风险喜好型投资者的无差异曲线。

习题 10~12，考虑历史数据，过去 90 年标准普尔 500 的平均年收益约为 8%，标准差为 20%，当前短期国债利率为 5%。

10. 计算组合期望收益和组合方差。投资比例如下表所示。

短期国债	标准普尔 500 指数	短期国债	标准普尔 500 指数
0	1.0	0.6	0.4
0.2	0.8	0.8	0.2
0.4	0.6	1.0	0

11. 计算效用水平，$A=2$，你得到什么结果？

12. $A=3$ 呢？

回答习题 13~19，你管理一个风险组合，期望收益率为 18%，标准差为 28%，短期国债利率为 8%。

13. 你的客户选择投资 70% 于你的基金，30% 于短期国债。他的组合的期望收益率和方差是多少？

14. 假设你的风险组合投资如下表所示。

股票 A	25%
股票 B	32%
股票 C	43%

那么你的客户的投资头寸是怎样的？

15. 你的组合报酬-波动性比率是多少？你客户的呢？

16. 画出你的组合的资本配置线，斜率是多少？

17. 假设你的客户投资于你的组合权重为 y，期望收益率为 16%。

    a. y 是多少？
    b. 你的客户的组合收益标准差是多少？

18. 假设你的客户偏好在标准差不大于 18% 的情况下最大化期望收益率，那么他的投资组合是怎样的？

19. 你的客户的风险厌恶系数为 $A=3.5$，他如何投资？

20. 参见表 4-7 中的关于标准普尔 500 超出无风险收益率的风险溢价以及风险溢价标准差数据。假设标准普尔 500 指数是你的风险投资组合。

    a. 如果 $A=4$，并假设 1926~2015 年很好地代表了未来表现的预期，你将投资多少到短期国债，多少到股票？
    b. 如果你认为 1970~1991 年才可以代表未来，你如何投资呢？
    c. 比较以上 a 和 b 的答案，你得出什么结论？

21. 考虑以下关于你的风险组合的信息，$E(r_P)=11\%$，$\sigma_P=15\%$，$r_f=5\%$。

    a. 你的客户想要投资一定比例于你的风险组合，以获得期望收益率 8%。他投资的比例是多少？

b. 他的组合标准差是多少？

c. 另一个客户在标准差不超过12%的情况下最大化收益水平，他投资的比例是多少？

22. 投资管理公司IMI使用资本市场线来提供资本配置建议。IMI有以下预测：市场组合期望收益率12%，标准差20%，无风险收益率5%。约翰逊寻求IMI的投资建议，他想要投资组合的标准差为市场组合的一半。IMI可以为约翰逊提供怎样的期望收益率？

习题23～26：假设借款利率为9%，标准普尔500指数期望收益率为13%，标准差为25%，无风险利率为5%，你的基金情况同习题21一样。

23. 考虑到更高的借款利率时画出你的客户的资本市场线，叠加两个无差异曲线：一是客户借入资金时的；二是投资于市场指数基金和货币市场基金时的。

24. 在投资者选择既不借入资金也不贷出资金时其风险厌恶系数范围是什么（即当 $y=1$ 时）？

25. 当投资者投资你的基金而不是市场指数基金时，回答习题23和习题24。

26. 贷出资金（$y<1$）的投资者最多愿意支付多少管理费？借入资金（$y>1$）的呢？

高级题

回答挑战性习题27～29：你估计一个跟踪标准普尔500指数的被动证券组合的期望收益率为13%，标准差为25%。你经营一个积极组合，期望收益率为18%，标准差为28%，无风险利率为8%。

27. 在"收益–标准差"二维平面上画出资本市场线和你的组合的资本配置线。

a. 资本配置线的斜率是多少？

b. 用一段话描述你的组合较被动组合的优势。

28. 你的客户犹豫是否要将投资于你的组合的70%的资金转移到被动组合中。

a. 你如何告诫他这种转换的坏处？

b. 保证他获得和被动组合同等效用时的最高管理费（年末按一定投资比例收取）是多少？（提示：管理费将通过降低净期望收益从而减小资本配置线的斜率）。

29. 考虑习题19中 $A=3.5$ 的情况：

a. 如果他投资于被动组合，比例 y 是多少？

b. 通过改变你的客户的资本配置决策（即 y 的选取），当他觉得投资于你的组合和被动组合没有差异时，你所能征收的最高管理费用是多少？

CFA考题

用下表中的数据回答问题1～3。

效用函数数据

投资	期望收益	标准差	投资	期望收益	标准差
1	0.12	0.30	3	0.21	0.16
2	0.15	0.50	4	0.24	0.21

$U = E(r) - A\sigma^2/2$，$A=4$

1. 根据以上效用函数，当你的风险厌恶系数 $A=4$ 时，你会选择哪个投资？
2. 如果你是风险中性投资者呢？
3. 效用函数中的参数 A 代表：
   a. 投资者的收益回报要求。
   b. 投资者的风险厌恶程度。
   c. 确定等价收益率。
   d. 关于1个单位收益与4个单位风险交换的偏好。

根据下图回答CFA考题4～5。

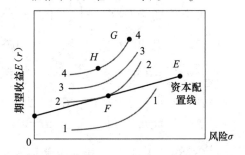

4. 哪条无差异曲线反映了投资者可以达到的

最大效用水平？
5. 哪个点标出了最佳的风险投资组合？
6. 假设投资总额为100 000美元，下表中投资于股票和债券的预期风险溢价（以美元表示）是多少？

行动	概率	期望收益（美元）
投资股票	0.6	50 000
	0.4	-30 000
投资债券	1.0	5 000

7. 资本配置线由直线变成曲线是因为：
   a. 报酬-波动性比率增长。
   b. 借入资金利率高于贷出资金利率。
   c. 投资者风险容忍度降低。
   d. 组合中无风险资产比重上升。
8. 你管理着一只股票基金，其预期风险溢价为10%，预期标准差为14%。短期国债利率为6%。你的客户决定向你的基金投资60 000美元，投资于短期国债40 000美元。你的客户的组合期望收益和标准差为多少？
9. 考题8中股票基金的报酬-波动性比率是多少？

概念检查答案

4-1 某投资者由于投资于英镑计价的资产而需要承担汇率风险。如果汇率向有利于投资者的方向变化，投资者将会获利，并从英国短期国债中获得比美国短期国债更多的收益。例如，如果美国与英国的利率都为5%，当期汇率为每英镑兑换1.40美元，即现在1.40美元可以转换成1英镑，并投资于英国短期国债。按确定的5%的利率，年终将获得1.05英镑。如果年终汇率为每英镑1.50美元，则1.05英镑可兑换成1.05×1.50美元=1.575美元。美元的收益率为$1+r=1.575/1.4$美元$=1.125$，或$r=12.5\%$。这比投资于美国短期国债要高。因此，如果投资者预期到对自己有利的汇率变化，英国短期国债就是投机性投资。否则，就只是赌博。

4-2 应用公式，对$A=4$的投资者，风险投资组合效用是$U=0.2-\left(\frac{1}{2}\times 4\times 0.3^2\right)=0.02$，短期国债效用是$U=0.07-\left(\frac{1}{2}\times 4\times 0\right)=0.07$。所以，相对于股票，投资者偏好于短期国债。对$A=2$的投资者，风险组合的效用是$U=0.2-\left(\frac{1}{2}\times 2\times 0.3^2\right)=0.11$，短期国债的效用依旧为0.07，风险厌恶程度低的投资者偏好于风险组合。

4-3 风险厌恶程度越低的投资者无差异曲线越平坦。风险的增加需要增加较小的期望收益来保持效用不变。

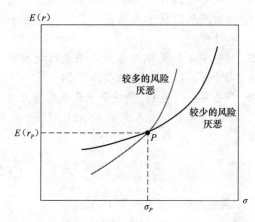

4-4 保持投资资金的50%于即期资产，意味着你在风险组合的投资比例由70%降到50%，你的风险投资组合的54%投资于E，46%投资于B。这样在你的全部投资组合中对E的投资占27%，持有的E股票的美元价值为81 000美元。

4-5 在"期望收益-标准差"图形上，所有具有相同风险的投资组合和无风险资产组成的投资组合（比例不同）都分布在无风险利率和风险基金之间的连线上。资本配置线的斜率处处相同，因此风险收益率对于所有这些投资组合都是相同的。严格地说，如果投资者以 y 比例投资于风险基金，其期望收益为 $E(r_P)$，标准差为 σ_P，剩余 $1-y$ 投资于收益率为 r_f 的无风险资产，则投资组合的期望收益率与标准差为

$$E(r_C) = r_f + y[E(r_P) - r_f]$$
$$\sigma_C = y\sigma_P$$

投资组合的报酬-波动性比率为

$$S_C = \frac{E(r_C) - r_f}{\sigma_C} = \frac{y[E(r_P) - r_f]}{y\sigma_P}$$
$$= \frac{E(r_P) - r_f}{\sigma_P}$$

与权重 y 无关。

4-6 贷出资金利率与借入资金利率保持 7% 和 9%，风险投资组合的标准差仍为 22%，但期望收益率却从 15% 上升到 17%，则两段资本配置线的斜率为

贷款部分：$\dfrac{E(r_P) - r_f}{\sigma_P}$

借款部分：$\dfrac{E(r_P) - r_f^B}{\sigma_P}$

在两种情况下斜率都是增加的，贷出资金从 8/22 增到 10/22，借入资金从 6/22 增加到 8/22。

4-7 a. 参数为 $r_f = 0.07$，$E(r_P) = 0.15$，$\sigma_P = 0.22$，一个风险厌恶程度为 A 的投资者以 y 比例投资于一个风险组合，$y = \dfrac{E(r_P) - r_f}{A\sigma_P^2}$。

由已知参数和 $A = 3$，得 $y = \dfrac{0.15 - 0.07}{3 \times 0.048\,4} = 0.55$，当风险厌恶系数由 4 降到 3，风险组合的投资额从 41% 增长到 55%，则最佳投资组合的期望收益率和标准差增长为

$E(r_C) = 0.07 + (0.55 \times 0.08)$
$\quad\quad = 0.114$（前为：0.102 8）

$\sigma_C = 0.55 \times 0.22$
$\quad\quad = 0.121$（前为：0.090 2）

b. 所有投资者的风险厌恶程度使得他们愿意以 100% 或更低的比率持有风险组合，倾向于贷出资金而非借入资金，因此他们不受借款利率的影响。投资者的风险厌恶系数最低者持有 100% 的风险组合。

可以根据投资机会参数解出其风险厌恶系数。

$$y = 1 = \frac{E(r_P) - r_f}{A\sigma_P^2}$$
$$= \frac{0.08}{0.048\,4A}$$
$$A = \frac{0.08}{0.048\,4} = 1.65$$

即 $A = 1.65$。如果借款利率为 7%，有着更强风险容忍度的投资者会更愿意借款（即 $A < 1.65$），因此有

$$y = \frac{E(r_P) - r_f^B}{A\sigma_P^2}.$$

假设一个投资者的风险厌恶系数 $A = 1.1$，此时借入利率和无风险利率均为 7%，这个投资者将选择投资于风险组合的比例为 $y = \dfrac{0.08}{1.1 \times 0.048\,4} = 1.50$，意味着将借入全部资金的 50%。若借入利率为 9%，此时 $y = \dfrac{0.06}{1.1 \times 0.048\,4} = 1.13$，仅借入投资资金的 13%。

下面的图中画出了两种投资者的无差异曲线，较陡的无差异曲线反映的是风险厌恶程度较高的投资者的情况，他选择的投资组合为 C_0，意味着贷出资金。该投资者的决定不受借入资金利率的影响。斜率较小的无差异曲线反映了有着较高的风险容忍度投资者的情况。如果借贷利率都相等，该投资者就会选择资本配置线的延伸部分 C_1 点。当贷款利率上扬时，就选 C_2 点（在发生了弯曲的资本配置线借款区域内），这说明借款比以前要少，该投资者因借款利率上升而受损。

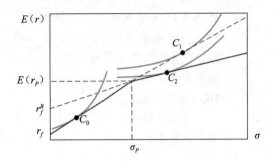

4-8 如果所有的投资参数都不变，投资者减小风险投资的唯一原因就只能是风险厌恶程度的提高。如果你认为不是这样，那就得重新考虑你对假设的信心。可能标准普尔500不是一个最优风险投资组合的代表，也可能投资者对国库券的实际利率有一个更高的预期。

附录4A 风险厌恶、期望效用与圣彼得堡悖论

我们在这里暂时偏离讨论的主题，考察投资者是风险厌恶的这一观点背后的基本原理。风险厌恶作为投资决策中心观点的看法至少可以追溯到1738年。丹尼尔·伯努利作为出身于瑞士名门的著名数学家之一，于1725~1733年在圣彼得堡研究了下面的投币游戏。首先，参加这个游戏要先付门票。其后，抛硬币直到第一个正面出现时为止。在此之前，反面出现的次数用 n 表示，用来计算参加者的报酬 R，对于参与者有：

$$R(n) = 2^n$$

在第一个正面出现之前反面一次也没出现的概率是 1/2，相应的报酬为 $2^0 = 1$ 美元。出现一次反面然后出现正面的概率是 1/4，报酬为 $2^1 = 2$ 美元。出现两次反面再出现正面的概率为 1/2×1/2×1/2，依此类推。

表 4A-1 列出了各种结果的报酬与概率：

表 4A-1

反面	概率	报酬=$R(n)$（美元）	概率×报酬（美元）	反面	概率	报酬=$R(n)$（美元）	概率×报酬（美元）
0	1/2	1	1/2	3	1/16	8	1/2
1	1/4	2	1/2	⋮	⋮	⋮	⋮
2	1/8	4	1/2	n	$(1/2)^{n+1}$	2^n	1/2

所以，预期报酬为

$$E(R) = \sum_{n=0}^{\infty} \Pr(n) R(n) = \frac{1}{2} + \frac{1}{2} + \cdots = \infty$$

该游戏被称为"圣彼得堡悖论"：尽管期望报酬是无限的，但显然参加者只愿意用有限价格或适当的价格购买门票来参与这个游戏。

伯努利解决了悖论问题。他发现投资者对所有报酬的每单位美元赋予的价值是不同的。特别是，他们的财富越多，对每额外增加的美元赋予的"评价价值"就越少。可以用数学方法精确地给拥有各种财富水平的投资者一个福利值或效用值，随着财富的增多效用函数数值也相应增大，但是财富每增加 1 美元所增加的效用逐渐减少（现代经济学家会说投资者每增加 1 美元的报酬"边际效用递减"）。一个特殊的效用函数 $\ln R$ 给报酬为 R 美元的投资者分配主观价值，报酬越多，每个美元的价值就越小。如果以这个函数衡量财富的效用，那么这个游戏的期望效用值确实是有限的，等于 0.693 ⊖。获得该效用值所必需的财富为 2 美元，因为 ln2 =

⊖ 假如我们用效用函数 $\ln(R)$ 代替美元报酬 R 来计算这个游戏的期望效用值（而非期望美元值），我们可以得到期望效用值 $V(R)$ 如下：

$$V(R) = \sum_{n=0}^{\infty} \Pr(n) \ln[R(n)] = \sum_{n=0}^{\infty} \left(\frac{1}{2}\right)^{n+1} \ln(2^n) = 0.693$$

0.693。因此风险报酬的确定等价是 2 美元，也是投资者愿意为游戏付出的最高价钱。

1964 年冯·诺依曼与摩根斯坦以完全公理体系的方式将这种方法应用于投资理论领域。避开不必要的技术细节，在这里只讨论对风险厌恶基本原理的直觉。

设想有一对双胞胎彼得和鲍尔，只是其中一个不如另一个幸运。彼得名下只有 1 000 美元，而鲍尔却拥有 200 000 美元。他们各自愿意工作多少小时去再挣 1 美元？似乎彼得（穷兄弟）比鲍尔更需要这 1 美元。所以彼得愿意付出更多的时间。也就是说，与鲍尔得到第 200 001 美元相比，彼得得到了更多的个人福利或赋予了第 1 001 美元更大的效用值。图 4A-1 用图形描述了财富与财富效用值的关系，它与边际效用递减的概念是一致的。

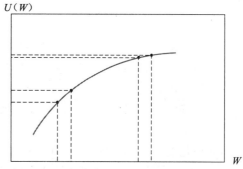

图 4A-1　对数效用函数下的财富效用

每个人都拥有不同的财富边际效用递减率，每增加 1 美元，财富的效用增加值随之减少。这是一个固定不变的规律。表示随着财产数量的增加每个单位的价值递减的函数称为凹函数。一个简单的例子就是中学数学中的对数函数。当然，对数函数并不适合于所有的投资者，但与风险厌恶是一致的，前提假定所有的投资者都是风险厌恶型的。

现在考虑下面的简单情景：

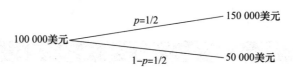

这是一个期望收益为零的公平博弈。假定图 4A-1 代表了投资者的财富效用值，且为对数效用函数。图 4A-2 显示了用数值标出的曲线。

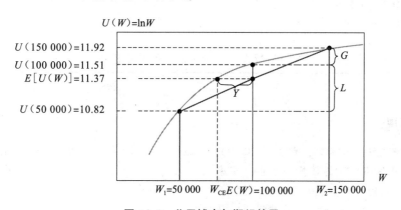

图 4A-2　公平博弈与期望效用

图 4A-2 表明因损失 5 万美元造成的效用减少超过了盈利 5 万美元形成的效用增加。先考虑效用增加的情况，概率 $p=0.5$ 时，财富从 100 000 美元增加到 150 000 美元。利用对数效用函数，效用从 $\ln 100\,000 = 11.51$ 增加到 $\ln 150\,000 = 11.92$，即图上的距离 G。增加的部分 $G = 11.92 - 11.51 = 0.41$。按期望效用计算，增加值为 $pG = 0.5 \times 0.41 = 0.21$。

现在考虑另一端效用减少的情况，在这种情况下，财富从 100 000 美元降到 50 000 美元。图中的距离 L 是效用的损失，ln100 000 - ln50 000 = 11.51 - 10.82 = 0.69。因而，期望效用的损失为 $(1-p)L = 0.5 \times 0.69 = 0.35$。它大于期望效用的增加。

我们计算风险投资的期望效用为

$$E[U(W)] = pU(W_1) + (1-p)U(W_2) = \frac{1}{2}\ln 50\,000 + \frac{1}{2}\ln 150\,000 = 11.37$$

如果这个期望被拒绝，那么 1 000 000 美元的效用值为 ln1 000 000 = 11.51，大于公平博弈的效用，所以风险厌恶的投资者将拒绝参加公平博弈。

使用具体的投资者效用函数（如对数效用函数）使人们能够计算给定的风险投资对投资者的确定等价。如果能肯定得到该数值，他会认为与风险投资具有相同的吸引力。

如果对数效用描述了投资者对财富的偏好，那么图 4A-2 还告诉我们：对他来说该投资的美元价值是多少。人们要问：效用值为 11.37（等于投资的期望效用）所对应的财富水平是多少？在 11.37 的水平上画出的水平线与效用曲线在 W_{CE} 点相交。这意味着：

$$\ln W_{CE} = 11.37$$

即

$$W_{CE} = e^{11.37} = 86\,681.87 \text{（美元）}$$

W_{CE} 就是投资的确定等价，图 4A-2 中的距离 Y 是由于风险对期望收益的向下调整。

$$Y = E(W) - W_{CE} = 100\,000 - 86\,681.87 = 13\,318.13 \text{（美元）}$$

投资者认为稳拿的 86 681.87 美元与有风险的 100 000 美元的效用值相等。因此，对他来说二者没有什么区别。

概念检查 4A-1

假定效用函数为 $U(W) = \sqrt{W}$。
a. 财富为 5 万美元与 15 万美元时的效用水平各是多少？
b. 如果 $p = 0.5$，期望效用是多少？
c. 风险投资的确定等价值是多少？
d. 该效用函数也表示出了风险厌恶吗？
e. 与对数效用函数比较，该效用函数表示出的风险厌恶是多还是少？

附录 4A 习题

1. 假设你拥有 250 000 美元，购买了 200 000 美元的房子并将剩余的钱投资于年收益率为 6% 的无风险资产。在 0.001 的概率下，你的房子有可能会发生火灾并被烧光，从而价值变为零。在以年末财富为变量的对数效用函数下，在年初你愿意投资多少来买保险呢？（假设房子没有发生火灾，其年末价值仍然为 200 000 美元。）

2. 如果保险的价格为 1 美元保费保险 1 000 美元的价值，则投保后年末财富的确定性等值为

   a. $\frac{1}{2}$ 的房屋的价值。
   b. 全部价值。
   c. 房屋价值的 $1\frac{1}{2}$ 倍。

附录 4B 效用函数与风险溢价

个人投资者的效用函数用来衡量投入不同财富的个人投资者投资的主观价值。本质上说，经济萧条时期（财富值低）的 1 美元要比经济景气时期（财富值高）的价值更高。

假设所有的投资者都持有标准普尔 500 指数风险资产组合，那么如果在出现比预期还要糟的经济状况时，这个组合的价值下降了，虽然财富的水平不同，但是所有的投资者都处于一个"不宽裕"的境地。因此，在不宽裕时期 1 美元的均衡价格要比投资组合表现好于预期的时候高。这种观点有助于解释前面章节考虑长期投资时投资组合的保险成本更高的现象，也有助于解释为什么股票投资组合（和个股）投资的风险溢价更高，而出现猛跌的概率实际却比较小。尽管下跌风险的概率比较小，股票并不会比低收益无风险的债券更优，因为一旦投资下跌的消息泄露，随之所要求的美元收益的价值就会升高。

相关投资者的行为是否也证明了这种风险厌恶呢？回顾金融市场过去的价格和收益率，答案是肯定的。由于很强的连贯性，风险较大的债券比其他具有类似性质的安全的证券相比，价格更低。在较长的一段时期风险更大的股票也能提供比其他风险较低的资产（如国库券）更高的收益。例如，1926~2015 年，标准普尔 500 投资组合的年平均收益率超过国库券 8% 左右。

从金融数据清楚地看出，投资者的行为表现出明显的风险厌恶特征。对于将金融资产视为以风险溢价的形式对风险的补偿，并同时强烈渴望博弈的读者来说，我有一个建设性的建议：在金融市场上用你的这种赌博劲头推进你的投资。就像冯·诺依曼曾经说的，"股票市场就是充满机会的赌场"。一笔很小的追求风险的投资只要提供正的期望收益率就可以给你带来惊喜！

附录4A-1概念检查答案

a. $U(W) = \sqrt{W}$
$U(50\,000) = \sqrt{50\,000} = 223.61$
$U(150\,000) = 387.30$

b. $E(U) = 0.5 \times 223.61 + 0.5 \times 387.30 = 305.45$

c. W_{CE} 的效用水平是 305.45，因此：
$$\sqrt{W_{CE}} = 305.45$$
$W_{CE} = 305.45^2 = 93\,301$（美元）

d. 是，这笔风险投资的确定等价收益小于 100 000 美元的期望收益。

e. 对这一投资者而言，该笔风险投资的确定等价收益高于文中讨论的对数效用函数投资者。因此，这一效用函数表达了更低的风险厌恶。

第 5 章
CHAPTER 5

最优风险资产组合

投资的决策可以看作自上而下的过程：①风险资产和无风险资产之间的资本配置；②各类资产（如美国股票、各国股票、长期债券）间的配置；③每类资产内部的证券选择。

正如我们在第 4 章看到的，资本配置决定了投资者的风险敞口，而最优的资本配置取决于投资者的风险厌恶程度和风险资产收益的预期。

从原理上讲，资产种类配置和具体证券选择技术上基本相同：均着眼于寻找最优的风险资产，具体来说，就是寻找提供最优风险-收益权衡的风险资产组合，即最高的夏普比率。而在实际操作中，这却是分开的两步，投资者先确定各类资产的分配，再从各类中选择具体的资产。在展示如何建立最优风险组合之后，我们会讨论两步法的优点和缺点。

我们首先讨论简单资产分散化的潜在好处，然后检验有效分散化的过程；先讨论两个风险资产的情况，再讨论加入无风险资产，最后讨论合并很多风险资产的情况。我们先学习分散化如何在不影响期望收益的条件下降低风险，然后，我们重新检验资本配置、资产类别配置、证券选择的层次。最后，我们通过类比分散化与保险行业的运作来深入探讨分散化的威力。

本章我们讨论的组合基于短期的视野：即使整个投资期限很长，组合也可以通过调整各部分资产比重来重新平衡整个资产组合，使其持续下去。在短期中，描述长期复利收益的偏度并不存在，因此正态假设可以足够精确地描述持有期收益，那么，我们只需要考虑均值和方差。

在附录 5A 中，我们演示了如何用 Excel 简单建立最优风险组合。附录 5B 回顾了组合的统计数据，重点是协方差和相关性度量。即使你有很好的数理功底，你也可以大致看一下这部分。

5.1 分散化与组合风险

假设你的组合只有一只股票——戴尔电脑公司，那么你的风险来自哪里呢？你可能会想到两种不确定性。第一种来自经济状况，比如商业周期、通货膨胀、利率、汇率等，这些不确定性因素都无法准确地被预测，但它们都影响着戴尔股票的收益率。除了这些宏观的因素，第二种不确定性来自公司自身的影响，比如研发有重大突破或者人员有重大变动，这些因素会影响戴尔，但基本不会影响经济体中的其他企业。

现在考虑一个简单的分散化策略，你在组合中加入了更多的证券。例如，将你资金的一半投入埃克森-美孚，一半投入戴尔。这时组合的风险会怎样呢？因为公司层面的因素对两个公司的影响不同，分散化便会降低组合风险。比如，当石油价格下降时，冲击了埃克森-美孚的价格，但是电脑价格可能在上涨，有利于戴尔公司。这两股力量相互弥补并稳定了组合的收益。

分散化何必仅仅局限在两家公司呢？如果加入更多证券，我们便会进一步分散公司因素，组合的波动也会继续下降。直到最终增加证券数量也无法再降低风险，因为实际上所有股票都受商业周期的影响，不管我们持有多少种证券都无法避免商业周期的风险敞口。

当所有风险都是公司特有的（见图5-1a），分散化可以将风险降至低水平。这是因为风险来源是相互独立的，那么组合对任何一种风险的敞口降至可以忽视的水平。这有时被称为**保险原则**（insurance principle），因为保险公司对很多独立的风险源做保险业务从而分散或降低了风险。（其中的每个保单实际上构成了公司的整个组合。）我们将会在5.5节讨论更多关于保险原则的细节。

然而，当普遍性的风险影响所有公司时，即使分散化也无法消除风险。在图5-1b中，组合的标准差随着证券数量的增多而下降，但无法下降到零。这个无法消除的风险叫作**市场风险**（market risk）、**系统性风险**（systematic risk）或**不可分散风险**（nondiversifiable risk）。相反，可以消除的风险叫作**独特风险**（unique risk）、**公司特有风险**（firm-specific risk）或**可分散风险**（diversifiable risk）。

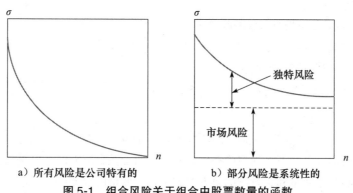

a）所有风险是公司特有的　　b）部分风险是系统性的

图5-1　组合风险关于组合中股票数量的函数

这一分析来自实证研究。应用纽约证券交易所股票数据[一]，图5-2显示了组合分散化的影响。该图显示随机选择股票构建的等权重组合的平均标准差关于组合中股票数量的函数。总体来说，组合风险确实随着分散化而下降，但是分散化降低风险的能力受到系统性风险的限制。

[一] Meir Statman, "How Many Stocks Make a Diversified Portfolio?" *Journal of Financial and Quantitative Analysis* 22 (September 1987).

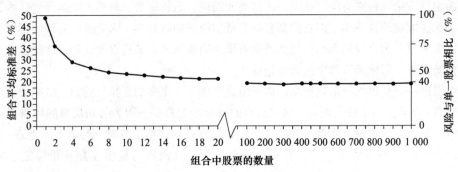

图5-2 组合分散化的影响

注：组合平均标准差随着股票数量增多由49.2%最终降到19.2%。

资料来源：From Meir Statman "How Many Stocks Make a Diversified Portfolio?" *Journal of Financial and Quantitative Analysis* 22 (September 1987). Reprinted by permission.

5.2 两个风险资产的组合

在上一部分我们考查了多个证券等权重构造组合的分散化问题，现在是研究有效分散化的时候了，给定任何期望收益我们可以构造最低风险的风险资产组合。

两个风险资产构成的组合相对容易分析，其原理也可应用于多个资产组合。所以我们讨论两个资产（一只专门投资长期债券的基金 D，一只专门投资股票的基金 E）构成的资产配置。表5-1列出了这两只基金的收益分布。

投资于债券基金的比例定义为 w_D，剩余的 $1-w_D$，定义为 w_E，投资于股票基金。这个组合的收益率 r_P 是[⊖]

$$r_P = w_D r_D + w_E r_E \tag{5-1}$$

r_D 和 r_E 分别是债券基金和股票基金的收益率。

组合的期望收益是两种证券期望收益的加权平均值，权重分别为其投资的比例：

$$E(r_P) = w_D E(r_D) + w_E E(r_E) \tag{5-2}$$

表5-1 两只共同基金的描述性统计

	债券	股票
期望收益（%）	8	13
标准差（%）	12	20
协方差	72	
相关系数（ρ_{DE}）	0.30	

方差是

$$\sigma_P^2 = w_D^2 \sigma_D^2 + w_E^2 \sigma_E^2 + 2 w_D w_E \text{Cov}(r_D, r_E) \tag{5-3}$$

可以看出组合的方差并不像期望收益率，并不是两个基金方差的加权平均。为了更好地理解组合方差，回想一个变量和它自己的协方差就是这个变量的方差：

$$\text{Cov}(r_D, r_D) = \sum_{\text{情境}} \text{Pr}(\text{情境})[r_D - E(r_D)][r_D - E(r_D)]$$

$$= \sum_{\text{情境}} \text{Pr}(\text{情境})[r_D - E(r_D)]^2 = \sigma_D^2 \tag{5-4}$$

因此，组合方差的另一种表达方式为

$$\sigma_P^2 = w_D w_D \text{Cov}(r_D, r_D) + w_E w_E \text{Cov}(r_E, r_E) + 2 w_D w_E \text{Cov}(r_D, r_E) \tag{5-5}$$

组合方差就是协方差的加权值，权重为协方差内一对资产在组合中权重的乘积。

⊖ 见附录5B。

表 5-2 展示如何用数据表计算组合的方差。表 5-2a 分别给出了协方差矩阵和交乘协方差矩阵。

表 5-2 组合方差的计算

a. 协方差矩阵

组合权重	w_D	w_E
w_D	$\text{Cov}(r_D, r_D)$	$\text{Cov}(r_D, r_E)$
w_E	$\text{Cov}(r_E, r_D)$	$\text{Cov}(r_E, r_E)$

b. 交乘协方差矩阵

组合权重	w_D	w_E
w_D	$w_D w_D \text{Cov}(r_D, r_D)$	$w_D w_E \text{Cov}(r_D, r_E)$
w_E	$w_E w_D \text{Cov}(r_E, r_D)$	$w_E w_E \text{Cov}(r_E, r_E)$
$w_D + w_E = 1$	$w_D w_D \text{Cov}(r_D, r_D) + w_E w_D \text{Cov}(r_E, r_D)$	$w_D w_E \text{Cov}(r_D, r_E) + w_E w_E \text{Cov}(r_E, r_E)$
组合方差	$w_D w_D \text{Cov}(r_D, r_D) + w_E w_D \text{Cov}(r_E, r_D) + w_D w_E \text{Cov}(r_D, r_E) + w_E w_E \text{Cov}(r_E, r_E)$	

根据基金占投资组合权重形成的协方差矩阵,不同权重比例标注在矩阵的外沿,即第一行和列。投资组合方差等于协方差矩阵中的每个元素与不同行列对应的权重交乘,再将各项相加,便得到了式 (5-5) 给出的投资组合方差。

表 5-2b 展示了这一计算过程,即交乘协方差矩阵:每个协方差同时乘以行和列中的外围权重。表 5-2b 最后一栏将所有协方差项进行加总,得到了与投资组合方差式 (5-5) 一样的计算结果。

在计算过程中,由于协方差矩阵是关于对角线对称的,即 $\text{Cov}(r_D, r_E) = \text{Cov}(r_E, r_D)$,因此,每个协方差项出现两次。

交乘协方差矩阵可应用于多项资产组合方差的计算。表格方式可以简单地实现这一计算过程。概念检查 5-1 要求你尝试计算三项资产组合的方差。通过这个练习来考察你对这个概念是否深刻理解。

式 (5-3) 揭示了如果协方差为负,那么组合的方差会降低。但即使协方差为正,组合标准差仍然低于两只证券标准差的加权平均,除非两只证券是完全正相关的。

为了证明这一点,注意到协方差可由相关系数 ρ_{DE} 计算得到

$$\text{Cov}(r_D, r_E) = \rho_{DE} \sigma_D \sigma_E \quad (5\text{-}6)$$

因此

$$\sigma_P^2 = w_D^2 \sigma_D^2 + w_E^2 \sigma_E^2 + 2 w_D w_E \sigma_D \sigma_E \rho_{DE} \quad (5\text{-}7)$$

其他不变,当 ρ_{DE} 高时组合方差就高。当两个资产完全正相关,即 $\rho_{DE} = 1$ 时,等号右边可化简为

概念检查 5-1

a. 验证上面协方差计算方法和式 (5-3) 是一致的。

b. 考虑三只基金 X、Y 和 Z,权重为 w_X、w_Y 和 w_Z。证明组合方差是
$w_X^2 \sigma_X^2 + w_Y^2 \sigma_Y^2 + w_Z^2 \sigma_Z^2 + 2 w_X w_Y \text{Cov}(r_X, r_Y) + 2 w_X w_Z \text{Cov}(r_X, r_Z) + 2 w_Y w_Z \text{Cov}(r_Y, r_Z)$

$$\sigma_P^2 = (w_D \sigma_D + w_E \sigma_E)^2 \quad (5\text{-}8)$$

或

$$\sigma_P = w_D \sigma_D + w_E \sigma_E \quad (5\text{-}9)$$

因此,组合标准差就是两个收益完全正相关资产标准差的加权平均。在其他情况下,相关系数小于 1,使得组合标准差小于两个资产标准差的加权平均。

一个对冲资产组合中的其他资产相关性为负。由式（5-7）可知这类资产能有效减少组合总风险，而且，式（5-2）显示期望收益并不受相关性影响。因此，在其他条件不变的情况下，我们总是愿意在组合中增加与组合相关性小甚至负相关的资产。

因为组合期望收益是各个资产期望收益的加权值，而标准差小于各个资产标准差的加权平均，所以非完全正相关的资产组合在一起总是比单个资产提供更好的风险-收益机会。资产相关性越小，有效收益越大。

组合的标准差最低是多少呢？最低的相关系数是-1，代表完全负相关。在这种情况下，式（5-7）简化为

$$\sigma_P^2 = (w_D\sigma_D - w_E\sigma_E)^2 \tag{5-10}$$

组合标准差为

$$\sigma_P = (w_D\sigma_D - w_E\sigma_E) \text{的绝对值} \tag{5-11}$$

当 $\rho=-1$ 时，通过解下式可以得到完全对冲的头寸：

$$w_D\sigma_D - w_E\sigma_E = 0$$

解为

$$\begin{aligned} w_D &= \frac{\sigma_E}{\sigma_D + \sigma_E} \\ w_E &= \frac{\sigma_D}{\sigma_D + \sigma_E} = 1 - w_D \end{aligned} \tag{5-12}$$

这一权重使得组合标准差变为零。

例 5-1　组合的风险和收益

让我们把这一分析方法应用于表 5-1 中的债券和股票基金中。用这些数据，组合期望收益、方差和标准差的方程为

$$E(r_P) = 8w_D + 13w_E$$

$$\sigma_P^2 = 12^2 w_D^2 + 20^2 w_E^2 + 2 \times 12 \times 20 \times 0.3 \times w_D w_E = 144 w_D^2 + 400 w_E^2 + 144 w_D w_E$$

$$\sigma_P = \sqrt{\sigma_P^2}$$

我们可以变化组合的成分比例来看整个组合期望收益和方差的变化。假设改变债券的比例，组合期望收益如表 5-3 和图 5-3 所示，当债券比例从 0 变到 1 时，组合期望收益从 13% 降到 8%。

表 5-3　不同相关系数下的期望收益和标准差

w_D	w_E	$E(r_P)$	给定相关性的标准差			
			$\rho=-1$	$\rho=0$	$\rho=0.30$	$\rho=1$
0.00	1.00	13.00	20.00	20.00	20.00	20.00
0.10	0.90	12.50	16.80	18.04	18.40	19.20
0.20	0.80	12.00	13.60	16.18	16.88	18.40
0.30	0.70	11.50	10.40	14.46	15.47	17.60
0.40	0.60	11.00	7.20	12.92	14.20	16.80

(续)

w_D	w_E	$E(r_P)$	给定相关性的标准差			
			$\rho=-1$	$\rho=0$	$\rho=0.30$	$\rho=1$
0.50	0.50	10.50	4.00	11.66	13.11	16.00
0.60	0.40	10.00	0.80	10.76	12.26	15.20
0.70	0.30	9.50	2.40	10.32	11.70	14.40
0.80	0.20	9.00	5.60	10.40	11.45	13.60
0.90	0.10	8.50	8.80	10.98	11.56	12.80
1.00	0.00	8.00	12.00	12.00	12.00	12.00
			最小方差组合			
		w_D	0.625 0	0.735 3	0.820 0	—
		w_E	0.375 0	0.264 7	0.180 0	—
		$E(r_P)$	9.875 0	9.323 5	8.900 0	—
		σ_P	0.000 0	10.289 9	11.447 3	—

当 $w_D>1$，$w_E<0$ 时情况如何呢？这种情况的组合策略是卖空股票基金并将资金投入债券基金。这将会继续降低组合的期望收益率。例如，当 $w_D=2$，$w_E=-1$ 时，组合期望收益降到 $2\times 8+(-1)\times 13=3$，即 3%，此时的债券基金规模是组合净值的两倍。

相反的情况是 $w_D<0$，$w_E>1$ 时，这种策略需要卖空债券基金来筹资购买股票基金。

当然，不同的投资比例对组合的标准差也有影响。表 5-3 展示了在相关系数为 0.30 或其他值时，根据式（5-7）计算的不同组合权重时的组合标准差。图 5-4 显示了组合标准差和两只基金权重的关系。先看 $\rho_{DE}=0.30$ 的实线，图形显示当股票投资比例从 0 到 1 变动，组合的标准差先降后升。只要在相关性不是很高⊖的情况下都是如此。当两只基金的正相关性非常高时，组合的标准差随着组合由低风险向高风险资产转移而上升。

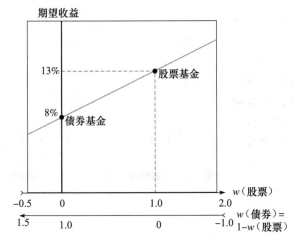

图 5-3 组合期望收益关于投资比例的函数

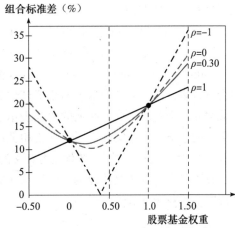

图 5-4 组合标准差关于投资比例的函数

⊖ 只要 $\rho<\dfrac{\sigma_D}{\sigma_E}$，全部是债券的投资组合随着股票持仓比例的提高，组合波动率将先下降。

那么组合标准差最低是多少呢？对于表 5-1 中的数据来说，这一最小化问题的解是[一]

$$w_{\text{Min}}(D) = 0.82$$
$$w_{\text{Min}}(E) = 1 - 0.82 = 0.18$$

组合标准差是

$$\sigma_{\text{Min}} = [(0.82^2 \times 12^2) + (0.18^2 \times 20^2) + (2 \times 0.82 \times 0.18 \times 72)]^{1/2} = 11.45\%$$

即表 5-3 中 $\rho = 0.30$ 一列的最后一行 σ_P 值。

图 5-4 中 $\rho = 0.30$ 的线经过两个未经分散化的点，$w_D = 1$ 和 $w_E = 1$。注意到**最小方差组合**（minimum-variance portfolio）的标准差小于这两个点的标准差。这显示了分散化的效果。

图 5-4 中另外 3 条曲线表示：保持每个资产方差不变时，组合的风险因两个资产收益相关系数变化而变化，这 3 条曲线对应着表 5-3 中的 3 列内容。

连接了 $w_D = 1$ 全债券组合和 $w_E = 1$ 全股票组合的黑色实线给出了 $\rho = 1$ 完全正相关资产构成组合的标准差，这种情况下分散化是没有意义的，组合标准差不过是两个标准差的加权平均。

浅色虚线给出了彼此不相关的资产（$\rho = 0$）构成的组合风险情况。资产相关性越小，分散化越有效，组合风险也越低（至少当两个资产都是多头头寸时）。$\rho = 0$ 的最小组合标准差是 10.29%（见表 5-3），低于任意一个资产的标准差。

最后，折线说明了当两个资产完全负相关（$\rho = -1$）时可以完全对冲的情况。这时最小方差组合的解由式（5-12）给出。

$$w_{\text{Min}}(D; \rho = -1) = \frac{\sigma_E}{\sigma_D + \sigma_E} = \frac{20}{12 + 20} = 0.625$$
$$w_{\text{Min}}(E; \rho = -1) = 1 - 0.625 = 0.375$$

组合方差为零。

我们可以组合图 5-3 和图 5-4 来展示组合风险与期望收益的关系。对于任意一对投资比例 w_D，w_E，我们从图 5-3 中得到期望收益，从图 5-4 中得到标准差。表 5-3 中每对期望收益和标准差的结果如图 5-5 所示。

图 5-5 中的浅色实线说明 $\rho = 0.30$ 的**投资组合可行集**（portfolio opportunity set）。我们之所以称其为投资组合可行集，是因为它表示了两个资产构造的所有期望收益和标准差的组合。其他的曲线表示了不同相关系数下的情况。黑色实线说明完全正相关的资产分散化并没有意义。曲线说明分散化是有意义的。当 $\rho = -1$ 时，投资组合可行集是线性的，它表示在完全对冲的情况下分散化效果最优。

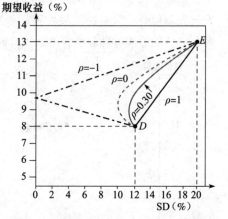

图 5-5 组合期望收益关于标准差的函数

[一] 这一解法利用了微积分中求极小值的方法。运用式（5-3）写出资产组合方差的表达式，用 $1 - w_D$ 代替 w_E，并对 w_D 求微分，利用导数为零来求解 w_D 可以得到：

$$w_{\text{Min}}(D) = \frac{\sigma_E^2 - \text{Cov}(r_D, r_E)}{\sigma_D^2 + \sigma_E^2 - 2\text{Cov}(r_D, r_E)}$$

同样，利用 Excel 软件中的表单程序 Solver 来求解方差极小化问题，你可以获得一个精确的解。附录 5A 给出了资产组合和优化的一个实例。

总之，尽管任何组合的期望收益是几个资产期望收益的加权平均，但标准差并不是这样。当资产相关系数小于1时分散化可以带来好处，且相关性越低，好处越大。在完全负相关的情况下，存在完美的对冲机会来构造零方差组合。

假设一个投资者想要从可行集中选择最优组合，他需要考虑自身的风险厌恶程度。图5-5右上方的组合期望收益较高但是风险敞口也高。最优点则取决于个人偏好。风险厌恶程度更高的投资者偏好于左下角期望收益低但是风险也相对较低⊖的组合。

> **概念检查 5-2**
> 计算并画出当债券和股票基金相关性为0.25时的投资组合可行集。

5.3 股票、长期债券、短期债券的资产配置

在风险和无风险资产中选择资产配置时，投资者自然而然地会选择能够为波动率提供最高收益（即最高的夏普比率）的风险资产组合。夏普比率越高，对应一定水平波动率的期望收益越高。换种说法，即优化资产配置实际上是想找出斜率最大或夏普比率值最大的资本配置线（CAL）。斜率越大的CAL，在给定任何波动性时相应的期望收益最大。现在我们讨论资产配置问题：构造包含主要资产类的风险资产组合以达到尽可能高的夏普比率。

我们将试图优化的夏普比率定义为超过无风险利率的风险溢价除以标准差。我们以短期国库券收益率作为评价各种可能组合夏普比率的无风险利率，但你可以考虑货币市场起到无风险利率基准的这个作用。在开始讨论之前，需要指出即便只包括3类主要资产，采用股票、债券和短期国库券进行讨论的拘束性也不是特别大，因为这个选择包括了所有主要资产。

两类风险资产的资产配置

我们的风险资产还是债券和股票基金，但是我们现在也可以投资无风险短期国库券，收益率为5%，这时情况会怎样呢？我们先看图解，图5-6显示了表5-1中债券和股票基金构成的可行集，数据来自表5-1，且假设$\rho = 0.30$。

两条资本配置线分别连接5%的无风险利率点和两个可行风险资产组合。第一条通过最小方差组合A，82%的风险资金投资于债券，18%投资于股票（见表5-3）。组合A的期望收益为8.9%，标准差为11.45%。当短期国库券利率为5%时，其报酬-波动性（夏普）比率，即资本配置线的斜率，为

$$S_A = \frac{E(r_A) - r_f}{\sigma_A} = \frac{8.9 - 5}{11.45} = 0.34$$

⊖ 给定风险厌恶水平，个人可以决定提供最高效用值的组合。在第4章我们可以用关于期望收益和标准差的效用公式来描述效用值。组合的期望收益和标准差由两个资产在组合中的权重决定。根据式（5-2）和式（5-3），得到：

$$w_D = \frac{E(r_D) - E(r_E) + A(\sigma_E^2 - \sigma_D \sigma_E \rho_{DE})}{A(\sigma_D^2 + \sigma_E^2 - 2\sigma_D \sigma_E \rho_{DE})}$$

$$w_E = 1 - w_D$$

同样，可以利用Excel的Solver程序，以式（5-2）、式（5-3）以及$w_D + w_E = 1$（即所有权重之和为1）为约束条件来最大化效用函数。

现在考虑第二条通过 B 点的资本配置线。组合 B 投资 70% 于债券基金，投资 30% 于股票基金，期望收益为 9.5%（风险溢价 4.5%），标准差为 11.7%，其报酬-波动性（夏普）比率为

$$S_B = \frac{9.5 - 5}{11.7} = 0.38$$

比用最小方差组合和短期国库券得到的资本配置线的夏普比率要高，因此组合 B 比组合 A 好。图 5-6 表明给定同一水平标准差，CAL_B 的期望收益高于 CAL_A。

但是何必止于 B 呢？我们可以把资本配置线继续向上旋转直到最后和投资组合可行集相切，可得到最高报酬-波动性比率的资本配置线。因此，图 5-7 中那个切点组合 P 是最优风险组合。从图 5-7 中我们可以得到期望收益和标准差为 $E(r_P) = 11\%$，$\sigma_P = 14.2\%$。

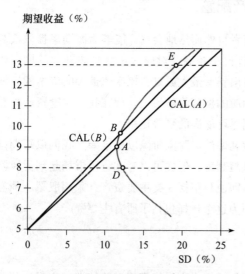
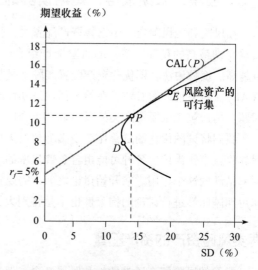

图 5-6　债券和股票基金的投资可行集与两条资本配置线

图 5-7　债券和股票基金的投资可行集、最优资本配置线和最优风险组合

在实践中，当我们试图从更多的风险资产中构造最优风险组合时，我们需要依靠电子数据表或其他电脑程序。附录 5A 中的电子数据表可以用于构造多风险资产的有效组合。但是开始我们还是使用两个风险资产和一个无风险资产来构造，在这种更简单的情形下，我们可以推导出各资产最优组合中的权重公式，并且更利于展示组合最优化的一些问题。

目标是确定使资本配置线斜率最高的权重 w_D 和 w_E 值。因此，我们的目标函数就是夏普比率，

$$S_P = \frac{E(r_P) - r_f}{\sigma_P}$$

对于两个风险资产的组合 p，期望收益和标准差为

$$E(r_P) = w_D E(r_D) + w_E E(r_E) = 8w_D + 13w_E$$

$$\sigma_P = [w_D^2 \sigma_D^2 + w_E^2 \sigma_E^2 + 2w_D w_E \text{Cov}(r_D, r_E)]^{1/2} = [144 w_D^2 + 400 w_E^2 + (2 \times 72 w_D w_E)]^{1/2}$$

当我们最大化目标函数 S_P 时，需要满足组合权重和为 1 的约束条件，即 $w_D + w_E = 1$，因此，我们需解以下问题：

$$\underset{w_i}{\text{Max}} S_P = \frac{E(r_P) - r_f}{\sigma_P}$$

约束条件 $\sum w_i = 1$,此问题通过标准微积分计算即可求解。

在两个风险资产的情况下,**最优风险组合**(optimal risky portfolio)的解由式(5-13)给出,注意式中使用的是超额收益率(R),而非总收益率(r)。[⊖]

$$w_D = \frac{E(R_D)\sigma_E^2 - E(R_E)\text{Cov}(R_D, R_E)}{E(R_D)\sigma_E^2 + E(R_E)\sigma_D^2 - [E(R_D) + E(R_E)]\text{Cov}(R_D, R_E)}$$

$$w_E = 1 - w_D \tag{5-13}$$

例 5-2 最优风险组合

使用我们的数据,解为

$$w_D = \frac{(8-5) \times 400 - (13-5) \times 72}{(8-5) \times 400 + (13-5) \times 144 - (8-5+13-5) \times 72} = 0.40$$

$$w_E = 1 - 0.40 = 0.60$$

计算得最优风险组合的期望收益和标准差为

$$E(r_P) = (0.4 \times 8) + (0.6 \times 13) = 11\%$$

$$\sigma_P = [(0.4^2 \times 144) + (0.6^2 \times 400) + (2 \times 0.4 \times 0.6 \times 72)]^{1/2} = 14.2\%$$

最优组合资本配置线的斜率为

$$S_P = \frac{11 - 5}{14.2} = 0.42$$

这正是 P 的夏普比率。注意到这个斜率超过所有其他可行的组合。

第 4 章中在给定最优风险组合和这个组合与短期国库券勾画出的资本配置线情况下得到了最优的完美组合。现在我们构造出最优风险组合 P,这样就可以利用单个投资者的风险回避系数 A 计算出完全组合中投资于风险资产的比例。

在第 4 章中我们发现给定最优风险组合和其资本配置线(即给定无风险短期国库券利率),可以得到整个最优投资组合。现在我们构造了最优风险组合 P,可以通过投资者的风险厌恶系数 A 来计算整个投资组合投资风险资产的最适比例。

例 5-3 最优投资组合

风险厌恶系数 $A = 4$ 的一个投资者,其投资风险组合 P 的头寸为[⊖]

$$y = \frac{E(r_P) - r_f}{A\sigma_P^2} = \frac{0.11 - 0.05}{4 \times 0.142^2} = 0.7439 \tag{5-14}$$

因此投资者会投资 74.39% 的资金于风险组合 P,25.61% 的资金投于短期国库券。P 中债券投资 40%,股票投资 60%,如例 5-2 所示。债券投资的头寸 $yw_D = 0.7439 \times 0.4 = 0.2976$,即 29.76%。相似地,股票投资 $yw_E = 0.7439 \times 0.6 = 0.4463$,即 44.63%,见图 5-8 和图 5-9。

⊖ 两个风险资产的求解过程如下:用式(5-2)替换 $E(r_P)$,用式(5-7)替换 σ_P,用 $1-w_D$ 替换 w_E,对变换后的式子 S_P 求 w_D 的导数,令其为零,然后求出 w_D。

⊖ 注意到式(5-14)将收益用小数表示,这在使用风险厌恶系数 A 求解资产配置时是必要的。

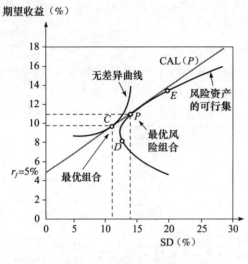

图5-8 决定最优组合

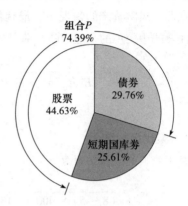

图5-9 最优组合的成分

现在,总结投资很多风险资产的情况就比较便于理解。我们首先简要总结一下构造整个组合的步骤。

(1) 确定所有证券的特征(期望收益率、方差、协方差)。

(2) 建立风险资产组合。

a. 计算最优风险组合 P(式(5-13))。

b. 由 a. 计算组合 P 的期望收益和标准差(式(5-2),式(5-3))。

(3) 在风险资产和无风险资产之间配置资金。

a. 计算投资风险资产组合 P 的比例。

b. 计算整个组合中各资产的比例。

回忆我们两个风险资产——债券基金和股票基金都已经是分散化的组合。这个组合内部的分散化相比单只证券降低了风险。比如,一般股票收益率的标准差大约为50%(见图5-2)。而股票指数基金的只有20%左右,接近标准普尔500指数的历史水平。这是同类资产内部分散化好处的一个证明。股票基金和债券基金之间的最优化配置又促进了整个组合报酬-波动性比率(夏普比率)的提升。最优资本配置线(见图5-8)显示投资者可以在标准差为18%的风险水平下获得13%的期望收益率。

> **概念检查 5-3**
>
> 可行证券包括股票基金 A、B 和短期国库券,数据如下所示。
>
> | | 期望收益(%) | 标准差(%) |
> | --- | --- | --- |
> | A | 10 | 20 |
> | B | 30 | 60 |
> | 短期国库券 | 5 | 0 |
>
> A 和 B 的相关系数为 -0.2。
>
> a. 画出 A 和 B 构成的可行集。
>
> b. 找出最优风险组合 P,计算期望收益和标准差。
>
> c. 计算资本配置线斜率。
>
> d. 投资者风险厌恶系数 $A=5$ 如何投资?

5.4 马科维茨资产组合选择模型

5.4.1 证券选择

组合构造问题可以归纳为多个风险资产和一个无风险资产的情况。在两个风险资产的例子中，该问题有三步。首先，确认可行集的风险-收益权衡；然后，通过计算使资本配置线斜率最大的各资产权重确认最优风险组合；最后，确认最合适的投资组合，由无风险资产和最优风险组合构成。

第一步是决定投资者面临的风险-收益机会，由风险资产的**最小方差边界**（minimum-variance frontier）给出。这条边界线是在给定组合期望收益下方差最低的组合点描成的曲线。给定期望收益、方差和协方差数据，我们可以计算给定任一期望收益的最小方差组合，所描成的曲线如图 5-10 所示。

注意到所有单个资产都在该边界的右方，至少当存在卖空机制时是这样的⊖。这说明由单个资产构成的风险组合不是最有效的。分散化投资可以提升期望收益降低风险。

所有最小方差边界上最小方差组合上方的点提供最优的风险和收益，因此可以作为最优组合，这一部分称为**风险资产有效边界**（efficient frontier of risky assets）。对于最小方差点下方的组合，其正上方就存在具有相同标准差但期望收益更高的组合。因此最小方差组合下部的点是非有效的。

第二步是包含无风险资产的最优化。与之前一样，我们寻找报酬-波动性比率最高的资本配置线，如图 5-11 所示。

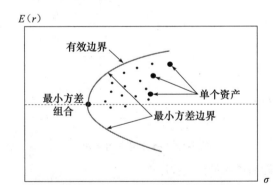

图 5-10 风险资产的最小方差边界

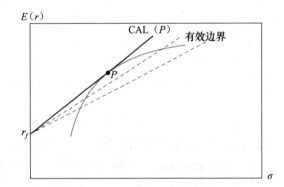

图 5-11 风险资产有效边界和最优资本配置线

最优组合 P 生成的资本配置线是与有效前沿相切的线。这条资本配置线优于其他资本配置线，因此切点是最优风险组合 P。

最后一步是投资者在最优风险资产 P 和短期国库券之间选择合适的比例构成最终组合，如图 5-8 所示。

现在我们考虑构造组合每一步的细节。在第一步中，风险-收益分析，投资经理需要每个

⊖ 当不存在卖空机制时，同等风险下，最高期望收益的证券一定在有效边界上。有效边界上的证券，在同等收益时，方差是最小的。当卖空机制存在时，可以通过卖空低收益、买进高收益证券的方式构建出更高收益或更低波动性的更优组合。

证券的期望收益率和标准差、证券间协方差矩阵的估计值。投资经理现在有 $E(r_i)$ 和 $n\times n$ 的协方差矩阵,矩阵对角线上是 n 个 σ_i^2,其余是 $n^2-n=n(n-1)$ 个协方差值,且关于对角线对称,所以有 $n(n-1)/2$ 个数值需要估计。如果我们在 50 只证券中进行组合管理,则需要估计 50 个期望收益值,50 个标准差,$50\times\dfrac{49}{2}=1\,225$ 个协方差。这一任务很艰巨。

完成这些估计后,任意风险组合(各资产权重为 w_i)的期望收益和方差就都可以通过协方差矩阵或通过下列的式(5-2)、式(5-3)延伸公式计算得到:

$$E(r_P) = \sum_{i=1}^{n} w_i E(r_i) \tag{5-15}$$

$$\sigma_P^2 = \sum_{i=1}^{n} \sum_{j=1}^{n} w_i w_j \mathrm{Cov}(r_i, r_j) \tag{5-16}$$

我们之前提到的分散化的理念已经有很长的历史了。"不要把鸡蛋放在一个篮子里"这句话早在现代金融理论出现之前就已存在。直到 1952 年,哈里·马科维茨[⊖]正式发表了包含分散化原理的资产组合选择模型,让他获得了 1990 年的诺贝尔经济学奖。他的模型就是组合管理的第一步:确认有效的组合集,即风险资产的有效边界。

风险资产组合边界背后的核心原理是,对于任意风险水平,我们只关注期望收益率最高的组合,或者说,边界是给定期望收益中风险最小的组合集。

确实,计算风险组合有效集的两种方法是等价的。可以考虑表示这一过程的图解,图 5-12 显示了最小方差边界。

图 5-12 所示是一个最小方差程序的算法,横向为每一个期望收益水平,我们寻找方差最小的组合,用方形标记该点,或者竖向每一个方差水平,我们寻找期望收益率最高的组合,用圆形标记该点,都可以得到图 5-12 所示的最小方差边界的基本形状,然后去掉下面非有效的虚线部分。

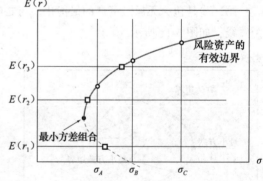

图 5-12 有效投资组合集

这一步完成之后,我们就得到了一系列有效组合,因为最优程序的解包含组合的内部权重 w_i、期望收益率 $E(r_P)$ 和标准差 σ_P。这些数据随后进入最优化程序中。

现在我们回过头来看一下,到目前为止投资经理都做了什么。证券分析师分析得到的估计值转化为一列期望收益值和一个协方差矩阵,这些估计值被称为**数据输入表**(input list),进入最优化程序中。

在进行第二步选择最优风险资产之前,先考虑一个实际问题。一些客户可能会受到不同的约束,比如卖空限制。对于这类客户,投资经理需要在寻找有效组合的程序中排除资产头寸为负的情形。此时有效组合可能是单个证券,比如拥有最高期望收益率的证券也会是前沿边界组合之一,因为无法通过卖空机制用多个证券构造期望收益率相同风险却较低的组合。

约束条件远不止卖空限制。例如,有些客户会要求组合的最低股利率,此时就需要各种证

⊖ Harry Markowitz, "Portfolio Selection," *Journal of Finance*, March 1952.

券的股利率数据,组合优化程序中就多包含一个额外的约束条件,即组合的预期股利率高于某一个期望水平。

另一种约束条件是从政治或道义上排除在某一特定产业或特定国家的投资,即社会责任投资。基金经理可以根据客户的需求构造有效前沿组合。当然任何一种约束条件都是有成本的,也就是说,在额外约束条件下构造的有效前沿组合的夏普比率会比较少约束条件下的低。

5.4.2 资本配置和分离特性

有了有效边界之后,可以进行第二步:引入无风险资产。图5-13显示了有效边界和三条资本配置线。和之前一样,把资本配置线向上旋转直到与有效边界相切,切点为最优风险组合P,且该资本配置线的报酬-波动性比率最大。这时投资经理的任务已经完成,组合P是投资经理为客户找到的最优风险组合。

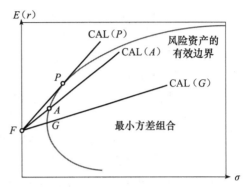

图5-13 有效集组合和资本配置线

•••••••••••

EXCEL应用:最优资产组合

一个刻画最优资产组合的表单模型可以通过Connect获得或者从课程导师处获得。它包含了一个和这一节内容类似的模板。这一模型可以用来计算在存在卖空和无卖空限制的情况下,给定目标收益水平下的最优证券组合。每一组输入都将生成相应的有效边界的图形。我们网站上的例子利用了这个模型和几个国家及地区的权益指数(称为WEBS证券)。

	A	B	C	D	E	F
1	WEBS(各国或地区权益指数)的有效边界					
2						
3						
4	WEBS	平均收益	标准差	国家或地区		
5	EWD	15.5393	26.4868	瑞典		
6	EWH	6.3852	41.1475	中国香港		
7	EWI	26.5999	26.0514	意大利		
8	EWJ	1.4133	26.0709	日本		
9	EWL	18.0745	21.6916	瑞士		
10	EWP	18.6347	25.0779	西班牙		
11	EWW	16.2243	38.7686	墨西哥		
12	S&P 500	17.2306	17.1944	美国		

EXCEL问题:

1. 利用表单数据,推算出由8个国家或地区指数构建的最优风险组合。该组合收益的均值和方差是多少?

2. 上述风险组合允许指数卖空吗?引入卖空限制重做题1。解释为什么这个有约束条件组合的风险-收益权衡的吸引力较无约束条件的组合的小。

最令人惊叹的结论是投资经理会向所有客户提供风险组合 P，无论客户的风险厌恶程度如何[⊖]。客户不同的风险厌恶程度通过选择资本配置线上不同的点来实现。相比之下更加厌恶风险的客户会在无风险资产和最优风险组合 P 之间投资更多的无风险资产。

另外一种寻找最优风险组合的方法是一开始就引入无风险利率。这种方法下，我们编写计算表的程序来优化组合 P 的夏普比率。这里值得一提的原因是可以免去画有效边界的过程而直接找出 CAL 斜率最大的组合。计算表程序最大化夏普比率完全不受期望收益或方差限制（仅受组合的权重之和为 1 的限制）。图 5-13 表明的问题解决方案是找出使 CAL 斜率（夏普比率）最大的组合，不需要考虑期望收益或标准差。期望收益和标准差可以通过计算组合权重和式（5-15）、式（5-16）很容易得到。

这个方法不能直接给出整个最小方差边界，不过这个缺点可以通过寻找以下两个组合来弥补：一个是我们熟悉的最小方差组合，即图 5-12 中的 G。不管期望收益如何，通过最小化方差得到组合 G，参见图 5-13。组合 G 的期望收益较无风险利率大（即风险溢价为正）。

另外一个组合，我们在后文中将详细介绍，最小方差边界上的非有效组合，它与最优风险组合的协方差（相关系数）为零。我们称该组合为 Z。一旦确定了组合 P，我们通过数据表程序解出与 P 的协方差为零的最小化标准差组合。在后续章节中，我们再回过头讨论这个组合。

边界组合的一个重要特性是，最小方差边界上的任何两个组合构造出的组合依然在边界上，它在边界上的位置取决于组合的权重。因此组合 P 加组合 G 或 Z 可以得到整个效率边界。

这一结果称为**分离特性**（separation property），阐明组合决策问题可以分为两个独立的步骤[⊖]。第一步是决定最优风险组合，这是完全技术性的工作。给定投资经理所有证券的数据，最优风险组合对所有客户来说就是一样的。然而，第二步，整个投资组合在无风险短期国库券和最优风险组合间的配置，取决于个人的偏好。在这里客户是决策者。

这里关键的问题是：投资经理为所有客户提供的最优风险组合都是组合 P。换句话说，不同风险厌恶程度的投资者会满足于由两个共同基金构成的市场：一个基金在货币市场进行无风险投资，另一个持有资本配置线与有效边界切点上的最优风险组合 P，这一结果使得职业投资管理更有效率且成本更低。这使得一家投资管理公司服务于更多的客户而管理成本增加得很少。

但是在实际中，不同的投资经理对证券估

概念检查 5-4

假设有两个投资经理分别为两家投资管理公司工作。每家公司都雇用了一批证券分析师准备马科维茨算法的输入数据。所有工作完成后，经理 A 得到的有效边界优于经理 B，所谓优于是指 A 的最优风险投资组合位于 B 的左上方，这样所有投资者都愿意在经理 A 的资本配置线上进行投资。

a. 造成这一现象的原因有哪些？
b. 造成这一现象是因为 A 比 B 强吗？
c. 造成这一现象是因为 A 的计算机高级吗？
d. 如果你正为客户提出建议，你会建议他们把资金转移到位于左上方的投资组合吗？

⊖ 附加额外约束条件的客户，会得到另一个的最优组合，会次于无附加约束条件时得到的组合。
⊖ 由 James Tobin 首次发现，"Liquidity Preference as Behavior toward Risk"，*Review of Economic Statistics* 25（Feb 1958 pp. 65-86）。

计的数据是不一样的，因此会得到不同的有效边界，提供不同的"最优"组合。这种偏差来自证券分析的差异。值得一提的是通俗的 GIGO（garbage in-garbage out）原则也可以应用于证券分析。如果证券分析的质量很差，那么由被动的市场指数基金生成的资本配置线也都可能会优于由低质量证券分析生成的资本配置线。

当一个数据输入表采用证券最近的收益率来表示其真实的期望收益率时，将会使得到的有效边界失去意义。

考虑一个年均标准差为 50% 的股票，如果用它 10 年平均来估计收益，估计的标准差将达到 $\frac{50\%}{\sqrt{10}} = 15.8\%$，这个级别的精确度下，这一平均基本无法代表来年的期望收益⊖。

正如我们看到的，不同客户的最优风险组合也因其各自的约束条件而不同，比如股利收益约束、税收因素和其他客户偏好等。即使如此，这部分分析说明一定数量的组合就可以满足大量的投资者，这是共同基金行业的理论基础。

最优化技术是组合构造问题中最容易的部分，基金经理间真正的竞争在于证券分析精确性上的角逐。这种分析和合理的解释是组合构造的艺术。⊖

5.4.3 分散化的威力

5.1 节介绍了分散化的理念，但是由于系统风险的存在，分散化带来的益处有一定的限制。有了前面的工具，我们可以重新考虑这一问题，同时深入窥探分散化的威力。

回忆式（5-16），n 个风险资产组成的组合的方差为

$$\sigma_P^2 = \sum_{i=1}^n \sum_{j=1}^n w_i w_j \text{Cov}(r_i, r_j)$$

考虑最简单的分散化策略，组合中每一资产都是等权重的，即 $w_i = 1/n$，这时式（5-16）可写作（将 $i=j$ 的情况从连加符号中移出，$\text{Cov}(r_i, r_i) = \sigma_i^2$）：

$$\sigma_P^2 = \frac{1}{n} \sum_{i=1}^n \frac{1}{n} \sigma_i^2 + \sum_{\substack{j=1\\j \neq i}}^n \sum_{i=1}^n \frac{1}{n^2} \text{Cov}(r_i, r_j) \tag{5-17}$$

定义平均方差和平均协方差为

$$\overline{\sigma}^2 = \frac{1}{n} \sum_{i=1}^n \sigma_i^2 \tag{5-18}$$

$$\overline{\text{Cov}} = \frac{1}{n(n-1)} \sum_{\substack{j=1\\j \neq i}}^n \sum_{i=1}^n \text{Cov}(r_i, r_j) \tag{5-19}$$

得出组合的方差为

$$\sigma_P^2 = \frac{1}{n} \overline{\sigma}^2 + \frac{n-1}{n} \overline{\text{Cov}} \tag{5-20}$$

现在检验分散化的效果。当证券之间的平均协方差为零时，即所有风险都是公司特有的，

⊖ 而且无法通过观察更高频的收益率来避免这一问题，在第 3 章中我们指出用样本平均估计期望收益的精确性取决于样本时期，而非样本期内观察频率。

⊖ 你可以在 Wealthcare Capital Management 白皮书中找到一些关于实际操作中有效分散化问题的有意思的讨论，网址：http://www.financeware.com/ruminations/WP Efficiency Deficiency.pdf. 或 www.mhhe.com/bkm 的在线学习中心上可以找到该内容。

由式（5-20）可知组合方差在 n 变大时趋近于零。因此，当证券间收益不相关时，分散化降低组合风险的威力是无穷的。

然而，更重要的是，经济层面的风险因素使股票收益存在正相关性。在这种情况下，当组合高度分散化后，组合方差为正。当 n 变大时，尽管公司特有的风险最终被消除了，但是等号右边第二部分趋于 $\overline{\text{Cov}}$。因此分散化组合不可消除的风险取决于不同证券间收益率的协方差，这反过来就是经济中系统性因素的显现。

为了进一步考察系统风险和各证券间相关性的关系，简单假设所有证券的标准差都为 σ，证券间相关系数都为 ρ，协方差为 $\rho\sigma^2$，此时式（5-20）化为

$$\sigma_P^2 = \frac{1}{n}\sigma^2 + \frac{n-1}{n}\rho\sigma^2 \tag{5-21}$$

证券间相关性的影响这时就很明显了。当 $\rho=0$ 时，我们得到保险原理，组合方差在 n 变大时趋于零。然而，当 $\rho>0$ 时，组合方差为正。实际上，当 $\rho=1$ 时，不论 n 如何，组合方差等于 σ^2，说明分散化没有意义。在完全相关的情况下，所有风险都是系统的。更一般的情况，当 n 增大时，系统性风险保持为 $\rho\sigma^2$。我们把这种限制认为是证券市场的"系统性风险"。

表 5-4 给出了证券数量扩大时 $\rho=0$，$\rho=0.4$ 两种情况下的组合标准差。其中令 $\sigma=50\%$。正如我们预想的，组合风险在 $\rho=0.4$ 时更大。更令人吃惊的是，相关系数为正时，组合风险随着证券数量上升而下降的速度相对慢很多，因为证券间的相关性限制了分散化的空间。

表 5-4 相关性和无相关性的证券等权重构造组合的风险减少

证券数量	组合权重 $w=1/n$（%）	$\rho=0$		$\rho=0.40$	
		SD（%）	标准差减少	SD（%）	标准差减少
1	100	50.00	14.64	50.00	8.17
2	50	35.36		41.83	
5	20	22.36	1.95	36.06	0.70
6	16.67	20.41		35.36	
10	10	15.81	0.73	33.91	0.20
11	9.09	15.08		33.71	
20	5	11.18	0.27	32.79	0.06
21	4.76	10.91		32.73	
100	1	5.00	0.02	31.86	0.00
101	0.99	4.98		31.86	

以 100 个证券构成的组合为例，它们彼此不相关的情况下标准差为 5%，和零标准差还有一段距离。当 $\rho=0.40$ 时，标准差很高，达到 31.86%，非常接近于不可分散的系统性风险，即 $\sqrt{\rho\sigma^2}=\sqrt{0.4\times 50^2}=31.62\%$，说明进一步分散化也没什么意义了。

上面计算中最重要的一点是：当我们持有分散化组合时，某一证券对于整个组合风险的贡献取决于该证券和其他证券之间的协方差，并非该证券的方差。在第 6 章我们将会看到，这意味着风险溢价也取决于协方差而非收益的变动。

> **概念检查 5-5**
>
> 假设风险证券包括很多股票，分布均为 $E(r) = 15\%$，$\sigma = 60\%$，相关系数统一为 0.5。
> a. 25 只股票等权重构成的组合的收益分布是什么？
> b. 要构造标准差不超过 43% 的组合，至少需要多少只股票？
> c. 系统性风险是多少？
> d. 如果短期国库券存在，且收益率为 10%，资本配置线的斜率是多少？

5.4.4 资产配置和证券选择

如同之前看到的，证券选择和资产配置理论是一样的。这两步都需要构造有效边界，并在有效边界上选择一个最优组合。既然这样，是否还有必要区分资产配置和证券选择呢？

有三个因素需要考虑。首先，出于储蓄的天性和对利益的追求，社会对专业投资管理的需求呈迅速上升态势。其次，金融市场和各类金融工具的繁荣使得专业投资管理的收益超过一般的业余投资者。最后，投资分析有巨大的规模效益。最终的结果是有竞争力的投资公司随着行业的发展扩大其规模，组织管理的效率也变得非常关键。

一个大型的投资公司很可能既投资于国内也投资于国际市场，其资产范围更广，每种资产都需要相应的专家。因此，每一资产类组合的管理不再集中，即使理论上可以实现，一步最优化所有证券也显得不太可能。

实践中总是独立地考虑每类资产中最优化的证券选择，同时，高一级的管理会更新各资产类的最优情况并调整完善资产组合的投资权重。

5.4.5 最优组合和非正态收益

此前使用的组合最优化技术是建立在收益正态分布的假设下的。然而，收益率可能的非正态性要求我们关注诸如在险价值、预期损失这类强调最坏情况损失的风险度量方法。

在第 4 章中我们提到在肥尾分布下需要重新考虑资本配置，因为此时在险价值和预期损失值会很高。特别地，当预测到较高的在险价值和预期损失值时，我们应当适当减少风险组合的配置。当我们选择最优风险组合时，分散化对在险价值和预期损失也是有影响的，只不过，这种情况下分散化的效果很难用正态分布情形的方法来展现。

目前，估计在险价值和预期损失一个实用的方法是自举法（拔靴法）（见 3.9 节）。我们从一个组合的资产收益历史数据开始，计算组合收益相当于从组合中资产历史收益中抽取一次，可以计算无穷多的随机组合的收益。这种方法计算的 5 万个收益就足够估计出在险价值和预期损失。此时我们可以比较最优风险组合和其他组合的在险价值与预期损失，如果某个组合的值比最优组合低的话，我们可能会倾向于这一组合。

5.5 风险集合、风险分担与长期投资风险

分散化意味着我们把投资预算分散到各类资产中以降低整个投资组合的风险。正如我们所做的那样，通常使用保险公司将风险分散到保险政策来类比投资者分散投资组合，以说明分散投资如何降低风险。虽然这个类比很有用，我们还是需要谨慎考虑风险降低的来源。我们将会在这里看到降低风险来自风险集合（把敞口分散到多个互不相关的风险投资上）和风险分担（允许其

他投资者分担资产组合的风险）。发达经济体的资本市场的作用很大一部分体现在这里。

关于风险集合与风险分担作用的疑惑将会导致另一个相关的疑惑。有一个广泛传播但错误的观点是时间上的分散化，因为平均收益率反映了不同投资期限的收益，所以类比得出"时间分散化"的概念。很多人由此认为时间分散化可以使得长期投资比短期投资更安全。我们可以看到拓展风险投资期限相当于风险集合。但是将保险原则应用到长期投资则忽略了组合管理中风险分担的关键作用，因此导致了更糟糕的投资决策。长期投资未必安全。

在这一部分，我们试图厘清这些问题并探索这些概念在风险分析中的合理拓展。首先我们回顾风险集合与风险分担在组合分散中的作用。有了这些分析后，我们才能更好地理解长期投资的风险。

5.5.1 风险集合和保险原理

风险集合（risk pooling）是指将互不相关的风险项目聚合在一起来降低风险。应用到保险行业，风险集合主要表现为销售风险不相关的保单，即众所周知的保险原理。传统理念认定风险集合降低风险，并成为保险行业风险管理的背后推动力。

但是短暂思考后你就会确信问题不会这么简单了，增加一个独立的赌局怎么会降低整个风险敞口呢？

这与拉斯维加斯赌徒称多上几次赌桌能够通过分散他的投注组合降低总风险没有差别。你马上就能意识到赌徒现在有更多的不确定性，他的财富的总风险明显更多：虽然他每笔下注的平均损失或收入因为重复回到赌桌而变得更可预测，但他的总收益变得更少了。

考虑在单一风险证券中投资 1 美元，称之为 A，风险收益率为 r_A，总收益为 $1+r_A$ 美元。r_A 的均值为 $E(r)$，标准差为 σ，方差为 σ^2。现在考虑通过在不相关的资产中再投资 1 美元进行风险集合，将其称为 B，其收益率与证券 A 具有相同的均值和方差。我们将对该双资产组合的总收益进行评估，称之为组合 P，组合收益为 $(1+r_A)+(1+r_B)$。

你投资 2 美元的预期美元利润为 $2 \times E(r)$，并且由于两次投资之间的协方差为零，因此美元收益的方差为 $\mathrm{Var}(r_A+r_B) = 2\sigma^2$。很明显，方差翻倍，这种情况比仅投资于资产 A 的风险更大。这就像拉斯维加斯的赌徒分两次而不是一次坐上轮盘赌桌的情形。

但是，当我们仅计算投资组合的收益率统计数据时，这种更大的风险并不明显。投资组合一半投资于 A，一半投资于 B，每个证券的权重为 1/2，因此期望收益率和双资产组合的收益率波动性为

$$E(r_P) = \frac{1}{2}E(r) + \frac{1}{2}E(r) = E(r)$$

$$\mathrm{Var}(r_P) = \left(\frac{1}{2}\right)^2 \sigma^2 + \left(\frac{1}{2}\right)^2 \sigma^2 + 2 \times \frac{1}{2} \times \frac{1}{2} \times \mathrm{Cov}(r_A, r_B) = \frac{1}{2}\sigma^2$$

$$\mathrm{SD}(r_P) = \sigma_P = \sqrt{1/2} \times \sigma$$

看起来分散的双资产组合更安全，因为它的方差下降了 1/2。但是这个明显的安全是一个假象。虽然它的收益率可预测性更强，但我们知道，"风险投资组合"的美元方差是单一资产组合的两倍。同样地，这就像我们的拉斯维加斯赌徒一样，每次轮盘赌之旅，百分比增长（在这种情况下是损失）都更容易预测，但是美元的收益或损失不那么多。

为什么我们会获得这些看似矛盾的风险信号？因为我们正在比较两个不同规模的投资组

合。第一笔投资，即资产 A，仅为 1 美元。双资产风险投资组合 P 的投资为 2 美元。即使其收益率更具可预测性，双资产组合的风险也是原来的两倍，因此双资产组合具有更高风险的美元利润。投资组合的美元利润的标准差为 \$2×σ_P = \$2×[$\sqrt{1/2}$×σ] = $\sqrt{2}$×σ，方差为 $2\sigma^2$，正如我们在上面发现的那样。

5.5.2 风险分担

现在考虑一下我们投资者的双资产组合的变化。起初让他像以前一样，在 A 和 B 两个资产中投入 1 美元，但现在想象他将其总投资的一半卖给其他投资者。通过这样做，他通过风险分担（risk sharing）策略扩大了他的风险集合策略。通常，这种策略将他的总投资规模保持在 1 美元，即使他将第二个证券添加到他的投资组合中。现在在投资者的总投资是一样的，我们可以使用他们的期望收益率以及那些收益率的标准差和方差来比较投资组合。这是因为现在收益率适用于同一投资基础，我们不必担心不同数量的风险会扩大这些风险。⊖

我们已经确定双资产组合的收益率为 $1/2(r_A+r_B)$，期望收益率为 $E(r)$，标准差为 $\sqrt{1/2}$×σ。每 1 美元投资标准差的减少确实降低了风险。风险分担与风险集合一起导致投资组合具有突出的风险-收益权衡，在这个例子中，投资组合具有相同的期望收益但波动性较低。

这与保险原则有什么关系？风险集合是保险业发展的重要因素之一。但是，随着公司编写越来越多的政策，风险集合实际上增加了利润的波动性。然而，当风险分担成为战略的一部分，允许越来越多的投资者分担风险时，每个投资者的个人投资都不必随着保险公司出台更多政策而增长。相反，成千上万拥有保险公司股票的投资者能够确定他们在公司中应该投入多少预算，而与公司编制的保单数量无关。

同样地，资本市场允许投资者通过广泛分担公司特定的风险来获得分散的好处。当投资者向风险投资组合增加更多股票但保持投资组合的总规模不变时，投资者必须在他的投资组合中拥有每个公司的一小部分。换句话说，他必须与资本市场的其他部分共同分担该公司的风险。这种分担减少了他对任何特定股票的风险，并使他对其公司特定风险的关注越来越少。通过让投资者将风险分担与风险集合相结合，资本市场允许公司参与风险项目而不会给股东带来不必要的风险，从而促进集体经济承担大型风险投资的能力。

5.5.3 分散化和夏普比率

很明显虽然风险集合本身并不能降低风险，但并不是说它不重要。风险集合改善了风险-收益的权衡，因此是多元化战略的一个关键部分。再次考虑上述单一资产与双资产投资。证券 A 的夏普比率为

$$S_A = [E(r) - r_f]/\sigma$$

而双资产风险投资组合 P 的比率是

$$S_P = \frac{\text{预期美元风险溢价}}{\text{盈利标准差}} = \frac{2[E(r) - r_f]}{\sigma \times \sqrt{2}} = \sqrt{2} S_A$$

⊖ 这里有一个很好的关于企业融资的类比。你可能还记得，IRR 以收益率为基础表示盈利能力，以此评估资本预算项目，而 NPV 则根据单位价值评估项目。虽然 IRR 法则通常会为我们单独考虑的项目提供正确的接受/拒绝决策，但它不允许比较不同大小的项目。在这种情况下，你必须使用 NPV 来确定一组最佳选择项目。我们在这里遇到类似的问题。当投资组合 P 是 A 的两倍时，我们无法使用其收益率的均值和标准差来正确地比较 A 和 P 的投资效果。但是如果遇到相同规模的投资组合时，我们就可以使用收益率来比较它们。

风险分担组合的夏普比率（固定的美元投资）也是单一资产组合的$\sqrt{2}$倍：

$$\frac{预期美元风险溢价}{盈利标准差}=\frac{E(r)-r_f}{\sigma/\sqrt{2}}=\sqrt{2}S_A$$

因此，无论风险集合是否是战略的一部分，风险分担都会提高夏普比率。

总而言之，当通过向初始单一资产组合添加第二个不相关的资产来简单地集中风险时，预期美元风险溢价翻倍，美元方差翻倍，标准差增至$\sqrt{2}$倍。因此，风险集合增加了夏普比率至$2/\sqrt{2}=\sqrt{2}$倍。因此虽然风险增加，风险-收益权衡得到改善，但通过在战略中增加风险分担，我们同时获得更高的夏普比率和更低的总风险。在风险分担策略中，预期风险溢价保持不变，标准差下降至原有的$1/\sqrt{2}$。夏普比率增至$\sqrt{2}$倍，就像风险集合策略一样。

这些结果可以推广到超出两个资产的分散化组合中。假设我们考虑在投资组合中持有n个相同但不相关的资产。预期的美元风险溢价与风险集中策略中的n成比例增加，但美元标准差增加至$\sqrt{n}$倍。因此，夏普比率增加至$n/\sqrt{n}=\sqrt{n}$倍。风险分担与风险集合相结合（因此固定投资预算的大小）不会影响预期的风险溢价，但它确实将标准差减小至原有的$1/\sqrt{n}$，因此也将夏普比率提高至$\sqrt{n}$倍。

最后一次回到参与轮盘赌的赌徒。他认为分散化意味着100个投注的风险低于1个投注，这是错误的。但是，如果他与100个好友共享100个投注，他的直觉是正确的。100个投注中的1/100份额实际上比一次投注风险更小。由于这些资金分散在更多独立的赌注中，因此将风险总金额固定下来是他降低风险的方式。真正的分散化需要传播一个固定规模的多资产组合，而不仅仅是为不断增长的风险投资组合增加更多风险赌注。

5.5.4 时间分散化与投资期限

现在我们可以讨论风险集合与风险分担在长期投资中的意义。将投资期限延长一个时段相当于在投资组合中加入一个风险资产或者在现行风险集合中加入一个保险合约。因此，已经很清楚，我们不能期望在延长投资期限时在每一时段维持一个不变的资产配置。

分析这种投资期限延长的效果需要明确其他的投资选择是什么。假设你考虑投资一个期限为两年的风险组合，并将其看作"长期投资"。那么如何与"短期投资"来比较呢？我们必须在同一期限即2年内考虑风险组合，也就是说，短期投资1年后继续转为无风险投资1年。

当我们使用这种比较方法之后，假设第1年的风险收益和第2年无关，很明显，"长期"策略和组合Z是一回事。因为第2年持有风险组合（而不是撤出投资投向无风险资产）集聚风险，就像是卖出一份保险合约。换句话说，长期投资累积了投资风险。将一项风险投资期限拓展提升了夏普比率，但同时也扩大了风险。因此"时间分散化"并不是真正的分散化。

在长期投资中，风险分担的一个更贴切比喻是将投资预算分散于其中的每一个投资期。考虑一下总投资期为两年的3个投资策略。

（1）第一阶段全部投资在风险资产，抽出所有投资在第二阶段投资于无风险资产。由于你在风险资产上只投资1年，整个投资期的风险溢价为$R=E(r)-r_f$，两年期的标准差为σ，夏普比率是$S=R/\sigma$。

（2）两个阶段都投资在风险资产。两年期的风险溢价为$2R$（假设连续复利），方差为$2\sigma^2$，两年期的标准差为$\sqrt{2}\sigma$，夏普比率$S=\sqrt{2}R/\sigma$。这相当于风险集合，同时投资两个风险资产而不是像策略（1）中的投资一个风险资产。

（3）将投资的一半投资在每一期的风险资产，其余的投在无风险资产。两年期的风险溢价为 R，方差是 $2\times(1/2\sigma)^2=\sigma^2/2$，夏普比率 $S=\sqrt{2}R/\sigma$。这相当于风险分担，每一时段部分投资在风险资产上。

策略（3）的风险最小。其期望收益与策略（1）相同，但风险较低，因此其夏普比率要高些。它的夏普比率与策略（2）相同，但标准差只有策略（2）的一半。因此，策略（3）的夏普比率至少不会比其他两个低，但总风险较小。

总结一下，风险不会在长时段中消失。将全部预算投资于一个风险组合的投资者会发现尽可能在更多时段进行风险资产投资但降低每一期投资预算的策略更好。但是为了限制累积的风险，他必须在相应的各期降低风险预算。如果时间分散真的是一种限制风险的方法，那么长期投资者提高投资在风险组合上的数量就不会增加最终的风险，不幸的是这并不能实现。

小　结

1. 投资组合的期望收益是投资组合中各项资产的期望收益按其投资比例为权重的加权平均值。

2. 投资组合的方差是协方差矩阵各元素与投资比例权重相乘的加权总值，因此，每一资产的方差以其投资比例的平方进行加权，任一对资产的协方差在协方差矩阵中出现两次。所以，投资组合方差中包含着协方差的二倍权重，这是由两项资产的每一项资产投资比例乘积的和构成的。

3. 即使协方差为正，只要资产不是完全正相关的，投资组合的标准差就仍小于组合中各项资产的标准差的加权平均值。因此，只要资产不是完全正相关的。分散化的组合就是有价值的。

4. 投资组合中一项资产相对于其他资产的协方差越大，它对投资组合方差的作用就越大。组合中完全负相关资产具有完全对冲的功能。完全对冲的资产可以使投资组合的方差降低为零。

5. 有效边界是利用图表来表示在某一特定风险水平上期望收益最大的投资组合集。理性投资者将在有效边界上选择投资组合。

6. 一个投资经理在确定有效边界时，首先要估计资产的期望收益与协方差矩阵。将这个输入构成表输入到最优化程序中，得到在有效边界上最优组合中各项资产的比例、期望收益与标准差等。

7. 通常，投资经理会得到不同的有效投资组合，因为他们的证券分析方法与质量是不同的。管理人主要在证券分析质量而非管理费上展开竞争。

8. 如果无风险资产存在，输入构成表亦可以确定，所有投资者都将选择在有效边界上同样的投资组合，即与资本配置线相切的投资组合。具有相同输入构成表的所有投资者将持有相同的风险投资组合，不同的是在风险资产组合和无风险资产之间的资金分配。这一结果就是投资组合构造中的分离原则。

9. 分散化投资基于固定组合预算在多个资产中进行配置，其受限于任何单一风险来源。增加另一个风险资产到投资组合中，实际只增加投资数目，即使对收益率有更精确的预测也不能减少总风险，因为这导致了在更大投资下的不确定性，并非投资期延长就能减少风险。增加投资期类似的投资到更多资产，这会增加总风险。类似地，保险行业的关键是风险分担，把风险分散到众多投资者身上，每个投资者分担总风险的一小部分。风险集合是假设更多风险来源，能增加收益率的可预测性，但不能增加总资金收益的可预测性。

习 题

基础题

1. 以下哪些因素反映了单纯市场风险?
   a. 短期利率上升。 b. 公司仓库失火。
   c. 保险成本增加。 d. 首席执行官死亡。
   e. 劳动力成本上升。

2. 在一个股票、债券和货币的资产组合中增加房地产,房地产收益的哪些因素会影响组合风险?
   a. 标准差。 b. 期望收益。
   c. 和其他资产的相关性。

3. 以下关于最小方差组合的陈述哪些是正确的?
   a. 它的方差小于其他证券或组合。
   b. 它的期望收益比无风险利率低。
   c. 它可能是最优风险组合。
   d. 它包含所有证券。

中级题

用以下数据回答习题4~10:一个养老金经理考虑3个共同基金。第1个是股票基金,第2个是长期政府和公司债基金,第3个是短期国债货币基金,收益率为8%。风险组合的概率分布如下表所示。

	期望收益 (%)	标准差 (%)
股票基金 S	20	30
债券基金 B	12	15

基金的收益率之间的相关系数为0.1。

4. 两种风险基金的最小方差投资组合的投资比例是多少?这种投资组合收益率的期望值与标准差各是多少?

5. 制表并画出这两种风险基金的投资可行集,股票基金的投资比率从0~100%按照20%的幅度增长。

6. 从无风险收益率到可行集曲线画一条切线,由此得到的最优投资组合的期望收益与标准差各是多少?

7. 计算出最优风险投资组合下每种资产的比例以及期望收益与标准差。

8. 最优配置线下的最优报酬-波动性比率是多少?

9. 投资者对他的投资组合的期望收益要求为14%,是有效的,并且在最优可行资本市场线上。
   a. 投资者投资组合的标准差是多少?
   b. 在短期国库券上的投资比例以及在其他两种风险基金上的投资比例是多少?

10. 如果投资者只用两种风险基金进行投资并且要求14%的收益率,那么他的组合投资比例是怎样的?

11. 股票提供的期望收益率为18%,标准差为22%。黄金提供的期望收益率为10%,标准差为30%。
    a. 由于黄金在平均收益和波动性上的明显劣势,会有人愿意持有它吗?如果有,用图形表示这样做的理由。
    b. 由上面的数据,再假设黄金与股票的相关系数为1,回答a,画图表示为什么有人会或不会在他的投资组合中持有黄金。这一系列有关期望收益率、标准差、相关性的假设代表了证券市场的均衡吗?
    c. b中这一系列有关期望收益率、标准差、相关性的假设代表了证券市场的均衡吗?

12. 假设证券市场中有许多股票,股票A和B如下表所示。

股票	期望收益 (%)	标准差 (%)
A	10	5
B	15	10

相关系数为-1。
假设可以以无风险利率借入资金,则无风险利率是多少?(提示:考虑由A和B构造无风险投资组合。)

13. 假设所有证券的期望收益、标准差和无风险利率已知,这时所有投资者会持有同样的最优风险资产。判断正误。

14. 组合的标准差等于组合中资产的标准差的加权平均值。判断正误。
15. 假设有一个项目,有 0.7 的概率使你的投资翻倍,有 0.3 的概率使你的投资减半。这项投资收益的风险是多少?
16. 假设你有 100 万美元,由以下两种资产来构造组合:
    ① 无风险资产年收益率 12%;
    ② 风险资产,期望收益率 30%,标准差 40%。
    构造的组合标准差为 30%,则期望收益率是多少?

以下数据用于回答习题 17~19:Corr $(A, B) = 0.85$; Corr $(A, C) = 0.6$; Corr $(A, D) = 0.45$,每只股票期望收益率为 8%,标准差为 20%。

17. 如果你的整个组合就是股票 A,你可以加入一只股票,你的选择是哪个?
    a. B   b. C
    c. D   d. 需要更多的数据
18. 对风险厌恶程度不同的投资者来说上述问题的答案会变化吗?(并解释你的选择)
19. 假设增加一种股票的同时还可以增加投资短期国债,利率为 8%,你会改变上述问题的答案吗?

高级题

下表中的数据为复利年收益率,回答习题 20 和习题 21。

(%)

	20 世纪 20 年代①	20 世纪 30 年代	20 世纪 40 年代	20 世纪 50 年代	20 世纪 60 年代	20 世纪 70 年代	20 世纪 80 年代	20 世纪 90 年代	21 世纪 00 年代
小公司股票	-3.72	7.28	20.63	19.01	13.72	8.75	12.46	13.84	6.70
大公司股票	18.36	-1.25	9.11	19.41	7.84	5.90	17.60	18.20	-1.00
长期政府债券	3.98	4.60	3.59	0.25	1.14	6.63	11.50	8.60	5.00
短期政府债券	3.56	0.30	0.37	1.87	3.89	6.29	9.00	5.02	2.70
通货膨胀率	-1.00	-2.04	5.36	2.22	2.52	7.36	5.10	2.93	2.50

① 基于 1926~1929 年。

20. 将表中的数据填入电子数据表,计算各类资产收益率和通货膨胀率的序列相关系数,以及各类资产之间的相关系数。
21. 将表中的收益率转化为实际收益率,重复上一问题。

题 22~27 的相关信息如下。Greta 是一位年长的投资者,投资期为 3 年时,其风险厌恶系数 $A=3$。她在考虑投资于两个组合:标普 500 和一个对冲基金,两者都是 3 年的投资策略(所有收益率均为年化,连续复利)。标普 500 风险溢价预计为每年 5%,标准差 20%;对冲基金的风险溢价预计为 10%,标准差 35%。某一组合某年的收益率与其自身收益率或其他组合收益率都不相关。对冲基金经理声称标普 500 的年收益率与对冲基金的当年收益率的相关系数为零,但是 Greta 对此持怀疑态度。

22. 计算这两个组合的 3 年期风险溢价、标准差和夏普比率。
23. 假设两个组合的年收益率间相关系数真的为零,最佳组合配置策略是什么?
24. Greta 的资本配置是怎样的?
25. 如果组合年度收益率之间相关系数为 0.3,年化方差是多少?
26. 用相关系数 0.3 重新计算题 23。
27. 用相关系数 0.3 重新计算题 24。

CFA考题

下面的数据用于 1~3 题:H&A 公司为 W 养老基金管理着 3 000 万美元的股票投资组合。W 基金的财务副主管琼斯注意到 H&A 在 W 基金的 6 个股票管理者中持续保持着最优的纪录。在过去的 5 年中有 4 年 H&A 公司管理的投资组合的表现明显优于标准普尔

500指数。唯一业绩不佳的一年带来的损失也是微不足道的。

H&A公司是一个"特立独行"的管理者。该公司尽量避免在对市场的时机预测上做任何努力,它把精力主要放在对个股的选择而不是对行业好坏的评估上。

6位管理者之间没有明显一致的管理模式。除了H&A,其余5位管理者共计管理着由150种以上的个股组成的2.5亿美元的资产。

琼斯相信H&A可以在股票选择上表现出出众的能力,但是受投资高度分散化的限制,达不到高额的收益率。这几年来,H&A公司的投资组合一般包含40~50只股票,每只股票占基金的2%~3%。H&A公司之所以在大多数年份里表现还不错,原因在于它每年都可以找到10~20只获得高额收益率的股票。

基于以上情况,琼斯向W养老基金委员会提出以下计划:把H&A公司管理的投资组合限制在20只股票以内。H&A公司会对其真正感兴趣的股票投入加倍的精力,而取消其他股票的投资。如果没有这个新的限制,H&A公司就会像以前那样自由地管理投资组合。

基金委员会的大多数成员都同意琼斯的观点,他们认为H&A公司确实表现出了在股票选择上的卓越能力。但是该建议与以前的实际操作相背离,几个委员对此提出了质疑,请根据上述情况回答下列问题。

1. a. 20只股票的限制会增加还是减少投资组合的风险?请说明理由。
   b. H&A公司有没有办法使股票数由40只减少到20只,而同时又不会对风险造成很大的影响?请说明理由。
2. 一名委员在提及琼斯的建议时特别热心,他认为如果把股票数减少到10只,H&A公司的业绩将会更好。如果把股票减少到20只被认为是有利的,试说明为什么减少到10只反而不那么有利了。(假设W养老基金把H&A公司的投资组合与基金的其他组合分开考虑。)
3. 另一名委员建议,与其把每种投资组合与其他的投资组合独立考虑,不如把H&A公司管理的投资组合的变动放到整个基金的角度上来考虑会更好。解释这一观点将对委员会把H&A公司的股票减至10只还是20只的讨论产生什么影响。
4. 下面哪一种投资组合不属于马科维茨描述的有效边界(见下表)?

	投资组合	期望收益(%)	标准差(%)
a.	W	15	36
b.	X	12	15
c.	Z	5	7
d.	Y	9	21

5. 下面对投资组合分散化的说法哪些是正确的?
   a. 适当的分散化可以减少或消除系统风险。
   b. 分散化减少投资组合的期望收益,因为它减少了投资组合的总体风险。
   c. 当把越来越多的证券加入投资组合时,总体风险一般会以递减的速率下降。
   d. 除非投资组合包含至少30只个股,分散化降低风险的好处不会充分显现。
6. 测度分散化投资组合中的某一证券的风险用的是_____。
   a. 特有风险   b. 收益的标准差
   c. 再投资风险   d. 协方差
7. 马科维茨描述的投资组合理论主要关注于_____。
   a. 系统风险的减少
   b. 分散化对投资组合风险的影响
   c. 非系统风险的确认
   d. 积极的资产管理以扩大收益
8. 假设一名风险厌恶的投资者拥有M公司的股票,他决定在其投资组合中加入Mac公司或是G公司的股票。这3只股票的期望收益率和总体风险水平相当,M公司股票与Mac公司股票的协方差为-0.5,M公司股票与G公司股票的协方差为0.5,则投资组合_____。
   a. 买入Mac公司股票,风险会降低更多
   b. 买入G公司股票,风险会降低更多
   c. 买入G公司股票或Mac公司股票都会导致风险增加
   d. 由其他因素决定风险的增加或降低
9. A、B、C三只股票具有相同的期望收益率

和方差，下表为三只股票收益之间的相关系数。根据这些相关系数，风险水平最低的投资组合为_____。

a. 平均投资于A和B
b. 平均投资于A和C
c. 平均投资于B和C
d. 全部投资于C

	股票A	股票B	股票C
股票A	+1.0		
股票B	+0.9	+1.0	
股票C	+0.1	-0.4	+1.0

10. A、B、C三只股票的统计数据如下表所示。

收益标准差			
股票	A	B	C
收益标准差（%）	40	20	40
收益相关系数			
股票	A	B	C
A	1.00	0.90	0.50
B		1.00	0.10
C			1.00

仅从表中信息出发，在等权重A和B的投资组合和等权重B和C的组合中做选择，请说明理由。

11. 斯蒂文森目前有200万美元的投资组合，组合情况见下表。

	价值（美元）	占总额的百分比（%）	期望年收益率（%）	年标准差（%）
短期债券	200 000	10	4.6	1.6
国内大盘股	600 000	30	12.4	19.5
国内小盘股	1 200 000	60	16.0	29.9
投资组合总和	2 000 000	100	13.8	23.1

斯蒂文森计划将很快就能到手的另外200万美元全部投资于指数基金，这样就可以和现在的投资组合构成很好的互补关系。特许金融分析师库普正在评估下表中的4种指数基金是否可以满足组合的两个标准，即维持或提高期望收益和维持或降低波动性。

每种基金投资于一类资产，这些类别在现在的证券组合中并没有充分表现出来。

指数基金	期望年收益率（%）	标准差（%）	与目前投资组合组的相关性
基金A	15	25	+0.80
基金B	11	22	+0.60
基金C	16	25	+0.90
基金D	14	22	+0.65

请问库普应该向斯蒂文森推荐哪个基金？说说你选择的基金如何很好地满足了库普的两个标准，这不需要任何计算。

12. 格蕾丝有90万美元完全分散化的证券投资组合。随后她继承了价值10万美元的欧洲公司普通股。她的财务顾问提供了如下预测信息。

	期望月收益率（%）	月收益标准差（%）
原始证券组合	0.67	2.37
欧洲公司	1.25	2.95

欧洲公司股票与原始证券组合的收益相关系数为0.4。

遗产继承改变了格蕾丝的全部证券投资组合，她正在考虑是否要继续持有欧洲公司股票。假定格蕾丝继续持有欧洲股票，请计算：

a. 包括欧洲公司股票在内的新证券投资组合的期望收益。
b. 欧洲公司股票与原投资组合收益的协方差。
c. 包括欧洲公司股票在内的新投资组合的标准差。

如果格蕾丝卖掉欧洲股票，她将投资于无风险的月收益率为0.42%的政府证券，假定她卖掉欧洲股票并用此收入购买了政府证券，请计算：

a. 包括政府证券在内的新投资组合的期望收益。
b. 政府证券收益与原证券投资组合收益的协方差。
c. 包括政府证券在内的新投资组合的标准差。

比较包括政府证券在内的新投资组合与原证券组合的系统风险，二者谁高谁低？

格蕾丝经过与丈夫商量后，考虑要卖出10万美元的欧洲公司股票，买入10万美元的XYZ公司普通股。这两种股票的期望收益和标准差都相等。她丈夫说，是否用XYZ公司股票替代欧洲公司股票并无区别。判断她丈夫的说法是否正确，并说明理由。

格蕾丝最近和她的财务顾问说："如果我的证券投资不亏本，我就满足了。我虽然希望得到更高的收益，但我更害怕亏本。"

a. 用收益标准差作为风险衡量的标准，指出格蕾丝的一个不合理之处。

b. 给出一个当前情况下更合适的风险衡量方法。

13. 特许金融分析师特鲁迪最近约见了一位客户。特鲁迪主要投资于几个产业的30多只公司股票。约见结束后，客户说："我相信你的股票选择能力，我认为你应将我的资金投资于你认为最好的5只股票，你明显偏爱其中几只股票，为何还要投资于30家公司？"特鲁迪准备运用现代证券组合理论给他做解释。

a. 试比较系统性风险与公司特有风险的概念，并各举一例。

b. 评论客户的建议。说说随着证券组合中证券数量的增加，系统性风险与公司特有风险各自将如何变化。

概念检查答案

5-1 a. 第一项为 $w_D \times w_D \times \sigma_D^2$，因为这是矩阵对角上的元素 σ_D^2，列上的项 w_D 和行上的项 w_D 的乘积，用这种方法对协方差矩阵的每一项进行运算，就得到 $w_D^2\sigma_D^2 + w_Dw_E\text{Cov}(r_E, r_D) + w_Ew_D\text{Cov}(r_D, r_E) + w_E^2\sigma_E^2$，和式（5-3）相同，因为 $\text{Cov}(r_E, r_D) = \text{Cov}(r_D, r_E)$。

b. 协方差矩阵如下：

	w_X	w_Y	w_Z
w_X	σ_X^2	$\text{Cov}(r_X, r_Y)$	$\text{Cov}(r_X, r_Z)$
w_Y	$\text{Cov}(r_Y, r_X)$	σ_Y^2	$\text{Cov}(r_Y, r_Z)$
w_Z	$\text{Cov}(r_Z, r_X)$	$\text{Cov}(r_Z, r_Y)$	σ_Z^2

组合方差由这9项构成：

$\sigma_P^2 = w_X^2\sigma_X^2 + w_Y^2\sigma_Y^2 + w_Z^2\sigma_Z^2 +$
$w_Xw_Y\text{Cov}(r_X, r_Y) + w_Yw_X\text{Cov}(r_Y, r_X) +$
$w_Xw_Z\text{Cov}(r_X, r_Z) + w_Zw_X\text{Cov}(r_Z, r_X) +$
$w_Yw_Z\text{Cov}(r_Y, r_Z) + w_Zw_Y\text{Cov}(r_Z, r_Y)$
$= w_X^2\sigma_X^2 + w_Y^2\sigma_Y^2 + w_Z^2\sigma_Z^2 + 2w_Xw_Y\text{Cov}(r_X, r_Y) +$
$2w_Xw_Z\text{Cov}(r_X, r_Z) + 2w_Yw_Z\text{Cov}(r_Y, r_Z)$

5-2 可行集的参数为 $E(r_D) = 8\%$，$E(r_E) = 13\%$，$\sigma_D = 12\%$，$\sigma_E = 20\%$，从标准差和相关系数我们得到协方差矩阵：

基金	D	E
D	144	60
E	60	400

总体最小方差组合为

$$w_D = \frac{\sigma_E^2 - \text{Cov}(r_D, r_E)}{\sigma_D^2 + \sigma_E^2 - 2\text{Cov}(r_D, r_E)}$$

$$= \frac{400 - 60}{(144 + 400) - (2 \times 60)} = 0.8019$$

$w_E = 1 - w_D = 0.1981$

期望收益和标准差为

$E(r_P) = (0.8019 \times 8\%) + (0.1981 \times 13\%)$
$= 8.99\%$

$\sigma_P = [w_D^2\sigma_D^2 + w_E^2\sigma_E^2 + 2w_Dw_E\text{Cov}(r_D, r_E)]^{1/2}$
$= [(0.8019^2 \times 144) + (0.1981^2 \times 400) + (2 \times 0.8019 \times 0.1981 \times 60)]^{1/2} \times 1\%$
$= 11.29\%$

对于其他投资组合，w_D 将从0.1增至0.9，相应的 w_E 从0.9降至0.1。将这些投资组合代入期望收益与标准差的计算式中，注意在 w_D 或 w_E 为1时，就代表单独持有该股票，所得期望收益与标准差即为该股票自身的值，于是得到下表。

w_E	w_D	$E(r)$ (%)	σ (%)
0.0	1.0	8.0	12.00
0.1	0.9	8.5	11.46
0.2	0.8	9.0	11.29
0.3	0.7	9.5	11.48
0.4	0.6	10.0	12.03
0.5	0.5	10.5	12.88
0.6	0.4	11.0	13.99
0.7	0.3	11.5	15.30
0.8	0.2	12.0	16.76
0.9	0.1	12.5	18.34
1.0	0.0	13.0	20.00
0.1981	0.8019	8.99	11.29 最小方差组合

这样就可以画出图形。

5-3 a. 股票和风险债券基金的期望收益与方差计算与题 2 相似，这里就不再表示。在给出 A 部分的图解时要注意这些计算。另外，基金之间的协方差为
$$\text{Cov}(r_A, r_B) = \rho(A, B) \times \sigma_A \times \sigma_B$$
$$= -0.2 \times 20 \times 60$$
$$= -240$$

b. 最优风险组合的权重为
$$w_A = \frac{(10-5) \times 60^2 - (30-5) \times (-240)}{(10-5) \times 60^2 + (30-5) \times 20^2 - 30 \times (-240)}$$
$$= 0.6818$$
$$w_B = 1 - w_A = 0.3182$$

期望收益率为 $E(r_P) = (0.6818 \times 10\%) + (0.3182 \times 30\%) = 16.36\%$，标准差为
$\sigma_P = \{(0.6818^2 \times 20^2) + (0.3182^2 \times 60^2) + [2 \times 0.6818 \times 0.3182 \times (-240)]\}^{1/2} \times 1\% = 21.13\%$。

注意到，这里最优风险组合的标准差小于股票 A，同时投资组合 P 并不是整体最小方差投资组合，整体最小方差投资组合的权重为
$$w_A = \frac{60^2 - (-240)}{60^2 + 20^2 - 2 \times (-240)} = 0.8571$$
$$w_B = 1 - w_A = 0.1429$$

标准差为
$\sigma(\min) = (0.8571^2 \times 20^2) + (0.1429^2 \times 60^2) +$
$[2 \times 0.8571 \times 0.1429 \times (-240)]^{1/2} \times 1\%$
$= 17.57\%$

c. 资本配置是无风险收益点与最优风险组合的连线，它代表短期国库券与最优风险投资组合之间的所有有效组合，资本配置线的斜率为
$$S = \frac{E(r_P) - r_f}{\sigma_P} = \frac{16.36 - 5}{21.13} = 0.5376$$

d. 在给定风险厌恶系数 A 的条件下投资者愿意投资到最优风险投资组合的比例为
$$y = \frac{E(r_P) - r_f}{A\sigma_P^2} = \frac{0.1636 - 0.05}{5 \times 0.2113^2}$$
$$= 0.5089$$

这意味着风险厌恶系数 $A = 5$ 的投资者愿意在这个最优风险投资组合中投入 50.89% 的财产，由于 A、B 两种股票在投资组合中的比例分别为 68.18% 和 31.82%，这个投资者分别投资于这两种股票的比例为 34.7% 和 16.19%。

股票 A： $0.5089 \times 68.18\% = 34.70\%$
股票 B： $0.5089 \times 31.82\% = \underline{16.19\%}$
总计　　　　　　　　　　　　　　50.89%

5-4 有效边界来源于投资经理对各种投资收益的预测和对风险即协方差矩阵的估计。预测本身并不能决定结果，选择乐观估计的经理人就意味着碰上好的形势时会得到更大的收益，而在情况恶劣时的损失也会更大。能准确预测的管理人能得到好的收益，投资者看到资产管理人做出的曲线（预测）时，所要做的应该是了解其预测准确性的记录，从而选择预测准确的管理者。这样进行投资组合的选择，从长远来看将会更加出色。

5-5 本题的有关参数为 $E(r) = 15\%$，$\sigma = 60\%$，所有股票相关系数 0.5。

a. 投资组合的期望收益与投资组合规模无关，因为所有证券具有相同的期望收益。当 $n = 25$ 种股票时，投资组合的标准差为

$$\sigma_P = [\sigma^2/n + \rho \times \sigma^2(n-1)/n]^{1/2}$$
$$= [60^2/25 + 0.5 \times 60^2 \times 24/25]^{1/2} \times 1\%$$
$$= 43.27\%$$

b. 因为所有股票是同质的，因此有效投资组合是等权重的，要得到标准差为 43% 的投资组合，需要解出 n：
$$43^2 = \frac{60^2}{n} + 0.5 \times \frac{60^2(n-1)}{n}$$
$$1\,849n = 3\,600 + 1\,800n - 1\,800$$
$$n = \frac{1\,800}{49} = 36.73$$

所以至少要 37 只股票的组合才能达到这一目标。

c. 当 n 变得非常大时，等权重有效投资组合的方差将减少，剩下的方差来自股票间的协方差：
$$\sigma_P = \sqrt{\rho \times \sigma^2} = \sqrt{0.5 \times 60^2} \times 1\%$$
$$= 42.43\%$$

$n = 25$ 时，得到系统风险为 0.84%，即 25 只股票的投资组合的标准差比 42.43% 高了 0.84%；当 $n = 37$ 时，投资组合的标准差为 43%，系统风险为 0.58%。

d. 如果无风险利率为 10%，那么不论投资组合规模为多大，风险溢价为 15%-10%=5%，充分分散的投资组合的标准差为 42.43%，资本配置的斜率为 $S = 5/42.43 = 0.117\,8$。

附录 5A　电子表格模型

有很多软件包可以用来计算有效边界，现在了解使用微软 Excel 计算有效边界的方法。因为它会受到要处理的资产数量的限制，Excel 不是最好的工具，但它通过简单的投资组合优化工具能说明许多复杂软件包的机理。我们发现，运用 Excel 计算有效边界相当简单。

运用马科维茨投资组合优化程序来实际说明国际的分散化投资。假设投资经理为美国客户服务，他在 2006 年想要投资下一年度的风险资产组合，包括美国大公司股票和 6 个发达国家资本市场：日本、德国、英国、法国、加拿大和澳大利亚。首先描述一下输入项：风险溢价预测和协方差矩阵。接着，介绍 Excel 的 Solver 功能。最后展示经理解决这一问题的方法。

5A.1　输入列表

经理需要编制期望收益、方差和协方差的输入列表，以计算有效边界和最优风险投资组合。电子表格 5A-1 显示了计算结果。

A 组列出了每个国家指数的预期超额收益。虽然这些估计可能以历史经验为指导，正如我们在第 3 章中所讨论的那样，因为收益随时间变化很大，使用简单的历史平均值会产生极其嘈杂的预期风险溢价估计。平均收益在子期间波动很大，使得历史平均值具有高度不可靠的估计量。在这里，我们简单地假设经理通过历史经验的情景分析得出每个国家风险溢价的一些合理估计。这些值在 B 列中列出。

B 组是与本章前面表 5-2 相对应的有界协方差矩阵。因为基于经验的方差和协方差估计比相应的平均收益估计更精确，该表中的协方差可以合理地从历史收益样本中估计。通常使用五年左右的月收益均值来估计 B 组。Excel 函数 COVARIANCE 将计算任意两个国家的收益时间序列之间的协方差。我们假设经理已经收集了每个指数的历史收益，插入每对返回 COVARIANCE 函数，并获得出现在 B 组中的条目。B 组中协方差矩阵对角线上的元素是每个国家/地区指数的方差。你可以取平方根来查找每个国家/地区的标准差。

表 5A-1

	A	B	C	D	E	F	G	H	I	J	K	L
1	Efficient Frontier Spreadsheet											
2												
3	Panel A	Expected excess returns (risk premiums) of each country index										
4												
5	U.S.	0.060										
6	U.K.	0.053										
7	France	0.070										
8	Germany	0.080										
9	Australia	0.058										
10	Japan	0.045										
11	Canada	0.059										
12												
13	Panel B	Bordered Covariance Matrix										
14												
15	Portfolio weights ⟶		0.6112	0.8778	−0.2140	−0.5097	0.0695	0.2055	−0.0402			
16	↓		U.S.	U.K.	France	Germany	Australia	Japan	Canada			
17	0.6112	U.S.	0.0224	0.0184	0.0250	0.0288	0.0195	0.0121	0.0205			
18	0.8778	U.K.	0.0184	0.0223	0.0275	0.0299	0.0204	0.0124	0.0206			
19	−0.2140	France	0.0250	0.0275	0.0403	0.0438	0.0259	0.0177	0.0273			
20	−0.5097	Germany	0.0288	0.0299	0.0438	0.0515	0.0301	0.0183	0.0305			
21	0.0695	Australia	0.0195	0.0204	0.0259	0.0301	0.0261	0.0147	0.0234			
22	0.2055	Japan	0.0121	0.0124	0.0177	0.0183	0.0147	0.0353	0.0158			
23	−0.0402	Canada	0.0205	0.0206	0.0273	0.0305	0.0234	0.0158	0.0298			
24	1.0000		0.0078	0.0113	−0.0027	−0.0065	0.0009	0.0026	−0.0005			
25		Risk Prem	0.0383									
26		Std Dev	0.1132									
27		Sharpe	0.3386									
28												
29	Formulas used in key cells											
30	Cell A17 - A23		These are portfolio weights. You can set initial value arbitrarily as long as sum = 1									
31	Cell C15		= A17, and so on. The portfolio weights in column A are copied to row 17.									
32	Cell A24		= SUM(A17:A23)									
33	Cell C24		= C15*SUMPRODUCT($A17:$A23,C17:C23)									
34	Cell D24 through I24		Copied from C24 (note the use of absolute addresses)									
35	Cell C25		= SUMPRODUCT(A17:A23,$B5:$B11)									
36	Cell C26		= SUM(C24:I24)^0.5									
37	Cell C27		= C25/C26									
38												
39	Panel C	Various points along the efficient frontier.										
40			Min var portfolio						Optimal (tangency) portfolio			
41	Risk Prem:	0.0350	0.0383	0.0400	0.0450	0.0500	0.0550	0.0564	0.0575	0.0600	0.0700	0.0800
42	Std Dev:	0.1141	0.1132	0.1135	0.1168	0.1238	0.1340	0.1374	0.1401	0.1466	0.1771	0.2119
43	Sharpe:	0.3066	0.3386	0.3525	0.3853	0.4037	0.4104	0.4107	0.4106	0.4092	0.3953	0.3774
44	U.S.	0.5944	0.6112	0.6195	0.6446	0.6696	0.6947	0.7018	0.7073	0.7198	0.7699	0.8201
45	U.K.	1.0175	0.8778	0.8083	0.5992	0.3900	0.1809	0.1214	0.0758	−0.0283	−0.4465	−0.8648
46	France	−0.2365	−0.2140	−0.2029	−0.1693	−0.1357	−0.1021	−0.0926	−0.0852	−0.0685	−0.0014	0.0658
47	Germany	−0.6077	−0.5097	−0.4610	−0.3144	−0.1679	−0.0213	0.0205	0.0524	0.1253	0.4185	0.7117
48	Australia	0.0588	0.0695	0.0748	0.0907	0.1067	0.1226	0.1271	0.1306	0.1385	0.1704	0.2023
49	Japan	0.2192	0.2055	0.1987	0.1781	0.1575	0.1369	0.1311	0.1266	0.1164	0.0752	0.0341
50	Canada	−0.0459	−0.0402	−0.0374	−0.0288	−0.0203	−0.0118	−0.0093	−0.0075	−0.0032	0.0139	0.0309
51	CAL*	0.0469	0.0465	0.0466	0.0479	0.0508	0.0550	0.0564	0.0575	0.0602	0.0727	0.0870
52	*Risk premium along the CAL = StdDev of portfolio times slope of optimal risky portfolio (Cell I45)											

5A.2 运用 Excel Solver

Excel 的 Solver 是一个界面友好、功能强大的优化问题计算工具。它有 3 个部分：目标函数、决策变量和约束条件。图 5A-1 展示了 Solver 的 3 张图片。现在的讨论涉及图 5A-1a。

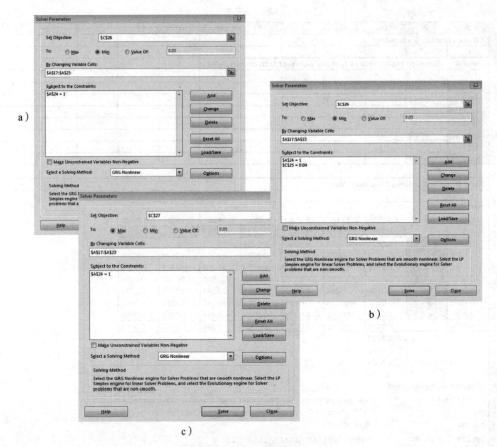

图 5A-1 Solver 对话框

上面的对话框中要求你选择目标函数的目标单元格,也就是你想要优化的变量。在图 5A-1a 中,目标单元格是 C26——投资组合的标准差。目标单元格下面,你可以选择你的目标,最大化、最小化或设置你的目标函数等于特定的值。这里选择最小化投资组合的标准差。

接下来的对话框包含决策变量。Solver 能改变这些单元以最优化目标单元格中的目标函数。在此,输入单元格 A17~A23,人们通过选择投资组合的权重来使组合波动最小。

Solver 底部的对话框包括一些约束条件。投资组合优化中必须满足的一条是"可行性约束",即投资组合权重之和为 1。进入约束条件框中,设定 A24(权重之和)为 1.0。

当我们点击"求解"时,Solver 找到最小方差投资组合的权重并将它们放在 A 列中。然后电子表格计算该投资组合的风险溢价和标准差。我们通过复制并保存投资组合权重及其关键统计数据:它们是表 5A-1 中的 C 组。C 组中的 C 列表明我们的输入列表可以达到的最低标准偏差(SD)是 11.32%。这个标准差远低于单个指标的最低标准差。

现在我们已准备好在有效边界找到其他点。我们将通过找到对任何目标风险溢价具有最低可能差异的投资组合来实现这一过程。在此过程后,你可以很快生成整个有效边界。

(1) 在 Solver 输入约束条件如下:C25(组合风险溢价)必须等于特定的值,比如 0.04(如图 5A-1b 所示)。现在有两个限制:一个是要求的风险溢价,另一个是组合权重的和为 1。

让 Solver 求解，它将会用能够满足目标风险溢价且标准差最低的组合权重替换 A 列中的组合权重。这个在有效前沿上的组合风险溢价为 4%。重复以上操作，表中计算了这个组合的其他性质，把它复制到 C 组。

（2）对于边界上其余点，可通过在 E41 中输入不同的风险溢价来获得，要求 Solver 再次运算得到。

（3）复制 Solver 每次在（2）中给你的解答到表 5A-1 中的 C 组，以这种方式表中集合了有效边界上的点。

5A.3 找出有效边界上的最优风险组合

有了有效边界之后，最后的任务是寻找边界上夏普比率（即报酬-波动性比率）最高的组合。这个组合是有效边界和资本配置线的切点。为了找到它，只需改变 Solver 中的两项。第一更改 C26~C27 目标单元格的值、组合的夏普比率，并使这一单元格中值最大。接着，解除上次你使用 Solver 设定的风险溢价的约束条件。这时，Solver 操作如图 5A-1c 所示。

现在 Solver 得出了最优风险组合。复制最优风险组合的统计数据和它们的权重至 C 组，为了得到一张清晰的图，将优化组合列入电子表格中，以使表中所有组合的风险溢价从最小方差组合的 3.83% 稳定增加至 8%。

以 B42~L42 中数据（水平或 X 轴为标准差）和 B41~L41 中数据（垂直或 Y 轴为组合风险溢价）做出有效边界。这一结果见图 5A-2。

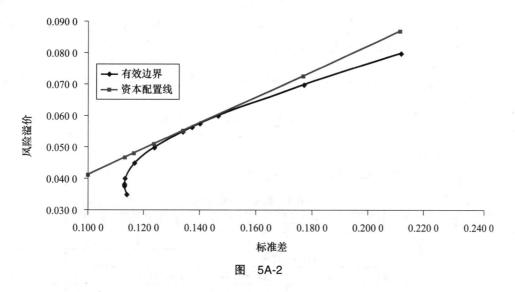

图 5A-2

5A.4 最优的资本配置线

在图 5A-2 的有效边界图中添加已确认的最优风险组合的资本配置边界线是很有指导意义的。这一资本配置线的斜率与最优风险组合的夏普比率相等。因此，在表 5A-1 的下面加了一行，单元格内输入每一列的投资组合的标准差与单元格 H43 中的最优风险组合夏普比率的乘积，这就得到了沿着资本配置线有效边界的每一个投资组合的风险溢价。接着又在图中加入一组数据，以单元格 B42~L42 中的标准差为 X 轴，而 B51~L51 中的元素作为 Y 轴。资本配置线如图 5A-2 所示。

5A.5 最优风险组合和卖空约束

借助于投资经理所使用的输入表,最优风险投资组合要求持有法国和加拿大股票的空头头寸(如表 5A-1 的 H 列所示)。在许多情况下,投资组合管理者被禁止持有空头头寸。如果是这样的话,需要修正投资计划。

为了完成这个任务,重复这个练习。加入下面的约束条件:在投资组合权重列中的所有元素,A17~A23,必须大于或等于零。你可以在你的工作表中尝试找出有卖空约束的有效边界。限制边界曲线如图 5A-2 所示。

附录 5B 投资组合统计量回顾

本附录将对由两个资产组成的投资组合的情景分析。这两个资产表示为资产 D 和资产 E(也可以认为是股票和债券),但是在附录中所使用的风险和收益参数并不一定与 5.2 节中使用的一致。

5B.1 期望收益

我们使用的"期望值"和"平均值"概念之间没有差异。在这个分析中将存在 n 种情景,情景 i 的收益率是 $r(i)$,概率是 $p(i)$,期望收益是

$$E(r) = \sum_{i=1}^{n} p(i) r(i) \tag{5B-1}$$

如果你想使每种情景的收益率增加 Δ,那么收益率的平均值将增加 Δ。如果你将每一种情景的收益率乘以 w,新的均值将是原来的 w 倍。

$$\sum_{i=1}^{n} p(i) \times [r(i) + \Delta] = \sum_{i=1}^{n} p(i) \times r(i) + \Delta \sum_{i=1}^{n} p(i) = E(r) + \Delta \tag{5B-2}$$

$$\sum_{i=1}^{n} p(i) \times [wr(i)] = w \sum_{i=1}^{n} p(i) \times r(i) = wE(r)$$

例 5B-1 期望收益率

表 5B-1 的 C 列列出了各种债券情景下的收益率。在 D 列给每一个情景收益率加上 3%,E

表 5B-1 债券的情景分析

	A	B	C	D	E	F	G
1							
2			情景收益率				
3	情景	概率	$r_D(i)$	$r_D(i)+0.03$	$0.4 \cdot r_D(i)$		
4	1	0.14	-0.10	-0.07	-0.040		
5	2	0.36	0.00	0.03	0.000		
6	3	0.30	0.10	0.13	0.040		
7	4	0.20	0.32	0.35	0.128		
8		均值	0.080	0.110	0.032		
9		单元格C8	=SUMPRODUCT($B$4:$B$7,C4:C7)				
10							
11							
12							

列将每一收益率乘以 0.4。这个表说明了如何计算 C、D 和 E 列的期望收益率。明显可以看出，D 列增加了 3%，E 列都乘以了 0.4。

现在来构建一个投资组合，受一定的投资预算约束，$w(D)$ 为投资于债券的比例，$w(E)$ 为投资于股票的比例。每一种情景的投资组合收益率和它的期望收益率已由式（5B-3）确定：

$$r_P(i) = w_D r_D(i) + w_E r_E(i)$$

$$\begin{aligned} E(r_P) &= \sum p(i)[w_D r_D(i) + w_E r_E(i)] \\ &= \sum p(i) w_D r_D(i) + \sum p(i) w_E r_E(i) \\ &= w_D E(r_D) + w_E E(r_E) \end{aligned} \tag{5B-3}$$

每种情景下的组合收益率是各构成部分收益率的加权平均值。权重是投资于这些资产的投资比例，即投资组合权重。投资组合的期望收益率是资产平均收益率的加权平均。

例 5B-2　投资组合收益率

表 5B-2 列出了股票和债券的收益率。假定股权部分的权重为 0.6，而债权的权重为 0.4，每种情景下投资组合的收益率如 L 列所示。使用 SUMPRODUCT 函数，即用每一种情景的收益率乘以每一种状态的概率，然后求和，即在单元格 L8 得出了投资组合的期望收益率 0.104。

表 5B-2　债券和股票的情景分析

	H	I	J	K	L
1					
2			情景收益率		投资组合收益
3	情景	概率	$r_D(i)$	$r_E(i)$	$0.4*r_D(i)+0.6*r_E(i)$
4	1	0.14	-0.10	-0.35	-0.2500
5	2	0.36	0.00	0.20	0.1200
6	3	0.30	0.10	0.45	0.3100
7	4	0.20	0.32	-0.19	0.0140
8		均值	0.08	0.12	0.1040
9		单元格L4	=0.4*J4+0.6*K4		
10		单元格L8	=SUMPRODUCT($I$4:$I$7,L4:L7)		
11					
12					

5B.2　方差和标准差

假设在某种情景下资产的期望收益率的方差和标准差可以由下式给出[⊖]：

$$\sigma^2(r) = \sum_{i=1}^{n} p(i)[r(i) - E(r)]^2 \tag{5B-4}$$

$$\sigma(r) = \sqrt{\sigma^2(r)}$$

⊖ 资产收益率方差并不是用来衡量波动性特征值唯一的统计量，常用绝对偏差来替代偏差的平方，所以有时也用绝对偏差值（MAD）来度量波动性。将方差作为较好衡量波动性的特征值有几个原因：一是绝对值在数学上更加难处理；二是偏差平方给予较大偏差更大的权重；三是当资产收益服从正态分布时，均值和方差两个特征值能够完全描述收益分布。

注意到方差项是平方项，而标准差是方差开方后的值，与原来的收益相比有同样的单位，因此将标准差作为衡量收益波动性的工具更简便有效。

给每种情景的收益率加上一个固定的值 Δ，相应的收益率均值也增加了 Δ。因此，每一种情景相对于收益率均值的偏差并不受影响，方差和标准差都没有受影响。相反，当你给每一种情景的收益率乘以 w，方差值则等于原来的方差乘以 w^2（即标准差乘以 w）

$$\text{Var}(wr) = \sum_{i=1}^{n} p(i) \times [wr(i) - E(wr)]^2 = w^2 \sum_{i=1}^{n} p(i)[r(i) - E(r)]^2 = w^2 \sigma^2 \quad (5B-5)$$

$$\text{SD}(wr) = \sqrt{w^2 \sigma^2} = w\sigma(r)$$

Excel 中并没有可以直接算出情景分析的收益率方差和标准差的方法。Excel 里面的 STDEV 和 VAR 函数是用于时间序列分析的。我们需要计算残差的加权平方值，而为了避免计算每个收益率偏离均值残差的平方列，可以用两项的差来计算方差，以简化问题。

$$\sigma^2(r) = E[r - E(r)]^2 = E\{r^2 + [E(r)]^2 + 2rE(r)\}$$

$$= E(r)^2 + [E(r)]^2 - 2E(r)E(r)$$

$$= E(r^2) - [E(r)]^2 = \sum_{i=1}^{n} p(i)r(i)^2 - \left[\sum_{i=1}^{n} p(i)r(i)\right]^2 \quad (5B-6)$$

例 5B-3 在 Excel 中计算风险资产的方差

可以在式（5B-6）中用 SUMPRODUCT 函数计算第一个表达式 $E(r^2)$。例如，在表 5B-3 中，C21 单元格是通过使用该函数，用各情景的概率乘以资产收益率再乘以资产收益率计算出 $E(r^2)$，接着减去 $[E(r)]^2$（注意到在单元格 C21 中减去 C20 的平方），即得到方差。

表 5B-3 债券的情景分析

	A	B	C	D	E	F	G
13							
14				情景收益率			
15	情景	概率	$r_D(i)$	$r_D(i)+0.03$	$0.4*r_D(i)$		
16	1	0.14	−0.10	−0.07	−0.040		
17	2	0.36	0.00	0.03	0.000		
18	3	0.30	0.10	0.13	0.040		
19	4	0.20	0.32	0.35	0.128		
20		均值	0.0800	0.1100	0.0240		
21		方差	0.0185	0.0185	0.0034		
22		标准差	0.1359	0.1359	0.0584		
23	单元格C21	=SUMPRODUCT($B$16:$B$19,C16:C19,C16:C19)−C20^2					
24	单元格C22	=C21^0.5					

投资组合收益率的方差并不像计算均值那样简单。投资组合的方差不是资产方差的加权平均值。任何情景下，投资组合收益率相对于其收益率均值的偏差可由式（5B-7）得出：

$$r_P - E(r_P) = w_D r_D(i) + w_E r_E(i) - [w_D E(r_D) + w_E E(r_E)]$$

$$= w_D[r_D(i) - E(r_D)] + w_E[r_E(i) - E(r_E)] \quad (5B-7)$$

$$= w_D d(i) + w_E e(i)$$

其中 d 和 e 代表与预期值的偏差：

$$d(i) = r_D(i) - E(r_D)$$

$$e(i) = r_E(i) - E(r_E)$$

于是组合的方差可以表示为

$$\sigma_P^2 = \sum_{i=1}^{n} p(i)[r_P - E(r_P)]^2 = \sum_{i=1}^{n} p(i)[w_D d(i) + w_E e(i)]^2$$

$$= \sum_{i=1}^{n} p(i)[w_D^2 d(i)^2 + w_E^2 e(i)^2 + 2w_D w_E d(i) e(i)]$$

$$= w_D^2 \sum_{i=1}^{n} p(i) d(i)^2 + w_E^2 \sum_{i=1}^{n} p(i) e(i)^2 + 2w_D w_E \sum_{i=1}^{n} p(i) d(i) e(i)$$

$$= w_D^2 \sigma_D^2 + w_E^2 \sigma_E^2 + 2w_D w_E \sum_{i=1}^{n} p(i) d(i) e(i) \tag{5B-8}$$

式（5B-8）表示一个投资组合的方差是各种资产方差的加权和（注意权重是各种投资组合权重的平方）以及下面将要提到的协方差部分。

注意到 $d(i)e(i)$ 是两种资产收益在每种情景下相对于均值的偏差乘积，它的加权期望叫协方差，表示为 $\text{Cov}(r_D, r_E)$，两个资产的协方差对投资组合的方差有很大影响。

5B.3 协方差

两个变量的协方差可表示为

$$\text{Cov}(r_D, r_E) = E(d \times e) = E\{[r_D - E(r_D)][r_E - E(r_E)]\}$$

$$= E(r_D r_E) - E(r_D)E(r_E) \tag{5B-9}$$

协方差是量化两个变量之间的方差的一种很好的方法。可以通过一个例子简单地了解它的运用。

假设表 5B-4 中的股票和债券有 3 种情景。情景 1：债券价格下跌（负的偏差）而股票价格上涨（正的偏差）。情景 3：债券价格上升但是股票价格下降。当比率朝相反的方向变化时，如这个例子中，偏差的乘积为负。相反，如果比率朝相同的方向发展，乘积的符号则为正。乘积的大小表明某种情景中相反或同向的程度。加权平均值反映了变量在几种情景中协变的平均趋势。表格的最后一行，可以看到协方差是 -80（H6 单元格）。

表 5B-4 股票和债券的三种情景

	A	B	C	D	E	F	G	H
1		收益率			均值偏差			方差之积
2	概率	债券	股票		债券	股票		
3	0.25	-2	30		-8	20		-160
4	0.50	6	10		0	0		0
5	0.25	14	-10		8	-20		-160
6	均值：	6	10		0	0		-80

假设在某情景中股票的运行方向与债券的方向相同。具体来说，转换第 1 种情景和第 3 种情景对股票收益的预测，使股票收益在第 1 种情景中为 -10%，在第 3 种情景中为 30%。这样，在这两个情景中最终值仍然相等，但是符号为正，即协方差为正，为 80，反映了两个资产收益趋势相继变化。如果情景收益的水平发生变化，协方差的强度也会变化，通过偏差的乘积大小反映出来。协方差大小的变化反映了偏差的变化和协方差的强度。

如果不存在同向运动，因为正的乘数刚好等于负的乘数，协方差为零。而且，其中一项资产是无风险的，它的协方差与任何风险资产的协方差都为零，因为它对于均值的偏差为零。

利用式（5B-9）最后一行的公式通过 Excel 来计算协方差会很简单。第一部分 $E(r_D \times r_E)$ 可以通过 Excel 的 SUMPRODUCT 函数来计算。注意，给每个收益率加 Δ 不会改变协方差，因为对均值的偏差仍然没有改变。但是如果对其中一个变量乘以一个固定的数，协方差将会随着这个数的变化而变化。两个变量都乘以一个数则等于协方差与这两个数的乘积：

$$\text{Cov}(w_D r_D, w_E r_E) = E\{[w_D r_D - w_D E(r_D)][w_E r_E - w_E E(r_E)]\} = w_D w_E \text{Cov}(r_D, r_E)$$
(5B-10)

式（5B-10）的两倍实际上是式（5B-8）的最后一项，所以投资组合方差是每项资产方差的加权之和再加上协方差的两倍乘以 $w_D w_E$。

像方差一样，协方差单位也是平方项，但是开方时，因为协方差可能为负数，如表 5B-4 所示，在这种情况下，可以把协方差表示为两个变量的标准差乘以两个变量的相关系数。

5B.4 相关系数

相关系数定义如下：

$$\text{Corr}(r_D, r_E) = \frac{\text{Cov}(r_D, r_E)}{\sigma_D \sigma_E}$$
(5B-11)

相关系数一定落在 [-1, 1] 区间中。这个结论可以通过下面的论证得到。怎样的两个变量会有最大程度的同向运动？逻辑上来说，变量自己与自己有最大程度的共同运动，下面来证明。

$$\text{Cov}(r_D, r_D) = E\{[r_D - E(r_D)] \times [r_D - E(r_D)]\} = E[r_D - E(r_D)]^2 = \sigma_D^2$$

$$\text{Corr}(r_D, r_D) = \frac{\text{Cov}(r_D, r_D)}{\sigma_D \sigma_D} = \frac{\sigma_D^2}{\sigma_D^2} = 1$$
(5B-12)

相似地，相关系数的最小值为 -1。（请读者自己证明。）

相关系数一个最重要的特点是它不会因为变量增加和增倍而变化。假设债权的收益率为 r_D，将它乘以一个常数 w_D，然后加上一个固定值 Δ。它与股权的相关系数没有受到影响：

$$\text{Corr}(\Delta + w_D r_D, r_E) = \frac{\text{Cov}(\Delta + w_D r_D, r_E)}{\sqrt{\text{Var}(\Delta + w_D r_D)} \times \sigma_E} = \frac{w_D \text{Cov}(r_D, r_E)}{\sqrt{w_D^2 \sigma_D^2} \times \sigma_E} = \frac{w_D \text{Cov}(r_D, r_E)}{w_D \sigma_E \times \sigma_E} = \text{Corr}(r_D, r_E) \quad (5B-13)$$

因为相关系数对收益率之间的关系给人感觉更加直观，所以有时候把协方差表示为相关系数的形式：

$$\text{Cov}(r_D, r_E) = \sigma_D \sigma_E \text{Corr}(r_D, r_E)$$
(5B-14)

例 5B-4　计算协方差和相关系数

表 5B-5 列示了股票和债券的协方差和相关系数，所用的是其他例子中相同的情景分析方法。协方差的计算运用式（5B-9），通过 SUMPRODUCT 函数得出，如单元格 J22 所示，从中提出 $E(r_D) \times E(r_E)$，相关系数的计算见单元格 J23，等于协方差除以各项资产标准差的乘积。

表 5B-5 股票和债券的情景分析

	H	I	J	K	L	M
13						
14			情景收益率			
15	情景	概率	$r_D(i)$	$r_E(i)$		
16	1	0.14	-0.10	-0.35		
17	2	0.36	0.00	0.20		
18	3	0.30	0.10	0.45		
19	4	0.20	0.32	-0.19		
20		均值	0.08	0.12		
21		标准差	0.1359	0.2918		
22		协方差	-0.0034			
23		相关系数	-0.0847			
24	单元格J22	=SUMPRODUCT(I16:I19,J16:J19,K16:K19)-J20*K20				
25	单元格J23	=J22/(J21*K21)				

5B.5 投资组合方差

见式（5B-8）和式（5B-10），两项资产组成的投资组合方差是各项资产的方差乘以投资组合权重的平方之和，再加上两项资产收益率的相关系数和标准差以及投资组合权重的乘积的两倍：

$$\sigma_P^2 = w_D^2\sigma_D^2 + w_E^2\sigma_E^2 + 2w_Dw_E\text{Cov}(r_D, r_E)$$
$$= w_D^2\sigma_D^2 + w_E^2\sigma_E^2 + 2w_Dw_E\sigma_D\sigma_E\text{Corr}(r_D, r_E) \quad (5B\text{-}15)$$

例 5B-5 计算投资组合方差

投资组合方差的计算见表 5B-6。在此计算投资组合标准差有两种方法：第 1 种方法是通过投资组合的收益率情景分析（见单元格 E35）；第 2 种方法是使用式（5B-15）的第 1 行（见单元格 E36）。这两种方法得到的结果相同，也可以试着运用式（5B-15）相关系数来计算投资组合方差。

表 5B-6 股票和债券的情景分析

	A	B	C	D	E	F	G
25							
26							
27							
28			情景收益率		投资组合收益		
29	情景	概率	$r_D(i)$	$r_E(i)$	$0.4*r_D(i)+0.6*r_E(i)$		
30	1	0.14	-0.10	-0.35	-0.25		
31	2	0.36	0.00	0.20	0.12		
32	3	0.30	0.10	0.45	0.31		
33	4	0.20	0.32	-0.19	0.014		
34		均值	0.08	0.12	0.1040		
35		标准差	0.1359	0.2918	0.1788		
36		协方差	-0.0034		SD: 0.1788		
37		相关系数	-0.0847				
38	单元格E35 = (SUMPRODUCT(B30:B33,E30:E33,E30:E33)-E34^2)^0.5						
39	单元格E36 = ((0.4*C35)^2+(0.6*D35)^2+2*0.4*0.6*C36)^0.5						

假设其中一项资产 E 被一种货币市场工具——一种无风险资产所替代，则 E 的方差为零，同时 E 和 D 的协方差也为零。在那种情况下，如式（5B-15）所示，投资组合标准偏差等于 $w_D\sigma_D$，换句话说，当把风险投资组合与无风险资产组合，投资组合的标准差就等于风险投资组合的标准差乘以其权重。上述结论在第 4 章中被广泛运用。

第 6 章
CHAPTER 6

资本资产定价模型

资本资产定价模型（CAPM）是现代金融经济学的奠基石之一。该模型对资产风险与其期望收益之间的关系给出了精准的预测。这一模型发挥着两个重要作用。首先，它为评估各项投资提供了一个基准收益率。举例来说，当我们分析证券时，会十分关注股票在给定的风险水平下其期望收益与其"合理"收益之间的差异。其次，该模型帮助我们对还没有上市交易资产的期望收益做出合理的估计。例如，如何对首次公开发行的股票定价？一个新的重大投资项目使投资者对公司股票的收益率产生怎样的影响？尽管资本资产定价模型与实际验证的结论并不完全一致，但其在诸多重要的实践应用中的精确度得到了普遍认同，并且具有较好的预见性，这些因素使其得到了广泛应用。这个模型各个版本都保留了只有系统性风险才会有风险溢价这个中心结论。虽然衡量系统性风险的最佳方法很精细，但所有更复杂的版本都可以视作在这个基础思想上对基本资本资产定价模型的变形。

6.1 资本资产定价模型概述

资本资产定价模型是基于风险资产期望收益均衡基础上的预测模型。哈里·马科维茨于1952年建立了现代投资组合选择理论。12年后，威廉·夏普[一]、约翰·林特纳[二]与简·莫森[三]将其发展为资本资产定价模型。从马科维茨的投资组合选择理论发展到资本资产定价模型经历了一个较长的过程，这说明资本资产定价模型并不是一蹴而就的。

CAPM 基于表 6-1 中列出的两组假设。第一组涉及投资者行为，我们假设投资者在最重要的方面是相似的，特别是他们都具有共同时间期限的均值-方差优化偏好以及在使用相同的输

[一] William Sharpe, "Capital Asset Prices: A Theory of Market Equilibrium," *Journal of Finance*, September 1964.
[二] John Lintner, "The Valuation of Risk Assets and the Selection of Risky Investments in Stock Portfolios and Capital Budgets," *Review of Economics and Statistics*, February 1965.
[三] Jan Mossin, "Equilibrium in a Capital Asset Market," *Econometrica*, October 1966.

入变量时会输出一组共同信息。第二组假设与市场背景有关，假设市场运作良好，几乎没有交易摩擦。即使粗略考虑也会发现这些假设条件相当苛刻，有理由怀疑从中得出的理论是否经得起实验验证。因此，我们将在本章后面谈论当放松这些限制性假设中的一个或多个时，模型的预测结果可能如何变化。

表 6-1　CAPM 的假设

1. 个人行为
    a. 投资者是理性的，均值-方差优化偏好。
    b. 他们共同的计划范围是一个单一的时期。
    c. 投资者都使用相同的输入列表，这种假设通常被称为同质期望。同质期望与所有相关信息都是公开可用的假设一致。
2. 市场结构
    a. 所有资产均在公共交易所公开持有和交易。
    b. 投资者可以以共同的无风险利率借入或借出，他们可以在交易证券上做空头寸。
    c. 没有税。
    d. 没有交易成本。

尽管如此，CAPM 的简单版本依旧是一个很好的起点。虽然适当量化风险和对模型的更复杂变体的的确对风险-收益权衡的预测可能不同，但基本模型的核心含义"风险溢价与系统风险的暴露成正比，与公司特定风险无关"，在其发展中仍然普遍有效。基于这种共性，尽管模型存在实证上的缺点，但简单的 CAPM 仍然被广泛使用。

因此，我们首先假设所有投资者都通过马科维茨理论优化他们的投资组合。也就是说，每个投资者使用输入列表（期望收益和协方差矩阵）来绘制一个利用所有可用风险资产的有效边界，并通过绘制有效边界的切线 CAL（资本配置线）确定一个有效的风险投资组合 P，如图 6-1a 所示。结果显示每个投资者持有可投资范围内的证券，其权重由马科维茨理论优化过程得出。请注意，该框架采用假设 1（a）（投资者均为均值-方差优化偏好），2（a）（所有资产都公开持有，并在交易所交易），以及 2（b）（投资者可以借入或借出无风险利率），因此可以从相切投资组合的资本配置线中选择投资组合。

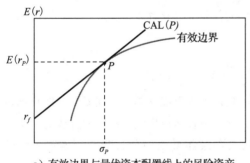
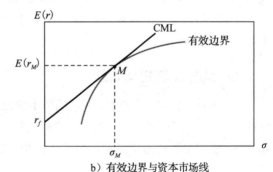

a）有效边界与最优资本配置线上的风险资产　　b）有效边界与资本市场线

图 6-1　资本配置线和资本市场线

CAPM 关注如果所有投资者共享相同的可投资领域并使用相同的输入列表来绘制其有效边界将会发生什么。使用共同的输入列表显然需要假设 1（c），但请注意，它也依赖于假设 1（b），每个投资者都在针对共同的投资期限进行优化。它还隐含地假设投资者的选择不会受到可能影响净收益率的税率或交易成本差异的影响（假设 2（c）和 2（d））。

根据这些假设，投资者通过计算得到风险资产相同的有效边界就不奇怪了。面对相同的无风险利率（假设2（b）），他们会画出相同的CAL切线并自然地持有相同的风险组合P。因此所有的投资者都会在每一个风险资产上选择相同的权重。这些权重是什么？

资本资产定价模型的一个关键观点是：因为市场组合是所有风险资产组合的加总，市场组合内的资产比例也是投资者的持有比例（注意这个结论依赖于假设2（a），因为它需要所有的资产都能够交易，并被囊括在投资者的组合中）。所以，如果所有投资者选择相同的风险资产组合，这个组合一定是市场组合，即可投资集中所有资产以市值加权平均得到的组合。因而，基于每个投资者最优风险资产组合之上的资本配置线实际上就是图6-1b所显示的资本市场线。这个应用让我们能够就风险-收益权衡做更多的发挥。

6.1.1 为什么所有投资者都持有市场组合

什么是市场投资组合？当我们把单个投资者的资产组合加总起来时，借与贷将会互相抵消（因为每一个借入者都有一个与之相对应的贷出者），其加总起来的风险资产组合的价值等于整个经济中的全部财富，这就是市场投资组合，用M表示。每只股票在这个资产组合中所占的比例等于股票的市值（每股价格乘以公司股票总股数）占股票总市值的比例。⊖

这意味着，如果通用电气公司的股票在每一个普通的风险资产组合中所占的比例为1%，那么该股票在整个市场投资组合中所占的比例也是1%。这一结论对每一个投资者的风险资产组合中的任一股票都适用。结果，所有投资者的最优风险资产组合只是图6-1中市场投资组合的一部分而已。

现在假定投资者的最优资产组合中不包含某些公司的股票，例如不包括德尔塔航空公司的股票，当所有投资者对德尔塔航空公司股票的需求为零时，该股票的价格将会相应下跌。当这一股价变得异乎寻常的低廉时，相比于其他股票，它会变得对投资者有吸引力。最终，德尔塔航空公司的股价会达到一个具有足够吸引力的价格，使德尔塔航空公司的股票完全可以被纳入最优的股票资产组合。

这样的价格调整过程保证所有股票都被纳入最优资产组合当中，这说明了所有的资产都必须包括在市场投资组合之中。唯一的区别在于在怎样的价位上投资者才愿意将一只股票纳入其最优资产组合。

6.1.2 消极策略是有效的

在第4章，我们定义资本市场线为资本配置线，它是由货币市场账户（或短期国债）和市场投资组合构成的，现在你大概可以清楚地看出：为什么说资本市场线是资本配置线的一个有趣特例。在资本资产定价模型的简单形式中，市场投资组合M是有效边界与资本市场线的切点。

在这里，所有投资者持有的市场投资组合都建立在相同的输入表之上，因此它们能体现出证券市场中所有的相关信息。这意味着投资者无须进行复杂的证券分析，通过直接持有市场投资组合即可得到有效资产组合（当然，如果每个人都采用这样的资产组合而没有人进行证券市场分析工作的话，以上情形也就不复存在了，关于这一点，我们将在第8章有效市场假说中再

⊖ 正如前面所提到的，为了方便我们使用"股票"作为整个经济中的代表；市场投资组合恰好包括经济中的所有资产。

做详尽的讨论）。

因此，投资于市场指数组合这样一个消极策略是有效的，为此，我们有时把这一结论称为**共同基金原理**（mutual fund theorem）。共同基金原理就是曾在第 5 章讨论过的分散化投资的另一种形式。如果所有投资者可以自由地选择持有与市场组合相同的风险资产组合，他们不会反对将市场中的股票替换为一个市场组合的共同基金所持有的股票。

在现实中，不同的投资管理者确实创立了很多不同于市场指数的风险资产组合。我们认为是由于在最优资产组合中不同的输入表产生了这个结果。尽管如此，共同基金原理的重要性在于它为投资者提供了一个消极投资的渠道，投资者可以将市场指数看作一个合理的、最有效的资产组合。

> **概念检查 6-1**
>
> 如果只有少数投资者进行证券分析，而其他人都选择持有市场投资组合 M，那么证券的资本市场线对于未进行证券分析的投资者而言还仍然是最有效的资本配置线吗？为什么？

专栏华尔街实战 6-1 是一个关于指数化争论的寓言。如果消极策略是有效的，那么它们倾向于证明交易和研究费用没有减少收益，也没有产生不好的结果。

|华尔街实战 6-1| 货币市场基金经理的寓言

有个地方叫印地西亚，几年前，革命推翻了社会等级制度并引起了私人财产产权体系的重建，原有的政府企业以公司的形式重组，紧接着发行了股票和债券，这些证券通过某一特定中心机构发行，出售给个人、退休基金和其他类似的机构（市场上都流通新印的钞票）。

许多资产管理者立即开始帮助这些投资者。回想起一位退休老人在革命前的言论（"在印地西亚公司投资"）。他呼吁客户拿出资金来购买所有新上市的证券。投资者认为这是一个不错的主意，很快每个人都持有一些印地西亚公司的股票。

不久资本管理者开始感到厌烦，因为他们没有什么可做的，很快他们开始习惯于聚集在海滨的赌场里靠玩轮盘、掷骰子等来消磨时光，并用他们自己的钱赌上一把。

之后，赌场老板想出一个新主意，他想提供一系列具备吸引力的房间专门作为基金经理俱乐部。这些会员以不同的公司、工厂、国内生产总值水平、外贸等来打赌，为了使赌博更刺激，赌场的老板建议他们用客户的资金作为赌资。

这一建议很快被采纳，基金经理饶有兴趣地来参加这种游戏。在每个周末，一些基金经理发现他们为客户赢了钱，而其他人却输了钱，但整体来看，损失却远远超过了盈利，因为其中一部分花费是赌博的场地费。

不久，一些印地西亚大学的教授指出投资者没有得到很好的服务，因为基金经理把钱用在了俱乐部赌博上："为什么付钱给别人去赌博，却不自己持有印地西亚公司的份额呢？"

一些投资者认为这一观点有道理，开始对基金经理提出意见。一些基金经理接受了意见并声明他们从此将远离赌场，承诺用客户的资金按适当的比例投资公司发行的股票和债券。

一开始那些继续频繁进出俱乐部的人只是避开基金管理人的身份，但是随后，他们拒绝接受这一意见。正如人们所预期的那样，清教徒式的改革浪潮没有实现，赌博仍然是合法的。许多管理者继续把赌场看作自己的圣地，只是他们比以前有了更多的节制，投入的赌注更少，渐渐地与他们的责任相一致，甚至有些法律俱乐部的成员也发现反对赌博很难，这一活动仍在继续。

此后，除了赌场业主，每一个人都过得很开心。

资料来源：William F. Sharpe, "The Parable of the Money Managers," *The Financial Analysts' Journal* 32 (July/August 1976), p. 4. Copyright 1976, CFA Institute. Reproduced from *The Financial Analysts' Journal* with permission from the CFA Institute. All rights reserved.

6.1.3 市场组合的风险溢价

在第4章中,我们讨论了个体投资者如何确定投资于风险资产组合的资金比例这一问题。如果所有投资者选择投资于市场组合M和无风险资产,我们怎样确定市场投资组合M中的均衡风险溢价?

前面已提出,市场投资组合的均衡风险溢价与投资者群体的平均风险厌恶程度和市场投资组合的风险是成比例的。现在我们可以来解释这一结论。

假设每位投资者投资于最优资产组合M的资金比例为 y,那么有:

$$y = \frac{E(r_M) - r_f}{A\sigma_M^2} \tag{6-1}$$

其中,$E(r_M) - r_f = E(R_M)$ 是市场组合的风险溢价(期望超额收益)。

在形式简化的资本资产定价模型的经济中,无风险投资包括所有投资者之间的借入和贷出,任何借入头寸必须同时有债权人的贷出

> **概念检查 6-2**
>
> 从过去90年标准普尔500指数数据得到如下数据:平均超额收益为8.3%,标准差为20.3%。
>
> a. 如果这些平均数近似地反映投资者在这段时间的期望收益率,那么投资者的平均风险厌恶系数是多少?
> b. 如果风险厌恶系数的实际值为3.5,那么符合市场历史标准差的风险溢价是多少?

头寸来平衡。这意味着所有投资者之间的净借入与净贷出的总和为零,因此,以代表性投资者的风险厌恶系数 $\bar{A}$ 代替 A,风险资产组合的平均比例为100%,或 $y=1$。设 $y=1$,代入式(6-1)整理,我们发现市场投资组合的风险溢价与其方差和平均风险厌恶水平有关。

$$E(R_M) = \bar{A}\sigma_M^2 \tag{6-2}$$

6.1.4 单个证券的期望收益

资本资产定价模型认为,单个证券的合理风险溢价取决于单个资产对投资者所有资产组合风险的贡献程度。对于投资者而言,资产组合风险的重要性在于投资者根据资产组合风险来确定他们要求的风险溢价。

由于所有投资者采用相同的输入表,这意味着他们的期望收益、方差和协方差都相同,因此都会用市场组合作为最优风险组合。正如第5章提到的那样,我们可以用边界的协方差矩阵以及市场组合的权重来计算市场组合的方差。我们在刻画市场组合中的 n 只股票的基础上突出GE,从而测算出GE对市场组合风险的贡献。

资产组合权重	w_1	w_2	⋯	w_{GE}	⋯	w_n
w_1	$\text{Cov}(R_1, R_1)$	$\text{Cov}(R_1, R_2)$	⋯	$\text{Cov}(R_1, R_{GE})$	⋯	$\text{Cov}(R_1, R_n)$
w_2	$\text{Cov}(R_2, R_1)$	$\text{Cov}(R_2, R_2)$	⋯	$\text{Cov}(R_2, R_{GE})$	⋯	$\text{Cov}(R_2, R_n)$
⋮	⋮	⋮		⋮		⋮
w_{GE}	$\text{Cov}(R_{GE}, R_1)$	$\text{Cov}(R_{GE}, R_2)$	⋯	$\text{Cov}(R_{GE}, R_{GE})$	⋯	$\text{Cov}(R_{GE}, R_n)$
⋮	⋮	⋮		⋮		⋮
w_n	$\text{Cov}(R_n, R_1)$	$\text{Cov}(R_n, R_2)$	⋯	$\text{Cov}(R_n, R_{GE})$	⋯	$\text{Cov}(R_n, R_n)$

如前所述,我们通过将协方差矩阵的所有元素加总来计算资产组合的方差,首先要将行与列的所有资产组合权重相乘。因此,每只股票对资产组合方差的贡献率可以表示为股票所在行

协方差的总和。这里每个协方差都要首先乘以每只股票所在行和列的权重。㊀

所以，通用电气公司股票对市场组合方差的贡献为

$$w_{GE}[w_1\text{Cov}(R_1, R_{GE}) + w_2\text{Cov}(R_2, R_{GE}) + \cdots + \\ w_{GE}\text{Cov}(R_{GE}, R_{GE}) + \cdots + w_n\text{Cov}(R_n, R_{GE})] \tag{6-3}$$

注意到方括号里的每一项都可以重新表达为 $w_i\text{Cov}(R_i, R_{GE}) = \text{Cov}(w_iR_i, R_{GE})$。此外，由于协方差的可加性，方括号中的各项之和为

$$\sum_{i=1}^{n} w_i\text{Cov}(R_i, R_{GE}) = \sum_{i=1}^{n}\text{Cov}(w_iR_i, R_{GE}) = \text{Cov}\left(\sum_{i=1}^{n} w_iR_i, R_{GE}\right) \tag{6-4}$$

因为 $\sum_{i=1}^{n} w_iR_i = R_M$，所以式（6-4）表明：

$$\sum_{i=1}^{n} w_i\text{Cov}(R_i, R_{GE}) = \text{Cov}(R_M, R_{GE})$$

所以，通用电气公司股票对市场投资组合方差的贡献程度可以简单地表示为 $w_{GE}\text{Cov}(R_M, R_{GE})$。

我们对这一结果并不感到惊讶。例如，如果通用电气公司股票与市场上其他股票的协方差为负，那么该股票对市场投资组合的贡献是"负的"：因为通用电气公司股票的收益率与市场上其他股票收益率的变动方向相反，所以与整个市场投资组合的收益率变动也相反。如果协方差是正的，那么通用电气公司股票对市场投资组合风险的贡献也是正的，其收益率的变动幅度与整个市场投资组合的收益率变动一致。㊁

同时可以看到，我们持有通用电气公司股票对整个市场投资组合的风险溢价的贡献为 $w_{GE}E(R_{GE})$。

因此，投资通用电气公司股票的收益-风险比率可以表达为

$$\frac{\text{通用电气对风险溢价的贡献}}{\text{通用电气对方差的贡献}} = \frac{w_{GE}E(R_{GE})}{w_{GE}\text{Cov}(R_{GE}, R_M)} = \frac{E(R_{GE})}{\text{Cov}(R_{GE}, R_M)}$$

市场投资组合是切线（有效均值-方差）上的资产组合。投资于市场投资组合的收益-风险比率为

$$\frac{\text{市场风险溢价}}{\text{市场方差}} = \frac{E(R_M)}{\sigma_M^2} \tag{6-5}$$

式（6-5）中的比率通常也叫作**风险的市场价格**（market price of risk），因为它测度的是投资者承担投资风险时所要求的收益。注意有效组合的组成部分，比如通用电气公司的股票，我们用其对资产组合方差的贡献程度来测度风险（取决于与市场投资组合的协方差）。相反，对于有效组合本身来说，方差就是最合适的风险测度。㊂

㊀ 另一个同样有效地计算通用电气公司对市场方差贡献的方法是求出通用电气公司所在行与列的元素总和。在本例中，通用电气公司的贡献是式（6-3）中的两倍。我们在书中所提及的方法，以一种便利的方式分配证券中每只股票对投资组合风险的贡献。每只股票贡献的总量与总的投资组合的方差相等，而这里所说的另一种方法是把投资组合的方差加倍。从双倍计量中得出这一结果，因为把每只股票的行和列分别相加，将导致矩阵中各元素增加两倍。

㊁ 对方差有所贡献并不意味着分散化是无益的。将 GE 从市场投资组合中去除需要调整组合中其他股票的权重，这种调整可能使组合方差增加得更多。尽管只拥有正方差的证券对组合方差有所贡献，但是通过增加证券数量并降低单只证券权重（即分散化）可以降低组合方差。注意式（6-1）中，风险资产组合权重与其收益-风险比成正比，而不是与收益-标准差成正比。

㊂ 不幸的是，市场投资组合的夏普比率 $\dfrac{E(r_M) - r_f}{\sigma_M}$，有时被称作风险的市场价格，但实际上它不是。单位风险是方差，所以风险的价格将收益与方差关联起来（或与增量风险的协方差关联起来）。

均衡的一个基本原则是所有投资都应该具有相同的收益-风险比率。如果某一投资的收益-风险比率低于其他投资，投资者将会将其调整出资产组合，这一操作会给证券价格带来下跌压力，直至收益-风险比率与其他资产相等。因此，我们可以得出通用电气公司股票的收益-风险比率应该与市场组合的相等：

$$\frac{E(R_{GE})}{\text{Cov}(R_{GE}, R_M)} = \frac{E(R_M)}{\sigma_M^2} \tag{6-6}$$

为了测算通用电气公司股票的合理风险溢价，我们将式（6-6）稍微变换一下得到：

$$E(R_{GE}) = \frac{\text{Cov}(R_{GE}, R_M)}{\sigma_M^2} E(R_M) \tag{6-7}$$

这里 $\text{Cov}(R_{GE}, R_M)/\sigma_M^2$ 这一比率衡量了通用电气公司股票对市场投资组合方差的贡献程度，是市场投资组合方差的组成部分。这一比率也叫作贝塔，用 β 表示。这样，式（6-7）可以表示为

$$E(r_{GE}) = r_f + \beta_{GE}[E(r_M) - r_f] \tag{6-8}$$

这个**期望收益-贝塔关系**（expected return-beta relationship）就是资本资产定价模型最为普通的一种表达方式。期望收益-贝塔关系告诉我们，总期望收益率是无风险利率（对"等待"的补偿，即货币的时间价值）加上风险溢价（对"担忧"的补偿，特别是关于投资收益）的总和。此外，它对风险溢价的大小做出了非常具体的预测：它是"基准风险溢价"（广义市场投资组合）的产物，以及通过其贝塔来衡量（对整体风险资产组合的风险贡献）特定资产的相对风险。

注意风险溢价不依赖于投资的总波动性。例如，开发一种可能取得巨大成功或完全失败的新药的公司的股市表现可能具有极大的差异。这些股票的投资者不会因此要求高期望收益，因为他们认识到，公司的成功在很大程度上独立于宏观经济风险和其他投资组合的收益，因此其对整体投资组合风险的贡献较低。CAPM 预测系统性风险应被"定价"，意味着它具有风险溢价，但公司特定风险不应由市场定价。

如果期望收益-贝塔关系对任何单独资产都成立，那么它对资产的任意组合都一定成立。假设资产组合 P 中股票 k 的权重为 w_k，k 值为 $1, 2, \cdots, n$。对每只股票均引用式（6-8）的资本资产定价模型，并乘以它们各自在资产组合中所占的权重，每只股票可以得到以下等式：

$$\begin{array}{c} w_1 E(r_1) = w_1 r_f + w_1 \beta_1 [E(r_M) - r_f] + \\ w_2 E(r_2) = w_2 r_f + w_2 \beta_2 [E(r_M) - r_f] + \\ \cdots = \cdots \qquad\qquad + \\ \underline{w_n E(r_n) = w_n r_f + w_n \beta_n [E(r_M) - r_f]} \\ E(r_P) = r_f + \beta_P [E(r_M) - r_f] \end{array}$$

将横线上方的各等式左右两边分别相加，得到横线下方的等式，即所有资产组合的资本资产定价模型。因为这里 $E(r_P) = \sum_k w_k E(r_k)$ 是资产组合的期望收益率，$\beta_P = \sum_k w_k \beta_k$ 是资产组合的贝塔值。另外，这一结果对市场组合本身也是有效的：

$$E(r_M) = r_f + \beta_M [E(r_M) - r_f]$$

事实上，由于 $\beta_M = 1$，这确实是一种重复，可以用下式来证明：

$$\beta_M = \frac{\text{Cov}(R_M, R_M)}{\sigma_M^2} = \frac{\sigma_M^2}{\sigma_M^2}$$

这也证实了所有资产贝塔的加权平均值为1。如果市场贝塔为1，并且市场投资组合是整个经济中所有资产的组合，那么所有资产的加权平均贝塔值也必定为1。因此如果贝塔大于1，那么就意味着投资于高贝塔值的股票要承担高于市场平均波动水平的风险，贝塔值小于1就意味着投资趋于保守。

值得注意的是：我们已经习惯说管理水平较高的企业会取得较高的收益水平。这是对的，测度企业收益水平高低是基于其厂房和设备等设施所得到的结果，而资本资产定价模型预测的是企业证券投资的收益。

我们假定所有人都认为某个公司运营良好。相应地，该公司的股票价格将会上升，结果购买该股票股东的投资收益率会随着股价的不断上升而无法取得超额收益。换句话说，证券市场价格已经反映了有关公司市场前景的一切公开信息，因此只有公司的风险（正如资本资产定价模型中贝塔值所反映的一样）会影响到期望收益率。在一个运作良好的市场中，投资者想要获取较高的期望收益率必须要承担较高的风险。

> **概念检查 6-3**
>
> 假定市场投资组合风险溢价的期望值为8%，标准差为22%。假设一个资产组合的25%投资于丰田汽车公司股票，75%投资于福特汽车公司股票，它们各自的贝塔值分别为1.10和1.25，那么该资产组合的风险溢价为多少？

当然，投资者不能直接看出或确定证券的期望收益。不过，他们可以观察证券价格并通过出价来影响证券价格的变化。相比于某些投资可累计现金流，期望收益率由投资者必须支付的价格来决定。

6.1.5 证券市场线

我们可以把期望收益-贝塔关系视为收益-风险等式。证券的贝塔值之所以是测度证券风险的适当指标，是因为贝塔与证券对最优风险资产组合风险的贡献度成正比。

风险厌恶型投资者通过方差来衡量最优风险资产组合的风险。所以我们认为，单项资产的期望收益率或风险溢价取决于其对资产组合风险的贡献程度。股票的贝塔值测度的是它对市场组合方差的贡献程度。因此，所要求的风险溢价是关于贝塔值的函数。资本资产定价模型论证了这一直觉，并进一步表明证券的风险溢价与贝塔值和市场投资组合的风险溢价成正比，即证券的风险溢价等于 $\beta[E(r_M)-r_f]$。

期望收益-贝塔关系可以用图形表示为**证券市场线**（security market line，SML），如图6-2所示。因为市场的贝塔值为1，其斜率就是市场投资组合的风险溢价，横轴为 β 值，纵轴为期望收益率，当横轴的 $\beta=1$ 时，这一点就是市场投资组合的期望收益率。

我们认为有必要对证券市场线和资本市场线进行比较。资本市场线描绘了有效资产组合的风险溢价（有效资产组合是指由风险资产和无风险资产构成的资产组合）是资产组合的标准差函数。标准差可以用来衡量有效分散化的资产组合，即投资者总的资产组合的风险。相比较而言，证券市场线刻画

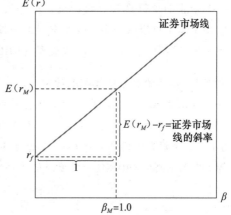

图6-2　证券市场线

的是单个风险资产的风险溢价,它是该资产风险的一个函数。作为高度分散化资产组合一部分的单项资产的风险测度并不是资产的标准差或方差,而是该资产对资产组合方差的贡献程度,我们用贝塔值来测度这一贡献程度。证券市场线对有效资产组合和单项资产均适用。

证券市场线为评估投资业绩提供了一个基准。给定一项投资的以贝塔值来测度的风险,证券市场线就能得出投资者为了补偿风险所要求的期望收益和货币的时间价值。

由于证券市场线是期望收益率-贝塔关系的几何图形表述,所以"公平定价"资产一定在证券市场上。也就是说,它们的期望收益率与其风险是相匹配的。根据前文所给出的假定,在均衡市场中所有证券都必须在证券市场线上。然而,我们在这里还想研究资本资产定价模型在货币资金管理行业上的应用。假定证券市场线是用来估计风险资产正常期望收益率的基准,证券分析旨在推算证券的实际期望收益率(注意我们现在脱离简单的资本资产定价模型,来讨论某些投资者依据自己的独特分析运作不同于其他竞争对手的一个"输入表")。如果一只股票被认为是好股票或者被低估的股票,那么它将提供超过证券市场线给定的正常收益的超额期望收益。被低估的股票期望收益值将会高于证券市场线所给出的正常收益值:在给定贝塔值的情况下,其期望收益高于根据资本资产定价模型所得出的收益值。被高估的股票的期望收益低于证券市场线上所给出的正常收益值。

股票的实际期望收益率与正常期望收益率之间的差,我们称为股票的**阿尔法**(alpha),记作 α。例如,如果市场收益率为14%,股票的贝塔值为1.2,短期国债利率为6%,通过证券市场线计算得出的股票期望收益率为 $6\% + 1.2 \times (14\% - 6\%) = 15.6\%$。如果某投资者认为这只股票的期望收益率为17%,那么其 α 值为1.4%(见图6-3)。

有人认为证券分析是找出 α 非零的证券。这一分析显示资产组合管理的起点是一个消极的市场指数资产组合。资产组合管理者将增加 α 大于零的证券的比例,减少 α 小于零的证券的比例。

资本资产定价模型同样适用于资本预算决策。一个企业如果打算投资新项目,资本资产定价模型

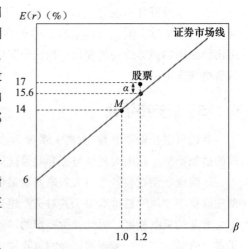

图6-3 证券市场线和一只 α 值为正的股票

给出了基于贝塔值的必要收益率,这一收益率是投资者可以接受的。管理者可以运用资本资产定价模型得到该项目的内部收益率(IRR)或"必要收益率"。

例6-1 资本资产定价模型的应用

资本资产定价模型的另一个应用是关于效用率的确定。⊖一家受监管的公共事业企业在工厂和设备上的投资应该获得多少投资收益。假设股东的初始投资是1亿美元,股票的贝塔值为0.6,如果短期国债利率为6%,市场风险溢价为8%,那么股东投资1亿美元所要求的利润率为 $6\% + 0.6 \times 8\% = 10.8\%$,或要求的利润额为1 080万美元。企业应该根据这一利润水平来确定价格。

⊖ 这一应用越来越少见了,因为许多州放宽了它们对公共事业的管制,很大程度上允许市场自由定价,尽管如此,用它来确定收益率的情形还是很多的。

概念检查 6-4

XYZ 股票的期望收益率为 12%，$\beta=1$，而 ABC 股票的期望收益率为 13%，$\beta=1.5$。市场的期望收益率为 11%，$r_f=5\%$。

a. 根据资本资产定价模型，哪只股票更值得投资？
b. 每只股票的 α 各是多少？画出证券市场线并在图中标出每只股票风险-收益点和 α 值。

概念检查 6-5

无风险利率为 8%，市场投资组合的期望收益率为 16%，某项投资项目的贝塔值为 1.3。

a. 这一项目的必要收益率是多少？
b. 如果该项目的期望 IRR=19%，是否应该投资该项目？

6.1.6 资本资产定价模型和单指数市场

指数模型认为证券收益可以由下式表达：

$$R_i = \alpha_i + \beta_i R_M + e_i \tag{6-9}$$

指数模型表明，任意一只股票已实现的超额收益等于市场因子 $\beta_i R_M$、非市场溢价 α_i 以及公司特定风险 e_i 三个已实现超额收益之和。因为公司特定风险期望值等于 0，股票 i 的期望超额收益，即风险溢价由式（6-10）给出：

$$E(R_i) = \alpha_i + \beta_i E(R_M) \tag{6-10}$$

CAPM 的期望收益-贝塔关系为 $E(R_i) - r_f = \beta_i [E(R_M) - r_f]$。用超额收益的形式来表达，这个风险收益关系为

$$E(R_i) = \beta_i E(R_M) \tag{6-11}$$

比较式（6-10）和（6-11），我们可以看到，根据 CAPM，每一只股票 α_i 的均衡价值为零。CAPM 的逻辑是股票提供超过无风险收益溢价的唯一原因是股票带来系统性风险，投资者必须得到补偿。正的 α 意味着没有风险的收益。投资者将追求正 α 股票并抬高价格；价格更高时，预期的收益率将会更低。同样地，投资者将避开或卖空负 α 股票，压低价格并提高其期望收益。这种投资组合的再平衡将持续到所有阿尔法值都被推至零。此时，投资者将满足于完全分散化并且消除独特的风险，即保持最优市场投资组合。当所有股票都具有零阿尔法时，市场投资组合是最佳风险投资组合。

因此，CAPM 的一个含义是，如果使用充分代表完整市场投资组合的市场指数来估计指数模型回归，则任何一组股票的 α 估计值应该集中在零附近。我们将在第 8 章中提供有关此预测的证据。

6.2 资本资产定价模型的假设和延伸

从一开始，我们就注意到，CAPM 是一个建立在一系列令人不安的限制性假设之上的精致模型。当我们试图推广模型以适应更现实的假设时，预测风险-收益关系会发生什么变化？在本节中，我们将回顾一下基本模型的一些变体。我们通过表 6-1 中具体的假设来组织讨论。我们将发现模型的某些部分发生了重要的变化，但系统性和可分散风险之间的根本区别仍然存在。

6.2.1 相同的输入表

假设1（c）（投资者使用相同的输入表进行最优化）显得要求很高，但实际上并没有那么大的问题。由于假设2（b）的加入（所有信息都是公开的），投资者一般会决策很一致。此外，使用不同输入表的投资者的交易行为会相互抵消，从而使价格最终反映一致期望。我们之后会允许部分投资者拥有私人信息，从而根据这些私人信息利用价格偏离的性质。但不论怎样，在只有公开信息的情况下投资者会假设 α 值为零这一命题是合理的。

另外，做空股票的障碍［在假设2（b）中排除］会推翻结论。这基于三个原因，我们从做空比做多难这一原因开始：

（1）拥有一项资产空头头寸的投资者所背负的负债可能是无限制的，因为价格可能无止境地上涨。因此一个大的空头头寸将要求巨大的抵押，进而这部分抵押将无法被用于投资其他风险资产。

（2）任何提供给做空者的股份供给都是有限的。投资者不能借到股票去做空的情况时有发生。

（3）很多投资公司不允许做空操作。美国和其他国家甚至使用法规严禁做空。

为什么做空很重要？注意到假设1（a）以"投资者都是理性的……"开始。当投资者对一项资产存在"非理性繁荣"倾向（过度乐观），因而价格将上升至高于真实值的地步时，理性投资者就会进行做空，促使股价下跌回归。然而因为有效的限制，做空无法在纠正股价甚至市场崩溃前抑制价格飙高直到不可持续的水平。这种情况被定义为"泡沫"。

假设1（c）的另外一个问题是税收，因为两个投资者可以从同一股票中实现不同的税后收益。对"输入表"的这种扭曲现象，原则上可能导致不同的税后最优风险投资组合；因此 CAPM 要求假设2（c）（无税）。尽管如此，虽然 CAPM 延伸了对股息和资本收益征收个人税，但没有确凿的证据表明税收是影响股票收益的主要因素。对这一负面发现的合理解释依赖于"客户"和供应效应。如果高税收投资者回避高收益（股息支付）股票，从而迫使他们降低价格，那么免税投资者会认为这些股票可以讨价还价，并且可以消除需求的疲软。另一方面，如果公司认为高股息收益率会降低股票价格，他们只会用股票回购代替股息，从而加强客户对中和税收影响的影响力。

6.2.2 无风险借贷和零 β 模型

违反假设2（b）的借款限制（或借贷利率显著高于贷款利率）也可能给 CAPM 带来问题，因为借款人和贷方会拥有不同的相切投资组合，从而产生不同的最优风险投资组合。市场投资组合将不再是每个投资者的最佳风险投资组合。默顿和罗尔⊖分别提出了有效边界资产组合的一系列有趣特点，其中一些是：

（1）由两种有效边界上的投资结合而形成的任何资产组合都在其本身的有效边界上。

（2）因为每个投资者仍然会从有效边界中选择他或她的最优风险投资组合，所以市场投资组合将是有效投资组合的集合，因此它本身（来自第一个性质）就是有效的。

⊖ Robert C. Merton, "An Analytic Derivation of the Efficient Portfolio Frontier," *Journal of Financial and Quantitative Analysis*, 1972. Roll, see footnote 14.

(3) 有效边界上的任一资产组合，除去其中的最小方差组合，在有效边界下半部分都存在一个与其不相关的"伴随"资产组合。由于这些"伴随"资产组合不相关，这些伴随资产组合叫作有效组合的**零 β 投资组合**（zero-beta portfolio）。如果我们选择市场投资组合 M 和它的零 β 伴随资产组合 Z，那么我们可以得到如资本资产定价模型式的公式：

$$E(r_i) - E(r_z) = [E(R_M) - E(R_Z)]\frac{\text{Cov}(r_i, r_M)}{\sigma_M^2} = \beta_i[E(r_M) - E(r_Z)] \quad (6\text{-}12)$$

费雪·布莱克⊖用这种性质证明了式（6-12）就是当投资者面临借入或投资无风险资产限制时资本资产定价模型的形式。风险承受的投资者是那些希望通过借贷以提高他们在相切投资组合中地位的投资者。但是借款、借贷之间借款或利差的限制会影响他们这样做的能力。那些想借款并给他们的组合加杠杆的投资者，发现不可行或太昂贵时会倾向于买入高 β 而避开低 β 的股票。所以，高 β 股票的价格会上升，风险溢价下降。公式（6-12）中，市场投资组合的风险溢价小于基本 CAPM 预测的风险溢价，因为零 β 投资组合的期望收益大于无风险利率，因此承担系统风险的收益较小。换句话说，SML 比简单的 CAPM 更平坦。

6.2.3 工资收入与非交易性资产

要提出所有资产都是可交易的假设［假设 2（a）］以下结论是必不可少的：市场投资组合是 CAPM 的核心，是所有投资者选择的共同风险投资组合。事实上许多资产不可交易。私营企业是经济中的重要组成部分，但根据定义，这些企业不会进行交易。人力资本和个人的收入来源也不能交易。未来劳动收入的贴现值超过了交易资产的总市值。私营企业和企业的市场价值处于同一数量级。

这些考虑意味着投资者可能会得出截然不同的"最优风险投资组合"。考虑一下家族企业的所有者，他们的财富已经高度依赖企业的成功。谨慎性要求他们避免进一步投资与他们行业高度相关的资产。同样，投资者应避免与其个人收入正相关的股票收益。例如，波音员工应避免投资于航空公司及相关业务。这种考虑产生的差异投资需求可能导致违反均值-贝塔方程式，以及破坏指数投资组合的均值-方差效用。

私营企业可能是两类偏离资本资产定价模型的资产中偏离较少的一类。非交易性公司可以被合并或任意出售，或作为流动性资产储蓄。我们将在第 7 章中进行讨论。私营企业的拥有者也可以以其价值抵押借入资本，从而进一步减少私有公司与公有单位的区别。假设私营企业有着与交易资产相似的风险特征。在这种情况下，个人可以通过降低他们持有类似证券的资产组合需求来抵消部分其组合多样化不足的问题。因此，资本资产定价模型的期望收益-贝塔关系不会因私人企业的存在而大幅破坏。

从某种程度上来讲，私营企业与交易证券有着不同的风险特征。能够对冲特定私营企业风险的可交易资产组合可能面临来自私营企业主们的过度需求。这种组合的资产价格相对资本资产定价模型而言较高，这些证券的期望收益相对于其系统性风险可能较低。相反，与私营企业风险高度相关的证券拥有较高的均衡风险溢价，根据传统的证券市场线，其 α 为正值。事实

⊖ Fischer Black, "Capital Market Equilibrium with Restricted Borrowing," *Journal of Business*, July 1972.

上,Heaton 和 Lucas ⊖已经证明,将私营企业主收入引入标准资本资产定价模型能提升它的预测精度。

工资收入的总量以及它的特殊性质对资本资产定价模型的有效性有着重要影响。工资收入对均衡收益的影响可以从它对个人资产组合选择的重要影响中体现出来。即使个人可以以工资收入作抵押借入资金(房产抵押贷款),或者可以通过人寿保险来消除未来工资收入的不确定性,人力资本还是很少会被"跨期"交易。运用可交易证券对冲风险要比不可交易的私人企业更困难。这可能会导致对高工资的劳动密集型公司股票的套期保值需求费用:当工资收入普遍低时,这些公司会表现得很好,因此可以作为对工资收入不确定性的对冲。由此产生的对证券价格的压力可能会使这些股票的均衡期望收益率降低到低于 CAPM 预测的水平。

在存在不同等级的个人工资收入(相对于非工资性收入)的情况下,迈耶斯⊖推导出均衡的期望收益-贝塔关系式,其证券市场线方程为

$$E(R_i) = E(R_M) \frac{\text{Cov}(R_i, R_M) + \frac{P_H}{P_M}\text{Cov}(R_i, R_H)}{\sigma_M^2 + \frac{P_H}{P_M}\text{Cov}(R_M, R_H)} \tag{6-13}$$

其中:P_H 为人力资本的价值;P_M 为交易性资产的市场价值;R_H 为总人力资本的超额收益率。

资本资产定价模型衡量系统性风险,在扩展模型中用调整后的 β 值来代替,这个 β 考虑到了总人力资本的资产组合的协方差。因此这个模型与不同斜率的证券市场线的吻合度比标准的资本资产定价模型得好。

6.2.4 多期模型与对冲组合

假设 1(a)指出只有财富的均值和方差对投资者很重要。但请考虑以下问题:

1. 你愿意拥有 110 万美元的财富,而石油价格每桶 400 美元,还是拥有 100 万美元,而每桶石油价格 40 美元?如果你是一个能源消费大户,那么你可能会选择较少的现金以及能源价格大幅降低。能源价格较低的情景能够让你在其他消费品上花费更多。

2. 你愿意拥有 100 万美元的财富,10% 的实际利率,还是拥有 110 万美元财富,1% 的实际利率?你可能会选择较少的财富,但投资能够获得更高的收益。在财富较少的情况下,你的消费流量可能会更高。

3. 你愿意拥有 100 万美元的财富,而市场标准差为 10%,还是拥有 110 万美元,而市场标准差为 50%?你可能会想要较少的财富但更低的波动性。这样你可以更加轻松地在市场指数中投入更多的财富份额,它会为你的整个投资组合带来更高的风险溢价。

这些例子表明,投资者应该关心的不仅仅是以现金衡量的财富风险和收益,他们应该更关注财富可以为他们购买的消费流。因此假设 1(a),投资者优化了他们投资组合价值的均值和方差是有问题的。该假设排除了资产收益与通货膨胀或住房、能源等重要消费项目价格的相关

⊖ John Heaton and Deborah Lucas, "Portfolio Choice and Asset Prices: The Importance of Entrepreneurial Risk," *Journal of Finance* 55 (June 2000). This paper offers evidence of the effect of entrepreneurial risk on both portfolio choice and the risk-return relationship.

⊖ David Mayers, "Nonmarketable Assets and Capital Market Equilibrium under Uncertainty," in *Studies in the Theory of Capital Markets*, ed. M. C. Jensen (New York: Praeger, 1972). 我们将在后续章节中对此进行详尽讨论。

性。它还排除了对资产收益率与"投资机会集"参数之间相关性的关注,例如资产收益率和波动性的变化。对可用于对冲这些"额外市场风险"资产的额外需求将增加其价格并降低其相对于 CAPM 的预测风险溢价。

类似的额外风险因素将出现在多期模型中,当我们采用假设 1(b)时,我们忽略了这一因素:将投资者限制在一个共同的单期期限内。如果假设未来利率可能下降,投资者对这一事件感到不满是因为利率会降低他们在未来所取得的预期收入。当利率下降时,收益率更高的资产(例如长期债券)将对冲这种风险,从而获得更高的价格和更低的风险溢价。由于这种对冲需求,与描述未来投资机会的任何参数的相关性可能违背 CAPM 均值-贝塔方程。

Robert C. Merton 通过设计资产定价模型,彻底改变了金融经济学,使我们能够检验这些对冲需求的影响。㊀在他的基本模型中,Merton 放松了关于投资者的"单期"假设。他设想个人优化终生消费/投资计划,并不断调整他们的消费/投资决策,以适应财富、价格和投资机会的变化。在一个特殊情况下,当投资组合收益的不确定性是风险的唯一来源时,投资机会随时间保持不变(即,无风险利率或市场投资组合或个人证券收益的概率分布没有变化)。Merton 所谓的跨期资本资产定价模型(ICAPM)预测了与简单 CAPM 相同的期望收益-贝塔关系。㊁

但是把额外的风险来源考虑进来时,情形发生了变化。这些额外的风险分为两大类:一类是关于描述投资机会的参数发生变化,如未来无风险利率、期望收益率或市场投资组合风险。例如,实际利率会随时间变化而变化。如果实际利率在未来一个时期下降,那么他的财富水平现在只能支撑一个低的实际消费水平。这可能会导致未来的消费计划,比如退休支出,陷入窘境。根据一些证券的收益率随无风险利率变化而变化的程度,投资者将会选择资产组合来规避风险,从而会抬高这些具有对冲功能的资产价格(并降低收益率)。当其他参数值(本例中的无风险利率)向不利方向变化时,如果投资者能找到收益更高的资产,他将会牺牲一些自己原计划的期望收益。

另一类风险的来源是可以用财富购买的消费品价格。来看一下通货膨胀风险的例子。除了名义财富的期望水平和波动性外,投资者必须关注在生活上的花费——这点钱能买到什么。因此,通货膨胀风险是市场上重要的风险来源之一,投资者可能愿意牺牲一些期望收益来购买证券,当生活费用增加时,证券的收益率会更高。这样,可以防止这种通货膨胀风险的证券需求会影响到资产组合的选择及其期望收益。我们可以通过此结论进一步得出,对冲需求可能来自消费者支出的子行业,比如,投资者可能竞相购买能源公司股票来规避能源价格的不确定性。这是许多资产规避额外市场风险的特征。

一般来说,假设定义 K 为额外市场风险,并找到与 K 相关的对冲风险资产组合。因此,默顿的跨期资本资产定价模型期望收益-贝塔关系等式将产生多指数形式的证券市场线:

$$E(R_i) = \beta_{iM}E(R_M) + \sum_{k=1}^{K}\beta_{ik}E(R_k) \qquad (6\text{-}14)$$

其中,β_{iM} 是常用的市场指数资产组合的 β,而 β_{ik} 是第 k 种对冲资产组合的 β_{ik}。

这个等式表明证券 i 的风险溢价等于它对其所暴露所有相关风险来源的补偿之和。第一项是暴露在市场风险中的风险溢价。其他项是每个外部市场风险来源的基准风险溢价乘以与该风

㊀ 默顿的经典的作品收集在 *Continuous-Time Finance*(Oxford, U. K.: Basil Blackwell, 1992)。
㊁ Eugene F. Fama 也在 "Multiperiod Consumption-Investment Decisions" 上发表了相似的观点,*American Economic Review* 60(1970)。

险源相关的证券贝塔。因此,这个表达式将单因素 SML 推广到了有多个系统性风险来源的世界。

6.2.5 基于消费的资本资产定价模型

资本资产定价模型的原理与上一节提出的对冲需求告诉我们,将注意力集中在消费上可能有好处。这样的模型首先由马克·罗宾斯坦、罗伯特·卢卡斯和道格拉斯·布里顿提出。⊖

在一个终身消费/投资计划中,投资者必须权衡各个阶段的用于当期消费和用于支撑未来消费的储蓄和投资。当达到最优时,每增加 1 美元当前消费所带来的效用值必须等于该 1 美元投资带来未来消费所产生的边际值。未来财富随着劳动收入以及投资于该理想资产组合带来收益的增长而增长。

假设存在风险资产,你希望投资部分储蓄于风险资产组合来增加期望消费。我们如何来测度这些资产的风险?一般来说,在经济窘迫时(消费机会匮乏时)一个单位的收入对投资者的价值要高于在经济富裕时(消费机会富裕时)的。因此一项资产与消费的增长有着正的协方差,那么从消费的角度来讲它的风险就会更大。换句话说,当消费处在很高的水平时,它的收益更大,当消费受抑制时,它的收益越低。因此,与消费的增长有着高协方差的资产拥有更高的均衡风险溢价。根据这一观点,我们可以将资产的风险溢价写作"消费风险"的函数:

$$E(R_i) = \beta_{iC} \text{RP}_C \qquad (6\text{-}15)$$

资产组合 C 可以被称为跟踪消费资产组合(也叫模拟消费资产组合),即与消费增长相关性最高的资产组合;β_{iC} 表示资产 i 的超额收益 R_i 回归于模拟消费资产组合超额收益的回归系数;RP_C 是与消费不确定性相关的风险溢价,它测度的是跟踪消费资产组合的期望超额收益,即

$$\text{RP}_C = E(R_C) = E(r_C) - r_f \qquad (6\text{-}16)$$

我们注意到,这一结果与传统的资本资产定价模型高度相似。消费资本资产定价模型(CCAPM)中跟踪的消费资产组合类似传统资本资产定价模型中的市场投资组合,这与它关注消费机会的风险,而不是投资组合中单位价值的风险和收益一致。消费资产组合的超额收益率同市场投资组合(M)的超额收益率起到同样的作用,两种计算方法都是线性单因素模型,差别在于模型中因子不同。

与资本资产定价模型不同,市场投资组合的 β 在基于消费的资本资产定价模型中时不一定为 1。事实证明 β 大大超过 1。这也意味着,在市场指数风险溢价和消费资产组合风险溢价的线性关系中:

$$E(R_M) = \alpha_M + \beta_{MC} E(R_C) + \varepsilon_M \qquad (6\text{-}17)$$

其中 α_M 和 ε_M 表示与式(6-15)不符的经验偏差,β_{MC} 不一定等于 1。

由于基于消费的资本资产定价模型与资本资产定价模型高度相似,一些人会怀疑它的有效性。正如并非所有资产都具有可交易性导致资本资产定价模型在实证上存在缺陷一样,基于消费的资本资产定价模型也同样存在该问题。该模型的吸引力在于它将消费对冲以及可能的投资

⊖ Mark Rubinstein,"The Valuation of Uncertain Income Streams and the Pricing of Options," *Bell Journal of Economics and Management Science* 7 (1976),pp. 407-425;Robert Lucas,"Asset Prices in an Exchange Economy," *Econometrica* 46 (1978),pp. 1429-1445;Douglas Breeden,"An Intertemporal Asset Pricing Model with Stochastic Consumption and Investment Opportunities," *Journal of Financial Economics* 7 (1979),pp. 265-296.

机会的变换结合起来，即在于单因素框架中的收益分布参数。当然紧密结合也要付出代价。同金融资产相比，消费增长数据发布的频率较低（最多每月一次），并且在测度上存在较大的误差。尽管如此，最近的研究表明[⊖]，这一模型相比于资本资产定价模型更能成功地解释资产的收益，这也是学习投资学的学生需要熟悉这一模型的原因。

6.2.6 流动性与资本资产定价模型

最后，交易成本会抑制交易，这与假设2[d]相悖（没有交易成本）。事实上这些模型都没有涉及交易活动。例如，在均衡资本资产定价模型中，所有投资者拥有相同的信息和相同的风险资产组合。这一结果的含义是不存在交易动机。如果投资者持有相同的风险资产组合，当新信息出现时，价格会出现相应的变化，但每个投资者依然将继续持有一组市场投资组合，无须发生任何资产交易。这样的假设显然与日常观察大相径庭。仅纽约证券交易所每天就会有上亿美元的交易发生。一个显而易见的答案就是异质信念，即没有整个市场所共享的信念。投资者为获取更多的利益将会利用这些私人信息，根据不同的需求调整自己的资产组合。实际上，交易（和交易费用）对投资者来说非常重要。

资产的**流动性**（liquidity）是指资产以公平的市场价值卖出的速度及难易程度。流动性的一部分是交易费用问题，特别是指买卖价差。另一部分是价格影响，即当投资者准备进行大额交易时，可能遇到价格反向变动。还有另一个组成部分是及时性——快速售出资产而不用大打折扣的能力。相反，非流动性可以通过一个公平市场的价值折扣部分来衡量，为了使资产尽快出售，人们必须接受这种折价。具有完美流动性的资产在交易时不需要支付这种非流动性折扣。

流动性（或缺乏流动性）一直被看作影响资产价格的一个重要因素。例如，在许多法院的判例中，法院经常对那些不可交易的公司资产大打折扣。可能是由于相对于大宗交易诸如房地产交易的费用来说，证券市场的交易费用微不足道，因此流动性在证券市场上通常不被认为是一个重要因素。Amihud和Mendelson的论文[⊜]在这一方面有突破性影响。今天，流动性越来越被看作影响价格和期望收益的重要因素。

证券交易成本的一个重要组成部分是价差。例如，在电子交易市场，限价指令订单包括"内部价差"，即在投资者愿意卖出的最低价格与投资者愿意买入的最高价格之间存在的差值。有效的买卖价差也取决于期望交易的规模。大宗买卖将要求交易者更接近限价指令订单并接受不太具有吸引力的价格。电子交易市场的内部价差通常会很低，但有效价差可能会非常大。因为绝大多数限价指令只对小额交易起作用。

现在我们越来越强调信息不对称引起的价差部分。信息不对称是指交易者拥有某一证券价值的私人信息而他的交易对手却不知情。为了理解信息不对称为什么影响证券市场，我们考虑一下买进一辆旧车所面临的问题。销售商比买家掌握更多的信息，因此买家自然会考虑卖家是

⊖ Ravi Jagannathan and Yong Wang, "Lazy Investors, Discretionary Consumption, and the Cross-Section of Stock Returns," *Journal of Finance* 62 (August 2007), pp. 1633-1661.

⊜ Yakov Amihud and Haim Mendelson, "Asset Pricing and the Bid-Ask Spread," *Journal of Financial Economics* 17 (1986). A summary of the ensuing large body of literature on liquidity can be found in Yakov Amihud, Haim Mendelson, and Lasse Heje Pedersen, "Liquidity and Asset Prices," *Foundations and Trends in Finance* 1, no. 4 (2005).

不是因为它是"柠檬"而出售这辆车。⊖至少买家会因为担心是否支付了过高的价格而将价格调整到他愿意为这辆质量不确定的车而支付的价格。在信息不对称的极端情况下，交易可能被完全中止。同理，那些较后提出在限价买卖的交易者会在公司真实价值偏离股价时才与他们成交。

总体上来说，投资者交易证券的原因有两个。一些交易商出于"非信息"动机，例如，卖家出售资产是为了提供一大笔购置资金，或仅仅是为了重新调整资产组合。这些交易并不是证券价格私人信息驱动而是可交易证券的价值驱动的，这样的交易被称为噪声交易。证券交易商在与噪声交易者的交易中赚取买卖价差而从中获利（他们也可以称为流动性交易者，因为他们的交易出于流动性的驱动，如现金）。

另一种交易是由买家或卖家私人信息驱动的。当交易者相信他们拥有一只被错误估价的股票信息并希望从交易中获利时，这种交易就会发生。如果信息交易者识别出一次有利的机会，那么对这个交易的对手来说一定是不利的。如果持有者的私人信息显示某只股票价格被高估了，他就会将其出售，报出买价的交易商或下达了委托限价指令的买家成为其交易对手，买方将在事后发现买入的股票价格过高。相反，如果是私人信息导致的买入，事后将会发觉证券成交价低于公平的价格。

信息交易者为证券交易商和下达限价指令的交易者增加了成本。一般来说，交易商在与流动性交易者交易时利用买卖价差获利，但他们在应对信息交易者时会遭受损失。同样，任何交易者的委托限价指令都会由于信息交易者的存在而面临风险。这一结果抬高了委托买价的价格而降低了委托卖价的价格，换句话说，增大了买卖价差。信息交易者影响越大，为弥补潜损失要求的价差就越大。到头来流动性交易者承受了绝大部分信息交易的代价，因为信息不对称越严重，他们因不知情交易支付的买卖价差越大。

非流动性引致的证券价格折扣可能是惊人的，甚至远远大于买卖价差。假如，某一证券的买卖价差为1%，在未来3年里每年被转手一次，最后被另外一个交易者买入并永久性持有。在最后一次交易中，投资者将支付其公平价格的99.5%或0.995；当股票被卖出时，需要承担价差一半的费用从而导致价格下跌。第二个买入者知道证券在一年后将以公平价格的0.995卖出，并且不得不承担另一半的买卖价差，需要支付0.995-0.005/1.05 = 0.990 2（即公平价为0.990 2），其中交易费率为5%。最终，当前的买方，当股票以公平价值的0.990 2出售时，他就知道了明年的损失。他愿意为证券支付0.995-0.009 8/1.05 = 0.985 7。因此，这种折扣从0.5%折合到1.43%。换句话说，所有这种远期的交易费用（价差）将会被折现在当前的价格中。拓展这一逻辑分析，如果证券都是一年交易一次，它当前非流动性交易费用等于当前的费用加上每年0.5%的永续年金，如果年折现率为5%，那么总共加起来等于0.005+0.005/0.05 = 0.105或10.5%！显然，流动性可能有非常大的价值，它在推导均衡资产价格时不容忽视。

交易成本越高，非流动性折价就越高。当然，如果投资者能以较低的价格买入股票，其期望收益率将会更高。因此，我们期望流动性较低的证券将提供较高的平均期望收益。但是非流

⊖ 2001年的诺贝尔经济奖得主乔治·阿克尔洛夫（George A. Akerlof）最早研究了市场中的信息不对称问题，自此之后称之为"柠檬"问题。对于阿克尔洛夫贡献的介绍可以在阿克尔洛夫的主页中找到，*An Economic Theorist's Book of Tales*（Cambridge, U. K.: Cambridge University Press, 1984）。

动性溢价不需要与交易成本成正比。如果一项资产缺乏流动性,那么交易频率较高的交易者应避开该项资产,取而代之的是由很少被高昂交易成本所影响的长期投资者所持有。因此在均衡中,持有期较长的投资者将会更多地持有非流动性证券,而短线的投资者将会偏向于选择流动性证券。这种"客户群效应"减轻了非流动性证券的买卖价差影响。最终的结果是流动性风险溢价以递减的速度随交易成本(如用买卖价差度量)增加而增加。

图 6-4 证实了这一预测。它展示了按买卖差价分层的股票平均月收益率。流动性最好的股票(买卖价差最低)与流动性最差的股票(买卖价差最高)之间的月收益率差距大约为 0.7%。这大约是月市场风险溢价的大小。流动性显然对资产定价非常重要。

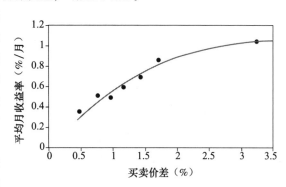

图 6-4 非流动性与平均收益的关系

到目前为止,我们说明了预期流动性水平可以影响价格,进而影响期望收益率。那么流动性中非预测的变化又会怎样?在某些情况下,流动性会迅速枯竭。例如,在 2008 年的金融危机中,由于许多投资者试图减少杠杆和平仓头寸,很多资产都很难找到买家。许多抵押证券都停止了交易,流动性突然枯竭。这也不是从未出现过的现象。1987 年的市场动荡以及 1998 年长期资本管理公司关闭中也可以看到市场流动性大范围降低的情况。

事实上,一些文献利用大的股票样本研究了多种流动性测度的变化情况,发现当一只股票的流动性下降时,其他股票的流动性也趋于降低,因此股票流动性呈明显的相关性。换句话说,流动性的变动是系统性的。毫不奇怪,投资者要求对他们的流动性风险敞口进行补偿。这种额外的对承担流动性风险补偿的期望收益改变了期望收益-贝塔的关系。

在上述思路的基础上,其他作者验证了流动性变化风险敞口较大的公司是否提供较高的期望收益的问题。⊖ 例如,Amihud 证明了流动性风险较大的公司有较高的平均收益。⊜ 后来研究关注以"流动性 β"来度量的市场流动性风险。与传统市场 β 类似,流动性 β 衡量的是公司收益率对市场流动性变动的敏感程度(传统 β 衡量的是收益率的敏感程度)。在市场流动性下降时,能够提供较高收益的公司更能抵御流动性风险,因此其定价过高,期望收益率随之降低。相反,如果流动性与收益率同向变动,那么流动性风险将会被放大而定价会较低。事实上,正像这些理论所预测的那样,我们看到高流动性 β 的公司将会提供高的平均收益,⊜ 而且,这些研究表明流动性溢价与市场风险溢价大致具有相同的重要性,这说明流动性应该是证券定价考虑的第一要素。

⊖ 看一个例子,Tarun Chordia, Richard Roll, and Avanidhar Subrahmanyam, "Commonality in Liquidity," *Journal of Financial Economics* 56 (2000), pp.3-28, or J. Hasbrouck and D. H. Seppi, "Common Factors in Prices, Order Flows and Liquidity," *Journal of Financial Economics* 59 (2001), pp.383-411。

⊜ Yakov Amihud, "Illiquidity and Stock Returns: Cross-Section and Time-Series Effects," *Journal of Financial Markets* 9 (2002), pp.31-56。

⊜ L. Pástor and R. F. Stambaugh, "Liquidity Risk and Expected Stock Returns," *Journal of Political Economy* 111 (2003), pp.642-685, or V. V. Acharya and L. H. Pedersen, "Asset Pricing with Liquidity Risk," *Journal of Financial Economics* 77 (2005), pp.375-410。

6.3 资本资产定价模型和学术领域

检验资本资产定价模型十分困难。假设1（a）（所有资产都是可交易的）让学者们如鲠在喉，因为这将要求有效组合必须包含经济体中所有风险资产。但在现实中，我们甚至不能观测到正在交易的所有资产，更不用说那些没有在交易的了。资本资产定价模型的核心，即理论上的市场组合，在现实操作中更是不可能被实现。

因为资本资产定价模型中理论上的市场组合无法观测，资本资产定价模型的检验必须建立在应用于所有可观测资产的均值-β关系，而这些资产是基于一个可观测到的，但可能无效的股票指数组合而言的。但如果检验拒绝了这个模型，是因为模型是错还是因为代表真实市场的股票指数组合是错的？如果我们检验资本资产定价模型的一个变体，我们如何确定已经包括了一套全面的市场外对冲组合？

你可能会问，我们是从哪里获得回归中的β系数和N只股票的残差方差的？我们必须从股票收益的时序数据中估计每只股票的这对参数。但是我们估计参数时不可避免地会有很大误差，这些误差会导致错误地拒绝模型。[⊖]

另一个问题，两个系数α与β以及残差都随着时间的变化而变化。资本资产定价模型中没有排除这一时间变化的可能性，但是标准回归方法却把它排除在外，因此导致了错误地拒绝了模型。现在已经有一些知名的方法来处理时变参数问题。罗伯特·恩格尔因为他在运用计量经济学的方法处理时变波动性问题取得的突出成就而获得诺贝尔奖，这些研究已经有一部分运用到金融领域中。[⊖]此外，β的变化可能不仅仅单纯地随时间变化而随机变化，它还受整个经济情况变化的影响。一个"条件"资本资产定价模型允许风险和时间随一系列"条件变量"的变化而变化。但是这些方法没有能够弥补资本资产定价模型。

最后，β也许并不是随着时间推移纯粹随机变化的，而是随着经济条件变化而变化。一个"条件"资本资产定价模型允许风险和收益随着一系列描述经济状态的"条件变量"而变化。同样重要的是，Campell和Vuolteenaho[⊜]证明了证券的β由两部分组成：一部分测度了对公司获利能力变化的敏感度，另一部分测量了市场折现率变化的敏感性。这些改变使结论与以前的大不相同。本部分简单介绍了计量经济方法的改进，可以部分解决简化资本资产定价模型在实证中出现的问题。

有一部分研究仍未有成果，即寻找组合可以对冲如默顿等式（6-14）中所含特定消费项的价格风险。目前还没有被发现对冲掉重要额外市场风险来源的组合可以显著地预测风险溢价。

如第3章中提到的那样，法玛和弗伦奇提到，规模和账面市值比具有显著解释能力。他们用式（6-14）来解释和这些性质联系在一起的组合作为对冲组合。根据这一思路，其他论文提出了很多其他的超额市场风险因子（在第7章中讨论）。但是实际上我们并不知道未来投资机

⊖ Merton H. Miller and Myron Scholes, "Rates of Return in Relations to Risk: A Re-examination of Some Recent Findings," in *Studies in the Theory of Capital Markets*, Michael C. Jensen, ed. (New York: Praeger, 1972).

⊖ 恩格尔的论文激发起了ARCH模型的广泛应用。ARCH代表了异方差自回归性，一种表述波动随时间变化的方法，近来有许多波动性标准用于未来波动的最优估计。

⊜ John Campbell and Tuomo Vuolteenaho, "Bad Beta, Good Beta," *American Economic Review* 94 (December 2004), pp. 1249-1275.

会的哪些不确定性时，可以用这些因子对冲的，这导致很多学者对实证领域中超额市场对冲组合的识别保持质疑态度。

学术领域达成一致的观点是，单指数资本资产定价模型是过时的。然而，我们仍然不清楚能够替代这一模型的成功拓展模型是怎样的。这一部分可以期待在以后的版本中了解。

6.4 资本资产定价模型和投资行业

尽管学术界已经找到了能解释收益的资本资产定价模型的多指数模型，但业界还是广泛使用单指数资本资产定价模型。

这个有趣的现象可以用"不可检验的检验"来解释。首先，因为真实的市场组合无法被观测，所以市场组合是有效的这一资本资产定价模型概念不能被检验。但是随着时间的推移，有一个事实变得愈加明显，那就是持续击败诸如标准普尔500指数这样的指数组合超出了大部分投资者的能力。

伯顿·马尔基尔[一]通过对一个大的权益共同基金样本估计α值的研究为市场组合有效性提供间接证据。结果如图6-5中所示，α的分布大体上像钟形，其α为一个小的负值，但统计上不显著异于零。总体上，共同基金收益并不比经风险调整后的市场指数的表现好。自从马尔基尔的研究确认了专业投资者的平均水平不比被动市场指数表现好之后，大量的证据都支持了这个观点。

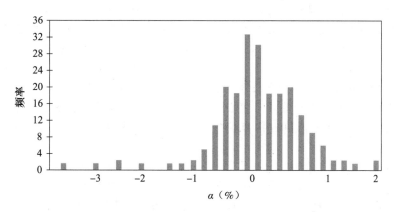

图6-5 单个共同基金α值的估计，1972~1991年

注：这是连续记录的10年来所有权益共同基金α估计值的频率分布状况。

资料来源：Burton G. Malkiel, "Returns from Investing in Equity Mutual Funds 1971-1991," *Journal of Finance* 50（June 1995）, pp. 549-572. Reprinted by permission of the publisher, Blackwell Publishing, Inc.

这一结果极具意义。尽管我们预计单个证券已实现的α值在0附近波动，专业管理的共同基金可以提供正的α值。拥有良好表现的基金（我们预计这个集合为非空集合）应该将样本的α均值推高到一个正值。拥有良好表现的基金对分布的影响较小说明消极策略是有效的，资本资产定价模型确实是最理想的选择。

从行业的这个角度，对于所有实践操作而言，在过去10年只有少部分职业经理可以战胜

[一] Burton G. Malkiel, "Returns from Investing in Equity Mutual Funds 1971-1991," *Journal of Finance* 50（June 1995）, pp. 549-572.

的一个指数组合会被视为是事前有效的,即被用作:①一个用来和从证券分析得到的积极组合进行混合的分化工具;②表现评估和补偿的一个基准;③一个用于宣判法律诉讼的方式,其中法律诉讼指那些有关对不同风险企业的合理补偿问题;④一个决定监管工业中合理价格的方式,但仅限于允许股东获取投资的合理收益率。

小 结

1. 资本资产定价模型假定所有投资者均为单期决策者,他们在进行证券分析和寻求均值方差最优组合时都采用数据输入表。
2. 资本资产定价模型假定证券市场处在理想状态下的含义是:
   a. 证券相关信息广泛公开可得。
   b. 不存在税收或交易成本。
   c. 所有风险资产均可以公开交易。
   d. 投资者可以以无风险利率借入或贷出任意额度的资产。
3. 根据以上假设,投资和持有相同的风险资产组合。资本资产定价模型认为,在市场均衡时市场投资组合是唯一相切的均值方差有效组合,因此消极投资策略是有效的。
4. 资本资产定价模型中的市场投资组合是市值加权资产组合。所有证券在资产组合中所占的比重等于其市场价值占总市值的比重。
5. 如果市场投资组合是有效的且一般投资者无借入或贷出行为,则市场投资组合的风险溢价正比于其方差 σ_M^2 和平均风险厌恶系数 A,即
$$E(r_M) - r_f = \bar{A}\sigma_M^2$$
6. 资本资产定价模型认为,任意单项资产或资产组合的风险溢价为市场投资组合风险溢价与 β 系数的乘积,即 $E(r_i) - r_f = \beta_i[E(r_M) - r_f]$,其中 β 系数等于该资产与市场投资组合的协方差与市场组合方差的比率,即 $\beta_i = \dfrac{\mathrm{Cov}(r_i, r_M)}{\sigma_M^2}$。

7. 在资本资产定价模型其他条件不变的情况下,但不允许无风险资产的借入或贷出,简单形式的资本资产定价模型为零 β 资产定价模型所代替。相应地,期望收益-贝塔关系里的无风险利率被零 β 资产组合的期望收益所代替,即
$$E(r_i) = E[r_Z] + \beta_i[E(r_M) - E(r_Z)]$$
8. 资本资产定价模型的证券市场线必须修改到考虑工资收入以及其他重要的非交易性资产因素。
9. 简单形式资本资产定价模型假设所有投资者均是短视的。当投资者关注终身消费生命及遗产赠予时,并且投资者的偏好及股票收益率分布不变,市场投资组合仍然有效,简单形式资本资产定价模型的期望收益-贝塔关系仍然适用。但是如果这种分布突然发生变化,或者投资者寻求对冲他们消费中的非市场性风险敞口,简单形式的资本资产定价模型将被多因素的形式所取代,该模型中证券面临非市场性资源的风险敞口要求风险溢价来补偿。
10. 基于消费的资本资产定价模型是一个单因素模型,该模型中市场投资组合的超额收益被跟踪消费资产组合的超额收益所取代。由于直接与消费相关联,该模型自然考虑了消费对冲以及投资机会的改变。
11. 资本资产定价模型中可以考虑流动性成本和流动性风险。投资者要求对与其非流动性的预期成本以及由此而产生的相关风险进行补偿。

习 题

基础题

1. 如果 $E(r_P)=18\%$，$r_f=6\%$，$E(r_M)=14\%$，那么该资产组合的 β 值等于多少？
2. 某证券的市场价格是 50 美元，期望收益率是 14%，无风险利率为 6%，市场风险溢价为 8.5%。如果该证券与市场投资组合的相关系数加倍（其他保持不变），该证券的市场价格是多少？假设该股票永远支付固定数额的股利。
3. 下列选项是否正确？并给出解释。
   a. β 为零的股票提供的期望收益率为零。
   b. 资本资产定价模型认为投资者对持有高波动性证券要求更高的收益率。
   c. 你可以通过将 75% 的资金投资于短期国债，其余的资金投资于市场投资组合的方式来构建一个 β 为 0.75 的资产组合。
4. 下表给出了两个公司的数据。短期国债收益率为 4%，市场风险溢价为 6%。

公司	1美元折扣店	5美元店
预测收益率（%）	12	11
收益标准差（%）	8	10
贝塔	1.5	1.0

   根据资本资产定价模型，各公司的公平收益率为多少？
5. 在以上问题中各公司的股票价格是被高估、低估还是合理估价了？
6. 如果一只股票的 β 为 1.0，市场的期望收益率为 15%，那么该股票的期望收益率为多少？
   a. 15%
   b. 大于 15%
   c. 没有无风险利率不能得出
7. Kaskin 公司的股票 β 值为 1.2，Quinn 公司的 β 值为 0.6。下列陈述中哪项最准确？
   a. Kaskin 公司的股票比 Quinn 公司的股票有着更高的期望收益率。
   b. Kaskin 公司的股票比 Quinn 公司的股票有着更高的风险。
   c. Quinn 公司的股票比 Kaskin 公司的股票有着更高的系统性风险。

中级题

8. 假设你是一家大型制造公司的咨询顾问，该公司准备进行一个大项目，该项目税后净现金流如下（单位为百万美元）。

从今往后年份	税后现金流
0	-40
1~10	15

   该项目的 β 为 1.8，假设 $r_f=8\%$，$E(r_M)=16\%$，该项目的净现值为多少？当 NPV 为负时，估计该项目最高可能的 β 为多少？

9. 下表给出了某证券分析师在特定市场收益情况下两只股票期望收益率（%）。

市场收益	激进型股票期望收益率	防守型股票期望收益率
5	-2	6
25	38	12

   a. 两只股票的 β 值各是多少？
   b. 如果市场收益率为 5% 与 25% 的可能性相同，两只股票的期望收益率为多少？
   c. 如果国债利率为 6%，市场收益率为 5% 与 25% 的可能性相同，画出整个经济体系的证券市场线。
   d. 在证券市场线图上标出这两只股票。每只股票的 α 为多少？
   e. 激进型企业的管理层在具有与防守型企业股票的风险特征的项目中使用的临界利率为多少？

10~16 题：如果资本资产定价模型是有效的，下列哪些情形是有可能的？并给出解释。每种情况单独考虑。

10.

资产组合	期望收益率	β
A	20	1.4
B	25	1.2

11.

资产组合	期望收益率	标准差
A	30	35
B	40	25

12.

资产组合	期望收益率	标准差
无风险资产	10	0
市场组合	18	24
A	16	12

13.

资产组合	期望收益率	标准差
无风险资产	10	0
市场组合	18	24
A	20	22

14.

资产组合	期望收益率	β
无风险资产	10	0
市场组合	18	1.0
A	16	1.5

15.

资产组合	期望收益率	β
无风险资产	10	0
市场组合	18	1.0
A	16	0.9

16.

资产组合	期望收益率	标准差
无风险资产	10	0
市场组合	18	24
A	16	22

17~19题：假设无风险利率为6%，市场的期望收益率为16%。

17. 一只股票今日的售价为50美元。每年年末将会支付每股股息6美元，β值为1.2。那么投资者预期年末该股票的售价为多少？

18. 我正准备买入一只股票，该股票预期的永久现金流为1 000美元，但风险不能确定。如果我认为该企业的β值为0.5，那么当β值实际为1时，我实际支付的比该股票的真实价值高出多少？

19. 一只股票的期望收益率为4%，那么β为多少？

20. 两个投资顾问在比较业绩。一个的平均收益率为19%，另一个为16%。然而前者的β为1.5，后者的β为1.0。

   a. 你能判断哪个投资者更善于选择个股吗（不考虑市场的总体趋势）？
   b. 如果短期国债利率为6%，而这一期间市场收益率为14%，那么哪个投资者选股更出色？
   c. 如果国债利率为3%，市场收益率为15%，情况又是怎样？

21. 假定短期政府债券的收益率为5%（被认为是无风险的）。假定一个β值为1的资产组合市场要求的期望收益率为12%，根据资本资产定价模型：

   a. 市场组合的期望收益率为多少？
   b. β为零的股票的期望收益率为多少？
   c. 假设你正准备买入一只股票，价格为40美元。该股票预期在明年发放股息3美元，投资者预期以41美元的价格将股票卖出。股票风险$\beta=-0.5$，该股票是被高估了还是被低估了？

22. 假设借入行为受限制，β为零资本资产定价模型成立。市场组合的期望收益率为17%，而β为零资产组合的期望收益率为8%。那么当β值为0.6时资产组合的期望收益率是多少？

23. a. 一个共同基金的β值为0.8，期望收益率为14%。如果$r_f=5\%$，市场组合的期望收益率为15%，你会选择投资该基金吗？基金的α值为多少？
   b. 如果一个由市场指数组合和货币市场基金组成的消极投资组合的β值与该共同基金相同，请问该消极组合中两类资产的占比。

高级题

24. 阐述你如何在基于消费的资本资产定价模型考虑：
   a. 流动性
   b. 非交易资产（你需要担心工资收入吗？）

CFA考题

1. a. 约翰·威尔森是奥斯丁公司的一名组合管理经理。对他所有的顾客,威尔森根据马科维茨的有效边界来进行管理。威尔森请奥斯丁的执行经理注册会计师玛丽·里根来评价他的两个客户的资产组合,其客户分别是鹰牌制造公司以及彩虹人生保险公司。两个资产组合的期望收益率有着很大的差别。里根认为彩虹资产组合实质上近似于市场组合,由此得到彩虹资产组合优于鹰牌公司资产组合的结论。你是否同意这一结论?用资本市场线证明你的观点。
   b. 威尔森回应指出,彩虹资产组合比鹰牌资产组合的期望收益率高,因为其非系统风险要高于鹰牌资产组合。试定义非系统风险并解释你是否同意威尔森的观点。

2. 威尔森正评估两只普通股的期望收益率,它们分别是福尔曼实验公司和戛坦测试公司。他收集了以下信息:
   a. 无风险利率为5%。
   b. 市场组合的期望收益率为11.5%。
   c. 福尔曼公司股票的β为1.5。
   d. 戛坦公司股票的β为0.8。

   根据你的分析,威尔森对两只股票收益率的预测分别是福尔曼股票13.25%,戛坦股票11.25%。计算威尔森公司和戛坦公司股票的必要收益率,并指出每只股票是被高估、公平定价还是低估了。

3. 证券市场线描绘的是_____。
   a. 证券的期望收益率与其系统风险的关系
   b. 市场投资组合是最佳风险证券组合
   c. 证券收益与指数收益的关系
   d. 由市场投资组合与无风险资产组成的完美资产组合

4. 根据资本资产定价模型,假定:
   (1) 市场组合期望收益率=15%
   (2) 无风险利率=8%
   (3) XYZ证券的期望收益率=17%
   (4) XYZ证券的β=1.25
   下列哪项是正确的?_____。
   a. XYZ被高估了
   b. XYZ公平定价
   c. XYZ的α为-0.25%
   d. XYZ的α为0.25%

5. 零贝塔证券的期望收益率为多少?
   a. 市场收益率   b. 零收益率
   c. 负收益率   d. 无风险收益率

6. 资本资产定价理论认为资产组合收益可以用以下_____提供最好的解释。
   a. 经济因素   b. 特殊风险
   c. 系统性风险   d. 多样化

7. 根据资本资产定价模型,$\beta=1.0$,$\alpha=0$的资产组合的期望收益率为:_____。
   a. 在r_M与r_f之间
   b. 无风险收益率,即r_f
   c. $\beta(r_M-r_f)$。
   d. 市场组合期望收益率,即r_M。

   下表给出了两个资产组合的风险以及收益率。

资产组合	平均年收益率(%)	标准差(%)	β
R	11	10	0.5
标准普尔500指数	14	12	1.0

8. 根据上表信息在证券市场线画出资产组合R的图形,R位于:_____。
   a. 证券市场线上
   b. 证券市场线的下方
   c. 证券市场线的上方
   d. 数据不足

9. 在资本市场线画出资产组合R的图形,R位于:_____。
   a. 资本市场线上
   b. 资本市场线的下方
   c. 资本市场线的上方
   d. 数据不足

10. 简要说明根据资本资产定价模型,投资者持有资产组合A是否会比持有资产组合B获得更高的收益率。假定两种资产组合都已经充分分散化。

	资产组合A	资产组合B
系统性风险（β）	1.0	1.0
单个证券特别风险	高	低

11. 约翰·麦凯是一个银行信托部门的组合经理。麦凯约见两个客户：凯文·穆雷和丽莎·约克，评价他们的投资目标。每个客户都表示有改变他们个人投资目标的兴趣。每个客户目前都持有分散性很好的风险资产组合。
    a. 穆雷想提高他的资产组合的期望收益。说出麦凯应该采取怎样的措施才能达到穆雷想达到的目标？根据前文的资本市场线说明你的建议。
    b. 约克想要降低资产组合的风险敞口，但不想有借入和借出行为。麦凯应该采取怎样的措施才能达到约克想达到的目标？根据前文的证券市场线说明你的建议。

12. 凯伦·凯伊是柯林斯资产管理公司的一名组合经理，正使用资本资产定价模型来为其客户提供建议。他们的研究部门提供了如下信息。

	期望收益率（%）	标准差（%）	β
X股票	14.0	36	0.8
Y股票	17.0	25	1.5
市场指数	14.0	15	1.0
无风险利率	5.0		

a. 计算每只股票的期望收益率与α值。
b. 分辨和判断哪只股票更适合投资者，他们分别希望：
   i. 增加该股票到一个充分分散的股票组合中。
   ii. 作为单一股票组合持有此股票。

概念检查答案

6-1 我们用两个具有代表性的投资者代表所有人群。一个是"无信息"投资者，他们不对证券进行分析，而持有市场投资组合，而另一个则利用马科维茨理论进行证券分析来优化其资产组合。无信息投资者不了解信息投资者用来做出投资购买决策的信息。然而，无信息投资者知道，如果另外的投资者是有信息的，市场组合的比例总是最优的。因此，与这一比例不同就等于是无信息的赌博，总的来说，这将会降低多样化的效率，而又没有增加期望收益率作为补偿。

6-2 a. 将历史均值和标准差代入式（6-2）中，得到风险厌恶系数：
$$\bar{A} = \frac{E(r_M) - r_f}{\sigma_M^2} = \frac{0.083}{0.203^2} = 2.01$$

b. 这一关系也告诉我们：根据历史的标准差数据与风险厌恶系数等于3.5，风险溢价为

$$E(r_M) - r_f = \bar{A}\sigma_M^2 = 3.5 \times 0.202^2$$
$$= 0.144 = 14.4\%$$

6-3 给定投资比例w_{Ford}、w_{Toyota}，资产组合β为
$$\beta_P = w_{Ford}\beta_{Ford} + w_{Toyota}\beta_{Toyota}$$
$$= 0.75 \times 1.25 + 0.25 \times 1.10$$
$$= 1.2125$$

因为市场风险溢价，资产组合风险溢价为
$$E(r_P) - r_f = \beta_P[E(r_M) - r_f]$$
$$= 1.2125 \times 8\% = 9.7\%$$

6-4 股票的α值是超过资本资产定价模型所要求的收益差额。
$$\alpha = E(r) - \{r_f + \beta[E(r_M) - r_f]\}$$
$$\alpha_{XYZ} = 12\% - [5\% + 1 \times (11\% - 5\%)]$$
$$= 1\%$$
$$\alpha_{ABC} = 13\% - [5\% + 1.5 \times (11\% - 5\%)]$$
$$= -1\%$$

ABC的点在证券市场线下方，而XYZ

的点在股票市场线的上方，如图 6-6 所示。

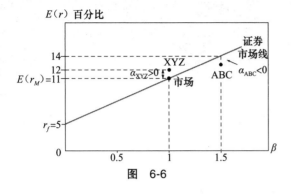

图 6-6

6-5 特定项目要求的收益率由项目的 β 值、市场风险溢价以及无风险利率决定。资本资产定价模型告诉我们，该项目可接受的期望收益率为

$$r_f + \beta[E(r_M) - r_f] = 8\% + 1.3 \times (16\% - 8\%) = 18.4\%$$

这是该项目收益率的下限。如果该项目的内部收益率为 19%，则其可行。任何内部收益率小于或等于 18.4% 的项目都应该被拒绝。

第 7 章
CHAPTER 7

套利定价理论与风险收益多因素模型

利用证券之间的错误定价来赚取无风险利润的行为称为**套利**（arbitrage）。它需要同时买入和卖出等量的证券或者证券组合来赚取其中的价格差。健康运行的证券市场中不会存在套利机会也许是资本市场理论最基本的原理。如果实际证券价格中存在套利机会，则会存在很强的力量推动价格改变，并消除该套利机会。因此，证券市场必须满足"无套利条件"。

在本章中，我们将介绍如何利用无套利条件及因素模型来导出资本资产定价模型的证券市场线，进而更深入地了解风险与收益之间的关系。

前几章介绍了如何将风险分解为市场风险和公司特有风险，我们将拓展这一方法来处理系统性风险的多层面特征。证券收益的多因素模型可以用来测度和管理许多经济领域的风险，如经济周期风险、利率或通货膨胀风险、能源价格风险等。通过这些模型，我们可以得到多因素版本的证券市场线，其风险溢价来源于多种风险因素，而每一种都有各自的风险溢价。

这种风险收益之间的平衡方法叫作**套利定价理论**（APT）。在单因子模型中，即没有额外市场风险因子的情况下，APT 所得到的平均收益-贝塔等式与 CAPM 相同。在多因子市场，即至少有 1 个额外市场风险因子时，APT 将得出与默顿跨期的 CAPM（ICAPM）相似的均值-β 等式。这些因素会引起强烈的对冲需求，从而引出第 6 章中所介绍的多因素资本资产定价模型。因此以套利定价理论和资本资产定价模型为基础，推导出多风险形式的证券市场线，可以加深我们对风险收益关系的理解。

7.1 多因素模型：概述

指数模型提供了一种分解股票风险的方法，即将风险分解为市场或系统性风险和公司特有风险。其中，系统性风险主要受宏观经济影响，而公司特有风险或特质性风险则可以通过构造投资组合的办法进行分散。在单指数模型中，市场投资组合收益反映了宏观因素的重要影响。

在第 6 章中介绍了资产风险溢价可能也与市场外部风险因子相关，如通胀，同时也与描述未来投资机会的参数变化相关，如利率、波动性、市场风险溢价和 β。例如，那些收益随通胀加剧而增加的资产可用于对冲未来通胀率的不确定性。当投资者对该资产需求上升时，那么资产价格就会上升，从而导致风险溢价降低。

单组证券的风险溢价应该反映它们对额外市场风险因子变化的敏感度，恰如它们相对于市场指数的 β 决定了它们在基本资本资产定价模型中的风险溢价。当证券可以用于对冲这些因子时，对冲需求就会使 SML 变为多因素模型，其中每个可以对冲的风险来源都会增加一个因子。风险因子不是被这些对冲组合的收益所描述（比如指数组合代表市场因子），就是更直接地被风险因子自身的变化（比如说利率或者通胀的变化）所描述。

证券收益的因素模型

我们首先将考察单因素模型。资产收益的不确定性有两个来源：一是公共或宏观经济因素；二是公司特有因素。我们用公共因素来度量宏观经济中新信息的影响，这些新信息用于修正当下的预期，如果初始预期是理性的，那么这些修正的正负将被相互抵消至零。因此公共因素的期望收益也是零。

如果用 F 表示公共因素偏离其期望值的离差，用 β_i 表示公司 i 对公共因素的敏感程度，用 e_i 表示公司特有的扰动项，由因素模型可知，公司 i 的实际收益应等于它的初始期望收益加上一项反映未预期到的宏观经济事件影响的随机变量（零期望值），再加上另一项反映公司特有事件的随机变量（零期望值）。

单因素模型（single-factor model）可以用式（7-1）来表示：

$$R_i = E(R_i) + \beta_i F + e_i \tag{7-1}$$

其中 $E(R_i)$ 为股票 i 的超额期望收益。注意，如果在任何时期宏观经济因素都为零（如宏观经济没有很大波动），证券收益等于它先前的期望收益值 $E(R_i)$ 加上公司特有事件引起的随机变量。我们进一步假定非系统因素 e_i 均不相关，且与因素 F 不相关。

例 7-1 因素模型

假定宏观经济因素 F 反映所处的经济周期，这一指标由未预期到的国内生产总值（GDP）变化的百分比来衡量，如果普遍认为今年的 GDP 将会增长 4%，而实际上 GDP 仅仅增加 3%，那么 F 值为 -1%，代表实际增长与预期增长有 -1% 的离差。给定股票的 β 值为 1.2，则预期的落空将造成股票收益率比之前预期的收益率低 1.2%。这一未预期到的宏观变化和公司特有的扰动项 e_i 一起决定股票收益对初始期望收益的偏离。

因素模型将收益分为系统和公司两个层面是很有说服力的，但将系统性风险限定为由单因素造成的就不那么有说服力了。实际上，在第 6 章谈到将系统性风险作为风险溢价的来源时，我们注意到有许多风险来源影响市场收益的系统性或宏观因素，如利率或通货膨胀等的不确定性。市场收益反映了所有这些宏观因素，也反映了公司对这些因素的平均敏感程度。

> **概念检查 7-1**
>
> 假定在式（7-1）中当前股票的期望收益率为 10%。许多宏观经济信息表明 GDP 增长率为 5% 而不是 4%。你将如何修正该股票的期望收益率？

如果能找到系统性风险的显式表达，则有机会发现不同的股票对不同的风险来源敏感性的差异，这使得我们可以对单因素模型进行改进。不难看出，包含多个因素的**多因素模型**（multifactor models）能更好地解释证券收益。

除用于建立均衡证券定价模型之外，多因素模型还可以应用于风险管理。这一模型创造了一种衡量宏观经济风险的简化方法，并构造了投资组合来规避这些风险。

我们从分析两因素模型开始。假设两个最重要的宏观经济风险——经济周期的不确定性和利率的波动，我们用未预期到的 GDP 增长率来描述前者。利率的变化我们用 IR 来表示。任意股票的收益都受到宏观风险及其公司自身的风险影响，因此我们可以用一个两因素模型来描述某一时间段内股票 i 的收益率：

$$R_i = E(R_i) + \beta_{iGDP}\text{GDP} + \beta_{iIR}\text{IR} + e_i \tag{7-2}$$

式（7-2）右边的两个宏观经济因素构成了经济中的系统因素。正如在单因素模型中，所有的宏观经济因素的期望值都为零：这代表这些变量的变化没有被预期到。式（7-2）中每个因素的系数度量了股票收益对该因素的敏感程度。因此，该系数有时被称为**因素敏感度**（factor sensitivity）、**因子载荷**（factor loading）或**因子贝塔**（factor beta）。对于大部分公司来说利率上升是坏消息，因此通常利率的 β 值为负。与前面一样，e_i 表示公司特定因素的影响。

为了说明多因素模型的优势，考虑两个公司，一个是服务大部分居民区的电力公司，另一个是航空公司。由于居民对电力的需求对经济周期的敏感程度不高，因此该项对 GDP 的 β 值较低，但是电力公司的股票价格可能对利率有着高敏感性。因为电力公司产生的现金流相对稳定，其现值类似于债券，与利率呈反方向变化。相反，航空公司股票对经济活动的敏感程度较高但对利率不是很敏感。因此它对 GDP 的 β 值高而对利率的 β 值低。假设有一天传出经济将扩张的消息。预期 GDP 将会增长，而利率也会上升。那么这样的"宏观消息"是好还是坏？对于电力公司，这是一个坏消息，因为它对利率更敏感。但对航空公司来讲，由于对 GDP 的敏感度更高，这是一个好消息。很明显，单因素模型或单指数模型不能捕捉这种宏观经济不确定性因素变化所反映的差异。

例 7-2 利用多因素模型进行风险评估

假设我们运用式（7-2）的两因素模型来对东北航空公司进行评估，得到如下结果：

$$R = 0.133 + 1.2(\text{GDP}) - 0.3(\text{IR}) + e$$

这告诉我们，根据现有的信息，东北航空公司的期望收益率为 13.3%，但在当前预期的基础上 GDP 每增加一个百分点，东北航空公司股票的收益率平均增加 1.2%，而对非预期的利率增加一个百分点，其股票收益下降 0.3%。

因素 β 可以为对冲策略提供一个框架。对于想要规避风险的投资者来说需要构建一个相反的因素来抵消特定风险的影响。通常，远期合约可以用来对冲这些特定风险因素。我们将在第 16 章中详细介绍这方面的内容。

如上所述，多因素模型仅仅是对影响证券收益的因素进行描述。在模型的表达式中并不存在什么"理论"。很明显，在式（7-2）中没有回答 $E(R)$ 的来源，换句话说，是什么决定证券的期望收益率。这里我们需要一个均衡证券收益的理论模型，所以我们现在转向套利定价理论来确定等式（7-1）和式（7-2）中的期望收益 $E(R)$。

7.2 套利定价理论

史蒂芬·罗斯⊖在1976年提出**套利定价理论**（arbitrage pricing theory，APT）。如同资本资产定价模型，套利定价理论预测了与风险期望收益相关的证券市场线，但其得出证券市场线的方式与之不同。罗斯的套利定价理论基于三个基本假设：①因素模型能描述证券收益；②市场上有足够的证券来分散非系统性风险；③完善的证券市场不允许任何套利机会存在。我们从其模型的简单形式入手，假定只有一个系统因素影响证券收益。一旦我们充分理解了这个模型的原理，我们很容易就可以加入其他因子来丰富我们的模型。

7.2.1 套利、风险套利与均衡

当投资者不需要进行净投资就可以赚取无风险利润时，就存在套利（arbitrage）机会。一个典型的例子就是同一只股票在两个交易所中以不同的价格交易。例如，假设IBM公司股票在纽约证券交易所卖195美元，而在纳斯达克仅仅卖193美元。然后你可以在买进纳斯达克股票的同时在纽约证券交易所卖出，在不动用任何资本的情况下每只股票可以赚取2美元的无风险利润。**一价定律**（Law of One Price）指出，如果两项资产在所有的经济性方面均相同，那它们应该具有相同的市场价格。一价定律被套利者所利用：一旦发现违背了这一定律，他们将进行套利活动——在价格低的地方买进资产并同时在价格高的地方售出资产。在这一过程中，他们将促使低价市场价格上扬，而高价市场价格被压低，直到套利机会消失。

这些利用一价定律的套利策略通常同时包含多空头寸。你可以买入那些相对廉价的资产，同时卖空相对来说被高估的资产。因此，投资的净头寸为零，套利是无风险的。所以，任何投资者，不管其风险厌恶程度和财富水平如何，都愿意持有一个无限的头寸。由于大量的头寸使价格上涨或下跌至套利机会完全消除，证券价格将满足"无套利条件"，也就是停留在一个不存在套利机会的价格水平上。市场价格变动直到套利机会消除，这也许是资本市场理论中最基本的观点。违背这一原则是市场非理性的明显表现。

将套利与风险-收益占优的观点相比较可以发现，二者在均衡价格的形成上存在着重要区别。风险-收益占优的观点认为，当均衡价格关系被打破时，投资者将在一定程度上改变他们的投资组合，这取决于他们的风险厌恶程度。所有这些有限的投资组合的改变将产生大量的买卖行为，从而重建均衡价格。相反，当套利机会存在时，每个投资者都愿意持有尽可能多的头寸，因此不需要很多投资者就会给价格带来压力使价格恢复平衡。因此，由无套利论点得出的价格的意义要大于由风险-收益占优观点所得到的结论。

资本资产定价模型就是这种占优观点的一个典型例子，它意味着所有投资者都持有均值-方差有效投资组合。如果证券没有被正确定价，那么投资者在构建投资组合时更倾向于被低估的证券而不是被高估的证券。许多投资者改变自己的投资组合给均衡价格带来压力，尽管每个人都是相对较小数量的改变。存在大量均值-方差敏感的投资者对于资本资产模型来说至关重要。相反，无套利条件指的是少量投资者发现投资机会并动用自己的大量资金在短时间内使价格恢复均衡。

⊖ Stephen A. Ross, "Return, Risk and Arbitrage," in I. Friend and J. Bicksler, eds., *Risk and Return in Finance* (Cambridge, MA: Ballinger, 1976).

从业人员并不像此处的定义一样对"套利"和"套利者"进行严格的区分。"套利者"通常表示在专业领域如并购某目标股票中寻找没有被正确定价的行为,而不是寻找严格意义上(无风险)套利机会的人。这样的行为通常叫作**风险套利**(risk arbitrage),与纯套利不同。

这里我们先提及一下,本书后面部分我们将讨论期货、期权等"衍生"证券的市场价值完全由其他证券的价格决定。例如,股票看涨期权的价值由该股票的价格决定。对于这些证券,严格套利是完全可能的,无套利条件将产生精确的定价。而对于股票以及价值不是严格地由其他一种或者多种资产所决定的"原始"证券,无套利条件一定要从分散化投资的角度得出。

7.2.2 充分分散的投资组合

下面我们来看单因素市场中一个股票投资组合的风险。我们首先说明,如果一个投资组合是充分分散化的,它的公司特有风险或非因素(系统)风险将可以被分散,只剩下因素(系统)风险。如果我们构建一个 n 只股票的投资组合,其权重为 w_i,$\sum w_i = 1$,那么投资组合的收益率可以表示为

$$R_P = E(R_P) + \beta_P F + e_P \tag{7-3}$$

其中,$\beta_P = \sum w_i \beta_i$,$E(R_P) = \sum w_i E(R_i)$,分别是 n 个证券的 β_i 和风险溢价的加权平均值。该投资组合的非系统性风险 $e_P = \sum w_i e_i$(与 F 不相关)是 n 个证券 e_i 的加权平均值。

公式(7-3)中包含了两个随机(不相关)项,因此我们可以将投资组合的方差分为系统的与非系统的两个方面:

$$\sigma_P^2 = \beta_P^2 \sigma_F^2 + \sigma^2(e_P)$$

其中 σ_F^2 是因素 F 的方差。而 $\sigma^2(e_P)$ 是投资组合的非系统性风险方差,可以表示为:

$$\sigma^2(e_P) = (\sum w_i e_i) \text{ 的方差} = \sum w_i^2 \sigma^2(e_i)$$

注意,在获得投资组合的非系统方差时,我们基于公司特有风险 e_i 相互独立的假设(所有资产两两之间的协方差为零),因此投资组合非系统部分 e_P 的方差是单个非系统方差与投资权重平方的加权之和。

如果投资组合是等权重的,即 $w_i = 1/n$,那么非系统方差应该等于:

$$\sigma^2(e_P) = (\sum w_i e_i) \text{ 的方差} = \sum \left(\frac{1}{n}\right)^2 \sigma^2(e_i) = \frac{1}{n}\sum \frac{\sigma^2(e_i)}{n} = \frac{1}{n}\overline{\sigma}^2(e_i)$$

式中最后一项是证券非系统方差的均值。换句话说,投资组合的非系统方差等于非系统方差的平均值除以 n。因此,当投资组合变大即 n 变大时,非系统方差趋近于 0。这就是分散化的结果。

对于等权重的投资组合,我们得出结论,当 n 变大时,非系统方差趋近于 0。当权重不相等时,这一性质依然成立。任意投资组合都满足当 n 变大(准确地说,对于 w_i^2 随着 n 的增加趋近于 0)时,w_i 都逐渐变小,投资组合的非系统性风险趋近于 0。实际上,这一性质促使我们来定义**充分分散的投资组合**(well-diver-

> **概念检查 7-2**
> a. 一个投资组合投资于多种股票(n 很大)。这些股票残余收益的标准差并不比其他的投资组合大。然而,将一半的投资组合投资于股票1,其余的等量投资于 $n-1$ 只股票。请问这个投资组合是充分分散的吗?
> b. 另一个投资组合投资于同样的 n 只股票,n 非常大。如果每只股票不是等权重的,而是一半股票占 $1.5/n$ 的权重而另一半股票占 $0.5/n$ 的权重,那么这个投资组合是充分分散的吗?

sified portfolio），即按照各自的比例 w_i 分散投资于数量足够大的证券，从而降低非系统方差 $\sigma^2(e_P)$ 使之忽略不计。

由于任何充分分散的投资组合的 e_P 的期望值为零，同时方差也趋近于零，e_P 实现的价值也因此几乎为零。重写式（7-1），我们得到充分分散的投资组合，在实践中有：

$$R_P = E(R_P) + \beta_P F \tag{7-4}$$

图 7-1a 中实线勾画出在不同的系统性风险下，一个 $\beta_A = 1$ 的充分分散的投资组合 A 的收益率情况。投资组合 A 的期望收益率为 10%，此即实线与纵轴相交的点。如果宏观因素是正的，投资组合的收益率将超出期望值；如果是负的，投资组合的收益率将低于平均值。因此投资组合的收益率为：

$$E(R_A) + \beta_A F = 10\% + 1.0 \times F$$

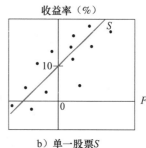

图 7-1 作为系统性风险函数的收益

将图 7-1a 与图 7-1b 相比较，图 7-1b 是一只 $\beta_S = 1$ 的股票。它的非系统性风险不能被分散掉，呈现为分别分布在直线两侧的点。相反，对于充分分散的投资组合，其收益率完全由系统因素所决定。

7.2.3 无套利定价原理中的证券市场线

在充分分散的投资组合中，企业间的非系统风险就会被充分抵消，承担这些可以被分散掉的风险也不需要额外的收益。因此，证券组合的期望收益应当只和那些系统性风险或者风险因子相关。这是接下来我们导出证券市场线的基础。

首先我们解释为什么所有具备相同 β 的充分分散组合必须得到相同的期望收益。图 7-2 画出了两个组合的收益，A 和 B 的 β 都是 1，但是有不同的期望收益率：$E(r_A) = 10\%$ 且 $E(r_B) = 8\%$。那么投资组合 A 与 B 能一起在图中并存吗？显然不能：无论系统因素是多少，A 的收益率高于 B，将存在套利机会。

如果以 100 万美元卖空 B 并同时买进 100 万美元的 A，对于一个净投资策略，你可以获取 2 万美元的无风险收益，如下：

$$
\begin{array}{ll}
(0.10 + 1.0 \times F) \times 100 \text{ 万} & \text{A 的多头} \\
-(0.08 + 1.0 \times F) \times 100 \text{ 万} & \text{B 的空头} \\
\hline
0.02 \times 100 \text{ 万} = 2 \text{ 万} & \text{净收益}
\end{array}
$$

你获得的是无风险收益，因为因素风险在空头与多头头寸之间被抵消。进一步说，该投资要求零净投资。你（和其他人）可以用无限大的投资规模追求无风险收益直至两种组合的收益差消失。因此，我们说 β 相等的充分分散的投资组合必须有相同的期望收益率，否则存在套利机会。

那么 β 值不同的投资组合呢？现在来证明风险溢价必须与 β 成比例。想知道为什么，如图 7-3 所示。假设无风险利率为 4%，C 为一个充分分散的投资组合，β 等于 0.5，期望收益率为 6%。投资组合 C 在无风险资产以及投资组合 A 线的下方。因此，考虑一个新的投资组合 D，一半由投资组合 A 组成，另一半由无风险资产组成。投资组合 D 的 $\beta = 0.5 \times 0 + 0.5 \times 1.0 = 0.5$，期望收益率=0.5×4%+0.5×10%=7%。现在投资组合 D 与投资组合 C 的 β 值相同，但有着更高的收益率。从我们前文的分析中可以看出这样存在套利机会。我们可以得出结论：为了排除套利机会，期望收益率组合的期望收益率必定会落在图 7-3 中从无风险资产出发的直线上。这条线的方程给出了所有充分分散的投资组合的期望收益率。

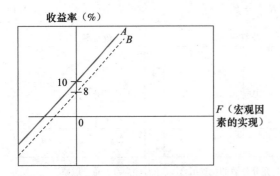

图 7-2 作为系统性风险函数的收益：出现了套利机会

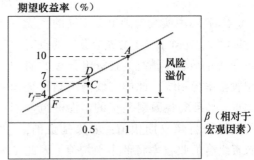

图 7-3 一个套利机会

注意到图 7-3，风险溢价确实与资产 β 成比例。纵轴表示风险溢价，它由无风险利率与该投资组合期望收益之间的距离来表示。$\beta=0$ 时风险溢价为零，然后随着 β 的上升而上升。

图 7-3 展示了一个充分分散组合的风险溢价与其对于宏观因子上的 β 的关系。最后，我们来画一条证券市场线来表现组合风险溢价和其对市场指数的 β 的关系，而非一个模糊定义的宏观因子。

其实，这一步还是很容易的。因为所有的充分分散的组合都和宏观因子完全相关。再回顾图 7-1a，我们可以看到所有充分分散的组合都正好排列在一条直线上。因此，如果市场指数是充分分散的，那么其收益也会完全反映宏观因子的价格。这就意味着，对于市场指数的 β 值应该同对宏观因子的 β 拥有完全相同的信息含量，同样都反映了系统性风险的相对水平。

因此，一个充分分散化的组合 P，应当具有这样的超额收益：

$$R_P = \alpha_P + \beta_P R_M \tag{7-5}$$

其中的 β_P 指对于一个充分分散的市场指数的 β 值。

至此，我们已经知道，风险溢价是和 β 一一对应的。如果一个组合对宏观因子的 β 值是市场指数的两倍，那么，这个组合就应该获得市场两倍的收益。那么推广一下，对任意充分分散化的组合 P，有：

$$E(R_P) = \beta_P E(R_M) \tag{7-6}$$

换种方式说，组合 P 的风险溢价（期望超额收益）是 β 和市场指数的风险溢价的乘积。式 (7-6) 就显示出了通过套利定价理论的"无套利"要求得到的应用于充分分散组合的资本资产定价模型证券市场线。

单一资产与无套利定价

我们已经证明，如果不存在套利机会，那么所有充分分散的期望组合的期望收益一定与组合本身的 β 值是线性关系。那么，我们就很自然地想问，该关系是否同样存在于组合中的每一只股票？答案是肯定的。如果我们要求所有的充分分散的投资组合都与自身 β 值具有同样的线性关系，那么我们就必须要求几乎所有单只证券的期望收益都满足同样的条件。严谨的证明可能有些难度，因此我们接下来简单阐述一下这一命题的逻辑。

假设所有的单一资产都不满足上述期望收益和β的关系，如果我们首先考虑用这些资产构造的两个充分分散的投资组合，那么我们想问，在这样任意两两资产都不满足上述条件的情况下，有没有可能这两个充分分散的投资组合反而满足该关系？这种情况发生的概率其实是很小的，除非这些资产的收益率对上述关系的偏离恰好可以互相抵消，这两个资产组合的收益才有可能出现这样的效果。

那么接下来，我们用这些资产构造第三个充分分散的投资组合，那么这三个组合都满足无套利的期望收益-β值关系的概率有多大呢？显然，这种情况的发生概率会更低。以此类推，再考虑第四个充分分散的组合，以及更多呢？如果要求每个充分分散的投资组合满足这种无套利的期望收益-β值的关系，那么基本肯定的就是需要绝大部分单个资产都满足该关系。

值得注意的是，我们之所以使用"基本肯定"这样的表述，是因为我们必须认识到，我们的结论并不等同于要求所有的资产都一定满足上述关系。究其原因，是因为充分分散的投资组合的一个性质。

当我们界定一个组合是否是充分分散的时候，我们需要确保每个单一证券都只能在组合中占有非常低的份额。因此，如果组合当中只有一个资产违背了期望收益-β值关系，那么它对于组合整体收益的影响是极为有限的，所以也并不足以触发套利行为的发生。然而，如果有很多资产同时违背了该条件，那么充分分散的投资组合也就很难再满足这一关系，于是就会存在套利机会。因此，我们认为，在这种单因素主导的证券市场中，无套利条件也就基本意味着，除了一小部分单一证券可能不满足之外，所有的充分分散的投资组合和绝大部分单一证券的期望收益率都会和其自身的β值呈正向的线性关系。

7.2.4 实践中充分分散化的投资组合

如果实践中的组合规模是有限的，什么是组合残差风险的分散化效果呢？为了说明分散化的影响，我们考察在理想状态下不同规模的等权重投资组合的残差标准差。表7-1展示了我们的计算结果，将组合残差标准差表达为股票数量的函数。含有1 000只股票的等权组合拥有很小但是不可忽略的标准差。当残差风险为50%时，标准差为1.58%；当残差风险为100%时，标准差为3.16%。而对于10 000只股票构成的组合，标准差便几乎可忽略不计了。这说明，至少在理论上，如果投资集足够大的话，即使对于很不平衡的组合，分散化也可以消除风险。

表7-1 残差标准差与组合规模的关系

每只股票的残差标准差=50%		每只股票的残差标准差=100%	
N	SD(e_p)	N	SD(e_p)
4	25.00	4	50.00
60	6.45	60	12.91
200	3.54	200	7.07
1 000	1.58	1 000	3.16
10 000	0.50	10 000	1.00

什么是大组合？很多人广泛地持有交易所交易基金，例如ETF基金和共同基金的每个基金都有上百只股票，有些（像Wilshire 5000）基金有上千只股票。所以1 000只股票的组合是合理的，但是构造10 000只股票的组合却遥不可及。因此，表7-1告诉我们，对于一个实际的投

资组合而言，如无套利定价理论中的"充分分散"的理想状态是难以企及的。这是该理论的一个缺陷，然而即便如此，无套利定价理论的证券市场线依旧是风险收益关系的良好刻画。在下一节，我们将重点讨论无套利定价理论相对于 CAPM 模型在刻画风险和收益关系时的相对优势。

7.3 套利定价理论、资本资产定价模型和指数模型

式（7-6）提出了三个问题：
1. 套利定价理论可以应用于分散程度比充分分散组合低的组合吗？
2. 套利定价理论作为一个有关风险和收益的模型，是优于还是劣于资本资产定价模型？我们需要两个模型吗？
3. 假设一个证券分析师发现了一个有残差风险和正 α 的组合。这个框架比套利定价理论更好吗？

7.3.1 套利定价理论与资本资产定价模型

套利定价理论在很多方面都和 CAPM 模型有相似之处。该理论提供了一个收益率的基准，可以用于资本预算、证券估值，或投资绩效的评估。并且，APT 模型强调了不可分散风险和可分散风险的差异，即前者可以带来风险溢价的补偿，而后者不可以。

从很多方面来讲，APT 模型都极具魅力。这个理论假设一个理性的资本市场不会允许套利机会的存在，而这一假设其实相当可信。即便有少部分精明的投资者发现了这个非均衡价格，如果违背了 APT 的定价关系，也会有很强的市场力量使得价格回归。而且，APT 模型中的期望收益-β 值关系所基于的充分分散组合，是可以通过大量的证券构造的。因此，APT 模型并不像 CAPM 模型，需要建立在一个难以观测的包含所有资产的市场组合上。一个相当分散的指数组合就足以锚定 APT 模型。

虽然 APT 模型有明显的优势，但也并不足以打败 CAPM。CAPM 模型明确阐述了对于所有证券都应服从的期望收益-β 值关系，而 APT 却只能将这个关系推广到市场上绝大多数证券，而非所有。因为在无套利的条件下，如果不对市场或者指数做出额外假设，我们就无法排除违背这一关系的少量证券的可能性。因此，我们需要 CAPM 模型的假设和它的均值-方差框架。

另外，我们也从表 7-1 中看到，APT 模型所基于的充分分散的投资组合在现实中是很难实现的。即便一个很大的投资组合，也依然存在着无法忽略的残差风险。一般指数型的组合可以包含成百上千的股票，但对于一个主动管理的积极投资组合来说，资源限制其无法为了追求 α 同时分析数量庞大的证券。

尽管有这些缺陷，但套利定价理论是极其有价值的。资本资产定价模型要求几乎所有的投资者都是均值-方差最优化者，而套利定价理论不需要这一假设。少部分精明的套利者只要在市场上搜寻套利机会就足够了。而且，如果我们将 CAPM 中不可观测的市场组合替换成为可观测的指数组合，由于指数组合不一定是有效的，因此我们也就无法肯定 CAPM 可以准确无偏地预测所有资产的风险溢价。因此，两个模型都存在一些自身的局限。

最后，值得一提的是，即便 APT 和 CAPM 模型的出发点和推导逻辑都不同，但最后二者

都推导出了同样的证券市场线。最重要的是，二者都重点区分了公司特质风险和系统性风险的差异，这也是所有现代风险收益模型的一大核心。

7.3.2 单指数市场中的套利定价理论和组合最优化

套利定价理论是在单因素市场中得出的，对充分分散化资产组合来说可以达到很好的精确性。它说明了当一个充分分散化的资产组合的风险溢价偏离式（7-6）时，套利者可以怎样创造无限的利润。这些套利者进行的交易保证了式（7-6）的准确性。

实际上，套利定价理论说明了如何在分散投资机会充足的情况下利用证券的错误定价。当你发现一个套利机会并投入一定的资金量时，只要你确定套利组合是无风险的，那么无论你的其他投资组合是什么，你都可以像克罗伊斯（Croesus）一样富有。但是，如果套利头寸不是充分分散化的，资金量的增加（借现金、卖空股票）会增加套利的风险，且原则上这种风险是无限的。

现在考虑一个面临同样单因素市场的投资者，且他的证券分析发现一个被低估的资产（或者组合），即其风险溢价暗示 α 为正。这个最优化的过程将同时考虑从这个错误定价的资产头寸上可获得的潜在利润，以及整个组合的风险和有效的分散化。正如我们在前文中提到的，Treynor-Black（T-B）过程可以做如下总结：

1. 估计基准（指数）组合的风险溢价和标准差，RP_M 和 σ_M。
2. 将所有错误定价的资产构建一个积极型组合。定义这个组合的 α_A，系统性风险系数为 β_A 和残差风险为 $\sigma(e_A)$。

在最优风险组合中积极型组合的权重为 w_A^*：

$$w_A^0 = \frac{\dfrac{\alpha_A}{\sigma^2(e_A)}}{\dfrac{E(R_M)}{\sigma_M^2}}; \quad w_A^* = \frac{w_A^0}{1 + w_A^0(1-\beta_A)}$$

消极型组合的权重则满足 $w_M^* = 1 - w_A^*$。因而，最优风险组合夏普比率 S_P 相对于消极型组合夏普比率 S_M 的增加依赖于积极型组合信息比率的大小，$IR_A = \alpha_A/\sigma(e_A)$。这个最优组合则可以达到的夏普比率为 $S_P = \sqrt{S_M^2 + IR_A^2}$。

3. 为了使风险组合的夏普比率最大化，你可以最大化积极型组合的 IR。这是通过调整积极型组合中每个资产的占比 $w_{Ai} = \alpha_i/\sigma^2(e_i)$ 来实现的。当我们完成这些，积极型组合信息比率的平方将等于每个资产的信息比率平方的和：$IR_A^2 = \sum IR_i^2$。

现在我们可以看到当积极型组合的残差风险为零时 T-B 模型的情况。这是套利定价理论的必要假设，一个充分分散化的组合（残差风险为零）可以实现。当积极型组合的残差风险为零时，这个组合的投资头寸趋向于无穷大，这和套利定价理论预示的一样。当组合充分分散化时，将无限地扩大套利头寸。同理，当积极型 T-B 组合中的某个资产的残差风险为零时，它将代替组合中所有其他的资产，并最终使得整个积极型组合的残差风险为零，从而导出同样极端的组合响应。

然而，我们已经认识到，在实际当中，残差风险是不太可能一直趋近于零的。而当残差风险不为零时，T-B 模型会得出一个最优的风险组合，在追求 α 和回避潜在可分散风险之间寻求一个平衡。相比之下，由于假设残差风险会被完全分散掉，APT就忽略了这种风险。当残差风险可以通过分散化被降低到很小时，T-B模型就在错误定价的证券上分配一个很激进（大）的头寸，这样就会产生很大的价格压力使得在均衡风险溢价中α收益为零。T-B模型不仅体现了APT的核心思想，而且也为实际当中无法充分分散化的限制提供了灵活的应对方法。从这个角度来说，Treynor和Black对于APT进行了良好的扩展。

7.4 多因素套利定价理论

到目前为止我们仍然假设只有一种因素影响股票收益。实际上这条假设过于简单，因为我们很容易就能想到许多受经济周期推动可以影响股票收益的因素，如利率波动、通货膨胀等。可以推测，这些因素会影响股票的风险，从而改变它的期望收益。因此我们可以推导出包含多种风险来源的多因素套利定价理论。

假定我们将式（7-1）中的单因素模型概括为两因素模型：

$$R_i = E(R_i) + \beta_{i1}F_1 + \beta_{i2}F_2 + e_i \tag{7-7}$$

在例7-2中，因素1是GDP实际增长率与期望增长率之差，因素2是未预期利率的变化。每个因素的期望值都为零，因为每个因素都是测度系统变量未预期到的变化而不是变量本身。相似地，公司特有因素引起的非期望收益 e_i 的期望值也为零。构建一个多因素套利定价理论与构建单因素模型相似。

套利定价理论的基准组合是**纯因子组合**（factor portfolio），即构建一个充分分散的投资组合，其中一个因素的β为1，其他任何因素的β为0。我们可以将每个纯因子组合都视为追踪投资组合，即该投资组合的收益跟踪某些特殊的宏观经济风险来源的演变，而与其他的风险来源无关。构建这样的纯因子组合是非常简单的，因为相对于较少的风险因素而言，我们有大量的证券可供选择。多因素证券市场线说明，对组合产生影响的每个风险因子都对其最后的总风险溢价有其贡献，贡献量等于因子β与这一风险来源对因子组合的风险溢价的乘积。我们用一个例子阐述这个事实。

例7-3 多因素证券市场线

假设有两个纯因子组合1和2，期望收益率分别为 $E(r_1) = 10\%$ 和 $E(r_2) = 12\%$，且无风险利率为4%。第一个纯因子组合的风险溢价为10%-4%=6%，而第二个纯因子组合的风险溢价为12%-4%=8%。

现在考虑一个充分分散的投资组合A，第一个因素的 $\beta_{A1} = 0.5$，第二个因素的 $\beta_{A2} = 0.75$。多因素的套利定价理论表明，投资组合的总风险溢价必须等于对每一项系统性风险来源进行补偿所要求的风险溢价之和。由于风险因素1要求相应的风险溢价为对投资组合所产生的风险 β_{A1} 乘以投资组合中第一个因素所产生的风险溢价，因此，投资组合A的风险溢价由因素1产生的风险的补偿部分为 $\beta_{A1}[E(r_1)-r_f] = 0.5\times(10\%-4\%) = 3\%$，同样，风险因素2的风险溢价为 $\beta_{A2}[E(r_2)-r_f] = 0.75\times(12\%-4\%) = 6\%$。投资组合总的风险溢价应该等于3%+6%=9%，投资组合的总收益率为4%+9%=13%。

把例7-3中的结论一般化，注意任何投资组合P所面临的风险因素都由 β_{P1} 和 β_{P2} 来表示。可以构建一个与投资组合P相匹配的投资组合Q，该组合由权重为 β_{P1} 的第一个因素投资组合、

权重为 β_{P2} 的第二个因素投资组合以及贝塔为 $1-\beta_{P1}-\beta_{P2}$ 的国库券组成。以这种方式构建的投资组合 Q 与投资组合 P 具有相同的贝塔，其期望收益率为

$$E(r_Q) = \beta_{P1}E(r_1) + \beta_{P2}E(r_2) + (1 - \beta_{P1} - \beta_{P2})r_f$$
$$= r_f + \beta_{P1}[E(r_1) - r_f] + \beta_{P2}[E(r_2) - r_f] \qquad (7\text{-}8)$$

例 7-4　错误定价与套利

将例 7-3 中的数据代入，得：

$$E(r_Q) = 4\% + 0.5 \times (10\% - 4\%) + 0.75 \times (12\% - 4\%) = 13\%$$

假设例 7-3 中投资组合 A 的期望收益率为 12% 而不是 13%，这将会产生套利机会。由纯因子组合构建一个与投资组合 A 具有相同 β 的投资组合。这要求第一个纯因子组合的权重为 0.5，第二个纯因子组合的权重为 0.75，无风险资产的权重为 −0.25。这一投资组合与投资组合 A 具有相同的因素 β：第一个因素的 β 为 0.5，因为第一个因素投资组合的权重为 0.5；第二个因素的 β 为 0.75（−0.25 权重的无风险国库券不会影响任何一个因素的敏感性）。

现在投资 1 美元于投资组合 Q 中，并同时卖出 1 美元投资组合 A。你的净投资为零，但你的期望收益为正并且等于：

$$1 \times E(r_Q) - 1 \times E(r_A) = 1 \times 0.13 - 1 \times 0.12 = 0.01(\text{美元})$$

你的净收益也是无风险的。由于你买进 1 美元投资组合 Q 并卖出 1 美元投资组合 A，而且它们都是充分分散的投资组合并有着相同的风险 β，风险因素的风险会相互抵消掉。因此，如果投资组合 A 的期望收益与投资组合 Q 不同，那么你可以在净投资为零的情况下赚得无风险利润。这就是套利机会。

由于投资组合 Q 与投资组合 A 的两个风险源完全相同，因此它们的期望收益率也应该相等。所以投资组合 A 的收益率也应该为 13%。如果不是，将会出现套利机会，⊖并且套利行为将最终使得该机会消失。

我们可以得出以下结论：如果不存在套利机会，贝塔值为 β_{P1} 和 β_{P2} 的充分分散的投资组合一定有式 (7-8) 给出的期望收益率。

最后，把式 (7-8) 的多因素证券市场线扩展到单项资产，这一过程与单因素套利定价理论完全相同。除非每一个证券都可以单独地满足条件，否则式 (7-8) 不可能使每一个充分分散的投资组合都满足条件。因此式 (7-8) 表示具有多种风险源的多因素证券市场线。

前面已经指出，资本资产定价模型的一个应用就是为存在管制的公共事业提供"公平"收益率。多因素套利定价理论也有相同的作用。注意，利率与通货膨胀的风险溢价的经验估计都为负值，与例 7-2 中所分析的结果相一致。

> **概念检查 7-3**
>
> 利用例 7-3 中的纯因子组合，计算 $\beta_1 = 0.2$、$\beta_2 = 1.4$ 的投资组合的均衡收益率为多少？

⊖ 投资组合 A 的风险溢价为 9%（比标准普尔 500 指数的历史风险溢价要高），该组合看似防御型，因为其两个 β 都小于 1。这清楚地说明了多因素与单因素模型之间的一个区别。虽然在单因素市场里，高于 1 的 β 应该属于进攻型，但这也并非可以预言其在一个多因素的经济体中属于防御还是进攻型，因为在该经济体中，风险溢价依赖于所有风险因素的贡献之和。

7.5 法玛-弗伦奇（FF）三因素模型

套利定价模型（APT）告诉我们如何从多个风险因子推导出多因素证券市场线。然而，我们要如何识别系统性风险最有可能的来源呢？一个方法是第 6 章中讨论的 Merton 的多因子 CAPM 模型。这个模型新加入的风险因子来自与消费或者投资机会相关的一系列风险。另外一种方法在当下更加流行，它旨在从实证的方法，使用公司特征来衡量不同企业对于系统性风险的暴露程度。最后选中的因子都应可以通过过去的信息很好地预测未来收益，从而也刻画了风险溢价。这一方法的典型代表就是法玛-弗伦奇（FF）三因素模型，该模型提出的几个变量主导了资产定价的实证研究。

$$R_{it} = \alpha_i + \beta_{iM}R_{Mt} + \beta_{iSMB}SMB_t + \beta_{iHML}HML_t + e_{it} \tag{7-9}$$

其中，SMB 代表小减大，即市值规模小的股票组合与市值规模大的股票组合的收益差；HML 为高减低，即由高净市率股票组合与低净市率股票组合高出的收益差。

注意，这一模型中市场指数起着重要作用，它用于测量源于宏观经济因素的系统性风险。

选中这两个公司特征变量是因为，通过长期的观察发现，公司市值（流通权益的市值）和净市率（每股账面价值除以股价）可以用于预测股票平均收益对资本资产定价模型的偏离。法玛和弗伦奇通过实证方法验证了这一模型：尽管 SMB 和 HML 这两个变量不是相关风险因素的代理变量，但这些变量可以代理一些难以度量的更基本的变量。例如，法玛和弗伦奇指出，高净市率公司更容易陷入财务危机，而小公司对商业条件变化更加敏感。因此，这些变量可以反映宏观经济风险因素的敏感度。

但法玛-弗伦奇模型这类的实证方法都存在一个问题：模型中的这些市场外的风险因子无法被准确识别为某种特定的风险。这也是不少投资者担心的问题。Black[○]指出，当研究人员一遍又一遍地通过股票历史收益情况来寻找因子的时候（我们将这种行为称作数据挖掘），他们发现的很多所谓"规律"，只是偶然的。然而，Fama 和 French 发现，市值和账市比两个因子在不同时期、不同国家都能对股票的平均收益有很好的解释，因此打消了数据挖掘的疑虑。

法玛-弗伦奇提出的以公司特征为基础的因素提出了这样一个问题，它们是否反映了一个基于市场外对冲需求的多指数跨期资本资产定价模型，或者反映了一个仍未被解释的异常情况，其中公司特征与 α 值相关。这对解释该模型来说是需要重点区分的，由于法玛-弗伦奇模型的有效性可能是由于与合理均衡的背离（这里没有合理的原因来从这些公司特征中选择）产生的，也可能是由于这些公司特征真的反映了一些与收益相关的风险因素。

| 华尔街实战 7-1 | 利用套利定价理论确定资本成本

埃尔顿、格鲁伯和梅[①]利用套利定价理论推导出了电力公司的资本成本。他们假定相关风险由一些不可预测的因素构成，例如利率期限结构、利率水平、通货膨胀率、经济周期（用 GDP 衡量）、汇率水平以及他们设计的测量其他宏观风险因素的指标。

他们的第一步是估计每一风险来源的风险溢价。这一过程通过以下两步完成：

[○] Fischer Black, "Beta and Return," *Journal of Portfolio Management* 20 (1993), pp. 8-18.

1. 估计公司大样本的"因素负荷"（如 β）。计算随机抽取的 100 只股票对于系统性风险因素的回归收益。他们用时间序列回归（如 60 个月的数据），预测了 100 个回归，每只股票一个。
2. 估计每一风险因素的单位收益。将每只股票每月的收益与 5 个 β 进行回归分析。各个 β 系数是随 β 值增长而产生的额外平均收益，如以月数据为样本估计出的该风险因素的风险溢价。这些估计要受到样本误差的影响。因此，取每年中 12 个月估计得到的风险溢价的平均值，这样可以降低样本误差的影响。

下表顶部的中间一栏显示了风险溢价。

因素	因素风险溢价	Niagra Mohawk 因素
期限结构	0.425	1.0615
利率	−0.051	−2.4167
汇率	−0.049	1.3235
经济周期	0.041	0.1292
通货膨胀	−0.069	−0.5220
其他宏观因素	0.530	0.3046

注意，一些风险溢价为负值。出现这一结果的原因在于你不希望受影响的风险因素的风险溢价是正的，而是希望承担的那些风险因素的风险溢价是负的。例如，当通货膨胀上升时，你希望证券收益上升，并且可以接受那些期望收益较低的证券，此时的风险溢价为负。

因此，任何证券的期望收益与其因素 β 之间都存在以下关系：

$$r_f + 0.425\beta_{期限结构} - 0.051\beta_{利率} - 0.049\beta_{汇率} + 0.041\beta_{经济周期} - 0.069\beta_{通货膨胀} + 0.530\beta_{其他}$$

最后，为了获取某特定公司的资本成本，作者预测每种风险来源的公司 β，每一因素 β 乘以上表中"因素风险的成本"，加总所有的风险来源得到总的风险溢价，并加上无风险利率。

例如，对 Niagra Mohawk 公司的 β 估计值位于上表中的最后一栏。因此，它的资本成本等于

$$\text{资本成本} = r_f + 0.425 \times 1.0615 - 0.051 \times (-2.4167) - 0.049 \times 1.3235 + 0.041 \times 0.1292 - 0.069 \times (-0.5220) + 0.530 \times 0.3046$$
$$= r_f + 0.72$$

换句话说，Niagra Mohawk 公司每月的资本成本比每月无风险利率高 0.72%，因此它的年度风险溢价为 0.72%×12=8.64%。

① Edwin J. Elton, Martin J. Gruber, and Jiaping Mei, "Cost of Capital Using Arbitrage Pricing Theory: A Case Study of Nine New York Utilities," *Financial Markets, Institutions, and Instruments* 3 (Auguse 1994), pp. 46-68.

小 结

1. 多因素模型通过详尽地分析各种证券风险的组成，使之比单因素模型有更强的解释力。这些模型采用一些指标来描绘一系列宏观经济风险因素。
2. 我们一旦考虑多种系统性风险因素的存在，就可以得出证券市场线也是多维的结论，其中每种风险因素都对证券的总风险溢价有贡献。
3. 当两种或更多的证券价格可以让投资者构造一个零投资且能获得净利润的组合时，就出现了（无风险）套利机会。套利机会的出现将产生大规模的交易，因此会给证券价格造成压力。这种压力将会持续直到价格达到不存在套利机会的水平。
4. 当证券处在不存在无风险套利机会的定价时，就称为满足无套利条件。满足无套利条件的价格关系是非常重要的，因为我们希望在现实市场中也满足这种关系。
5. 如果一个投资组合包含了大量的证券，并且每一种证券所占的比例都充分小时，我们称其为充分分散的投资组合。在充分分散的投资组合中，每一种证券的比例都足够小，以至于在实际中单个证券收益率的适当变化对整个投资组合收益率的影响可以忽略不计。
6. 在单因素证券市场中，所有充分分散的投资组合都必须满足资本资产定价模型的期望收益-贝塔关系，才能满足无套利条件。如果所有充分分散的投资组合都满足期望收益-贝塔关系，那么除少量证券外的所

有证券也都必须满足这一关系。

7. 套利定价理论不需要资本资产定价模型的严格假设及它（难以观测）的市场投资组合。这种价格的一般性在于套利定价理论不能保证所有证券在任何时候都满足这种关系。

8. 将单因素模型一般化得到多因素的套利定价理论适用于多种风险来源的情况。多维证券市场线预测的是证券每个风险因素的风险溢价，它等于风险因素β乘以因素投资组合中的风险溢价。

9. 单因素资本资产定价模型扩展到多期叫作跨期资本资产定价模型，这是一种风险收益平衡的模型，同套利定价理论一样，也能预测出多维证券市场线。跨期资本资产定价模型认为被定价的风险因素是引起大量投资者产生对冲需求的风险来源。

习 题

基础题

1. 假定影响美国经济的两个因素被确定：工业生产增长率 IP 和通货膨胀率 IR。预期 IP 为 3%，IR 为 5%。某只股票的 IP 的 β 值为 1，IR 的 β 值为 0.5，当前的期望收益率为 12%。如果工业产值的实际增长率为 5%，通货膨胀率为 8%，那么修正后的股票期望收益率为多少？

2. 套利定价理论本身不决定风险溢价的因素。研究者如何决定研究哪些因素？例如为什么工业产值作为决定风险溢价的一个因素？

3. 如果套利定价理论是一个有用的理论，那么经济体中的系统性风险的数量一定很小。为什么？

中级题

4. 假设有两个独立的经济因素 F_1 和 F_2。无风险利率为 6%，所有股票都包含独立的公司特定风险，标准差为 45%。组合 A 和 B 都是充分分散的，并且具有以下的性质：

投资组合	F_1 的 β 值	F_2 的 β 值	期望收益率（%）
A	1.5	2.0	31
B	2.2	-0.2	27

在该经济体中，期望收益-贝塔关系是怎样的？

5. 考虑以下单因素经济中的数据。所有的投资组合都是充分分散的。

投资组合	$E(r)$	β
A	12%	1.2
F	6%	0

假设存在另一个充分分散的投资组合 A，β 为 0.6，期望收益率为 8%。套利机会是否存在？如果存在，那么套利策略是什么？

6. 假定投资组合 A 和 B 都是充分分散的，$E(r_A) = 12\%$，$E(r_B) = 9\%$。如果经济中只有一个因素，而且 $\beta_A = 1.2$，$\beta_B = 0.8$。无风险利率等于多少？

7. 假定股市收益以市场指数作为共同因素，经济体中所有股票对市场价格指数的 β 均为 1。公司特有的收益的标准差都为 30%。假设证券分析师研究 20 只股票，并发现其中一半股票的 α 值为 2%，另一半股票的 α 值为-2%。假定证券分析师买进了 100 万美元等权重的正 α 值的股票，并同时卖出 100 万美元的等权重的负 α 值的股票。

a. 投资的期望收益（以美元表示）为多少？分析师收益的标准差为多少？

b. 如果分析师检验了 50 只股票而不是 20 只，那么答案会是怎样的？100 只呢？

8. 假定证券收益由单因素模型确定，即

$$R_i = \alpha_i + \beta_i R_M + e_i$$

R_i 表示证券 i 的超额收益，R_M 表示市场超额收益。无风险利率为 2%。同样假设证券 A、B 和 C，其数据如下表所示。

证券	β_i	$E(R_i)$（%）	$\sigma(e_i)$（%）
A	0.8	10	25
B	1.0	12	10
C	1.2	14	20

a. 如果 $\sigma_M = 20\%$，计算证券 A、B 和 C 收益的方差。

b. 现在假定资产的种类无限多，并且与证券 A、B 和 C 具有相同的收益特征。如果证券 A 是一个充分分散的投资组合，则该投资组合的超额收益方差的均值是多少？那么只有 B 或 C 组成的投资组合呢？

c. 市场中是否存在套利机会？如何实现套利？用图表分析这一套利机会。

9. 证券市场线表明，在单因素模型中证券的期望风险溢价与该证券的 β 成比例。假定情况不是这样的，例如，在下图中，假定期望收益大于 β 的增长比例。

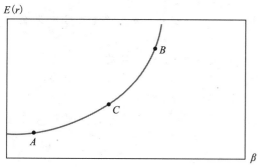

a. 如何构建套利机会？（提示：结合投资组合 A 和 B，并与投资于 C 的结果进行比较。）

b. 一些研究人员已经对分散的投资组合的平均收益与这些组合的 β 与 β^2 的相关性进行了分析。β^2 对投资收益有何影响？

10. 考虑一下特定股票证券收益的多因素（套利定价理论）模型。

因素	因素 β	因素风险溢价（%）
通货膨胀	1.2	6
工业生产	0.5	8
石油价格	0.3	3

a. 如果当前国库券收益率为 6%，且视市场为公平定价，求出股票的期望收益率。

b. 假定下面第一列给出三种宏观因素的市场预测值，而实际值在第二栏给出。计算在这种情况下该股票修正后的期望收益率。

因素	预期变化率（%）	实际变化率（%）
通货膨胀	5	4
工业生产	3	6
石油价格	2	0

11. 假定市场可以用以下三种系统性风险以及溢价来描述。

因素	风险溢价（%）
工业生产	6
利率	2
消费者信心	4

某一特定股票的收益率可以由以下方程来确定：

$$r = 15\% + 1.0I + 0.5R + 0.75C + e$$

利用套利定价理论计算股票的均衡收益。国库券利率为 6%。该股票的价格被高估了还是低估了？请解释。

12. 作为一名猪肉产品生产商财务管理部门的实习生，詹妮弗·温瑞特需要对公司的资本成本进行测算。她把这看作检验她上学期学习有关套利定价理论的大好时机。她认为以下三个因素对她的工作至关重要：a. 类似标准普尔 500 指数这样的指数收益率；b. 利率水平，用 10 年期的国债来表示；c. 猪肉价格，这对她的农场非常重要。她计划采用多元回归的方法来计算猪肉产品的 β 值及每一因素对应的风险溢价。请评价她所选择的因素，哪一个因素可能对她的公司资本成本产生影响？你能对她的选择提出改进意见吗？

利用以下信息回答第 13～16 题。

Orb Trust 有史以来都对他的投资组合采取消极的管理方式。Orb 在过去唯一的管理模型就是资本资产定价模型。现在

Orb 询问了他的特许金融分析师凯文·麦克拉肯来使用套利定价理论模型进行投资。

麦克拉肯相信套利定价理论是两因素的，这两个因素是 GDP 变动的敏感性以及通货膨胀。麦克拉肯得出实际 GDP 的风险溢价为 8%，而通货膨胀的风险溢价为 2%。他预计 Orb 高增长基金对两因素的敏感性分别为 1.25 和 1.5。利用他的套利定价理论，他计算出基金的期望收益率。出于对比的目的，他也利用基本分析来计算 Orb 高增长基金的期望收益率。麦克拉肯发现 Orb 高增长基金期望收益率的两个估计是相等的。

麦克拉肯咨询了另一个分析师苏权，让其利用基本分析对 Orb 的大型股基金的期望收益率做出预计。苏权对基金进行管理，并得出其期望收益率比无风险利率高出 8.5% 的结论。麦克拉肯然后对大型股基金运用套利定价理论模型。他发现对实际 GDP 和通货膨胀的敏感性分别为 0.75 和 1.25。

麦克拉肯的 Orb 管理者杰·斯蒂尔斯要求麦克拉肯构建一个只含 GDP 增长而不受通货膨胀影响的投资组合。然后他计算第三只基金的敏感性——Orb 实业基金，其敏感性分别为 1.0 和 2.0。麦克拉肯将利用套利定价理论结果对这三只基金完成构建一个受实际 GDP 影响而不受通货膨胀影响的投资组合的任务。他把该基金称为"GDP"基金。斯蒂尔斯认为，以获取稳定收入为目的进行投资的退休顾客更偏好这样的基金。麦克拉肯则认为，如果政府在未来供给面的宏观经济政策能成功的话，这样的基金将会是不错的选择。

13. 根据套利定价理论，无风险利率为 4%，麦克拉肯的 Orb 高增长基金的期望收益率估计值为多少？
14. 根据苏权提供的 Orb 大型股基金的信息，对其采用麦克拉肯套利定价理论模型进行估计，存在套利机会吗？
15. 如果使用其他三只基金来构造一只 GDP 基金，那么在实业基金中所占的比重为 ①-2.2；②-3.2；③ 0.3。
16. 关于斯蒂尔斯和麦克拉肯对 GDP 基金的评论，下列哪些是合适的：_____。
    a. 麦克拉肯是正确的，斯蒂尔斯是错误的
    b. 都是正确的
    c. 斯蒂尔斯是正确的，麦克拉肯是错误的

CFA考题

1. 特许金融分析师杰弗里·布鲁勒利用资本资产定价模型来找出不合理定价的证券。一位财务顾问建议他用套利定价理论来代替。对比资本资产定价模型和套利定价理论，该顾问得出以下几点结论：
   a. 资本资产定价模型和套利定价理论都需要一个均值-方差有效的市场投资组合。
   b. 资本资产定价模型和套利定价理论都不需要假设证券收益是正态分布的。
   c. 资本资产定价模型假定一个特殊因素解释证券收益，而套利定价理论没有。
   判断该顾问的每个观点是否正确。如果不正确，给出理由。

2. 假设 X 和 Y 都是充分分散的投资组合，无风险利率为 8%。

投资组合	期望收益率（%）	β
X	16	1.00
Y	12	0.25

根据这些内容判断投资组合 X 和 Y：_____。
   a. 均处于均衡   b. 存在套利机会
   c. 都被低估   d. 都是公平定价的

3. 在什么条件下会产生正 α 值的零净投资组合？_____。

a. 投资组合的期望收益率为零
b. 资本市场线是机会集的切线
c. 不违背一价定律
d. 存在无风险套利机会

4. 根据套利理论，_____。
   a. 高 β 值的股票经常被高估
   b. 低 β 值的股票经常被高估
   c. 正 α 值投资机会将很快消失
   d. 理性投资者会从事与其风险承受度相符的套利活动

5. 套利定价理论与单因素资本资产定价模型不同，原因在于_____。
   a. 更注重市场风险
   b. 减小了分散的重要性
   c. 承认多种非系统性风险因素
   d. 承认多种系统性风险因素

6. 当违背均衡价格关系，投资者尽可能多地持有头寸。这是_____的实例。
   a. 支配性观点
   b. 均方差的有效边界
   c. 套利活动
   d. 资本资产定价模型

7. 与简单的资本资产定价模型相比，套利定价理论更具有潜在的优势，其特征为_____。
   a. 把产量变化、通货膨胀以及利率期限结构作为解释风险收益关系的重要因素
   b. 按历史时间来测度无风险收益率
   c. 对给定的资产按时间变化来衡量套利定价理论因素的敏感性变化
   d. 利用多个因素而不是单因素市场指数来解释风险收益关系

8. 与资本资产定价模型相比，套利定价理论_____。
   a. 要求市场均衡
   b. 利用基于微观变量的风险溢价
   c. 说明数量并确定那些能够决定期望收益率的特定因素
   d. 不需要关于市场投资组合的严格的假设

概念检查答案

7-1 GDP 的 β 为 1.2，同时 GDP 增长超过预期 1%。因此你的股票期望收益率增加 $1.2 \times 1\% = 1.2\%$。修正后的收益率的预测值应该为 11.2%。

7-2 a. 这一投资组合不是充分分散的。第一个证券的权重不会随着 n 的增大而减少。不考虑余下这些投资组合的分散程度有多高，你不能规避证券收益的公司层面的风险。

b. 这一投资组合是充分分散的。尽管一些股票有着 3 倍的权重（$1.5/n$ 比 $0.5/n$），但该权重仍然随着 n 的增大而趋于 0。该股票公司层面的风险也随着 n 的增大而趋于 0。

7-3 均衡收益率为 $E(r) = r_f + \beta_{P1}[E(r_1) - r_f] + \beta_{P2}[E(r_2) - r_f]$。使用例 7-4 中的数据：
$E(r) = 4\% + 0.2 \times (10\% - 4\%) + 1.4 \times (12\% - 4\%)$
$= 16.4\%$

第 8 章
CHAPTER 8

有效市场假说

20 世纪 50 年代,计算机在经济学中的一个早期运用是分析时间序列数据。研究经济周期的学者认为,跟踪某些经济变量的发展可以弄清并预测经济在繁荣与衰退期发展的特征,因此股票市场价格变化自然成为其分析的对象。假定股票价格反映了公司的前景,经济表现的峰谷交替将在股价中表现出来。

莫里斯·肯德尔⊖在 1953 年对这一命题进行了研究。他惊异地发现股价不存在任何可预测范式。股票价格的变化似乎是随机的。无论过去股票的表现如何,股票的价格都有可能上升或者下跌。这些历史数据并不能预测价格的变化趋势。

乍一看,肯德尔的结论可能让一些经济学家感到困惑。这些结果似乎暗示着股票市场由无规律的市场心理或"动物精神"(没有任何逻辑可循)所主导。但通过进一步的研究,经济学家推翻了肯德尔的研究结论。

这个问题很快就明朗起来,股票价格的随机变化暗示着市场的理性运行是有效的,而不是非理性的。本章我们将探讨那些看似令人感到意外的结论背后的推理过程。我们会揭示分析师之间的竞争如何自然地导致市场有效性,并研究有效市场假说对投资政策的意义,同时我们会探讨那些支持和反对市场有效性观点的事实证据。

8.1 随机漫步与有效市场假说

假设肯德尔已经发现股票价格是可预测的,那么这对投资者来说无疑是一个金矿!如果他们可以利用肯德尔方程来预测股票价格,投资者只需要简单地按照计算机模型显示的股价,在价格将要上涨时买入股票并在价格将要下跌时卖出股票,就可以获得无穷无尽的利润。

⊖ Maurice Kendall, "The Analysis of Economic Time Series, Part I: Prices," *Journal of the Royal Statistical Society* 96(1953).

稍加考虑就会发现这种情况不会持续太久。例如，假设该模型很有把握地预测了 XYZ 股票的价格，目前为每股 100 美元，并将在未来的三天内大幅度上涨至 110 美元。那么所有的投资者通过模型预测到这一信息之后，将会做出怎样的反应？很明显，他们立即会把巨额现金投入到将要上升的股票。而持有 XYZ 股票的人没有人愿意将其出售。其净效应为股票价格瞬间跳至 110 美元。预测未来价格上涨会导致价格的立即上涨。换言之，模型预测中的股票价格将很快反映这一"好消息"。

这个简单的例子说明了为什么肯德尔努力去找出股票价格运动周期性的企图注定要失败。对股票未来表现好的预测将导致当前股票好的表现，因为所有市场的参与者都试着在价格上涨之前采取行动。

更一般地，我们可以说，任何用于预测股票业绩的信息都已经反映在股票价格之中。一旦有信息指出某些股票的价值被低估，出现了获取利润的机会，投资者便会蜂拥购买该股票使得其股票价格立马上升到合理的水平，从而只能期望获得正常收益率。这里的"正常收益率"是指与股票风险相称的收益率。

然而，在给定所有已知信息之后，如果股票价格立马恢复到正常水平，那么必定只会根据新信息做出股票上涨或下跌的反应。根据定义，新信息一定是不可预测的；如果能够预测，则可预测的信息必定是当天信息的一部分。因此，股票价格对新（即，过去不可预测）信息的变化必定是不可预测的。

这就是股票价格遵循**随机漫步**（random walk）这一观点的本质，也就是说，价格的变化是随机的、不可预测的。[⊖]股价的随机波动绝非市场非理性的证据，而是明智的投资者比市场中其他人更早地发现了相关信息并因此买入或卖出股票的必然结果。

不要把价格变化的随机性和价格水平的非理性相混淆。如果定价是理性的，则只有新信息能引起价格的变更。因此，随机漫步是价格反映当前所有信息的自然结果。事实上，如果股票价格变化是可预测的，那么说明市场是无效的，因为预测价格的这部分信息并没有反映到当前股票价格之中。因此，股票价格反映了所有已知信息的这种观点被称为**有效市场假说**（efficient market hypothesis，EMH）。[⊜]

图 8-1 说明了在一个有效市场内股票价格对新信息的反映。该图描绘了 194 家样本公司在成为被收购对象后的价格反应。在绝大多数收购中，收购方都支付了超过当前市场价格大量的溢价，因此宣布收购将会引起股价的上涨。该图也表明，消息公布当天股票价格将大幅上涨。然而，从随后宣布之日起至交易日结束那天，股票价格并没有更大的波动，这说明价格反映了包括交易当日可能的收购溢价在内的新信息。

日内价格是提供价格对信息迅速反应的更有力的证据。例如，Patell 和 Wolfson [⊜] 研究表明，大部分股价对公司的股息以及收益公告的反应发生在公布公告的 10 分钟之内。Busse 和

⊖ 实际上，在这里对这个词义的理解是有些宽泛的。严格地说，股票价格的变化特征是半鞅，即预期的价格变化应是正的、可预测的，以补偿货币的时间价值和系统风险。否则，当风险因素发生变化时，期望收益也会随着时间的变化而变化。随机漫步要求股票价格的收益率是独立同分布的随机变量。然而一般情况下，随机漫步以较为宽泛的方式被予以运用，即认为价格变化基本上是不可预测的。本书对此问题的描述遵循后者。
⊜ 市场有效性不应与有效的投资组合相混淆。一个信息上有效的市场是一个能迅速反映与传播价格信息的市场。一个有效的投资组合是一个在给定的风险条件下有最高期望收益的投资组合。
⊜ J. M. Patell and M. A. Wolfson, "The Intraday Speed of Adjustment of Stock Prices to Earnings and Dividend Announcements," *Journal of Financial Economics* 13 (June 1984), pp. 223-252.

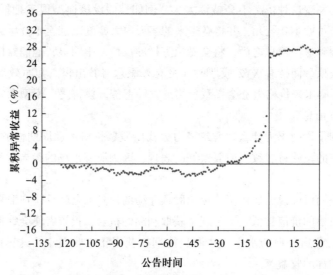

图 8-1 目标公司接管前累积的异常收益

资料来源：Arthur Keown and John Pinkerton, "Merger Announcements and Insider Trading Activity," *Journal of Finance* 36 (September 1981). Updates courtesy of Jinghua Yan.

Green 对 CNBC 的 "早间"或者"午间"报道跟踪公司股票每分钟的数据的研究，是对上述价格迅速调整过程很好的例证。⊖图 8-2 中时刻 0 表示该股票午间报道中被提及的一刻。上面的横线是收到积极信息的股票平均收益率的变动情况，而底下的横线表示收到负面消息时股票收益率的变动情况。注意该图上面的横线调整后一直保持平稳，表示在 5 分钟之内市场完全消化了利好消息。而底下的横线在 12 分钟之后才保持平稳。

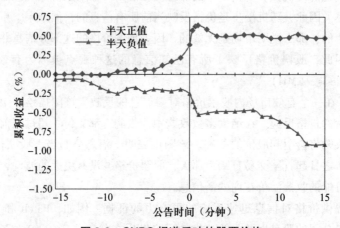

图 8-2 CNBC 报道反映的股票价格

注：该图反映了在 CNBC "午间报价"阶段股票价格实时报道的变化。积累收益在股票报道的 15 分钟前开始。

资料来源：J. A. Busse and T. C. Green, "Market Efficiency in Real Time," *Journal of Financial Economics* 65 (2002), p. 422.

⊖ J. A. Busse and T. C. Green, "Market Efficiency in Real Time," *Journal of Financial Economics* 65 (2002), pp. 415-437. You can find an intraday movie version of this figure at www.bus.emory.edu/cgreen/docs/cnbc/cnbc.html.

8.1.1 有效性来源于竞争

为什么我们期望股票价格反映"全部已知信息"呢？毕竟，如果你愿意花费时间和金钱来收集信息，你就能获得一些被其他投资者所忽略的东西，这似乎是合理的。当发现和分析信息的成本非常高时，人们便期望投资分析能通过高收益率来弥补这项花费。

格罗斯曼和斯蒂格利茨⊖强调了这一点。他们提出，如果分析和发现新信息真的能带来高的投资收益，那么投资者愿意花费时间去做。这样，在市场均衡中，有效信息收集行为应该是有用的。另外，在不同的市场中信息有效程度不同这也是正常的。例如，新兴市场不如美国市场受到的关注多，在这里账户披露的要求要比美国市场的要求宽松且缺乏效率。小股票得不到华尔街分析师的关注，它的价格与大股票相比也要远离有效价格。因此，尽管我们不能说完全找不到新信息，考虑和重视市场竞争也是非常有意义的。

例 8-1　业绩改善的回报

考虑一家管理着 50 亿美元投资组合的投资管理基金。假定投资管理人能设计一个研究方案来使投资组合的收益率每年增加 0.1 个百分点，这个数字看上去非常小，但这个程序将使投资组合增加 50 亿美元×0.001 的美元收益，即 500 万美元。因此，基金将愿意每年多花 500 万美元来研究如何使股票收益率增长区区 0.1 个百分点。如此小的增长就可以换得如此高的收益，难怪专业投资组合管理者愿意花大量资金用于行业分析、计算机支持和有效性研究。因此，股票价格变化一般来说是很难预测的。

既然这么多的具有强大财力的分析师愿意花费这么多在研究上，市场中能够轻松获利的机会肯定不会多。此外，研究活动能获得的收益增长率也许非常小，只有拥有大规模的投资组合的管理者才会认为此事值得一做。

尽管从字面上理解全部相关信息将会被披露中的"全部"不是十分精确，但几乎可以肯定，许多投资者热衷于追随那些看似可以提高投资业绩的领头羊的踪迹。许多具有强大财力支持、薪酬高、有野心的分析师之间的竞争保证了（作为一个普遍的规律）股价应当处于适当的水平来反映已知的信息。

在华尔街，信息通常被看作最珍贵的商品，以致对它的竞争非常激烈。想象一下，所谓的另类数据行业已经开始兴起，他们挖掘关于企业发展前景的数据和信息，并向大型投资者兜售。例如，他们会使用卫星影像来估算如沃尔玛等大型零售商平日的停车数量，进而了解其每日销售情况。有一些公司则使用大型计算机网络和机器学习算法，关注社交媒体中的一举一动，以期在广泛传播之前就能及时获取到相关信息。⊜有时候激烈的竞争会转变为搜寻非法内部信息。2011 年，Galleon 集团的总监 Raj Rajaratnam 管理的对冲基金规模曾达 65 亿美元，因其从公司内部人员和交易者关系中获取建议，被指控内幕交易。虽然这些机构的行为都已经明显越界，但明确划分合法以及禁止的信息来源之间的界线通常是很困难的。比如，专家网络公司这一巨型的行业在过去 10 年中兴起，它可以帮助投资者获取一家公司专门的行业专家咨询

⊖ Sanford J. Grossman and Joseph E. Stiglitz, "On the Impossibility of Informationally Efficient Markets," *American Economic Review* 70（June 1980）.

⊜ 可以查阅"The Watchers"获取更多案例，The Economist, August 20, 2016, p. 56。

的机会，并收取一定费用。在下面的案例中，我们可以看到，这种专家咨询其实很容易导致内幕交易。事实上，SAC 的监管工作中，专家咨询就是其中非常重要的一个环节。

| 华尔街实战 8-1 |　　　　　"局外人交易"与信息泛滥

盖伦集团创始人拉吉·拉贾拉特南以及他的同事引诱在大公司的业内人士故意透露重大非公开消息。这种行为违背了他们对雇主的委托责任。

一些证据支持盖伦分析师所获得的信息是采用非法手段取得的。这包括通过窃听获取的确凿的片段，如盖伦执行官说："如果你透露出去，我就会进监狱。"

随着更多的证据来支持这一观点，弄清这一问题变得很有趣。在最近的几十年中，这些问题变得非常模糊，这使得如何研究这些问题变得更加困难。在有很多信息泄露的公司，泄密问题变得更加突出。公司员工可能有明确的受托责任以保护企业的机密，但是交易商没有这样的受托责任。而盖伦公司的例子可能被叫作"局外人交易"——局外人从内部人员那里获得有关公司业绩或操作的信息，而不是内部人员自己进行交易。

美国政府花费巨大精力来确定"局外人交易"是一项犯罪的行为，因为市场通过信息、分析和其他市场节点来确定价格是被高估还是低估。经济学家米尔顿·弗里德曼曾经表示："你希望更多的内幕交易，而不是更少。你需要将公司存在缺陷这个信息传达给公众，并使公众意识到这一点。"

局外人参与内幕信息交易的界定是模糊的。信息越来越多地从网络上流出。有经验的投资者更关注他们所选取的网络。这些网络，包括网上的社交网站的扩张，导致很难确定市场变化信息是通过非法的内幕交易者获取的，还是通过正当的途径获取的。

UCLA 的法律教授斯蒂芬·班布里奇在他的博客里描述了这样一种冲突：市场需要更多的信息使得市场更加有效同时价格更加精准，与加强监管以使得公众有一个公平的信息渠道之间的矛盾。他问道："美国证券交易委员会能否证明不仅拉贾拉特南有比一般人获取信息更好的途径，而且他们作为市场的参与者获取信息并没有违背他们的委托责任。"

最近，比起市场运行，学术界越来越关注内幕交易方法的研究。在当今信息迅速流动的时代，市场需要弄清信息是如何被收集和利用的。到目前为止，我们所知道的是：如果内部人员违反了他们的原则，比局外人向市场提供内幕信息更容易被察觉。

资料来源："Expert Networks Are the Matchmakers for the Information Age," *The Economist*, June 16, 2011.

8.1.2 有效市场假说的形式

有效市场假说通常可以分为三种形式：弱有效形式、半强有效形式和强有效形式。这些形式通过对"全部可获得信息"的定义不同来区分。

弱式有效市场假说（weak-form EMH）认为，股价已经反映了全部能从市场交易数据中获得的信息，这些信息包括历史股价、交易量、未平仓量等。该假定认为，市场的价格趋势分析是徒劳的，过去的价格资料是公开且几乎毫不费力就可以获得的。弱式有效市场假说认为，如果这样的数据曾经传达了未来业绩的可靠信号，那所有投资者肯定已经学会如何利用这些信号了。随着这些信号变得广为人知，它们最终将失去价值，因为一个购买信号将会引起股票价格立刻上升。

半强式有效市场假说（semistrong-form EMH）认为，与公司前景有关的全部公开的已知信息一定已经在股价中反映出来了。除过去的价格信息之外，这些信息还包括公司生产线的基本数据、管理质量、资产负债表构成、持有的专利、利润预测以及会计实务等。此外，如果投资者能从公开可得到的资源中获取这些信息，我们认为它会反映在股票价格中。

强式有效市场假说（strong-form EMH）认为，股价反映了当前市场中与企业相关的所有信息，甚至包括仅公司内部人员知道的信息。这个假说是相当极端的。很少有人会争论这样一个命题，公司管理层可以在关键信息被公布出来之前就据此在市场进行买卖以获取利润。事实上，美国证券交易委员会所从事的大部分活动都是为了阻止组织内部人员利用职务之便获取利益。1934 年通过的《证券交易法》的第 10b-5 条限制了公司管理层、董事和大股东的市场交易行为，要求他们向证券和交易委员会报告其交易情况。这些内幕人员、相关家属及其他相关人员若根据内部消息进行交易，则被视为违反了此项法律。

尽管如此，定义内幕交易并不总是十分简单的。毕竟，股票分析师也要发掘尚未广为人知的消息。私人信息与内部信息的区分有时候是很含糊的。

所有有效市场假说的一个共同点：都提出价格应该反映可获得的信息。我们不指望交易者是超人或者市场价格总是正确的。我们总是希望得到更多有关公司前景的信息。市场价格在过去一些时间可能异常地高，其他时间又低得荒唐。有效市场假说只是说在给定的时间，用当前的信息，我们不能肯定今天的价格是否最终可以解释它们曾经过高或者过低。然而如果市场是理性的，我们将认为股价在平均值层面是正确的。

> **概念检查 8-1**
> a. 假定你发现某公司的高级经理投资于该公司的股票获得了高额的收益。这是否违背了弱式有效市场的形式？是否违背了强式有效市场的形式？
> b. 如果弱式有效市场假说成立，那么强式有效市场假说也一定成立吗？强式有效市场假说是否暗含了弱式有效市场假说？

8.2 有效市场假说的含义

8.2.1 技术分析

技术分析（technical analysis）本质上是寻找股价的起伏周期和预测模式。尽管技术分析师承认关于公司未来前景信息的价值，但他们相信这样的信息对构造成功的交易策略而言是不必要的。因为假如股价的反应足够慢，不管股价变动的根本原因是什么，分析师都能确定一个能在调整期内被利用的方向。成功的技术分析关键是：股价对基本供求因素反应迟钝。当然这个前提条件与市场有效性的观点相违背。

例 8-2 阻力水平

考虑股票 XYZ，它已经以 72 美元交易了几个月，然后跌至 65 美元。如果股票最终上涨，则 72 美元被称为一个阻力水平（根据这一定义），因为原先以 72 美元购买该股票的投资者将会急于抛出该股票。因此，当价格接近 72 美元时将会引起一股抛售的压力。这种活动把"记忆"传递给市场，使得过去的价格影响当前的股票前景。

技术分析师有时也被称为股市图表专家，因为他们研究记录和绘制过去股价信息的表格，希望能找出可用来构造盈利的投资组合的模式。作为技术分析的一个例子，现在考察相对强势的方法。股市图表专家用近期股票的业绩与市场或同行业其他股票的业绩进行比较。相对强势法的一个简单的例子就是股价与某一市场指数（比如标准普尔 500 指数）的比率。如果该比率在一段时间内上升，该股票显示了相对强势，因为其价格表现要比大部分市场股票要好。这样的强势大概会持续一段足够长的时间以提供获利机会。在技术分析中最常见的组成部分之一就是**阻力水平**（resistance levels）和**支持水平**（support levels）。这些数值是指价格很难超越或不太可能低于的水平，一般认为它们是由市场心理所决定的。

有效市场假说意味着技术分析完全无用。价格和交易量的历史数据是花费最少的历史信息。因此，从分析过去股票价格获得的信息已经在股价中得到反映。当投资者争相使用股票价格历史信息时，股价必然会被推向使期望收益率与风险恰好相抵的水平。在那个水平上没人能获得超额收益。

举例来说明这一过程，我们考虑例8-2中如果市场相信72美元这个水平确实是股票XYZ的阻力水平，这一结果会怎样。没人愿意在71.50美元的价格上购买XYZ股票，那么71.50美元就成为阻力水平了。但是之后，采用相同的分析方法，没有人愿意在71美元、70美元等水平上购买股票。阻力水平的概念成为一个逻辑回答，其简单的结果是假设承认股票以71.50美元的价格出售，则投资者必定以为股票会像轻易地上升一样轻易地下跌。结果投资者愿意以71.50美元购买（甚至持有）该股票的事实就是他们对于这个价位上有信心获得相当的期望收益的证据。

一个有趣的问题是，技术分析规则一旦被广泛认可，有效市场假说是否还继续适用。一个明智的分析师可能偶然发现一个获利交易原则，对有效市场的检验则变成：一旦这一规则的价值被揭示出来，该规则的价值本身是否就已经被反映在股价中。一旦一条有效的技术规

> **概念检查 8-2**
> 如果市场上每个人都相信阻力水平，为什么这些信念没有变成自我实现的前景？

则（或价格模式）被发现，当大量投资者试着去利用它时，它将会变得无效。在这个意义上，价格模式应该是自我消亡的。

市场动力来自对盈利的交易规则的不断搜寻，之后又由于滥用这些曾经成功的规则而自我消亡，再之后就是对未知规律进行进一步的探寻。

8.2.2 基本面分析

基本面分析（fundamental analysis）是利用公司的盈利、股利前景、未来利率的预期以及公司的风险评估来确定适当的股票价格。最终，它表达了一种试图确定股东将获得的每股收益的贴现值的意图。如果该价值超过了股价，基本面分析师将推荐购买该股票。

基本面分析首先从对公司以往盈利进行研究，并对公司资产负债表进行全面考察。此外，还需要进行深入的经济分析，通常包括公司管理水平分析、行业地位分析以及行业前景分析等，其目的是希望获得对尚未被市场其他人认识到的公司未来表现的洞察。第11~13章提供了详尽的基本面分析法。

有效市场假说认为，大部分基本面分析同样注定是要失败的。如果分析师仅依赖于公开的财务和行业信息，那么其对于公司前景的评估不太可能比其他竞争者精确多少。许多消息灵通、财力雄厚的公司进行市场研究，在这样的竞争之下，发掘数据不像其他研究一样简单。只有那些独具慧眼的分析师才会得到收益。

基本面分析相比于简单地确定良好运行的公司的前景要难很多。当市场中其他人也知道哪些公司的前景好时，会发现这一点对于投资者来说本身是无意义的。如果信息已经被公开，投资者将要为购买该公司的股票付出高额的代价，因此无法获得较高的收益率。

基本面分析的秘诀不在于辨别出什么是好公司，而在于找出超过其他人预期的公司。这就

意味着，即使是经营惨淡的公司也可能成为抢手货，只要它不像其他公司股价所暗示的那么差就好了。

这就是为什么基本面分析很困难。仅仅分析公司的好坏是不够的，因为市场价格已经反映了所有的公开信息，所以只有你的分析结果比你的竞争对手好才能赚取很多利润。

8.2.3 积极与消极投资组合管理

到目前为止，随机挑选股票很明显不太可能得到收益。投资者之间的竞争保证了任意简单的股票评估方法都被广泛利用，以至于任何由此可以得到的信息都将在股票价格中得到反映。只有那些严肃的分析和非凡的技术才能产生独到见解以获取交易利润。

从经济上来讲，这些方法只对大规模的投资组合可行。当你只有10万美元进行投资时，即使业绩每年增长1%，也只能带来每年1 000美元的收益，这远远不值得投入大量精力。然而，对于那些拥有10亿美元的管理者来说，同样实现1%的增长将会带来每年1 000万美元的额外收入。

如果小投资者在投资组合的主动管理上处于不利地位，那么他们该怎么办呢？小投资者可以投资共同基金。通过这样的方式聚集资源，小投资者可以获得规模经济利益。

仍然还存在许多棘手的问题。投资者是否可以确定大型共同基金有能力或资源来找出定价不当的股票？进一步来讲，任何的错误定价是不是都足以补偿主动投资管理所产生的费用呢？

有效市场假说的支持者相信，主动管理基本上是白费力气，这种花费未必值得。因此，他们提倡**消极投资策略**（passive investment strategy），该策略不试图打败市场。消极投资策略仅仅旨在不通过找出被低估或高估的股票来建立一个充分分散的证券投资组合。消极管理通常被描述为买入-持有策略。因为有效市场假说指出，当给定所有已知信息，股价水平是公平的，频繁地买入和卖出证券是无意义的，只会浪费大笔的经纪佣金而不能提高期望的业绩。

消极管理的通常策略是构建一个**指数基金**（index fund），即被设计为能够复制包含广泛的股票指数业绩的基金。例如，先锋500指数基金直接依据个股在标准普尔500股票价格指数中的权重来持有股票，因此该基金仅反映了标准普尔500指数的业绩。投资于该基金的投资者通过较少的管理费用就能获得广泛的多样化。管理费用可以降至最低，因为先锋指数不需要付钱给分析师来评估股票的前景，也不会因高的周转率而产生大量的交易费用。实际上，当一项主动管理基金的管理年费超过资产的1%时，先锋500指数基金只支付不足0.17%的费用。今天，先锋500指数基金已经是最大的股权共同基金，其资产规模在2016年已达到2 300亿美元。整个市场上，有20%至25%的股权基金都已经指数化。

然而，可以跟踪的指数并非只有标准普尔500指数。例如，由先锋集团提供的一些指数基金既有跟踪范围更广的全美股市CRSP指数、巴克莱美国综合债券指数、CRSP美国小市值公司指数，也有覆盖欧洲和亚太地区股票市场的金融时报指数。一些共同基金公司会构建指数基金投资组合，但先锋仍然领导指数化产品的零售市场。

交易所交易基金（ETF）类似于指数化共同基金（通常价格更低）。这些充分分散的投资组合的份额也可以像单只股票的股权一样在二级市场中进行买卖。对于想分散市场投资但又不想主动择股的投资者，有许多ETF

> **概念检查 8-3**
> 如果所有投资者都采取消极投资策略，那么对市场有效性将会产生什么影响？

可选。这些 ETF 跟踪范围很广，如标准普尔 500 指数、CRSP 500 指数，以及众多的国际或行业指数。

8.2.4 在有效市场中投资组合管理的作用

如果市场是有效的，为何不干脆在《华尔街日报》上随便挑取一些股票而非要通过理智分析来挑选一个投资组合呢？这是从"证券价格是公平定价的"这一命题中得出的一个吸引人的结论，但得出这一结论并非易事。即便在完全有效的市场中，理性的投资组合管理也是非常重要的。

投资组合选择的第一条原则就是分散化。即使所有股票都是公平定价的，因为每只股票都面临着公司层面的风险，所以需要通过分散化来消除。因此，即便在有效市场中，理性证券选择也要求有一个充分分散化的投资组合，从而满足投资者对系统风险水平的要求。

理性投资决策同样要求在证券选择时考虑赋税。高税赋的投资者通常不愿意购买有利于低税赋投资者的股票。在一个明显的水平上，免税的市政债券税前利润比较低，对高税赋的投资者来说他们仍觉得购入此类证券有益，而对于低税赋的投资者来说则不具有吸引力。对于处在更高层的高税赋投资者来说，更微妙的是他们宁愿将他们的投资组合向资本利得方向倾斜，而不是立刻获得股息和股利收入，因为当前的税率越高，延期实现资本利得收入的期权就越有价值，因此这些投资者更倾向于股利较低但提供更大的资本利得收入的股票。他们也会受到吸引投资于收益对利润很敏感的投资机会，正如房地产投机。

理性投资组合管理的第二个争论与投资者特定风险范畴有关。例如，丰田汽车公司的一个管理者，其股利根据公司的利润水平而定。通常他不在汽车股上进行投资。由于其薪水由丰田汽车公司决定，其实该经理已经在丰田汽车公司股票上进行了大量投资，不会出现缺乏分散性的情况。一个很好的例子是，2008 年 9 月雷曼兄弟雇用当时十分著名的投资者进入他们的公司，而这些投资者自己的公司早已倒闭。公司将近 30% 的股票被 24 000 名员工所有，而他们总共在股票上失去将近 100 亿美元。

对于不同年龄的投资者应当根据其风险承受能力而提供不同的投资组合策略。例如，对于依靠存款度日的老年投资者来说，往往回避那些市值会随利率大幅度变动的长期债券。由于这些投资者靠积蓄为生，他们需要保留本金。相反，较为年轻的投资者将更倾向于长期债券。因为对于将来生活还很漫长的年轻人来说，稳定的收益流比保留本金更重要。

我们可以得出结论，即使在有效市场，投资组合管理也是十分有用的。投资者资金的最佳头寸随年龄、税赋、风险厌恶程度以及职业因素而变化。有效市场中投资组合管理者的任务是确保投资组合满足这些需要，而不是冲击市场。

8.2.5 资源配置

到目前为止，我们的焦点主要放在有效市场假说的投资意义上。偏离有效性可能产生获利机会，不过要牺牲处于信息劣势的交易者的利益。

然而，偏离信息有效性也会导致所有市民承担无效资本配置成本。在资本主义经济中，投资于实物资产如工厂、设备和技术很大程度上是由相应的金融资产价格所引导的。例如，如果电信设备反映的股票市场价格超过安装此类设备的花销，那么管理者有理由得出电信投资会产生正的净现值的结论。这样，资本市场定价引导实物资源分配。

如果市场是无效的,并且证券通常被错误定价,那么资源自然被错误配置。证券被高估的公司将获得廉价的资本,而被低估的公司将放弃投资机会,因为发起的成本太高。因此,无效资本市场将减少市场经济最有力的优势。作为产生错误的例子,考虑20世纪90年代的网络泡沫,由于产生了对网络和电信公司前景过分乐观的估计,最终导致该行业过多的投资。

在放弃市场作为引导资源配置手段时,我们需要弄清从市场预期中可以知道些什么。特别地,我们不应该把所有可用信息均反映在价格中的有效市场与完美预见市场相混淆。即使是"所有可用信息"也并不是完美信息,而且理性市场分析有些时候是错误的,甚至,有些时候是完全错误的。

8.3 事件研究

信息有效市场概念的提出创造了一种有效的研究方法。如果证券价格反映了当前所有可得到的信息,那么价格变化也必将反映新信息。因此,人们似乎可以利用在事件发生时价格的变化来测度事件的重要性。

事件研究(event study)描绘了一种实证财务研究技术,运用这一技术,观察者可以评估某一事件对该公司股票价格的影响程度。例如,股市分析师可以通过研究股息的变化来研究事件的影响。事件研究可以量化股息变化和股票收益率之间的关系。

分析一项已经公开的股息变化的影响要比看起来难很多。任何一天的股价都会对广泛的最新经济信息诸如GDP、通货膨胀率、利率或公司盈利能力等做出反应。分离出由于特殊事件引起的那部分股价变化绝非易事。

一般的研究方法都是首先分析事件在没有发生的条件下股票收益的代理变量。事件所产生的**异常收益**(abnormal return)估计了股票的实际收益与基准收益之差。实践中,一些方法用于估计该基准收益,例如,测度异常收益的一个最简单的方法就是用股票的收益减去它所在市场的指数收益。另一个明显改进后的方法则是将股票收益与那些目标股票在企业规模、β系数、近期表现以及每股净市率等标准相匹配的股票进行比较。另外,还有利用诸如资本资产定价模型或某种如法玛-弗伦奇三因素模型这样的资本资产定价模型来确定常规收益。

许多研究者利用"市场模型"来估计异常收益。这一研究是建立在第6章我们介绍的指数模型基础上的。回顾第6章,指数模型认为股票收益是由一种市场因素和一种公司层面的因素所决定的。给定t时间内的股票收益率r_t,可以用以下数学表达式来表示:

$$r_t = a + br_{Mt} + e_t \tag{8-1}$$

其中,r_{Mt}是该时间段内市场收益率,e_t是由公司层面因素引起的证券收益,系数b表示对市场收益的敏感程度,a表示股票在市场收益为零时所实现的平均收益率。⊖因此式(8-1)将r_t分解为市场和公司层面因素。公司特定或异常收益也可以由事件引起的非期望收益来解释。

确定在给定时间内公司的异常收益需要e_t的估计值。因此,式(8-1)可以变为

$$e_t = r_t - (a + br_{Mt}) \tag{8-2}$$

式(8-2)有一个简单的解释:残差项e_t表示所研究的事件引起的那部分收益,即在已知

⊖ 从第6章可以知道,资本资产定价模型意味着式(8-1)中的截距a等于$r_f(1-\beta)$。然而,通常用这个式子对截距进行经验估计,而不是利用资本资产定价模型的值。实践表明,证券市场线似乎比资本资产定价模型预测的要平缓,这意味着利用资本资产定价模型所获得的截距过小。

股票对市场敏感程度的前提下，超出人们基于常规市场收益变化所得的股票收益的那部分收益。

例 8-3　异常收益

假定分析师估计 $a = 0.05\%$，$b = 0.8$。某一天市场上涨 1%，根据式（8-1）我们可以预测股票期望收益率将上涨 $0.05\% + 0.8 \times 1\% = 0.85\%$。如果股价实际上涨 2%，分析师推断出当天公司层面因素所引起的股价收益率上涨 $2\% - 0.85\% = 1.15\%$。这就是当天的异常收益。

市场模型是一个具有高度灵活性的工具，因为它可以推广到包含更丰富基准收益的模型，例如，式（8-1）中除右边市场收益之外，还包括行业收益，以及反映某一特征指数的收益。然而，需要特别注意的是，式（8-1）中参数的估计必须是合理的（截距 a 和斜率 b）。特别是估计参数所使用的数据必须在时间上与所观测的时间分离，以免受事件发生期内异常收益的影响。部分原因是市场模型本身所存在的缺陷，与公司特征相关的投资组合收益在近些年来被广泛采用作为基准收益。

我们通过分析一只股票（或一组股票）的事件信息被市场所知而引起的收益率变动来估计该事件的异常收益。例如，在研究收购企图对目标公司股价的影响时，发布日期就是公众得知收购企图的那一天。最后，计算在发布日期前后每个公司的异常收益，并估计典型异常收益的统计显著性和幅度，以确定新消息的影响程度。

信息的提前泄露使事件研究变得更加复杂。泄露是指一些相关事件的有关信息在被官方公布之前就已经发布给一小部分投资者。在这种情况下，股票的价格会在官方公告之前的几天或几周上涨（我们假设是个好消息）。这样官方发布日引起的任何异常收益就不能揭示信息发布的全部影响。更好的考察变量是**累积异常收益**（cumulative abnormal return），即该期所有异常收益的简单加总。这样，当市场对新信息做出反应时，累积异常收益便包含了整个期间公司特有股票的全部变化。

图 8-1 显示了一个相当典型的事件研究结果。这一研究的作者着眼于在信息发布之前的信息泄露以及 194 家样本公司所采取的行动。在大多数收购中，被收购公司的持有人把他们的股份以高于股票市值的升水价格卖给收购者。收购企图的宣布对目标公司来讲是一个好消息，因此会引起股价上升。

图 8-1 证明了好消息发布的本质。在宣布日，我们假设它为第 0 天，目标样本中的目标公司的平均累积异常收益大幅度上升，这表明公布日有大量正的异常收益。注意，在公布日接下来的几天中，累积异常收益不再明显地上升或下降，这与有效市场假说一致。一旦新信息被公布，股价几乎会立刻攀升来回应这一好消息。随着股价重新回到平衡状态，反映新信息的效应，即任意特定日的新发生的异常收益，可能为正也可能为负。事实上，对于许多样本公司来说，平均异常收益将趋于 0，因此异常收益不再显现上升或下降的趋势，这恰好是图 8-1 所显示的模式。

从公布日前几天的收益模式可以看出一些关于有效市场和信息泄露的有趣证据。如果内幕交易规则得到了很好地遵循和执行，股价在相关信息公布之前数日不会表现出异常收益。因为在告知前，市场无法获得公司层面的特定信息。相反，在公告当日股价就会出现跳空上涨。实际上，图 8-1 表示接管目标公司的股价在公告日 30 天之前就开始出现上涨的趋势。可能是一些市场参与者获得了泄露的信息，并在公开宣告之前购买了股票。这样的泄露经常发生在一些事件研究当中，这表示至少一些内幕交易者对规则的滥用。

尽管如此，美国证券交易委员会对图 8-1 所表示的模式并不是非常担心。如果内幕交易规则被大幅度违反，我们可能更早地看到异常收益。例如，在收购案当中，当收购者一旦决定其目标，异常收益很快变为正值，因为内幕交易者将立刻开始交易。当消息被公开宣布时，内部人员已经把目标公司的股票价值提升到可以反映收购意图的水平，而真正公开宣布日时异常收益将趋于 0。在公开日当天看到累积异常收益突然增加，表明公开宣布的大部分信息对市场来说确实是新信息，同时股价并未已经反映全部有关收购的信息。因此，我们可以看到，虽然存在泄密情况，但美国证券交易委员会对限制内幕交易人员交易有着实质性的影响。

事件研究的分析方法已经成为被广泛接受的测量大量事件对经济影响的工具。例如，美国证券交易委员会定期运用事件研究的方法来找出违反内部人员交易原则和证券法规的交易商所获得的非法收入。⊖该方法也适用于诈骗案例，因为法庭必须判定由诈骗活动所引起的损失。

例 8-4 使用异常收益计算损失

假定一家市值为 1 亿美元的公司在会计丑闻出现当天遭受 4% 的异常收益损失，但市场上的其他公司当天表现都很好。市场指数的快速上升，基于股票和市场的正常关系，此时股票的期望收益为 2%。我们可以得出该丑闻给公司价值带来 6% 的下降，即 2% 的期望收益与实际下跌 6%（经市场波动调整后）。一些人可以推算出因丑闻蒙受的损失为 600 万美元，当投

> **概念检查 8-4**
>
> 假设公告日后仍可以看到负的异常收益（即累计异常收益下降）。这违背有效市场假说了吗？

资者注意到该消息并对公司股票的价值重新估计时，公司的市值下跌了 1 亿美元的 6%。

8.4 市场是有效的吗

8.4.1 争论点

有效市场假说并没有引起专业投资组合管理者十分高涨的热情，我们对这一点并不惊讶。这意味着投资组合管理者的活动——寻找被低估的证券只是在浪费精力，因为它浪费大量的金钱并可能产生不完美的分散投资组合，很可能对客户不利。有效市场假说在华尔街并没有被广泛地接受，并且证券分析能否提高投资业绩这一争论一直持续到今天。在讨论该假说的经验检验之前，我们必须提出可能意味着永远不能解决的三个问题：规模问题、选择偏见问题以及幸运事件问题。

规模问题　假设某投资经理负责管理 50 亿美元的投资组合，且每年只可以获得 0.1% 的投资增长，即 0.001×50 亿=0.05 亿美元的年收益。简单看，这样的经理显然值得获取这份薪水！作为观察者，我们能统计他的贡献程度吗？可能不行，因为 0.1 个百分点的贡献将被市场年度

⊖ 关于美国证券交易委员会运用这一技术的评论，参见 Mark Mitchell and Jeffry Netter, "The Role of Financial Economics in Securities Fraud Cases: Applications at the Securities and Exchange Commission," *The Business Lawyer* 49 (February 1994), pp. 545-590。

波动性所掩盖。记住,充分分散的标准普尔500指数的年标准差已经在20%左右。相对于这些波动而言,业绩的小幅度提升是很难被察觉的。

大家可能都认可这一观点:股价非常接近公平价值,那么只有大型投资组合的管理者才能赚取足够的交易利润,即使对少数定价不当也是值得的。根据这种观点,聪明的投资管理者的行为便是使市场价格向公平的水平发展。与其提出"市场是有效的吗?"这样定性的问题,还不如提出更加定量的问题来替代:"市场多有效?"

选择偏见问题 假定你发现了一个确实能赚钱的投资计划。你有两种选择:要么在《华尔街日报》发表你的看法以赢得短暂的声誉,要么保留这个秘密以赚取一大笔钱。许多投资者都会选择后者,这给我们带来了一个疑问:是不是只有当投资者发现一个投资方案不能获得异常收益时才会将其公之于众?因此,许多有效市场观点的反对者总是把"许多技术分析不能提供投资收益"作为"这些方法的成功仅因为它没有被公之于众"的证明。这就是选择偏见中的一个问题。我们能够观察到的结果已经被预先选出来支持市场失效的观点。因此,我们无法公平地评价投资组合管理者提出成功的股市策略的真实能力。

幸运事件问题 似乎在任何一个月当中,我们都能读到关于投资者和投资公司在过去取得完美的投资业绩的报道。显然这些投资者的优异记录是对有效市场假说的驳斥。

然而,这一结论并不十分明显,就如对投资游戏的一个类比,考虑用一个均匀的硬币投掷50次,看谁抛出的正面最多。当然,对于每个人来说,期望的结果是50%的正面和50%的反面。如果10 000人参加这项比赛,出现最少一两个人抛出75%的正面结果,也并不奇怪。实际上,初级统计学的知识告诉我们,能抛出75%以上正面的参赛者的期望人数是2。尽管如此,要给这两人冠以"世界抛硬币大赛冠军"的称号是愚蠢的。很明显,他们只不过是在事件发生的当天运气较好而已。

有效市场假说显然与此类似。假设任何股票在全部信息给定的基础上是公平定价的,那么对某一只股票下注只不过是一个投币游戏而已:赌赢和赌输的可能是相等的。然而,从统计学的角度来看,如果有很多投资者利用各种方案来进行公平的赌注,一些投资者将会很幸运并赢得赌注。对应于每个大赢家,就会有许多大输家,但我们从未听说这些输家。因为,赢家将会成为最新的股市导师并出现在《华尔街日报》上,然后他们可以通过市场分析发大财(见华尔街实战8-2)。

| 华尔街实战 8-2 | 如何保证一份成功的市场股评 |

假定你要向市场公布你的财运,首先要保证让杂志潜在的订阅者相信你的才华值得他们的付出,但如果你没有才华呢?答案很简单,开始写8篇股评。

在第一年,让你的4篇股评预测市场将上涨,另外4篇预测市场将下跌。在第二年,让你原来乐观预测的一半继续预测市场将上升,而另一半预测下降。对原来悲观预测的部分同样这样做。继续用这样的方式来预测市场的趋势,用下表表示(U意味着预测市场上涨,D意味着预测市场下跌)。

预测市场趋势

年	1	2	3	4	5	6	7	8
1	U	U	U	U	D	D	D	D
2	U	U	D	D	U	U	D	D
3	U	D	U	D	U	D	U	D

3年之后,无论市场发生什么,总有一篇股评会有一个完美的预测记录。这是由于在3年之后市场会出现$2^3=8$种预测结果,我们的8篇股评涵

盖了所有的预测结果。现在，我们可以简单地抹去 7 篇失败的股评，并指出市场的第 8 种预测与市场走势相吻合。如果我们要建立一个 4 年与市场走势完全吻合的预测，那么需要 $2^4=16$ 篇股评。依此类推，5 年需要 32 篇股评。

结果就是，当人们看到了你那篇完全准确的股评会产生浓厚的兴趣，并投入大笔的资金来迎合你的投资建议。你的幸运是制造出来的，因为你从来没有研究过市场！

警告：这一方法是违法的！然而，由于存在成百上千的股评家，你可以找到一个没有任何技术、正好撞上了成功预测的股评。结果，一些预测可以显示出他有好的预测技术。人们就可以在《华尔街日报》上看到这个人，并已经忘记了其他人。

我们的观点是：上述故事发生的后面一定会有一个成功的投资方案。怀疑者将其称为运气，而成功者将其称为技巧。正确的检验应该能考察出成功者是否能将他们的业绩在另一时期上演，但很少进行类似的检验。

带着这一点怀疑，我们来看一些对有效市场假说的经验检验。

> **概念检查 8-5**
>
> 比尔·米勒管理着雷格·梅森的价值信托基金，到 2005 年为止表现都优于标准普尔 500 指数。米勒的表现是否足以劝阻你不相信有效市场假说？如果不能，那么业绩达到什么程度才能劝阻你？现考虑在将来的 3 年里，该基金的业绩戏剧性地下降，低于标准普尔 500 指数；截至 2008 年，它 18 年的累计表现与指数模型完全不同。这些是否影响到你的观点？

8.4.2 弱式有效检验：股票收益范式

短期收益 有效市场的早期检验是对弱式有效市场的检验。投机者能找出让他们赚取异常收益的过去价格的走势吗？这在本质上是对技术分析的有效性的检验。

辨别股票价格趋势的一种方法就是通过测度股票市场收益率的序列相关性。序列相关表示股票收益与过去收益相关的趋势。正序列相关意味着正收益之后依然是正收益（动量性）。负序列相关表示正收益之后是负收益，体现为反转或回归。Conrad 和 Kaul [一] 以及 Lo 和 MacKinlay [二] 分析了纽约证券交易所股票的周收益率数据，并发现了收益序列短期内存在着正相关。然而，相关系数很低，至少对于那些价格数据一直比较可靠的大市值公司来说是这样的。因此，尽管他们的研究发现了价格短期趋势 [三]，但并没有清晰地表明有交易机会的存在。

虽然指数代表的市场整体显示收益序列的弱相关性，但市场表现好和表现差的板块却有着更加显著的动量势能。Jegadeesh 和 Lehmann 通过对股价中期（持有期 3~12 个月）变动的分析，发现股价表现出显著的**动量效应**（momentum effect），即近期不论表现好还是差的股票都将持续一段时间。他们的结论是：尽管单只股票的价格是很难预测的，但由最近表现较好的股票构建的组合赚钱的机会比其他股票更大。这些证据表明，价格动能在整个市场和不同板块股

[一] Jennifer Conrad and Gautam Kaul, "Time-Variation in Expected Returns," *Journal of Business* 61 (October 1988), pp. 409-425.

[二] Andrew W. Lo and A. Craig MacKinlay, "Stock Market Prices Do Not Follow Random Walks: Evidence from a Simple Specification Test," *Review of Financial Studies* 1 (1988), pp. 41-66.

[三] 此外，有证据表明，个别证券（如与广义市场指数相反的）的股价更容易在极短的时间内反转。例如，B. Lehmann, "Fads, Martingales and Market Efficiency," *Quarterly Journal of Economics* 105 (February 1990), pp. 1-28; and N. Jegadeesh, "Evidence of Predictable Behavior of Security Returns," *Journal of Finance* 45 (September 1990), pp. 881-898。然而，正如 Lehmann 所述，这最好可以解释为由于流动资金不足的问题，在大幅度的股价变动之后庄家调整他们自己的在股市中的位置。

票中均是存在的。

长期收益　尽管研究表明中、短期股价收益率存在动量效应，但对长期收益（跨越数年）的检验结果却显示，长期市场整体收益在时序上体现为负的相关性。这个结论支持了"**趋势假说**"（fads hypothesis）。"趋势假说"认为股价会对事件过度反应，过度反应的矫正就会使得股价在长期发生反转，即前期表现较好的股票之后的表现不够理想，而前期表现较差也不意味着一直很差，会发生逆转。矫正作用的存在使得正收益转变为负收益，即时间序列上收益的相关系数为负。股价在对过度反应修正作用力下围绕其内在价值波动。也就是说，市场价格与内在价值相比，波动性是十分巨大的。

虽然长期收益的结果是戏剧性的，但这绝非是有效市场假说的背离。首先，这些研究不能仅被解读为市场存在着趋势。对这些研究的另一种解读是市场风险溢价会随着时间变化。例如，当市场风险溢价和市场必要收益率升高时，股价会下跌。当市场平均收益率上升到较高水平，数据结果显示了股价的回落。过度反应与矫正作用表象之下实际上是股票价格对折现率的理性回应。

除了显示整个股票市场长期收益过度反应之外，许多其他的研究表明，在长期，一些特殊证券的极端表现呈现反向的趋势：过去表现最好的股票在随后时期内的业绩要比其他证券的业绩差，而在过去业绩较差的股票在将来也会超出平均收益水平。DeBondt 和 Thaler[一]以及 Chopra、Lakonishok 和 Ritter[二]发现，在某期间表现差的股票在随后一段时间内将会出现大幅度反向的势头，而在当期表现较好的股票将会在接下来的一段期间内有变差的业绩表现。

例如，DeBondt 和 Thaler 的研究表明，如果将股票在近五年的表现进行排序并根据投资表现将股票分组构成投资组合，则基期"输的"投资组合（定义为投资表现最差的 35 只股票）表现要比"赢的"投资组合（投资表现最好的 35 只股票）在未来比历年平均收益高出 25%。这就是反向效应，即输者反弹、胜者失色，表明股票市场对相关信息过度反应。一旦过度反应被识别，极端投资表现就会出现反向。这一现象意味着反向投资策略——投资于近期表现较差而避免表现较好的股票的策略可以盈利，而且，这样的收益表明有利可图的获利机会。

因此，整个市场和部分市场在价格行为当中都存在短期动量和长期反向形式。这种形式的一种解释是短期过度反应（这引起价格动量）可能会导致长期反向（当市场识别过去的错误）。

8.4.3　市场整体收益的预测因素

许多研究表明，易于观测的变量可以有效地预测市场收益。例如，法码和弗伦奇[三]的研究表明，当股息收益率（股价/每股收益）越高时，股票市场的总体收益也会越高。Campbell 和 Shiller 发现盈利比率能够预测市场收益。Keim 和 Stambaugh 发现债券市场数据如高低信用债券之间的收益率差可以用来预测市场整体收益。

然而，解释这一结果是非常困难的。一方面，它们可能意味着股票收益率是可以预测的，这与有效市场假说是相违背的。但更可能的是，这些变量是市场风险溢价变动的代理变量。例

[一] Werner F. M. DeBondt and Richard Thaler, "Does the Stock Market Overreact?" *Journal of Finance* 40 (1985), pp. 793-805.

[二] Navin Chopra, Josef Lakonishok, and Jay R. Ritter, "Measuring Abnormal Performance: Do Stocks Overreact?" *Journal of Financial Economics* 31 (1992), pp. 235-268.

[三] Eugene F. Fama and Kenneth R. French, "Business Conditions and Expected Returns on Stocks and Bonds," *Journal of Financial Economics* 25 (November 1989), pp. 3-22.

如，给定股息或收益水平，当风险溢价（进而是期望的市场收益）较高时，股票价格下降，股息收益率与盈利率自然变高。因此高股息率和高盈利率将与更高的市场收益率相联系。这并不意味着与市场有效性相违背。市场收益的可预测性源于风险溢价的可预测性，而不是风险调整后的异常收益的可预测性。

法玛和弗伦奇还说明：高低信用债券之间的收益率差对低等级债券收益的预测能力要强于高等级债券。这就说明，收益之所以可预测，实际上是风险溢价可被预测，而非市场无效。类似地，股票股息收益可用于预测债券市场收益同样说明股息收益率反映了两个市场的共同风险溢价而不是股权市场中的错误定价。

8.4.4 半强式检验：市场异象

基本面分析比技术分析需要更为广泛的信息来构建投资组合。基本面分析有效性考察的是利用除证券交易历史数据外的所有公开信息能否改善投资业绩，由此来检验市场是否达到半强式有效市场假说。令人惊奇的是，一些简单的容易获得的统计数据，如股票市盈率或市值似乎能够预测调整异常风险收益，这类发现（在后面的章节还会提及）与有效市场假说相悖，因此经常被称为有效市场**异象**（anomalies）。

检验市场异象是否存在，普遍需要对资产组合的业绩进行风险调整，而大多数检验是利用资本资产定价模型进行风险调整。我们知道，尽管 β 值可以较为准确地描述股票风险，但是实证检验中得到以 β 度量的风险与期望收益之间的均衡关系，也不等于资本资产定价模型的预测结果。如果根据资本资产定价模型来调整投资组合风险收益，很有可能得出错误的结论，即一些组合策略可以产生更高的收益，其实是由于采用了不恰当的风险调整方法。

另一种方法是，风险调整收益的检验是有效市场假说和风险调整过程的联合检验。如果一个投资组合策略能产生高额收益，那么必须确定是拒绝有效市场假说还是拒绝风险调整方法。通常，风险调整方法的前提比有效市场假说的前提更让人质疑；如果选择放弃风险调整过程，我们将无法得出关于市场有效性的结论了。

Basu⊖的发现就是该问题的一个例子。他发现低市盈率股票比高市盈率股票的投资组合收益率更高。即使因投资组合的 β 值而调整收益，**市盈率效应**（P/E effect）仍然起作用。这是否证实市场会根据市盈率系统性地错误定价？这对投资者而言是一个意外的极具干扰性的结论，因为市盈率分析是一个简单的过程。通过艰苦的工作和细致分析获得超额收益是完全有可能的，但仅凭如此简单的方法就能带来超额收益是不可能的。

对上面这一结果的另一种解释，收益未根据风险进行适当的调整。如果两家公司有相同的期望收益，风险高的股票将会以低价卖出并有低的市盈率。由于它的高风险，低市盈率也将会产生高的期望收益。因此，除非资本资产定价模型的 β 值随风险充分调整，否则市盈率就可以作为风险的另外一个描述指标，如果资本资产定价模型用于估计基准业绩，市盈率将与异常收益相关。

小公司效应 所谓的公司规模或**小公司效应**（small-firm effect），由 Banz⊖首先提出（见

⊖ Sanjoy Basu, "The Investment Performance of Common Stocks in Relation to Their Price-Earnings Ratios: A Test of the Efficient Market Hypothesis," *Journal of Finance* 32 (June 1977), pp. 663-682; and "The Relationship between Earnings Yield, Market Value, and Return for NYSE Common Stocks: Further Evidence," *Journal of Financial Economics* 12 (June 1983).

⊖ Rolf Banz, "The Relationship between Return and Market Value of Common Stocks," *Journal of Financial Economics* 9 (March 1981).

图 8-3)。该图描绘了纽约证券交易所股票按各年度公司市值规模（即总流通市值）等分为 10 组后各组合的历史业绩。小市值组合在 1926~2015 年的平均年收益率始终处于较高水平。第 10 个投资组合（最大公司投资组合）与第 1 个投资组合（最小公司投资组合）的平均年收益率之差约为 7.65%。当然，小公司投资组合的风险更大。但即使运用资本资产定价模型进行风险调整之后，小规模公司的组合仍然存在一个持续的溢价。

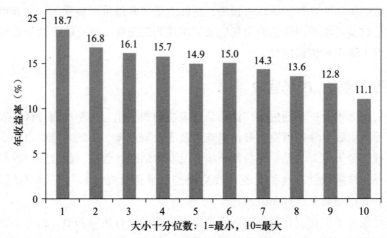

图 8-3 按市值规模等分 10 组形成的资产组合的平均年收益率，1926~2015 年

资料来源：Authors' calculations, using data obtained from Professor Ken French's data library at http://mba.tuck.dartmouth.edu/pages/faculty/ken.french/data_library.html.

设想投资于一个资产规模为 10 亿美元的投资组合能够达到这样的收益率，溢价将是十分巨大的。很明显，遵循"小而美"的简单规则就可以赚取超额收益，所有投资者都可以以很低的成本计算公司市值。谁都不会指望花费如此小的代价就能获得如此大规模的收益。

此后的研究（Keim[一]、Reinganum[二]、Blume 和 Stambaugh[三]）还证明，小公司效应几乎整个 1 月都会发生，实际上是 1 月的头两个星期。规模效应实际上是"小公司的 1 月效应"。

被忽略的公司效应和流动性效应 Arbel 和 Strebel[四]对小公司的 1 月效应做出了另一种诠释。由于小公司经常被大的机构交易者所忽略，小公司的信息经常很难获得。这种信息的缺乏导致小公司的风险较高，但能获得较高的收益率。毕竟"名牌"公司容易受到机构投资者的密切监督，这可以保证其信息是高质量的，并可以推测人们不会购买没有良好前景的"普通"股票。

作为**被忽略的公司效应**（neglected-firm effect）的证据，默顿[五]的文章指出被忽略的公司拥有者需要高期望均衡收益作为其对因信息受限而引起的风险补偿。从这种角度而言，被忽略公

[一] Donald B. Keim, "Size Related Anomalies and Stock Return Seasonality: Further Empirical Evidence," *Journal of Financial Economics* 12（June 1983）.

[二] Marc R. Reinganum, "The Anomalous Stock Market Behavior of Small Firms in January: Empirical Tests for Tax-Loss Effects," *Journal of Financial Economics* 12（June 1983）.

[三] Marshall E. Blume and Robert F. Stambaugh, "Biases in Computed Returns: An Application to the Size Effect," *Journal of Financial Economics*, 1983.

[四] Avner Arbel and Paul J. Strebel, "Pay Attention to Neglected Firms," *Journal of Portfolio Management*, Winter 1983.

[五] Robert C. Merton, "A Simple Model of Capital Market Equilibrium with Incomplete Information," *Journal of Finance* 42（1987）, pp. 483-510.

司溢价并非严格意义上的市场无效，而是一种风险溢价。

Amihud 和 Mendelson⊖对股票收益流动性效应的研究也许与小公司效应和被忽略的公司效应都有关。他们认为，正如我们在第 6 章所提出的，投资者将对投资于需要较高交易成本的低流动性股票要求一种收益溢价。正如假设所说的一样，Amihud 和 Mendelson 证明，这些股票呈现很强的出现异常高风险调整收益率的趋势。由于小型和缺乏分析的股票流动性较差，流动性效应可以作为它们异常收益的部分解释。然而，这一理论不能解释小规模公司的异常收益会集中于 1 月。无论如何，利用这种效应要比表面上看起来难很多。小股票的高额交易成本能轻易地抵消任何非常明显的异常收益。

净市率 法玛和弗伦奇⊜证明，公司净资产的账面-市值比，简称净市率，是证券收益有力的预测工具。法玛和弗伦奇根据净市率把公司分为 10 组，并考察了每组的平均月收益率。图 8-4 是这些结果的最新版本。净市率最高的 10 家公司平均年收益率为 17.2%，而最低的 10 家公司为 11.1%。收益对净市率如此强的依赖性是与 β 值无关的，这意味着要么是高净市率公司定价相对较低，要么是净市率充当着衡量影响均衡期望收益的风险因素的代理变量。

实际上，法玛和弗伦奇发现，在控制了规模与净市率效应（book-to-market effect）之后，β 值似乎不能解释平均证券收益⊜。这一发现对理性市场是个严重的挑战，因为这似乎暗示着可能影响收益的系统风险其实并不重要，然而净市率这一似乎不重要的因素可能具有预测未来收益的能力。后面还会回头解释这一异常现象。

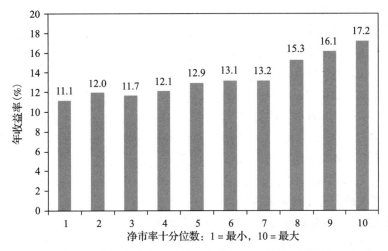

图 8-4 作为净市率函数的平均收益率，1926~2015 年

资料来源：Authors' calculations, using data obtained from Professor Ken French's data library at http://mba.tuck.dartmouth.edu/pages/faculty/ken.french/data_library.html.

⊖ Yakov Amihud and Haim Mendelson, "Asset Pricing and the Bid-Ask Spread," *Journal of Financial Economics* 17 (December 1986), pp. 223-250; and "Liquidity, Asset Prices, and Financial Policy," *Financial Analysts Journal* 47 (November/December 1991), pp. 56-66.

⊜ Eugene F. Fama and Kenneth R. French, "The Cross Section of Expected Stock Returns," *Journal of Finance* 47 (1992), pp. 427-465.

⊜ 然而，S. P. Kothari, Jay Shanken, and Richard G. Sloan 的研究 "Another Look at the Cross-Section of Expected Stock Returns," *Journal of Finance* 50 (March 1995), pp. 185-224 发现，用年收益而不是用月收益估计 β 值时，高 β 值的证券事实上有更高的平均收益。另外，上述作者还发现，净市率与法玛和弗伦奇得出的结果相比较变小了，用不同的样本结果是不同的。因此，他们得出的结论是：净市率重要性的经验案例与法玛和弗伦奇的研究结果相比可能多少弱些。

盈余公告后的价格漂移　有效市场的一个基本原则就是任何新信息都应该迅速地反映在股票价格上。例如，当好消息传出时，股票价格会立马上涨。因此，正如 Ball 和 Brown ⊖ 所揭示的那样，实践中出现了令人费解的异象，股价对公司盈余公告的反应并不敏感。这一结果在许多文献中得到了证实和扩展。⊜

盈余公告中增量信息的价值可以通过公司公布的实际盈余与市场预期盈余的差额——意外盈余来进行衡量。市场预期盈余可以采用华尔街分析师们预测数据的均值，也可以基于以往盈余的变动趋势进行预测。Rendleman、Jones 和 Latané ⊜ 对宣布收益后的股价缓慢反应做出了卓有成效的研究。他们计算了大量公司的意外盈余，并根据意外盈余对它们进行排序，并以此为依据将公司分为 10 级，然后计算出每一级股票的超额收益。图 8-5 画出了每一级累积异常收益的形状。

这一结果是戏剧性的。按意外盈余排序和异常收益之间的相互关系如预期一样：在盈利公布日（时间为 0）出现了一个很大的异常收益（累积异常收益有一个大的增长）。如果公司的意外盈余为正，那么异常收益也为正。反之亦然。

通过对盈余公告发布日之后股价变动的研究发现，意外盈余为正的公司的累积异常收益继续增长，意外盈余为负的公司依然维持负的异常收益。这是一个相当重要且有趣的结论。由此说明，市场对盈余信息的反应是逐步的，异常收益会存续一段时间。

显然，一个人只要简单地等待收益公告，然后购买有正额外收益的公司股票，就可以获得异常收益。这是对未来持续趋势的一种精准预测，而这在有效市场中是不可能存在的。

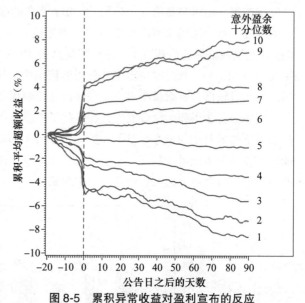

图 8-5　累积异常收益对盈利宣布的反应

资料来源：Reprinted from R. J. Rendeman Jr., C. P. Jones, and H. A. Latané, "Empirical Anomalies Based on Unexpected Earnings and the Importance of Risk Adjustments," *Journal of Financial Economics* 10（1982），pp. 269-287. Copyright 1982 with permission from Elsevier.

8.4.5　强式有效检验：内幕消息

内部人员利用交易他们公司的股票获得异常收益，这并不奇怪，换句话说，我们不能期望

⊖ R. Ball and P. Brown, "An Empirical Evaluation of Accounting Income Numbers," *Journal of Accounting Research* 9（1968），pp. 159-178.

⊜ 有大量的文献研究这一现象，大多涉及的是过去盈利公告后价格的变化，最近研究为什么可能会变化的文献，见 V. Bernard and J. Thomas, "Evidence That Stock Prices Do Not Fully Reflect the Implications of Current Earnings for Future Earnings," *Journal of Accounting and Economics* 13（1990），pp. 305-340, or R. H. Battalio and R. Mendenhall, "Earnings Expectation, Investor Trade Size, and Anomalous Returns Around Earnings Announcements," *Journal of Financial Economics* 77（2005），pp. 289-319.

⊜ Richard J. Rendleman Jr., Charles P. Jones, and Henry A. Latané, "Empirical Anomalies Based on Unexpected Earnings and the Importance of Risk Adjustments," *Journal of Financial Economics* 10（November 1982），pp. 269-287.

市场是强式有效的；利用内部消息进行交易是受到监管和限制的，Jaffe[一]、Seyhun[二]、Givoly 和 Palmon[三]及其他人的研究已经证明内部人员能够通过交易本公司的股票来获利。Jaffe 是证实股票价格趋势在内部人员大量买进之后上升而内部人员大量卖出之后下跌的最早的研究者之一。

其他投资者追随内部人员交易是否能获利？美国证券交易委员会要求所有内部人员登记他们的交易活动并在《内部人员证券交易与持有情况官方汇总》（以下简称《官方汇总》）中公布。从 2002 年起，内部人员必须在两个交易日内向证券交易委员会报告所发生的大宗交易。一旦《官方汇总》发布，其交易信息就变成了公开信息。在这一点上，如果市场是有效的，完全和迅速地处理《官方汇总》所发布的交易信息，投资者会发现跟踪这些交易的形式是不能获取利润的。一些网站包含了内部交易的信息。查看我们的网上学习中心（www.mhhe.com/bkm）来获取建议。

Seyhun 仔细分析了《官方汇总》披露的每笔内部交易，得到的结论是，在公告日跟踪内部人进行同向交易是徒劳的。尽管股价伴随着内部人员买入信息的公布有一定的上涨趋势，但异常收益不足以覆盖交易费用。

8.4.6 异象的解释

我们怎么来解释文献里提到越来越多的异象问题？这是否意味着整个市场是无效的，允许提供巨额获利机会的简单交易规则存在？或者还存在其他解释？

风险溢价还是无效性 市盈率、小市值、市净率、动能和长期反转效应至今依然是实证金融学中最迷惑的现象。这些效应有多种解释，这些现象在某种程度上是相关的。小市值或低市净率股和"近期股价表现差"的公司有共同的特点，即股价在最近的几个月或几年中有明显的下跌。的确，一个公司可能在经历价格很大变动的情况下公司市值变小，市净率降低。因此这一群体也可能包括相对高比例的经营困难的公司。

法玛和弗伦奇[四]将这些市场异象解释为风险溢价。利用前面章节所谈到的三因素模型，他们发现对市值规模和市净率更为敏感的股票平均收益会更高，并将高收益解释为来自与因素相关的风险溢价。这一模型在解释证券收益上比单因素的资本资产定价模型更有说服力。尽管公司规模和净市率显然不是风险因素，但是它们可以作为更为基本的风险因素的代理变量。法玛和弗伦奇认为这种收益模式与有效市场中的一致，在有效市场中收益与风险也是一致的。基于这种观点，"因素模型"对应的收益是值得关注的，例如，在许多国家基于净市率（特殊地，法玛-弗伦奇最小净市率投资组合）或公司规模（小减大的公司投资组合的收益）构建的投资组合确实可以预测经济周期。如图 8-6 所示，这些投资组合的收益在国内生产总值迅速增长的前几年就倾向于拥有正的收益率。

[一] Jeffrey F. Jaffe, "Special Information and Insider Trading," *Journal of Business* 47 (July 1974).
[二] H. Nejat Seyhun, "Insiders' Profits, Costs of Trading and Market Efficiency," *Journal of Financial Economics* 16 (1986).
[三] Dan Givoly and Dan Palmon, "Insider Trading and Exploitation of Inside Information: Some Empirical Evidence," *Journal of Business* 58 (1985).
[四] Eugene F. Fama and Kenneth R. French, "Common Risk Factors in the Returns on Stocks and Bonds," *Journal of Financial Economics* 33 (1993), pp. 3-56.

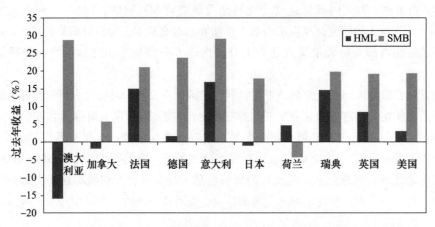

图 8-6 国内生产总值增长预测下的投资组合的收益率

注：好的国内生产总值与差的国内生产总值前几年的投资组合收益的平均差值不同。正值表示宏观经济景气的情况下投资组合在头几年表现较好。HML 表示高减低投资组合，根据净市率来分类。SMB 表示小减大投资组合，根据公司规模分类。

资料来源：J. Liew and M. Vassalou, "Can Book-to-Market, Size, and Momentum Be Risk Factors That Predict Economic Growth?" *Journal of Financial Economics* 57 (2000), pp. 221-245.

Lakonishok、Shleifer 和 Vishny ⊖提出了相反的解释。他们认为这些现象正是市场非理性的证据，更准确地说是股票分析师在预测股票前景中出现了系统性偏差。他们认为分析师过度外推了历史业绩，由此导致近期表现良好的公司股价被高估，近期表现较差的公司股价被低估，最终，当市场参与者认识到他们的错误时，股价就会反转。这种解释与反向效应一致。股价在大幅下跌后，公司市值变小，净市率变高，一定程度上也就解释了小市值和净市率效应。

如果 Lakonishok、Shleifer 和 Vishny 是正确的，我们应该发现分析师在预测近期"赢家"与"输家"的公司收益时发生系统错误。La Porta ⊖的一项研究与这个模式是相一致的，他发现分析师所预测的收益增长率低的公司股票的实际表现优于期望收益增长率高的公司股票。分析师似乎对低成长性公司的前景过于悲观了，而对于高成长性公司的前景又过于乐观。当这些太极端的预期被"纠正"时，低预期增长的公司表现将优于高预期成长性公司。

异象还是数据挖掘 前面的文章中已经提及许多文献中所提出的异象，而这些文献还有很多。一些人会怀疑这些异象是否真是金融市场中不能解释的难题，或者只不过是人为的数据挖掘。毕竟，如果反复地在计算机上运行过去收益的数据库并从多个角度检验股票的收益，在预测收益时总能出现一些指标。

在这方面，值得注意的是，一些异象在学术文献发表后没有持续表现太久，例如，小市值效应在 20 世纪 80 年代初被公布后，在接下来的几年里很快消失了。相同地，净市率策略在 20 世纪 90 年代初引起广泛关注，但在后面几年中就被证明是无效的了。

即便认可了大部分异象不过是数据挖掘结果的这一解释，但依然存在着一些无法解释的现象。价值股，通常是指那些低市盈率、高净市率或者价格低于其历史水平的股票，似乎比明星

⊖ Josef Lakonishok, Andrei Shleifer, and Robert W. Vishny, "Contrarian Investment, Extrapolation, and Risk," *Journal of Finance* 50 (1995), pp. 541-578.

⊖ Raphael La Porta, "Expectations and the Cross Section of Stock Returns," *Journal of Finance* 51 (December 1996), pp. 1715-1742.

成长股具有更高的平均收益。

说明数据挖掘问题的一个方法就是找出一组尚未被研究的数据并检查其中的那些关系在这些新数据中是否存在。这些研究表明在世界其他证券市场确实存在规模、动量、净市率效应。尽管这些现象被当作系统风险溢价的证据，但我们还没有充分理解这些风险的性质。

随时间变化的异象 我们之前就指出，即使没有市场是完全有效的，异象在一个运作良好的市场中应该会自己消失。作为一个了解可获利的交易策略的市场参与者，它们会试图利用异象并推动价格向消除异象利润的方向趋近。这章将讨论到 Chordia、Subramanyam 和 Tong[⊖] 对很多异象都发现了这个特征。他们关注超额收益和一些特征之间的关系，包括规模、净市率、动能以及换手率（可能与忽视公司效应负相关）。他们在 1993 年设置了断点，并发现很多 1993 年之前与这些特征相关的超额收益在 1993 年之后都消失了（除了净市率效应）。他们的解释是由于关于异象的信息在投资圈内变得广为人知，市场变得更加有效了。有趣的是，他们发现当交易活动最为廉价之时，流动性最强的股票承受的 α 降低程度最大。

McLean 和 Pontiff[⊜] 对市场有效性的动态做了更全面的分析，也对可能的市场异象做了认真的梳理。他们总结了学术研究中有超过 80 个与超额收益有关的特征。他们并不是对所有的特征泛泛地使用一个断点，而是仔细地追踪每个发现的发表日期以及 SSRN 最早刊登这些论文的日期。这使得他们可以对每一个发现根据公开的日期来分别设置断点。他们得出的结论是：公开之后超额收益的消失率为 35%（比如在研究公开之前利用异象的策略可以有 5% 的超额收益，而在公开之后平均降到 3.25%）[⊜]。他们展示了那些交易量和方差随着异象增加的现象的确一般不发生在"估价过高"的股票上。这一现象与信息足够的参与者会利用新发现的错误定价这一意图一致。此外，α 的减小一般发生在市值较大、流动性较大以及特异性风险较低的股票上。这些现象正好发生在追求可靠超额收益这类交易活动比较可行的股票上。因此，即使超额收益没有完全消失，这些结论与市场随着时间推移变得愈加有效这一规律是一致的。

8.4.7 泡沫与市场有效性

每隔一段时间，资产价格（至少从回顾上来讲）都会与均衡价值发生背离。例如，17 世纪的郁金香热，郁金香价格最高达到了一名熟练工人年收入的几倍。这一现象已经成为价格远远超过其内在价值的投机"泡沫"的代名词。当价格持续上升导致人们普遍预期会继续上涨时，从而出现泡沫。随着越来越多的投资者踊跃加入，价格也会越来越高。当然，不可避免地，价格最后将会停止上升，泡沫随即破裂。

郁金香热之后不到 1 个世纪，英格兰的南海泡沫成为最著名的事件。在这个事件中，南海公司的股票价格从 1720 年 1 月份的 128 英镑上涨到 5 月的 550 英镑，在 8 月最高达到 1 000 英镑，而在 9 月泡沫破裂，价格下降到 150 英镑，导致大量通过贷款购买债券的人破产。实际

⊖ T. Chordia, A. Subrahmanyam, and Q. Tong, "Have Capital Market Anomalies Attenuated in the Recent Era of High Liquidity and Trading Activity?" *Journal of Accounting and Economics* 58（August 2014），pp. 41-58.

⊜ David R. McLean and Jeffrey E. Pontiff, "Does Academic Research Destroy Stock Return Predictability?" *Journal of Finance* 71（2016），pp. 5-32.

⊜ 1/3 这样的消减发生在公开日期和样本结束日期之间。作者指出这可能反映了部分超额收益的确来源于数据挖掘，而剩下的消减部分则归功于精明的投资者推动价格回归真实值的交易活动。

上，正是南海公司为那些愿意高价购买其股票的投机者提供了贷款。经历过1995~2002⊖年网络经济的兴衰以及2008年的金融海啸（人们都认为是住房价格导致泡沫产生）的人们，这番情景似曾相识。

证券价格很难做到理性地、无偏地估计其内在价值。实际上，许多经济学家，最著名的如海曼·明斯基表明泡沫的产生很正常⊜。在稳定和物价上涨期，投资者推断未来价格稳定并愿意承担风险。风险溢价缩水，导致资产价格进一步上涨，在自我实现周期内期望变得更加乐观。但是在最后，价格和风险承担过度使泡沫破裂。具有讽刺意味的是，一开始培养的稳定最终导致不稳定。

但是不要着急下结论说资产价格提供了大量套利的交易机会。首先，泡沫只有在回顾的时候才发现是"明显的"。但当时，价格的上升似乎大多有一个强有力的理论支撑。例如在网络经济繁荣时期，当时的投资者认为因为技术的进步导致一个新的可以盈利的经济从而使股价上升。即使在后续的引用中郁金香热的非理性可能被夸大了。⊜另外，证券估值在本质上来说是困难的。由于内在价值的估计很不准确，有时可能是由于过度自信造成的预计错误定价，从而持有一个巨大头寸。

即使你怀疑价格实际上是被"错误"定价的，但利用这种错误是很困难的。我们将在下面的章节中进一步探索这一话题，但现在，我们简单地分析一些想对资产大规模做空的障碍，潜在的各种问题使得短期卖空过高定价证券的成本太高，其次，即使实际上你是正确的，在短期内市场未必与你的看法一致，从而否定你的投资组合。

8.5 共同基金与分析师业绩

我们已经说明了有效市场存在一定的问题。对投资者来说，市场有效性的问题归根结底是有经验的投资者是否能持续地获得超额利润的问题。最好的检验方法就是检验市场专业人员的业绩，来观察他们的业绩是否超过根据消极指数基金购买并持有的投资者的业绩。我们将观察两类专业者的业绩：推荐投资组合的股票市场分析师的业绩和实际管理投资组合的共同基金管理者的业绩。

8.5.1 股票市场分析师

股票市场分析师历来就为经纪公司工作，这就比较容易理解他们为什么会对公司前景往往做出更加乐观的估计㊣。例如，1996年一项对于1个从1（强买）到5（强卖）的推荐等级投资建议分析显示，1996年所涵盖的5 628家公司的平均分值为2.04㊄。因此，我们不能从表面

⊖ 网络经济的兴衰产生了长期的非理性繁荣。在这方面，可以参考一家公司在1720年的投资热潮中简单地描述自己为"公司开展事业具有很大的优势，但没有人知道它是什么"。
⊜ Hyman P. Minsky, *Stabilizing An Unstable Economy* (New Haven, CT: Yale University Press, 1986).
⊜ 对于这一可能性的进一步探讨，见Peter Garber, *Famous First Bubbles: The Fundamentals of Early Manias* (Cambridge: MIT Press, 2000), and Anne Goldgar, *Tulipmania: Money, Honor, and Knowledge in the Dutch Golden Age* (Chicago: University of Chicago Press, 2007).
㊣ 这个问题在未来可能不会很严重，一项最近的改革会减轻有破产风险公司的利率限制，这些公司卖出股票也提供了一个区别于其他活跃的公司的投资机会。
㊄ B. Barber, R. Lehavy, M. McNichols, and B. Trueman, "Can Investors Profit from the Prophets? Security Analyst Recommendations and Stock Returns," *Journal of Finance* 56 (April 2001), pp. 531-563.

价值来对分析师建议言听计从。相反，我们应该参照对比分析师对其他公司的推荐建议，或观察其推荐意见的变化。

Womack ⊖关注了分析师推荐的变化，并发现正面的变化经常会带来股票价格 5%的上升，而负面变化平均带来 11%的下跌。你可能会怀疑这些股价的变化是否会反映出市场对分析师提供的关于公司的有利信息的认可，或只是简单地因推荐而买入或卖出压力的结果。Womack 指出价格的冲击可能是永恒的，因此也符合分析师揭示了新的信息这一假说。Jegadeesh、Krische、Kim 和 Lee ⊜也发现，一致推荐的变化与价格变化相关，但是一致推荐的水平不能预测未来股票的前景。

Barber、Lehavy、McNichols 和 Trueman ⊜研究了分析师持续一致的评价水平，并发现拥有最多推荐的公司比那些最少推荐的公司表现要好。尽管这些结果看起来让人印象深刻，但他们指出，基于分析师一致推荐的投资组合策略将面临很大的交易压力，这可能导致由策略引起的潜在利润的消失。

总之，有文献表明分析师确实有价值，但同时存在不确定性。由分析师所推荐级别提高而产生的超额收益，究竟是因为新信息的披露还是因为预期改变引起了投资前景的变化改变了投资者的需求？考虑投资者要花费的交易成本，这些分析结果是否仍然有价值？

8.5.2 共同基金经理

偶然的证据并不能证明专业管理的投资组合总能战胜市场。此外，也有一些（被允许不一致）业绩支持性的证据，表明在一个阶段业绩较好的基金管理者有在下一段时间内仍然为好管理者的趋势。这样的模式可以认为好的管理者可以比其他竞争者表现更好，并且这违背了市场价格已经反映全部的市场信息的假说。

首先，我们考察大样本共同基金的风险调整收益率（即 α），但是市场指数可能并不适合作为共同基金业绩评价的调整基准。指数普遍采用市值加权计算，大市值公司的市场表现主导了市场指数。由于共同基金会配置一部分小市值公司的股权，当小市值公司市场表现好于大公司时，共同基金要战胜市场就比较容易，当小市值公司表现逊于大公司时，共同基金业绩要优于市场就比较困难。因此，涵盖较小市值公司的市场指数更适合作为共同基金业绩基准。

分析不同后续期的小股票收益可以说明基准的重要性⊕。1945～1964 年这 20 年间，小股票指数的年业绩劣于标准普尔 500 指数 4%（即根据系统风险调整后的小股票指数的 α 为-4%）。在接下来 1965～1984 年的 20 年间，小股票指数的业绩要优于标准普尔 500 指数 10%。因此，若是在早期观察共同基金的业绩，就会比较悲观，这可能并非基金经理选择的股票不好，而是因为与标准普尔 500 指数相比，共同基金持有了更多的小市值公司股票；如果在后一时期观察共同基金业绩，小公司股票表现较好，基金的风险调整收益就更让人欣喜。尽管这与基金经理

⊖ K. L. Womack, "Do Brokerage Analysts' Recommendations Have Investment Value?" *Journal of Finance* 51 (March 1996), pp. 137-167.

⊜ N. Jegadeesh, J. Kim, S. D. Krische, and C. M. Lee, "Analyzing the Analysts: When Do Recommendations Add Value?" *Journal of Finance* 59 (June 2004), pp. 1083-1124.

⊜ B. Barber, R. Lehavy, M. McNichols, and B. Trueman, "Can Investors Profit from the Prophets? Security Analyst Recommendations and Stock Returns," *Journal of Finance* 56 (April 2001), pp. 531-563.

⊕ 这些说明和数据引用于 E. J. Elton, M. J. Gruber, S. Das, and M. Hlavka, "Efficiency with Costly Information: A Reinterpretation of Evidence from Managed Portfolios," *Review of Financial Studies* 6 (1993), pp. 1-22, which is discussed shortly.

挑选股票的能力无关,但"风格选择"(小市值股票的配置决策)确实左右了基金的整体表现。⊖

现在通常用的基准模型是一个四因素模型,四因素即法玛-弗伦奇三因素(市场指数收益、基于规模的投资组合收益和净市率)加上一个动量因素(基于前一年股票收益率构建的投资组合)。α由利用四因素构建的一个扩展模型构成,利用这些因素可以控制一个相当大范围的共同基金模式选择,可能会影响平均收益率。例如,增长与价值或小市值与大市值股票的倾向。图8-7展示了美国国内股票型基金的四因素α的波动频率。⊜结果表示α的波动大致呈钟形,均值略为负。从平均水平来看,并没有出现比它们风格调整后基准的表现要好的基金。

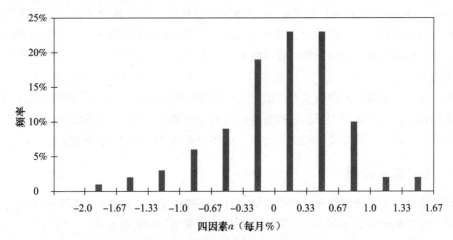

图8-7　利用期望收益的四因素模型计算所得的共同基金α,1993~2007年
注:表现最好与最差的2.5%的观测值被排除掉。
资料来源:Professor Richard Evans, University of Virginia, Darden School of Business.

与图8-7一致,法玛和弗伦奇⊜用四因子模型来评估证券共同基金的业绩:即使在扣减费用前可以实现正α,但这些客户在缴纳费用之后α是负的。相似地,Wermers⑲通过控制风格组合以及共同基金持有股票的特征来研究他们的业绩,并发现,正的总α在控制了费用和风险之后变为负的。

Carhart⑤利用相同的四因素模型重新检验了共同基金业绩一致性这一问题。他发现,在控制这些因素之后,在管理者之间的相对表现中,只有较小的持续性,而且,这种持续性很大程度上归因于投资的费用和成本,而非总投资收益。

然而,Bollen和Busse⑥发现了业绩持续性的证据,最起码是在短期时间内。他们利用四因素模型在一个季度内对它们的业绩做出排名,根据基期α把基金分为10组,并观察在下一季

⊖ 资产配置策略一般由单个投资者决定。投资者根据自己意愿将资金配置在不同的基金上,从而构建其投资组合。他们可以合理地预期基金经理在特定资产类别内部筛选、配置股票会更有优势。
⊜ 我们衷心感谢 Richard Evans 教授的这些数据。
⊜ Eugene F. Fama, and Kenneth R. French. "Luck versus Skill in the Cross-Section of Mutual Fund Returns." *Journal of Finance* 65 (2010), pp. 1915-1947.
⑲ R. R. Wermers, "Mutual Fund Performance: An Empirical Decomposition into Stock-Picking Talent, Style, Transaction Costs, and Expenses." *Journal of Finance* 55 (2000), pp. 1655-1703.
⑤ Mark M. Carhart, "On Persistence in Mutual Fund Performance," *Journal of Finance* 52 (1997), pp. 57-82.
⑥ Nicolas P. B. Bollen and Jeffrey A. Busse, "Short-Term Persistence in Mutual Fund Performance," *Review of Financial Studies* 19 (2004), pp. 569-597.

度内基金的表现。图 8-8 说明了这一结果。实线表示在基期每组基金的平均 α（在一个季度内）。该曲线的陡度体现了在排名期间业绩表现十分分散。虚线表示在下一季度每组基金的平均业绩。曲线变浅表示原来的业绩差距大部分不同程度地消失了。然而，曲线经过一个季度后仍然明显地下降，表明一些业绩的一致性还是显而易见的。但是，这一持续性可能太弱，小部分原来的业绩与共同基金客户所追求的公平业绩表现存在差异。

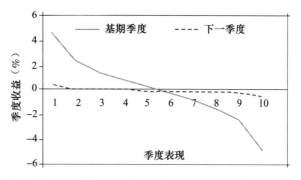

图 8-8　根据基期季度和下季度风险调整后的表现排名

这一模型实际上与 Berk 和 Green[一]一个具有影响力的文章的预测相一致。他们认为拥有异常收益的富有经验的共同基金管理者将会吸引新的基金直至附加费用和这些增加的基金管理的复杂性使 α 降为零。因此，技术不仅展现在超额收益中，而且表现为管理下的基金数量。因此，即使管理者是富有经验的，α 也只能短暂存在，正如我们在图 8-8 中所看到的。

Del Guercio 和 Reuter[二]为共同基金业绩和 Berk-Green 模型提供了一个更好的解释。他们将共同基金投资者分为自己直接购买基金的人以及通过做市商购买基金的人。这样分类的逻辑在于直接交易的那部分人会更加了解金融，而通过做市商交易的那部分人一般在没有专业意见的情况下很难做出金融决策。和这一假说一致，他们的结果显示，直接交易的投资者将资产投放在正 α 的基金上（与 Berk-Green 模型一致），但是通过做市商交易的投资者一般做不到。这就使直接交易基金的人有一个很大的动机去更多地投资可以带来正 α 的投入因素，比如说有天赋的组合经理或者分析员。此外，他们还指出，减去费用之后直接交易的基金业绩与指数基金一样好（重申一次，这与 Berk-Green 模型一致），而通过做市商交易的基金业绩则明显不如前者。所以这好像说明，主要由做市商交易基金且积极管理的共同基金平均来说业绩不好，而这种不好的业绩可以解释为一种隐性成本——信息较少的投资者需要支付费用才能从做市商那里获取投资建议。

与权益基金管理者的广泛研究相反，债券共同基金的业绩很少有人研究。Blake、Elton 和 Gruber[三]检验了固定收益共同基金的业绩。他们发现，债券基金的业绩平均来讲比消极的固定收入指数低很多，其数额与费用大致相当，并且没有证据表明过去的业绩可以预测将来的业绩。更近期，Chen、Ferson 和 Peters（2010）发现，平均而言，债券共同基金从总收益的意义上比债券指数表现得更好，但是一旦考虑减去投资者应付的费用之后，共同基金的表现将差于债券指数，这与证券基金的结论相似。

因此专业管理者风险调整后的业绩的证据充其量是混杂的。我们得出结论，专业管理者大致符合市场有效性的假设。专业管理者作为一个群体打败或被市场打败的数额在统计不确定性

[一] J. B. Berk and R. C. Green, "Mutual Fund Flows and Performance in Rational Markets," *Journal of Political Economy* 112 (2004), pp. 1269-1295.

[二] Diane Del Guercio and Jonathan Reuter, "Mutual Fund Performance and the Incentive to Generate Alpha," *Journal of Finance*, forthcoming, 2013.

[三] Christopher R. Blake, Edwin J. Elton, and Martin J. Gruber, "The Performance of Bond Mutual Funds," *Journal of Business* 66 (July 1993), pp. 371-404.

的边界内缩小。但是,可以清楚的一点是,专业管理者的业绩优于消极策略的情况并不多见。研究表明,绝大多数管理者的业绩都无法超过消极策略,就算超过消极策略,那也是很小的差距。

此外,一小部分投资巨星彼得·林奇、沃伦·巴菲特、约翰·坦普尔顿和乔治·索罗斯创造了与绝对有效市场不相称的傲人业绩的职业纪录。在一个共同基金"明星"的仔细统计分析当中,Kosowski、Timmerman、Wermers 和 White [1] 得出结论,大部分拥有选取股票能力的管理者都有充足的资本来供其花费,因此他们的超额业绩将会持续一段时间。然而,诺贝尔奖获得者保罗·萨缪尔森[2]回顾了这些有名的投资者的业绩,指出绝大多数的专业货币管理者的记录提供了有说服力的证据,证明在证券市场中没有策略能轻易地保证谁获得成功。

8.5.3 市场是有效的吗

有一个关于两位经济学家的笑话:他们在人行横道上散步时发现了一张 20 美元的钞票。当其中一位经济学家正要捡它时,另一个说:"别费劲了,如果钞票是真的,其他人肯定已经把它捡走了。"

这个笑话是显而易见的。过分教条地相信有效市场会导致投资者的麻痹,并使人认为一切努力都是不必要的。这种极端的观点很可能是不当的。在实际中有足够的异象说明为什么要对明显持续定价过低的证券进行搜寻。

然而,大量证据也表明,任何所谓的优势投资策略都应让人警惕。市场充分竞争,只有占据了信息或观点优势时,有优势的一方才会获利,好摘的果子早就被人摘了。任何专业基金经理所能拓展的优势边界都是非常小的,甚至是统计学家都无法轻易察觉。

我们得出结论:市场是十分有效的,但是特别勤奋、聪明或具有创造力的人实际上都可以期待得到应有的收益。

小 结

1. 统计研究表明,股票价格似乎遵循随机漫步的变化方式,不存在可以让投资者利用的可预期模式。这些发现目前被当作市场有效性的证据,也就是说,市场价格反映市场可得到的信息。只有新的信息能让价格移动,并且这些信息是好消息或坏消息的可能是对等的。

2. 市场参与者区别有效市场假说的三种形式:弱式有效市场假说认为,从过去的交易记录得到的所有信息都已经反映在股票价格上了;半强式有效市场假说认为,所有公开信息已经在股价中得到了反映;强式有效市场假说(通常被人们认为是极端的)认为,包括内部消息的所有信息全部在股票价格中得到了反映。

3. 技术分析关注股价模式及其与市场买卖压力有关的代理变量。基本面分析关于公司基本价值的决定因素,如当前盈利能力和发展前景等。由于这两种类型的分析都建立在公共信息的基础之上,当市场有效运作时,两者都不会产生超额利润。

4. 有效市场假说的支持者赞同消极投资策略

---

[1] R. Kosowski, A. Timmerman, R. Wermers, and H. White. "Can Mutual Fund 'Stars' Really Pick Stocks? New Evidence from a Bootstrap Analysis," *Journal of Finance* 61 (December 2006), pp. 2551-2595.

[2] Paul Samuelson, "The Judgment of Economic Science on Rational Portfolio Management," *Journal of Portfolio Management* 16 (Fall 1989), pp. 4-12.

而不是积极投资策略。消极投资策略就是投资者买入并持有一个包含广泛的市场指数，他们不在市场研究与经常买卖股票方面消耗资源。消极投资策略同样可能为投资者量身定制以满足其个性化的要求。

5. 事件研究通过利用股票异常收益可用于评价特定事件的经济影响。这些研究通常显示，在公开宣布之前存在着一些内部消息向市场参与者泄露的情况。因此，内部人员似乎确实能在一定程度上利用这种获取信息的便利来盈利。

6. 技术分析的经验研究并没有为其能够产生较好的交易利润这一假设提供证据。这个结论的一个显著特例是，建立在短期势头极差上的策略比在中期策略上显然更成功。

7. 一些关于基本面分析的研究的异象并没有被揭示出来，包括市盈率效应、小公司效应、被忽略公司效应、盈利宣布后价格趋势、反向效应以及净市率效应。这些异象代表了市场的无效还是代表了难以理解的风险溢价，这一切仍在争论当中。

8. 专业经营的基金业绩记录对"专业人员可以一直击败市场"这一观点的可信度几乎不起作用。

习 题

基础题

1. 如果市场是有效的，那么不同时期的股票收益的相关系数将是怎样的？
2. 一个成功的公司（像微软）长期获得巨额利润，这与有效市场假说相违背吗？
3. "如果所有证券都被公平定价，所有证券都将提供相等的期望收益。"请对这句话进行评价。
4. 稳定增值型行业在其94年内从未漏发股息。对投资者的投资组合而言，它是否更具有吸引力？
5. 在一个鸡尾酒会上，你的伙伴告诉你在过去的三年里他都在市场上获得了超额收益。假设你相信了他。你对有效市场假说是否产生动摇？
6. "股价波动剧烈表明市场不知如何进行定价。"请对这句话进行评价。
7. 为什么下列现象被称为有效市场异象？这些效应的理性解释是什么？
   a. 市盈率效应
   b. 净市率效应
   c. 动量效应
   d. 小公司效应
8. 如果价格像下跌一样上升，为什么投资者能从市场上获得平均正收益？

中级题

9. 下列哪一项观察（或假设）与"股票市场是弱有效的"命题相抵触？请给出解释。
   a. 超过25%的共同基金优于市场平均水平
   b. 内部人员取得超额交易利润
   c. 每年1月，股票市场获得异常收益

10. 下列哪个市场无效性来源最容易被利用？
    a. 由于机构卖出一大股股票致使股票价格下跌
    b. 由于交易商被严格限制只能进行短期交易，股票价格被高估
    c. 由于投资者对经济中产品的投资多样化，股票价格被高估

11. 假定通过对股票过去价格的分析，投资者得到以下的结论。哪一个与有效市场假说的弱式有效性形式相违背？并给出解释。
    a. 平均收益率远远大于零
    b. 在给定的一周的收益率与下一周收益率的协方差为零
    c. 在股票价格上涨10%之后买进，然后在股票价格下跌10%以后卖出，能够获得超额收益
    d. 持有其收益率较低的股票能够取得超过平均水平的资本利得

12. 根据有效市场假说，下列哪些陈述是正确的？
    a. 未来事件能够被精准预测
    b. 价格能够反映所有可得到的信息
    c. 证券价格由于不可辨别的原因而变化

d. 价格不波动
13. 对下列观点进行评论。
    a. 如果股票价格服从随机漫步，资本市场就像赌场一样
    b. 公司前景好的部分可以被预测。根据这一方面，股票价格不可能服从随机漫步
    c. 如果市场是有效的，你也可能根据《华尔街日报》上的股票名单来选择自己的投资组合
14. 如果市场是半强式有效市场，下列哪种方式是能赚取异常高交易利润的合理方式？
    a. 买进低市盈率的股票
    b. 买进高于近期平均价格变化的股票
    c. 买进低于近期平均价格变化的股票
    d. 买进你提前知道公司管理团队将进行改组的股票
15. 假设你发现在分红之前股票价格上涨，并获得持续的正异常收益。这是否违背了有效市场假说？
16. 如果经济周期可以预测，股票的 β 为正，那么股票的收益率也可以被预测。请对其做出评论。
17. 下列哪些现象支持或违背了有效市场假说？请简要解释。
    a. 在某一年，有将近一半的由专家管理的共同基金表现优于标准普尔500指数
    b. 投资经理在某一年有超过市场平均水平的业绩（在风险调整的基础上），很可能在紧接着下一年其业绩又超过市场平均水平
    c. 1月份的股票价格波动比其他月份更加大
    d. 在1月份公布收益要增加的公司的股票，其股价在2月份超过市场平均收益水平
18. 以往月份福特汽车公司股票收益率的指数模型回归分析有以下结论，这一估计在长期内固定不变：
    $$r_F = 0.10\% + 1.1 r_M$$
    如果市场指数上涨了8%，而福特汽车公司股票价格上涨了7%，福特汽车公司股票价格的异常变化是多少？
19. 国库券的月收益率为1%，该月市场上升1.5%。此外，AmbChaser公司的 β 值为2，在过去一周令人吃惊地赢得了诉讼案件，并立刻获得了100万美元的收益。
    a. 如果AmbChaser公司的原始价值为1亿美元，那么该股票在本月的收益率为多少？
    b. 如果AmbChaser公司获得200万美元的收益，那么a问的答案会是多少？
20. 在最近的一场官司中，Apex公司控告Bpex公司侵犯了它的专利权。陪审团今天将做出裁决。Apex公司的收益率为3.1%，Bpex公司的收益率为2.5%。市场今天对有关失业率的消息做出反应，市场收益率为3%。从线性回归模型的估计得出这两只股票的收益率与市场投资组合的关系如下

    Apex公司：$r_A = 0.2\% + 1.4 r_M$
    Bpex公司：$r_B = -0.1\% + 0.6 r_M$

    基于这些数据，投资者认为哪家公司赢得了这场官司？
21. 投资者预测下一年的市场收益率为12%，国库券收益率为4%。CFI公司股票的 β 值为0.5，在外流通股的市价总值为1亿美元。
    a. 假定该股票被合理定价，投资者估计期望收益率为多少？
    b. 如果下一年的市场收益率实际为10%，投资者估计股票的收益率会为多少？
    c. 假定该公司在这一年里赢得了一场官司，获得500万美元，公司在这一年的收益率为10%。则投资者原先预期的市场获得了怎样的结果？继续假定一年中的市场收益率为10%，官司的规模是唯一不确定的因素。
22. 平均成本法意味着你在每一期都会买相等金额的某只股票，如每个月500美元。这种策略的基本思路是：在股价比较低的月份，你可以买进更多的股数，股价高的时候则买入的少。平均来看，在末期，当股价便宜时你将买到更多的股数，股价贵的时候买入的少。因此你可以通过设计来展示最佳的购买时间。请评估这一策略。

23. 我们知道市场会对好消息以及好消息事件做出积极的回应，如根据某些精准的预测得到经济衰退可能会结束。那么为什么我们不能预测出当经济恢复时市场将会上升？
24. 假设 XYZ 公司运行较差，在 10：1 的好坏比率上，它的得分为 3。市场评估的一致结论只有 2。你会买卖该只股票吗？
25. 假设某一周美联储公布了一项新的货币增长政策，国会通过了法律来限制外国汽车的进口，然后福特公司新推出一款汽车，并认为能从实质上增加公司的利润。那么关于市场对福特新车型的评估，投资者应该怎样评价？
26. 好消息公司刚刚宣布了它的年收益增加，而股票价格有所下跌。你能给出这一现象的理性解释吗？

高级题

27. 很少交易的小公司股票倾向于拥有正的资本资产定价模型 α，这是否违背了有效市场假说？
28. 下图表示内幕人员买卖公司股票日期前后获得的累计超额收益。投资者应该怎样解释这一图形？怎样得到此类事件发生前后的累计异常收益？

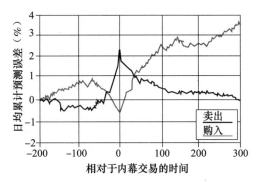

资料来源：Nejat H. Seyhun, "Insiders, Profits, Costs of Trading and Market Efficiency," *Journal of Financial Economics* 16（1986）.

29. 假设经济随着商业周期变动，风险溢价也同样变化。例如，当处在萧条时期，人们更关注他们的工作本身，风险承受能力自然会降低，风险溢价就会上升。在经济繁荣时期，风险承受能力上升，风险溢价则降低。
   a. 这里所描述的风险溢价预测的改变，是否与有效市场假说相违背？
   b. 上升或者下降的风险溢价怎样使股票价格出现"过度反应"，先惊人波动然后再恢复正常？

CFA考题

1. 半强式有效市场假说认为股票价格_____。
   a. 反映了以往全部价格信息
   b. 反映了全部公开可得到的信息
   c. 反映了包括内幕消息在内的全部相关信息
   d. 是可预测的
2. 假定某公司宣布给持股人发放未预测的大量现金分红。在一个有效市场中，假设没有信息泄露，我们可以预测：_____。
   a. 在宣布时异常价格变动
   b. 在宣布前异常价格增加
   c. 在宣布后异常价格降低
   d. 在宣布前后没有异常价格变动
3. 下列哪一个提出了半强式有效市场假说的反对观点？
   a. 将近一半的退休金基金表现高于市场平均水平
   b. 所有投资者学会利用管理层关于公司未来表现的信息
   c. 在确定股票价格方面交易分析是无用的
   d. 低市盈率股票在长期内倾向于获得正异常收益
4. 根据有效市场假说理论：_____。
   a. 高 β 股票经常被高估
   b. 低 β 股票经常被高估
   c. 正 α 股票很快会消失
   d. 负 α 股票对套利者来说经常获得较低收益
5. 下列哪种情况发生时会出现"随机漫步"？
   a. 股票价格随机变化但可以预测

b. 股票价格对新旧信息均反应迟缓
c. 未来价格变化与以往价格变化无关
d. 以往信息对预测未来价格是有用的

6. 技术分析的两个基本假定是证券价格能够：_____。
   a. 根据新的信息逐步做出调整，研究经济环境能够预测未来市场的走向
   b. 根据新的信息迅速做出调整，研究经济环境能够预测未来市场的走向
   c. 根据新的信息迅速做出调整，市场价格由供求关系决定
   d. 根据新的信息逐步做出调整，市场价格由供求关系决定

7. 技术分析表示一只股票"相对强势"，这意味着：_____。
   a. 股票价格与市场或产业指数的比例倾向于上升
   b. 近期股票的交易量超过了正常的股票交易量
   c. 股票的总收益超过了国库券总收益
   d. 股票近期表现超过了过去表现

8. 你的投资客户向你咨询关于投资组合管理的信息。他特别热衷于积极基金管理人是否可以在资本市场上持续地找到市场失效，从而创造出高于平均水平的利润又无须承担更高的风险。

   有效市场假说中的半强式有效认为，所有公共可得的信息都会迅速而且准确地在证券价格上反映出来。这表明投资者在信息公布出来之后不可能从购买证券中获得超额利润，因为证券价格已经完全反映了信息的全部效应。

   a. 试找出两个现实中的例子以支持上述有效市场假说并给出说明
   b. 试找出两个现实中的例子以驳斥上述有效市场假说并给出说明
   c. 试论述投资者在半强式有效市场上仍然不能进行指数化投资的原因

9. a. 简要说明有效市场假说的概念以及三种形式——弱式、半强式与强式，试论述现实中不同程度上支持三种形式的有效市场假说的例子
   b. 简述有效市场假说对投资策略的影响。
      ⅰ. 用图表进行技术分析
      ⅱ. 基本面分析
   c. 简要说明投资组合经理在有效市场环境中的责任与作用。

10. 成长型与价值型可以用很多方式来定义。"成长型"通常是指侧重于或包含确信在未来具有高于平均每股收益率增长率股票的投资组合。较低的当前收益、较高价格－账面市值比和高价格－盈利比是这些公司的特征。"价值型"通常是指侧重于或包含当期具有较低的价格－账面市值比、低价格－盈利比、高于平均水平的股息收益和市场价格低于公司的内在价值的股票的资产组合。
    a. 试找出说明在一段相当长的时间内，价值型股票投资业绩可能超过增长型股票投资业绩的理由
    b. 解释为什么 a 中出现的结果在一个被普遍认为高度有效的市场上是不可能出现的

概念检查答案

8-1 a. 高层管理人员可能获得公司的机密信息。根据这些信息，他们有能力获得对自己有益的交易，这并不奇怪。这种能力并不违背弱式有效市场假说：超额收益并不是来自对过去的价格与交易数据的分析。如果这些异常收益是来自对过去价格和交易数据的分析，则说明从这种分析中可以收集到有用的信息。这违背了强式有效市场假说，很明显一些机密信息并没有反映在股票价格当中。

b. 弱式、半强式和强式有效市场假说的信息可以用下图来表示。

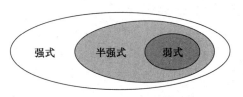

弱式有效市场假说的信息仅仅包括价格与交易量的历史信息。半强式除了弱式还包括所有公开得到的信息。同样，强式除了包括半强式还包括内幕信息。内幕交易是违法的，正确的推导方向是：

强式有效市场假说→半强式有效市场假说→弱式有效市场假说

相反的推导是错误的。例如，股票价格可能反映全部的历史数据（弱式有效形式），但可以不反映相关的基础性数据（半强式有效形式）。

8-2 在前面的讨论中讨论的要点是：实际上我们在观察股价趋于被称为阻力水平的价格时，可以认为股价可由阻力水平所决定。如果一只股票可以以任意价格被出售，那么投资者必须相信，如果股票以该价格买入，那么就可以获得一个公平的收益率。对于一只股票来说，既存在阻力水平，又可以在低于阻力水平的价格上获得公平的收益率，这在逻辑上是不可能出现的。如果认为价格是合理的，就一定要放弃有关阻力水平的假定。

8-3 如果每个人都采取消极投资策略，股价将不能再反映新的信息。这时就存在通过发现定价不当的证券来积极投资从而获得获利的机会。当投资者买卖此类资产时，价格又将趋于公平的水平。

8-4 预计累积的异常收益递减与有效市场假说不符。如果可以预测到这一现象，那么获利机会就可以出现：在价格预计下跌之前就卖空在事件发生日将受到影响的股票。

8-5 答案取决于投资者对市场有效性是否相信，米勒在2005年的业绩记录非常惊人。此外，由于存在许多基金，有些基金持续表现出超额收益并不为奇。一小部分管理者过去优良的业绩在有效市场上是可能存在的。"持续研究"提供了一种更好的检验方法。在一段时间的良好业绩是否更像是上一阶段好业绩的重复？米勒在2005年之后业绩的下跌使该记录没有延续下去并对这一持续标准进行了否定。

第 9 章
CHAPTER 9

债券的价格与收益

本书之前的各章节从一个高度抽象的角度论述了风险和收益的关系。我们隐含的假定已经对各类证券做出了预先的、详细的分析，并评估了它们的风险与收益特征。

现在本书将对具体类别的证券市场进行专门分析，包括考察定价原则、风险与收益的决定因素以及应用于同一市场以及跨市场的组合投资策略。

首先要分析的是**债券**（debt securities）。债券是对特定时期收入流的索取权。债券通常被称为固定收益证券，因为债券代表了固定的或者是根据特定公式计算的收益流入的承诺。由于支付方式已预先约定，这类证券相对而言更容易被理解。只要发行人的信誉有保障，债券的风险就是最小的。这些特征使得债券成为我们分析全部可能投资工具的便捷起点。

债券是基础的债务工具，本章将从债券市场全部类别即国债、公司债以及国际债券的概述开始。接下来是债券定价，将介绍债券怎样根据市场利率定价以及债券价格随各类利率变动的原因。在此基础上，我们可以比较债券收益的多种度量方法，如到期收益率、赎回收益率、持有期收益率、实现复利收益率等。我们还将讨论债券价格如何随时间变动，以及运用到债券的一些税收政策以及如何计算税后收益。最后，考察违约或是信用风险对于债券定价的影响、信用风险的决定因素以及债券收益率中包含的违约溢价。信用风险是担保债务凭证（collateralized debt obligations）和信用违约掉期（credit default swaps）的核心，本章也将介绍这类工具。

9.1 债券的特征

债券（bond）是关于借贷安排的协议。借款人为获取一定数量的现金向出借人发行债券，因此债券即是借款人的"借据"。它约定发行人有义务在既定日期向债券持有者支付指定数额的款项。典型的附息债券发行人在债券存续期内有义务每半年向债券持有者支付一次利息。在计算机出现之前，大多数的债券都有息票，投资者剪下息票并拿到发行人处索取利息收益，故它也被称为息票支付。当债券到期时，发行人会支付债券的**面值**（par value, or face value）来清偿债务。债券的**票面利率**（coupon rate）决定了所需支付的利息：年支付额等于债券的票面利率乘以债券面值。票面利率、到期日以及债券面值均是**债券契约**（bond indenture）的组成部分，债券契约则是发行人与债权人之间的合约。

举例说明，有一只面值为1 000美元、票面利率为8%的债券以1 000美元的价格售出。债券持有人则有权在债券的存续期内（假设为30年）每年获得1 000美元的8%的收益，即每年80美元。这80美元一般每半年支付一次，每次40美元。在债券30年存续期满的时候，发行人将1 000美元的面值支付给债权人。

债券发行的票面利率通常要设定在能够诱使投资者支付面值购买债券。然而，有些时候，无票息报酬的**零息票债券**（zero-coupon bonds）也会发行。在这种情况下，投资者在到期日获得面值而不会在此之前获得任何利息收益，即债券的票面利率为零。这些债券以低于面值较多的价格发行，投资者的收益仅来源于发行价与到期日所支付的面值之间的价差。我们稍后再来关注这些债券。

9.1.1 中长期国债

图9-1摘自美国国债行情表。中期国债的发行期限为1~10年，而长期国债的则为10~30年。中期及长期国债均可直接从财政部以100美元的面值购买，但是1 000美元为面值更为普遍，两者均需每半年付息一次。

图9-1中标灰的债券到期日为2046年5月15日，其票面利率为2.5%，面值为1 000美元，因此该债券每年支付25美元的利息，即每半年支付12.5美元，支付时间为每年的5月和11月。尽管债券以1 000美元的面值出售，但买卖双方报价通常为其面值的某一百分数[⊖]。

美国国债报价					基于卖出价的到期收益率
到期日	票面利率	买入价	卖出价	变化	(%)
2018-05-15	1.000	100.3984	100.4141	-0.0859	0.791
2019-05-15	0.875	99.8125	99.8281	-0.0859	0.933
2021-02-15	7.875	130.5781	130.5938	-0.2656	1.225
2025-08-15	6.875	144.4141	144.4297	-0.5391	1.670
2025-08-15	2.000	102.2813	102.2969	-0.3438	1.730
2030-05-15	6.250	152.3984	152.4609	-0.7969	1.950
2041-11-15	3.125	111.7891	111.8203	-0.8750	2.496
2046-05-15	2.500	97.9922	98.0234	-0.9063	2.595

图9-1 国债行情表

资料来源：*The Wall Street Journal Online*, May 16, 2016.

因此，卖出价格为面值的98.023 4%，即980.234美元。因为在《华尔街日报》的列表中可体现的最小价增量，也就是最小报价单位为1/128，所以这笔债券可以看作以票面价值的 $98\frac{3}{128}$ %进行出售的。[⊖]

最后一栏是基于卖出价的到期收益率，它是衡量对以卖出价买入债券并持有至到期的投资者的平均收益。接下来我们将会详细介绍到期收益率。

应计利息及债券报价 金融媒体版面上所报道的债券价格并不是投资者实际支付的债券价格，这是因为这一价格并不包含两个息票支付日期间应计的利息。

⊖ 买入价是投资者能够将之前的债券出售给交易商的价格，卖出价比买入价稍高，是投资者能够从交易商手中买到债券的价格。

⊖ 正式交易所交易的债券受交易所规定的最小报价单位限制。例如，2年期国债的最小报价单位（在芝加哥商品期货交易所进行交易）是1/128，而长期国债则具有更大的最小报价单位。私人交易商可以协商他们自己的最小报价单位。例如，人们可以在彭博社的屏幕上看到最小报价单位低至1/256的报价。

例 9-1 应计利息

假设票面利率为 8%，那么年息是 80 美元，半年票面利息收入是 40 美元。因为上一期利息支付日距今已过去 30 天，债券的应计利息为 40×(30/182)= 6.59 美元。如果债券的报价是 990 美元，则发票价格就是 990+6.59 = 996.59 美元。

如果在息票支付日期间购买债券，买方必须向卖方支付应计利息，其数额为未来半年期利息的应摊份额。例如，如果半年息票支付期的间隔为 182 天，上一次付息日已过了 30 天，卖方有权要求获得半年息票的 30/182 的应计利息收益。债券的交易价格，或全价（invoice price）等于报价（又叫统一价格）加上应计利息。

通常，两个付息日期间的应计利息的公式为

$$应计利息 = \frac{年度利息}{2} \times \frac{距上次利息支付的天数}{两次利息支付间的间隔天数}$$

扣除应计利息的债券报价实例解释了为什么到期债券的价格为 1 000 美元，而不是 1 000 美元加上一期票面利息。在债券到期日前一天购买票面利率为 8% 的债券可以在第二天获得 1 040 美元（面值加上半年利息），因此买方愿意为该债券支付 1 040 美元的总价。金融媒体的债券报价为扣除债券应计利息的报价，因而显示为 1 000 美元。⊖

9.1.2 公司债券

与政府类似，公司也通过发行债券筹集资金。图 9-2 为一些交易活跃的公司债券行情信息。尽管有一些债券是在纽约证券交易所债券平台上通过电子化交易的，但大多数债券是通过电脑报价系统连接的债券交易商在场外市场交易的。实际上，债券市场可能很"狭窄"，仅有极少数投资者在一特定时间对某一特定债券交易感兴趣。

发行方	代码	票面利率	到期日	穆迪/标准普尔/惠誉	高	低	上一个	涨跌	到期收益率（%）
COMMONWEALTH BK AUSTRALIA MEDIUM TERM NT	CBAU3828562	2.250%	Mar 16 17	Aaa//AAA	100.892	100.892	100.892	0.0020	1.1102
WALGREENS BOOTS ALLIANCE INC	WAG4182650	4.800%	Nov 18 44	Baa2 /BBB /BBB	103.367	100.560	100.560	-2.0100	4.7634
ANHEUSER BUSCH INBEV FIN INC	BUD4327481	3.650%	Feb 01 26	A3 //	104.593	104.096	104.249	-0.0130	3.1254
HSBC HLDGS PLC	HBC3699239	6.100%	Jan 14 42	A1 //AA-	129.300	128.850	128.850	1.4860	4.2419
SOUTHERN CO	SO4365686	1.850%	Jul 01 19	Baa2 //A-	100.438	100.324	100.324	-0.0310	1.7411
WESTPAC BKG CORP	WBK4248362	1.550%	May 25 18	Aa2 //AA-	100.246	100.148	100.148	-0.1900	1.4738
GOLDMAN SACHS GROUP INC	GS4302031	4.750%	Oct 21 45	A3 /BBB+ /A	107.139	106.419	106.727	0.0500	4.3389
HSBC HLDGS PLC	HBC4365146	3.900%	May 25 26	A1 //	101.564	100.889	101.564	0.1580	3.7109
NEWELL BRANDS INC	NWL4346211	2.600%	Mar 29 19	Baa3 //BBB-	103.118	101.774	101.774	0.2360	1.9510
LLOYDS TSB BK PLC	LYG3833921	4.200%	Mar 28 17	A1 //A+	102.462	102.389	102.389	-0.0770	1.2682

图 9-2 公司债券列表

资料来源：FINRA（Financial Industry Regulatory Authority），May 31，2016.

⊖ 与债券相反，股票的交易价格并不需要进行"应计股利"调整。持有者不管是否在"除权日"拥有股票都能得到全部股息支付，因为股票价格反映了未来股利的价值。因此，股票价格在"除权日"一般会下跌，其跌幅约为股利的金额。所以，没有必要区分股票的全价与净价。

图9-2的债券列表包含了每只债券的票面利率、期限、价格和到期收益率。评级栏是由三大主要债券评级机构（穆迪、标准普尔和惠誉）给出的对债券安全程度的估计。评级为 A 的债券比评级为 B 及以下的债券更为安全。总体而言，高评级低风险债券的到期收益率要低于相同期限的低评级债券。在本章结尾我们再讨论这一问题。

公司债券的赎回条款　一些带有赎回条款的公司债券使发行人有权在到期日之前以特定的赎回价格回购债券。例如，一家公司在市场收益率较高时发行了一只票面利率较高的债券，随后利率下跌，公司为减少利息支出，很可能希望回购目前的高票息债务，并发行低票面利率的债券，这类行为被称作债券换新。**可赎回债券**（callable bonds）通常带有赎回保护期，即初始时期内不可赎回。这一类债券指的是递延赎回债券。

> **概念检查 9-1**
> 假定 Verizon 发行了两种票面利率和到期日相同的债券，一种可赎回，另一种不可赎回，哪一种售价更高？

可赎回债券的选择权可使公司回购债券并在市场利率下跌时以较低利率再融资，因而对公司而言非常重要。当然，公司的收益也就是债券持有人的负担。可赎回债券的持有者需以赎回价格出售债券，丧失了在初始投资时具有吸引力的票面利息收益。为补偿投资者的风险，可赎回债券发行时比不可赎回债券具有较高的票面利率和到期收益率。

可转换债券　可转换债券（convertible bonds）为债权人提供了一种期权，使债权人有权将所持债券转换为一定数量的公司普通股。转换比例为每张债券可转换的股票数量。假设某只可转换债券以 1 000 美元的面值发行并可转换为 40 股公司普通股；当前的股价为每股 20 美元，则行使转换期权并不能获利。假设随后股价上升至每股 30 美元，每份债券可转换为价值 1 200 美元的股票，这时进行转换显然是有利可图的。**转换价值**（market conversion value）为债券转换后的当前股票价值。例如，在股价为 20 美元时，债券的转换价值为 800 美元。转股溢价为债券价值超过其转换价值的部分。如果债券当前的卖价为 950 美元，则溢价为 150 美元。

可转换债券债权人可从公司股票增值中获益。同样，这种获利来源于某一价格：可转换债券的票面利率或承诺的到期收益率低于不可转换债券。然而，如果行使转换期权盈利，可转换债券的实际收益可能超过约定的到期收益率。

我们将在第 14 章深入讨论可转换债券和可赎回债券。

可回卖债券　可赎回债券为发行人提供了在赎回期展期或终止债券的期权，而**可回卖债券**（extendable or put bond）则将这种期权赋予了债券持有人。例如：若债券的票面利率高于现时市场利率，债权人将选择继续持有债券；若债券的票面利率过低，则最好不要继续持有，债权人将会收回本金，以当期收益率进行再投资。

浮动利率债券　浮动利率债券（floating-rate bonds）的利息收益与当前的某些市场利率相联系。例如，某债券利率在当期国库券利率基准上浮 2%，每年调整一次。如果 1 年期国库券利率在调整日是 4%，则明年该债券的票面利率将会是 6%。这种设计意味着该债券总是近似按照当前市场利率支付收益。

浮动利率的主要风险是公司财务状况的变化。息差在债券存续的很多年内都是固定的。如果公司的财务状况恶化，投资者会要求更大的收益溢价。这种情况下，债券价格将会下跌。尽管浮动利率债券的票面会跟随市场利率总体水平的变化进行调整，但并不能根据公司的财务状况变化进行调整。

9.1.3 优先股

尽管优先股严格而言属于权益类,但通常被纳入固定收益范畴。这是因为与债券类似,优先股承诺支付既定的股息。然而,与债券不同的是,不支付优先股股息并不会导致公司破产,仅仅是继续累积应付的优先股股利,普通股股东须在优先股股东得到全部优先股股利之后才能获得股息。在破产的情况下,优先股股东对公司资产的索取权在债权人之后,但先于普通股股东。

优先股股东通常获得固定的股息,因而优先股实际上是一种终身年金,提供一定水平的、无期限的现金流。相比之下,浮动利率优先股与浮动利率债券非常相似,股息率与现行市场利率指标相联系并不时地进行调整。

与债券的利息收益不同,优先股的股息不能享受税收减免。这一特点降低了优先股作为公司筹资手段的吸引力。此外,优先股却有冲抵税收的优势。当一家公司购买了另一家公司的优先股时,它仅仅需要为所得全部股息的30%纳税。例如,一家公司的税基为35%,所获得的优先股股利为10 000美元,这家公司仅需要为其中的3 000美元纳税,则总纳税额为 $0.35 \times 3\,000 = 1\,050$ 美元。公司在优先股股利上的实际税率仅为 $0.30 \times 35\% = 10.5\%$。考虑到这一税收规则,大多数优先股被公司持有也就可以理解了。

优先股股东很少拥有公司的完全投票权。然而,如果优先股股利丧失,优先股股东就可获得某些投票权。

9.1.4 其他国内发行方

当然,除财政部和一些私人公司外,也会有其他的债券发行人。例如,州政府和地方政府会发行市政债券。这类发行人的突出特点是其利息收益免税。在第2章中,我们已经讨论过市政债券、税收豁免的价值以及与之等值的债券应税收益率。

联邦住房贷款银行委员会、农业信贷机构以及抵押贷款二级机构(吉利美、房利美、房地美)这一类的政府机构也会发行数量可观的债券。

9.1.5 国际债券

国际债券通常被分为两大类:外国债券和欧洲债券。外国债券的借款人在本国之外的其他国家发行债券,并以发行市场所在国的货币为面值单位。例如,一家德国公司在美国市场销售以美元为面值单位的债券,该债券可被认为是外国债券。这类债券因为发行市场所在国的不同而有了各种各样的名字。美国市场上销售的外国债券被称为扬基债券,此类债券也要在美国证券交易委员会注册。非日本发行人在日本销售的以日元为面值单位的债券被称为武士债券。在英国出售的以英镑为面值单位的外国债券被称为猛犬债券。

与外国债券不同,欧洲债券是以发行人所在国的货币为面值单位,但是在他国市场销售的债券。举例说明,欧洲美元指的是以美元为计价单位但是在除美国之外的其他市场销售的债券。尽管伦敦是欧洲美元的最大市场,但其销售市场并不仅限于欧洲。由于欧洲美元市场在美国的管辖范围之外,这类债券不受美国联邦机构的监管。与此类似,欧洲日元是在日本以外的其他国家发行的以日元为计价单位的债券,欧洲英镑是在英国之外的其他国家发行的以英镑为计价单位的欧洲债券,等等。

9.1.6 债券市场的创新

发行人不断开发出具有新型特征的创新债券,这也说明债券的设计极具灵活性。以下列举了一些非常新颖的债券,便于我们了解债券设计的潜在多样性。

逆向浮动利率债券 逆向浮动利率债券与之前提到过的浮动利率债券相似,但是这类债券的票息会随着利率平均水平的上升而下降。当利率上升时,这类债券的投资者要承担双倍的损失。随着贴现率上升,不但债券产生的每一单位现金流的现值下降,而且现金流本身也在下降。当然,当利率下降时,投资者也将获得双倍的收益。

资产支持债券 米拉麦克斯公司发行了票息与"低俗小说"等几部电影收益相挂钩的债券。达美乐比萨发行了以比萨专营权收入为支付基数的债券。这些都是资产支持证券的实例。某种特定资产的收益用于支付债务。如我们在第2章中讨论过的,更为常见的资产支持证券有按揭证券,以及汽车和信用卡贷款支持证券。

巨灾债券 管理东京迪士尼的东方乐园株式会社(Oriental Land)在1999年发行过一只债券,这只债券的最终支付额取决于在迪士尼附近是否发生过地震。最近,FIFA(国际足球联合会)发行了当恐怖分子迫使2006年世界杯取消时,其也将停止支付的巨灾债券。这类债券是将公司承担的"巨灾风险"向资本市场转移的一种手段。债券投资者由于承担了风险而获得了高票息的补偿。但是在灾难事件中,债权人会放弃全部或部分投资。"灾难"可以用全部保险损失或者是飓风的风速和地震的里氏震级之类的指标表示。随着投保人寻求将自身的风险转移到更广阔的资本市场中,巨灾保险在近些年发展十分迅猛。

指数债券 指数债券的收益与一般价格指数或者某类大宗商品的价格相联系。例如,墨西哥发行了一只收益取决于石油价格的债券。某些债券与一般物价水平相联系。美国财政部从1997年11月开始发行名为通货膨胀保值债券(TIPS)的通货膨胀指数债券。通过将债券面值与一般价格水平相联系,债券的票息收益和最终的面值偿还金会直接依据消费者价格指数升高而提高。因而,这类债券的利率是无风险的实际利率。

为了描述通货膨胀保值债券的原理,假设有一只3年期的新发债券,面值为1 000美元,票面利率为4%。为了简化,我们假设该债券的利息按年度支付。假如接下来三年的通货膨胀率分别是2%、3%和1%。表9-1显示了如何计算债券的现金流。第一年年底支付第一期收益,即$t=1$。由于该年度的通货膨胀率是2%,债券的面值从1 000美元上升至1 020美元,同时票面利率是4%,利息收入则是面值的4%,即40.80美元。注意到面值随通货膨胀率上升,同时由于利息是票面的4%,也会随着一般价格水平成比例上升。因此,债券按既定的实际利率提供现金流。当债券到期时,投资者收到最后的利息收入42.44美元以及1 061.11美元的本金偿还。㊀

表9-1 不受通货膨胀率影响的国债本金和利息收入

时间	上一年末通货膨胀率 (%)	面值 (美元)	利息收入 (美元)	本金偿还 (美元)	总支付 (美元)
0		1 000.00			
1	2	1 020.00	40.80	0	40.80
2	3	1 050.60	42.02	0	42.02
3	1	1 061.11	42.44	1 061.11	1 103.55

㊀ 附带说明,每年的总名义收入(即利息加上该年本金增加值)属于应税收入。

该债券第一年的名义收益率为

$$名义收益率 = \frac{利息 + 价格增加}{初始价格} = \frac{40.80 + 20}{1\,000} = 0.060\,8,\ 或\ 6.08\%$$

而该债券的实际收益率恰好是实际收益的4%：

$$实际收益率 = \frac{1 + 名义收益率}{1 + 通货膨胀率} - 1 = \frac{1.060\,8}{1.02} - 1 = 0.04,\ 或\ 4\%$$

用类似的方法（见本章后面的习题18）也可以证明只要债券的真实收益不变，则3年内每年的收益率都是4%。如果真实收益变了，则债券将会出现资本利得或资本损失。在2016年年中，TIPS的真实收益约为0.9%。

9.2 债券定价

由于债券的利息和本金偿还都发生在未来的数月或者数年后，投资者愿意为这些收益权支付的价格取决于未来获得的货币价值和现在所持有的现金价值的比较。这种现值计算取决于市场利率。正如第3章中所看到的，名义无风险利率等于实际无风险利率与补偿预期通胀的超出实际利率的溢价之和。此外，由于大多数债券并不是无风险的，贴现率将会包含诸如违约风险、流动性、税收属性、赎回风险等债券具体特征的溢价。

为简化问题，假设只有一种利率适用于任意期限的现金流贴现，但可以放宽该假设。实际上，不同时期的现金流会有不同的贴现率，我们暂时忽略这一限制。

为了给证券定价，先用适当的贴现率对预期现金流贴现。债券的现金流包括到期日之前的利息收益和到期面值偿还。因此：

$$债券价值 = 利息现值 + 面值现值$$

如果我们称到期日为 T，利率为 r，债券价值可表示为

$$债券价值 = \sum_{t=1}^{T} \frac{利息}{(1+r)^t} + \frac{面值}{(1+r)^T} \tag{9-1}$$

从式（9-1）中的累积求和公式可知，须把每期利息收益的现值相加，每次利息的贴现都是基于其支付的时间。式（9-1）等式右边第一项是一个年金的现值，第二项是债券到期日支付面值的现值。

回顾金融学入门课程的内容，当利率为 r 时，存续期为 T 的1美元年金的现值是 $\frac{1}{r}\left[1 - \frac{1}{(1+r)^T}\right]$。该式被称为利率为 r 的 T 期年金因子。类似地，则可被称为折现因子，即在 T 期时1美元的收益现值。因此，债券的价格可表示为

$$价格 = 利息 \times \frac{1}{r}\left[1 - \frac{1}{(1+r)^T}\right] + 面值 \times \frac{1}{(1+r)^T}$$

$$= 利息 \times 年金因子(r, T) + 面值 \times 折现因子(r, T) \tag{9-2}$$

⊖ 以下是年金现值公式的简便推导：期限为 T 的年金可视为等价于首次支付出现在当期末的永久年金减去首次支付出现在 $T+1$ 期末的另一永久年金。当期永久年金与延期永久年金的差值正好为 T 期支付。由于每期支付为1美元的年金的价值是 $\frac{1}{r}$，因此，延期永久年金的现值为 $\frac{1}{r}$ 对其余 T 期的贴现，即 $\frac{1}{r} \times \frac{1}{(1+r)^T}$。因此该年金的现值等于当期支付的永久年金减去延期永久年金的现值，即为 $\frac{1}{r}\left[1 - \frac{1}{(1+r)^T}\right]$。

例 9-2 债券定价

前面我们讨论过这样一只债券,票面利率为 8%,30 年到期,面值为 1 000 美元,每半年付息一次,每次 40 美元。假设年利率为 8%,或每半年的利率为 4%。债券的价值为

$$\text{价格} = \sum_{t=1}^{60} \frac{40}{1.04^t} + \frac{1\,000}{1.04^{60}}$$

$$= 40 \times \text{年金因子}(4\%, 60) + 1\,000 \times \text{折现因子}(4\%, 60) \qquad (9\text{-}3)$$

很容易得出该债券 60 次支付每半年利息 40 美元的现值为 904.94 美元,以及最终支付的 1 000 美元面值的现值 95.06 美元,债券的总价值为 1 000 美元。该值可以通过式 (9-2) 直接计算,也可以使用财务计算器(见例 9-3)、电子数据表(见专栏"Excel 应用:债券定价")或一套现值计算表计算获得。

在此例中,票面利率等于市场利率,债券的价格等于面值。如果市场利率不等于债券票面利率,则债券不会以面值出售。例如,如果市场利率提高到 10%(半年为 5%),债券价格将下降 189.29 美元至 810.71 美元,计算如下:

$$40 \times \text{年金因子}(5\%, 60) + 1\,000 \times \text{折现因子}(5\%, 60) = 757.17 + 53.54$$
$$= 810.71(\text{美元})$$

利率越高,债权人所获收益的现值越低。因而,债券价格随着市场利率的上升而下降。这是债券定价中一个极其重要的普遍规律[⊖]。

债券价格的计算过程较为烦琐,通过电子制表软件或财务计算器可以将其简化。财务计算器预先将现值与未来值程序化,这使得我们在解决诸如例 9-2 中的案例时遇到的排序计算问题得到极大的简化。基本的财务计算器以五个按键对应诸如债券计价问题等货币时间价值问题的五个输入要素:

1. n 为时间周期的数量。就一笔债券而言,n 等于截至票据到期日时间周期的数量。如果这笔债券为半年付息一次,n 为半年期的数量或者说相当于半年一次的息票付款次数。例如,如果一笔债券还有 10 年到期,当支付周期为半年时,你需要在 n 的位置输入 20。

2. i 为每个时间周期的利率,以百分比形式(而不是小数)表示。例如,如果利率是 6%,你需要输入 6 而不是 0.06。

3. PV 为现值。许多计算器要求以负数形式对 PV 进行录入,用以强调购买债券为现金流出,而利息收入及票面价值为现金流入。

4. FV 为债券的未来价值或面值。通常来讲,FV 被解释为一次性支付的未来现金流,其中,对债券来讲就是其面值。

5. PMT 是每期付款额。对于有息债券来讲,PMT 就是付息金额;对于零息债券来讲,PMT 就是 0。

以上五要素,给出任意四个将会自动计算出第五个。我们以例 9-2 中的债券为例进行说明。

⊖ 以下是一些可能存在歧义的地方。你需要将票面利率与市场利率分清,票面利率决定了将要支付给债券持有者的利息多少,一旦债券发行,它的票面利率就是固定的。而当市场利率增加,投资者不能以较高的贴现率贴现,则这就意味着债券价值及其现值的下跌。

例 9-3　以财务计算器进行债券定价

当市场年利率为 8% 时，想要得到债券价格，需要输入以下内容（以任意顺序）：

n	60	距离债券到期还剩 30 年，因此它需要进行 60 次每半年付息。
i	4	半年期的市场利率为 4%。
FV	1 000	当债券到期时将会一次性产生 1 000 美元的资金流动。
PMT	40	每半年付息金额为 40 美元。

在大多数的计算器中，此时你需要按下"计算"键（标 COMP 或者 CPT）并点击 PV 即可得到债券价格，即债券现金流的现值。如果你按照上述进行操作，此时得到的值为 $-1\,000$。负号表示虽然投资者通过债券获得了资金流，但是买入债券的资金是一笔现金流出，或者说是一笔负现金流。如果你想要获得在利率为 10% 时债券的价值（见例 9-2 第二部分），只需要将半年期利率 5% 输入（输入"5"并点击"i"），此时再计算 PV，你会得到 PV = -810.71。

图 9-3 中反映了 30 年期、年利率为 8% 的债券价格与一定范围内的利率水平之间的关系。其中：当利率为 8% 时，债券以面值出售；当利率为 10% 时，售价则为 810.71 美元。负斜率说明了债券价格与收益率之间的负相关关系。从图 9-3 中曲线的形状可以观察到利率的上升导致的价格下跌的幅度要小于相同程度的利率下降导致的价格上升的幅度。债券价格的这一特性被称为**凸性**（convexity），因为债券价格曲线的凸型形状。凸性反映了随着

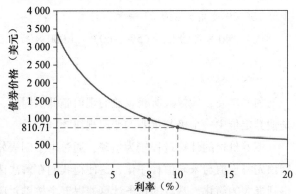

图 9-3　债券价格与收益率的反向关系

注：债券为 30 年期，年利率为 8%，半年付息一次。

利率的逐渐上升，所引起的债券价格的下降幅度是逐步减小的。⊖因此，价格曲线在较高利率时会变得平缓。我们将在第 10 章中再讨论凸性问题。

公司债券一般以面值发行。这意味着公司债券发行的承销商（即为发行人向公众销售债券的公司）必须选择与市场收益率极为接近的票面利率。在一级市场上，承销商试图将新发行债券直接销售给客户。如果票面利率不够高，投资者将不会按面值购买债券。

债券发行之后，债权人将在二级市场买卖债券。在各类市场中，债券价格与市场利率呈反向变动。

> **概念检查 9-2**
>
> 计算 30 年期限、票面利率为 8% 的债券在市场利率每半年为 3% 时的价格。比较利率下降时的资本利得和当利率上升 5% 时的资本损失。

收益率与价格的负相关关系是固定收益证券的核心特征。在第 10 章中我们将深入讨论债券价格对市场收益率的敏感性。现在只集中讨论决定这种敏感性的关键因素，即债券的期限。

⊖ 利率越高，债券价值越低的事实，引起利率增加对价格影响逐渐减少。因此，在初始基数较小的基础上，利率增加导致价格减少得很小。

一般规则是：在假设其他因素相同的情况下，债券的期限越长，债券价格对于利率波动的敏感度越高。表 9-2 给出了票面利率为 8% 的债券在不同市场收益率和不同期限下的价格。对于任何偏离 8% 的利率（债券以面值出售的利率），期限越长，价格波动越大。

表 9-2 不同市场利率下的债券价格

到期时间	给定市场利率下的债券价格（美元）				
	2%	4%	6%	8%	10%
1 年	1 059.11	1 038.83	1 019.13	1 000.00	981.41
10 年	1 541.37	1 327.03	1 148.77	1 000.00	875.35
20 年	1 985.04	1 547.11	1 231.15	1 000.00	828.41
30 年	2 348.65	1 695.22	1276.76	1 000.00	810.71

这一点是有价值的。如果投资者在 8% 的票面利率购买了债券，而市场利率随后上升，则投资者将承担损失：在其他投资能获得更高收益的情况下，投资者的资金仅能获得 8% 的固定收益。这可以从债券的资本损失及债券价格下跌中得到反映。资金被套牢的时间越长，损失越大，相应的债券价格的下跌幅度越大。表 9-2 中，1 年期债券的价格敏感度很小，也就是说，风险收益的期限仅为 1 年时，利率的变化并未构成太大的威胁。但是，对于 30 年期的债券，利率的波动对于债券的价格就会产生很大的冲击。期限最长的债券，折现的作用最强。

这就是短期国债如国库券被认为是最安全证券的原因。它们不仅没有违约风险，而且很大程度上也没有利率波动引起的价格风险。

付息日之间的债券定价

债券定价式（9-2）假设下一次票息支付恰好为一个付息期，年度付息债券，间隔为一年；半年付息债券，间隔为半年。但如果想在一年 365 天，而不只是其中的一个或两个付息日上对债券定价，该如何定价呢？

原则上，债券处于付息日之间并不会影响定价。定价的程序仍然相同：计算出待支付的收益的现值并加总。但如果是在付息日期间，在支付前将存在一个剩余时间，这会使计算复杂化。

幸运的是，Excel 及其他电子数据表程序中都包含债券定价功能。输入今天的日期以及债券的到期日，电子数据表就可以提供任何时间的债券价格。

如我们之前指出的，债券的报价通常不包含应计利息。在财经版面出现的报价被称为净价。投资者购买债券支付的包含应计利息的价格被称为全价。因而：

$$全价 = 净价 + 利息$$

当一只债券付息时，净价等于全价，此时应计利息为零。然而这并不是定律，也有例外。

Excel 的定价功能能够计算债券的净价。全价则需要用净价加上支付利息才可获得。幸运的是，Excel 也提供了函数来计算最后付息日的天数，因此能用于计算应计利息。下面专栏的 Excel 应用显示了如何使用这些函数，且提供了操作实例，实例包括刚刚支付过利息因而应计利息为零的债券，以及在付息日之间的债券。

EXCEL 应用：债券定价

Excel 和大多数其他电子数据表程序都提供了用于计算债券价格和收益的内置函数。它们一般要求输入购买债券的日期（称为清算日）和债券的到期日。Excel 的债券价格函数为：
=PRICE（清算日，到期日，年利率，到期收益率，赎回价格与票面价值的百分比，每年付息次数）

对图 9-1 中显示的票面利率为 2.5%、2046 年 5 月到期的债券，在下列电子数据表 9-1 中输入这些数据（注意，在电子数据表中我们在输入利率时要采用小数的形式而不是百分比），也可以在 Excel 中简单地输入函数：

= PRICE(DATE(2016, 5, 15), DATE(2046, 5, 15,), 0.025, 0.02595, 100, 2)

Excel 中用来计算结算和到期日的 DATE 函数的格式为 DATA（年，月，日）。第一个日期（2016 年 5 月 15 日）为债券购买日期，第二个日期（2046 年 5 月 15 日）为债券到期日。大多数债券在第 15 日或者最后一个工作日付息。

注意到票面利率和到期收益率都是用小数而非百分比的形式表示的。在大多数情况下，赎回价值为 100（即面值的 100%），其价格也类似地使用面值百分比来表示。偶尔也会遇到以面值的溢价或折价来进行债券偿付的例子。可赎回债券就是一个例子，在此简短讨论。

由定价函数所得的债券价值为 98.028 2 美元（单元格 B12），该值与表 9-3 中列出的价格相符合（到期收益保留小数点后三位，因而存在微小取整差异）。该债券正好付息。换言之，付息日恰好是计息期的开始。因此，没有必要进行应计利息调整。

为了举例说明处理利息支付日之间债券价格的计算过程，考虑图 9-1 中所示的票面利率为 2%、2025 年 8 月到期的债券。利用电子数据表中 D 列的记载条目，发现单元格 D12 的债券净价为 102.297 7 美元，该值与表中的价格仅有几美分的差别。

表 9-3 债券定价

	A	B	C	D	E	F	G
1		息票率2.5%		息票率2%		息票率8%	
2		2046年5月15日到期息票率	B列中的公式	2025年8月到期		30年到期	
3							
4	清算日	5/15/2016	= DATE(2016, 5, 15)	5/15/2016		1/1/2000	
5	到期日	5/15/2046	= DATE(2046, 5, 15)	8/15/2025		1/1/2030	
6	年利率	0.025		0.02		0.08	
7	到期收益率	0.02595		0.0173		0.1	
8	赎回价格（与票面面值的百分比）	100		100		100	
9	每年付息次数	2		2		2	
10							
11							
12	统一价格（面值的百分比）	98.0282	=PRICE(B4,B5,B6,B7,B8,B9)	102.2977		81.0707	
13	距上次付息的天数	0	=COUPDAYBS(B4,B5,2,1)	90		0	
14	付息周期内的天数	184	=COUPDAYS(B4,B5,2,1)	182		182	
15	利息生息	0	=(B13/B14)*B6*100/2	0.495		0	
16	发票价格	98.0282	=B12+B15	102.7922		81.0707	

如何计算债券的全价？Excel 表中的第 13~16 行进行了必要的调整。单元格 C13 中所列出的函数用来计算距上次付息日的天数。该天数的计算是基于债券的结算日、到期日、付息周期（1 代表年度，2 代表半年），以及计息天数（选择 1 代表实际天数）计算得出的。单元格 C14 中所列函数用于计算每一付息周期中的总天数。因此，第 15 行中的应计利息条目为半年期利息乘以据上次利息支付的付息周期比例。最后，第 16 行中的全价为净价加应计利息。

最后的例子是关于如何获得例 9-2 中 30 年期、票面利率为 8%（每半年付息一次）的债券的价格。该例子中给出的市场利率为 10%。然而，没有给出具体的结算日和到期日。此时，仍能利用 PRICE 函数来对债券定价。简单的方法是选取任意一个结算日（为方便，选取 2000 年 1 月 1 日），因此设定到期日为 30 年。电子数据表的 F 列显示了合适的结果，结果产生的价格为面值的 81.0707%，在 F16 单元格中。

9.3 债券收益率

大部分的债券都不按照面值进行出售,但是,除非有违约情形,基本上会以面值进行到期支付。我们希望有一种指标,既可以解释当前收入,又可以说明债券在整个存续期内的价格涨跌。到期收益率是总收益率的标准度量。当然,它并非完美,下面将讨论该度量指标的几种变化形式。

9.3.1 到期收益率

现实中,考虑购买债券的投资者并不是根据承诺收益率来考虑是否购买债券。相反,是通过债券价格、到期日、票息来推断债券在其存续期内的收益。**到期收益率**(yield to maturity,YTM)被定义为债券的支付现值与其价格相等的利率。该利率通常被视为在购买日至到期日之间持有债券所获得的平均收益率的测量。为了计算到期收益率,在给定债券价格的条件下,求解关于利率的债券价格方程。

例 9-4 到期收益率

假设一个票面利率为8%、期限为30年的债券的卖价为1 276.76美元。在此价格上购买该债券的投资者获得的平均收益率是多少?为回答这一问题,须找出使持有60期半年支付的现值与债券价格相等时的利率,是与被考察的债券价格相一致的利率。因此,在以下方程中求解利率 r:

$$1\,276.76 = \sum_{t=1}^{60} \frac{40}{(1+r)^t} + \frac{1\,000}{(1+r)^{60}}$$

或等价于:

$$1\,276.76 = 40 \times 年金因子(r, 60) + 1\,000 \times 面值因子(r, 60)$$

上述方程中仅有利率 r 一个未知变量。可以使用财务计算器或电子数据表来求得半年期利率 $r=0.03$ 或3%,即该债券的到期收益率。⊖

财经版面报道的收益率是年化收益率,用简单的单利方法即可将半年收益率转化为年化收益率,得到年利率,即APR。用单利方法计算的收益率也被称为"债券等值收益率"。因此,将半年收益率加倍,即可被报道为等值收益率为6%。然而,债券的实际年化收益率要考虑复利。如果一种债券每6个月的收益率为3%,那么12个月后,1美元投资加利息的增长为1×$1.03^2=1.060\,9$美元。债券的实际年利率是6.09%。

在例9-4中,我们介绍可以使用财务计算器或EXCEL计算息票债券的到期收益率。下面通过两个例子具体讲解如何使用这些工具。例9-5说明了财务计算器的用法,例9-6使用Excel。

⊖ 在财务计算器中,进行如下输入: $n=60$ 期,PV = -1 276.76,FV = 1 000,PMT = 40,就能计算出利率(COMP i 或 CPT i)。注意到所输入的债券现值,或 PV 为-1 000美元,这是因为大多数计算器将债券的初始购买价格视为现金流出。表9-4展示的就是如何用Excel求得到期收益率。如果没有财务计算器或者电子数据表程序,要求解该方程,则需要采用试错法。

例 9-5 用财务计算器求解到期收益率

n	60	该债券的期限为 30 年,因此每半年支付一次需支付 60 次
PMT	40	每半年支付利息 40 美元
PV	(-) 1 276.76	该债券可以 1 276.76 美元的价格购买,在某些计算器上必须输入为负数,因为它是现金流出
FV	1 000	该债券到期时将提供 1 000 美元的一次性现金流量

有了这些输入,你现在就可以使用计算器来计算 60 笔还款(每笔 40 美元)的现值与到期时 1 000 美元一次性付款的现值等于 1 276.76 美元的实际利率。在某些计算器上,你首先要点击"计算"键(标为 COMP 或 CPT),然后输入 i 以计算利率。这样操作后,将发现每半年 $i=3$ 或 3%。注意,正如现金流量每半年支付一次一样,计算出的利率是每半年期的利率。金融媒体上报告的债券当量收益率为 6%。

Excel 同样包含内置函数,用于计算到期收益率。例 9-6 和表 9-4 共同说明了这些功能。

例 9-6 使用 Excel 计算到期收益率

Excel 的到期收益函数为

=YIELD(结算日期,到期日期,年票息率,债券价格,
赎回价值占面值的百分比,每年的票息支付次数)

函数中使用的债券价格应为报价或"固定"价格,不含应计利息。例如,示例 9-4 中计算半年度支付利息的到期收益率,使用电子表 9-4 的 B 列。如果按年付息,将每年的付息金额更改为 1(请参见单元格 D8),收益率将略微下降至 5.99%。

表 9-4 在 Excel 中求到期收益率

	A	B	C	D	E
1		半年期息票		年息票	
2					
3	结算日	1/1/2000		1/1/2000	
4	到期日	1/1/2030		1/1/2030	
5	年息票率	0.08		0.08	
6	债券价格	127.676		127.676	
7	赎回价格(面值的百分比)	100		100	
8	每年息票支付次数	2		1	
9					
10	到期收益率(小数形式)	0.0600		0.0599	
11					
12	在此输入公式:=YIELD(B3,B4,B5,B6,B7,B8)				

债券的到期收益率为债券投资的内部收益率。如果假设所有债券都能以此收益率投资,则到期收益率可以视为整个债券存续期内的复合收益率。⊖到期收益率被广泛认为是平均收益的替代指标。

债券的到期收益率有别于**当期收益率**(current yield),当期收益率为债券的年利息支付除以债券价格。例如,票面利率为 8%、30 年期债券的当前售价是 1 276.76 美元,则当期收益率为每年 80/1 276.76=0.062 7 或 6.27%。相比较,债券的实际年到期收益率为 6.09%。对超出

⊖ 如果再投资利率不等于债券的到期收益率,则复合收益率将不同于到期收益率,如例 9-8 和例 9-9 中所示。

面值溢价出售的债券而言（1 276美元而不是1 000美元），票面利率8%超过了当期收益率6.27%，当期收益率超过了到期收益率6.09%。票面利率之所以超过当期收益率，是因为票面利率等于利息支付除以面值（1 000美元），而非债券价格1 276美元。当期收益率超过到期收益率的原因则在于到期收益率包含了债券的潜在资本损失。现在以1 276美元购买债券，到期日其价格将最终跌至1 000美元。

例9-4、例9-5和例9-6说明了这样一条规律：对**溢价债券**（premium bonds）而言（债券以高于面值的价格出售），票面利率高于当期收益率，当期收益率高于到期收益率；对**折价债券**（discount bonds）而言（债券以低于面值的价格出售），上述概念正好相反（见概念检查9-3）。

> **概念检查 9-3**
>
> 当债券以低于面值的折扣价出售时，票面利率、当前收益率、到期收益率三者是什么关系？请用票面利率为8%（每半年支付一次），当前销售该债券的到期收益率10%为例说明。

通常情况下听到人们谈论的债券收益，大多指的是到期收益率。

9.3.2 赎回收益率

到期收益率假设债券是在持有至到期的情况下计算。然而，如果债券是可赎回的，或者在到期日之前终止，该如何度量赎回条款下债券的平均收益率呢？

图9-4说明了可赎回债券持有者的风险。图中上方曲线表示面值1 000美元、票面利率8%、期限30年的"普通"债券（即不可赎回债券）在不同市场利率条件下的现值。如果利率下降，与承诺支付的现值相等的债券价格就会随之上升。

现在考虑一种具有相同票面利率和到期日，但发行方可以按面值的110%，即1 100美元赎回的债券。当利率下降时，发行方预定支付的现值将会上升。但由于赎回条款允许发行方以赎回价格赎回债券，因此若赎回价格低于预定支付的现值，发行方便可能会从债券持有者手中赎回债券。

图9-4中下方的曲线表示可赎回债券的价值。当利率较高时，因为预定支付的现值低于赎回价格，故赎回风险可忽略不计。因此，不可赎回债券与可赎回债券价值相互收敛。然而，在低利率条件下，两种债券价格开始发散，其差异反映了能以赎回价格回购公司债券的期权价值。在利率很低的情况下，预定支付的现值超过了赎回价格，债券被赎回，该点的值就是赎回价格，即1 100美元。

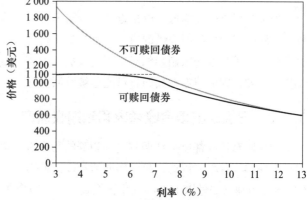

图9-4 债券价格：可赎回债券与不可赎回债券
注：利率为8%，30年期，半年付息一次。

这一分析表明，如果债券极有可能被赎回，相对于到期收益率而言，债券市场分析师可能对赎回收益率更感兴趣。赎回收益率的计算与到期收益率的计算基本相同，只是要以赎回日代替到期日，以赎回价格代替面值。这种计算方法有时被称为"首次赎回收益率"，因为假设赎回发生在债券首次可赎回的时间。

例 9-7　赎回收益率

假设票面利率为 8%、30 年期的债券售价为 1 150 美元，并且该债券可在 10 年后以 1 100 美元赎回。使用下列输入值可计算到期收益率和赎回收益率。

	赎回收益	到期收益		赎回收益	到期收益
息票支付	40 美元	40 美元	最终支付	1 100 美元	1 000 美元
半年周期数	20 期	60 期	价格	1 150 美元	1 150 美元

赎回收益率为 6.64%［为了在计算器上验证该结果，输入 $n=20$，$PV=(-)1\,150$，$FV=1\,100$，$PMT=40$，计算出收益率 i 为 3.32%，或者 6.64% 的债券等价收益］。到期收益率为 6.82%［为了确认，输入 $n=60$；$PV=(-)1150$；$FV=1000$；$PMT=40$；计算 i 为 3.41%，或 6.82% 的债券等价收益］。在 Excel 中，可用以下命令计算赎回收益率：=YIELD(DATE(2000, 1, 1), DATE(2010, 1, 1), 0.08, 115, 110, 2)。值得注意的是，赎回价值输入为 110，即面值的 110%。

我们注意到，大多数可赎回债券在发行时都有一个最初的赎回保护期。此外，还存在隐含形式的赎回保护，即债券以赎回价为基础进行高折价销售。即使利率下降了一点，高折价的债券仍以低于赎回价格的价格出售，这样也就不需要赎回了。

概念检查 9-4

a. 两种 10 年期债券的到期收益率目前均为 7%，各自的赎回价格都是 1 100 美元。其中一只票面利率为 6%，另一只的为 8%。为简便起见，假定在债券的剩余支付现值超过赎回价格时立即赎回。如果市场利率突然降至 6%，每种债券的资本利得分别是多少？

b. 20 年期、票面利率为 9% 的半年付息债券，5 年后可赎回，赎回价格为 1 050 美元，如果现在以 8% 的到期收益率卖出，则债券的赎回收益率是多少？

如果利率进一步降低，以接近赎回价格出售的溢价债券很容易被赎回。如果利率下降，一种可赎回的溢价债券所提供的收益率可能低于折价债券的收益率，因为后者潜在的价格上升不会受到赎回可能性的限制。相对于到期收益率而言，溢价债券的投资者通常对债券的赎回收益率更感兴趣，因为债券在赎回日可能会被赎回。

9.3.3　已实现的复合收益率和到期收益率

如果所有债券都以与到期收益率相等的利率再投资，则到期收益率就将等于在整个存续期内所实现的收益率。例如，某两年期债券以面值出售，每年付息一次，票面利率为 10%。如果 100 美元的利息支付以 10% 的利率再投资，那么投资于债券的 1 000 美元两年后将增长为 1 210 美元，如图 9-5a 所示。如果将第一年所支付的利息再投资，则第二年加上利息为 110 美元，再加上第二年利息支付以及面值，总额共计 1 210 美元。

总而言之，投资的初值 $V_0=1\,000$ 美元，两年后的终值 $V_2=1\,210$ 美元。因此，复合收益率可由以下方程计算：

$$V_0(1+r)^2 = V_2$$

$$1\,000(1+r)^2 = 1\,210(美元)$$

$$r = 0.10 = 10\%$$

再投资利率等于到期收益率 10%，已实现的复合收益率等于到期收益率。

如再投资利率不等于 10%，会出现怎样的情况呢？如果债券能以高于 10% 的利率再投资，资金增长将超过 1 210 美元，同时实现的复合收益率也将超过 10%。如果再投资利率低于 10%，则实现复合收益率也会降低。考虑下面这个例子。

例 9-8 实现的复合收益率

如果首次利息支付再投资收益率不足 10%，那么该投资的终值将低于 1 210 美元，同时实现的复合收益率也将低于 10%。举例说明，假设债券的再投资利率仅为 8%。计算见图 9-5b。

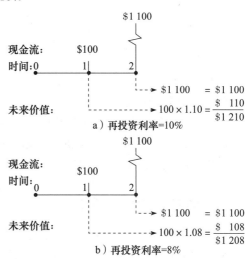

图 9-5 投资资金的增长

首次利息支付及其利息的未来价值为 $100 \times 1.08 = 108$ 美元；两年后的现金支付（第二年利息加面值）为 1 100 美元。投资及利息再投资的总价值为 1 208 美元。

假设所有利息支付都再投资，实现的复合收益率为全部投资金额的复合增长率。投资者以 1 000 美元面值购入债券，该投资将增长至 1 208 美元。

$$V_0(1+r)^2 = V_2$$
$$1\,000(1+r)^2 = 1\,208$$
$$r = 0.099\,1 = 9.91\%$$

例 9-8 解决了当再投资利率随时间变化时常规到期收益率存在的问题。常规到期收益率将不再等于实现的复合收益率。然而，在未来利率不确定的情况下，期间利息再投资的利率也是未知的。因此，尽管在投资期结束后能够推算出实现的复合收益率，但在无法预测未来再投资利率的情况下，并不能事先计算出来，这大大降低了实现的复合收益率的吸引力。

在各种持有期或投资水平下，预测实现的复合收益率被称为**水平分析**（horizon analysis）。对总收益的预测，既依赖于持有期结束时卖出债券的价格，又依赖于利息再投资所能获得的收益率。债券的卖出价格又依赖于持有期到期收益率。对于较长的投资期限，利息再投资占了最终收益的较大部分。

例 9-9 水平分析

假设以 980 美元的价格购买一只 30 年期、票面利率为 7.5%（按年度支付）的债券（其到期收益率为 7.67%），并计划持有 20 年。当出售该债券时，预计到期收益率为 8%，利息再投资收益率为 6%。在投资期限结束时，该债券剩余期限为 10 年，因此该债券的预计卖价为 966.45 美元（按照 8% 的到期收益率）。20 年利息支付由于复利涨至 2 758.92 美元（20 年期利率为 6% 的 75 美元年金的终值）。

基于以上预测，980 美元的投资在 20 年内将涨至：966.45+2 758.92＝3 725.37 美元，对应于 6.90% 的年复合收益率：

$$V_0(1+r)^{20} = V_{20}$$
$$980(1+r)^{20} = 3\,725.37$$
$$r = 0.0690 = 6.90\%$$

例9-8和例9-9证实，随着利率变化，债券投资者实际上受到两类风险的影响。一方面，当利率上升时，债券价格下跌，这将降低资产组合的价值；另一方面，再投资利息收入在高利率下能取得更高的复利，而**再投资率风险**（reinvestment rate risk）将抵销债券价格风险。在第10章中，我们将更详细地探讨折中问题，并且投资者通过仔细调整债券组合，在任何给定投资期限上都能精确地平衡这两种影响。

9.4 债券价格的时变性

如前所述，当债券利率等于市场利率时，债券依面值出售。在此情况下，投资者须借助利息支付的方式，获得货币时间价值的公平补偿，而无须更多的资本利得来提供公平补偿。

当票面利率低于市场利率时，单靠利息支付不能够给投资者提供投资市场其他项目相同的收益率。为了在这一投资上获得有竞争力的回报，投资者也需要从债券价格上获得一些价值增值。因此，债券必须以低于面值出售，以提供该项投资的内在资本利得。

例9-10 公平的持有期收益率

为了说明该问题，假设有一只多年前发行的债券，当时的利率为7%。该债券的年票面利率因此被设定为7%（为简单起见，假设该债券按年付息）。现在，离到期还有3年，年利率为8%。这样，债券的市场价格应该是剩余利息支付加面值的现值⊖：

$$70 \times 年金因子(8\%, 3) + 1\,000 \times 现值因子(8\%, 3) = 974.23(美元)$$

该值低于面值。

一年后，在下期利息已经支付且剩余期限下降至两年时，该债券的售价为

$$70 \times 年金因子(8\%, 2) + 1\,000 \times 现值因子(8\%, 2) = 982.17(美元)$$

该年的资本利得是7.94美元。如果某一投资者以974.23美元的价格购买了该债券，那么一年后的总收入等于利息支付额加上资本利得，即70+7.94=77.94（美元），收益率为77.94/974.23=8%，刚好等于当前市场上可获得的收益率。

当债券价格根据现值公式来确定时，面值的任何折价都会提供一个预期资本利得，一个低于市场的票面利率即可提供合理的总收益。相反地，若票面利率高于市场利率，其自身的利息收入就会超过市场其他项目。投资者将会以高于面值的价格购买。随着债券到期临近，其价值就会下降，这是因为难以再获得高于市场利率的剩余利息支付。产生的资本损失抵消了高利息所得，持有者仅获得均衡的收益率。

概念检查9-5

例9-10中所示债券在剩余期限为一年时，下一年的卖出价格是多少？以982.17美元买入该债券并且一年之后卖出的收益率是多少？

⊖ 使用计算器，输入 $n=3$，$i=8$，PMT=70，FV=1 000，即可计算PV。

本章末的习题14为研究高票息债券提供了案例。图9-6刻画了在市场利率不变的情况下，高、低两种票面利率债券价格（不包括利息生息的净值）随到期日剩余时间变化的曲线。低息债券享有资本利得，而高息债券遭受了资本损失。㊀

这些例子说明每种债券提供给投资者相同的总收益率。正如在功能完善的资本市场中，尽管每只债券提供的资本利得与收益构成不同，但都能提供有竞争力的收益率。在税后风险调整的基础上，所有证券的收益率都应该是具有可比性的。如果不是这样，投资者可以抛售低收益债券，拉低价格，直至该债券在目前更低的价格下其总收益率与其他证券的总收益率相当。债券价格会不断调整，直至在给定风险和税收调整的条件下，所有证券都公平定价，具有可比的期望收益率。

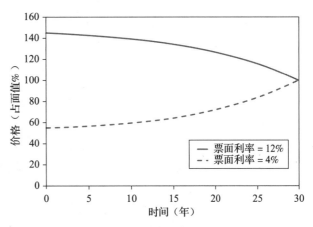

图9-6 两只30年期、到期收益率为8%的债券价格轨迹。债券价格随到期日逐渐接近面值

我们可以在图9-6中观察到这种价格调整。将2025年8月到期的两只债券进行比较。一只票面利率是6.875%，另一只为2%。但是更高的票面利率并不意味着债券能提供一个更高的收益；因为它的售价要高很多。这两张债券的到期收益率差不多都是1.7%。这是有原因的，因为投资者更关心他们的总收益，包括息票收入以及价格变化。最后，同期到期的债券价格都会被调整，直至收益趋近相同。

当然，除了图9-6所示的债券以外的收益并非全部相同。显然，同一时期的长期债券将会提供更高的承诺收益率，这是一个普遍模式，同时也反映了债券的相对风险性。

9.4.1 到期收益率和持有期收益率

在例9-10中，持有期收益率和到期收益率是相等的。债券收益率年初和年末都是8%，并且债券持有期收益率也等于8%。这是一个普遍性结果。当到期收益率在持有期不发生变化时，债券的收益率等于到期收益率。这并非一个不可思议的结果，因为债券必须提供一个与其他证券相当的收益率。

然而，当到期收益率波动时，债券收益率也会随之波动。无法预料的市场利率的变化将导致债券收益率变化。债券的持有期收益率较最初购买时所预计的到期收益率来说，可能更高，也可能更低。到期收益率上升将导致债券价格降低，从而降低了持有期收益率，这就意味着持有期收益率将低于初始收益率。㊁反之，到期收益率的降低将使持有期收益率高于初始收益率。

㊀ 如果利率是波动的，则价格轨迹也会是"跳跃"的，即沿图9-6中的价格轨迹震荡，同时反映利率波动会造成的资本损益。在到期日债券价格最终一定会达到面值。所以，随着到期日的临近，溢价债券的价格将下跌，折价债券的价格将上升。

㊁ 我们在这里需要谨慎。当收益率上升，利息收入将在更高的水平再投资，抵消了初始价格下降的影响。如果持有期够长，再投资收益率增加的正面影响会抵消初始价格下降。但是通常对投资经理的业绩评级期限都不超过一年，在此期间，短期的价格影响总是远大于再投资收益率的影响。我们将在第10章中更详细地讨论价格风险和再投资利率风险之间的平衡。

例 9-11 到期收益率和持有期收益率

例如，如果一只30年期、年利息收入为80美元的债券，以1 000美元的面值出售，该债券的到期收益率为8%。如果整年内收益率保持8%不变，则债券价格将维持在面值水平，而持有期收益率也将为8%。但是如果收益率低于8%，则债券价格将上升。假设收益率下降，价格增加到1 050美元，那么持有期收益率将高于8%：

$$持有期收益率 = \frac{80 + (1\,050 - 1\,000)}{1\,000} = 0.13 \text{ 或 } 13\%$$

用另一种方式来思考到期收益率和持有期收益率之间的差异。到期收益率仅依赖于债券的利息、当前价格和到期面值。所有这些值现在都是已知的，因此很容易计算出到期收益率。如果债券能持有至到期日，则到期收益率能被解释为平均收益率。相反，持有期收益率则是整个特定投资周期的收益率，且依赖于持

> **概念检查 9-6**
>
> 如果到期收益率增加，则持有期收益率将低于初始收益率。例如，在例 9-11 中，若到第一年末，债券的到期收益率是 8.5%，请求出第一年的持有期收益率，并与 8% 的初始收益率进行比较。

有期结束时的债券市场价格，但市场价格现在是未知的。持有期的债券价格会随着不可预期的利率的变化而变化，因此持有期收益率极少能被准确预测。

9.4.2 零息票债券和零息票国库券

最初发行的折扣债券没有按照面值发行的附息债券那样普遍。这些债券以较低票面利率发行，债券以面值的折扣价格出售。零息票债券就是一种典型的折价债券。零息票债券没有票面利率，以价差的方式来提供全部收益，并且仅在到期日为债券持有人提供一次性现金流。

美国国库券是短期零息票债券。如果国库券的面值为10 000美元，则财政部以低于10 000美元的价格发行或出售，承诺到期后支付10 000美元。所以，投资者的所有收益均来自价差。

长期零息票债券通常是由附息票据和债券两部分构成。购买国债的经纪人，可以要求财政部分解债券支付的现金流，使其成为一系列独立证券，这时每一证券都具有一份原始债券收益的要求权。例如，一张10年期债券被"剥离"为20份半年期债券，每一份都被看作独立的零息票债券，这些债券的到期日从6个月到1年不等，最后本金的偿付被视为另一种独立的零息票证券。每一次支付都按独立的证券对待，并都分配有自己的 CUSIP 号码（由统一证券标志委员会颁布）。具有该标志的证券，可以连接联邦储备银行及其分支机构的网络，通过 Fedwire 系统进行电子交易。财政部仍有支付义务。实施了债券剥离的国库券程序被称为本息剥离（STRIPS），而这些零息证券被称为国库券剥离。

随着时间的推移，零息票债券价格会发生怎样的变化呢？在到期日，零息票债券将以面值出售。而到期之前，由于货币的时间价值，债券以面值的折扣价格出售。随着时间的推移，价格越来越接近面值。实际上，如果利率固定不变，零息票债券的价格将完全按照利率同比上升。

为了说明这一性质，假设有一只30年期的零息票债券，市场年利率为10%，当前的债券价格为1 000美元$/1.10^{30}$ = 57.31美元。1年后，剩余期限为29年，如果收益率仍然是10%，此时债券价格为1 000美元$/1.10^{29}$ = 63.04美元，其价格比前一年增长了10%。这是因为，现

在的面值少贴现了 1 年，所以价格就要增加 1 年的贴现因子。

图 9-7 刻画出了到期收益率为 10% 的情况下，30 年期的零息票债券在到期日之前的价格轨迹。在到期日前，债券价格将以指数而非线性形式增长。

9.4.3 税后收益

税务部门认为，最初发行折扣债券（OID），如零息票债券的"内在"价格升值，对债券持有人来说，代表一种隐含的利息支付。因此，美国国税局（IRS）专门设计了一个价格增值表，用于计算一个税收年度中应税的利息收入，即便是未出售或者未到期的资产也

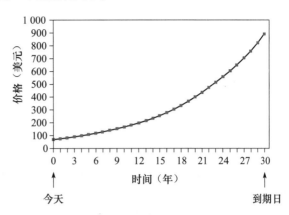

图 9-7 到期收益率为 10% 的 30 年期零息票债券价格随时间变化的曲线

注：价格 = $1\,000/1.10^T$，其中 T 为到期时间。

适用于此表。如果最初发行折扣债券在一个税收年度中出售，因市场利率变化而导致的损益都被视为资本损益。

例 9-12　折价发行债券的税收

如果初始利率是 10%，则一只 30 年期的零息票债券的发行价格是 $1\,000/1.10^{30} = 57.31$（美元）。第二年，如果利率仍然是 10% 的话，美国国税局计算出的债券价格应该是 $1\,000/1.10^{29} = 63.04$（美元）。因此，美国国税局得出的应税的利息收入为 $63.04 - 57.31 = 5.73$（美元）。须注意的是，得出的应税利息收入基于"固定收益法"，忽略了市场利率的变化。

如果第二年利率下跌至 9.9%，那么债券价格降为 $1\,000/1.099^{29} = 64.72$（美元）。如果出售债券，那么 64.72 美元与 63.04 美元之间的价差被视为资本利得，并按照资本利得税率征税。如果债券未出售，那么该价差就是未实行的资本利得，当年不征税。无论在哪种情况下，投资者都要按普通收入税率对 5.73 美元的应税利息缴税。

例 9-12 中的分析过程适用于其他最初发行折扣债券的课税，包括附息债券。以一只票面利率为 4%、到期收益率为 8%、30 年期限的债券为例。为简单起见，假定债券按年付息。因为票面利率较低，该债券将以远低于面值的价格发行，具体发行价格为 549.69 美元。如果债券的到期收益率一直保持在 8%，一年后其价格将上升至 553.66 美元（请自行验证）。这恰好能提供 8% 的税前持有期收益率：

> **概念检查 9-7**
>
> 假设票面利率为 4%、30 年期的债券，实际上在第一年末的到期收益率降至 7%，投资者一年后出售债券。如果投资者按利息收入的 38%、资本利得的 20% 纳税，投资者的税后收益率是多少？

$$持有期收益率 = \frac{40 + (553.66 - 549.69)}{549.69} = 0.08$$

基于固定收益率的债券价格增长被视为利息收入，因此投资者需要对估算的利息收入 $553.66 - 549.69 = 3.97$（美元）缴税。如果这一年中债券的实际收益发生了变化，债券在市场上出售，那么债券价格与固定收益价值 553.66 美元之间的差值将被当作资本利得收入。

9.5 违约风险与债券定价

尽管债券通常会对投资者承诺固定的收入流，但该收入流并非没有风险，除非投资者可确认发行者不会违约。尽管可将美国政府债券视为无违约风险债券，但对于公司债券却不尽如此。由于支付一定程度上取决于公司的最终财务状况，因此此类债券的实际支付存在不确定性。

债券的违约风险，通常称为**信用风险**（credit risk），由穆迪、标准普尔和惠誉进行测定。这些机构提供商业公司的财务信息，并对大型企业和市政债券进行质量评级。国际上主权国家的债券也存在违约风险，新兴市场国家债券更是如此。所以，也会对这些债券的违约风险进行评级。评级机构使用字母来表示公司和市政债券的等级，以反映对所发行债券安全性的评价。最高信用等级是 AAA 或者 Aaa。穆迪公司为每种信用等级再设定 1、2 或者 3 的后缀（如 Aaa1、Aaa2、Aaa3）以便做出更精确的等级划分。其他机构则使用+或者-的符号来做进一步的划分。

信用等级为 BBB 或者更高的债券（标准普尔、惠誉），或者等级为 Baa 以及更高的债券（穆迪公司）都被认为是**投资级债券**（investment-grade bond）。反之，信用等级较低的债券则**被称为投机级债券**（speculative-grade bond）**或垃圾债券**（junk bond）。低信用等级债券的违约很常见。例如，被标准普尔公司评为 CCC 级的债券，几乎半数在 10 年内有过违约。尽管高信用等级的债券鲜有违约，但并非没有风险。例如，2001 年，世通（WorldCom）公司发行了 118 亿美元的投资级债券。但仅在一年后，该公司申请破产，债券持有者的投资损失超过了 80%。某些机构投资者，如保险公司，通常不允许购买投机级债券。图 9-8 提供了各种债券信用等级的定义。

		债券等级						
	最高信用		高信用		投机级		最低信用	
标准普尔	AAA	AA	A	BBB	BB	B	CCC	D
穆迪	Aaa	Aa	A	Baa	Ba	B	Caa	C
穆迪和标准普尔公司不时对这些信用等级进行调整。标准普尔使用加减符号：A+和A-分别是A级信用中的最高级和最低级。穆迪使用1、2、3标记：1代表信用等级中的最高级							
穆迪	标准普尔							
Aaa	AAA	Aaa和AAA级债券具有最高信用等级，还本付息能力最强						
Aa	AA	Aa和AA级债券有很强的还本付息能力，和最高信用等级一起构成高信用等级债券						
A	A	A级债券有很强的还本付息能力，尽管与最高信用等级债券相比，对经济和环境的不利影响更为敏感						
Baa	BBB	Baa和BBB级债券有充分的还本付息能力。和信用等级最高的债券相比，不利的经济条件或变化更有可能削弱此信用等级债券的还本付息能力。属于中等信用级别债券						
Ba B Caa Ca	BB B CCC CC	从还本付息能力和承担的义务来看，此类债券被认为具有明显的投机性。Ba和BB表示投机程度最低，CC和Ca则表示投机程度最高。虽然这些债券也可能有质量和安全性特征，但是一旦处于不利条件中，将具有更大的不确定性和风险。部分债券可能会出现违约						
C	C	此等级债券作为收入债券保留，没有利息支付						
D	D	D级债务处于违约之中，利息支付或本金偿还仍在拖欠						

图 9-8 债券等级定义

资料来源：Stephen A. Ross and Randolph W. Westfield, *Corporate Finance*, Copyright 1988 (St. Louis: Times Mirror/Cosby College Publishing, Reproduced with permission from the McGraw-Hill Companies, Inc.). Data from various editions of *Standard & Poor's Bond Guide* and *Moody's Bond Guide*.

9.5.1 垃圾债券

垃圾债券，也称为**高收益债券**（high-yield bonds），它与投机级（低信用等级或没有信用等级）债券基本无异。在 1977 年以前，几乎所有的垃圾债券都是"堕落天使"，即公司在发行这些债券时曾一度享有投资级的信用等级，但之后被降级。1977 年，公司开始发行"初始发行垃圾债券"。

这一创造大部分归功于 Drexel Burnham Lambert 和他的交易伙伴 Michael Milken。Drexel 一直津津乐道于垃圾债券的交易，并且建立了一个由潜在垃圾债券投资者组成的网络。不具备投资信用等级的公司乐于让 Drexel（和其他投资银行）直接向公众销售它们的债券，从而开启了新的融资渠道。发行垃圾债券比从银行贷款的融资成本更低。

20 世纪 80 年代，由于被用作杠杆收购和恶意收购的融资工具，高收益债券声名狼藉。此后不久，垃圾债券市场受挫。20 世纪 80 年代末，Drexel、Michael 与华尔街内部交易丑闻导致的司法诉讼损害了垃圾债券市场。

在 Drexel 处于麻烦之中时，高收益债券市场几乎全线崩溃。此后，市场剧烈反弹。毋庸置疑，今天发行的高收益债券平均信用等级要高于 20 世纪 80 年代繁荣时期的平均信用等级。当然，在经济低迷时期，垃圾债券比投资级债券更加脆弱。在 2008～2009 年的危机中，垃圾债券的价格剧烈下降，到期收益率也相应地大幅度上升。到 2009 年年初，垃圾债与国债之间的利差从 2007 年初期的 3%扩大到令人震惊的 19%。

9.5.2 债券安全性的决定因素

债券评级机构主要依据发行公司的一些财务比率水平和趋势的分析，对其所发行的债券信用状况进行评级。评价安全性所用的关键财务比率有以下几个方面。

（1）**偿债能力比率**（coverage ratios）：公司收入与固定成本之间的比率。例如，**获利额对利息的倍数比率**（times-interest-earned ratio）是息税前收入与应付利息的比率。**固定费用偿付比率**（fixed-charge coverage ratio）是收益对所有固定现金债务的比率。其中，所有固定现金债务包括租赁和偿债基金的支付（偿债基金在下面讨论）。低水平或下降的偿债能力比率意味着可能会有现金流困难。

（2）**杠杆比率**（leverage ratio）：债务与资本总额的比率。过高的杠杆比率表明负债过多，标志着公司将无力获取足够的收益以保证债券的安全性。

（3）**流动性比率**（liquidity ratio）：最常见的两种流动性比率是流动比率（流动资产和流动负债的比值）以及速动比率（剔除存货后的流动资产与流动负债的比值）。这些比率反映了公司最具流动性的资产对负债进行偿还的能力。

（4）**盈利比率**（profitability ratio）：有关资产或者权益收益率的度量指标。盈利比率是一家公司整体财务指标的指示器。资产收益率（息税前收入与总资产的比值）是最常见的比率。具有较高资产收益率的公司，能对它们的投资提供更高的期望收益，因此在资本市场上能够更好地提升价值。

（5）**现金流负债比率**（cash flow debt ratio）：总现金流与未偿付债务的比值。

表 9-5 是穆迪为划分公司的信用等级定期计算出来的某些比率的中值。当然，评价比率必须遵照行业标准，分析师的侧重点也不完全相同。不过，表 9-5 表明，比率随着公司信用等级

提高呈现改善的趋势。

表 9-5 长期债券的财务比率和违约风险等级

	Aaa	Aa	A	Baa	Ba	B	C
EBITA/资产（%）	20.9%	15.6%	13.8%	10.9%	9.1%	7.1%	4.0%
营业利润率（%）	22.0%	17.1%	17.6%	14.1%	11.2%	8.9%	4.1%
EBITA/利息	28.9	15.1	9.7	5.9	3.5	1.7	0.6
总负债/EBITA	0.58	2.03	1.83	2.58	3.41	5.26	8.35
总负债/（总负债+权益）	19.3%	50.2%	38.6%	46.2%	51.7%	72.0%	98.0%
营运现金流/总负债	1.335	0.385	0.425	0.296	0.206	0.120	0.031
留存现金流/净负债	1.3	0.3	0.4	0.3	0.2	0.1	0.0

注：表中 EBITA 为利息支付、税收支付、折旧和摊销前的利润。

资料来源：Moody's Financial Metrics, Key Ratios by Rating and Industry for Global Non-Financial Corporations, December 2013.

大量研究检验了财务比率是否能用于预测违约风险，其中最著名的是爱德华·奥尔特曼（Edward Altman）用于预测破产的判别分析。该方法根据公司的财务特征进行打分。分值超过临界点则认为该公司具有良好信用，低于临界点则表明未来有重大破产风险。

为了举例说明这种方法，假设收集了各样本公司的净资产收益率（ROE）以及偿债能力比率，同时记录了各公司破产情况。图 9-9 标出了各样本公司上述两指标的情况，使用 X 表示最终破产的公司，O 表示一直有偿付能力的公司。显然，X 和 O 公司显示了两个指标的不同数值规律，有偿付能力的公司名下具有高股本收益率和偿债能力比率。

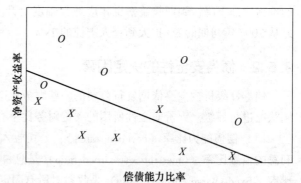

图 9-9 差异分析

差异分析确定了最佳区分 X 和 O 区域的直线方程。假设直线方程为 $0.75 = 0.9 \times$ ROE+0.4×偿债能力。那么，基于各公司自身的财务比率，能得到相应的 Z 值：$Z = 0.9 \times$ ROE + $0.4 \times$ 偿债能力。如果 Z 值超过 0.75，公司位于直线上方，被认为是安全的；反之，Z 值低于 0.75，预示着公司将面临财务困境。

奥尔特曼发现，下式最能区分安全和不安全公司：

$$Z = 3.1 \times \frac{EBIT}{资产总额} + 1.0 \times \frac{销售额}{资产总额} + 0.42 \times \frac{股东权益}{负债总额} + 0.85 \times \frac{留存收益}{资产总额} + 0.72 \times \frac{营运资本}{资产总额}$$

其中，EBIT = 息税前利润。⊖ Z 值在 1.23 以下表明破产风险较大，1.23～2.90 是灰色区域，

⊖ 奥尔特曼最初的研究成果是 "Financial Ratios, Discrimination Analysis, and the Prediction of Corporate Bankruptcy," *Journal of Finance* 23 (September 1968)。现在这一等式源于他更新后的研究，*Corporate Financial Distress and Bankruptcy*, 2nd ed. (New York: Wiley, 1993), p.29。奥尔特曼的分析成果在 W. H. Beaver、M. F. McNichols, 以及 J-W. Rhie 的文章 "Have Financial Statements become Less Informative? Evidence from the Ability of Financial Ratios to Predict Bankruptcy," *Review of Accounting Studies* 10 (2005), pp.93-122 中得到了更新与拓展延伸。

2.90以上的公司被认为是安全的。

9.5.3 债券契约

债券是以契约形式发行的，联结债券发行人和持有人之间的协议。债券的部分内容是为保护债券持有者的权利而对发行人设置的一系列限制，包括与担保、偿债基金、股息政策和后续借贷相关的条款。发行人为了将债券卖给关心其安全性的投资者，须认可这些保护性契约条款。

> **概念检查 9-8**
> 假设将一个等于流动负债/流动资产的新变量添加至奥尔特曼等式，请你预测一下这个变量将会带来正的还是负的系数。

偿债基金 债券到期时须按面值予以偿付，而该偿付将造成发行者庞大的现金支付。为确保该支付不会导致现金流危机，公司需要建立**偿债基金**（sinking fund）将债务负担分散至若干年内。偿债基金可以按照以下两种方式中的一种运行：

（1）公司可每年在公开市场上回购部分未偿付的债券。

（2）公司可根据偿债基金的相关条款，以特定赎回价格购买部分未偿付的债券。无论哪种价格更低，公司都有权选择以市场价或者是偿债基金来购买债券。为了在债券持有者之间公平地分摊偿债基金赎回负担，采用随机产生序列号的方法来选择被赎回债券。⊖

债券基金与常规债券的赎回在两个方面存在差别。首先，公司仅能以偿债基金赎回价格回购有限的债券。在最好的情况下，某些契约允许公司使用双倍期权，即允许公司以偿债基金赎回价格回购规定债券数量的两倍。其次，偿债基金赎回价格一般设定为债券面值，而可赎回债券的赎回价格通常高于面值。

虽然从表面上看来，偿债基金更有可能偿付本金，从而保护债券持有者的利益，但是实际上，它也可能损害投资者的利益。公司选择以市场价格购回折价（低于面值出售）债券，同时行权以面值购回溢价（高于面值出售）债券。因此，如果利率下降，债券价格上涨，公司就可以按照偿债基金的规定以低于市场价格的价格回购债券，从中受益。在此情况下，公司的收益就是持有人的损失。

不要求偿债基金的债券发行称为分期还本债券发行。在分期还本债券发行中，所出售的债券的到期日是交错的。由于债券依次到期，公司本金偿付负担类似于偿债基金在时间上分散。与偿债基金相比，分期还本债券的优势在于没有偿债基金赎回特定债券时的不确定性，分期还本债券的劣势是不同到期日的债券不能互换，降低了债券的流动性。

次级额外债务 公司总的未偿还的债券数额是债券安全性的决定性因素之一。如果今天购买了一只债券，到了明天，你可能会因为该公司尚未偿还的债务已经扩大3倍而忧虑。因为这意味着所持有的债券较购买时信用质量降低了。为了防止公司以该方式损害债券持有人的利益，**次级条款**（subordination clause）限制了额外借贷的数额。额外债务在优先权上要次于原始债务。也就是说，如果公司遭遇破产，在优先债务清偿之后，次级债务的债权人才能得到偿付。

⊖ 偿债基金也可能要求对受托人进行分期支付，尽管这种方式不常见。利用这些投入的资金，当到期的时候，累计起来的数目就能用于支付全部的发行量。

股利限制　契约也限制了公司的股利支付。这些限制迫使公司留存资产而不是将其全部支付给股东,故能对债券持有人起一定的保护作用。一个典型的限制内容是,如果公司有史以来的股利支付超过了累计净收益与股票销售利润之和,就不得再支付股利。

抵押品　某些债券的发行以特定的抵押为基础。**抵押品**(collateral)可以有多种形式,但都代表公司如果出现违约,债券持有者可以得到的公司的某一特定资产。如果抵押品是公司财产,则该债券称为抵押债券。如果抵押品以公司其他有价证券的形式出现,该债券被称为**抵押信托债券**(collateral trust bond)。如果抵押品是设备,则该债券被称为**设备合约债券**(equipment obligation bond),这种形式的抵押品,最常见于设备高度标准化的公司,如铁路公司等。如果公司违约,债券持有者追讨抵押品时,很容易将这些设备出售给其他公司。

抵押债券通常被认为比**信用债券**(debenture bond)安全,信用债券无须提供特定抵押品,其信用风险完全取决于公司的获利能力。如果公司违约,信用债券的持有者则成为普通债权人。由于抵押债券的安全性更高,所以其提供的收益率较一般信用债券低。

图9-10展示了苹果公司2015年发行的65亿美元债券的核心条款。针对每一项条款,本书添加了一些注释。

债券条款	注释说明
1. 年利率3.45%,将在每年的2月9日和8月9日支付利息。因此,单张票据每6个月将支付 $0.0345/2 \times 1\,000 = 17.25$(美元)的利息。	发行:苹果公司3.45%的票据
2. 到2045年,投资者将按面值1 000美元收回投资。	到期日:2045年2月9日
3. 穆迪债券评级为Aa,是次高评级。	等级:Aa
4. 委任一名受托人代理投资者利益。	受托人:根据苹果与纽约银行梅隆信托公司之间的契约发行
5. 债券已注册。注册服务商会记录谁拥有债券。	已注册:以注册簿记形式发行
6. 公司没有义务在到期前定期偿还任何债券。	偿债基金:无
7. 公司可以选择回购票据。赎回价格为1 000美元或以等值美国国债的价值确定的价格中的较高者。	赎回:可随时全部或部分
8. 优先债,与苹果公司其他所有无抵押优先债的排名相同。	高等级
9. 债券没有担保。也就是说,在发生违约时,没有预留资产来保障债券持有人利益。但是,如果Apple预留资产来保护任何其他债券持有人,则这些资产也将为该债券作抵押。这称为否定质押条款。	担保:债券不提供担保。但是,"如果Apple承担或为任何债务提供担保,它应同等对待所有类似的债券"
10. 发行的本金为20亿美元。这些债券以其本金的99.11%出售。	总金额:2 000 000 000美元以99.11%
11. 账簿管理人负责发行、承销和维护所售证券账簿。	联席簿记管理人:高盛、德意志银行

图9-10　苹果公司2015年发行的债券核心条款

资料来源:*Mergent's Industrial Manual*, Mergent's Investor Service, 1994. Reprinted with permission. All rights reserved.

9.5.4　到期收益率与违约风险

由于公司债券存在违约风险,所以必须分清债券承诺到期收益率与期望到期收益率。承诺的或者规定的收益率,只有在公司履行债券发行责任时才能兑现。因此,规定的收益率是债券的最大可能到期收益率,而期望到期收益率必须要考虑公司违约的可能性。

例如，在金融危机严重的 2008 年 10 月，福特汽车公司陷入困境时，其将在 2028 年到期的债券被评为 CCC 等级，并按照其面值的 33% 进行销售，其到期收益率为 20%。投资者并不真的相信这些债券的期望到期收益率为 20%。他们意识到，债券持有人将不能获得债券合同中承诺的所有款项，并且期望现金流的收益率远低于承诺现金流的收益率。事实证明，当然，福特经受住了暴风雨，购买其债券的投资者得到了非常可观的利润：这笔债券在 2016 年中期的销售价格约为 117% 票面金额，是其在 2008 年价值的 3.5 倍。

例 9-13 期望到期收益率与到期收益率

假设某公司 20 年前发行了票面利率为 9% 的债券，还有 10 年到期，公司正面临财务困境，但投资者相信公司有能力偿还未付利息。然而，到期日时公司被迫破产，债券持有人只能收回面值的 70%，债券以 750 美元出售。

到期收益率（YTM）可以使用以下输入变量计算：

	期望到期收益率	承诺到期收益率		期望到期收益率	承诺到期收益率
利息支付	45 美元	45 美元	最终偿付	700 美元	1 000 美元
半年期期数	20 期	20 期	价格	750 美元	750 美元

基于承诺支付的到期收益率为 13.7%。然而，基于到期日 700 美元的期望支付所计算的到期收益率仅为 11.6%。承诺到期收益率高于投资者的实际期望所得。

例 9-13 表明，当债券存在更大的违约风险时，其价格将降低，其承诺到期收益率将上升。类似地，违约溢价，即规定的到期收益率与可比的国库券收益率之差将上升。因为期望到期收益率最终取决于债券的系统性风险，所受影响很小。下面继续讨论例 9-13。

例 9-14 违约风险和违约溢价

假设例 9-13 中所示的公司情况继续恶化，投资者现在认为，在债券到期时，仅可获得其面值的 55% 的偿付。现在投资者要求有 12% 的期望到期收益率（即每半年 6%），比例 9-13 中高 0.4%。但债券价格将从 750 美元跌至 688 美元（$n=20$；$i=6$；FV=550；PMT=45）。但该价格下，基于承诺现金流规定的到期收益率为 15.2%。当到期收益率增加 0.4% 时，债券价格下跌所导致的承诺到期收益率（违约溢价）上升 1.5%。

为了补偿违约发生的可能性，公司债券必须提供**违约溢价**（default premium）。违约溢价是公司债券的承诺收益率与类似的无违约风险公司债券收益率之差。如果公司有偿付能力且实际上支付给了投资者所有承诺的现金流，投资者可以获得比政府债券更高的到期收益率。但是，如果公司破产，公司债券的收益率就有可能比政府债券更低。公司债券与无违约风险的长期国债相比，可能有更高或者更低的收益率。换言之，公司债券更具有风险性。

> **概念检查 9-9**
>
> 如果公司的状况进一步恶化，例 9-14 中的期望到期收益率将如何变化？投资者期望的最终偿付仅为 500 美元，债券价格跌至 650 美元。

风险债券的违约溢价模式有时候被称为利率的风险结构。违约风险越大，违约溢价越高。

图 9-11 为不同风险等级债券的到期收益率的差值,可以明显看到承诺收益率的信用风险溢价。比如,可以注意到,在 2008~2009 年金融危机期间信用利差不可思议地跳升。

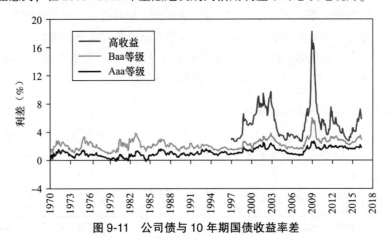

图 9-11 公司债与 10 年期国债收益率差

资料来源:Federal Reserve Bank of St. Louis.

9.5.5 信用违约掉期

信用违约掉期(credit default swap,CDS)实际上是对债券或者是贷款违约风险的保险政策。CDS 卖方收取合同期限内的年度付款,但必须在违约时补偿买方的债券价值损失。⊖例如,随着希腊政府债务负担不断加剧,2010 年的希腊国债 5 年期 CDS 年保费约为 3%,这意味着 CDS 买方将向卖方每 100 美元的债券本金支付 3 美元的年度"保险费"。相比之下,财政实力雄厚的德国政府的 5 年期债券的 CDS 价格不到 0.5%。

在最初的设想中,信用违约掉期的设计是为了让债权人为违约风险购买保护。CDS 的天然购买者是大规模债券的持有者或者是为了增加未偿还贷款信誉的银行。即使借款方的信誉不可靠,"被保险"的债务依然与 CDS 的发行人一样安全。持有 BB 级债券的投资者实际上可以通过购买 CDS 将债券的评级提高到 AAA。

这种解读也表明了 CDS 合约的定价机制。如果一只 BB 级的公司债券通过 CDS 保险后等同于 AAA 级债券,互换的溢价也应该大致等于 AAA 级债券与 BB 级债券的利差。⊜利率的风险结构与 CDS 价格应该紧密结合。

图 9-12 显示了 2009 年至 2010 年希腊政府国债 5 年期 CDS 合约价格以及希腊和德国国债收益率之间的价差。作为欧元区最强劲的经济体,德国债券自然是扮演"无风险基准"角色的不二之选。正如预期的那样,信用利差和 CDS 价格几乎步调一致。

你可以看到,信用利差和 CDS 价格在 2009 年底都开始急剧增长。随着人们对希腊信用风险的认识增加,保险债务的价格也随之增加。最终,在有史以来最大的主权债务违约中,债权人同意在 2012 年减少希腊债务约 1 300 亿美元。

⊖ 实际上,信用违约掉期在每一次实际违约的时候也可能要兑现。合约注明了特殊的"信用事件"将会引发兑付。例如,条款调整(改变公司未偿还债务的期限以代替正式的破产程序)可以被认为是引发了信用事件。

⊜ 这大约是因为高评级债券和 CDS 债券有些差异。例如,互换的期限与债券的期限不匹配。利息支付与互换支付的税收待遇由于债务的流动性也可能有差异。最后,一些信用违约掉期会在最开始进行一次性的支付和年度的保险费。

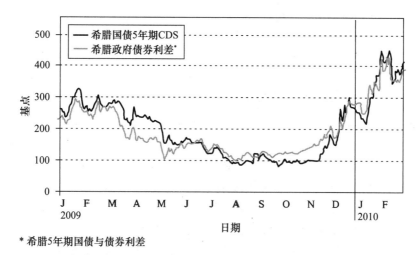

* 希腊5年期国债与债券利差

图 9-12　希腊政府国债 5 年期 CDS 合约价格变化

资料来源：Bloomberg, August 1, 2012, http://www.bloomberg.com/quote/CDBR1U5:IND/chart.

CDS 合约以公司债务和主权债务进行交易。尽管 CDS 早期被视为一种债券保险，但不久之后，投资者意识到可以将其用于推测特定发行人的财务状况。例如，有投资者在 2008 年年初预测金融危机即将到来，便购买了抵押债券的 CDS 合约以及金融公司的债务，因为 CDS 价格随后在 9 月份飙升而获利（见华尔街实战 9-1 专栏）。实际上，对冲基金经理约翰·保尔森（John Paulson）就是这样做的。在 2007～2008 年，他动用超过 150 亿美元的资金对商业银行、华尔街公司以及一些风险较高的抵押贷款支持证券公司的看跌押注，最终他的个人收益超过了 37 亿美元。

| 华尔街实战 9-1 |　信用违约掉期、系统性风险以及 2008～2009 年金融危机

当银行与金融机构之间的借贷失灵后，2008～2009 年的金融危机在很大程度上是透明度的危机。最大的问题是对交易对手的财务状况普遍缺乏信心。如果一家机构对对方的偿付能力没有信心，那可以理解其不愿意借贷给对手方。当对客户和交易伙伴风险敞口的怀疑升到了自大萧条之后的最高水平时，借贷市场枯竭了。

信用违约掉期增加了对对手方可靠度的怀疑。到 2008 年 8 月为止，据报道有 63 万亿美元的这类互换未偿付（作为比较，美国 2008 年的国内生产总值为 14 万亿美元）。随着次级债市场崩溃，经济陷入深度衰退，这些合约的潜在约定激增至不可想象的地步，CDS 的卖方遵守承诺的能力也开始变得可疑。例如，仅大型保险公司 AIG 一家就卖出了 4 000 亿美元的次按揭贷款和其他贷款的 CDS 合约，AIG 离无法偿付的日子不远。但是 AIG 同时还导致那些依赖于其规避贷款违约风险承诺的公司不可偿付。这些又导致了更多的违约。最后，政府被迫出手拯救 AIG，以避免违约的连锁反应。

对手方风险和松散的信息披露要求使得梳理公司的信用风险敞口在实践中变得不可能。有一个问题是 CDS 头寸并不一定需要计入资产负债表。有一个违约引起一串的其他违约的概率意味着债权人有可能面临的违约机构并不是他直接交易的对手方。这种连锁反应制造了系统性风险，这将导致整个金融体系陷入冰封期。随着坏账的涟漪作用扩展到越来越大的范围，借贷给任何对手都是一种不谨慎的行为。

在信贷危机后，《多德-弗兰克法案》呼吁新的法规及改革。一个建议是建立信用衍生品（如 CDS 合约）的中央对手方。这种体系将促进持仓的透明度，用集中清算的净头寸代替交易员互相抵消的正反两方头寸，这要求每日识别保证金账户或者担保账户的头寸损益。如果损失上升，持

仓将会在上升至不可承受的水平之前放松。允许交易员准确评估交易对手风险,并通过保证金账户和中央对手方的额外支持限制风险,限制系统性风险可以走得更远。

9.5.6 信用风险与担保债务凭证

担保债务凭证（collateralized debt obligations，CDOs）出现在最近10年,是固定收益市场重置信用风险的主要机制。创建一个担保债务凭证,一家金融机构（通常是一家银行）,通常首先建立一个合法的独特主体来购买,并在随后卖出一组债券和其他贷款的组合资产。为这一目的而建的载体就是所谓的结构投资载体（SIV）㊀。结构投资载体融资通常通过发行短期融资券,并用于购买公司债券及其他债务（包括按揭贷款或信用卡债务）。这些贷款首先被聚集在一起,并被分割成一系列的载体,也就是我们所知的"份额"。

每一份额都拥有不同程度的对未偿还贷款池的求偿权,并且每一份额都可以作为独立证券单独出售。当未偿还贷款池中的贷款支付利息时,这些利息会依据每一份额的优先权支付。这一优先权结构表明每一份额都有不同的信用风险敞口。

图9-13展示了一个典型的机制。高级份额在最顶部。投资者对整个池子中的面值的80%负有责任,但是他对债务的全部条款有第一求偿权。依据我们的数据,即使债务池的20%发生违约,高级份额仍然会被全部偿还。一旦最高级份额得到偿付,较低等级（例如图9-13中的夹层1部分）在贷款偿付后得到贷款池的资金。运用低等级将高等级隔离于信用风险之外,即使是垃圾债券,我们也可以从中设立一只Aaa级别的债券。

			优先-次级部分结构	典型条款
			高级份额	70%~90%的名义本金,票面利率接近于Aa-Aaa级别债券
			夹层1	5%~15%的本金,投资级别
银行		结构投资载体		
			夹层2	5%~15%的本金,高质量的垃圾债券
			第一损失/残值	<2%的本金,无评级,票面利率有20%的信用利差

图9-13 担保债务凭证

当然,使高等级隔离于违约风险之外意味着风险积聚在较低等级。底部（被称为第一损失或者是残值部分）最后享有贷款池的偿付,或者换一种说法,底部是最先承担违约或过失风险的。

并不奇怪,投资于最大风险敞口的投资者要求最高的收益。因此,当较低夹层和底部承担了最多风险时,如果信用经历有利可图,他们将会提供最高的收益。

按揭支持担保债务凭证在2007~2009年是一个投资灾难。这类CDO是通过聚集起来发放给个人的（这些人的信用条件通常不足以申请常规贷款）次级贷款衍生的。住房价格在2007年下跌,而这种典型的可调整利率的贷款重置至市场水平,贷款逾期和房屋没收拍卖猛增,这类债券的投资者损失了数十亿美元。即使是高等级份额也遭受了巨大损失。

理所当然地,将这些份额评为投资级的评级机构成为众矢之的。一个有关利益纠葛的问题

㊀ 将SIV从所属银行披露的资产负债表中去除的行为是合法的,银行以此来避免可能遇到的资本要求。

被提出来了：因为是债券发行人向评级机构付费，这些机构被指控迫于压力放松了评级标准。

虽然 CDO 的发行量在金融危机后急剧下降，但最近又有了回升。然而较新发行的 CDO 通常看起来比危机前的同类产品更安全。《多德—弗兰克法案》要求 CDO 发行人保留基础投资组合的很大一部分信用风险。这一要求激励发行人限制信贷风险，而不是简单地将其推卸给另一个投资者。此外，根据巴塞尔协议，银行有义务持有更多的资本以应对损失的风险。最后，今天的 CDO 不太可能持有次级住宅抵押贷款，而更可能持有杠杆率较低的高评级证券。

小　结

1. 固定收益证券的特征是向投资者承诺支付一笔固定收入或特定的收入流。附息债券是典型的固定收益证券。

2. 中长期国债的期限超过一年。它们按照或接近于面值发行，其报价扣除了应计利息。

3. 可赎回债券应提供更高的承诺到期收益率，以补偿投资者在利率下降和债券以规定的赎回价赎回时所遭受的资本利得损失。债券发行时，通常有一个赎回保护期。此外，折价债券以远低于赎回价的价格销售，提供隐含的赎回保护。

4. 可卖回债券赋予债券持有人而不是发行人以终止或延长债券期限的期权。

5. 可转换债券的持有人可自行决定是否要将手中的债券换成一定数量的股票，可转换债券持有人以较低的票面利率来获得这一期权。

6. 浮动利率债券支付的票面利率高出短期参考利率某一固定溢价。因为票面利率与当前市场条件紧密相连，所以风险是有限的。

7. 到期收益率是使债券现金流的现值与其价格相等的单利。债券价格与收益率负相关。对于溢价债券而言，票面利率高于现行收益率，而现行收益率则高于到期收益率。对于折价债券而言，顺序正好相反。

8. 到期收益率常常被解释为投资者购买并持有一种债券直至到期的平均收益率的估计，但这个解释不够精确。与此相关的测度有赎回收益率、实现的复合收益率和期望（或承诺）到期收益率。

9. 零息票债券的价格随时间变化呈指数级上升，它提供了一个与利率相等的增值率。美国国税局将该内在价格升值视为投资者的应税利息收入。

10. 当债券存在违约可能性时，声明的到期收益率就是债券持有者所可能获得的最高到期收益率。但当违约发生时，这一承诺的收益率便无法实现，因此债券必须提供违约溢价来补偿投资者所承担的违约风险，违约溢价为超出无违约风险的政府债券的承诺收益率部分。如果公司经营良好，公司债券的收益率便会高于政府债券的收益率，否则，将低于政府债券的收益率。

11. 通常使用财务比率来分析债券的安全性。债券契约是另一种保护持有人权利的措施。通常的契约，对于偿债基金的数额规定、贷款抵押、股利限制以及次级额外债务等都做出了规定。

12. 信用违约掉期为债券和贷款的违约提供了保险。互换的购买者向出售者支付年度的保险费，但是如果随后贷款违约，购买者将会获得与损失相等的赔付。

13. 担保债务凭证用于重新配置贷款池的信用风险。贷款池被分割成不同的份额，每一份额由于对未偿还贷款的现金流的求偿权不同而被分成了不同份额。高等级份额通常很安全，信用风险积聚在较低等级。每一份额都可以作为独立债券出售。

习 题

基础题

1. 解释下列类型的债券。
   a. 巨灾债券　　　　b. 欧洲债券
   c. 零息票债券　　　d. 武士债券
   e. 垃圾债券　　　　f. 可转换债券
   g. 分期还本债券　　h. 设备契约债券
   i. 最初发行的折扣债券　j. 指数化债券
   k. 可赎回债券　　　l. 可卖回债券

2. 两种债券有相同的期限和票面利率。一只价格为105美元,可赎回;另一只价格为110美元,不可赎回。哪一只债券到期收益率更高?为什么?

中级题

3. (无违约风险的)零息票债券的承诺到期收益率和已实现的复合到期收益率永远相等。为什么?

4. 为什么当利率上升时债券价格会下降?难道债权人不喜欢高利率吗?

5. 一只债券的年票面利率是4.8%,卖价为970美元,债券的当期收益率是多少?

6. 哪只债券的实际年利率更高?
   a. 面值为100 000美元,售价为97 645美元的3个月短期国库券。
   b. 以面值出售,半年付息一次,票面利率为10%的债券。

7. 按面值出售,票面利率为8%,半年付息一次的长期国债,如果一年付息一次,而且仍按面值出售,则票面利率应为多少?(提示:实际年收益率为多少?)

8. 假设一只债券的票面利率为10%,到期收益率为8%。如果到期收益率保持稳定,那么在一年内,债券的价格是会升高、降低还是不变?为什么?

9. 假设一只债券,票面利率为8%,剩余期限为3年,每年付息一次,卖价为953.10美元。接下来3年的利率确定是:$r_1 = 8\%$, $r_2 = 10\%$, $r_3 = 12\%$。计算到期收益率和实现的复合收益率。

10. 假设投资者有一年的投资期限,试图在三种债券之间进行选择。三种债券都有相同的违约风险,剩余期限都是10年。第一种是零息票债券,到期支付1 000美元;第二种是票面利率为8%,每年支付80美元利息的债券;第三种是票面利率为10%,每年支付100美元利息的债券。
    a. 如果三种债券都是8%的到期收益率,它们的价格分别是多少?
    b. 如果投资者预期在下年初到期收益率为8%,则那时的价格各为多少?每只债券税前持有期收益率是多少?如果投资者的税收等级为:普通收入税率为30%,资本利得税率为20%,则每一种债券的税后收益率各为多少?
    c. 假设投资者预计下一年年初每种债券的到期收益率为7%,重新回答问题b。

11. 一只20年期、面值为1 000美元的债券,每半年付息一次,票面利率为8%,如果债券价格如下,则其等价年收益率和实际到期收益率为_____美元。
    a. 950　　　b. 1 000　　　c. 1 050

12. 使用相同的数据,只是假定每半年付息改为每年付息,重新回答11题,并回答为什么这种情况获得的收益率低。

13. 以下为面值1 000美元的零息票债券,填写此表。

价格 (美元)	期限 (年)	债券等价到期收益率 (%)
400	20	—
500	20	—
500	10	—
—	10	10
—	10	8
400	—	8

14. 一只债券,年票面利率为10%,半年付息一次,市场利率为每半年4%,债券剩余期限为3年。

a. 计算目前的债券价格，及下一次付息后距现在6个月的债券价格。

b. 该债券（6个月中）的总收益率是多少？

15. 票面利率为7%，每年付息两次（1月15日和7月15日付息），1月30日《华尔街日报》刊登了此债券的卖方报价是100.125，则此债券的全价是多少？付息周期为182天。

16. 一只债券的当期收益是9%，到期收益率是10%。问此债券的售价是以高于还是低于面值出售？并说明理由。

17. 上题中的债券的票面利率是高于还是低于9%？

18. 参考表9-1，显示了TIPS债券现金流，则有：

a. 第二年债券的名义收益率是多少？

b. 第二年的实际收益率是多少？

c. 第三年债券的名义收益率是多少？

d. 第三年的实际收益率是多少？

19. 一种新发行的20年期的零息票债券，到期收益率为8%，面值为1 000美元，计算存续期的第一年、第二年与最后一年的利息收入。

20. 一种新发行的10期债券，票面利率为4%，每年付息一次，公开发售价格为800美元，投资者下一年的应税收入是多少？此债券在年末不出售，并按照初始发行折价债券对待。

21. 一只30年期、票面利率为8%、半年付息一次的债券5年后可按照1 100美元的价格赎回。此债券现在以7%的到期收益率出售（每半年3.5%）。

a. 赎回收益率是多少？

b. 如果赎回价格仅为1 050美元，则赎回收益率是多少？

c. 如果赎回价格仍为1 100美元，但是债券可以在2年后而不是5年后赎回，则赎回收益率是多少？

22. 一个有严重财务危机的企业发行的10年期债券，票面利率为14%，售价为900欧元，此企业正在与债权人协商，债权人有望同意企业的利息支付减至原合同金额的一半。这样企业可以降低利息支付。此债券规定的和预期的到期收益率各是多少？此债券每年付息一次。

23. 一只两年期债券，面值为1 000美元，每年的利息支付为100美元，售价为1 000美元。债券的到期收益率是多少？在第二年的一年期利率分别为8%、10%、12%三种情况下，实现的复合收益率将分别是多少？

24. 假定今天是4月15日，现有一票面利率为10%的债券，每半年分别在1月15日和7月15日各付息一次。《华尔街日报》上面的卖方报价101.25。如果投资者今天从交易商处购得此种股票，购买价格将是多少？

25. 假定两公司发行的债券有如下特征，且以面值发行。

	ABC债券	XYZ债券
发行量	12亿美元	1.5亿美元
期限	10年①	20年
票面利率	6%	7%
抵押品	一级担保	普通债券
赎回条款	不可赎回	10年后可赎回
赎回价格	无	110
偿债基金	无	5年后开始

①债券持有人可自行选择另外延长10年有效期。

不考虑信用水平，找出4个能说明ABC债券的低票面利率的原因，并说明理由。

26. 一位投资者相信某债券的信用风险可能暂时有所提高。下面哪一条是利用这一点最容易获得现金的方法？

a. 购买信用违约掉期

b. 卖出信用违约掉期

c. 卖空债券

27. 以下哪一点最准确地描述了信用违约掉期的性质？

a. 当信用风险上升，互换溢价上升

b. 当信用和利率风险上升，互换溢价上升

c. 当信用风险上升，互换溢价上升，但

是当利率风险上升,互换溢价下降

28. 对债券到期收益率的影响最有可能来源于:
   a. 发行公司的获利额对利息的倍数比率上升
   b. 发行公司的负债与股东权益比率上升
   c. 发行公司的流动比率上升

29. 一家大公司5年前同时发行了固定利率和浮动利率的两种商业票据,其数据如下。

	票面利率为6%的票据	浮动利率票据
发行量	2.5亿美元	2.8亿美元
初始期限	20年	10年
现价(面值的%)	93	98
当期票面利率	6%	4%
票面利率调整	固定利率	每年调整
票面利率调整规则	—	一年期国库券利率上浮2%
赎回条款	发行后10年	发行后10年
赎回价格	106	102.5
偿债基金	无	无
到期收益率	6.9%	
发行后价格变化范围	85~112美元	97~102美元

   a. 为什么票面利率为6%的商业票据的价格波动幅度大于浮动利率的商业票据?
   b. 解释浮动利率商业票据为什么不按面值出售。
   c. 对投资者而言,为什么说赎回价格对浮动利率商业票据并不重要?
   d. 对于固定利率商业票据而言,提前赎回的可能性是高还是低?
   e. 如果公司发行期限15年的固定利率商业票据,以面值发行,则票面利率是多少?
   f. 对于浮动利率商业票据而言,为什么

用一种确定的方法计算到期收益率是不合适的?

30. Masters公司发行两种20年期债券,赎回价格均为1 050美元。第1种债券的票面利率是4%,以较大的折扣出售,售价580美元,到期收益率达8.4%。第2种债券按照面值平价出售,票面利率为8.75%。
   a. 平价债券的到期收益率是多少?为什么会高于折价债券?
   b. 如果预期利率在此后的两年中大幅度下跌,投资者会选择哪种债券?
   c. 为什么折价债券提供了某种意义上的"隐形赎回保护"?

高级题

31. 一只新发行债券每年付息一次,票面利率为5%,期限为20年,到期收益率为8%。
   a. 一项一年期的投资,如果债券在年底时以到期收益率为7%的价格出售,则持有期收益率是多少?
   b. 如果债券在一年后出售,利息收入的税率是40%,资本利得税率是30%,那投资人应缴税多少?债券享有原始发行折价税收政策。
   c. 债券的税后持有期收益是多少?
   d. 持有期为2年,计算实现的复合收益率(税前),假设:
   ①2年后卖出债券;②第2年末债券的收益率为7%;③利息可以以3%的利率再投资一年。
   e. 用b中的税率计算2年后税后实现的复合收益率,记得考虑原始发行折价税收规定。

CFA考题

1. Leaf Product发行了一只10年期的固定收益证券,可能包含偿债基金条款和赎回保护或者重新注资。
   a. 描述偿债基金条款。
   b. 解释偿债基金对以下两方面的影响:
      i. 该证券的预期平均期限。
      ii. 该证券在存续期内总的面值和利息收益。
   c. 从投资者的角度,解释偿债基金存在的合理性。

2. Zello 公司的债券，面值为 1 000 美元，以 960 美元出售，5 年后到期，年票面利率为 7%，半年付息一次。
   a. 计算：
   （1）当期收益率。
   （2）到期收益率（四舍五入到最小整百分数，如 3%、4%、5% 等）。
   （3）持有期为 3 年，再投资收益率为 6%，投资者的实现的复合收益率为多少？第 3 年末，还差 2 年到期，7% 的利息支付的债券将以 7% 的收益率出售。
   b. 指出以下每种固定收益率测度指标的主要缺陷：
   （1）当期收益率
   （2）到期收益率
   （3）实现的复合收益率

3. 2016 年 5 月 30 日，Janice Kerr 正在考察新发行的 AAA 级公司的 10 年期债券，具体情况如下。

债券情况	票面利率	价格	赎回条款	赎回价格
Sentinal 2026 年 5 月 30 日到期	4.00%	100	不可赎回	无
Colina 2028 年 5 月 30 日到期	4.20%	100	当前可赎回	102

   a. 假设市场利率下降 100 个基点（即 1%），比较该利率下降对每一债券价格的影响。
   b. 如果 Kerr 选择债券 Colina 而不是 Sentinal，预期利率是上升还是下降的？
   c. 如果利率波动加剧，那么对每种债券的价格将产生什么影响？

4. 一只可转换债券具有以下特性。

票面利率	5.25%
期限	2030 年 6 月 15 日
债券市场价格	77.50 美元
普通股股价	28 美元
年股利	1.2 美元
转换率	20.83 股

试计算该债券的转换溢价。

5. a. 试说明在发行一只债券时，附加提前赎回条款对债券的收益率会产生什么影响。
   b. 试说明在发行一种债券时，附加提前赎回条款对债券的预期期限会有什么影响。
   c. 试说明一个资产组合中若包含可赎回债券，会有何利弊。

6. a. 要使付息债券能够提供给投资者的收益率等于购买时的到期收益率，则：
   （1）该债券不得以高于面值的价格提前赎回
   （2）该债券的存续期内，所有偿债基金的款项必须立即及时地支付
   （3）在债券持有直至到期期间，再投资利率等于债券的到期收益率
   （4）以上均是
   b. 具有赎回特征的债券：
   （1）很有吸引力，因为可以立即得到本金加上溢价，从而获得高收益
   （2）当利率较高时更倾向于执行赎回条款，因为可以节省更多的利息支出
   （3）相对于不可赎回的类似债券而言，通常有一个更高的收益率
   （4）以上均不对
   c. 下面哪一种情况债券以折价方式卖出：
   （1）票面利率大于当期收益率，也大于到期收益率
   （2）票面利率、当期收益率和到期收益率相等
   （3）票面利率小于当期收益率，也小于到期收益率
   （4）票面利率小于当期收益率，但大于到期收益率
   d. 考虑一只 5 年期债券，票面利率为 10%，目前的到期收益率为 8%，如果利率保持不变，一年后此债券的价格会：
   （1）更高　　（2）更低
   （3）不变　　（4）等于面值

概念检查答案

9-1 可赎回债券将以较低的价格出售。因为如果投资者知道公司保留了在市场利率下降时赎回债券的有价期权，他们就不愿意仍以与原来价格相同的价格购买该债券。

9-2 在半年期利率为3%的情况下，债券价值等于40×年金因子（3%，60）+1 000×现值因子（3%，60）= 1 276.76（美元），资本利得为276.76美元，超过了当利率增长到5%时的资本损失189.29美元（1 000-810.71=189.29）。

9-3 到期收益率高于当期收益率，又高于票面利率时。以一只票面利率为8%、到期收益率为10%（半年为5%）的付息债券为例。其价格为810.71美元，因此当期收益率为80/810.71=0.098 7，即9.87%，高于票面利率，但低于到期收益率。

9-4 a. 票面利率为6%的债券，现价为30×年金因子（3.5%，20）+1 000×现值因子（3.5%，20）= 928.94美元。如果利率立刻降至6%（半年3%），则债券价格将涨至1 000美元。资本利得为71.06美元，即7.65%。票面利率为8%的债券现价为1 071.06美元，如果利率降至6%，则原定支付的资金的现值变为1 148.77美元，然而，该债券将会以1 100美元的价格赎回，资本利得仅为28.94美元，或2.70%。

b. 债券的现价可以由到期收益率推导出来。使用计算器，设定：$n=40$（每半年付息一次），利息=45美元每期，终值=1 000美元，利率=4%（每半年期）。计算现值为1 098.96美元。现在可以计算赎回收益率。赎回期为5年，或10个半年期，债券的赎回价格为1 050美元。为了算出赎回时的收益率，设定：$n=10$（每半年为一期），每次应付利息=45美元（每期），终值= 1 050美元，现值=

1 098.96美元。赎回收益率为3.72%。

9-5 价格=70×年金因子（8%，1）+1 000×现值因子（8%，1）= 990.74（美元）

$$投资者的收益率 = \frac{70+(990.74-982.17)}{982.17}$$
$$= 0.080 = 8\%$$

9-6 到年末，剩余期限为29年。如果到期收益率仍为8%，债券仍将以面值出售，其持有期收益率仍为8%。收益率较高时，债券价格和收益率将降低。例如，假设到期收益率增加到8.5%，年利息支付额为80美元，面值为1 000美元的情况下，债券价格将等于946.70美元（$n=29$，$i=8.5\%$，PMT=80美元；FV=1 000美元）。该债券在年初开始出售时，其价格为1 000美元，则持有期收益率为

$$HPR = \frac{80+(946.70-1 000)}{1 000}$$
$$= 0.026 7 = 2.67\%$$

该收益率低于8%的初始到期收益率。

9-7 在低收益条件下，债券价格为631.67美元（$n=29$，$i=7\%$，PMT=40美元；FV=1 000美元），因此，总税后收入为
利息　40×(1-0.38) = 24.80（美元）
累计利息(553.66-549.69)×(1-0.38)
= 2.46（美元）
资本利得(631.67-553.66)×(1-0.20)
= 62.41（美元）
税后总收入=89.67（美元）
收益率=89.67/549.69=0.163=16.3%

9-8 系数为负。高资产负债率对公司来说不是一个好的征兆，通常会降低公司的信用等级。

9-9 每次利息支付为45美元，有20个半年期。假定最后一笔支付为500美元。期望现金流的现值为650美元，期望的到期收益率为每半年6.317%，或每年12.63%（等价收益率）。

第 10 章

CHAPTER 10

债券资产组合管理

本章将讨论各种债券资产组合管理策略，并详细说明消极投资策略与积极投资策略的区别。消极投资策略是将证券的市场价格当作公平的价格。消极管理者更倾向于在既定的市场机遇条件下保持一种适度的风险-收益平衡，而不试图利用内部信息或者观察力跑赢市场。消极管理者中一个特别的实例是免疫策略，其试图隔离或免除资产组合的利率风险。相比之下，积极投资策略试图获得更多收益，而不考虑随之带来的风险。在债券管理中，积极管理者会采用两种形式：一是利用利率预测来预计整个债券市场的动向；二是利用某些形式的内部市场分析来识别部分特定市场或者错误估值的特定券种。

因为利率风险对积极投资策略和消极投资策略的选择至关重要，所以我们首先讨论债券价格对利率波动的敏感性。敏感性是根据债券久期来测度的，我们对债券久期的决定因素将给予特别关注。我们要讨论几种消极投资策略，并介绍久期匹配技术怎样使资产组合的持有期收益率免疫于利率风险。在讨论久期测度的广泛运用后，我们重点围绕债券凸性的概念，具体考虑改进测度利率敏感性的方式。久期对积极投资策略也十分重要，我们在本章最后讨论积极投资策略，这些策略通过利率预测和市场内部分析探寻债券市场中更具吸引力的证券。

10.1 利率风险

我们知道债券价格与其收益之间存在反向关系，并且我们也知道利率会有大幅波动。随着利率的涨跌，债券持有人会有资本利得和损失。这些利得和损失使得固定收益投资具有风险性，即便利息和本金支付有保障，例如国债。

为什么债券价格会对利率波动做出反应？需要记住的是，在竞争市场中所有证券给投资者的期望收益率应该是相当的。当债券发行的票面利率是8%，而市场的竞争性收益率也是8%时，债券将以面值出售。但是，如果市场利率升至9%，那么还有谁会以面值来购买利率为8%的债券呢？这时债券价格一定会下跌，直到它的期望收益率上升至具有竞争力水平的9%为止。

相反,如果市场利率下跌至7%,相对于其他投资的收益而言,这种票面利率为8%的债券会更具吸引力。于是,渴望得到这种收益的投资者会抬高债券价格直到高价购买债券的人获得的总收益率不再高于市场利率。

10.1.1 利率敏感性

债券价格对市场利率变化的敏感性对投资者而言显然十分重要。为深入了解利率风险的决定因素,可以参见图10-1。该图表示了票面利率、初始到期收益率和期限互不相同的四种债券,当到期收益变化时,债券价格以相应的百分比变动。所有这四种债券都表明,当收益率增加时,债券价格下降,并且价格曲线是凸的,这意味着收益率下降对价格的影响远远大于相同程度收益率增加对价格的影响。我们将这些性质归结为以下两点:

(1) 债券价格与收益率成反比:当收益率升高时,债券价格下跌;当收益率下降时,债券价格上升。

(2) 债券的到期收益率升高导致其价格变化的幅度小于等规模的收益下降导致其价格变化的幅度。

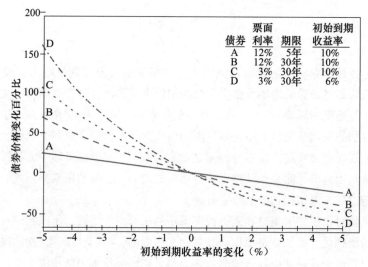

图10-1 作为到期收益率变化的函数的债券价格变化

现在,比较债券A和B的利率敏感性,除到期时间外,其他参数均相同。图10-1表明债券B比A期限更长,对利率更敏感。这体现出另一种基本性质。

(3) 长期债券价格对利率变化的敏感性比短期债券更高。

这不足为奇。例如,如果利率上涨,由于现金流以更高的利率水平贴现,则债券的价值会有所降低。越是远期的现金流,提高贴现率的影响会越大。

值得注意的是,当债券B的期限是债券A的期限的6倍时,它的利率敏感性却比债券A大不了6倍。尽管利率敏感性随到期时间延长而增加,但却不是按到期日延长的比例增加的。因此,我们有了第四条性质。

(4) 当债券期限增加时,债券价格对收益率变化的敏感性增加,但增速递减。换句话说,利率风险变动小于债券期限变动。

观察债券B和C,除票面利率之外,其他参数均相同,这时表现出另一特征。票面利率较低的债券对市场利率变化更敏感。这体现出债券价格的一个普遍性质。

（5）利率风险与债券票面利率成反比。低票面利率债券的价格比高票面利率债券的价格对利率变化更敏感。

最后，观察债券 C 和 D，除债券的到期收益率之外，其他参数均相同。债券 C 具有更高的到期收益，对收益变化的敏感性更低一些。这样，可以得到最后一个性质。

（6）债券价格对其收益变化的敏感性与当期出售债券的到期收益率成反比。

前五条性质曾被马尔基尔⊖所论证，有时被称为马尔基尔债券定价关系。第六个性质被霍默和利伯维茨⊖论证。

期限是利率风险的主要决定因素。但是，期限本身不足以测度利率的敏感性。例如，债券 B 和 C（见图 10-1）的期限相同，但是较高票面利率的债券对利率变化有着较低的价格敏感性。显而易见的是，我们不能仅靠债券期限来量化其利率风险。

为理解票面利率或到期收益率等债券特征为什么会影响利率敏感性，我们从一个简单的数字实例开始讨论。表 10-1 提供了不同到期收益率和期限为 T 的半年票面利率为 8% 的债券价格。其中，利率表示为年百分率（APR），即将半年收益率翻倍，以获得约定的年化收益率。

当利率从 8% 上升至 9% 时，最短期限债券的价值下跌小于 1%，10 年期债券下跌 6.5%，而 20 年期债券下跌 9% 以上。

表 10-1 票面利率为 8% 的债券价格（半年付息一次）

到期收益率（APR）	$T=1$ 年	$T=10$ 年	$T=20$ 年
8%	1 000.00	1 000.00	1 000.00
9%	990.64	934.96	907.99
价格下降（%）①	0.94%	6.50%	9.20%

① 到期收益率为 9% 的等值债券除以（初始）收益率为 8% 的债券，再减去 1。

让我们现在来看看类似的例子，不过这次不是票面利率为 8% 的债券，而是零息债券，结果见表 10-2。请注意，对于每种期限，零息债券价格的下降比例大于票面利率为 8% 的债券。因为我们知道长期债券比短期债券对利率变动更为敏感，所以这一观察表明，在某种意义上，零息债券代表一个期限更长的债券，而不是期限相同的息票债券。

表 10-2 零息债券价格（半年计一次复利）

到期收益率（APR）	$T=1$ 年	$T=10$ 年	$T=20$ 年
8%	924.56	456.39	208.29
9%	915.73	414.64	171.93
价格下降（%）①	0.96%	9.15%	17.46%

① 到期收益率为 9% 的等值债券除以（初始）收益率为 8% 的债券，再减去 1。

实际上，这种对有效期限的洞察力对我们进行数学上的精确计算是十分有用的。首先，注意在此例中两只债券的期限并非债券长期与短期特征的准确度量。票面利率为 8% 的 20 年期债券有多次利息支付，其中大部分是在债券到期之前进行的。每次支付都可以认为有它自己的"到期日"。在前面章节中，我们曾把息票债券看作息票支付的资产组合，这是简捷且有效的。因此，债的有效期限是所有现金流的某种平均到期时间。相比较而言，零息债券只在到期时一次性支付。因此，它的到期时间是一个明确的概念。

较高票面利率债券价值的很大部分与息票紧密联系，而不是与最终支付的票面价值相联系。所以，"息票资产组合"倾向在较早、短期支付上赋予更大的权重，它导致息票债券的"有效期限"较短。这解释了马尔基尔提出的第五个性质，即价格敏感性随票面利率而下降。

⊖ Burton G. Malkiel, "Expectations, Bond Price, and the Term Structure of Interest Rates," *Quarterly Journal of Economics* 76（May 1962）, pp. 197-218.

⊖ Sidney Homer and Martin L. Liebowitz, *Inside the Yield Book: New Tools for Bond Market Strategy*（Englewood Cliff, NJ: Prentice Hall, 1972）.

相似的逻辑可以解释第六个性质，价格敏感性随到期收益率上升而下降。较高的收益降低了所有债券偿付的现值，对较远期偿付而言，情况更是如此。因此，在收益较高的情况下，债券价值的较大部分来自其较早的支付。较早的支付具有较低的有效期限和利率敏感性。于是，债券价格对收益变化的整体敏感性就较低。

10.1.2 久期

为了解决债券多次支付的"期限"含糊不清的问题，我们需要一种测度债券发生现金流的平均期限的方法。我们也可以使用此方法来测量债券对利率变化的敏感性，因为我们知道价格敏感性会随到期期限的增加而增大。

弗雷德里克·麦考利⊖把有效期限概念定义为债券久期。**麦考利久期**（Macaulay's duration）等于债券每次息票或债券本金支付时间的加权平均。每次支付时间相关的权重都应当与该次支付对债券价值的"重要性"相联系。实际上，每次支付时间的权重应该是这次支付在债券总价值中所占的比例。这个比例正好等于支付的现值除以债券价格。

权重 w_t 与在时间 t 所发生的现金流（标注为 CF_t）有关，表示为

$$w_t = \frac{CF_t/(1+y)^t}{债券价格}$$

式中，y 代表债券到期收益率。公式右边的分子代表在时间 t 所发生现金流的现值，分母代表债券所有支付的值。这些权重的和为 1.0，因为以到期收益率贴现的现金流总额等于债券价格。

用这些值来计算所有债券支付时间的加权平均，就可以得到麦考利久期公式，表示为

$$D = \sum_{t=1}^{T} t \times w_t \tag{10-1}$$

作为公式（10-1）的应用，在表 10-3 中可以得到票面利率为 8% 的付息债券和零息债券的久期，两种债券都是 2 年期债券。假设到期收益率均为 10%，或半年 5%。B 栏中显示周期（半年）的每次支付的贴现率为 5%。每次支付期限（F 栏）的权重等于该时点的支付现值（E 栏）除以债券价格（E 栏中的现值总额）。

表 10-3 计算两种债券的久期（栏中的总额遵从化整误差）

	A	B	C	D	E	F	G
1			到支付时		现金流的现值		列（C）
2			的期限		贴现率=		乘以
3		周期	（年）	现金流	每1周期5%	权重①	列（F）
4	A. 8%的付息债券	1	0.5	40	38.095	0.0395	0.0197
5		2	1.0	40	36.281	0.0376	0.0376
6		3	1.5	40	34.554	0.0358	0.0537
7		4	2.0	1040	855.611	0.8871	1.7741
8	总额				964.540	1.0000	1.8852
9							
10	B. 零息债券	1	0.5	0	0.000	0.0000	0.0000
11		2	1.0	0	0.000	0.0000	0.0000
12		3	1.5	0	0.000	0.0000	0.0000
13		4	2.0	1000	822.702	1.0000	2.0000
14	总额				822.702	1.0000	2.0000
15							
16	半年利率	0.05					
17							
18	①权重=每一次支付（E列）的现值除以债券价格。						

⊖ Frederick Macaulay, *Some Theoretical Problems Suggested by the Movements of Interest Rates, Bond Yields, and Stock Prices in the United States since 1856* (New York: National Bureau of Economic Research, 1938).

G 栏的数字是支付期限和支付权重的乘积。每个乘积都是式（10-1）中相应的一项。根据公式，我们可以把 G 栏的数字相加计算出每一债券的久期。

零息债券的久期正好等于到期时间，即 2 年。这很好理解，因为仅有一次支付，而支付的平均期限必须是债券的期限。相比较，2 年期债券的久期稍短一些，为 1.885 2 年。

表 10-4 用来说明生成表 10-3 中所有内容的公式。表的输入（详细说明债券支付的现金流）在 B~D 栏中给出。在 E 栏中，我们用假设的到期收益率来计算每次现金流的现值。在 F 栏中，我们求出式（10-1）中的权重。在 G 栏中，我们计算支付期限和支付权重的乘积。所有这些数据都对应式（10-1）的计算中所需的数据。在单元格 G8 和 G14 中所计算得到的总额就是每个债券的久期。利用数据表可以轻松回答诸如"如果……将会……"的问题，如概念检查 10-1 中的问题。

概念检查 10-1

假设年利率（APR）下降至 9%。那么在表 10-3 中的两种债券的价格和久期将会发生什么变化？

表 10-4 计算久期的电子数据表公式

	A	B	C	D	E	F	G
1			到支付时		现金流的现值		列（C）
2			的期限		（贴现率＝		乘以
3		周期	（年）	现金流	每1周期5%）	权重	列（F）
4	A. 8%的付息债券	1	0.5	40	=D4/(1+$B$16)^B4	=E4/E$8	=F4*C4
5		2	1	40	=D5/(1+$B$16)^B5	=E5/E$8	=F5*C5
6		3	1.5	40	=D6/(1+$B$16)^B6	=E6/E$8	=F6*C6
7		4	2	1040	=D7/(1+$B$16)^B7	=E7/E$8	=F7*C7
8	总额				=SUM(E4:E7)	=SUM(F4:F7)	=SUM(G4:G7)
9							
10	B. 零息债券	1	0.5	0	=D10/(1+$B$16)^B10	=E10/E$14	=F10*C10
11		2	1	0	=D11/(1+$B$16)^B11	=E11/E$14	=F11*C11
12		3	1.5	0	=D12/(1+$B$16)^B12	=E12/E$14	=F12*C12
13		4	2	1000	=D13/(1+$B$16)^B13	=E13/E$14	=F13*C13
14	总额				=SUM(E10:E13)	=SUM(F10:F13)	=SUM(G10:G13)
15							
16	半年利率	0.05					

久期之所以是固定收益投资组合的关键概念至少有三个原因：首先，它是资产组合有效平均期限的简单归纳统计；其次，它已经被证明是资产组合规避利率风险的一种基本工具，这些将在 10.3 节中探讨；最后，久期是资产组合利率敏感性的一种测度，这是需要在此探讨的内容。

我们已经知道债券价格的利率敏感性通常随着其债券期限的增加而增加。久期的测度能够量化这种关系。具体而言，当利率变化时，债券价格的变化率与其到期收益率的变化是相关的，可用公式表达如下：

$$\frac{\Delta P}{P} = -D \times \frac{\Delta(1+y)}{1+y} \tag{10-2}$$

债券价格的变化率等于债券久期乘以（1+债券收益率）的变化率。

实践者运用式（10-2）时，在形式上略有不同。他们将**修正久期**（modified duration）定义为 $D^* = D/(1+y)$，这里 $\Delta(1+y) = \Delta y$，于是（10-2）改写为

$$\frac{\Delta P}{P} = -D^* \Delta y \qquad (10\text{-}3)$$

债券价格的变化率正好是修正久期和债券到期收益率变化的乘积。因为债券价格的变化率与修正久期成比例，所以修正久期可以用来测度债券在利率变化时的风险敞口。实际上，下面可以看到，式（10-2）或等效式（10-3）对于债券收益率的大幅度变化仅仅是近似有效的。只在考虑较小或局部的收益率变化时，这种近似才变得准确。⊖

例 10-1　久期

表 10-1 中，考虑 2 年期、票面利率为 8% 且半年支付一次的债券，其出售价格为 964.54 美元，到期收益率为 10%，该债券的久期是 1.885 2 年。为进行比较，考虑以下零息债券，其期限和久期都是 1.885 2 年。正如在表 10-3 中看到的，因为债券利息每半年偿付一次，最好把半年定为一个周期。于是，每一只债券的久期是 1.885 2×2=3.770 4 个（半年）周期，且每一个周期的利率是 5%。因此，每一只债券的修正久期是 3.770 4/1.05=3.591 个周期。

假定半年利率从 5% 上涨至 5.01%。根据式（10-3）求出债券价格的变化。

$$\frac{\Delta P}{P} = -D^* \Delta y = -3.591 \times 0.01\% = -0.035\,91\%$$

现在直接计算每一只债券的价格变化。息票债券的初始销售价格是 964.540 美元。当收益涨至 5.01% 时，价格下降到 964.194 2 美元，下降了 0.035 91%。零息债券的初始卖价是 1 000/1.05$^{3.770\,4}$ = 831.970 4 美元。收益率更高时，它的卖价为 1 000/1.050 1$^{3.770\,4}$ = 831.671 7 美元。价格下降了 0.035 9%。

结论是：相同久期的债券实际上利率敏感性相同，并且价格变化百分比（至少对于收益变化小的债券而言）等于修正久期乘以收益变化。⊖

概念检查 10-2

a. 在概念检查 10-1 中，当市场利率为 9% 时，你计算了 2 年期、票面利率为 8% 且半年付息一次的债券的价格和久期。现在假定利率上升至 9.05%，计算债券的新价值和价格变化百分比。

b. 根据式（10-2）或者式（10-3）中的久期公式预测的债券价格，计算债券价格的变化百分比。将这个值与 a 中的答案进行比较。

⊖ 对于债券收益变化，学习微积分的人会认识到修正久期和所得的债券价格成比例。对于收益的较小变化，式（10-3）可以写成：

$$D^* = -\frac{1}{P}\frac{dP}{dy}$$

这样，在现价的相邻位置，它给出了债券价格曲线的斜率测度。实际上，式（10-3）可以根据 y 演化出以下的债券定价公式：

$$P = \sum_{t=1}^{T} \frac{CF_t}{(1+y)^t}$$

式中，CF_t 是在日期 t 支付给债券持有人的现金流。CF_t 代表到期日之前的利息支付。

⊖ 注意例 10-1 的另一层含义：我们从例子中可以看到，当债券采取一年两次付息时，将每次支付周期定为半年是很合适的。这也就说明我们可以将麦考利久期与（1+半年到期收益率）相除来修正久期的计算，这个除数通常又写作（1+债券等值收益率/2），一般来讲，如果一只债券每年 n 次付息，修正久期与麦考利久期的关系可表示为 $D^* = D/(1+y_{BEY}/n)$。

10.1.3 什么决定修正久期

我们在前面列出的马尔基尔债券价格关系,给出了利率敏感性的决定因素。久期使我们能够量化敏感性,例如,如果我们在利率上投机,久期将告诉我们这个赌注有多大。反之,如果我们想对利率保持"中性",且仅与所选债券市场指数的利率敏感性相匹配,则通过久期我们可以测量这一敏感性,并在组合中模拟。正因为如此,了解久期的决定性因素至关重要。因此,在这一小节里我们总结出几项有关久期最重要特性的"法则"。债券价格对市场利率变化的敏感性受到三个方面因素的影响:到期时间、票面利率和到期收益率。

我们已经建立了如下法则:

久期法则1:零息债券的久期等于它的到期时间。

我们已经看到,息票债券比相同期限零息债券的久期短,因为最后支付前的一切息票利息支付都将减少债券的加权平均时间。这说明了久期的另一个一般性质。

久期法则2:到期时间不变,当息票率较高时,债券久期较短。

这一性质与马尔基尔的第五条关系相对应,它可归因于早期息票支付对债券支付平均期限的影响。票面利率越高,早期支付权重也越高,且加权支付平均期限就越短。换言之,债券总值的较高部分与较早的利息支付密切相关,这种较早的利息支付对于收益率不太敏感。在图10-2中,比较票面利率为3%和15%的债券久期图,它们的到期收益率相同且都是15%。票面利率为15%的债券久期曲线位于票面利率为3%的债券相对应的久期曲线之下。

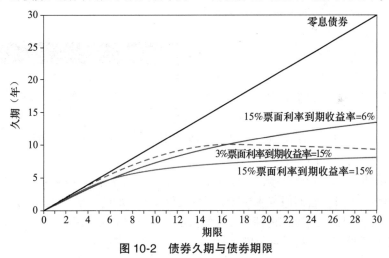

图10-2 债券久期与债券期限

久期法则3:如果票面利率不变,债券久期通常会随着期限增加而增加。债券以面值或者超出面值销售,久期总是随期限增加而增加。

久期的这一性质与马尔凯的第三条关系相对应,非常直观。奇怪的是,久期不会总是随期限增加而增加。对于贴现率很高的债券(见图10-2中3%票面利率的债券),随着期限增加,久期最终会下降。然而,事实上所有可以交易的债券都可以安全地假定久期随到期时间的增加而增加。

注意,在图10-2中,零息债券的期限和久期是相同的。但是对于息票债券,到期时间增加一年时,它的久期增加却少于一年。在图中久期的斜率小于1.0。

虽然到期时间长的债券通常是长久期债券，但是久期可以更好地说明债券长期的性质，因为它还考虑了债券的支付情况。只有在债券不支付利息时，到期时间才是一个准确的数据，这时，期限和久期是相等的。

同时注意，在图 10-2 中，当它们以不同的到期收益率出售时，两种票面利率为 15% 的债券有不同的久期。较低收益率的债券，久期更长。这是可以理解的，因为收益越低，债券支付期越远，其现值就越大，而且它在债券总值中占的比例也越大。于是，在加权平均计算久期的过程中，远期支付的权重更大，导致测量出来的久期更高。这就确立了久期法则 4。

久期法则 4：保持其他因素都不变，当债券到期收益率较低时，息票债券的久期会较长。

我们上面已经提到，这个性质给人的直观感受是，较高的收益率降低所有债券支付的现值，同时会较大幅度地降低远期支付的价值。因此，在收益率较高时，债券总值的更多部分依赖于它的早期支付，这样就降低了有限期限。法则 4 就是上述债券定价关系中的第六条，适用于息票债券。当然，对于零息债券，久期等于到期时间，与到期收益率无关。

最后，我们给出永久期限债券的久期公式。该公式源于式（10-1）给出的久期公式并与其一致，但是对于无数的现存债券而言，这一公式使用更为便捷。

久期法则 5：终身年金的久期是：

$$\text{终身年金的久期} = \frac{1+y}{y} \tag{10-4}$$

例如，当收益率为 10% 时，每年支付 100 美元的终身年金的久期为 1.10/0.10 = 11 年，但是当收益率为 8% 时，久期为 1.08/0.08 = 13.5 年。

式（10-4）表明，期限和久期的差别可以非常显著。终身年金债券的到期时间是无限的，然而当收益为 10% 时，它的久期只有 11 年。年金早期现金流的现值加权对于久期的计算起决定性作用。

> **概念检查 10-3**
>
> 利用久期法则 4 证明，当利率增加时，终身年金债券的久期会降低。

注意，在图 10-2 中，当到期时间变长时，收益率为 15% 的两种息票债券的久期将收敛于有相同收益率的终身年金的久期，即 7.67 年。

息票债券的久期公式有点乏味，且像表 10-3 那样的电子数据表用来修正不同期限和票面利率时会很麻烦。此外，它们假定债券处于利息支付周期开始的阶段。幸运的是，电子数据表 Excel，给出了处于利息支付期间的债券公式的概括。表 10-5 演示如何利用 Excel 计算久期。电子数据表使用很多惯例，如第 9 章中描述的债券定价电子数据表。

表 10-5 运用 Excel 函数计算久期

	A	B	C
1	输入		B列公式
2	结算日期	1/1/2000	=DATE(2000,1,1)
3	到期日	1/1/2002	=DATE(2002,1,1)
4	息票率	0.08	0.08
5	到期收益	0.10	0.10
6	每年息票	2	2
7			
8	输出		
9	麦考利久期	1.8852	=DURATION(B2,B3,B4,B5,B6)
10	修正久期	1.7955	=MDURATION(B2,B3,B4,B5,B6)

利用 Excel 日期函数 DATE（year，month，day），在单元格 B2 和 B3 中输入支付日期，例如今天的日期和到期日。在单元格 B4 和 B5 中以小数形式输入票面利率和到期收益率。在单元格 B6 中，输入每年的支付周期。单元格 B9 和 B10 中显示麦考利久期和修正久期。该电子数据表表明，在表 10-3 中的债券久期确实是 1.885 2 年。这只两年期债券并没有确定的支付日期。我们将支付日期任意定为 2000 年 1 月 1 日，到期日正好是两年后。

可交易债券的久期变化范围很大。假定几种债券为半年支付的息票债券且半年收益率为 4%，表 10-6 给出了表 10-5 计算出的久期。注意，久期随着票面利率增加而变短，并一般随到期时间增加而增大。根据表 10-6 和式（10-2），如果利率从 8% 上升至 8.1%，票面利率为 6% 的 20 年期债券的价值会下降约 10.922×0.1%/1.04 = 1.05%，然而票面利率为 10% 的 1 年期债券的价值仅仅下降 0.976×0.1%/1.04 = 0.094%。⊖同时注意，表 10-6 中，对于无期限债券而言，久期与票面利率无关。

表 10-6　债券久期（到期票面收益率=8%APR；半年票面利率）

到期年限	票面利率（每年）				
	2%	4%	6%	8%	10%
1	0.995	0.990	0.985	0.981	0.976
5	4.742	4.533	4.361	4.218	4.095
10	8.762	7.986	7.454	7.067	6.772
20	14.026	11.966	10.922	10.292	9.870
无期限（永久债券）	13.000	13.000	13.000	13.000	13.000

概念检查 10-4

利用表 10-5 来检查前面陈述的一些久期法则。如果改变债券票面利率，久期会如何变化？同样，如果改变到期收益率，久期会如何变化？如果改变期限，久期会如何变化？如果债券由每年付息一次改为每半年付息一次，久期将如何变化？为什么凭直觉半年支付的债券久期更短？

10.2　凸性

作为利率敏感性的度量方式，久期显然是固定收益资产组合管理的重要工具。然而关于利率对债券价格的影响，久期法则仅仅是一种近似表达。我们重复一下，式（10-2）和与其等价的式（10-3），说明债券价值变化的百分比近似等于修正久期和债券收益率变化的乘积，表达如下：

$$\frac{\Delta P}{P} = -D^* \Delta y$$

该式表明价格变化百分比与债券收益率变化直接成比例。如果真的是这样，作为债券价格变化百分比的收益变化的函数图形将是一条直线，其斜率等于 $-D^*$。然而，图 10-1 清楚地表明，债券价格和收益率之间不是线性关系。对于债券收益率发生的较小变化，久期法则可以给出良好近似的值。但是，对于较大的变化，它给出的数值就不太精确了。

⊖ 注意，债券每半年付息一次，我们使用的是名义上的半年期到期收益率（即 4%）来计算修正久期。

图 10-3 表明了这一点。像图 10-1 那样，此图表明债券价格变化百分比是对债券到期收益率变化的反应。曲线代表的是 30 年期、票面利率为 8%，最初以 8%的到期收益率出售的债券价格变化百分比。直线代表的是根据久期法则预测的债券价格变化百分比。直线的斜率是债券在初始到期收益率时的修正久期。在此收益率时，其修正久期为 11.26 年，所以直线是 $-D^* \Delta y = -11.26 \times \Delta y$ 的图形。注意这两条线在初始收益率这一点相切。因此，对于债券到期收益率较小的变化，久期法则的度量相当精准。但是对于较大变化，在两条线之间有一不断扩大的"间隔"，这表明久期法则越来越不准确。

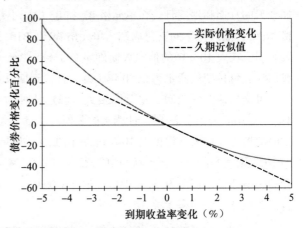

图 10-3 债券价格的凸性：30 年期、票面利率 8%的债券，初始到期收益率为 8%

注意，图 10-3 中，久期近似值（直线）总是低于债券的价值：当到期收益率下降时，它低估了债券价格的上升程度，并且当到期收益率上升时，它高估了债券价格的下降程度。这是因为真实价格-收益关系的曲率。曲线的形状，比如价格-收益关系的形状是凸的。价格-收益曲线的曲率被称为债券的**凸性**（convexity）。

我们可以将凸性量化为价格-收益曲线斜率的变化率，并将其表示为债券价格的一部分。⊖ 作为一个实用法则，大家可以将债券具有较高凸性视为在价格-收益关系中曲率较高。如在图 10-3 中，不可赎回的债券的凸性是正的：收益率增加时，斜率变大（即这个负数的绝对值变小）。

凸性有助于我们在债券价格变化时提高久期的近似性。考虑凸性时，式（10-3）可以修正为⊜

$$\frac{\Delta P}{P} = -D^* \Delta y + \frac{1}{2} \times 凸性 \times (\Delta y)^2 \tag{10-5}$$

等式右边的第一项与久期法则相同，参见式（10-3）。第二项是对凸性的修正。注意，如果债券的凸性是正的，不管收益率是涨还是跌，第二项都是正的。这种观察与前面看到的事实一致，即当收益率变化时，久期法则总是会低估债券的新价值。把凸性考虑进来的式（10-5）更精确，它预测的债券价值总是比式（10-2）预测的值更高。当然，如果收益变化很小，式（10-5）中凸性这一项乘以 $(\Delta y)^2$，得出的乘积极其小，使久期的近似值不会有什么增加。因此，凸性在利率有一个很大的潜在变动时才会作为一个更重要的实际因素。

⊖ 我们在之前的注释中指出，表示修正期的式（10-3）可以改写为：$dP/P = -D^* dy$。于是，$D^* = 1/P \times dP/dy$ 就是价格-收益曲线的斜率，即债券价格的微分。同理，债券凸性等于价格-收益曲线的二阶导数（斜率的变化率）除以债券价格：凸性 $= 1/P \times d^2P/dy^2$。期限为 T 年且每年付息一次的债券凸性公式为

$$凸性 = \frac{1}{P \times (1+y)^2} \sum_{t=1}^{T} \left[\frac{CF_t}{(1+y)^t}(t^2 + t) \right]$$

式中：CF_t 是在日期 t 支付给债券持有人的现金流；CF_t 代表到期前的利息支付或是在到期日最后利息加上面值。

⊜ 为使用凸性法则，必须以小数而不是百分比来表达利率。

例 10-2 凸性

在图 10-3 中，债券是 30 年期的，票面利率是 8%，出售时初始到期收益率为 8%。因为票面利率等于到期收益率，债券以面值或 1 000 美元出售。在初始收益时债券修正久期为 11.26 年，凸性为 212.4。如果债券收益率从 8% 上升至 10%，债券价格将降至 811.46 美元，下降 18.85%。根据久期法则，即式（10-2），价格会下降：

$$\frac{\Delta P}{P} = -D^* \Delta y = -11.26 \times 0.02 = -0.225\,2 \text{ 或 } -22.52\%$$

这比债券价格实际下降的幅度更大。带凸性的久期法则，即式（10-4）更为准确：

$$\frac{\Delta P}{P} = -D^* \Delta y + \frac{1}{2} \times \text{凸性} \times (\Delta y)^2 = -11.26 \times 0.02 + \frac{1}{2} \times 212.4 \times 0.02^2$$
$$= -0.182\,7, \text{ 即 } -18.27\%$$

这更接近于债券的实际变化。[注意，当我们使用式（10-5）时，我们必须把利率表示为小数形式，而不是百分比形式。利率从 8% 升至 10% 表示为 $\Delta y = 0.02$。]

如果收益变化很小，比如说 0.1%，凸性则无足轻重。债券价格实际下降至 988.85 美元，降幅为 1.115%。如果不考虑凸性，我们预测价格将下降：

$$\frac{\Delta P}{P} = -D^* \Delta y = -11.26 \times 0.001 = -0.011\,26 \text{ 或 } -1.126\%$$

考虑凸性，我们可以得到更加精确的答案：

$$\frac{\Delta P}{P} = -11.26 \times 0.001 + \frac{1}{2} \times 212.4 \times 0.001^2 = -0.011\,15 \text{ 或 } -1.115\%$$

在这种情况下，即使不考虑凸性，久期法则也相当精准。

10.2.1 投资者为什么喜欢凸性

凸性一般被认为是一个备受欢迎的特性。曲率大的债券在利率下降时的价格上升幅度大于在利率上涨时的价格下跌幅度。例如，在图 10-4 中，债券 A 和 B 在初始收益率时久期相同。令价格变化率为利率变化的函数，则这两个函数的曲线是相切的，这表示它们对收益率变化的敏感性在切点处相同。但是，债券 A 比 B 更凸一些。当利率波动较大时，债券 A 的价格上涨幅度更大而价格下降幅度更小。如果利率不稳定，这是一种有吸引力的不对称，可以增加债券的期望收益，因为债券 A 从利率下降中得到更多的好处，而在利率上升中损失较少。当然，如果凸性是我们希望得到的，那它肯定不是免费的午餐：对凸性较大的债券而言，投资者必须付出更高的价格，并接受更低的到期收益。

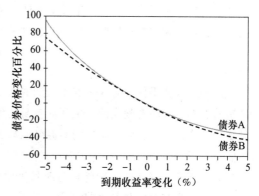

图 10-4 两种债券的凸性

10.2.2 可赎回债券的久期和凸性

图 10-5 描述了可赎回债券的价格-收益曲线。当利率高时，曲线是凸的，对于不可赎回的

债券也是如此。例如，当利率是10%时，价格-收益曲线位于切线之上。但是当利率下降时，可能的价格会有一个上限：债券价格不会超过其赎回价格。所以当利率下降时，我们有时候说，债券受制于价格限制——它的价值被"压"低到赎回价格。在这一区域，例如，当利率为5%时，价格-收益曲线位于切线之下，此时称曲线具有负凸性。⊖

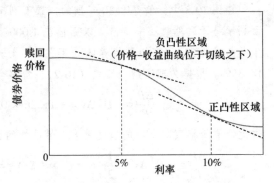

图10-5 可赎回债券的价格-收益率曲线

注意，在负凸性区域，价格-收益曲线表现出不具吸引力的非对称性。对于同样的变化幅度，利率上升引起的价格下跌幅度大于利率下降引起的价格上涨幅度。这种非对称性缘于这样一个事实：债券发行人保留赎回债券的选择权。如果利率上升，债券持有人会有损失，这与不可赎回债券是一样的。但是，当利率下降时，投资者不但没有获取资本利得，还会被赎回拥有的债券。这样一来，债券持有人就好像处于抛硬币时"正面输，反面也没赢"的境地。当然，投资者在购买这种债券时也会因为这种局面得到补偿：可赎回债券在出售时的初始价格低于其他类似的不可赎回债券（也就是初始收益率较高）。

式（10-5）强调了负凸性效用。当凸性为负时，右边的第二项必然为负，这意味着债券价格的实际表现不及久期近似值的预测。但是，可赎回债券，或是更普遍地说，有"嵌入期权"的债券，用麦考利久期是很难分析的。因为这类期权的存在，债券提供的未来现金流变成不可知的。例如，若债券被赎回，它的现金流终止且它的本金偿还比开始预测的时间要早。因为现金流是任意的，我们无法对未来现金流支付的时间做加权平均，而这对于计算麦考利久期是必要的。

华尔街的惯例是计算有嵌入期权债券的**有效久期**（effective duration）。有效久期不能用需要现金流的简单公式（10-1）来计算。使用考虑了嵌入期权的更复杂的债券估值方法，而且有效久期被定义为债券价格变化率与市场利率变化量之比：

$$\text{有效久期} = -\frac{\Delta P/P}{\Delta r} \tag{10-6}$$

这一公式似乎仅仅对表示修正久期的式（10-3）做出了一些修正。但是，它们还是有重要区别的。第一，注意到我们不用债券自身的到期收益率变化来计算有效久期（分母是Δr而不是Δy）。这是因为有嵌入期权的债券可能会被提前赎回，到期收益率通常是无关量。实际上，我们计算了利率期限结构变化引起的价格变化。第二，有效久期公式依赖于一种嵌入期权的定价方法。这意味着有效久期将成为某些变量的函数，而这些变量与传统久期无关，这些变量如利率的波动。相反，修正久期或者麦考利久期可以从确定的债券现金流和到期收益率中直接求出。

> **概念检查 10-5**
> 麦考利久期、修正久期和有效久期三者有何不同？

⊖ 上过微积分课程的人会发现这一区域的曲线是凹的。但是，债券交易员不说这些债券显示出凹性，更喜欢用的术语是负凸性。

例 10-3 有效久期

假设可赎回债券的赎回价格为 1 050 美元,今天的售价是 980 美元。如果收益率曲线上移 0.5%,债券价格将下降至 930 美元。如果收益率曲线下移 0.5%,债券价格将上升至 1 010 美元。为了计算有效久期,我们计算:

Δr = 假定的利率增加 − 假定的利率减少 = 0.5% − (− 0.5%) = 1% = 0.01

ΔP = 利率增加 0.5% 时的价格 − 利率减少 0.5% 时的价格 = 930 美元 − 1 010 美元 = − 80 美元

那么,债券有效久期为

$$\text{有效久期} = -\frac{\Delta P/P}{\Delta r} = -\frac{-80/980}{0.01} = 8.16 \text{ 年}$$

换言之,在现值左右利率波动 1%,债券价格变化 8.16%。

10.2.3 久期和抵押贷款支持证券凸性

实际上,抵押贷款支持证券市场是赎回条款发挥重要性的最大市场。如第一章所述,发放抵押贷款的贷款人通常将其出售给联邦机构,如联邦国家抵押贷款协会(房利美或房地美)或联邦住房贷款抵押公司(房地美或房利美)。原来的借款人(房主)继续按月支付给贷款人,但贷款人将这些款项转给购买贷款的代理。代理可一次把很多抵押贷款汇合在一起变成抵押贷款支持债券(mortgage-backed security),然后在固定收益市场中销售。这些证券被称为转递证券(pass-throughs),因为从借款方得到的现金流先流向代理(房地美或房利美),然后再流向抵押贷款支持证券的最终购买者。

例如,假定 10 笔 30 年期抵押贷款,每一笔的本金为 100 000 美元,组合成 100 万美元的资金池。如果抵押利率为 8%,那么每一笔贷款的月付为 733.76 美元。首付的利息额是 0.08 × 1/12 × 100 000 美元 = 666.67 美元;剩下的 67.09 美元分期偿还,或是本金的按期预缴。在后期,本金余额较低,月付较少的部分用于利息,而更多的用于分期偿还。抵押贷款支持证券的持有人会收到 7 337.60 美元,即资金池中 10 笔抵押贷款的全部支付。⊖

但是,房主有权随时预缴贷款。例如,如果抵押贷款利率下降,房主可能决定以较低利率重新贷款,用收益来付清原始贷款。当然,预缴贷款的权利恰好与偿还可赎回债券的权利相似。赎回价格就是贷款的剩余本金余额。因此,抵押贷款支持证券最好看作可提前赎回的分期付款贷款的资产组合。

与其他可赎回证券类似,抵押贷款支持证券受负凸性的约束。当利率降低且房主预缴抵押贷款时,本金偿还传递给投资者。投资者得到的不是投资的资本利得,而是贷款未付的本金余额。因此,抵押贷款支持证券的价值作为利率的函数,如图 10-6 所示,与可赎回债券的图形看起来很像。

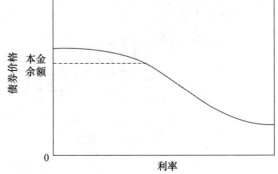

图 10-6 抵押贷款支持证券的价格−收益曲线

⊖ 实际上,继续为贷款提供服务的原始贷方和担保贷款的转递代理各自保留每月支付的一部分作为服务收费,于是投资者每月收到的支付比借方支付的数量略少。

然而，抵押贷款支持证券和可赎回公司债券有一些不同。例如，通常发现抵押贷款支持证券售价高出本金余额。这是因为房主不会在利率降低时马上再融资。除非收益足够高，一些房主也不想承担再融资的费用和麻烦。如果另一些房主计划近期搬家，他们可能决定不进行再融资，也有一些房主从未考虑过再融资的决定。因此，尽管抵押贷款支持证券在低利率时表现出负凸性，但它隐含的赎回价格（贷款本金余额）不是一个在其价值上不可突破的上限。

简单的抵押贷款支持证券引发了大量的抵押担保衍生品。例如，抵押担保债券（CMO）进一步把抵押贷款支持证券的现金流重新转向几种衍生证券，称为 MBS 的"拆分"。这些拆分可能用来向愿意承担该风险的投资者分配利率风险。⊖

右表是一个简单的抵押担保债券结构的示例。底层的抵押资金池被分为三个部分：每一个都有各自不同的有效期限以及所产生的利率风险敞口。假设原始的资金池为 1 000 万美元的 15 年期抵押贷款，每一部分的利率均为 10.5%，且被分为如右表中的三个部分。

拆分部分 A＝400 万美元本金	"短期支付"部分
拆分部分 B＝300 万美元本金	"中期支付"部分
拆分部分 C＝300 万美元本金	"长期支付"部分

进一步假定资金池中贷款余额的 8% 会提前预缴。于是，每年整个抵押资金池的现金流就如图 10-7a 所示。每年总支付缩小 8%，因为原始资金池中贷款的这一比例部分被付清。每个条形的浅色部分代表利息支付，深色部分代表本金支付，包括贷款分期付款和预缴。

在每个周期中，每一贷款拆分部分在承诺的利率和支付本金余额的基础上收到应有的利息。但是，刚开始时，所有本金支付、预缴和分期付款都流向贷款拆分部分 A（见图 10-7b）。从图 10-7c 和图 10-7d 中观察到：当贷款部分 A 结束前，B 和 C 只收利息。一旦贷款拆分部分 A 全部付清，所有本金支付流向贷款拆分部分 B。最后，当贷款拆分部分 B 终止时，所有本金支付流向贷款拆分部分 C。于是，贷款拆分部分 A 就成了"短期支付"，其有效久期最短，而贷款拆分部分 C 成了期限最长的贷款划分部分。因此，这是在贷款拆分部分中一种相对简单的利率风险分配。

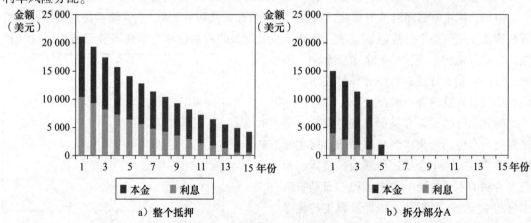

a）整个抵押　　　　b）拆分部分A

图 10-7　流入整个抵押集合的现金流和拆分到三个部分的现金流

⊖ 在第 9 章中，我们了解了抵押债务或担保债务凭证如何运用部分结构重新在不同层级中重置信用风险。机构抵押贷款支持证券的信用风险并不是个问题，因为按揭支付之前是由机构，现在是由联邦政府保障的。在抵押担保债券市场，部分结构通常用于重置不同部分的利率风险而不是信用风险。

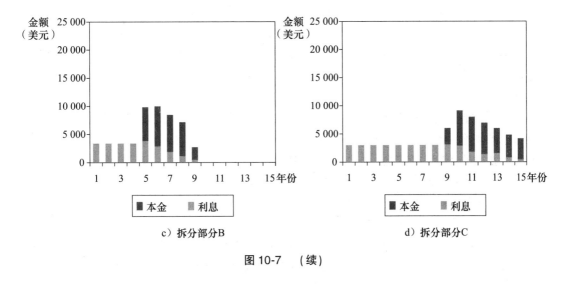

c）拆分部分B 　　　　　　　d）拆分部分C

图 10-7　（续）

在实践中，这一主题可能有多种变化及应用。不同的贷款划分部分可能收到不同的利息。根据抵押贷款预缴速度的不确定性，有些贷款拆分部分也有可能被区别对待，会有复杂的公式被用来规定每一贷款拆分部分应分配的现金流。实际上，抵押资金池被看作现金流的来源，并根据投资者的偏好重新分配给不同的投资者。

10.3　消极债券管理

消极债券管理者认为债券定价是合理的，并且仅试图控制他们持有的固定收益资产组合的风险。在固定收益市场中，投资者经常使用两种消极管理的策略：第一种是指数策略，试图复制既定债券指数的业绩；第二种是我们熟悉的免疫策略，广泛应用于金融机构，例如保险公司和养老基金，它们被机构用来规避金融头寸的利率波动风险。

尽管指数策略和免疫策略在接受市场价格是合理的这一点上是相似的，但是在处理风险敞口方面，它们则截然不同。一种债券指数资产组合的风险-收益将和与之相联系的债券市场指数的风险-收益状况相当。相比较，免疫策略寻求建立一种几乎是零风险的资产组合，其中利率变动对公司的价值没有任何影响。在这一节，我们将讨论这两种策略。

10.3.1　债券指数基金

理论上，债券市场指数与股票市场指数相似。这一想法是创建一个能代表指数结构的资产组合，而该指数能够反映大市。例如，在美国股票市场，标准普尔 500 指数是股票指数基金最常使用的指数。这些基金完全按标准普尔 500 指数的成分股名单来选择购买股票，而且每种股票购买的数量与这些公司当前市值在指数中的权重成比例。债券指数基金也使用类似的策略，但是正如我们即将看到的，由于债券市场及其指数的一些技术难题，我们需要做一些修正。

债券市场有三个主要指数：巴克莱资本美国综合债券指数（之前为雷曼综合债券指数）、花旗美国广泛投资分级指数（USBIG）和美林国内标准指数。这三个指数都是总收益的市值加权平均指数。这三种指数包括政府债券、公司债券、抵押支持债券和扬基债券

（扬基债券是以美元面值发行的，在美国销售的由国外发行人发行的证券交易委员会注册债券）。

指数债券投资组合中出现的第一个问题源于这样一个事实：这些指数包含了数千只债券，这使得按它们的市值比重购买十分困难。此外，很多债券的交易量很小，这意味着很难找到它们的所有者，也很难以一个公平的市场价格购买它们。

债券指数基金也面临着比股票指数基金更难的再平衡问题。当久期低于1年时，债券不断从指数中被剔除。此外，当新债券发行时，它们被加入指数中。因此，与股票指数相比，用于计算债券指数的证券不断变化。当它们变化时，管理者必须更新和再平衡资产组合来保证资产组合的构成和指数中所包含的债券相匹配。债券产生的大量利息收入必须进行再投资的事实，使得指数基金管理者的工作更为复杂。

在实践中，完全复制总体债券指数是不可行的。作为替代，分层取样或分格方式常被使用。图10-8表明了分格方式的思想。首先，债券市场被分为若干类别。图10-8展示了一种用期限和发行人划分的简单二分法。但实际上，诸如债券票面利率和发行人的信用风险也会用于形成网格。于是，在每一网格下的债券被认为是同质的。其次，每个网格在全集中所占的百分比会被计算和报告，如在图10-8中的几个网格所示。最后，资产组合管理者建立一种债券资产组合，该资产组合中每一单元债券所占的比例与该单元在全部债券中所占的比例相匹配。通过这种方法，在期限、票面利率、信用风险和债券所属行业等方面，资产组合特征与指数特征相匹配，因而资产组合的业绩将与指数业绩相匹配。

类别 剩余期限	国债	机构	按揭抵押	工业	金融	公用事业	扬基
<1年	12.1%						
1~3年	5.4%						
3~5年			4.1%				
5~7年							
7~10年		0.1%					
10~15年							
15~30年			9.2%			3.4%	
30年以上							

图10-8 债券分格方式

个人投资者可以购买共同基金或者追踪大市的ETF。例如，Vanguard's Total Bond Market Index Fund（代码：VBMFX）和Barclays Aggregate Bond Fund iShare（代码：AGG）均是追踪美国债券市场的指数。

10.3.2 免疫

与指数策略不同，很多机构投资者试图使它们的资产组合免于受到整个利率风险的影响。一般而言，对这种风险有两种观点。像银行这类的机构，它们致力于保护净现值或公司的净现值不受利率波动的影响，像养老基金之类的投资者在一定的期限后可能会面临支付的义务，这些投资者更关心的是保护其资产组合的未来价值。

但是，银行和养老基金面临的共同问题是利率风险。公司的净值和未来兑现的能力都会随着利率波动。**免疫**（immunization）技术是指这类投资者用来使整个金融资产免受利率风险影响的策略。

很多银行和储蓄机构在资产和负债的期限结构上存在天然的不匹配。银行负债主要是客户存款，大多数期限都很短，因此久期很短。相反，银行资产主要由未偿还的商业和个人贷款或按揭构成。这些资产的久期长于存款，因此它们的价值对利率波动更加敏感。当利率意外上升时，银行的净值会下跌——它们的资产价值下跌得比负债多。

同样，养老基金也可能发生错误匹配，如基金所持有的利率敏感性资产与其债务——对养老退休人员的支付之间存在不匹配。专栏华尔街实战10-1显示，当忽视资产和负债的利率波动风险敞口时，养老基金将面临危险。例如，最近几年，尽管投资收益颇丰，但是养老基金的市场份额却在下降。当利率下降时，负债价值比资产价值上涨得更快。我们应该得到的教训是，基金应该匹配资产和负债的利率风险敞口，这样，不管利率涨跌，资产价值都会与负债价值同步。换言之，财务管理者希望让基金免于利率波动的影响。

| 华尔街实战 10-1 |　　　　　尽管大市繁荣但是养老基金表现欠佳

2012年是股市兴旺的一年，标准普尔500指数提供的年化收益率为16%，这一业绩提升了美国养老基金资产负债表的水平。然而尽管其资产价值有所增加，但美国400家大型公司估计的养老金总赤字仍上升至近800亿美元，这其中有许多公司在2013年额外需要数十亿美元来撑起它们的养老基金。单就福特汽车公司进行预测，其需要拿出50亿美元投入养老基金当中。①

这是如何发生的呢？2012年的股市繁荣很大程度上是利率下跌推动的。由于2012年的利率降低，养老基金负债的现值比资产价值上涨得更快。结果是养老基金负债的价值比那些基金中的资产价值对利率变动更加敏感。因此，即使利率降低使得资产收益猛升，但是负债上升得更快。换言之，基金投资久期比债务久期短。这种久期不匹配使得基金对利率下降更为脆弱。

为什么基金不能更好地匹配资产和负债久期呢？原因之一是基金经常根据标准债券市场的业绩来评估基金管理者的相对业绩。这些指数比养老基金负债的久期短很多。所以，在某种意义上，管理者看错了地方，忽视了利率敏感性。

① 以上来源于Mike Ramsey and Vipal Monga, "Low Rates Force Companies to Pour Cash into Pensions," *The Wall Street Journal*, February 3, 2013。

在这个方面，养老基金并不是唯一有免疫策略需求的。任何有未来固定债务的机构都可能认为免疫是合理的风险管理政策。例如，保险公司也会使用免疫策略。实际上，正是人寿保险公司的精算师F. M. Redington⊖提出了免疫的概念。免疫背后的思想是久期匹配的资产和负债可以使得资产组合免受利率波动的影响。

例如，保险公司推出担保投资证书10 000美元。（基本上，投资担保证书都是保险公司向客户发行的零息债券，个人退休储蓄账户很欢迎这一品种）。如果投资担保证书的期限为5年且担保利率为8%，那么保险公司在5年后要支付$10\,000 \times 1.08^5 = 14\,693.28$美元。

假定保险公司为了未来的支付，将10 000美元投资于以面值出售、期限为6年、年息为8%的附息债券。只要市场利率维持在8%，公司就可以完成兑现义务，因为负债的现值正好等于债券价值。

⊖ F. M. Redington, "Review of the Principle of Life-Office Valuations," *Journal of the Institute of Actuaries* 78 (1952).

表 10-7a 表明，如果利率维持在 8%，债券累计的基金会上涨至与负债相等的 14 693.28 美元。在 5 年期间，年底的利息收入是 800 美元，以当前 8% 的市场利率再投资。期限到期时，债券可以以 10 000 美元卖出。它们将以面值出售，因为票面利率等于市场利率。5 年之后，再投资的利息和债券出售的收益加在一起的总收入正好是 14 693.28 美元。

表 10-7 债券组合 5 年后的终值（所有收益都进行再投资）（单位：美元）

支付次数	剩余期限	收益再投资的累计价值		
a）利率维持在 8%				
1	4	800×1.08^4	=	1 088.39
2	3	800×1.08^3	=	1 007.77
3	2	800×1.08^2	=	933.12
4	1	800×1.08^1	=	864.00
5	0	800×1.08^0	=	800.00
债券销售	0	10 800/1.08	=	10 000.00
				14 693.28
b）利率下降至 7%				
1	4	800×1.07^4	=	1 048.64
2	3	800×1.07^3	=	980.03
3	2	800×1.07^2	=	915.92
4	1	800×1.07^1	=	856.00
5	0	800×1.07^0	=	800.00
债券销售	0	10 800/1.07	=	10 093.46
				14 694.05
c）利率上升至 9%				
1	4	800×1.09^4	=	1 129.27
2	3	800×1.09^3	=	1 036.02
3	2	800×1.09^2	=	950.48
4	1	800×1.09^1	=	872.00
5	0	800×1.09^0	=	800.00
债券销售	0	10 800/1.09	=	9 908.26
			=	14 696.02

注：债券资产组合的卖出价格等于资产组合的最后支付（10 800 美元）除以 1+r，因为债券的剩余期限在债券销售时是 1 年。

但是，如果利率变化，资产和负债的变化会相互抵消，从而影响基金升至目标值 14 693.28 美元的能力。如果利率上升，基金会有资本损失，影响其偿还债务的能力。债券到期的价值将比利率保持 8% 时的价值要低些。但是，在利率较高时，再投资利息会以更快的速度上升，抵消资本损失。换言之，固定收益投资者面临两种相互抵消的利率风险类型：价格风险和再投资利率风险。利率提高会导致资本损失，但同时再投资收入会增加。如果资产组合的久期选择合适，这两种影响正好相互抵消。当这一资产组合的久期恰好与投资者的水平日期相等时，在水平日期投资基金的累计价值将不会受到利率波动的影响。因为水平日期等于资产组合的久期，所以价格风险和再投资风险正好相互抵消。

在我们讨论的例子中，用于投资担保证书的 6 年期债券的久期是 5 年。因为债券收入能够支付债务时，资产和负债的久期相同，保险公司将免受利率波动的影响。为了证明这种情况，我们考察一下债券是否能够产生足够的收入来付清未来 5 年的债务，不管利率是否变动。

表 10-7b 和表 10-7c 考虑两种可能的利率情况：利率降至 7% 或利率涨至 9%。在这两种情

况中，债券的年利息以新的利率再投资。在这两种情况中，假设债券的年利息从第一期开始以相同的利率再投资，按照担保投资合约，债券5年后出售。

表10-7b表明，如果利率降至7%，全部基金将会累积到14 694.05美元，有0.77美元的小额盈余。表10-7c表明，如果利率涨至9%，全部基金将会累积到14 696.02美元，有2.74美元的小额盈余。

这里强调，久期匹配平衡了利息支付累计值（再投资利率风险）和债券销售价值（价格风险）之间的差异。也就是说，当利率降低时，利息的再投资收益低于利率不变时的情况，但是出售债券的收益增加抵消了损失。当利率上涨时，债券卖出价格下跌，但是利息收入增加能够弥补这一损失，因为它们以更高的利率进行再投资。图10-9描述了这一情况。图中实线代表利率保持8%时债券的累计价值。虚线表明利率上升时的情况，最初的效应是资本损失，但是这种损失最终被较快速度增长的再投资收益所抵消。在5年到期时，这两种效应正好相互抵消，公司可以用债券价值上升的累积收益来确保债务兑付。

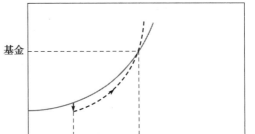

图10-9 投资基金增长

注：实线代表在初始利率时资产组合价值的增长。在时间 t^*，如果利率上涨，组合的价值开始会下降，但是此后以虚线代表的组合价值会以更快的速度上涨。在时间 D（久期）时，两曲线相交。利率在首次利息支付前假设会变化，且债券在5年后卖出，偿还投资担保证书的负债。

EXCEL应用：持有期免疫

以有助于对持有期免疫的概念理解的电子数据表为例。电子数据表计算久期和任何期限债券的持有期收益。电子数据表显示：如果债券以其久期出售，价格风险和再投资风险如何相互抵销。

	A	B	C	D	E	F	G	H
1								
2								
3	到期收益率	11.580%						
4	息票率	14.000%						
5	到期年数	7.0						
6	面值	$1000.00						
7	持有周期	5.0						
8	久期	5.000251		5.000251				
9	市场价格	$1111.929		$1111.929				
10								
11	如果到期收益率增加200个基点			2.00%		如果到期收益率增加200个基点		
12	到期收益率	13.580%				到期收益率	12.580%	
13	息票将来值	$917.739		917.739		息票将来值	$899.705	
14	债券销售价格	$1006.954		1006.954		债券销售价格	$1023.817	
15	累计值	$1924.693				累计值	$1923.522	
16	内部收益率	11.5981%				内部收益率	11.5845%	
17								

我们也可以根据现值而不是未来价值来分析免疫。表 10-8a 表明了保险公司的投资担保证书账户的初始负债余额表。资产和负债的市场价值为 10 000 美元，所以这个方案正好平衡。表 10-8b、表 10-8c 表明，不管利率涨跌，投资担保证书的债券价值和公司负债的现值几乎都以同样的量在变化。不管利率如何变化，投资都恰好可以满足支付，在表 10-8b、表 10-8c 中余额正好大约为零。久期匹配策略确保资产和负债对利率浮动做出同样的反应。

图 10-10 是债券现值和一次性支付债务与利率的函数关系。在当前利率为 8% 时，价值相等，债务可以全部由债券来偿付，而且这两个价值曲线在 $y = 8\%$ 处相切。当利率变动时，资产与债务两者的价值变化相等，所以债务仍可由债券的收入偿还。但是利率变化越大，现值曲线就越会偏离。这反映了一个事实，即当市场利率不是 8% 时，基金有少量的盈余，如例 10-4 所示。

如果债务有了免疫，为什么基金里还会有剩余？答案是因为债券利率价值曲线的凸性。图 10-10 表明债券的凸性大于负债。于是，当利率变动很大时，债券价值大大超过了债务的现值。

这个例子强调了**再平衡**（rebalancing）免疫资产组合的重要性。当利率和资产久期变化时，管理者必须

表 10-8 市场价值平衡表

资产	负债
a. 利率=8%	
债券 10 000 美元	负债 10 000 美元
b. 利率=7%	
债券 10 476.65 美元	负债 10 476.11 美元
c. 利率=9%	
债券 9 551.41 美元	负债 9 549.62 美元

注：市场价值=800×年金因子 (r, 6)+10 000×现值因子 (r, 6)

负债价值=$\dfrac{14\,693.28}{(1+r)^5}$=14 693.28×现值因子 (r, 5)

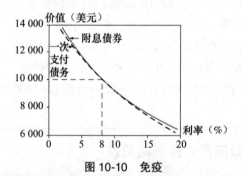

图 10-10 免疫

注：在利率为 8% 时，附息债券可以全部偿还债务。此外，在 8% 时，现值曲线相切，所以即使利率稍有变动，债务也可以被全部偿还。

再平衡资产组合使得资产和负债的久期一致。此外，即使利率不变，仅仅因为时间推移，资产久期也会发生变化。回忆图 10-2 中久期的降低比到期期限减少慢一些。这样，即使在开始时负债是有免疫的，随着时间的推移，在利率不同时，资产和负债的久期也会以不同的比率下降。如果没有资产组合的再平衡，久期便不再匹配。显然，免疫是一种消极策略，这只是从不包括尝试识别低估证券的意义上说的。免疫策略管理者还是积极地更新和监控他们的头寸。

例 10-4 构建免疫的资产组合

一家保险公司在 7 年后需要支付 19 487 美元。市场利率是 10%，所以债务的现值是 10 000 美元。公司的资产组合经理想用 3 年期零息债券和年付息一次的终身年金来兑现负债（我们用零息债券和终身年金来使计算简便）。经理如何使债务免疫呢？

免疫要求资产组合的久期等于债务的久期。我们执行四个步骤：

（1）计算债务久期。在这种情况下，负债久期计算很简单，是一个一次性支付的 7 年期负债。

（2）计算资产组合的久期。资产组合的久期是每一部分资产的久期加权平均，权重与每

一资产的资金成比例。零息债券的久期就是其期限，3年；终身年金的久期是1.10/0.10=11年。因此，如果投资零息债券的资产组合部分称为w，投资终身年金的部分为$(1-w)$，资产组合的久期是：

$$资产久期 = w \times 3 年 + (1-w) \times 11 年$$

（3）使得资产久期等于负债久期，即7年。这要求我们在以下的方程式中求出w：

$$w \times 3 年 + (1-w) \times 11 年 = 7 年$$

这意味着$w=1/2$。管理者应该把一半的资产投资零息债券，并把另一半资产投资终身年金，这将使得资产久期为7年。

（4）筹集足够资金偿还债务。既然负债的现值是10 000美元，且基金平均投资到零息债券和终身年金，即管理者购买了5 000美元的零息债券和5 000美元的终身年金。[注意，零息债券的面值将是$5 000 \times 1.10^3 = 6 655$美元。]

但是，即使头寸获得了免疫，资产组合管理者也仍然不能放松。这是因为随着利率变动需要进行再平衡。此外，即使利率不变，时间的流逝也会影响久期，这也需要再平衡。我们继续例10-4的工作，来观察资产组合管理者如何维持免疫的头寸。

例10-5 再平衡

假定过了一年，并且利率维持在10%。例10-4的管理者需要重新考察该债务组合的头寸。该头寸是否完全被偿还？这个头寸还是免疫的吗？如果不是，要采取什么行动？

首先，考察资金。债务的现值上涨至11 000美元，到期期限又少了一年。管理者的基金也涨至11 000美元：随着时间推移，零息债券的价值从5 000美元上涨至5 500美元，然而终身年金已经支付了每年500美元的利息，且价值仍为5 000美元。因此，负债还是可以被全部偿还的。

但是，资产组合的权重变化了。现在零息债券的久期只有2年，而终身年金仍然是11年。债务现在是6年到期，权重需要满足下式：

$$w \times 2 + (1-w) \times 11 = 6$$

这意味着$w=5/9$。为了再平衡资产组合和维持久期匹配，管理者现在必须投资$11 000 \times 5/9 =$ 6 111.11美元到零息债券。这需要将全部500美元的利息支付投资到零息债券，还要出售111.11美元的终身年金并投资于零息债券。

当然，在资产买卖时，因为资产组合的再平衡会产生交易费用，所以不能不断地再平衡。在实践中，需要在完美免疫（需要不断再平衡）和控制交易费用（规定频率较低的再平衡）之间建立恰当的平衡。

概念检查 10-6

再次考察例10-5。如果利率降至8%，第二年的免疫权重是多少？

10.3.3 现金流匹配和量身定做

与免疫相关的问题看来有一个简单的解决办法。为什么不购买一只面值等于计划现金支出的零息债券？如果我们遵循**现金流匹配**（cash flow matching）的原则，我们就能自动地使资产组合免受利率风险的影响，因为债券得到的现金流和负债的支出正好抵销。

在多周期基础上的现金流匹配即是**量身定做策略**（dedication strategy）。在这种情况下，管理者选择零息债券或者附息债券以使每一期的总现金流可以与一系列负债相匹配。量身定做策略的优势在于它是一个一劳永逸的消除利率风险的办法。一旦现金流达到匹配，就不需要再平衡。量身定做的资产组合可以提供必要的现金来支付公司的负债，不需要考虑利率变化的最终路径。

现金流匹配的使用并不广泛，可能的原因是它对债券选择的严格要求。免疫或者现金流匹配策略吸引那些不愿意对利率一般变动下赌注的公司，这些公司可能会利用它们认为价值被低估的债券来免疫。然而，现金流匹配给债券选择过程增加了过多的限制条件，仅仅使用估值偏低的债券不可能实施量身定做策略。为了获取更高的收益，这些公司放弃了准确、易行的量身定做策略，而是选择被低估价值的债券进行资产组合。

有时，现金流匹配是不可能的。养老基金有义务向当前和将来的退休人员不断支付现金流，为了使养老基金的现金流匹配，它们就必

> **概念检查 10-7**
> 交易费用的增加如何影响量身定做策略与免疫的吸引力？

须购买期限达上百年的固定收益债券。此类债券并不存在，因此不可能制定准确的量身定做策略。

10.3.4 传统免疫的其他问题

如果回顾一下式（10-1）中久期的定义，你会注意到，它使用债券到期收益率来计算每次利息支付时间的权重。根据这一定义和恰当运用到期收益率的限定条件，不难得出结论：只有当收益率曲线是平坦的，所有支付均以同一利率折现时，久期的概念才是完全有效的。

如果收益率曲线不是平的，那么必须修正久期定义，用 CF_t 的现值取代 $CF_t/(1+y)^t$，这里，每一现金流的现值都是根据从收益曲线得出的与这一特定现金流相应的适当利率来折现的，而不是根据债券的到期收益率来折现的。此外，即使做了上述修正，久期匹配也只有当收益率曲线平行移动时才实现资产组合的利率免疫。显然，这种限制条件是不切实际的。结果，为了使久期概念一般化，学者们做了许多工作。多因素久期模型已经被发展出来，它允许收益率曲线的形状出现倾斜和其他变形，不仅仅是水平位移。但是，这些增加了复杂性的模型并没有明显地表现出更好的效果。⊖

最后，在通胀环境中，免疫可能不适合。基本上，免疫是一个名义上的概念，仅对名义上的负债有意义。用名义资产，譬如债券，来对一个会随价格水平一起增长的负债进行利率免疫是没有意义的。例如，如果你的孩子 15 年后读大学，那时的学费预计一年为 5 万美元，锁定 5 万美元的最终价值，通过资产组合进行免疫，这并不是一个合适的降低风险的策略。学费的负债会随着现实通货膨胀率发生变化，但是资产组合的最终值却不会。最终，学费债务与资产组合价值不一定匹配。

⊖ G. O. Bierwag, G. C. Kaufman, and A. Toevs, eds., *Innovations in bond Portfolio Management*: *Duration Analysis and Immunization* (Greenwich, CT: JAI Press, 1983).

10.4 积极债券管理

10.4.1 潜在利润来源

一般而言,积极债券管理中有两种潜在利润来源。第一种是利率预测,试图预计固定收益市场范围的利率动向。如果预计利率下降,管理者将增加投资组合的久期(反之亦然)。第二种潜在利润的来源是在固定收益市场内识别错误的估值。例如,分析师认为某一特定债券的违约溢价没必要很大,所以该债券的价值被低估了。

只有分析师的信息或洞察力超越市场,这些方法才会产生超额收益。如果价格已经反映了这个信息,利率将要下降的信息就不会使你获得利润。从我们对市场效率的讨论中可以知道这一点,有价值的信息是差异信息。值得注意的是,利率预测的成功率有着糟糕记录。考虑到这一点,你在投身债券市场之前就应认真思量。

霍默和利伯维茨创造了一种流行的积极债券资产组合策略的分类法。他们把资产组合再平衡活动归为四种类型的债券互换之一。在前两类方式中,投资者一般认为在债券或部门之间的收益率关系有暂时的错乱。当错乱消除后,低估债券就可以实现盈利。这段重新调整的时期称为市场疲软期。

(1) **替代互换**(substitution swap)是一种债券与几乎相同替代品的交换。被替代的债券应该基本上有相同的票面利率、期限、质量、赎回条款、偿债基金条款等。如果人们认为市场中这两种债券价格有暂时性的失衡,且债券价格的这种不一致能带来获利的机会,那么这种互换方式就会出现。

替代互换的一个范例是20年期的6%票面利率的丰田公司债券的销售,标价是提供6.05%的到期收益率。与之相配的是购买6%票面利率的本田公司债券,而到期收益率为6.15%。如果两种债券有同样的信用等级,本田公司债券没有理由提供更高的收益率。因此,实际上在市场中可得的更高收益似乎使本田债券有更大的吸引力。当然,信用风险相同是一个重要条件。如果本田债券实际的风险更大,那么较高的收益率并不意味着在市场中更受欢迎。

(2) **市场间价差互换**(intermarket spread swap)是投资者认为在债券市场两个部门之间的利差暂时异常时出现的行为。例如,如果公司和政府之间的利差太大并预计利差会收窄,投资者将从购买政府债券转向购买公司债券。如果利差确实收窄,公司债券的表现将比政府债券要好。例如,如果现在10年期国债和10年期Baa级公司债券之间的利差是3%,历史上的利差是2%,投资者可能考虑卖掉国债,去购买公司债券。如果利差最终收窄,Baa级公司债券的表现将超过国债。

当然,投资者必须仔细考虑利差的异常是否有恰当的理由。例如,公司债券的违约风险溢价可能会增加,因为预期市场将大衰退。在这种情况下,较大的利差不代表相对于国债来说公司债券的定价更有吸引力,它仅仅是信用风险上升的调整而已。

(3) **利率预期互换**(rate anticipation swap)是盯住利率的预测。在这种情况下,如果投资者认为利率会下降,他们会互换成久期更长的债券。反之,当预计利率上升,他们会互换成久期更短的债券。例如,投资者可能出售5年期的国债,买入25年期的国债。新债券和原来的债券一样没有信用风险,但是久期更长。

(4) **纯收益获得互换**(pure yield pickup swap)的使用不是由于觉察到错误估值,而是通过持有高收益债券增加收益的一种方式。当收益率曲线向上倾斜时，纯收益获得互换是指买入长期债券。这种行为被看作在高收益债券中尝试获得期限风险溢价。投资者愿意承受这种策略带来的利率风险。只要持有期收益率曲线不发生上移，投资者把短期债券换成长期债券就会获得更高的收益率。当然，如果收益率曲线上移，长期债券会遭受较大的资本损失。

我们可以再加上第五种互换，称为**税收互换**（tax swap）。简单地说，它是一种利用税收优势的互换。例如，投资者可能把价格下降的债券换成另一种债券，只要持有这种债券可以通过资本损失变现而获得纳税方面的好处。

10.4.2 水平分析

利率预测的一种形式是**水平分析**（horizon analysis），如我们在第9章中遇到的。分析师使用这种方法选择特定的持有期并预测该期末的收益率曲线。给定持有到期时债券的到期时间，它的收益可以从预测的收益率曲线和计算的期末价格中得出。然后，分析师把利息收入和预期的债券收益加起来得到持有期间债券的总收益。

例 10-6 水平分析

票面利率为10%的20年期债券（每年支付），现在以到期收益率9%出售。一位有2年投资计划的资产组合管理者需要预测在未来2年的债券总收益。2年后，债券的剩余期限是18年。分析师预测从现在起2年，18年期债券将以到期收益率8%出售。获得的利息可以在2年内再投资到利率为7%的短期证券。

为了计算债券的2年收益，分析师将进行以下计算：

（1）现价 = 100 美元×年金因子（9%，20年）+ 1 000 美元×现值因子（9%，20年）= 1 091.29 美元

（2）预测价格 = 100 美元×年金因子（8%，18年）+ 1 000 美元×现值因子（8%，18）= 1 187.44 美元

（3）利息再投资的未来价值是：$100 \times 1.07 + 100 = 207$ 美元

（4）2年的收益率为 $\dfrac{207 + (1\,187.44 - 1\,091.29)}{1\,091.29} = 0.278$ 或 27.8%

2年内的年化收益率将是 $1.278^{1/2} - 1 = 0.13$ 或 13%。

概念检查 10-8

如果管理者预测2年后18年期债券的收益率是10%，且利息再投资利率是8%，那么例10-6中的收益率将是多少？

小 结

1. 即使是没有违约风险的债券，比如财政部发行的国债，仍然有利率风险。一般而言，长期债券比短期债券对利率变动更加敏感。债券平均寿命的指标是麦考利久期，它被定义为债券每次支付时间的加权平均，其权重与支付的现值成比例。

2. 久期是债券价格对收益率变化敏感度的直接测度。债券价格的变化比例等于久期的

负值乘以（1+y）的变化比例。
3. 债券的价格-收益关系的曲率被称为凸性。考虑凸性可以大幅度提升久期近似值的准确性，而久期近似值反映了债券价格对债券收益率变化的敏感程度。
4. 免疫策略是消极固定收益资产组合管理的特征。这种策略试图使个人或公司免于受到利率波动的影响。可能采用的形式有免疫净值，或者免疫固定收益资产组合的未来累计值。
5. 计划对全部资金的免疫是通过匹配资产与负债的久期来完成的。随着时间的推移和利率变化，为保持净头寸的免疫，组合必须定期进行再平衡。传统的免疫依赖于平坦的收益率曲线的平行移动。考虑到这一假设是不现实的，免疫通常也不能完全实现。为了减轻这一问题的严重程度，可以运用多因素久期模型，它允许收益率曲线的形状有所变化。
6. 一种更为直接的免疫形式是现金流匹配。如果资产组合的现金流能够与相关负债的现金流完全匹配，那么再平衡就不再必要。
7. 积极债券管理包括利率预测技术和市场间利差分析。一种常见的分类方法把积极债券管理策略分为替代互换、市场间价差互换、利率预期互换和纯收益获得互换。
8. 水平分析是利率预测的一种类型。在这一分析中，分析师预测在某一持有期结束时收益率曲线的位置，再根据收益率曲线预测有关债券的价格。因此，可以根据整个持有期的预期总收益（利息加上资本利得）对债券排序。

习 题

基础题

1. 长期债券的价格较短期债券波动更大。但是，短期债券的到期收益率比长期债券波动大。如何调和这两种经验观察？
2. 一种无限期的年金，其久期会短至10年或是20年吗？

中级题

3. 9年期债券，收益率为10%，久期是7.194年。如果市场收益率变动50个基点，债券价格变动百分比是多少？
4. 某债券的剩余期限是3年，到期收益率为6%，每年付息一次，票面利率是6%，其久期是多少？如果到期收益率变为10%，久期又是多少？
5. 如果第4题中的利息每半年支付一次，债券的久期是多少？
6. 2008年金融危机期间，AAA级债券和国债之间的历史利差大幅度扩大。如果你相信利差将会回归到历史正常水平，你将会采取什么行动？这是哪种形式的债券互换？
7. 你预测利率即将下跌。哪种债券将会为你带来最高的资本利得？
   a. 低票面利率，长期限。
   b. 高票面利率，短期限。
   c. 高票面利率，长期限。
   d. 零息，长期限。
8. 给下列两组债券的久期或有效久期排序。
   a. 债券A的票面利率为6%，20年期，以面值出售。债券B票面利率是6%，20年期，以低于面值的价格出售。
   b. 债券A是20年期的票面利率为6%的不可赎回附息债券，以面值出售。债券B是20年期的票面利率为7%的可赎回附息债券，以面值出售。
9. 一家保险公司必须在1年内向客户支付1 000万美元，并在5年内支付400万美元。收益率曲线在10%时是平的。
   a. 如果公司想通过单一的一种零息债券来充分融资以免疫对该客户的债务，则它购买的债券的期限应为多久？
   b. 该零息债券的面值和市场价值各是多少？
10. 长期国债当前出售的到期收益率接近6%。你预计利率会下降，市场上的其他人认为在未来一年内利率会保持不变。假定你是正确的，对以下每种情况，选择能带来较高持有期收益的债券。简述理由。
- a. ⅰ. Baa 级债券，票面利率为 6%，到期期限 20 年。
  ⅱ. Aaa 级债券，票面利率 6%，到期期限 20 年。
- b. ⅰ. A 级债券，票面利率 3%，剩余期限 20 年，105 时可赎回。
  ⅱ. A 级债券，票面利率 6%，剩余期限 20 年，105 时可赎回。
- c. ⅰ. 票面利率为 4% 的不可赎回国债，20 年期限，到期收益率为 6%。
  ⅱ. 票面利率为 7% 的不可赎回国债，20 年期限，到期收益率为 6%。

11. 当前，期限结构如下：1 年期债券收益率为 7%，2 年期债券收益率为 8%，3 年期债券和更长期限债券的收益率都是 9%。你正在 1 年期、2 年期和 3 年期债券中做选择，所有债券均是每年一次支付 8% 的利息。如果你确信年底时收益率曲线会在 9% 处持平，你将购买哪种债券？

12. 在未来两年的年底，你要支付 10 000 美元的学费，且债券当期的收益率为 8%。
- a. 债务的现值和久期各是多少？
- b. 什么样期限的零息债券可以使你的债务免疫？
- c. 假设你购买一种零息债券，其价值和久期与你的债务相同。现在假设利率立即上升至 9%。你的净头寸将会发生什么变化？换句话说，你的学费债券和债券价值之间的差异会有什么变化？如果利率降低 7%，又会如何？

13. 养老金向受益人支付终身年金。如果一家公司永久地参与这项业务，养老金债务则类似于终身年金。因此假定，你来管理这一年金，每年向受益人支付 2 亿美元，永不终止。所有债券的到期收益率都是 16%。
- a. 如果 5 年期票面利率为 12%（每年支付）的债券的久期是 4 年，而且 20 年期且票面利率为 6%（每年支付）的债券久期是 11 年。要使你的债务完全融资并免疫，则每种债券持有量为多少？（以市价计算）
- b. 你持有的 20 年期附息债券的面值是多少？

14. 你正在管理 100 万美元的资产组合。你的目标久期是 10 年，你可以从以下两种债券中选择：5 年期的零息债券和终身年金，当期收益率均为 5%。
- a. 在你的资产组合中，你将持有两种债券各多少？
- b. 如果你现在的目标久期是 9 年，明年持有比例会发生什么变化？

15. 我的养老基金计划将在 10 年期间每年支付给我 10 000 美元。第一笔支付将在 5 年后。养老基金想将其头寸免疫。
- a. 养老基金对于我的债务的久期是多少？当期利率为每年 10%。
- b. 如果养老基金计划使用 5 年和 20 年零息债券来构建免疫头寸，每只债券要投入多少资金？每只零息债券的面值是多少？

16. 30 年期的债券，每年支付一次，票面利率为 12%，久期是 11.54 年，凸性为 192.4。该债券在 8% 的到期收益率水平出售。如果债券的到期收益率下跌至 7% 或上涨至 9%，使用财务计算器或电子数据表计算债券价格。按照新的收益率，根据久期法则和凸性久期法则，计算的债券价格是多少？每种方法的误差百分比是多少？对于这两种方法的准确性，你有何结论？

17. 特许金融分析师梅耶斯是一位大型养老金的固定收益投资经理。投资委员会的成员斯派西对学习固定收益组合管理非常感兴趣。斯派西向梅耶斯提出了几个问题，尤其是斯派西非常想知道的固定收益投资经理如何配置投资组合以从对未来利率的预期中获利。

梅耶斯使用一只固定利率债券和票据向斯派西说明固定收益交易策略。两只债券都是半年的付息期。除非特别说明，所有的利率变化都是同步的。两种证券的特征如下表所示。他还考虑一只 9

年期的浮动利率债券，每半年支付一次浮动利率，当前的收益率是5%。

固定利率债券和固定利率票据的特征

	固定利率债券	固定利率票据
价格	107.18	100.00
到期收益率	5.00%	5.00%
到期期数	9	4
修正久期	6.984 8	3.585 1

斯派西问梅耶斯，当预期利率上升时，固定收益投资经理如何进行资产配置。以下哪种是最合适的策略？

a. 降低组合的久期。

b. 买入固定利率债券。

c. 拉长组合的久期。

18. 斯派西让梅耶斯（见上题）从利率变化中确定价格变化量。为了说明，梅耶斯计算了表中固定利率票据的价值变化。特别地，他假定利率水平上升了100个基点。运用表10-9中的信息，预计固定利率票据的价格变化是多少？

19. 某30年期限的债券，票面利率为7%，每年付息一次。今天的出售价格为867.42美元。某20年期限的债券，票面利率是6.5%，也是每年付息一次。今天的出售价格是879.50美元。债券市场分析师预测，5年后，25年期债券将以到期收益率8%的价格出售，而且15年期债券将以到期收益率7.5%的价格出售。因为收益率曲线向上倾斜，分析师认为利息将投资于利率为6%的短期证券计算：

a. 30年期债券在未来5年的期望收益率（年化）是多少？

b. 20年期债券的预期收益率（年化）是多少？

20. a. 如果年利率上升至12%，运用数据表计算表10-3中两只债券的久期。为什么附息债券的久期下降而零息债券的久期不变？（提示：考察F栏中计算的权重发生了什么变化。）

b. 如果票面利率是12%而不是8%，且半年的利率还是5%，使用同样的电子数据表计算附息债券的久期。解释为什

么久期比表10-3中的久期低（再次查看F栏。）

21. a. 构建一张电子数据表，计算5年期，票面利率8%，每年支付一次，初始到期收益率为10%的债券的凸性。

b. 5年期零息债券的凸性是多少？

高级题

22. 某零息债券的期限是12.75年，在到期收益率8%的水平出售（有效年收益率），凸性为150.3，修正久期为11.81年。30年期，票面利率为6%，每年付息一次的附息债券同样在到期收益率为8%的水平卖出，与零息债券的久期相同——11.79年，但是凸性显著高于零息债券，为231.2。

a. 假设两种债券的到期收益率都上升至9%。每种债券资本损失的百分比是多少？根据久期凸性法则预测出来的资本损失百分比是多少？

b. 重复问题a，但此次假设到期收益率下降至7%。

c. 比较两种场景下两只债券的表现：一种是利率上升，一种是利率下降。根据不同投资表现，解释久期的吸引力。

d. 根据你对问题c的回答，如同此例，如果两种债券的收益率等量上升或下降，你认为有可能使两种久期相同而凸性不同的债券在初始时以同样的到期收益率来定价吗？在这种情况下，有人愿意购买较小凸性的债券吗？

23. 新发行的10年期债券，票面利率为7%（每年付息一次），债券以面值出售。

a. 债券的久期和凸性是多少？计算凸性。

b. 假设到期收益率即刻从7%上涨至8%（期限仍然是10年），计算债券的实际价格。

c. 根据式（10-3）得到的价格是多少？公式的误差百分比有多大？

d. 根据式（10-5）得到的价格是多少？公式的误差百分比有多大？

24. a. 使用电子表格来回答如下问题，假设收益率曲线维持在4%的水平。计算出一个"子弹头"式固定收益投资组合

(即一笔单一现金流构成的投资组合，该笔现金流在5年后收回）的凸性。
  b. 现在，计算出一个"杠铃"型固定收益投资组合（即在一段时间内使用相等的现金流进行的投资组合）的凸性。

假设证券在第1~9年每年产生100美元现金流，使得它的久期接近a中的"子弹型"。

  c. "杠铃型"投资组合还是"子弹型"投资组合拥有更大的凸性？

CFA考题

1. a. 解释债券发行增加赎回特征对卖出收益的影响。
   b. 解释债券发行增加赎回特征对有效债券久期和凸性的影响。

2. a. 票面利率为6%的附息债券，每年付息一次，修正久期是10年，以800美元的价格出售，并且以8%的到期收益率定价。如果到期收益率上升至9%，运用久期概念预测价格的变化是多少。
   b. 票面利率为6%的附息债券，每半年付息一次，凸性为120，以面值的80%出售，并且以8%的到期收益率定价。如果到期收益率上升至9%，价格变动的百分比中凸性贡献有多大？
   c. 票面利率为8%的附息债券，每年付息一次，到期收益率10%，麦考利久期是9年。债券的修正久期是多少？
   d. 当利率下降，溢价发行的30年期债券的久期：
      ⅰ. 上升   ⅱ. 下降
      ⅲ. 持平   ⅳ. 先上升，再下降
   e. 如果债券投资经理将一只债券互换成另一只具有相同期限、相同票面利率和信用等级但是到期收益率更高的债券，这种互换称为
      ⅰ. 替代互换
      ⅱ. 利率预期互换
      ⅲ. 税收互换
      ⅳ. 市场间价差互换
   f. 以下哪种债券的久期最长？
      ⅰ. 期限8年，6%票面利率
      ⅱ. 期限8年，11%票面利率
      ⅲ. 期限15年，6%票面利率
      ⅳ. 期限15年，11%票面利率

3. 一只新发行的债券，具有以下特征：

票面利率	到期收益率	期限	麦考利久期
8%	8%	15年	10年

  a. 运用上面的信息计算修正久期。
  b. 解释在计算债券价格对利率变动敏感性时，为什么修正久期比期限更好。
  c. 识别修正久期的变化方向，如果：
     ⅰ. 债券的票面利率是4%，而不是8%。
     ⅱ. 债券的期限是7年，而不是15年。
  d. 定义凸性，并说明修正久期和凸性如何在给定的利率变化时大致估计债券价格变化百分比。

4. Zello公司面值1 000美元的债券以960美元的价格出售，5年后到期，每半年付息一次，票面利率7%。
  a. 计算以下的收益率：
     ⅰ. 当期收益率。
     ⅱ. 到期收益率（近似等于整数百分比，如3%、4%、5%等）。
     ⅲ. 水平收益率（也称为总复合收益率）：该投资者持有期为3年，并且在此期间的再投资收益率为6%。第3年年末票面利率为7%，剩余期限为2年的该债券以7%的收益率出售。
  b. 描述下列固定收益收益率指标的一个主要缺点：
     ⅰ. 当期利率。
     ⅱ. 到期收益率。
     ⅲ. 水平收益率（总复合收益率）。

5. 凯普尔向范赫森在下表中对明星医院养老金持有的债券投资组合进行了详细描述。组合中所有的证券都是不可赎回的美国国债。

收益率变化时的价格

面值（美元）	国债	市场价值（美元）	现价（美元）	上涨100基点	下跌100基点	有效久期（年）
48 000 000	2.375%，2015年到期	48 667 680	101.391	99.245	103.595	2.15
50 000 000	4.75%，2040年到期	50 000 000	100.000	86.372	116.887	—
98 000 000	全部债券组合	98 667 680	—	—	—	—

a. 计算以下的有效久期：
   i. 利率为4.75%的美国国债，2040年到期。
   ii. 总债券投资组合。

b. 范赫森对凯普尔说："如果你改变债券资产组合的期限结构使得组合的久期为5.25，那么组合的价格敏感度将会与单一的久期为5.25年的不可赎回国债相同。"在什么情况下，范赫森的说法是正确的？

6. 固定收益投资经理的一个共同目标是通过公司债券获得比具有可比久期的政府证券更高的增量收益。一些公司债券投资组合经理采取的做法是识别并购买那些与可比久期政府债券之间有巨大初始利差的公司债券。HFS固定收益经理艾默斯认为，要想获得最大化增量收益，则需要一种更严格的方法。

下表显示了在某特定日期，市场中一组公司/政府利差关系的数据：

债券评级	初始与政府债券利差	预期水平利差	初始久期	1年后预期久期
Aaa	31bp	31bp	4年	3.1年
Aa	40bp	50bp	4年	3.1年

注：1bp代表1个基点，或者0.01%。

a. 为获得最大增量收益，以1年为投资周期，推荐购买Aaa还是Aa债券？

b. 艾默斯的选择不仅仅依赖于初始利差关系。他的分析框架考虑了一系列影响增量收益的其他关键变量，包括赎回条款和利率的潜在变化。除以上提到的变量，描述艾默斯在分析中需要考虑的其他变量，并解释这些变量在实现增量收益方面，与最初的利差关系有何不同。

7. 瓦尔正在考虑购买下表中所列两种债券中的一种。瓦尔意识到他的决定主要取决于有效久期，并且他相信在未来6个月所有期限债券的利率都将下降50个基点。

特征	CIC	PTR
市场价格	101.75美元	101.75美元
到期日期	2025年6月1日	2025年6月1日
赎回日期	不可赎回	2020年6月1日
年票面利率	5.25%	6.35%
利息支付	半年	半年
有效久期	7.35年	5.40年
到期收益率	5.02%	6.10%
信用评级	A	A

a. 如果利率在未来6个月下降50个基点，根据有效久期计算CIC和PTR的价格变化百分比。

b. 如果在6个月末CIC实际的债券价格是105.55美元，PTR的实际债券价格是104.15美元，计算每种债券的6个月水平收益（以百分比形式）。

c. 瓦尔对这样的事实感到很奇怪。尽管利率下降了50个基点，CIC实际的价格变化比根据有效久期预测的价格变化要大，而PTR的实际价格变化比根据有效久期预测的价格变化要小。解释为什么CIC实际价格的变化较大，而PTR实际价格的变化较小。

8. 你是养老基金的债券投资组合经理。基金政策允许管理债券资产组合使用积极策略。看来经济周期正进入成熟期，通货膨胀率预计会增加。为了抑制经济扩张，中央银行政策在收紧。阐述在以下每种情况下，你会选择两种债券的哪一种，简要证明你的答案。

a. i. 加拿大政府债券（加元支付），2020年到期，票面利率3%，价格为98.75，到期收益率3.5%。

ii. 加拿大政府债券（加元支付），2030年到期，票面利率3%，价格为91.75，到期收益率4.19%。

b. i. 得克萨斯电力和照明公司债券，2025年到期，票面利率4.50%，AAA级，价格为90，到期收益率5.02%。

ii. 亚利桑那公共服务公司债券，2025年到期，票面利率4.45%，A-级，价格92，到期收益率5.85%。

c. i. 联邦爱迪生公司债券，2024年到期，票面利率2.75%，Baa级，价格91，到期收益率6.2%。

ii. 联邦爱迪生公司债券，2024年到期，票面利率7.375%，Baa级，价格114.40，到期收益率6.2%。

d. i. 壳牌石油公司偿债基金，2030年到期，票面利率5.5%，AAA级（偿债基金以面值于2018年9月开始），价格89，到期收益率6.1%。

ii. 兰伯特公司偿债基金，2030年到期，票面利率5.75%，AAA级（偿债基金以面值于2023年4月开始），价格89，到期收益率6.1%。

e. i. 蒙特利尔银行（加元支付）3%利率的存款单，2019年到期，AAA级，价格100，到期收益率3%。

ii. 蒙特利尔银行（加元支付）浮动利率票据，2021年到期，AAA级。当前票面利率是1.8%，价格为100（利息每半年根据加拿大政府3个月短期国债利率加0.5%进行调整）。

9. 一名公司投资委员会的成员对固定收益投资组合非常感兴趣。他想知道固定收益投资经理怎样处置头寸，根据影响利率的三个因素将其预期资本化。这三个因素是：

a. 利率水平变化。
b. 不同类型债券的利差变化。
c. 某一特定工具的利差变化。

　　为每个因素制定一个固定收益投资组合策略，这个策略可以利用投资经理对这些因素的预期，并用公式表示和详细说明。（注意：至少三个策略，为以上所列每个因素制定一个策略。）

10. 哈罗德是负责1亿美元养老基金的投资官。资产组合中的固定收益投资部分采用积极管理策略，并且投资于美国股票的大部分基金采取的是指数化投资，由韦伯街顾问公司管理。哈罗德对于韦伯街顾问公司的股票指数策略的投资结果印象深刻，并在考虑要求韦伯街顾问公司对一部分积极管理的固定收益资产进行指数化管理。

a. 描述与积极债券管理相比，指数化债券管理的优势和劣势。
b. 韦伯街顾问公司管理指数化的债券组合。讨论如何通过分层取样（或分格）法构建指数化的债券资产组合。
c. 描述分格法跟踪误差的主要来源。

11. 米尔是固定收益投资组合经理。注意到当前的收益率曲线是平的，她考虑购买票面利率为7%、10年期、无期权的、以面值新发行的公司债券。该债券有如下特征：

	收益率变化	
	上升10个基点	下降10个基点
价格	99.29	100.71
凸性测度	35.00	
凸性调整	0.0035	

a. 计算债券的修正久期。
b. 米尔同时也在考虑购买另一支票面利率为7.25%、12年期限、无期权、新发行的公司债券。她想评估这只债券在收益率曲线即刻向下平行移动200个基点时的价格敏感度。基于以下数据，在这种收益率曲线情形下，价格如何变化？

初始发行价格	面值，收益率为7.25%
修正久期（原始价格时）	7.90
凸性测度	41.55
凸性调整（收益率变化200个基点）	1.66

c. 米尔要求她的助手分析几只可赎回债券，假定收益率曲线预期向下平行移动。米尔的助手认为，如果利率下行到一定程度，可赎回债券的凸性会转为负的。助手的想法正确吗？

12. 克莱默，一位萨维斯塔的固定收益投资经理，正在考虑购买萨维斯塔政府债券。克莱默决定评估两种投资萨维斯塔政府债券的策略。下表给出了两种策略的细节，也包含了实施两种策略的假设。

投资策略（数量为投资的市场价值）

策略	5 年期限 （修正久期 = 4.83 年）	15 年期限 （修正久期 = 14.35 年）	25 年期限 （修正久期 = 23.81 年）
I	500 万美元	0	500 万美元
II	0	1 000 万美元	0

投资策略假设

债券的市场价值	1 000 万美元
债券期限	5 年、25 年或者 15 年
债券票面利率	0.00%（零息债券）
目标修正久期	15 年

在选择任一种债券投资策略之前，克莱默想知道，如果在他投资之后利率立即发生了变化，那么债券价值将会如何变化。利率变化的细节见下表。针对表中利率立刻发生的变化，计算每种策略下债券市场价值变化的百分比。

投资后利率的即刻变化

期限	利率变化
5 年	下降 75 个基点
15 年	上升 25 个基点
25 年	上升 50 个基点

13. 作为分析蒙蒂塞洛公司发行的债券分析的一部分，你被要求评估其发行的两只债券，如下所示。

	债券 A （可赎回）	债券 B （不可赎回）
期限	2027 年	2027 年
票面利率	11.50%	7.25%
当期价格	125.75 美元	100.00 美元
到期收益率	7.70%	7.25%
到期修正久期	6.20 年	6.80 年
赎回日期	2021 年	—
赎回价格	105 美元	—
赎回收益率	5.10%	—
赎回修正久期	3.10 年	—

a. 利用上表提供的久期和收益率信息，比较两只债券在以下两种情景下价格和收益率情况。
ⅰ. 经济强劲反弹，通货膨胀预期上升。
ⅱ. 经济衰退，通货膨胀预期下降。
b. 利用表中的信息，计算到期收益率下降 75 个基点时，债券 B 的价格变化。
c. 描述严格按照赎回或者期限分析债券 A 的缺陷。

概念检查答案

10-1 使用表 10-3，每半年付息一次，贴现率 4.5%。

	时期	到支付时期限 （年）	现金流 （美元）	现金流的现值（美元） （贴现率=4.5% 每期）	权重	权重×时间
A. 8%票面利率的债券	1	0.5	40	38.278	0.039 0	0.019 5
	2	1.0	40	36.629	0.037 3	0.037 3
	3	1.5	40	35.052	0.035 7	0.053 5
	4	2.0	1 040	872.104	0.888 0	1.776 1
总额				982.062	1.000 0	1.886 4
B. 零息债券	1	0.5	0	0.000	0.000 0	0.000 0
	2	1.0	0	0.000	0.000 0	0.000 0
	3	1.5	0	0.000	0.000 0	0.000 0
	4	2.0	1 000	838.561	1.000 0	2.000 0
总额				838.561	1.000 0	2.000 0

8%票面利率债券的久期增加到1.886 4年。价格上涨至982.062美元。到2年时，零息债券的久期不变，尽管当利率降低时，价格会上升（至838.561美元）。

10-2 a. 如果利率从9%上升至9.05%，那么债券价格从982.062美元下跌至981.177美元。价格变化百分比是 −0.090 1%。

b. 使用初始半年利率4.5%，久期为1.886 4年（参见概念检查10-1），所以久期公式预测的价格变化为

$$-\frac{1.886\ 4}{1.045} \times 0.000\ 5 = -0.000\ 903$$

$$= -0.090\ 3\%$$

这与a中直接计算得到的答案几乎相等。

10-3 终身年金的久期为 $(1+y)/y$，即 $1+1/y$，当 y 增加时，久期显然会下降。把久期作为 y 的函数，我们得到：

y	D（年）
0.01	101
0.02	51
0.05	21
0.10	11
0.20	6

10-4 根据本章所述的久期法则，当票面利率和到期收益率增加时，你应该发现久期下降。对大多数债券而言，久期随着到期期限增加而增加。当票面利率是半年支付一次而不是一年一次时，久期下降。因为平均而言，支付发生较早，不是等到年底才收到年利息，投资者在半年的时候就收到了该年一半利息。

10-5 麦考利久期定义为债券全部现金流发生时间的加权平均。修正久期定义为麦考利久期除以 $1+y$（其中 y 为每次支付时的收益率，例如，如果债券每半年支付一次利息，y 就是半年的收益率）。这表明，对普通债券而言，修正久期等于债券价格变化率比收益率的变化量。有效久期抓住了修正久期的这一最后特征。它被定义为债券价格变化率与市场利率变化量之比。关于嵌入期权债券的有效久期，在计算价格变化时，需要一种考虑这些期权的定价方法。此时计算有效久期不能用对现金流的发生时间进行加权平均的方法，因为这些现金流是随机的。

10-6 终身年金的久期现在为 $1.08/0.08 = 13.5$。我们需要解下列关于 w 的方程：

$$w \times 2 + (1-w) \times 13.5 = 6$$

因此，有 $w = 0.652\ 2$。

10-7 贡献策略更具有吸引力。现金流匹配免除了再平衡的需要，于是就节约了交易费用。

10-8 当前价格 = 1 091.29（美元）

预测价格 = 100×年金因子（10%，18年）+1 000×现值因子（10%，18年）= 1 000（美元）

再投资利息的终值是：100×1.08+100 = 208（美元）

2年的收益率是 $\frac{208+(1\ 000-1\ 091.29)}{1\ 091.29}$

= 0.107 或 10.7%

那么，2年期间的年化收益率将是 $1.107^{1/2} - 1 = 0.052$ 或 5.2%。

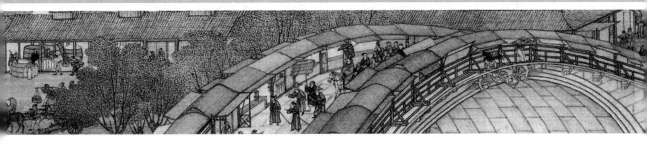

第 11 章
CHAPTER 11

宏观经济分析与行业分析

一只股票的固有价值来源于其公司的预计股息和盈利。**基本面分析**（fundamental analysis）的核心是对盈利预测等价值决定因素进行分析。从根本上说，公司经营业绩决定了它能够给股份持有人支付多少股息以及它在股票市场的股价。然而，由于公司前景与宏观经济状况息息相关，所以基本面分析必须考虑公司所在的商业环境。对某些公司来说，在众多影响公司利润的因素当中，宏观环境与行业形势比其在行业内的业绩影响更大。换句话说，投资者要谨记宏观环境的重要性。

因此，在分析公司前景时，从宏观经济环境开始考察一国总体经济状况，甚至国际经济状况是很重要的。投资者可以据此确定外部环境对公司所在行业的影响，最后考察公司在行业内的地位。

本章将讲述基本面分析中的宏观问题——宏观经济分析与行业分析。接下来的两章将对公司具体情况进行分析。首先讨论与公司业绩相关的国际性因素，接下来概述常用来描述宏观经济状态的几个主要变量的含义。之后，讨论政府的宏观经济政策，再讨论经济周期并对宏观经济分析进行总结。最后，进行行业分析，讨论公司对经济周期的敏感性、行业生命周期以及影响行业业绩的战略性问题等。

11.1 全球经济

对公司前景的自上而下的分析必须从全球经济开始。国际经济环境会影响公司的出口前景、来自竞争对手的价格竞争或海外投资获得的利润。表 11-1 显示了全球广泛的区域宏观经济对企业前景的重要性。例如，东南亚的股票市场，如泰国和新加坡的股票市场，由于地区经济增长率下降而表现非常糟糕。

表 11-1 经济表现

	股票市场收益率, 2015(%) 以当地货币计	以美元计	2016年国内生产总值预期增长率(%)		股票市场收益率, 2015(%) 以当地货币计	以美元计	2016年国内生产总值预期增长率(%)
巴西	-12.7	-40.0	-1.9	意大利	13.0	2.7	1.3
英国	-3.8	-8.8	2.2	日本	8.8	8.2	1.2
加拿大	-9.5	-24.3	1.9	墨西哥	0.6	-13.9	2.8
中国	10.1	5.3	6.4	俄罗斯	17.0	-2.7	-0.3
法国	10.0	-0.8	1.3	新加坡	-14.2	-19.6	3.0
德国	10.8	-0.2	1.7	韩国	2.6	-3.5	2.7
希腊	-25.3	-32.6	2.2	西班牙	-6.2	-15.4	2.7
印度	-5.2	-9.9	7.6	泰国	-14.3	-21.9	4.0
				美国	-0.6	-0.6	2.5

资料来源：*The Economist*, January 2, 2016.

尽管区域宏观经济条件很重要，但即使在区域内，各国之间的经济表现也会有很大差异。例如在欧洲，预计德国经济将以1.7%的速度增长，而俄罗斯经济将萎缩，预测为-0.3%。

令人惊讶的是，股市收益并不总是与宏观经济预期相符。这反映了市场效率的影响，股票收益是由相对于先前预期的业绩所驱动。例如，尽管希腊2015年经济增长率几乎处于中间水平，但股市的表现却极为糟糕。由于经济复苏并不像以前预期的那样强劲，其股市表现则大幅跳水。

这些数据表明国内经济环境是行业表现的重要决定因素。对企业来说，在经济紧缩情况下比在经济扩张情况下更难成功。这种说法强调要将宏观经济分析作为投资过程分析的一个基本部分。

此外，政治的不确定性也会带来相当大的经济风险。过去十年的主权债务危机表明了政治和经济之间的相互作用。虽然对希腊以及欧盟其他国家进行的救助在很大程度上是政治问题，但它们对世界经济产生了巨大影响。同样，伊朗和沙特阿拉伯在OPEC内部的竞争在很大程度上是一场激烈的政治斗争，但由于它影响到全球石油价格，因此也具有巨大的经济影响。英国脱欧是另一场具有重大经济影响的政治斗争。世界各地的股市在英国投票赞成脱欧的那天暴跌，英镑兑美元下跌了10%以上。从这个层面分析，很明显政治和经济是密切纠缠在一起的。

其他的政治问题影响较小，但仍然对经济增长和投资收益极为重要。这些问题包括贸易保护主义和贸易政策、资本的自由流动和一国劳动力资源状况。

影响某国国际竞争力的一个显著因素是国家间货币的兑换比率。**汇率**（exchange rate）是本国货币转换成他国货币的比率。例如，在2016年年中，大约需要104日元能够兑换1美元，我们称汇率为每美元兑104日元，或者换句话说，每日元兑0.0096美元。

以外币标价货物的美元价值会随着汇率的波动而波动。例如，1980年，美元与日元的汇率大约为0.0045美元兑1日元。而2016年的汇率是0.0096美元兑1日元，所以一个美国公民要购买10 000日元的东西，2016年需要支付的美元是1980年需要支付的2倍。如果日本厂商要维持产品的日元标价不变，那么以美元表示的价格就是1980年时的两倍多。对美国消费者来说，日本产品变得更昂贵了，于是销量下降。显然，日元升值给日本厂商带来了一个问题，就是必须与美国厂商竞争。

图11-1显示了2003~2015年美元相对于几个主要工业国货币购买力的变化情况。购买力比率被称为"实际"汇率，即通货膨胀调整后的汇率。由于实际汇率考虑了汇率波动和各个

国家通货膨胀差异，所以它的变化反映了外国货物对美国公民来说便宜或贵了多少。

图 11-1 显示了从 2003 年到 2015 年，美元的购买力相对于几个主要工业国家货币购买力的变化。购买力的比率被称为"实际汇率"（real exchange rate），或经通货膨胀调整后的汇率（inflation-adjusted exchange rate）。实际汇率的变化衡量的是外国商品对美国公民来说贵了多少或便宜了多少。它同时考虑到各国的汇率波动和通货膨胀的差异。

图 11-1 中正数表示美元相对于其他国家货币来说，其实际购买力增加；负数表明美元贬值。该图显示，在过去的十年中，扣除物价因素，美元兑换图 11-1 中的每种货币都发生了升值。对美国的消费者而言，以外币计价的商品变得更加便宜，相反，以美元计价的商品对外国消费者而言则变得更加昂贵。

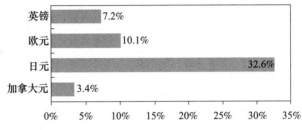

图 11-1　实际汇率变化：美元对主要货币
（2003~2015 年）

资料来源：作者根据 OECD 数据计算.

11.2　国内宏观经济

宏观经济环境是所有公司共同运行的经济环境。图 11-2 阐明了宏观经济在决定投资业绩中的重要作用。该图对标准普尔 500 股票价格指数水平与标准普尔各个公司每股收益（EPS）的预期水平进行比较。曲线显示，股价往往随着每股收益的增加而增加。尽管股价对每股收益的比率随着利率、风险、通货膨胀率和其他变量的变化而变化，但是该图表明，一般来说，比率往往处于 12~25 区间。如果市盈率正常，标准普尔 500 股票价格指数也会落在这个范围内。很显然，市盈率乘数方法并不完美，可以注意到 20 世纪 90 年代后期互联网泡沫期间市盈率乘数大幅增加，宏观市场和累积收益变化趋势一致。⊖因此，要预测宏观市场表现，第一步是评价总体经济状态。

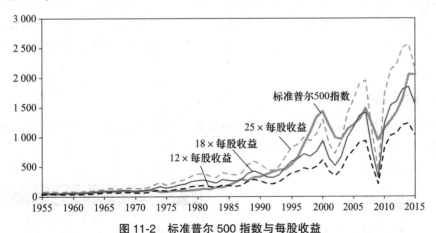

图 11-2　标准普尔 500 指数与每股收益

资料来源：作者根据 *The Economic Report of the President* 的数据计算。

⊖ 图 11-2 显示，2009 年是另一个市盈率远远高于 25 倍收益的年份。这反映了那一年在经济衰退高峰期的收益大大低于趋势预测。由于市场价格反映了未来很长一段时间的盈利前景，因此，在那一年，市场价格的下跌幅度小于盈利。正如我们会在第 12 章看到，市盈率最好的解释是相对于未来而不是过去的收益：股票价格是对公司价值的前瞻性衡量。

预测宏观经济的非凡能力能带来引人注目的投资业绩。但是，仅能很好地预测宏观经济形势是不够的。为获得超额利润，投资者必须比竞争者预测得更准确一些。在这一节中，我们将阐述一些描述宏观经济形势的主要经济统计量。

11.2.1 国内生产总值

国内生产总值（gross domestic product，GDP）是该经济体生产产品和提供服务的总和。GDP 快速增长表明经济正在快速扩张，公司有大量机会增加销售额。工业总产量是度量经济产出水平的另一种常用方法，该统计量主要反映制造业方面的经济活动。

11.2.2 就业

失业率（unemployment rate）是正在寻找工作的劳动力占总劳动力（即正在工作和积极寻找工作的劳动力）的百分比。失业率度量了经济运行中生产能力极限的运用程度。失业率只与劳动力有关，但是从失业率中可以得到其他生产要素的信息，从而进一步了解经济运行状况。分析师也会关注工厂的产能利用率，这是工厂的实际产出与潜在产出间的比值。

11.2.3 通货膨胀

物价普遍上升被称为**通货膨胀**（inflation）。高通货膨胀率通常与"经济过热"联系在一起。也就是说，对货物和服务的需求超过生产能力，这导致价格上升。大多数政府的经济政策都很微妙。它们希望刺激经济以保证接近完全就业，但不会引发通货膨胀。通货膨胀和就业之间的权衡问题一直是许多宏观经济政策争论的焦点。一直以来，在这些政策的相对成本以及经济对这些压力的脆弱性问题上，存在很大的争议。

11.2.4 利率

高利率降低未来现金流现值，因此会降低投资机会的吸引力。所以，实际利率是企业投资成本的关键决定因素。对住房和汽车等高价耐用消费品的需求通常通过融资得到满足，由于利率会影响利息支付，因而它们对利率高度敏感。（可参见第 3 章 3.1 节，那里介绍了利率的决定因素。）

11.2.5 预算赤字

联邦政府**预算赤字**（budget deficit）是指政府支出和收入的差额。任何预算差额都将通过政府借贷来弥补。大量的政府借贷会增加经济中的信贷需求从而提高利率。经济学家普遍认为，过度的政府借贷会提高利率，阻碍企业投资，从而对私人借贷和投资产生"挤出"效应。

11.2.6 心理因素

经济发展水平的另一个重要决定因素是消费者和生产者的心理因素，即他们对经济采取的是积极的态度还是消极的态度。比方说，如果消费者对未来收入水平有信心，他们愿意进行大量的现期消费。同样，如果商家预期其产

> **概念检查 11-1**
>
> 某经济体，其主导产业是汽车生产，用于国内消费和出口。现在假设，人们延长了汽车使用时间，严重损害了汽车市场。请描述一下该变化对国内生产总值、失业率、政府预算赤字和利率可能产生的影响。

品需求会升高，就会增加生产和库存。这样，公众信心会影响消费和投资数量，影响对产品和服务的总需求。

11.3 需求与供给波动

对可能影响宏观经济的因素进行整体分析的有效方法是将所有影响按照供给和需求波动进行分类。**需求波动**（demand shock）是指影响经济中产品和服务需求的事件。正向的需求波动包括税率降低、货币供应增加、政府支出增加和出口需求增加。**供给波动**（supply shock）是指影响产能和成本的事件。供给波动包括进口石油价格变化，霜冻、洪水或干旱等对农作物造成巨大破坏的自然灾害，一国劳动力教育水平的变化，劳动力愿意参加工作的最低工资率的变化。

一般来说，需求波动的特征是总产出与利率和通货膨胀同向变动。例如，政府支出大幅增加往往会刺激经济并增加国内生产总值。政府借贷需求或者企业借贷进行风险投资的需求增加也可能使利率升高。最后，如果对产品和服务的需求水平达到经济总产能或超过总产能，就会使通货膨胀率升高。

供给波动的特征通常表现为总产出与通货膨胀和利率反向变动。例如，进口石油价格大幅增加会引起通货膨胀，因为产品成本增加，最终会导致产成品价格上升。短期内，通货膨胀率上升会导致名义利率升高，此时总产出会下降。因为原材料价格上升，经济体产能下降，个人对高价格产品的购买力也会下降。因此，GDP 会下降。

那么，如何将这个框架应用于投资分析呢？在任何一种宏观经济形势下，都需要辨别出哪些行业将处于有利地位，哪些将处于不利地位。例如，假设据预测货币供应量会减少，你可能就不会投资汽车产业，因为利率可能会上升，此产业或许会处于不利地位。我们再次提醒投资者，要做诸如此类的预测绝非易事。宏观经济预测的不确定性已经路人皆知。而且，要注意投资者的预测将建立在公开发布的信息的基础上。任何投资优势都源于投资者卓越的分析能力而非掌握优质的信息。

11.4 联邦政府的政策

正如前一部分所述，政府主要有两大类宏观经济调控工具：一类影响产品和服务的需求，另一类影响其供给。第二次世界大战后，影响需求的政策成为主流。该政策主要关注政府支出、税率水平和货币政策。但是，20 世纪 80 年代以来，人们越来越关注影响供给的政策。从广义上说，供给学派关注提高经济生产能力，而不是刺激经济可以生产的产品和提供的服务的需求。在实践中，供给学派经济学家着眼于提高工作积极性和创新性，并致力于消除源于税收系统的风险。但是，供给学派宏观经济政策也包括国家的教育政策、基础设施（如通信和交通设施）政策和研发等。

11.4.1 财政政策

财政政策（fiscal policy）是指政府的支出和税收行为，是"需求管理"的一部分。财政政策可以说是刺激或减缓经济最直接的方法。政府支出下降会直接减少对产品和服务的需求。同样，税率增加将立即转移消费者的部分收入，导致消费迅速下降。

有讽刺意味的是，尽管财政政策对经济产生的影响最为直接，但该政策的制定和实施通常缓慢而复杂，这是因为财政政策需要行政机构和司法部门之间的协调。税收和支出政策起草之后，由议会投票表决，这需要大量的政治协商，并且任何一项法令的通过都必须由总统签名后方可生效，这需要更多的协商与谈判。因此，尽管财政政策的影响相对直接，但它的制定过程过于烦琐，因此在实践中难以用来对经济进行微调。

而且，规定诸如医疗、社会保险等政府支出是有条件的，也就是说，这不是一项政策而是一项法令，不能随着经济状况的变化而变化。这又使得财政政策的制定缺乏灵活性。

总结财政政策净影响的一般方法是考察政府预算赤字或盈余，即收入和支出的差额。巨额赤字表明，政府支出比以税收形式获得的收入大。净影响是产品需求的增加（通过支出）大于产品需求的减少（通过税收），因此会刺激经济。

11.4.2 货币政策

货币政策（monetary policy）是指通过控制货币供给影响宏观经济，是另一个影响需求的主要方法。货币政策主要通过影响利率发挥作用。货币供给增加降低短期利率，最终鼓励投资和消费需求。但是从长期来看，大多数经济学家认为货币供给增加只会导致物价升高，不会对经济活动产生长远影响。因此，货币管理当局面临两难抉择。宽松的货币政策可能会降低利率，从而在短期内刺激投资和消费需求，但最终会导致物价升高。刺激经济与通货膨胀的权衡是争论货币政策正确性的内涵所在。

财政政策实施过程极为烦琐，但是可以对经济产生直接影响，货币政策的制定和实施过程较为容易，但是难以对经济产生直接影响。货币政策由联邦储备委员会决定。委员由总统任命，每14年一任，不易受外界政策变化影响。委员会规模较小，主席能够对其进行有效控制，政策的制定和调整相对容易。

货币政策的实施也比较直接。应用最为广泛的工具是公开市场运作，即联邦政府通过自己的账户买卖债券。当政府买入证券时，只需签发一张支票，因此会增加货币供给（不像我们个人，政府支付证券不需要从银行账户中提取资金）。相反，当政府出售证券时，就会发生支付，减少货币供给。公开市场运作每天都在运行，因此美联储能够对货币政策进行微调。

货币政策工具还包括折现率和准备金要求率，前者是对银行短期贷款所收取的利率，后者是银行必须持有的现金或在美联储的那部分存款占银行总存款的比例。折现率减少意味着货币政策较为宽松。准备金要求率较低，银行每单位存款的借贷能力增加，有效货币供给增加从而刺激经济增长。

尽管折现率在联储的直接控制之下，但它的变化相对较少。到目前为止，联邦基金利率对美联储政策起到较好的指导作用。联邦基金利率是银行进行短期（通常是隔夜）借贷的利率。这些贷款的发生是因为一些银行需要借入

> **概念检查 11-2**
> 假设政府想刺激经济，但不提高利率。要完成这个目标，应采取何种货币政策和财政政策？

资金满足准备金要求率，而其他银行恰好有额外资金。与折现率不同，联邦基金利率是市场利率，即它是由供给和需求决定而不是由行政制定的。但是，联邦储蓄委员会以联邦基金利率为目标，通过在公开市场运作增加或减少货币供给，推动联邦基金利率达到目标价值。联邦基金利率是美国短期利率标准，对美国和其他国家利率产生相当大的影响。

与财政政策相比，货币政策对经济的影响较为迂回曲折。财政政策直接刺激或抑制经济，货

币政策通过影响利率发挥作用。货币供给增加降低利率，刺激投资需求。当经济体中货币数量增加时，投资者会发现他们的资产投资组合中现金过剩，他们会买入债券等证券资产使组合重新平衡，从而使债券价格上升，利率下降。从长期来看，个人也会增加股票持有，最后购买不动产，这会直接刺激消费需求，但是，货币政策对投资和消费需求的影响比财政政策要缓慢得多。

11.4.3 供给方政策

财政和货币政策是以需求方为导向的政策工具，通过刺激产品和服务总需求影响经济。其内在原因是，经济自身很难保证全部就业，宏观经济政策可以推动经济实现这个目标。相反，供给方政策解决经济产能问题，目标是创造一个良好环境，使工人和资本所有者具有最大动机和能力去生产和开发产品。

供给方经济学家也相当关注税收政策，但是需求方政策关注税收对消费需求的影响，供给方政策关注激励机制和边际税率。他们认为，降低税率会促进投资，提高工作积极性，因此会促进经济增长。某些学者甚至认为税率减少会导致税收减少，因为税率降低会使经济和所得税基础的增长幅度大于税率减少的幅度。

> **概念检查 11-3**
> 2001年大幅削减税赋之后，GDP 快速增长。需求方和供给方经济学家对这一现象的解释有什么不同？

11.5 经济周期

我们已经介绍了政府用来微调经济，维持低失业率和低通货膨胀的工具。尽管已经付出了这些努力，经济仍不断波动。许多分析师认为资产配置决策的决定因素是预测宏观经济走强还是衰退。如果预测结果与市场看法不一致，就会对投资策略产生重大影响。

11.5.1 经济周期

经济通常会反复经历扩张期和收缩期，不过这些周期的长度和影响程度可能各不相同。这种衰退和复苏不断重复出现的模式被称为**经济周期**（business cycle）。经济周期曲线的拐点被称为峰顶和谷底。**峰顶**（peak）是指从扩张期结束到收缩期开始的转折点。**谷底**（trough）位于经济衰退结束，进入复苏期的转折点。

处于经济周期不同阶段的行业，其业绩可能各不相同。例如，在谷底时，因为经济就要从衰退走向复苏，投资者可以预期**周期性行业**（cyclical industries），即那些对经济状态的敏感性超出一般水平的行业，其业绩会超过其他行业。周期性行业的典型代表是汽车等耐用品生产行业。因为经济衰退时消费者可以延迟购买此类产品，所以其销售额对宏观经济状况特别敏感。其他周期性行业包括资本货物生产行业。资本货物即其他厂商用来生产自己产品的产品。当需求疲软时，大多数公司难以扩张并购买资本货物。因此，资本货物行业在经济衰退时遭受的打击最大，但在经济扩张时表现最为出色。

与周期性行业相反，防御性行业（defensive industries）对经济周期不太敏感。这些行业生产产品的销售额和利润对经济发展状况不太敏感。防御性行业包括食品生产商和加工商、药品加工厂以及公共事业单位。当经济进入衰退期时，这些产业的业绩会超过其他产业。

投资组合理论介绍了系统风险和市场风险，周期性行业与防御性行业的分类非常符合上述概念。例如，当人们对经济发展状况比较乐观时，大多数股票价格会随着期望收益率的增加而上涨。因为周期性企业对经济发展最为敏感，所以它们的股票价格涨幅也最大。因此，属于周期性行业的公司，其贝塔值比较高。总的来说，当经济信息利好时，周期性行业股票表现最好，当信息不令人满意时，其股票变现能力最差。相反，防御性公司贝塔值较低，相对来说，其业绩不受整体市场状况的影响。

如果你对经济周期状况的评估比其他投资者更准确，那么当你对经济发展较为乐观时，可以选择投资周期性行业，当对经济发展较为悲观时，可以选择投资防御性行业。不幸的是，要准确估计经济达到峰顶和谷底的时间并非易事。如果能够准确估计，那么区分周期性行业和防御性行业并做出选择就比较容易。但是，从对有效市场的讨论中可以看出，有吸引力的投资机会不会明显到一目了然。通常人们要在几个月后才意识到衰退期或扩张期已经开始或者结束。事后来看，从扩张到衰退再到扩张的整个转换过程一般比较明显，但当时很难确定经济是在加速发展还是在逐步衰退。

11.5.2 经济指标

考虑到经济具有周期性，所以从某种程度上说周期是可以预测的。美国国会委员会编制的一系列周期性指标可以用来预期、度量和解释经济活动的短期波动。**先行经济指标**（leading economic indicators）往往先于其他经济指标变动。同步和滞后指标，正如它们的名字一样，与总体经济同时变化或稍微滞后于总体经济变化。

一个广泛采用的先行经济指标合成指数由十种指标组合构成。同样，四种同步指标和七种滞后指标组成了各自的合成指数（见表11-2）。

表 11-2 经济指标指数

A. 先行经济指标	2. 个人收入减去转移支付
1. 生产工人（制造业）的平均每周工作时数	3. 工业产值
2. 初始失业保险索赔	4. 制造和贸易销售额
3. 制造商的新订单（消费品和材料行业）	C. 滞后指标
4. 供应管理协会的"新订单索引"	1. 平均失业时间
5. 非国防资本性商品的新订单	2. 库存与销售之比
6. 当地建筑许可授权的新私人住房单元	3. 单位产出人工成本指数的变化
7. 收益率曲线斜率：10年期国债减去联邦基金利率	4. 银行优先级贷款利率
8. 股票价格，标准普尔500普通股	5. 未偿还的工商贷款
9. 信贷市场状况领先指数	6. 未偿还的消费者分期贷款与个人收入的比率
10. 消费者对商业状况的期望指数	7. 服务消费物价指数的变化
B. 同步经济指标	
1. 非农就业人员数量	

资料来源：The Conference Board, *Business Cycle Indicators*, June 2016.

图11-3中上方的日期显示了经济扩张和收缩的转折点。虽然先行经济指标一般先于其他指标变化，但该指标的领先时间长度是不确定的。

图11-3中的曲线描绘了三种指标组合。图中的阴影区域均表示衰退期。图表上方的日期（格式为年：月）对应于峰顶和谷底（即，扩张和收缩之间的转折点）。虽然领先指标的指数始终在其他经济指标之前出现变化；但其领先时间是不固定的。而且当经济处于峰顶时，指标的领先时间比经济处于谷底时领先时间更长。

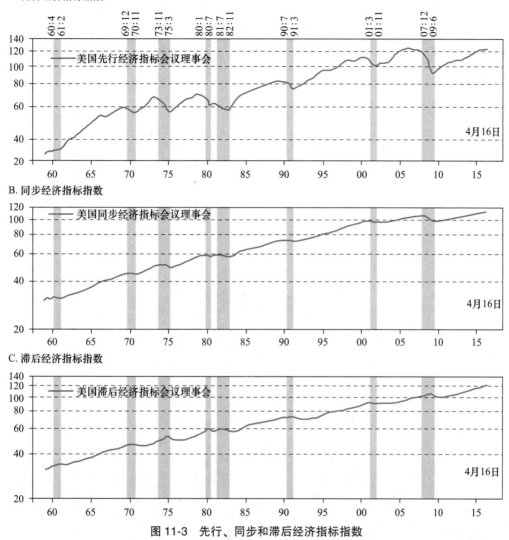

图 11-3 先行、同步和滞后经济指标指数

注：阴影部分代表经济衰退。
资料来源：The Conference Board, Business Cycle Indicators, June 2016, 已获得使用许可。

股票市场价格指数是一个先行经济指标。道理很简单，因为股价就是公司未来盈利能力的预报器。但是，这削弱了先行经济指标组合对投资政策的作用——当指标组合预期经济上扬时，股票市场已经先行一步。尽管经济周期可以预测，但预测股票市场却不容易。这是对有效市场假设的进一步证明。

其他先行经济指标主要包括能够影响未来产量的当今经济决策。例如，生产商产品新订单，厂房、设备的合同和订单，房地产业的兴起，这些都暗示经济扩张即将到来。

很多经济指标按照一个有规律的"经济日历表"向公众公布。表 11-3 就是一张"经济日历表"，该表列示了大约 20 种人们感兴趣的统计量的公布日期和资料来源。这些信息会在《华尔街日报》等金融期刊上公布，也可以在雅虎金融网等各大网站中找到。图 11-4 是从雅虎经济日历表页面上下载的。该页面每周发表一个公告表（此页面列示了 2016 年 6 月 14 日那一周的情况）。值得注意的是，近来对每个变量的预测都附带了该统计量的真实值。这是有意义的，因为在有效市场中，证券价格可以反映市场预期，公告中的新消息将决定市场反应。

表11-3 经济日历表

数据	公布日期①	资料来源	网址
汽车和卡车销售量	每月的2日	商务部	commerce.gov
商品存货	每月的15日	商务部	commerce.gov
建筑消费	每月的第一个营业日	商务部	commerce.gov
消费者信心	每月的最后一个周二	美国谘商会	conference-board.org
消费者信用	每月的第五个营业日	美联储	federalreserve.gov
消费者物价指数	每月的13日	劳动统计局	bls.gov
耐用品订单	每月的26日	商务部	commerce.gov
就业成本指数	每个季度的第一个月末	劳动统计局	bls.gov
就业记录 （失业、平均每周工作时间、非农业收入）	每月的第一个星期五	劳动统计局	bls.gov
二手房销量	每月的25日	国家房地产经纪人协会	realtor.org
工厂订单	每月的第一个营业日	商务部	commerce.gov
国内生产总值	每月的第三到第四周	商务部	commerce.gov
新增房屋供给	每月的16日	商务部	commerce.gov
工业产品	每月的15日	美联储	federalreserve.gov
初次申请失业救济人数	周四	劳动部	dol.gov
国际贸易余额	每月的20日	商务部	commerce.gov
先行经济指标	每月月初	美国谘商会	conference-board.org
货币供给	周四	美联储	federalreserve.gov
新增房屋销量	每月的最后一个营业日	商务部	commerce.gov
生产者价格指数	每月的11日	劳动统计局	bls.gov
生产率和成本	每季度的第二个月（大约为该月的7日）	劳动统计局	bls.gov
零售额	每月的13日	商务部	commerce.gov
采购经理指数	每月的第一个工作日	供给管理协会	ism.ws

①发表日期多为大概时间。

日期	时间（美东）	统计指标	时间	实际值	简报预测	市场预测	前值	修订值
6月14日	8:30 AM	出口	五月	1.0%	NA	NA	0.4%	0.5%
6月14日	8:30 AM	零售	五月	0.5%	0.4%	0.3%	1.3%	—
6月14日	10:00 AM	企业存货	四月	0.1%	0.3%	0.2%	0.3%	0.4%
6月15日	8:30 AM	生产价格指数	五月	0.4%	0.4%	0.3%	0.2%	—
6月15日	8:30 AM	制造业指数	六月	6.0	-4.0	-1.6	-9.0	—
6月15日	9:15 AM	工业生产指数	五月	-0.4%	-0.4%	-0.1%	0.6%	0.7%
6月15日	9:15 AM	设备使用率	五月	74.9%	75.1%	75.2%	75.3%	75.4%
6月16日	8:30 AM	消费者物价指数	五月	0.2%	0.3%	0.3%	0.4%	—
6月16日	8:30 AM	持续申请失业救济数	06/04	2157K	NA	NA	2112K	2095K
6月16日	8:30 AM	经常性账户差	季度	-$124.8B	-$124.8B	-$125.4B	-$113.4B	-$125.3B
6月17日	8:30 AM	住房开工指数	五月	1164K	1150K	1150K	1167K	1172K
6月17日	8:30 AM	建筑许可证数量	五月	1138K	1144K	1150K	1130K	1116K

图11-4 雅虎经济日历表（2016年6月14日）

资料来源：Yahoo! Finance, Earnings Calendar, biz.yahoo.com, June 20, 2016.

11.5.3 其他指标

除了官方发布的经济日历表和经济周期指标，投资者还可以从其他资料中找到关于经济发展状况的许多重要信息。表 11-4 引用了 *Inc.* 杂志㊀中的一些投资建议，该表包含了一些经济指标。

表 11-4 有用的经济指标

总裁投票 www.businessroundtabel.org	企业界圆桌会议对总裁的计划资本支出进行调查，这测度了他们对经济的乐观程度
临时工作 （搜索"Temporary Help Services"） www.bls.gov	这是一个重要的先行经济指标。经济最初上扬到该趋势持续稳定期间，企业常常会雇用临时工。该数据可以在劳动统计局网站找到
沃尔玛销售额 www.walmartstores.com	沃尔玛销售额是零售业部门的良好指标，它每周公布一次店面销售额
工商业贷款 www.federalreserve.gov	这种贷款通常由中小型企业借贷。美联储每周都会发布该信息
半导体 www.semi.org	订单出货比（例如，新销售额与真实出货之比）表明科技行业的需求量上升（比率大于 1）还是下降。该比率由国际半导体设备材料产业协会发布
商业结构 http://bea.doc.gov	结构投资表明企业对本身产品未来需求的预期。该数据由经济分析局编制并成为国内生产总值序列的一部分

11.6 行业分析

与宏观经济分析出于同样的原因，行业分析必不可少。因为当宏观经济状况不佳时，行业很难独善其身。处于一个危机重重的行业，公司通常也举步维艰。我们发现，不同国家的宏观经济状况千差万别，各个行业的业绩也各不相同。图 11-5 列示了各个行业的不同绩效集中在 2015~2016 年主要行业的净资产收益率。由图可知，石油天然气行业的 ROE 为 6.4%，而主要航空公司 ROE 为 37.3%。

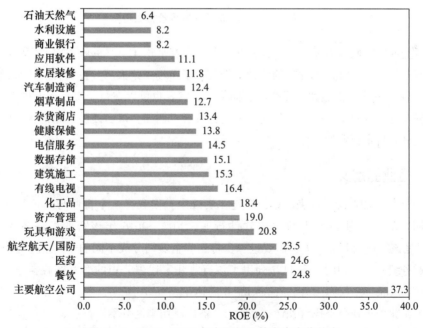

图 11-5 2015~2016 年主要行业的净资产收益率

资料来源：Yahoo! Finance, finance.yahoo.com, June 15, 2016.

㊀ Gene Sperling, "The Insider's Guide to Economic Forecasting," *Inc.*, August 2003, p.96.

考虑到各行业收益率各不相同，它们在股票市场的表现各异也就理所应当了。图11-6列出了图11-5中包含的行业的股市表现。

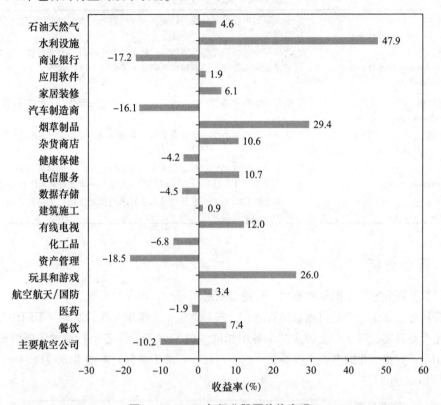

图11-6　2016年行业股票价格表现

不同行业的股市收益率差距甚大，公共事业行业有平均47.9%的收益率，而资产管理行业的平均收益率是负18.5%。如此广的收益范围覆盖了市场中绝大部分投资者。针对行业的交易所如iShares买卖基金就像股票一样交易，即使小投资者也可以在每个交易行业中都持有头寸。另外，投资者也可以对一个行业的共同基金进行投资。例如，富达提供了超过40种行业基金，每一种都是针对特定行业的。

11.6.1　行业的定义

尽管"行业"的概念看起来清晰，但是在实践中，很难将一个行业与其他行业界限划分得泾渭分明。例如，图11-5中的应用软件行业，2015~2016年该行业的净资产收益率是11.1%。但是该行业内差异巨大，需要进一步将这些企业划分成不同的子产业才是合理的。差异会导致财务绩效大不相同。图11-7列出了该行业几家代表公司的净资产收益率，数据证实了上述观点：Symantec仅为-17.1%，而Intuit高达41.7%。

实践中，北美行业分类码（NAICS codes）⊖被广泛用来区分不同行业。

这些为公司设计的编码用来进行数据分析。北美行业分类码的前两位数表示一级行业分

⊖ 这些编码适用于在北美自由贸易区运作的公司，该区域包括美国、墨西哥和加拿大。北美行业分类码代替了之前在美国使用的标准行业分类。

类。例如，表 11-5 显示，所有建筑公司的编码开始于 23。接下来的数字更清晰地定义了细分行业。例如，从 236 开始的编码表示楼房建筑，2361 表示居民楼房建筑，236115 表示新建单户住宅建筑。北美行业分类码的前五位数在所有三个北美贸易协定国家通用。第六位是国家特定的，允许对行业更精细的划分。北美行业分类码前四位数字相同的公司通常被视为同一行业。

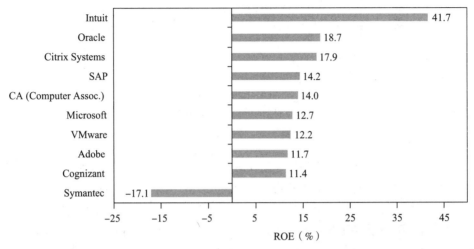

图 11-7　主要软件开发公司的净资产收益率

资料来源：Yahoo! Finance, finance.yahoo.com, June15, 2016.

表 11-5　北美行业分类码示例

北美行业分类码	北美行业分类标题	北美行业分类码	北美行业分类标题
23	建筑	236116	新建多用户房屋建筑
236	楼房建筑	236118	居民房改造
2361	居民楼房建筑	2362	非居民楼房建造
23611	居民楼房建筑	23621	工业楼房建造
236115	新建单户住宅建筑	23622	商业和协会楼房建造

北美行业分类码并不完美。例如 Kohl's 和 Neiman Marcus 均被归类为"百货公司"。但是前者是走量的高性价比商店，后者是高利润率的精品店。它们真的属于同一行业吗？尽管如此，分类码在进行行业分析时依然发挥了巨大作用，因为它们将广泛的行业适当地进行了分类汇总，缩小了研究范围。

其他机构也提供了不同的行业分类方法。例如，标准普尔的报告涉及大约 100 个行业组。标准普尔计算了每个行业的股票指数，这在评价历史业绩时很有用。价值线投资调查将大约 1700 家公司细分为 90 个行业。公司分析师会对每个行业以及每家公司的未来业绩做出预测。

11.6.2　对经济周期的敏感性

分析师一旦预测出宏观经济状态，确定其对特定行业的影响是必要的，因为并不是所有行业都对经济周期敏感。

例如，图 11-8 将零售销售额（较去年同期）的变化划分为两个行业：珠宝和食品杂货。显然，珠宝（奢侈品）的销售额比食品杂货的波动更大。珠宝的销售量在 1999 年互联网泡沫时期急剧上升，而在 2001 年及 2008~2009 年经济衰退期间急剧下降。相反，食品杂货的销售额增长相对稳定。这种模式反映了珠宝是较有弹性的奢侈品而食品杂货是生活必需品，即使在困难的时期需求量也不会大幅下降。

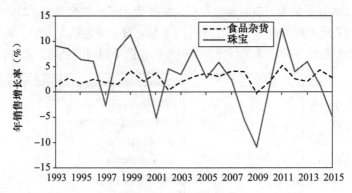

图 11-8　行业周期性

三个因素将决定公司收益对经济周期的敏感性。第一是销售额的敏感性。必需品对商业状况的敏感性较低。本组中包括食品、药物和医疗服务行业。其他敏感性较低的行业，收入不是需求的主要决定性因素。烟草产品是这种行业的典型。本组的另一个行业是电影，因为当收入下降时，人们会用电影代替更昂贵的娱乐方式。相反，机械工具、钢铁、汽车和运输对经济状态高度敏感。

决定经济周期敏感性的第二个因素是经营杠杆，指的是固定成本和可变成本的差异（固定成本是不管生产多少都会发生的成本；可变成本是随着公司的产量而变化的成本）。可变成本相对较高的企业对经济环境的敏感性比较低。这是因为，当经济衰退时，这些公司的产量会随着销售量的下降而减少，从而降低成本。而固定成本较高的公司，它的利润额对销售的敏感度比较高，因为它的成本是固定的，不能抵消收入的变动。因此，固定成本高的公司，经营杠杆高，经济形势任何的轻微变动都会对其盈利能力产生巨大影响。

例 11-1　经营杠杆

假设同一行业有两家公司，在经济周期的各个阶段，两者的销售收入相同。公司 A 的大部分设备是短期租赁而来的，当产量下降时，租赁费用相应下降。假设其固定费用是 500 万美元，可变成本为每件 1 美元。公司 B 的大部分设备是长期租赁而来的，不管经济状况如何，它都要付出大量的租赁费用。所以，公司 B 的固定成本很高，为 800 万美元，但每件产品的可变成本只有 0.5 美元。表 11-6 说明，当经济衰退时，公司 A 的盈利情况高于公司 B，但经济扩张时，盈利情况恰好相反。公司 A 的总成本会随着营业收入的变动而大幅变动，这使其在经济衰退时能保持一定的盈利，但在经济扩张时，这种成本特性却阻碍了它的进一步发展。

表 11-6　公司 A 和公司 B 在经济周期中的经营杠杆

	衰退		正常		扩张	
	A	B	A	B	A	B
销售（100 万单位）	5	5	6	6	7	7
单位价格（美元）	2	2	2	2	2	2
销售收入（100 万美元）	10	10	12	12	14	14
固定成本（100 万美元）	5	8	5	8	5	8
可变成本（100 万美元）	5	2.5	6	3	7	3.5
总成本（100 万美元）	10	10.5	11	11	12	11.5
利润（美元）	0	(0.5)	1	1	2	2.5

我们可以通过计算利润对销售额的敏感度量化经营杠杆。**经营杠杆系数**（degree of operating leverage，DOL）定义为

$$经营杠杆系数 = 利润变动百分比 / 销售额变动百分比$$

如果经营杠杆系数大于1，则公司具有经营杠杆性质。例如，经营杠杆系数=2，那么无论销售额上升还是下降，其1%的变动都会引起利润同向变动2%。

我们看到，当公司固定成本上升时，其经营杠杆系数也会上升，实际上，取决于固定成本的经营杠杆系数还可以表示为⊖

$$经营杠杆系数 = 1 + 固定成本 / 利润$$

例11-2 经营杠杆系数

我们继续研究一下上述两家公司的经营杠杆系数，并比较一下公司A和公司B在各个经济周期的利润和销售额变化。当公司A的销售额下降16.7%（从600万美元下降到500万美元）时，公司的利润下降了100%（从100万美元下降到0）。所以公司A的经营杠杆系数（DOL）为：

$$经营杠杆系数(公司A) = 利润变动百分比 / 销售额变动百分比 = -100\% / -16.7\% = 6$$

我们也可以通过固定成本证实公司A的经营杠杆系数数值：

$$经营杠杆系数(公司A) = 1 + 固定成本 / 利润 = 1 + 500/100 = 6$$

公司B的固定成本较高，其经营杠杆系数也较高。同样，从经济正常到经济萧条，其利润从100万美元下降到负50万美元，下降了150%。所以公司B的经营杠杆系数为

$$经营杠杆系数(公司B) = 利润变动百分比 / 销售额变动百分比 = -150\% / -16.7\% = 9$$

这也反映出公司B具有较高的固定成本：

$$经营杠杆系数(公司B) = 1 + 固定成本 / 利润 = 1 + 800/100 = 9$$

财务杠杆是影响经济周期敏感性的第三个因素，是债务使用情况的反映。债务的利息支付情况与销售额无关，所以可以视为能够提高敏感度的固定成本。

> **概念检查 11-4**
>
> 假设公司C的固定成本是200万美元，其产品的可变成本为每件1.5美元，那么它在经济周期三个阶段的利润分别是多少？你认为经营杠杆和风险之间存在什么关系？

投资者并不总是青睐于对经济周期敏感性较低的行业。处于敏感性较高行业的公司，其股票的贝塔值较高，风险较大，当经济萧条时其销售额下降很快，经济繁荣时销售额上升很快。我们关键要弄清该投资的期望收益能否补偿其风险。

11.6.3 部门转换

很多学者在分析行业和经济周期之间关系时用到**部门转换**（sector rotation）这个概念。部门转换是指根据商业周期的状况预期业绩卓越的行业或部门，并使投资组合向这些行业或部门倾斜。

图11-9是对经济周期的描述，接近峰顶的位置，经济过热，通货膨胀率和利率比较高，

⊖ 大多数公司财务教材都有关于经营杠杆与经营杠杆系数更加详细的介绍。

基本消费品上升压力较大。此时是投资于自然资源开采及加工（如采矿业或石油公司）的有利时机。

高峰过后，经济进入收缩期或衰退期，像药物、食品及其他生活必需品对周期敏感性较低，可能创造出较好业绩。当经济收缩严重时，金融公司贷款规模收缩，违约率升高，遭受亏损的可能性加大。但是，当衰退结束时，由于经济收缩降低了通货膨胀率及利率，金融公司就会借机快速发展。

在衰退期时，为了维持经济平衡，要为经济的复苏和繁荣做好准备。公司可能需要购买新设备来满足预期需求增长，此时，可以投资机械、运输或建筑业等投资资本行业。

最后，当进入繁荣期时，经济快速发展。耐用消费品和奢侈品等周期性行业将是这一时期获利最高的行业。当经济快速增长时，银行的信贷规模加大，违约率升高，业绩也会相应上升。

图 11-10 阐释了部门转换。当投资者对经济相对悲观时，就会转而投资于日常消费品或医疗保健等非周期性行业。当投资者预期经济扩张时，会比较倾向于投资原材料、科技等周期性行业。

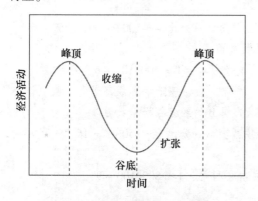

图 11-9　典型经济周期变化示意图

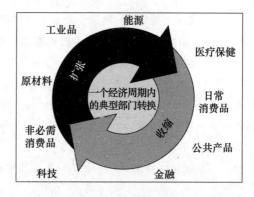

图 11-10　部门转换

资料来源：Sam Stovall, *BusinessWeek Online*, "A Cyclical Take on Performance."

这里我们再次强调，和其他任何经济周期指标一样，如果投资者对经济周期的预测比他人更准确，部门转换就会相当成功。图 11-10 中的经济周期是高度程序化的，在现实生活中，我们很难清楚地知道每个阶段能持续多长时间，也不知道这一阶段能发展到什么程度。分析师就以预期这部分内容作为自己的工作。

11.6.4　行业生命周期

对生物技术行业进行研究，你可能会发现许多公司具有较高的投资率、投资收益和较低的股利发放率。但是公共事业行业正好与之相反，它们的投资率、收益率较低，股利发放率较高。为什么会有这么大的差别呢？

> **概念检查 11-5**
>
> 你预计下列行业在经济周期的哪个阶段的业绩比较出色？
> A. 报纸　　　B. 机械工具
> C. 饮料　　　D. 木材

目前，生物技术行业是一个全新的行业。许多可行的技术正在创造高获利的投资机会。新产品会得到专利权的保护，边际利润相当高。在投资机会如此诱人的情况下，众多厂家会把所有利润都投入这个行业中。于是该行业的规模急剧扩张。

但是，行业的发展速度最终总会慢下来。较高的利润率驱使众多新公司进入该行业。随着竞争日益增强，价格不断下降，边际利润也不断下降。当新技术被证实后，其发展前景开始明朗，风险水平随之下降，这消除了新公司进入该行业的后顾之忧。随着投资机会逐渐失去吸引力，公司利润中用于内部投资的比例也不断减小，现金股利随之增加。

最后，当行业步入成熟阶段时，就会成为具有固定现金流、固定股利发放、风险相对较低的"现金牛"，它们的增长率与整体经济的发展同步。所以处于生命周期早期的行业的投资机会为高风险高潜在收益率，而处于成熟行业的投资机会则是"低风险低收益"。

上述分析表明，一个典型的**行业生命周期**（industry life cycle）分为四个阶段：创业阶段，具有较高的发展速度；成长阶段，发展速度降低，但是仍然高于经济整体发展速度；成熟阶段，发展速度与整体经济一致；衰退阶段，发展速度低于经济中其他行业，或者已经慢慢萎缩。图 11-11 列示了行业生命周期。接下来，将对每一个阶段进行详细阐述。

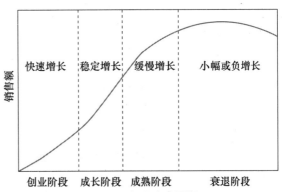

图 11-11　行业生命周期

（1）**创业阶段**　任意一项产业都起源于一项新技术或一种新产品。如 20 世纪 80 年代的台式个人电脑，90 年代的生物工程技术。在这个阶段中，我们往往很难预料哪家公司最终能够成为行业的领导者。一些公司非常成功，而另一些却退出市场。因此，此时选择特定行业的公司进行投资存在较高风险。例如，在智能手机行业，仍然有技术性竞争，如谷歌的 Android 手机和苹果的 iPhone 之间的竞争就很难预料最终市场份额的归属。

但是，在这个阶段，它们的销售额和净利润会急剧扩张，因为此时市场中的新产品远远未达到市场饱和。例如，在 2010 年，相对较少的家庭拥有智能手机，正因如此，该产品的潜在市场是巨大的。与此相反，像电冰箱这样成熟的产品，几乎所有美国家庭都已经拥有，于是市场就只能由那些正在考虑购置新冰箱的家庭组成。显然，该市场的发展速度远远落后。

（2）**成长阶段**　当某个产品建立了较稳定的市场时，就会出现行业领导者。例如 2015 年，苹果和三星的市场份额合计达到 35%。从创业期中存活下来的公司一般比较稳定，其市场份额比较容易预测。因此，这些公司的业绩就会和整个行业的业绩紧密相关。尽管该阶段产品已经进入市场并广泛使用，该行业仍具有比其他行业更高的发展速度。

（3）**成熟阶段**　在这个阶段，该产品的普及程度已经达到消费市场潜力的顶点。只有当经济整体发展时，行业才会进一步发展。这时，产品会变得越来越标准化，厂商在基本价格水平上将面临激烈的竞争。这会导致边际利润降低，从而对净利润造成压力。该阶段的公司被称为"现金牛"，它们有稳定的现金流，几乎不可能继续成长。此时，公司会从该行业榨取现金流，而不会对其进行再投资。

比方说，在 20 世纪 80 年代，电脑台式机是作为一个初创产业存在的，到了 20 世纪 90 年代中期，它形成了一个具有较高市场渗透率、相当的价格竞争、较低利润率以及销售进度放缓的成熟产业。到了 20 世纪 90 年代后期，笔记本电脑开始了自己的创业阶段，台式机逐步被笔记本电脑所取代。在此后的十几年里，笔记本电脑也经历了一个标准化的，有着相当市场渗透力以及戏剧性的价格竞争的成熟阶段。如今，平板电脑正处于创业阶段。

(4) **衰退阶段** 当行业步入衰退阶段时，它的发展速度就低于经济发展速度了，甚至呈现"萎缩"的迹象。这可能是产品过时引起的，当然也可能是因为新产品入侵或低成本供应商的竞争。例如，台式机生命周期的稳定演变，首先是归因于笔记本电脑，其次是现在的平板电脑。

那么，生命周期的哪个阶段对投资最有吸引力呢？传统观点认为，投资者应该选取高成长率的行业，但是这一方法似乎过于简单。如果证券价格已经反映了高成长的可能性，那么这种赚钱方法就失去效应了。而且，高成长和巨额利润会驱使其他厂商进入该行业，形成竞争力。获利机会带来了新的供给，并使价格、利润和投资收益率下降，最后就会减缓行业发展速度。这就是存在于行业生命周期各阶段过渡过程背后的动态机制。著名的投资组合管理经理彼得·林奇在《彼得·林奇的成功投资》中写道：

> 许多人愿意对高成长率的行业投资，那里看上去热闹非凡。但我不会，我更愿意向成长率较低的行业投资……在成长率低的行业中，尤其是那些使人们厌烦或懊恼的行业（如葬礼公司或修补油桶的公司），投资者根本不用考虑竞争对手的问题。你不必总是提防对手从侧翼向你进攻，这为你提供了持续增长的空间。⊖

事实上，林奇使用的行业分析系统与我们已经介绍的生命周期有相同之处。他把公司分成了以下六种：

(1) **缓慢成长型** 历史悠久的大公司的成长速度往往仅比整体经济稍快。这些公司已经由最初的快速发展步入成熟阶段。它们往往有稳定的现金流，并且发放大量股利。此时，公司所产生的现金已经大于公司再投资所需求的资金。

(2) **强壮型** 可口可乐、好时和高露洁等许多著名的大型公司的发展情况都明显好于上述缓慢成长型公司，但其增长速度远没有处于创业阶段的公司那样快。它们对经济周期不敏感，在经济衰退时，所受影响相对较小。

(3) **快速增长型** 快速增长型公司指的是一些积极进取的小型公司，它们的年收益率一般为 20%~25%。公司的高速发展取决于整个行业的发展，或取决于该公司在成熟阶段的市场份额不断扩大。

(4) **周期型** 周期型公司指的是随经济周期变动销售额和净利润不断扩张或收缩的行业。例如汽车行业、钢铁行业和建筑公司等。

(5) **危机转变型** 危机转变型公司指的是已经破产或处于破产边缘的公司。如果这些公司能够从不幸中恢复过来，就可以提供巨大的投资收益。一个典型的例子是 1982 年的克莱斯勒，在其就要申请破产时，政府为其债务进行了担保。接下来的 5 年间，该公司股票价格上升了 15 倍。

(6) **资产主导型** 资产主导型公司指的是资产价值较高，但股价没能正确反映公司价值的公司。例如，一家公司拥有一块高价区的地产，而且地产价值已经超过了公司本身的商业价值。这时，这部分隐藏的资产可以用来递延以减轻税负，但有时这些资产却是无形的。又如，一家电缆公司可能有许多电缆的订购商，而这些顾客对厂商来说极具价值。这些资产一般不会产生直接的现金流，因此在对公司进行估价时，许多分析者往往会把这些资产忽略掉。

⊖ Peter Lynch with John Rothchild, *One Up on Wall Street* (New York: Penguin, p. 131).

11.6.5 行业结构和业绩

一个行业的成熟过程还包括公司竞争环境的变化。作为讨论的最后一个问题，我们考察行业结构竞争策略和盈利能力之间的关系。迈克尔·波特[○]着重强调了五个决定性因素：新进入者威胁、现有竞争者威胁、替代品压力、买方议价能力以及供给方议价能力。

(1) **新进入者威胁**　行业的新进入者会对价格和利润产生巨大压力。甚至当其他公司还未真正进入该行业时就会对价格产生压力，因为较高的价格和利润率会促使新的竞争者进入这个行业。因此，进入壁垒成为行业盈利能力的重要决定因素。进入壁垒有多种形式，例如，通过长期的商业往来，现有公司和消费者已经建立了牢固的分销渠道，这对于一个新进入者来说成本很高。商标、版权使市场进入者很难在新市场立足，因为这使得新企业面临严重的价格歧视。在为市场服务时，知识和专利保护让某些公司具有了一定优势。最后，市场中现有企业的奋斗经历也可能为其提供优势，因为这些经验是通过长期经营获得的。

(2) **现有竞争者威胁**　当某一行业存在一些竞争者时，由于它们试图不断扩大各自的市场份额，从而导致价格战，降低了边际利润。如果行业本身增长缓慢，这些竞争就会更加激烈，因为此时的扩张意味着掠夺竞争对手的市场份额。固定成本较高也会对降价产生压力，因为固定成本将使公司利用其全部生产能力生产。如果每个企业生产的产品相同，它们的价格竞争压力就会增加，因为此时，公司很难在区分产品的基础上竞争。

(3) **替代品压力**　如果一个行业的产品存在替代品，那么就意味着，该产品面临相关行业的竞争压力。例如，糖业将面临玉米糖浆制造业的竞争，毛纺厂将面临合成纤维厂商的竞争。替代品的存在对厂商向消费者索取高价形成了无形限制。

(4) **买方议价能力**　如果某采购者购买了某一行业的大部分产品，那么他就能掌握很大的谈判主动权，进而可以压低价格。例如，汽车厂商可以对汽车零部件的生产者施加压力，从而就会降低汽车零部件行业的盈利能力。

(5) **供给方议价能力**　如果重要投入品的供给方厂商处于垄断地位，就可以索取较高价格，从需求方行业赚取较高利润。一个特殊的例子就是作为生产的关键投入品的工人组织即工会。工会这个统一的组织致力于提高工人工资的各种谈判。当工人市场具有了高度的组织性和统一性时，行业中大部分的潜在利润就会被工人占有。

需求方能否得到相关的替代品是决定供给方议价能力的关键因素。如果存在替代品，而且需求者可以获得该产品，供给方就失去了议价资本，因此，也就难以向需求方索取高价了。

小　结

1. 宏观经济政策的目的是维持经济处于接近完全就业状态而没有通货膨胀压力。这两个目标之间的权衡是争论的核心。
2. 宏观经济政策的传统工具包括财政政策和货币政策，前者包括政府支出和税收，后者包括控制货币供给。扩张性财政政策可以刺激经济，增加 GDP，但是往往会增加利率。扩张性货币政策通过降低利率起作用。
3. 经济周期是经济扩张和衰退不断重复出现的模式。先行经济指标用来预测经济周期

[○] Michael Porter, *Competitive Advantage: Creating and Sustaining Superior Performance* (New York: Free Press, 1985).

的发展，因为在其他主要经济变量价值变化之前，它们的价值就会发生变化。
4. 行业对经济周期的敏感性不同。比较敏感的行业是那些生产高价耐用品的行业，例如珠宝、汽车等，因为消费者会慎重考虑购买时机。其他的敏感性产业包括为其他公司生产资本设备的企业。经营杠杆和财务杠杆也会增加经济周期的敏感性。
5. 每个行业通常会经历一个可预测的生命周期。在创业阶段，随着新产品开始渗透到经济中，行业增长迅速，但这时很难预测哪些公司将成为行业领导者。随着产品建立了较稳定的市场，行业进入了整合阶段，行业领导者开始出现。在成熟阶段，产品已经在很大程度上使市场饱和，进一步的增长只是跟踪经济的增长。最后，由于面临新产品的竞争，该行业进入相对衰退阶段。

习题

基础题

1. 经济急剧衰退时，应该采取什么样的货币政策和财政政策？
2. 如果你比其他投资者更相信美元会大幅贬值，那么你对美国汽车产业有何投资建议？
3. 选择一个行业，列举决定其未来3年业绩的因素并预期其未来业绩。
4. 证券评估"自下而上"和"自上而下"方法的差异是什么？"自上而下"方法的优势在哪里？
5. 公司的哪些特征会使其对经济周期更敏感？

中级题

6. 与其他投资者不同，你认为美联储将实施宽松的货币政策，那么你对下列行业有何投资建议？
   a. 金矿开采。
   b. 建筑业。
7. 在供给方经济学家看来，所得税税率降低将会对价格产生怎样的长期影响？
8. 下列哪些政策与垂直倾斜的收入曲线相一致？
   a. 宽松的货币政策和宽松的财政政策。
   b. 宽松的货币政策和紧缩的财政政策。
   c. 紧缩的货币政策和宽松的财政政策。
9. 在供给方经济学家看来，下列哪项政策不是能够促进经济长期增长的政府性结构政策？
   a. 再分配的税收体系。
   b. 促进竞争。
   c. 政府对经济干涉最小化。
10. 有两家电话生产厂商，一家使用高度自动化的机器生产，另一家人工生产。当生产需求增加时，需要支付加班费。
    a. 在经济萧条和经济繁荣的时候，哪家公司的利润较高？
    b. 哪家公司的贝塔值更高？
11. 下面是四个行业以及对宏观经济的四种预测。将行业与最佳情景相配对。

行业	经济预测
a. 房屋建造	（i）严重经济衰退：通货膨胀减少，利率下降，国内生产总值减少
b. 健康保健	（ii）经济过热：国内生产总值迅速上升，通货膨胀和利率上升
c. 采金	（iii）健康扩张：国内生产总值增加，温和的通货膨胀，低失业率
d. 钢铁生产	（iv）滞胀：国内生产总值减少，高通货膨胀

12. 你会将下列产业放在行业生命周期的哪个阶段？（注：本题的答案较为灵活）
    a. 油井设备。
    b. 计算机硬件。
    c. 计算机软件。
    d. 基因工程。
    e. 铁路建设。
13. 从下列每对公司中选择你认为对经济周期比较敏感的公司。
    a. 大众汽车和大众制药。
    b. 友谊航空公司和幸福照相机生产商。
14. 为什么消费者期望指数是有用的现行宏

观经济指标（见表11-2）？

15. 为什么每单位产出的劳动成本指数是有用的滞后宏观经济指标（见表11-2）？

16. 大众除草剂公司以其获得专利的除草产品控制着化学除草市场。但是，该专利将要到期。你预期该行业将会发生什么变化？尤其是大众除草剂公司所生产的产品价格、销售量和期望利润，及其竞争对手的期望利润将会发生什么变化？你认为该市场处于行业生命周期的什么阶段？

17. 你计划建立的公司第一年的收入是120 000美元，固定成本是30 000美元，可变成本是收入的1/3。
    a. 公司的期望利润是多少？
    b. 基于固定成本和期望利润，经营杠杆系数是多少？
    c. 如果销售额比预期低10%，利润下降多少？
    d. 证明利润下降百分比等于经营杠杆系数乘以销售额下降10%。
    e. 根据经营杠杆系数，公司最初预测的销售额下降多少时利润将变为负数？
    f. 该点的保本销售额是多少？
    g. 为了证明你的e题答案是正确的，计算保本销售额的利润。

根据下面的案例回答第18~21题。 IAAI是一家咨询公司，主要为基金、捐赠、养老基金和保险公司等各种机构提供建议，也为部分大额投资的个人投资者提供建议。IAAI在宣传中承诺将致力于搜集大量信息以预测长期趋势，然后使用普遍接受的投资模型确定这些趋势将如何影响不同投资的业绩。IAAI研究部成员得出了一些重要的近期宏观经济趋势。例如，他们发现工作岗位和消费者信心都明显增加，他们预期这种趋势将会持续几年。IAAI研究部考虑的其他国内现行经济指标包括工业产量、制造业平均每周工作时间、标准普尔500指数、M2货币供给以及消费者预期指数。

IAAI的投资顾问希望根据对就业岗位和消费者信心的预期为客户提供建议。他们运用一套将工作岗位、消费者信心与通货膨胀、利率结合起来的理论，将通货膨胀和利率的预期动向融合到所建立的模型中，用来解释资产定价。他们的主要工作是预测工作岗位和消费者信心趋势将如何影响债券价格，以及这些趋势将如何影响股票价格。

IAAI研发部的成员也注意到，在过去几年中，股价开始上涨，且他们在预测总体经济形势时已运用了这一信息。研究者认为上行趋势的股票市场本身就是一个积极的经济指标。但是，他们对引起这种情况的原因未达成一致。

18. 根据IAAI研究成员的预期，岗位数量和消费者信心将呈上升趋势，这两个因素中哪一个因素的上升趋势会对股票价格产生积极影响？

19. 股价作为一种有用的领先经济指标，下列哪项可以准确解释这一现象？
    a. 股价预测未来利率，反映其他指标的趋势。
    b. 无法预测未来利率，与其他领先经济指标无关；股价作为领先经济指标的有用性是一个谜。
    c. 仅仅反映了其他领先经济指标的趋势，本身没有预测能力。

20. IAAI研究部列示的下列国内指标中，哪些作为领先指标是最不合适的？
    a. 工业产量。
    b. 制造业平均每周的工作时间。
    c. 标准普尔500指数。

21. IAAI在计算和预测过程中主要使用了历史数据。下列有关IAAI的行为中，哪些是最准确的？
    a. 信用风险溢价对IAAI有用，因为它们基于正确的市场预期。
    b. 时机不好时，IAAI应该使用最近股票收益的动态平均，因为这会导致较高的预期股票风险溢价。
    c. 应该使用较长的时间窗口，这样制度改变就会成为影响预期的因素。

根据下列案例回答第22~25题。 史密斯女士是一位二级特许金融分析师，最近受雇成为爱尔兰银行的一名分析师。她的第一项任务是接受法国酿酒厂的雇用以助其考察竞争战略。

史密斯的报告涵盖了法国葡萄酒业的四家主要酿酒厂。酿酒厂的特征列如下。在史密斯报告的正文中,她阐述了法国葡萄酒业的竞争结构,并且发现在过去5年,法国葡萄酒业没有迎合消费者已经变化了的口味。行业的利润率持续下降,代表性企业也从10家下降到4家。这说明,为了生存,法国葡萄酒企业必须进行合并。

	South Winery	North Winery	East Winery	West Winery
创建日期	1750	1903	1812	1947
一般竞争策略	?	成本领先	成本领先	成本领先
主要消费者市场(80%集中于)	法国	法国	英国	美国
产地	法国	法国	法国	法国

史密斯的报告说明消费者的议价能力比行业的议价能力高。她在"购买方议价能力"标题下用五点来支持这一结论:

- 许多消费者在用餐和社交时,喝的啤酒比葡萄酒多。
- 随着网上销售的增加,消费者更容易查到葡萄酒的相关信息,以及其他消费者的想法,从而辨别哪些生产商的价格最佳。
- 法国葡萄酒企业在不断合并,5年前存在10家代表企业,现在只剩4家。
- 法国葡萄酒业65%以上的业务与饭店购买有关。饭店通常会成批购买,一次性购买四五箱葡萄酒。
- 在法国,能够种植葡萄进行葡萄酒生产的肥沃土地非常稀有。

完成了报告的草稿后,史密斯将其交给老板范德莱森评价。范德莱森告诉她,他自己也是一名葡萄酒鉴定家,经常从 South Winery 那里购买。史密斯对范德莱森说:"在报告中,我将 South Winery 作为一家进退两难型的公司。它既想成为成本领先者,销售价格比其他公司更低,又想与其他竞争者产生差异,将葡萄酒装在脖颈弯曲的瓶子中,但这又增加了成本。最后导致 South Winery 的利润率不断降低。"范德莱森回答道:"我在葡萄酒大会上见过 South Winery 的管理层成员几次。我认为如果它分成几个不同的经营单位,就可以同时实现成本领先和差异化战略。"史密斯决定在发布报告的终稿之前,对一般竞争战略做更多研究,以改变范德莱森的想法。

22. 如果法国国内货币相对于英国货币大幅贬值,那么对 East Winery 的竞争性地位将产生什么影响?
    a. 使其在英国市场竞争力减弱。
    b. 没有影响,因为 East Winery 的主要市场是英国而不是法国。
    c. 使公司在英国的竞争力更强。
23. 在史密斯的观点中,哪一点支持了消费者有比其他行业更强的议价能力?
24. 史密斯在她的报告中提出,West Winery 可能会使消费者看重的葡萄酒特性差异化。下面哪种特性是 West Winery 进行产品差异化时最需要关注的问题?
    a. 产品运输方式。
    b. 产品价格。
    c. 关注30~45岁的消费人群。
25. 史密斯知道公司的战略计划是一般战略的核心。在对研究资料和文件进行编写的基础上,史密斯总结了关于 North Winery 的三项发现以及它的战略计划过程:
    i. North Winery 的价格和成本预测代表法国葡萄酒行业的未来结构变化。
    ii. North Winery 把每个业务单位分为建设、持有或者收获中的一种。
    iii. North Winery 将市场份额作为竞争地位的主要测度方法。
    以上哪种发现最不支持 North Winery 的战略计划过程遵循一般竞争战略的结论?

CFA考题

1. 简单讨论一下美联储在实行扩张性货币政策时，会分别使用下列三种货币工具采取什么措施？
   a. 准备金要求。
   b. 公开市场业务。
   c. 折现率。

2. 已经实施了非预期扩张性货币政策，指出这一政策对下列四个可变要素的作用。
   a. 通货膨胀率。
   b. 实际产量和就业。
   c. 实际利率。
   d. 名义利率。

3. Universal Auto 是一家大型跨国企业，总部在美国。从分部报告看，公司从事两种业务：汽车生产和信息处理服务。

   汽车生产业务是到目前为止 Universal Auto 较大的一项业务。它包括大多数美国国内客车的生产，也包括在美国小型卡车的生产，以及在其他国家客车的生产。Universal Auto 的这部分业务过去几年中运营不是很好，2017 年有较大的亏损。尽管公司没有报告美国国内客车业务的运营结果，但这正是导致汽车业绩较差的主要原因。

   Idata 是 Universal Auto 的信息处理服务业务部分，于 15 年前成立。这项业务在国内增长稳定处于强势地位，没有并购事项发生。

   CFA 亚当斯为 Universal Auto 准备了一项调查报告，报告称："我们假设 Universal Auto 将于 2018 年大幅增加美国客车的价格，根据这项假设我们预计利润将增加数十亿美元。"
   a. 描述行业生命周期的四个阶段。
   b. 辨别 Universal Auto 的两项主要业务（汽车和信息处理）位于哪个阶段。
   c. 基于每项所处的行业生命周期的阶段，讨论产品定价在两项业务中有何不同。

4. 亚当斯的调查报告（见问题3）接下来是："经济复苏正在进行中，期望利润增长应该会使 Universal Auto 的股票价格上升，我们强烈建议买入。"
   a. 讨论投资择时的生命周期法。你的回答应该描述在典型商业周期的不同时段该如何操作股票和债券。
   b. 假设亚当斯的断言是正确的（经济已经在复苏过程中），基于市场这时的生命周期，该评论对购买 Universal Auto 这只周期性股票的实时性在哪里？

5. Ludlow 在准备美国电动牙刷制造业的报告，搜集的信息见下表。Ludlow 在报告中总结说，电动牙刷正处于行业生命周期的成熟阶段。
   a. 从行业指数表中选择和论证三种要素支持 Ludlow 的观点。
   b. 从行业特征表中选择和论证三种要素反驳 Ludlow 的观点。

电动牙刷行业指数和主要股票市场指数

	2011	2012	2013	2014	2015	2016
股权收益						
电动牙刷行业指数	12.5%	12.0%	15.4%	19.6%	21.6%	21.6%
市场指数	10.2	12.4	14.6	19.9	20.4	21.2
平均市盈率						
电动牙刷行业指数	28.5×	23.2×	19.6×	18.7×	18.5×	16.2×
市场指数	10.4	11.4	14.6	18.9	18.1	19.1
派息率						
电动牙刷行业指数	8.8%	8.0%	12.1%	12.1%	14.3%	17.1%
市场指数	39.2	40.1	38.6	43.7	41.8	39.1
平均股息收益率						
电动牙刷行业指数	0.3%	0.3%	0.6%	0.7%	0.8%	1.0%
市场指数	3.8	3.2	2.6	2.2	2.3	2.1

电动牙刷制造行业特征

- **行业销售额增长**。最近每年的行业销售额增长率为15%~20%，预期接下来的三年每年的增长率为10%~15%
- **非美国市场**。有些美国制造商想要进入快速增长的非美国市场，这些市场还没有开发
- **函购销售量**。一些制造商直接通过函购方式向顾客销售电动牙刷从而开创了一个新的用户群。该行业细分市场的销售额每年增长了40%
- **美国市场渗透**。制造商在价格的基础上激烈竞争，行业内的价格战很常见
- **利基市场**。有些制造商能够在美国基于公司名誉、质量和服务开发新的未开发的利基市场
- **行业兼并**。最近几家制造商合并，预期该行业兼并将会增加
- **新进入者**。新制造商继续进入市场

6. 作为一名证券分析师，你被要求重新评价一家股权集中度很高的WAH公司的价值，该报告由RRG提供。你要对评价给出自己的看法，并且通过分析评价的每一部分支持你的观点。WAH的唯一业务是汽车零部件零售。RRG所做的报告"汽车零部件零售业分析"完全基于下表中的数据和接下来的信息：

- WAH和它的主要竞争者在2016年年底各经营150多家店。
- 每家公司在汽车零部件行业经营店铺的数量为5.3个。
- 零售店销售的汽车零部件的主要顾客群是旧汽车的新主人，这些人出于经济考虑自己做汽车维护。

a. RRG的一个结论是汽车零部件零售业整体处于行业生命周期成熟阶段。讨论表中支持这一结论的三组相关数据。

b. 另一个RRG结论是WAH和它的主要竞争者都处于生命周期的兼并阶段。
  i. 引用表中的三组数据来支持这一结论。
  ii. 解释一下行业总体处于成熟阶段时，WAH和它的主要竞争者如何处于兼并阶段。

挑选出来的汽车零部件行业零售数据

	2017	2016	2015	2014	2013	2012	2011	2010	2009	2008
18~29岁人口（比例变化）	-1.8%	-2.0%	-2.1%	-1.4%	-0.8%	-0.9%	-1.1%	-0.9%	-0.7%	-0.3%
收入大于35 000美元的家庭的数量（比例变化）	6.0%	4.0%	8.0%	4.5%	2.7%	3.1%	1.6%	3.6%	4.2%	2.2%
收入小于35 000美元的家庭的数量（比例变化）	3.0%	-1.0%	4.9%	2.3%	-1.4%	2.5%	1.4%	-1.3%	0.6%	0.1%
汽车使用年限在5~15年之间的数量（比例变化）	0.9%	-1.3%	-6.0%	1.9%	3.3%	2.4%	-2.3%	-2.2%	-8.0%	1.6%
汽车贩卖修理用零件的市场产业零售额（比例变化）	5.7%	1.9%	3.1%	3.7%	4.3%	2.6%	1.3%	0.2%	3.7%	2.4%
消费者在汽车零件和消费者支出（比例变化）	2.4%	1.8%	2.1%	6.5%	3.6%	9.2%	1.3%	6.2%	6.7%	6.5%
店面达到100家及以上的汽车零部件零售公司的销售增长	17.0%	16.0%	16.5%	14.0%	15.5%	16.8%	12.0%	15.7%	19.0%	16.0%
店面达到100家及以上的汽车零部件零售公司的市场份额	19.0%	18.5%	18.3%	18.1%	17.0%	17.2%	17.0%	16.9%	15.0%	14.0%
店面达到100家及以上的汽车零部件零售公司的平均经营利润率	12.0%	11.8%	11.2%	11.5%	10.6%	10.8%	10.0%	10.4%	9.8%	9.0%
所有汽车零部件零售公司的平均经营利润率	5.5%	5.7%	5.6%	5.8%	6.0%	6.5%	7.0%	7.2%	7.1%	7.2%

7. a. 如果英镑的汇率价值从 1.55 美元/英镑变动到 1.35 美元/英镑，那么：
      i. 英镑升值，英国人发现美国货物变便宜了。
      ii. 英镑升值，英国人发现美国货物变贵了。
      iii. 英镑贬值，英国人发现美国货物变贵了。
      iv. 英镑贬值，英国人发现美国货物变便宜了。
   b. 下列哪些变化可能影响利率？
      i. 通货膨胀预期。
      ii. 联邦赤字规模。
      iii. 货币供给。
   c. 根据财政政策的供给方观点，如果总体税收收入的影响相同，减少边际税率与增加个人豁免额这两种减税方式有差别吗？
      i. 没有，两种削减税收的方法对总体供给的影响相同。
      ii. 没有，两种情况下，人们都会增加收入，预期未来税收增加，因此会抵销目前较低的税收的刺激影响。
      iii. 有，边际税率较低本身会增加刺激，获得边际收入，因此会刺激总体供给。
      iv. 有，如果边际税率下降，利率会上升，但是如果个人豁免额上升，利率往往会下降。

概念检查答案

11-1 汽车行业进入低迷期，经济体会减少对该产品的需求。至少在短期内，该经济体会进入萧条期。这表明：
   a. 国内生产总值下降。
   b. 失业率上升。
   c. 政府赤字上升。所得税收入下降，政府在社会福利项目的支出可能上升。
   d. 利率会下降。经济萎缩会减少信贷需求，而且通货膨胀率降低也会使名义利率降低。

11-2 扩张性财政政策与扩张性货币政策同时实施会刺激经济，宽松的货币政策会抑制利率上扬。

11-3 传统的需求学派对税收削减的解释是税后收入增加刺激消费需求和经济。供给学派的解释是边际税率下降使企业投资意愿和个人工作意愿增强，从而增加了经济产出。

11-4 公司 C 固定成本最低，可变成本最高，对经济周期最不敏感。事实上，当经济衰退时，它的利润是三家公司中最高的；当经济繁荣时，它的利润则是最低的。

	衰退	一般	扩张
收入（美元）	10	12	14
固定成本（美元）	2	2	2
可变成本（美元）	7.5	9	10.5
利润（美元）	0.5	1	1.5

11-5 a. 经济扩张时，广告量增加，报纸业此时业绩最好。
   b. 经济衰退时，机械工具是一项好的投资选择。因为当经济要进入扩张期，公司可能需要提高产能。
   c. 饮料是防御性投资，其需求对经济周期相对不敏感。因此，如果未来经济萧条，它们是较有吸引力的投资选择。
   d. 当经济达到高峰时，木材是较好的投资选择，因为此时自然资源价格高，经济满负荷运作。

第 12 章
CHAPTER 12

权益估值模型

在讨论市场有效性一章时,我们曾提出,想要寻找价值被低估的证券是十分困难的。同时,市场有效假说存在的不足又使我们想要积极寻找那些价值被低估的证券。正是由于对错误定价证券的不断探索才维持了市场的近似有效性。即使极小的错误定价也会使股票分析师从中获利。

本章描述了股票分析师用来发现错误定价证券的估值模型。本章给出的模型基于基本面分析,也就是说利用公司当前和未来的盈利能力信息来评估公司真实的市场价值。本章首先讨论了衡量公司价值的不同标准,然后介绍了股利贴现模型这种定量工具,该模型通常被证券分析师用来衡量基于持续经营假设的公司的价值。接下来介绍了市盈率,解释了分析师为何对它如此青睐,同时指出了它的一些缺点,此外还解释了如何把市盈率用于股利估值模型和公司的前景分析。

接下来,本章对自由现金流模型进行了延伸讨论,该模型是证券分析师基于对公司未来经营所产生现金流的预测来对公司进行估值的常用工具。最后,本章还利用不同的估值模型对一家真实公司进行了估值,发现结论存在一些差异,这也是证券分析师面临的一大难题,本章给出了造成这些差异的可能原因。

12.1 比较估值

基本面分析的目的是发现被错误定价的股票,股票的真实价值能够从一些可观察到的财务数据中得出。这些数据可以从多种途径方便地获取。例如,对于在美国上市公司而言,证券交易委员会在其 EDGAR 网站(www.sec.gov/edgar.shtml)中提供了相关信息。美国证券交易委员会要求所有上市公司(除外国公司和资产低于 1 000 万美元或股东少于 500 人的公司外)通过 EDGAR 提交注册报表、定期财务报告和其他信息,公众可以访问并下载这些信息。许多网站如 finance.yahoo.com、money.msn.com 或 finance.google.com 会提供从 EDGAR 报告中筛选并整理的数据。

表12-1列出了微软公司关键财务信息以及软件行业上市公司的可比数据。微软当天的普通股股价是49.71美元，总市值为3 910亿美元。表中的"估值"栏还列出了微软与该行业基于股价测算的几个比率。其中股价/每股收益（市盈率）为17.2，股价/账面价值（市净率）为5.3，股价/销售收入（市销率）为4.5。最后一个估值比率动态股价收益比（缩写为PEG），市盈率除以盈利的增长速度。高速成长的企业通常市盈率也较高，将增长速度考虑进来分析企业的市盈率，弥补了PE对企业动态成长性估计的不足。

这些估值比率通常用于评估一家公司相对于同行业其他公司的价值，需要通盘考虑。表12-1中"估值"栏的最右边是软件行业中这些比率的行业平均值。例如，稍加对比就会发现，微软的市盈率、市净率均低于行业均值。市净率5.3更是显著低于行业平均水平8.7。这些比率表明微软的股票可能被低估了。然而，微软相较

表12-1 微软公司关键财务数据，2016年6月14日

每股价格（美元）	49.71	
发行在外股份数（10亿）	7.86	
市值（10亿美元）	391	
最近12个月		
销售收入（10亿美元）	86.90	
息税折旧前利润（10亿美元）	29.20	
净利润（10亿美元）	10.50	
每股收益（美元）	1.33	
估值	微软	软件行业均值
市盈率	17.2	29.1
市净率	5.3	8.7
市销率	4.5	
动态股价收益比	2.3	1.5
盈利能力		
ROE（%）	12.7	16.1
ROA（%）	8.2	
营业利润率（%）	27.0	23.5
净利润率（%）	12.1	13.8

资料来源：Compiled from data available at finance.yahoo.com, June 14, 2016.

行业内其他软件公司更加成熟，种种迹象只是反映了市场对其未来低速成长的预期。然而，微软相较行业内其他软件公司更加成熟，这种差异反映了其预期增长率较低。事实上，它的PEG（动态股价收益比）高于行业平均水平。不同的估值指标有时会得到相互冲突的结论，此时需要严格的估值模型对其进行甄别。

账面价值的局限性

公司股东有时被称为"剩余追索者"，这意味着股东的利益是公司资产扣除负债后的剩余价值，股东权益即为公司净资产。然而，财务报表中的资产和负债是基于历史价值而非当前价值来确认的。例如，资产的**账面价值**（book value）等于最初取得成本减去一些折旧调整，即使该资产的市场价格已发生变化。而且，折旧是用来对资产的最初取得成本进行分摊的，并不能反映资产的实际价值损失。

账面价值衡量的是资产和负债的历史成本，而市场价值衡量的是资产和负债的当前价值。股东权益的市场价值等于所有资产和负债的市场价值之差。我们已强调过，当前价值通常不等于历史价值。更重要的是，许多资产（如知名品牌和特定专业知识）根本不包括在资产负债表中。市场价格反映的是基于持续经营假设计算出的公司价值，一般情况下，股票的市场价值不可能等于其账面价值。

账面价值是否代表了股票价格的"底线"？市场价值是否永远不可能低于账面价值？尽管2012年微软的每股账面价值低于其市场价格，但是其他证据还是证明了上述观点（账面价值代表股价的"底线"）是错的。尽管这种情况不是很常见，但总有一些公司的股价低于其账

面价值。例如2012年，Sprint/Nextel、美国银行、三菱和美国在线的股价均低于其账面价值。

每股清算价值（liquidation value）更好地衡量了股票的价格底线。清算价值是指公司破产后，变卖资产，偿还债务以后余下的可向股东分配的价值。这样定义的理由是，若一家公司的市场价值低于其清算价值，公司将成为被并购的目标，并购者通过买入足够多的股票获得公司控制权，将其清算后获得的价值超过其收购成本而变得有利可图。

评估公司价值的另一个方法是评估公司资产扣除负债后的**重置成本**（replacement cost）。一些分析师相信公司的市场价值不会长期高于其重置成本，因为如果市场价值长期高于重置成本，竞争者会试图复制这家公司，随着越来越多的相似公司进入这个行业，竞争压力将迫使所有公司的市值下跌，直至与重置成本相等。

这个观点在经济学家中非常流行。市值与重置成本的比值被称为**托宾q值**（Tobin's q），因诺贝尔经济学奖获得者詹姆斯·托宾而得名。根据上述观点，从长期来看，市值与重置成本的比值将趋向于1，但金融市场证据却表明该比值可在长期内显著不等于1。

尽管对资产负债表的分析可以得到清算价值或重置成本等有用信息，但为了更好地估计持续经营假设前提下的公司价值，分析师通常会将关注重点转向预期未来现金流。接下来本章将借助未来盈利和股利构造定量化模型来对普通股进行估值。

12.2 内在价值与市场价格

在持续经营假设前提下，用来评估公司价值的最常用模型产生于人们的观察：股票投资者期望获得包括现金股利和资本利得或损失在内的收益。假设持有期为1年，股票ABC的预期每股股利$E(D_1)$为4美元，其当前市场价格P_0为48美元，年末预期价格$E(P_1)$为52美元。在这里我们并不考虑下一年的价格是如何得出的，只考虑在已知下一年的价格时，当前的股票价格是否具有吸引力。

持有期的期望收益率等于$E(D_1)$加上预期的价格增长$E(P_1) - P_0$，再除以当前市场价格P_0，即

$$\text{期望收益率}\, E(r) = \frac{E(D_1) + [E(P_1) - P_0]}{P_0} = \frac{4 + (52 - 48)}{48} = 0.167\,\text{或}\,16.7\%$$

因此，持有期间的股票期望收益率等于预期股利收益率$E(D_1)/P_0$与价格增长率即资本利得收益率$[E(P_1) - P_0]/P_0$之和。

但是，股票ABC的必要报酬率又是多少呢？根据资本资产定价模型，当股票的市场价格处于均衡水平时，投资者的期望收益率为$r_f + \beta[E(r_M) - r_f]$。资本资产定价模型为投资者的期望收益率提供了合理的估计，该收益率是投资者对所有具有相同风险（用β来测度）资产进行投资所要求的收益率，通常用k来表示。若股票定价是正确的，那么其期望收益率将等于必要收益率。证券分析师的目标是发现被错误定价的股票，例如，被低估股票的期望收益率将高于必要收益率。

假设$r_f = 6\%$，$E(r_M) - r_f = 5\%$，股票ABC的β值等于1.2，则k等于：

$$k = 6\% + 1.2 \times 5\% = 12\%$$

因此，股票ABC的投资者在持有期间的期望收益率16.7%比其必要收益率高出4.7%。很自然，投资者会希望在其投资组合中持有更多的ABC，而不是采取消极投资策略。

判断股票价值是否被低估的另一种方法是比较股票的内在价值和市场价格。股票的**内在价**

值（intrinsic value）通常用 V_0 表示，是指股票能为投资者带来的所有现金收益的现值，是把股利和最终出售股票的所得用适当的风险调整利率 k 进行贴现得到的。若股票的内在价值，或者说投资者对股票真实价值的估计超过了其市场价格，说明该股票的价格被低估了，值得投资。在股票 ABC 的例子中，根据一年的投资期和一年后 P_1 = 52 美元的价格预测，ABC 的内在价值为

$$V_0 = \frac{E(D_1) + E(P_1)}{1+k} = \frac{4+52}{1.12} = 50(美元)$$

> **概念检查 12-1**
>
> 预期一年后股票 IBX 的股价为每股 59.77 美元，其当前市场价格为每股 50 美元，且你预期公司会派发每股 2.15 美元的股利。
> a. 该股票的预期股利收益率、股价增长率和持有期收益率各是多少？
> b. 若该股票的 β 值为 1.15，无风险收益率为 6%，市场投资组合的期望收益率为 14%，则股票 IBX 的必要收益率为多少？
> c. 股票 IBX 的内在价值是多少？其与市场价格相比是高还是低？

这意味着，当 ABC 的股价等于每股 50 美元时，投资者的收益率为 12%，恰好等于必要收益率。但是，当前的股价为每股 48 美元，相对于内在价值而言股价被低估了。在这种价格水平下，股票 ABC 所提供的收益率相对于其风险而言偏高。换句话说，根据资本资产定价模型，这是一只正 α 的股票。投资者会希望在其投资组合中持有更多的 ABC，而不是采取消极的投资策略。

若 ABC 的内在价值低于其当前的市场价格，投资者会购买比采取被动投资策略更少的股票。

当市场均衡时，股票的市场价格反映了所有市场参与者对其内在价值的估计。这意味着对 V_0 的估计与市场价格 P_0 不同的投资者，必定在 $E(D_1)$、$E(P_1)$ 和 k 的估计上全部或部分与市场共识不同。市场对必要收益率所达成的共识叫作**市场资本化率**（market capitalization rate），本章会经常用到它。

12.3 股利贴现模型

假设某投资者买入一股 Steady State 公司的股票，计划持有一年。该股票的内在价值是年末公司派发的股利 D_1 与预期售价 P_1 的现值。为避免麻烦，从此以后我们用符号 P_1 代替 $E(P_1)$。但是，预期售价和股利是未知的，因此我们计算的是期望的内在价值，而非确定的内在价值。已知：

$$V_0 = \frac{D_1 + P_1}{1+k} \tag{12-1}$$

尽管根据公司的历史情况可以预测年末派发的股利，但是我们应该怎样估计年末的股价 P_1 呢？根据式（12-1），V_1（第一年年末的内在价值）等于：

$$V_1 = \frac{D_2 + P_2}{1+k}$$

若假设下一年股票将会以内在价值被销售，即 $V_1 = P_1$，将其代入式（12-1），可得：

$$V_0 = \frac{D_1}{1+k} + \frac{D_2 + P_2}{(1+k)^2}$$

该式可以解释为持有期为两年时的股利现值与售价现值之和。当然，现在需要给出 P_2 的

预测值。根据上述内容类推，我们可以用 $(D_3 + P_3)/(1 + k)$ 来代替 P_2，从而将 P_0 与持有期为三年时的股利现值与售价现值之和联系起来。

更为一般的情况，当持有期为 H 年时，我们可将股票价值表示为持有期为 H 年时的股利现值与售价现值之和，即

$$V_0 = \frac{D_1}{1 + k} + \frac{D_2}{(1 + k)^2} + \cdots + \frac{D_H + P_H}{(1 + k)^H} \tag{12-2}$$

请注意该式与第 9 章中债券估值公式的相似之处，两者中的价格都是一系列收入（债券的利息和股票的股利）的现值与最终收入（债券的面值和股票的售价）的现值之和。主要差别在于股票的股利不确定，没有固定的到期日期，且最终售价也不确定。事实上，我们可以继续将上式中的价格无限地替代下去，得：

$$V_0 = \frac{D_1}{1 + k} + \frac{D_2}{(1 + k)^2} + \frac{D_3}{(1 + k)^3} + \cdots \tag{12-3}$$

式（12-3）说明股票的价格等于无限期内所有预期股利的现值之和。该式被称为**股利贴现模型**（dividend discount model，DDM）。

式（12-3）很容易让人认为股利贴现模型只注重股利，而忽略了资本利得，这也是投资者投资股票的一个动机，这种观点是不正确的。事实上，式（12-1）已明确说明了资本利得（反映在预期售价 P_1 中）是股票价值的一部分。股利贴现模型说明股票的未来售价取决于投资者现在对股利的预期。

式（12-3）中仅出现股利并不说明投资者忽略了资本利得，而是因为资本利得是由股票出售时人们对股利的预期决定的。这就是为什么式（12-2）中的股票价格可以写成股利现值与任何销售日期售价的现值之和。P_H 是在时间 H 对所有 H 时期后预期股利的贴现值之和，然后将该值贴现至现在，即时间为零。股利贴现模型说明股票价格最终取决于股票持有者不断取得的现金流，即股利。⊖

12.3.1 固定增长的股利贴现模型

式（12-3）对股票进行估价时的作用并不大，因为它要求对未来无限期内的股利进行预测。为使股利贴现模型更具实用性，我们需引入一些简化的假设。在这个问题上，一个通常而有用的假设是股利增长率 g 是固定的。假设 $g = 0.05$，最近支付的股利是 $D_0 = 3.81$，那么预期未来的股利为

$$D_1 = D_0(1 + g) = 3.81 \times 1.05 = 4.00$$
$$D_2 = D_0(1 + g)^2 = 3.81 \times 1.05^2 = 4.20$$
$$D_3 = D_0(1 + g)^3 = 3.81 \times 1.05^3 = 4.41$$
$$\vdots$$

把这些股利的预测值代入式（12-3），可得出内在价值为

$$V_0 = \frac{D_0(1 + g)}{1 + k} + \frac{D_0(1 + g)^2}{(1 + k)^2} + \frac{D_0(1 + g)^3}{(1 + k)^3} + \cdots$$

⊖ 若投资者从未预期可以获得股利收入，那么该模型将意味着股票没有任何价值。但实际中不发放股利的股票仍有市场价值，为使股利贴现模型与这一现实相协调，必须假设投资者在未来某天会获得一些现金支付，即使仅是清算的股利。

该式可化简为⊖

$$V_0 = \frac{D_0(1+g)}{k-g} = \frac{D_1}{k-g} \quad (12\text{-}4)$$

注意，式（12-4）中是用 D_1 而非 D_0 除以 $(k-g)$ 来计算内在价值的。若 Steady State 公司的市场资本化率为12%，我们可以根据式（12-4）计算一股 Steady State 公司股票的内在价值，为

$$\frac{3.81 \times (1+0.05)}{0.12 - 0.05} = \frac{4.00}{0.12 - 0.05} = 57.14(美元)$$

式（12-4）被称为**固定增长的股利贴现模型**（constant-growth DDM，简称固定增长模型），或被称为戈登模型，以迈伦·J.戈登的名字命名，他使该模型普遍传播开来。该模型或许会让你回想起永续年金的计算公式。若股利不增长，那么股利流就是简单的永续年金，此时，估值公式变为⊖ $V_0 = D_1/k$。式（12-4）是永续年金计算公式的一般形式，它包含了年金增长的情况。随着 g 的增长（D_1 确定）股价也在增长。

例12-1 优先股和股利贴现模型

优先股支付固定的股利，可使用固定增长的股利贴现模型对优先股进行估值，只是股利的固定增长率为零。例如，假设某种优先股的固定股利为每股2美元，贴现率为8%，则该优先股的价值为

$$V_0 = \frac{2}{0.08 - 0} = 25(美元)$$

例12-2 固定增长的股利贴现模型

High Flyer Industries 公司刚刚派发了每股3美元的年度股利，预期股利将以8%的固定增长率增长，该公司股票的 β 值为1.0，无风险利率为6%，市场风险溢价为8%，该股票的内在价值是多少？若你认为该公司股票的风险更高，β 值应为1.25，那么你估计该股票的内在价值是多少？

因为刚刚派发了每股3美元的股利且股利增长率为8%，那么可以预测年末将派发的股利

⊖ 证明过程如下。根据：

$$V_0 = \frac{D_1}{1+k} + \frac{D_1(1+g)}{(1+k)^2} + \frac{D_1(1+g)^2}{(1+k)^3} + \cdots$$

两边同乘以 $(1+k)/(1+g)$，得：

$$\frac{1+k}{1+g}V_0 = \frac{D_1}{1+g} + \frac{D_1}{1+k} + \frac{D_1(1+g)}{(1+k)^2} + \cdots$$

两式相减，得：

$$\frac{1+k}{1+g}V_0 - V_0 = \frac{D_1}{1+g}$$

化简得：

$$\frac{(k-g)V_0}{1+g} = \frac{D_1}{1+g}$$

$$V_0 = \frac{D_1}{k-g}$$

⊖ 回顾金融学导论，每年1美元的永续年金的现值等于 $1/k$。例如，若 $k=10\%$，永续年金的现值等于 $1/0.10=10$ 美元。若式（12-4）中的 $g=0$，那么固定增长股利贴现模型的公式与永续年金的计算公式相同。

为 $3 \times 1.08 = 3.24$ 美元。市场资本化率等于 $6\% + 1.0 \times 8\% = 14\%$，因此，该股票的内在价值为

$$V_0 = \frac{D_1}{k-g} = \frac{3.24}{0.14 - 0.08} = 54(\text{美元})$$

若该股票被认为风险应该更高，则其价值应该更低。当其 β 值为 1.25 时，市场资本化率为 $6\% + 1.25 \times 8\% = 16\%$，那么股票的内在价值仅为

$$\frac{3.24}{0.16 - 0.08} = 40.50(\text{美元})$$

只有当 g 小于 k 时固定增长的股利贴现模型才可以被使用，若预期股利的增长率将超过 k，股票的价值将会是无限大。若分析师经分析认为 g 大于 k，该增长率 g 是无法长期保持的。适用于这种情况的估值模型是多阶段股利贴现模型，下面将对这种模型进行讨论。

固定增长的股利贴现模型被股票市场分析师广泛应用，因此有必要探索其含义和本身存在的局限性。在下列情形下固定增长的股利贴现模型意味着股票价值会越大：

- 预期的每股股利越高。
- 市场资本化率 k 越小。
- 预期的股利增长率越高。

固定增长模型的另一个含义是股价与股利将按同样的增长率增长。为了说明这一点，假设 Steady State 公司的股票按内在价值每股 57.14 美元销售，即 $V_0 = P_0$，则有：

$$P_0 = \frac{D_1}{k-g}$$

从上式中可以发现，股价与股利是成比例的。因此，当预期第二年的股利将增长 $g = 5\%$ 时，股价也会增长 5%。下面将证明这一点：

$$D_2 = 4 \times 1.05 = 4.20(\text{美元})$$

$$P_1 = \frac{D_2}{k-g} = \frac{4.20}{0.12 - 0.05} = 60.00(\text{美元})$$

该股价比当前股价 57.14 美元高 5%。总结得出：

$$P_1 = \frac{D_2}{k-g} = \frac{D_1(1+g)}{k-g} = \frac{D_1}{k-g}(1+g) = P_0(1+g)$$

因此，固定增长的股利贴现模型说明每年的股价增长都等于股利的固定增长率 g。注意，若股票的市场价格等于其内在价值（即 $V_0 = P_0$），则持有期的收益率等于：

$$E(r) = \text{股息收益率} + \text{资本利得收益率} = \frac{D_1}{P_0} + \frac{P_1 - P_0}{P_0} = \frac{D_1}{P_0} + g \tag{12-5}$$

该式提供了一种推断股票市场资本化率的方法。因为如果股票按内在价值销售，则有 $E(r) = k$，即 $k = D_1/P_0 + g$。通过计算股利收益率 D_1/P_0 和估计股利增长率 g，我们可以得出 k。该式也被称为现金流贴现公式。

这种方法通常用于管制公共事业的定价问题。负责审批公共设施定价决策的监管机构被授权允许公共事业公司在成本基础上加上"公平"的利润来确定价格，也就是说，允许公司在生产能力投资上获得竞争性收益。反过来，这个收益率是投资者投资该公司股票的必要收益率。公式 $k = D_1/P_0 + g$ 提供了一种推测必要收益率的方法。

例 12-3 固定增长模型

假设 Steady State Electronics 公司为其计算机芯片赢得了一份主要合同,该合同非常有利可图,可在不降低当前每股 4 美元股利的前提下,使股利增长率由 5% 上升到 6%。该公司的股价将如何变化?

作为对赢得合同这一利好消息的反应,股价应该会上涨。事实上股价确实上涨了,从最初每股 57.14 美元涨到了:

$$\frac{D_1}{k-g} = \frac{4.00}{0.12 - 0.06} = 66.67(美元)$$

宣布利好消息时持有该股票的投资者将会获得实质性的暴利。

另一方面,宣告利好消息后股票的期望收益率仍为 12%,与宣告利好消息前一样。

$$E(r) = \frac{D_1}{P_0} + g = \frac{4.00}{66.67} + 0.06 = 0.12 \text{ 或 } 12\%$$

这一结果是说得通的。赢得合同这一利好消息将被反映在股价中,股票的期望收益率与股票的风险水平一致,股票的风险水平并没有改变,因此期望收益率也不会改变。

> **概念检查 12-2**
>
> a. 预期年底 IBX 公司将派发每股 2.15 美元的股利,且预期股利年增长率为 11.2%,若 IBX 公司股票的必要收益率为 15.2%,该股票的内在价值是多少?
> b. 若 IBX 股票的当前市价等于其内在价值,则预期第二年的股价为多少?
> c. 若某投资者现在购入 IBX 公司的股票,并于一年后收到每股 2.15 美元的股利后将股票售出,则预期资本利得(即价格上涨)率是多少?股利收益率和持有期收益率又分别是多少?

12.3.2 价格收敛于内在价值

假设股票 ABC 的当前市价仅为每股 48 美元,因此股价被低估了 2 美元。在这种情况下,预期价格增长率取决于另外一个假设,即内在价值与市场价格之间的差异是否会消失,如果会,将何时消失。

最普遍的假设是该差异永远不会消失,且市场价格将永远以接近 g 的增长率增长下去。如果这样,内在价值与市场价格之间的差异也将以相同的增长率增长。在本例中:

当前	下一年
V_0 = 50 美元	V_1 = 50×1.04 = 52(美元)
P_0 = 48 美元	P_1 = 48×1.04 = 49.92(美元)
$V_0 - P_0$ = 2 美元	$V_1 - P_1$ = 2×1.04 = 2.08(美元)

在这一假设条件下,持有期收益率将超过必要收益率,因为若 $P_0 = V_0$,股利收益率将会更高。在本例中,股利收益率为 8.33%,而不是 8%,因此预期的持有期收益率为 12.33%,而非 12%,即

$$E(r) = \frac{D_1}{P_0} + g = \frac{4}{48} + 0.04 = 0.0833 + 0.04 = 12.33\%$$

若投资者识别出该价值被低估的股票,那么他获得的持有期收益率将超过必要收益率 33 个基点。这种超额收益每年都可获得,股票的市场价格将永远不可能等于其内在价值。

另一假设是内在价值与市场价格之间的差异将在年末消失。在本例中将有 $P_1 = V_1 = 52$ 美

元，且

$$E(r) = \frac{D_1}{P_0} + \frac{P_1 - P_0}{P_0} = \frac{4}{48} + \frac{52-48}{48} = 0.0833 + 0.0833 = 16.67\%$$

在内在价值与市场价格将一致的假设下，一年期的持有期收益率更高。但在未来的年份里，股票投资者将只能获得平均收益率。

许多股票分析师都假设，随着时间的推移，如经过5年后，股票价格将趋于内在价值。在这种假设条件下，一年期的持有期收益率为12.33%~16.67%。

12.3.3 股价和投资机会

假设 Cash Cow 和 Growth Prospects 两家公司未来一年的每股盈利均为 5 美元。原则上，两家公司应把全部收益以股利的形式发放给股东，以维持持续的每股 5 美元的股利流。若市场资本化率 $k = 12.5\%$，则两家公司股票的估值均为 $D_1/k = 5/0.125 = 40$（美元/股）。两家公司的价值均不会增加，因为所有的盈利都以股利的形式发放出去了，没有其他的盈利可以用来再投资。两家公司的资本存量和盈利能力均不会发生变化，盈利⊖和股利也不会增加。

现假设其中的一家 Growth Prospects 公司投资了一个项目，其投资收益率为 15%，高于必要收益率 $k = 12.5\%$。对于这样的公司而言，把所有的盈利以股利的形式发放出去是不明智的。若 Growth Prospects 公司保留部分盈利再投资到有利可图的项目中，可为股东赚取 15% 的收益率。但若其不考虑该项目，把所有的盈利以股利的形式发放出去，股东把获得的股利再投资于其他投资机会，只能获得 12.5% 的公平市场利率。因此，若 Growth Prospects 公司选择较低的**股利支付率**（dividend payout ratio，指公司派发的股利占公司盈利的百分比），将股利支付率从 100% 降低到 40%，此时便可将**盈余再投资率**（plowback ratio，指将公司盈利用于再投资的比例）维持在 60%。盈余再投资率也称为**收益留存率**（earnings retention ratio）。

因此，公司派发的股利是每股 2 美元（每股收益 5 美元的 40%）而非每股 5 美元。股价会下跌吗？不，股价会上涨。尽管公司的盈余留存政策使股利减少了，但由于再投资产生的利润将使公司资产增加，进而使未来的股利增加，这些都将反映在当前的股价中。

图 12-1 说明了在两种股利政策下 Growth Prospects 公司派发的股利流情况。较低的再投资率政策可以使公司派发较高的初始股利，但股利增长率低。最终，较高的再投资率政策将提供更高的股利。若在高再投资率政策下股利增长得足够快，股票的价值会高于低再投资率政策下股票的价值。

这两种做法下，股利将会分别增长多少呢？假设 Growth Prospects 公司初创时厂房和设备投资共 1 亿美元，全部为权益融资。该公司的投资收益率或者说净资产收益率（ROE）为 15%，总收益等于净资产收益率乘以 1 亿美元，即 0.15×1 亿美元 $= 1500$ 万美元。发行在外的股票数量为 300 万股，因此每股收益为 5 美元。若当年

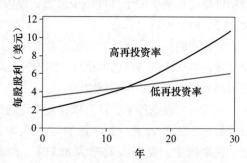

图12-1 两种盈余再投资政策下的股利增长情况

⊖ 事实上，此处的盈利是指用来维持公司资本生产力所必需的资金，即"经济折旧"的净收益。换句话说，此处的盈利是指公司在不影响其生产能力的情况下可持续每年支付的最大金额。因此，此处的净收益可能与公司在其财务报表中所报告的会计利润大为不同。我们将在下一章详细讨论这一问题。

1 500 万美元的总收益中有 60% 用来再投资，那么公司资产的价值将增加 0.60×1 500 = 900 万美元，或者说增加 9%。资产增加的百分比等于净资产收益率乘以盈余再投资率，通常用 b 来表示盈余再投资率。

由于资产增加 9%，公司的收益将增加 9%，发放的股利也会随之增加 9%，因此，股利增长率等于：⊖

$$g = \text{ROE} \times b = 0.15 \times 0.60 = 0.09$$

若股票价格等于其内在价值，则股票价格等于：

$$P_0 = \frac{D_1}{k-g} = \frac{2}{0.125 - 0.09} = 57.14(美元)$$

当 Growth Prospects 公司执行零增长政策，把所有的收益都以股利的形式发放给股东时，股价仅为每股 40 美元，因此，我们可以把 40 美元当成公司每股现有资产的价值。

当 Growth Prospects 公司决定减少当前股利发放，用于再投资时，其股价将上涨。股价的上涨反映了再投资的期望收益率高于必要收益率这一事实。换句话说，该投资机会的净现值为正。公司价值的增加等于投资机会的净现值，该净现值也被称为**增长机会价值**（present value of growth opportunities，PVGO）。

因此，我们可以把公司价值当成公司现有资产的价值之和，或者是零增长公司的价值，加上公司所有未来投资的净现值（即增长机会价值）。对 Growth Prospects 公司而言，增长机会价值等于每股 17.14 美元：

股价 = 零增长公司的股价 + 增长机会价值

$$P_0 = \frac{E_1}{k} + \text{PVGO} \tag{12-6}$$

$$57.14 = 40 + 17.14$$

我们知道，现实中股利减少总是伴随着股价下跌，这是否与我们的分析相违背？其实并不违背：股利减少通常被看作公司前景暗淡的坏消息，但股利收益率的降低并不是引起股价下跌的真正原因，关于公司的新信息才是引起股价下跌的真正原因。

例如 J.P. 摩根在 2009 年将季度分红从每股 38 美分降为 5 美分时，股价反而上涨了 5%。公司试图向市场传递削减分红是为了更好地应对严重的经济下滑的信息。投资者认同了公司降低股利的做法合情合理，股价最终上涨。与此情况类似的是，BP 由于 2010 年的大范围海湾石油泄漏决定当年暂缓发放股利，其股价却并未由此受挫。这是由于该事件已被市场广泛预料到，并非新近信息。这些例子都说明了股价下跌并非针对股利的减少，而是股利减少背后所蕴藏的其他信息。

仅仅获得每股收益的增长并非投资者真正渴求的。只有当公司有高利润的投资项目（即 ROE>k）时，公司的价值才会增加。下面以发展前景不尽如人意的 Cash Cow 公司为例来解释为什么。Cash Cow 公司的净资产收益率仅为 12.5%，等于必要收益率 k，投资机会的净现值为

⊖ 这种关系可以通过以下推导过程得出：当净资产收益率不变时，收益（ROE×账面价值）的增加比例等于公司账面价值的增加比例。不考虑新增发行的股票，可以发现，账面价值增加的比例等于用于再投资的收益除以账面价值，因此有：

$$g = \frac{用于再投资的收益}{账面价值} = \frac{用于再投资的收益}{总收益} \times \frac{总收益}{账面价值} = b \times \text{ROE}$$

0。在 $b=0$，$g=0$ 的零增长策略下，Cash Cow 股票的价值为 $E_1/k=5/0.125=40$（美元/股）。现假设 Cash Cow 公司的盈余再投资率 b 与 Growth Prospects 公司相同，均为 0.60，那么 g 将增加到：

$$g = \text{ROE} \times b = 0.125 \times 0.60 = 0.075$$

但股价仍为

$$P_0 = \frac{D_1}{k-g} = \frac{2}{0.125-0.075} = 40(\text{美元})$$

与零增长策略下的股价相同。

在 Cash Cow 公司的例子中，为公司再投资而采取的股利减少策略只能使股价维持在当前水平，事实也应该是这样的。若公司所投资项目的收益率仅与股东自己可以赚到的相等，即使在高再投资政策下，股东也不能得到更多好处。这说明"增长"与增长机会不同。只有在项目的期望收益率高于股东其他投资的收益率时，公司进行再投资才是合理的。注意 Cash Cow 公司的增长机会价值也为零，即 $P_0-E_1/k=40-40=0$。当 $\text{ROE}=k$ 时，将资金再投入公司并不能带来什么好处。$\text{PVGO}=0$ 时，情况也是一样的。事实上，这也是拥有大量现金流但投资前景有限的公司被称为"现金牛"的原因，这些公司产生的现金最好被取出。

例 12-4 增长机会

尽管公司的市场资本化率 $k=15\%$，但 Takeover Target 公司的管理层坚持把盈利的 60% 再投资于净投资收益率仅为 10% 的投资项目。该公司年末派发的股利为每股 2 美元，公司的每股盈利为 5 美元。股票的价格应为多少？增长机会价值又为多少？为什么这样的公司会成为其他公司的收购目标？

按照公司当前管理者的投资策略，股利增长率为

$$g = \text{ROE} \times b = 10\% \times 0.60 = 6\%$$

股价为

$$P_0 = \frac{2}{0.15-0.06} = 22.22(\text{美元})$$

增长机会价值为

$$\text{PVGO} = 股价 - 零增长公司的股价$$
$$= 22.22 - E_1/k = 22.22 - 5/0.15 = -11.11(\text{美元})$$

增长机会价值为负数，这是因为该公司投资项目的净现值为负，其资产的收益率小于资本的机会成本。

这种公司往往成为收购的目标，因为其他公司能够以每股 22.22 美元的价格购买该公司的股票，进而收购该公司，然后通过改变其投资策略来提高公司价值。例如，如果新管理层所有盈利都以股利的形式发放给股东，公司价值便能增加到零增长策略时的水平，$E_1/k=5/0.15=33.33$ 美元。

概念检查 12-3

a. 假设某公司的盈余再投资率为 60%，净资产收益率为 20%，当前的每股收益 E_1 为 5 美元，$k=12.5\%$，计算该公司的股价。

b. 若该公司的净资产收益率小于市场资本化率，为 10%，股价应为多少？将该公司股价与有相同 ROE 和 E_1 但盈余再投资率 b 为零的公司的股价做比较。

12.3.4 生命周期与多阶段增长模型

固定增长的股利贴现模型基于一个简化的假设,即股利增长率是固定不变的,记住这一点与记住模型本身一样重要。事实上,公司处于不同生命周期阶段的股利政策大相径庭。早期,公司有大量有利可图的投资机会,股利支付率低,增长机会较快。后来,公司成熟后,生产能力已足够满足市场需求,竞争者进入市场,难以再发现好的投资机会。在成熟阶段,公司会提高股利支付率,而不是保留盈利。虽然股利发放水平提高,但由于缺少增长机会,公司今后的增长将非常缓慢。

表 12-2 说明了这一点。表中列出了价值线投资调查公司给出的计算机软件行业和东海岸电力设施行业一些样本公司的资本收益率、股利支付率和未来三年每股收益的预计增长率。在此比较的是资本收益率而非净资产收益率,原因是后者受杠杆影响较大,而电力设施行业的杠杆比率一般远远高于计算机软件行业。资本收益率衡量的是 1 美元资产的经营利润为多少,而不管资本来源是债务融资还是权益融资。本书第 13 章将继续讨论这一问题。

表 12-2 两个行业的财务比率

	股票代码	资本收益率(%)	股利支付率(%)	每股收益预计增长率(2017~2020)
计算机软件行业				
Adobe Systems	ADBE	14.5%	0.0%	20.4%
Citrix	CTXS	20.0	0.0	7.2
Cognizant	CTSH	18.5	0.0	22.2
Computer Associates	CA	13.0	38.0	12.4
Intuit	INTU	30.5	24.0	14.3
Microsoft	MSFT	23.0	52.0	11.5
Oracle	ORCL	15.0	20.0	8.4
Red Hat	RHT	14.5	0.0	15.3
Symantec	SYMC	13.5	25.0	9.0
SAP	SAP	13.5	36.0	7.3
中值		14.8%	22.0%	12.0%
电力设施行业(东海岸)				
Dominion Resources	D	8.5%	73.0%	10.1%
Consolidated Edison	ED	5.5	69.0	1.6
Duke Energy	DUK	5.0	75.0	3.8
Eversource	ES	6.0	58.0	6.0
First Energy	FE	5.5	48.0	4.5
Nextera Energy	NEE	7.5	69.0	6.3
Public Service Enterprise	PEG	7.0	56.0	6.3
South Carolina E&G	SCG	6.0	60.0	4.7
Southern Company	SO	6.5	75.0	4.6
Tampa Electric	TE	6.5	66.0	3.9
中值		6.3%	67.5%	4.6%

资料来源:*Value Line Investment Survey*,April,2016. Reprinted with permission of Value Line Investment Survey. © 2012 Value Line Publishing, Inc. All rights reserved.

总的来说,软件公司具有非常吸引人的投资机会,这些公司资本收益率的中值为 14.8%,相应地,它们的盈余再投资率也很高,大多数公司根本不派发股利。高资本收益率和高再投资率的结果是高增长率,这些公司每股收益预期增长率的中值为 12%。

相比而言,电力设施公司更加具有成熟公司的特点,其资本收益率的中值较低,为 6.3%;股利支付率的中值较高,为 67.5%;每股收益增长率的中值较低,为 4.6%。电力设施行业的高股利支付率说明其可获得高收益率的投资机会较少。

为了评估暂时具有高增长率的公司,分析师通常使用多阶段股利贴现模型。首先,预测早先高增长时期的股利并计算其现值。然后,一旦预计公司进入稳定增长阶段,便使用固定增长的股利贴现模型对剩下的股利流进行贴现。

下面我们用一个现实中的例子来说明上述步骤。图 12-2 是价值线投资调查公司对通用电气的调查报告,对将要使用到的信息分别做了标记。

图中,Ⓐ是 GE 的 β 值,Ⓑ是当前股价,Ⓒ是每股股利,Ⓓ是净资产收益率(图中用 Return on Shr. Equity 表示),Ⓔ是股利支付率(图中用 *All Div'ds to Net Prof* 表示)。Ⓒ、Ⓓ、Ⓔ左侧的几列是相应指标的历年数据,"2017"下方的加粗斜体数字是当年的估计数据。类似的,最右边一栏（标着19-21）是对2019~2021年这一期间的预测值，我们假设为2020年。

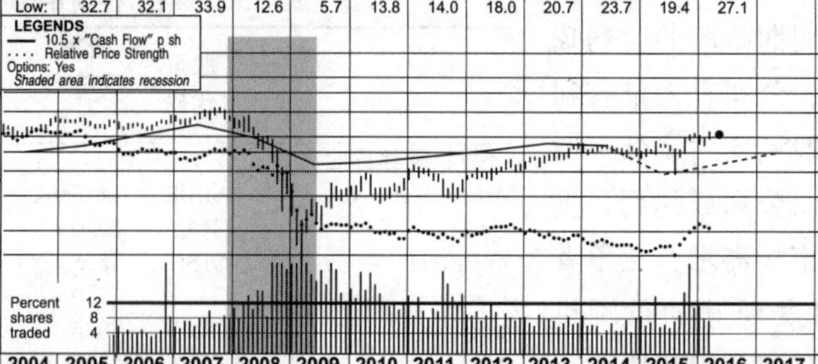

图 12-2　价值线投资调查公司对通用电器的调查报告

资料来源：*Value Line Investment Survey*, April 15, 2016. Reprinted with permission of Value Line Investment Survey © 2016 Value Line Publishing, Inc. All rights reserved.

价值线公司预测 GE 近年的股利将保持快速增长,每股股利将从 2017 年的 1.04 美元增长到 2020 年的 1.6 美元。但这种高增长率不可能无限期地持续下去。如果我们在 2017~2020 年采用线性插值法,便可以得到如下的股利预测值:

| 2017 年 | 1.04 美元 | 2019 年 | 1.41 美元 |
| 2018 年 | 1.22 美元 | 2020 年 | 1.60 美元 |

假设自 2020 年起股利保持固定增长,固定增长率为多少是合理的假设呢?价值线预测通用电气的股利支付率为 0.53,ROE 为 19.5%,意味着长期增长率为:

$$g = ROE \times b = 19.5\% \times (1 - 0.53) = 9.17\%$$

价值线的估计值为 9%(参看①下方的 Retained [Earnings] to Common Equity),因此,假定 $g = 9\%$。

假定投资期限到 2020 年,套用式(12-2)估计通用电气股票的内在价值,如下:

$$V_{2016} = \frac{D_{2017}}{1+k} + \frac{D_{2018}}{(1+k)^2} + \frac{D_{2019}}{(1+k)^3} + \frac{D_{2020} + P_{2020}}{(1+k)^4}$$

$$= \frac{1.04}{1+k} + \frac{1.22}{(1+k)^2} + \frac{1.41}{(1+k)^3} + \frac{1.60 + P_{2020}}{(1+k)^4}$$

P_{2020} 代表 2020 年末的股价,此时将按这一价格将股份出售。自 2020 年起,股利进入固定增长阶段,根据固定增长股利贴现模型,可计算出此时价格为

$$P_{2020} = \frac{D_{2021}}{k-g} = \frac{D_{2020}(1+g)}{k-g} = \frac{1.60 \times 1.09}{k - 0.09}$$

现在,要计算内在价值就剩下唯一要确定的变量贴现率 k。

资本资产定价模型是确定 k 的一种方法。通用电气的贝塔值在价值线报告中显示为 1.10,2016 年长期国债无风险收益率为 2.5%⊖。假设市场的预期风险溢价与历史平均水平一致,为 8%。因此,市场期望收益率为

无风险利率+市场风险溢价=2.5%+8%=10.5%

GE 的贴现率为

$$k = r_f + \beta[E(r_M) - r_f] = 2.5\% + 1.10 \times (10.5\% - 2.5\%) = 11.3\%$$

2020 年股价的预测值为

$$P_{2020} = \frac{1.60 \times 1.09}{0.113 - 0.09} = 75.83(\text{美元})$$

当前内在价值的估计值为

$$V_{2016} = \frac{1.04}{1.113} + \frac{1.22}{1.113^2} + \frac{1.41}{1.113^3} + \frac{1.60 + 75.83}{1.113^4} = 53.40(\text{美元})$$

价值线报告中显示 GE 当前的实际价格为 30.98 美元(Ⓑ处),结合计算出的每股内在价值来看,当前股价被低估了。那么能否增持 GE 的股票呢?

或许能。但是在下单之前,应该认真考虑

> **概念检查 12-4**
>
> 证明当 $g = 7\%$ 时,GE 的内在价值是 29.93 美元。(提示:首先计算 2020 年的股价,之后将 2020 年之前的股利折现,再加上 2020 年股价的现值)

⊖ 在对长期资产如股票进行估值时,多以长期国债替换短期国库券作为无风险资产。

一下之前估计的准确性。首先，未来的股利、股利增长率以及贴现率都是预测的。其次，假定了 GE 未来的增长分为两个阶段。但事实上，股利的增长方式可能非常复杂。这些估计值差之毫厘，预测结果就会缪以千里。

很明显，通用电气内在价值的绝大部分来自估计的 2020 年每股 75.83 美元的销售价格。如果这个价格被夸大了，内在价值的估计也会被夸大。我们有充分的理由保持怀疑。此前假设通用电气 2020 年以后的年增长率为 9%，但这似乎是一个过于乐观的持续增长率。更有可能的是，通用电气在 2020 年仍将保持快速增长，尚未进入固定的长期增长阶段。请注意，9% 的"可持续增长率"是价值线公司假定 2020 年 GE 的净资产收益率为 19.5% 而得出的，这可能导致持续增长期价值的过高估计。我们可以基于不同假设条件，使用多阶段增长模型（该模型涵盖了我们在这里使用的两阶段方法）重新计算 2020 年的价格。

比如，假设 2020 年后 GE 的实际增长率是 7%，而非 9%。代入两阶段股息贴现模型中，计算出 2016 年的内在价值仅为 29.93 美元，低于当前股价。关于内在价值和股价孰高孰低的结论就会发生反转。

这个练习强调了当你试图评估股票价值时进行敏感性分析的重要性。没有好的前提假设就不会得到好的估值结果。敏感性分析会突出需要仔细检查的输入变量。例如，2020 年之后增长率估计值的微小变动，就会导致内在价值的巨大变化。同样，贴现率的微小变化也会使内在价值产生实质性波动。另一方面，2017～2020 年间股息的适度变化对内在价值的影响较小。

12.3.5　多阶段增长模型

刚刚学习的通用电气两阶段增长模型是贴近现实情况的良好开端。但显然，我们可以让模型满足更多的增长可能性以获得更准确的估值结果。多阶段增长模型允许公司在发展成熟之前每股股息以多种速度增长。

许多分析师使用三阶段增长模型。他们通常会假设一个高股息增长初始阶段（或者对短期股息进行逐年预测）和一个可持续增长的最终阶段之间，伴随有一个过渡期，在此期间股息增长率从最初的快速增长率逐渐下降到最终的可持续增长率。理论上来看，这类模型并不比两阶段模型更难处理，但它们需要更多的计算，手工操作会十分繁琐。然而，通过 Excel 电子表格来构建模型就很容易了。

电子表 12-3 就是一个具体的例子。B 列包含了模型中需要使用的关键输入变量。E 列为预测的股息，单元格 E2 到 E5 中，是价值线公司对未来 4 年的估计值。这一时期的股息年增长率约为 15.4%。此处并未假设从 2020 年开始就过渡到固定股息增长率，而是假设未来一年股息增长率先保持在 15.4%，但到 2031 年时将稳步下降，最终达到 6% 的固定增长率（见 F 列）。作为一个可持续增长率，这比我们在两阶段模型中使用的 9% 要现实得多。

过渡期的每年分红都是上一年度分红乘以当年增长率。一旦公司最终进入永续固定增长阶段（单元格 G17），则根据永续增长 DDM 计算终值。H 列是投资者每期现金流，2032 年则是当年股息加上 2032 年之后现金流的现值。单元格 H19 显示了这些现金流的现值，35.70 美元。

表 12-3　GE 三阶段增长模型

	A	B	C	D	E	F	G	H	I
1	关键变量			年份	股息	股息增长率	期限价值	投资者现金流入	
2	贝塔	1.1		2017	1.04			1.04	
3	市场风险溢价	0.08		2018	1.23			1.23	
4	无风险利率	0.025		2019	1.41			1.41	
5	权益资本成本	0.1130		2020	1.60			1.60	
6	永续增长率	0.060		2021	1.85	0.1544		1.85	
7				2022	2.11	0.1450		2.11	
8				2023	2.40	0.1355		2.40	
9				2024	2.70	0.1261		2.70	
10				2025	3.02	0.1166		3.02	
11				2026	3.34	0.1072		3.34	
12				2027	3.67	0.0978		3.67	
13	价值线估计的每年股利			2028	3.99	0.0883		3.99	
14				2029	4.31	0.0789		4.31	
15				2030	4.61	0.0694		4.61	
16				2031	4.89	0.0600		4.89	
17	股息增长放缓的过渡期			2032	5.18	0.0600	103.57	108.75	
18									
19								35.70	=PV of CF
20	开始固定增长期			E17*(1+F17)/(B5-F17)					
21								NPV(B5,H2:H17)	

12.4　市盈率

12.4.1　市盈率与增长机会

现实中对股票市场估值的讨论主要集中在公司的**价格收益乘数**（price-earnings multiple）上，该值等于每股价格与每股收益之比，通常被称为市盈率。对增长机会的讨论将告诉我们为什么股票市场分析师如此关注市盈率。举个例子，Cash Cow 和 Growth Prospects 两家公司的每股收益均为 5 美元，但 Growth Prospects 公司的再投资率为 60%，预期的 ROE 为 15%，而 Cash Cow 公司的再投资率为零，所有盈利都将以股利的形式发放给股东。Cash Cow 的股价为每股 40 美元，市盈率为 40/5 = 8.0，Growth Prospects 的股价为每股 57.14 美元，市盈率为 57.14/5 = 11.4。这个例子说明市盈率是预测增长机会的一个有用指标。

将式（12-6）变形，我们可以看到增长机会是如何反映在市盈率中的：

$$\frac{P_0}{E_1} = \frac{1}{k}\left(1 + \frac{\text{PVGO}}{E/k}\right) \tag{12-7}$$

当 PVGO = 0 时，由式（12-7）可得 $P_0 = E_1/k$，即用 E_1 的零增长年金来对股票进行估值，市盈率恰好等于 $1/k$。但是，当 PVGO 成为决定价格的主导因素时，市盈率会迅速上升。

PVGO 与 E/k 的比率有一个简单的解释，即公司价值中增长机会贡献的部分与现有资产贡献的部分（即零增长模型中公司的价值 E/k）之比。当未来增长机会主导总估值时，对公司的估值将相对于当前收益较高。这样，高市盈率看上去表示公司拥有大量增长机会。

下面让我们看一下市盈率是否随着增长前景的变化而变化。例如，1996~2015 年，联邦快递的市盈率平均约为 17.4，而联合爱迪生公司（一家电力设施公司）的市盈率为 14.0。这些数字并不能说明联邦快递相对于联合爱迪生公司而言被高估了。若投资者相信联邦快递的增长速度将高于联合爱迪生公司,那么有较高的市盈率是合理的。也就是说,如果投资者期望收益将快速增长,那么他们愿意为现在每 1 美元的收益支付更高的价格。事实上,联邦快递的增长速度与它的市盈率是一致的。在这一时期,联邦快递的每股收益每年约以 10.5% 的速度增长,而联合爱迪生公司的增长速度仅为 1.7%。后文中的图 12-4 说明了两家公司在这段时期的每股收益。

很明显,增长机会的差别使两家公司的市盈率大不相同。市盈率实际上是市场对公司增长前景乐观态度的反映。分析师在使用市盈率时,必须清楚自己是比市场更乐观还是更悲观,若更乐观,他们会建议买入股票。

有一种方法会使这些观点更明确。让我们重新回顾一下固定增长的股利贴现模型公式 $P_0 = D_1/(k-g)$,股利等于公司未用于再投资的盈利,即 $D_1 = E_1(1-b)$,又有 $g = \text{ROE} \times b$。因此代换 D_1 和 g 可得:

$$P_0 = \frac{E_1(1-b)}{k - \text{ROE} \times b}$$

这说明市盈率等于:

$$\frac{P_0}{E_1} = \frac{1-b}{k - \text{ROE} \times b} \qquad (12\text{-}8)$$

通过上式容易证明市盈率随 ROE 的增加而增加,这是说得通的,因为 ROE 高的项目会为公司带来增长机会。⊖而且还容易证明,只要 ROE 超过 k,市盈率随再投资率 b 的增加而增加。这也是说得通的,当公司有好的投资机会时,若公司可以更大胆地利用这些机会将更多的盈利用于再投资,市场将回报给它更高的市盈率。

但是切记,增长本身并不是人们所希望的好事。表 12-4 是用不同的 ROE 与 b 组合计算出的增长率和市盈率。虽然增长率随再投资率的增加而增加(见表 12-4a,但市盈率却不是这样的(见表 12-4b)。在表 12-4b 的第一行中,市盈率随再投资率的增加而降低;在中间一行中,市盈率不受再投资率的影响;在第三行中,市盈率随之而增加。

表 12-4 ROE 和再投资率对增长率和市盈率的影响

	再投资率 (b)			
	0	0.25	0.50	0.75
ROE(%)	a. 增长率 g(%)			
10	0	2.5	5.0	7.5
12	0	3.0	6.0	9.0
14	0	3.5	7.0	10.5
	b. 市盈率			
10	8.33	7.89	7.14	5.56
12	8.33	8.33	8.33	8.33
14	8.33	8.82	10.00	16.67

注:假设每年 $k = 12\%$。

对这种变动有一个简单的解释。当预期 ROE 小于必要收益率 k 时,投资者更希望公司把盈利以股利的形式发放下来,而不是再投资于低收益率的项目。也就是说,由于 ROE 小于 k,公司价值随再投资率的增加而降低。相反,当 ROE 大于 k 时,公司提供了有吸引力的投资机会,因此公司价值会随再投资率的提高而增加。

最后,当 ROE 恰好等于 k 时,公司提供了拥有公平收益率的"盈亏平衡"的投资机会。在这种情况下,对投资者而言,将公司盈利再投资还是投资于其他具有相同市场资本化率的项目并无差别,因为在这两种情况下,收益率均为 12%。因此,股价不受再投资率影响。

⊖ 注意,式(12-8)只是根据 $\text{ROE} \times b = g$ 对股利贴现模型进行了简单变形,因为模型要求 $g < k$,因此式(12-8)只在 $\text{ROE} \times b = g$ 时有意义。

综上所述，再投资率越高，增长率越高，但再投资率越高并不意味着市盈率越高。只有当公司提供的期望收益率大于市场资本化率时，高再投资率才会增加市盈率。否则，高再投资率只会损害投资者的利益，因为高再投资率意味着更多的钱将被投入低收益率项目中。

尽管这些想法不错，人们通常把市盈率当作股利或盈利增长率。事实上，华尔街的经验之谈是增长率应大致等于市盈率。换句话说，市盈率与 g 的比值，通常被称为 PEG 比率，应约等于 1.0。著名的投资组合经理人彼得·林奇在他的《彼得·林奇的成功投资》⊖一书中这样写道：

> 对于任何一家公平定价的公司而言，市盈率都应等于增长率。在这里，我所说的是收益增长率……若可口可乐公司的市盈率为 15，那么你会预期公司将以每年 15% 的速度增长，等等。但若市盈率低于增长率，你可能发现了一个很好的投资机会。

例 12-5 市盈率与增长率

让我们检验一下林奇的经验法则。假设：

$r_f = 8\%$ （大约是林奇写书时的值）

$r_M - r_f = 8\%$ （约是市场风险溢价的历史平均值）

$b = 0.4$ （美国再投资率的典型代表）

因此，$r_M = r_f +$ 市场风险溢价 $= 8\% + 8\% = 16\%$，且一般公司（$\beta = 1$）的 $k = 16\%$。若我们认为 ROE $= 16\%$（与股票的期望收益率相等）是合理的，那么：

$$g = \text{ROE} \times b = 16\% \times 0.4 = 6.4\%$$

且

$$\frac{P}{E} = \frac{1 - 0.4}{0.16 - 0.064} = 6.26$$

因此，在这些假设条件下，市盈率与 g 大约相等，与经验法则一致。

但是注意，与所有其他方法一样，这种经验法则并不适用于所有情形。例如，当前的 r_f 值约为 2.5%，因此对当前 r_M 的估计值应为

$$r_f + \text{市场风险溢价} = 2.5\% + 8\% = 10.5\%$$

若我们仍然考虑 $\beta = 1$ 的公司，且 ROE 仍约等于 k，那么有：

$$g = 10.5\% \times 0.4 = 4.2\%$$

而

$$\frac{P}{E} = \frac{1 - 0.4}{0.105 - 0.042} = 9.5$$

此时 P/E 与 g 显著不同，且 PEG 比率为 2.3。但是，低于平均水平的 PEG 比率仍被普遍认为是价格被低估的信号。

增长机会的重要性在对初创公司的估值中最为明显。例如，在 20 世纪 90 年代末网络公司繁荣发展时期，尽管许多公司仍未盈利，但市场却认为其市值高达数十亿美元。例如，1998 年网络拍卖公司 eBay 的盈利为 240 万美元，远远低于传统拍卖公司 Sotheby 高达 4 500 万美元的盈利，但 eBay 的市值却高出 Sotheby 10 倍之多，分别为 220 亿美元和 19 亿美元。事实证明，

⊖ 本书中文版机械工业出版社已出版。

市场对 eBay 的估值高出 Sotheby 如此之多是完全正确的。到 2011 年，eBay 的净利润达 18 亿美元，超过 Sotheby 10 倍。

当然，假设对公司的估值主要取决于其增长机会，那么对公司前景的重新估计就会对估值产生影响。20 世纪 90 年代末，当市场对大多数网络零售公司的商业前景产生质疑时，也就是说市场对其增长机会的预期下降时，这些公司的股价急剧下降。

随着对公司发展前景预期的改变，股价也会巨幅波动。增长前景难以被控制，但从本质上说，正是这些增长前景使经济中富有活力的公司的价值不断上升。

下面的华尔街实战专栏 12-1 讨论了一个简单的估值分析案例。当 Facebook 在 2012 年备受期待 IPO 时，市场普遍对其交易价格进行了预测。文章中的讨论集中在两个关键问题：首先，未来利润将保持多高的增长速度？其次，给予多高的市盈率倍数估计？这些恰好是我们的股票估值模型关注点。

> **概念检查 12-5**
>
> 股票 ABC 的预期年净资产收益率为 12%，预期每股收益为 2 美元，预期每股股利为 1.5 美元，年市场资本化率为 10%。
> a. 其预期增长率、价格和市盈率分别为多少？
> b. 若盈余再投资率为 0.4，预期每股股利、增长率和市盈率分别为多少？

| 华尔街实战 12-1 |　　Facebook 的千亿市值问题

随着 Facebook 的 IPO 日益临近，专业分析师的估值是天差地别的，范围从低至 500 亿美元至高达 1 250 亿美元不等。

关于公允价值的争议围绕如下几个关键问题：公司未来增速如何？广告能带来多少利润？市场愿意为该利润支付多少倍的溢价？

众人皆知，Facebook 在此之前已经经历了多年的快速增长，但其最近的增长慢于早期。尽管 2011 年收入增长了 88%，净利润增长了 65%，但这一增速仍大大低于 2009~2010 年 154% 的收入增长水平。

IPOdesktop.com（为投资者提供首发股分析的网站）的首席执行官 Francis Gaskins 称，他不认为 Facebook 估值会突破 500 亿美元。尽管这一估值已显著低于绝大部分分析师的判断，但依然看起来不低，是 2011 年 10 亿美元净利润的 50 倍，且 50 倍的市盈率已高于行业平均市盈率 3 倍以上。

但也有分析师给出了更高估值的依据。例如，Wedge 合伙公司的一位分析师认为其价值 1 000 亿美元完全打不住。如果 Facebook 以明年 EBITDA（未计利息，所得税和某些非现金费用的期望收益）15 至 18 倍进行交易，那么其股权价值约为 890 亿美元。如果 Facebook 能够在广告业务上更快地增长，基于 EBITDA 计算的市盈率高达 20 倍也不为过，这意味着其市值为 1 100 亿美元。相比之下，更成熟的公司（例如 Microsoft 或 Google）的股价则是 EBITDA 的 7 到 10 倍。但 Gaskins 并不认同这一分析。他说，如若 Facebook 的估值接近千亿美元，相当于 Google 的一半，但 Google 的销售额和利润是 Facebook 的 10 倍。

最终，根据 IPO 价格，可以看出市场对 Facebook 的估值约为 900 亿美元。

资料来源：The valuation estimates cited in this box appeared in Randall Smith, "Facebook's $100 Billion Question," The Wall Street Journal, February 3, 2012.

12.4.2 市盈率与股票风险

所有的股票估值模型都包含一个重要含义：其他条件相同的情况下，股票的风险越高，市盈率就越低。从固定增长的股利贴现模型可以清楚地看到这一点：

$$\frac{P}{E} = \frac{1-b}{k-g}$$

公司风险越高，必要收益率就越高，即 k 越大，因此市盈率会越低。即使不考虑固定增长的股利贴现模型，这也是正确的。对于任何期望收益和股利流，当人们认为风险越大时，其现值就越小，因此股价和市盈率也越低。

当然，你会发现许多刚起步的、高风险的小型公司都有很高的市盈率，但这与我们市盈率随风险下降的说法并不矛盾，相反，这正说明市场预期这些公司会有高增长率。这就是为什么我们强调在其他条件相同时，风险越高，市盈率越低。若对增长率的预期不变，对风险预期越高，市盈率就越低。

12.4.3 市盈率分析中的陷阱

若不对市盈率分析中的陷阱进行说明，那么对市盈率的分析就不完整。首先，市盈率的分母是会计利润，它在某种程度上会受会计准则的影响，如在计提折旧和进行存货估值时要使用历史成本。在高通货膨胀时期，用历史成本计算的折旧和存货估值会低估真实的经济价值，此时货物和设备的重置成本都将随一般物价水平上升。如图 12-3 所示，市盈率的变化趋势通常与通货膨胀率水平相反，这反映了市场对高通胀时期"较低盈余质量"的估计，因为这些时期的盈利均被通货膨胀歪曲，因此市盈率较低。

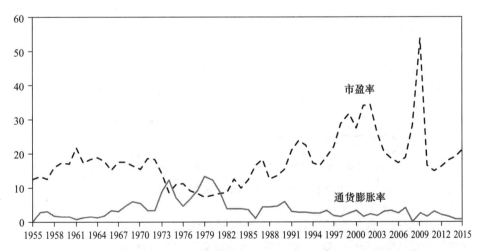

图 12-3　标准普尔 500 指数的市盈率和通货膨胀率

盈余管理（earnings management）是指利用会计准则的灵活性来改善公司表面的盈利状况。这一话题会在下一章财务报表分析中详细阐述。"预计盈余"是 20 世纪 90 年代开始普及的盈余管理版本。

计算预计盈余时忽略了部分费用，如重组费用、股票期权费用和持续经营中的资产减值。公司认为忽略这些费用会使公司的潜在盈利状况更加一目了然，与早期的数据比较会更有意义。

但当有太多余地选择什么费用被排除在外时,对投资者和分析师而言,要解释这些数字或在公司之间做出比较就变得非常困难。由于缺少标准,公司在盈余管理方面有相当大的回旋余地。

甚至公认会计准则也在盈余管理方面给了公司相当大的自由裁量权。例如,20世纪90年代末,凯洛格公司将重组费用连续记录了9个月,而重组通常被认为是一次性事件。重组真的是一次性事件吗?或者说将重组费用看作普通费用是不是更合理?考虑到盈余管理有一定的回旋余地,估计市盈率变得非常困难。

使用市盈率时另一个易混淆的点与商业周期有关。在推导股利贴现模型时我们把盈利定义为扣除经济折旧的净值,即在不削弱生产能力的情况下公司可以分派的最大股利。但是报表中的利润是根据通用会计准则计算的,无须与经济利润一致。除此之外,式(12-7)和式(12-8)中,正常或者合理市盈率的概念隐含地假设了盈利是固定增长的,或者说沿光滑的趋势线上升。但是,报表中的利润随商业周期曲线的变化上下波动。

这里从另一个角度证实这一点,根据式(12-8)预测的"正常"市盈率是当前股价与未来盈利趋势值 E_1 的比率。但是报纸的财务专栏中报告的市盈率是股价与近期会计利润的比值,而当前的会计利润可能与未来的经济利润相差甚远。股权既包括对当前盈利的权利,也包括对未来盈利的权利,股价与近期盈利的比率可能随商业周期而剧烈波动,而且会计利润与经济利润的趋势值可能或多或少地发生分离。

下面举一个例子,图12-4描绘了1996年以来联邦快递和联合爱迪生公司的每股收益。从图中可以看到,联邦快递的每股收益变化非常大。由于市场价格是对公司未来现金股利的全面估价,当盈利暂时减少时,市盈率会变高。也就说,市盈率的分母比分子对商业周期更敏感。这在图中得到了证实。

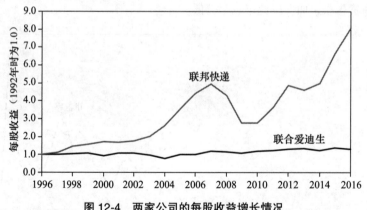

图 12-4 两家公司的每股收益增长情况

图 12-5 描绘了两家公司的市盈率。联邦快递的每股收益和市盈率的波动都较大,它的高增长率清楚地体现在高市盈率中。仅在 2012 年,联合爱迪生的市盈率超过了联邦快递,在这一时期,联合爱迪生的盈利暂时下降到趋势线之下,联邦快递的盈利超过了趋势线。市场似乎意识到这只是一种暂时情况,联邦快递的股价并没有因为盈利的这种变化明显波动,而市盈率下降了。

这个例子说明了为什么分析师在使用市盈率时必须加倍小心。若不考虑公司的长期增长前景,不考虑当前每股收益与长期趋势线的相对情况,便无法评价市盈率是高了还是低了。

但是,图12-4和图12-5还是说明了市盈率与增长率之间的明确关系。尽管短期波动很大,但联邦快递的每股收益在整个时期的趋势仍然是明显上升的,而联合爱迪生的每股收益变化则

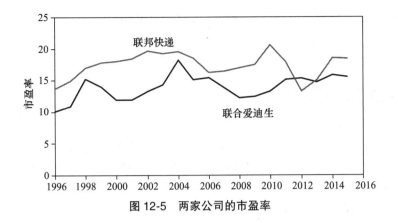

图 12-5 两家公司的市盈率

相当平缓。联邦快递的增长前景从其一贯较高的市盈率中可以反映出来。

以上分析说明不同行业的市盈率不同,事实也是如此。图 12-6 是 2016 年部分行业的市盈率情况。从图中我们可以发现:高市盈率的行业,如应用软件行业和有线电视行业,都有吸引人的投资机会和相对较高的增长率;低市盈率的行业,如汽车制造商行业和主要航空公司行业,都是一些发展前景有限的成熟行业。通过说明市盈率分析中的陷阱可以发现,市盈率与增长率之间的关系并不完美,这并不奇怪,但是作为一条基本规律,市盈率确实是随增长机会的变化而变化的。

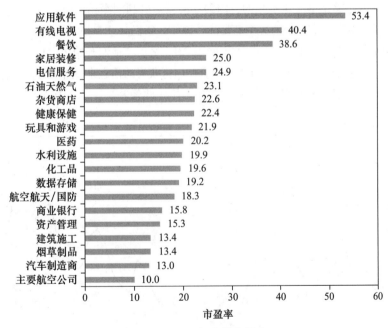

图 12-6 不同行业的市盈率

资料来源:Yahoo! Finance, finance.yahoo.com, June 4, 2016.

12.4.4 市盈率分析与股利贴现模型的结合

分析师会将市盈率与盈利预测结合起来估算未来某个日期的股价。图 12-2 显示,价值线公司对通用电气 2020 年市盈率预测值为 15,每股收益预测值为 3 美元,这意味着 2020 年的价

格为 15×3 = 45 美元。假设 2020 年的股价为 45 美元，则 2016 年的内在价值为

$$V_{2016} = \frac{1.04}{1.113} + \frac{1.22}{1.113^2} + \frac{1.41}{1.113^3} + \frac{1.60 + 45}{1.113^4} = 33.31(美元)$$

12.4.5 其他的比较估值比率

市盈率是一种比较估值比率，这种比率以一种基本指标（如盈利）为基础来比较公司之间的价值。例如，分析师可以比较同一行业中两家公司的市盈率来测试市场是否认为其中一家公司"更具有进取精神"。此外，还经常用到一些其他的比较估值比率。

市净率 此比率使用每股价格除以每股账面价值。正如我们在本章前面介绍的一样，一些分析师认为账面价值可以有效衡量市场价值，因此把市净率（或股价账面价值比率）当作衡量公司进取性的指标。

股价现金流比率 利润表⊖中的利润会受不同会计方法的影响，因此不精确，甚至可以人为操纵。而现金流记录的是实际流入和流出企业的现金，受会计决策的影响较小。因此与市盈率相比，一些分析师更倾向于用股价现金流比率。在计算此比率时，有些分析师喜欢用经营现金流，还有些分析师喜欢用自由现金流，即扣除新增投资的经营现金流。

市销率 许多刚起步的公司都没有盈利，因此市盈率对这些公司而言没有意义。近年来，股价销售额比率（股价与每股年销售额的比率）成为衡量这些公司的一个常用指标。当然，不同行业的股价销售额比率会大不相同，因为不同行业的利润率相差很大。

创新性比率 有时标准的估值比率是无法获得的，我们必须自己设计。20 世纪 90 年代，一些分析师根据网站点击次数对网络零售公司进行估值，最后，他们开始用"股价点击比率"来对这些公司估值。在新的投资环境中，分析师总会使用可获得的信息来设计最好的估值工具。

图 12-7 是三种估值指标的长期变化。尽管三者有显著差异，但大部分时间走势一致，同时上升或下降。

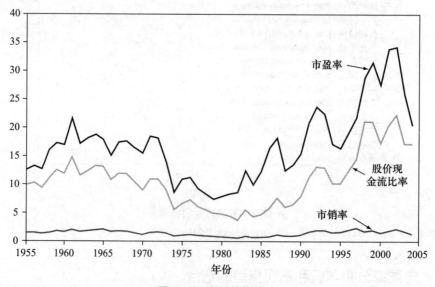

图 12-7 市场估值统计

⊖ income statement，一般在会计中译为会计表，在此还是延用利润表的译法。——译者注

12.5 自由现金流估值方法

可以代替股利贴现模型对公司进行估值的另一种模型是自由现金流模型。自由现金流是指扣除资本性支出后可由公司或股东支配的现金流。这种方法特别适用于那些不派发股利的公司，因为无法使用股利贴现模型对这些公司估值。自由现金流模型适用于任何公司，并且可以提供一些股利贴现模型无法提供的有用信息。

一种方法是用加权平均资本成本对**公司自由现金流**（free cash flow for the firm，FCFF）进行贴现来估计公司价值，然后扣除已有的债务价值来得到权益价值。另一种方法是直接用权益资本成本对**股东自由现金流**（free cash flow to the equityholders，FCFE）贴现来估计权益的市场价值。

公司自由现金流是公司经营活动产生的税后现金流扣除资本投资和净营运资本后的净现金流，既包括支付给债权人的现金流，也包括支付给股东的现金流，⊖其计算公式如下：

$$\text{FCFF} = \text{EBIT}(1 - t_c) + 折旧 - 资本化支出 - \text{NWC 的增加} \tag{12-9}$$

其中：EBIT 为息税前利润；t_c 为公司税率；NWC 为净营运资本。

另一种方法是使用股东自由现金流来估算公司价值。股东自由现金流与公司自由现金流的不同之处在于它的计算涉及税后利息费用以及新发行或重购债务的现金流（即偿还本金的现金流出减去发行新债获得的现金流入）。

$$\text{FCFE} = \text{FCFF} - 利息费用 \times (1 - t_c) + 净负债的增加 \tag{12-10}$$

公司自由现金流贴现模型是把每一年的现金流进行贴现，然后与估计的最终价值 V_T 的贴现值相加。在式（12-11）中，我们用固定增长模型来估计最终价值，贴现率为加权平均资本成本。

$$公司价值 = \sum_{t=1}^{T} \frac{\text{FCFF}_t}{(1 + \text{WACC})^t} + \frac{V_T}{(1 + \text{WACC})^T}, \text{ 其中 } V_T = \frac{\text{FCFF}_{T+1}}{\text{WACC} - g} \tag{12-11}$$

要得到权益价值，可用推导出来的公司价值减去现有负债的市场价值。

另外，可以用权益资本成本 k_E 对股东自由现金流进行贴现：

$$权益价值 = \sum_{t=1}^{T} \frac{\text{FCFE}_t}{(1 + k_E)^t} + \frac{E_T}{(1 + k_E)^T}, \text{ 其中 } E_T = \frac{\text{FCFE}_{T+1}}{k_E - g} \tag{12-12}$$

与股利贴现模型一样，自由现金流模型也用一个最终价值来避免把无限期的现金流贴现并相加。最终价值可能是固定增长永续现金流的现值（如式（12-12）），也可能是 EBIT、账面价值、利润或自由现金流的某一倍数。一般情况下，内在价值的估计都得靠最终价值得到。

EXCEL 表 12-5 利用图 12-2 中价值线公司提供的数据对 GE 进行自由现金流估值。首先根据式（12-9）计算公司自由现金流。表中 A 部分是价值线公司提供的 2016 年、2017 年和 2020 年的数据，中间年份的数据是根据第一年和最后一年的数值插值计算。B 部分是自由现金流的计算过程。第 11 行的税后利润（来自价值线）加上第 12 行的税后利息 [即利息费用×($1-t_c$)] 等于 EBIT($1-t_c$)。再减去第 13 行净营运资本的变动，加上第 14 行折旧，减去第 15 行资本支出。第 17 行是 2017~2020 年的公司自由现金流。

⊖ 此处假设均为股权融资时的公司自由现金流。考虑到债务的税收利益，在计算加权资本成本时使用的是债务的税后资本成本，这在任何一本关于公司理财的教材中都有介绍。

表 12-5 通用电气公司的自由现金流估值

	A	B	C	D	E	F	G	H	I	J	K	L	M
1			2016	2017	2018	2019	2020						
2	A.关键数据												
3	市盈率		20.30	18.98	17.65	16.33	15.00						
4	每股资本支出		1.45	1.50	1.50	1.50	1.50						
5	长期负债($M)		140000	135000	130000	125000	120000						
6	股份数		9 300	9250	9167	9083	9000						
7	每股收益		1.50	1.75	2.17	2.58	3.00						
8	营运资本		30000	40000	51667	63333	75000						
9													
10	B.现金流估计												
11	税后利润		13950	16175	19783	23392	27000						
12	税后利息		3 458	3335	3211	3088	2964	= (1-tax_rate)×r_debt×LT Debt					
13	净营运资本的变动			10000	11667	11667	11667						
14	折旧($M)		5 350	5800	6283	6767	7250						
15	资本支出($M)			13875	13750	13625	13500						
16								终值					
17	公司自由现金流($M)			1435	3861	7954	12047	487368					
18	股权自由现金流($M)			-6900	-4350	-133	4083	395683	假设2020年后负债率保持固定				
19													
20	C.折现率估计												
21	贝塔	1.1						来自价值线					
22	无杠杆贝塔	0.832						当前贝塔/[1+(1-税率)×负债/权益)]					
23	固定增长率	0.06											
24	税率	0.35											
25	债务成本	0.038						2016年评级A1的到期收益率					
26	无风险利率	0.025											
27	市场风险溢价	0.08											
28	股权市场价值		283185				405000	Row 3×Row 11					
29	债务价值比(D/V)		0.33	0.31	0.28	0.25	0.23	期初到期末的线性变化					
30	杠杆贝塔		1.100	1.070	1.043	1.017	0.993	无杠杆贝塔×[1+(1-税率)×负债/权益]					
31	权益资本成本		0.113	0.111	0.108	0.106	0.104	0.091	依据CAPM和杠杆贝塔				
32	WACC		0.084	0.084	0.085	0.086	0.086	0.078	(1-t)×债务成本×D/V+权益成本×(1-D/V)				
33	FCFF现值系数		1.000	0.922	0.850	0.783	0.721	0.742	按照WACC折现				
34	FCFE现值系数		1.000	0.900	0.812	0.734	0.665	0.701	按照权益资本成本折现				
35													
36	D.现值									内在价值	股权价值	每股价值	
37	PV(FCFF)			1323	3282	6227	8684	351287		370803	230803	24.82	
38	PV(FCFE)			-6213	-3534	-98	2715	263060		255930	255930	27.52	

为了得到自由现金流的现值,需用 WACC 对其进行折现,C 部分为具体计算过程。WACC 是税后债务成本和权益成本的加权平均。计算 WACC 时,必须考虑价值线公司预测的杠杆率的变化。使用前文介绍的资本资产定价模型计算权益成本时,要考虑到随着杠杆率的下降,股权风险系数 β 会变小。⊖

2016 年穆迪对 GE 长期债券的评级是 A1,这一评级债券对应的到期收益率为 3.8%,由此确定 GE 的债务成本。GE 的债务价值比(按照负债面值计算)为 0.33(第 29 行),根据价值线公司的预测,2020 年将下降到 0.23,中间年份的债务价值比以插值法计算。第 32 行是

⊖ 价值线公司提供的 β_L 被称为初始杠杆水平下的公司权益风险系数。权益风险系数既反映了业务风险,也反映了财务风险。当公司的资本结构(权益和债务的组成情况)发生变化时,财务风险便会变化,权益风险系数也会随之改变。应该怎样识别财务风险的变化呢?从公司理财的课程中大家知道,首先要确定无杠杆风险,即只有业务风险。我们通过下面的公式来计算无杠杆时的风险系数 β_U(D/E 指公司当前的债务与权益比率):

$$\beta_U = \frac{\beta_L}{1 + \frac{D}{E}(1-t_c)}$$

那么,任意一年的杠杆风险系数都可以根据当年的资本结构计算出来(重新引入与资本结构相联系的财务风险):

$$\beta_L = \beta_U \left[1 + \frac{D}{E}(1-t_c)\right]$$

WACC 的计算结果，2016~2020 年间，WACC 随资产负债率的下降略有上升。每年现金流的现值系数等于上一年的现值系数除以（1+WACC），每一年现金流的现值（第 37 行）等于自由现金流乘以当年的现值系数。

公司的终值（单元格 H17）是根据固定增长模型 $\text{FCFF}_{2020} \times (1+g)/(\text{WACC}_{2020} - g)$ 计算得出的，其中，g（单元格 B23）为假设的固定增长率。此表中我们假设 $g=0.06$，与电子表 12-3 保持一致。终值也要贴现到 2016 年（单元格 H37），因此公司的内在价值等于 2017~2020 年所有现金流的贴现之和加上终值的贴现值。最后，将 2016 年的债务价值从公司价值中扣除便可以得到 2016 年权益的内在价值（单元格 K37），再用权益价值除以股份数量就可以得到每股价值（单元格 L37）。

用股权自由现金流方法可以得到相近的股票内在价值。⊖股权自由现金流（第 18 行）是由 FCFF 扣除税后利息费用和净债务计算得到的。早期的 FCFE 为负值，因为 GE 每年投入 50 亿美元用于减少债务，这超过了公司预期利润。不过，预计利润将快速增长，2019 年后 FCFE 转为正值。FCFE 用权益资本成本贴现。与 WACC 一样，权益资本成本也会随每期杠杆率的变化而变化。FCFE 的现值系数见第 34 行，权益价值见单元格 J38，每股价值见单元格 L38。

12.5.1　估值模型的比较

原则上，若一家公司的股利从某一时期开始固定增长，那么自由现金流模型和股利贴现模型是一致的，计算出的内在价值也应是相同的。这一结论在莫迪利亚尼和米勒的两篇著名论文中证明过。⊜但在实务中，你会发现根据这些模型得出的估值可能会不同，有时甚至相差甚远。这是因为在实务中分析师总是不得不简化一些假设。例如，公司多久才会进入固定增长时期？如何计提折旧最好？ROE 的最佳估计是多少？诸如此类问题的答案会对估值产生很大影响，而且使用模型时完全坚持模型的假设是很困难的。

前面我们已经用几种方法对通用电气公司进行了估值，估计的内在价值结果如表 12-6 所示：

表 12-6　模型内在价值

模型	内在价值（美元）	模型	内在价值（美元）
两阶段股利贴现	53.40	公司自由现金流	24.82
收益加上最终价值的股利贴现	33.31	股东自由现金流	27.52
三阶段股利贴现	35.70	市场价格（来自价值线公司）	30.98

我们应该如何看待这些差异？除了两阶段股利贴现模型（该模型明确假设 GE 将提前进入永续增长阶段，且增长率高于实际情况）之外，其他内在价值的估计结果与实际价格较为一

⊖ 价值线公司预测 GE 公司在 2016~2020 年将偿还相当大一部分未偿还的债务，这种隐含的债务回购将耗用现金流，从而使股东可获得的现金流减少。但是这种回购不能无限期地持续下去，未偿还的债务很快就会减少为零。因此估计权益的最终价值时，首先假设自 2020 年起 GE 公司将发行足够的债务来维持资产负债率，然后再计算最后的现金流。这种方法与固定增长和 2020 年以后贴现率不变的假设是一致的。

⊜ Franco Modigliani and M. Miller, "The Cost of Capital, Corporation Finance, and the Theory of Investment," *American Economic Review*, June 1958, and "Dividend Policy, Growth, and the Valuation of Shares," *Journal of Business*, October 1961.

致。股利贴现模型的估计值往往高于价格，而自由现金流模型的估计值低于价格。但总的来说，并没有明确的证据表明通用电气当前被错误定价了。

这个估值练习说明，要发现被低估的股票并没有看上去那么简单。尽管这些模型的应用都比较简单，但是确定合适的输入数据却非常具有挑战性，这并不奇怪。即使在一个适度有效的市场中，发现获利机会都要比分析价值线公司提供的数据（这也需要几个小时）投入更多。但这些模型对分析师而言仍非常有用，因为它们提供了内在价值的大概估计结果。而且，它们要求分析师必须对潜在假设考虑严谨，并强调了不同变量对估值结果的影响以及对进一步分析的重大贡献。

12.5.2 DCF模型的不足

在对通用电气公司利用现金流贴现模型（DCF）做内在价值评估时，我们采用了未来特定时期内预测的现金流以及销售价格。显而易见的是，本田价值评估模型中的关键终值取决于录入的数据结果（参见概念检查12-4）。因此，读者必须意识到DCF模型的估计结果未必那么准确，增长机会、增长速率尤其难以确定。

出于以上原因，许多价值投资者采用多层次估值体系。他们认为资产负债表上某些科目的价值是对其当前市场价值的最精确估计。房地产、厂房和设备将属于这一类。

较不可靠的价值部分是已投入资产的经济利润。例如像英特尔这样的公司，在芯片制造上的投资获得的净资产收益率显著高于其资本成本。这一"经济利润"或经济增加值的现值，⊖是英特尔市场价值的重要组成部分。该部分价值并没有在资产负债表中体现出来。投资者担心新竞争者进入该市场领域后，将使产品价格和利润率下降，进而降低英特尔的投资收益率。因此需对保障英特尔产品定价权和利润率的"护城河"壁垒做细致分析。我们曾在前一章中讨论过进入壁垒，涉及行业分析、市场结构和当前的市场竞争状况。

增长机会的价值评估最为困难。英特尔今天的高估值很大程度上是由于其具备持续的高NPV投资能力。价值投资者不否认这样的机会存在，但他们怀疑能否对其准确定价，因此，他们往往不太愿意为未来的成长可能性在今天支付过多的价值。

12.6 整体股票市场

预测股市整体水平最常用的方法是收益倍数法。具体步骤为：首先预测下一期的公司盈利，然后根据对长期利率的预测估计收益乘数，即总体市盈率，最后根据以上预测结果之乘积估计期末的市场水平。

图12-8中的曲线走势可以帮助我们预测出市场整体市盈率的大概位置，两条线分别是标准普尔500指数的盈利收益率（每股收益除以股价，即市盈率的倒数）与10年期国债的到期收益率。很明显，两条曲线的变动趋势非常接近，预示着可以通过当期的10年期国债收益率预测标准普尔500指数的盈利收益率。给定盈利收益率，只要再预测盈利便可以对未来特定时期内标准普尔的整体估值水平做出估计。下面用一个简单的例子加以说明。

⊖ 我们将在第13章详细讨论经济增加值。

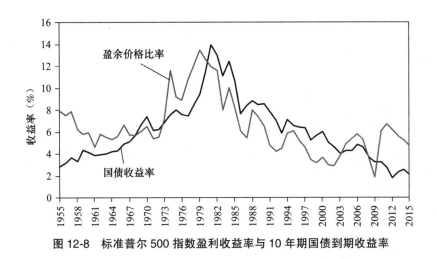

图 12-8　标准普尔 500 指数盈利收益率与 10 年期国债到期收益率

例 12-6　预测整体股票市场走势

2016 年年中，标准普尔 500 指数投资组合的每股年收益约为 118 美元，10 年期国债的到期收益率约为 2.5%。首先假设指数收益率与国债到期收益率的差值 2.6% 一直维持在这个水平。给定国债的到期收益率为 2.5%，这意味着指数的收益率为 5.1%，市盈率为 1/0.051 = 19.61。那么可以预测标准普尔 500 指数将为 19.61×118 = 2 314。已知标准普尔 500 指数当前为 2 093，因此年资本利得率为 221/2 093 = 10.6%。

当然，分析中使用的三个已知变量标准普尔 500 指数的实际收益、10 年期国债年末的收益率以及国债到期收益率与指数收益率之间的差，均存在不确定性。可以通过敏感性分析或情境分析来检验这三个变量的影响。此处用表 12-7 加以说明，这是一个简单的情境分析表格，说明了国债收益率发生变化可能带来的影响。通过情境分析发现，股市对利率变化非常敏感，两者呈反向变化。

表 12-7　不同情境下对标准普尔 500 指数的预测

	最悲观的情境	最可能的情境	最乐观的情境
国债到期收益率	3.0%	2.5%	2.0%
指数收益率	5.6%	5.1%	4.6%
市盈率	17.86	19.61	21.74
每股收益的预测值（美元）	118	118	118
标普 500 指数的预测值	2 107	2 314	2 565

注：对标普 500 指数收益率的预测等于 10 年期国债的收益率加上 2.6%，市盈率为收益率预测值的倒数。

一些分析师使用股利贴现模型的总体方法而不是收益乘数法。但是所有模型都十分依赖对宏观经济变量的预测，如国内生产总值、利率和通货膨胀率等，而要对这些变量做出准确预测并非易事。

由于股价反映了对未来股利的预测，而股利与公司的经济财富密切相关，因此像标准普尔 500 指数这种覆盖面广的股指作为先行经济指标，即整个经济的预警器便不足为奇了。股价被认为是人们对经济预期所达成的共识，且可以随经济的变化而上下波动。近期的股市业绩是政府先行经济指标指数的构成部分，该指数可以用来预测经济周期的发展。但是，对市场的预测并非尽善尽美，一个出自保罗·萨缪尔森的著名笑话是：在过去的五次经济衰退中，市场预测出了八次。

小 结

1. 对公司进行估值的一种方法是使用公司的账面价值，既可以是列示在资产负债表中的价值，也可以是调整后反映当前资产的重置成本或清算价值。另一种方法是计算预期未来股利的现值。

2. 股利贴现模型主张股价等于所有未来股利的现值，贴现率与股票风险一致。

3. 股利贴现模型给出了股票内在价值的估计值。若股价不等于内在价值，收益率将不等于基于股票风险的均衡收益率。实际收益率取决于股价恢复到内在价值时的收益率。

4. 固定增长的股利贴现模型认为，若预计股利总以固定的速度增长，那么股票的内在价值由下式决定：

$$V_0 = \frac{D_1}{k-g}$$

固定增长的股利贴现模型是最简单的股利贴现模型，因为它假定增长率 g 固定不变。在更复杂的环境中，有更加复杂的多阶段模型。当固定增长的假设成立且股价等于内在价值时，上式可以转化成推导股票市场资本化率的公式：

$$k = \frac{D_1}{P_0} + g$$

5. 固定增长的股利贴现模型最适用于那些在可预见的未来有稳定增长率的公司，但在现实中，公司会经历不同的生命周期。早期，公司拥有大量有吸引力的投资机会，此时公司的再投资率和股利增长率都很高，但最终增长率会下降到一个可持续的水平。三阶段增长模型非常适合这种模式。这种模型适用于最初快速增长、最后稳定增长、中间的过渡期由高增长率下降到固定增长率的股利增长模式。

6. 股票市场分析师非常关注公司的市盈率，市盈率是市场评估公司增长机会的有用衡量指标。若公司没有增长机会，那么其市盈率将恰好等于市场资本化率 k 的倒数。当增长机会成为公司价值越来越重要的构成部分时，市盈率将上升。

7. 预期增长率既与公司的盈利能力有关，又与股利政策有关，具体关系如下：
g = 新投资的 ROE × (1 − 股利支付率)

8. 通过比较未来投资的 ROE 与市场资本化率 k，你可以把任何股利贴现模型与简单的资本收益模型联系起来。若 ROE = k，那么股票的内在价值将降低至预期每股收益除以 k。

9. 许多分析师用预测的下一年每股收益乘以市盈率来得出股票价值的估计值。一些分析师把市盈率法与股利贴现模型结合起来，利用收益乘数来预测未来某一日期股票的最终价值，然后把最终价值的现值与期间所有股利的现值相加，得到股票价值的估计值。

10. 自由现金流方法是公司财务中运用最多的方法。分析师首先用预期公司未来现金流的现值估计整个公司的价值，然后减去债务价值。股东自由现金流的贴现率要与股票风险相一致。

11. 本章中的模型可以用来解释和预测股票市场的总体走势，决定总体股价水平的关键宏观经济变量是利率和公司利润。

习 题

基础题

1. 在什么情形下你会选择股利贴现模型而非自由现金流模型对公司进行估值？

2. 在什么情形下使用多阶段股利贴现模型比固定增长模型更重要？

3. 若一家公司的价值被低估了（即内在价值 > 股票价格），那么其市场资本化率与期望收益率之间的关系是什么？

4. Deployment Specialist 公司现在每年的股利为每股 1.00 美元，预期两年内将增长

20%，然后将以 4% 的增长率增长。若 Deployment Specialist 的必要收益率为 8.5%，那么其股票的内在价值是多少？

5. Jand 公司目前支付了每股 1.22 美元的股利，且预期无限期内将以 5% 的增长率增长。若根据固定增长的股利贴现模型计算的股票当前价值为每股 32.03 美元，那么必要收益率是多少？

6. 一家公司目前支付了每股 1.00 美元的股利，且预期无限期内将以 5% 的增长率增长。若股票的当前价值为每股 35 美元，那么根据固定增长的股利贴现模型计算的投资必要收益率是多少？

7. Tri-coat Paints 的当前市值是每股 41 美元，每股收益为 3.64 美元，若必要收益率为 9%，那么增长机会价值的现值是多少？

中级题

8. a. 计算机类股票目前的期望收益率为 16%。MBI 是一家大型计算机公司，年末将支付每股 2 美元的股利，若其股票的当期市价为每股 50 美元，那么市场对 MBI 股利增长率的预期是多少？

   b. 若 MBI 的股利增长率下降到 5%，那么 MBI 的股价将如何变化？公司的市盈率将如何变化（定性的）？

9. a. MF 公司的 ROE 为 16%，再投资率为 50%，若预期未来一年的每股收益为 2 美元，那么股价将为多少？市场资本化率为 12%。

   b. 你预期三年后 MF 的股价将为多少？

10. 市场认为 Analog Electronic 公司的 ROE = 9%，β 值为 1.25，公司计划在无限期内保持 2/3 的再投资率，今年的每股收益为 3 美元，刚刚派发了年度股利。预期未来一年的市场收益率是 14%，国库券当前提供的收益率是 6%。

    a. 计算 Analog Electronic 公司的股价。
    b. 计算市盈率。
    c. 计算增长机会价值。
    d. 假设根据你的调研，你相信 Analog Electronic 公司随时有可能把再投资率降低至 1/3，计算股票的内在价值。假设市场仍未意识到这一决策，分析为什么 V_0 与 P_0 不再相等，是 V_0 大还是 P_0 大。

11. 预期 FI 公司的每股股利无限期内将以 5% 的增长率增长。

    a. 若今年的年末股利为每股 8 美元，市场资本化率为 10%，那么根据股利贴现模型计算的当前股价应为多少？
    b. 若预期每股收益为 12 美元，那么暗含未来投资机会的 ROE 是多少？
    c. 市场需为每股增长机会支付多少美元（即未来投资的 ROE 超过市场资本化率时）？

12. Nogro 公司的当前股价为每股 10 美元，预期未来一年的每股收益为 2 美元，公司的股利支付率为 50%，剩下的盈利将被再投资于年收益率为 20% 的项目中，预期这种情形将无限期地持续下去。

    a. 假设股票的当前市场价格等于根据固定增长模型计算的内在价值，那么 Nogro 的投资者要求的必要收益率是多少？
    b. 此时的内在价值比所有盈利都作为股利派发时的内在价值高多少？
    c. 若 Nogro 把股利支付率降低至 25%，股价将如何变化？若 Nogro 不派发股利，股价又将如何变化？

13. 无风险收益率为 8%，预期市场投资组合的收益率为 15%，Xyrong 公司股票的风险系数为 1.2。Xyrong 公司的股利支付率为 40%，最近公布的每股收益为 10 美元。刚刚派发了股利，且预期每年都将派发。预期 Xyrong 所有再投资 ROE 将永远为 20%。

    a. Xyrong 股票的内在价值是多少？
    b. 若股票的当前市价为每股 100 美元，预期股票的市场价格从现在起一年后将等于其内在价值，那么你预期持有 Xyrong 股票一年的收益率为多少？

14. DEQS 公司目前不派发现金股利，且预期未来五年内都不会派发，其最近的每股收益为 10 美元，全部用于再投资。预期未来五年里的年 ROE 等于 20%，且在这五年内全部盈利也都将用于再投资。从第六年开始，预期公司的 ROE 将下降至 15%，公司将把盈利的 40% 作为股利发放，这种状态将一直持续下去。DEQS 公司的市场资本化率为 15%。

a. 你估计 DEQS 股票的每股内在价值是多少？

b. 假设当期的股价等于内在价值，你预期明年的股价将如何变化？后年的股价又将如何变化？

c. 若从第六年开始，DEQS 公司的股利支付率仅为 20%，你估计 DEQS 股票的内在价值将如何变化？

15. 使用表 12-3（可在 www.mhhe.com/bkm 上获得）中的三阶段增长模型，重新计算下列每一种情形下 GE 公司股票的内在价值。每种情形相互独立。

a. 固定增长阶段的 ROE 等于 7%。

b. 本田公司的实际 β 值为 1.0。

c. 市场风险溢价为 7.5%。

16. 使用表 12-2（可在 www.mhhe.com/bkm 上获得）中的自由现金流模型，重新计算下列每一种情形下 GE 公司股票的内在价值。每种情形相互独立。

a. 自 2020 年起 GE 公司的市盈率将为 16。

b. GE 公司的无杠杆风险系数为 0.8。

c. 市场风险溢价为 7.5%。

17. Duo Growth 公司刚支付了每股 1 美元的股利，预期未来三年内的股利年增长率为 25%，之后将下降到 5%，并将一直持续下去。你认为合适的市场资本化率为 20%。

a. 你估计股票的内在价值是多少？

b. 若股票的市场价格等于内在价值，那么预期股利收益率为多少？

c. 你预期现在起一年后股价将如何变化？资本利得率与你预期的股利收益率和市场资本化率一致吗？

18. GG 公司目前不派发现金股利，且预期未来四年内都不会派发，其最近的每股收益为 5 美元，全部用于再投资。预期未来四年里的年 ROE 等于 20%，且在这五年内全部盈利也都将用于再投资。从第五年开始，预期公司的 ROE 将下降至 15%，GG 公司的市场资本化率为 15%。

a. 你估计 GG 股票的每股内在价值是多少？

b. 假设当期的股价等于内在价值，你预期明年的股价将如何变化？

19. MoMi 公司去年经营活动产生的息税前现金流为 200 万美元，预期今后将以 5% 的增长率持续增长下去。为了实现这一目标，公司每年必须将税前现金流的 20% 用于投资，公司税率为 35%。去年的折旧为 20 万美元，并预期将与经营现金流保持相同的增长率。无杠杆现金流的合理资本化率为 12%，公司目前的负债为 400 万美元。使用自由现金流模型估计公司的权益价值。

高级题

20. Chiptech 是一家知名的计算机芯片公司，拥有几种盈利产品和正在研发的产品。去年的每股收益为 1 美元，刚刚派发了每股 0.50 美元的股利。投资者相信公司将维持 50% 的股利支付率，ROE 等于 20%，市场预期这种状态将无限期持续下去。

a. Chiptech 公司股票的市场价格是多少？计算机芯片行业的必要收益率是 15%，公司刚刚支付了股利（即下一次发放股利将发生在一年后，$t=1$）。

b. 假设你发现 Chiptech 的竞争者刚刚研发出一种新型芯片，这将使 Chiptech 公司目前的技术优势不复存在。新型芯片将在两年后上市，为了维持竞争力，Chiptech 不得不降价，ROE 将降至 15%，而且由于产品需求的减少，公司将把再投资率降至 0.40，再投资率的降低将从第二年开始，即 $t=2$ 时。第二年的年末股利（$t=2$ 时支付）支付率为 60%。你预计 Chiptech 公司股票的内在价值是多少？（提示：仔细列出 Chiptech 公司未来三年内每年的盈利和股利，特别注意 $t=2$ 时股利支付率的变化。）

c. 市场中其他人都没有意识到对 Chiptech 的市场威胁，事实上，你相信直至第二年年末竞争公司公布其新产品为止，不会有其他人意识到 Chiptech 公司竞争地位的改变。第一年（即 $t=0$ 到 $t=1$ 之间）Chiptech 公司股票的收益率将是多少？第二年（即 $t=1$ 到 $t=2$ 之间）、第三年（即 $t=2$ 到 $t=3$ 之间）呢？（提示：注意市场意识到新竞争状况的时间，可以列出各期的股利和股价。）

CFA考题

1. Litchfield Chemical 公司的一位董事认为股利贴现模型证明了股利越高股价就越高。
   a. 以固定增长的股利贴现模型作为参考基础，评价这位董事的观点。
   b. 说明股利支付率的增加将对下列项目产生何种影响（其他条件不变）：
      i. 可持续增长率。
      ii. 账面价值的增长。

2. 海伦是一位特许金融分析师，她被要求使用股利贴现模型对 Sundanci 公司进行估值，海伦预期 Sundanci 公司的收益和股利未来两年将增长 32%，然后按 13% 的固定增长率增长。使用两阶段股利贴现模型、财务报表和财务信息表中的数据计算当前 Sundanci 公司股票的每股价值。

Sundanci 公司 2015 和 2016 财务年度（以 5 月 31 日为最后一天）**的财务报表**
（除每股收益和每股股利外，单位为 100 万美元）

利润表信息	2015	2016	资产负债表信息	2015	2016
收入	474	598	目前资产	201	326
折旧	20	23	财产、厂房和设备净额	474	489
其他运营成本	368	460	资产总额	675	815
税前利润	86	115	目前负债	57	141
所得税	26	35	长期债券	0	0
净利润	60	80	负债总额	57	141
股利	18	24	所有者权益	618	674
每股收益（美元）	0.714	0.952	负债与权益总额	675	815
每股股利（美元）	0.214	0.286	资本化支出	34	38
发行在外的普通股（100 万股）	84.0	84.0			

部分财务信息	
权益必要报酬率	14%
行业增长率	13%
行业市盈率	26

3. Naylor 是一位特许金融分析师，她被要求使用股东自由现金流（FCFE）模型对 Sundanci 公司的股票进行估值，Naylor 预期 Sundanci 公司的 FCFE 未来两年将增长 27%，然后按 13% 的固定增长率增长。预期资本化支出、折旧和营运资本与 FCFE 的增长率相同。
   a. 使用上面财务报表中的数据，计算 2011 年的每股 FCFE。
   b. 根据两阶段 FCFE 模型，计算目前 Sundanci 公司股票的每股价值。
   c. i. 运用两阶段 FCFE 模型说明两阶段 DDM 模型的局限性。
      ii. 不运用两阶段 FCFE 模型说明两阶段 DDM 模型的局限性。

4. Johnson 是一位特许金融分析师，他被要求使用固定增长的市盈率模型对 Sundanci 公司进行估值，Johnson 假定 Sundanci 公司的收益和股利将按 13% 的固定增长率增长。
   a. 根据 Johnson 对 Sundanci 公司的假设和

数据计算市盈率。

b. 根据固定增长模型的相关内容，判断下列每一项如何影响市盈率。
- Sundanci 公司股票的风险系数 β
- 估计的收益和股利增长率
- 市场风险溢价

5. Dynamic Communication 是一家拥有多家电子事业部的美国工业公司，该公司刚刚公布了 2018 年的年报。下面是对 Dynamic 公司 2017 年和 2018 年财务报表的总结，以及 2014~2016 年的部分财务报表数据。

a. Dynamic 的部分股东表达了对过去四年股利零增长的关心，他们希望知道关于公司增长情况的相关信息。计算 2015 年和 2018 年的可持续增长率。你的计算应使用年初资产负债表数据。

b. 说明收益留存率和财务杠杆的变化是如何影响 Dynamic 的可持续增长率（2018 年与 2015 年相比）的（注意：你的计算应使用年初资产负债表数据）。

Dynamic Communication 公司的资产负债表
（单位为 100 万美元）

	2018 年	2017 年
现金和现金等价物	149	83
应收账款	295	265
存货	275	285
流动资产总额	719	633
固定资产总额	9 350	8 900
累计折旧	(6 160)	(5 677)
固定资产净额	3 190	3 223
资产总额	3 909	3 856
应付账款	228	220
应付票据	0	0
应计税费	0	0
流动负债总额	228	220
长期负债	1 650	1 800
普通股	50	50
资本公积	0	0
留存收益	1 981	1 786
股东权益总额	2 031	1 836
负债和权益总额	3 909	3 856

Dynamic Communication 公司的利润表
（除每股收益和每股股利外，单位为 100 万美元）

	2018	2017
总收入	3 425	3 300
经营成本和费用	2 379	2 319
息税折旧摊销前利润	1 046	981
折旧和摊销	483	454
经营利润	563	527
利息费用	104	107
税前利润	459	420
税收（40%）	184	168
净利润	275	252
股利	80	80
留存收益变动	195	172
每股收益（美元）	2.75	2.52
每股股利（美元）	0.80	0.80
发行在外的股份数（100 万股）	100	100

Dynamic Communication 公司财务报表的部分数据
（除每股股利外，单位为 100 万美元）

	2016 年	2015 年	2014 年
总收入	3 175	3 075	3 000
经营利润	495	448	433
利息费用	104	101	99
净利润	235	208	200
每股股利	0.80	0.80	0.80
资产总额	3 625	3 414	3 230
长期负债	1 750	1 700	1 650
股东权益总额	1 664	1 509	1 380
发行在外的股份数（100 万股）	100	100	100

6. Brandreth 是一位专注于电子行业的分析师，正在编写一份关于 Dynamic Communication 公司的调研报告。一位同事建议 Brandreth 使用固定增长的股利贴现模型来根据 Dynamic 的目前普通股股价来估计 Dynamic 的股利增长率。Brandreth 认为 Dynamic 的权益必要报酬率为 8%。

a. 假设公司的当前股价为每股 58.49 美元，等于内在价值，那么 2018 年 12 月的可持续股利增长率是多少？使用固定增长的股利贴现模型。

b. Dynamic 的管理层向 Brandreth 及其他分析师表示，公司不会改变当前的股利政策，那么使用固定增长的股利贴现模型对 Dynamic 的普通股估值合适吗？根据固定增长的股利贴现模型的假设证明你的观点。

7. Peninsular 研究机构正在进行一项覆盖成熟制造行业的调查。特许金融分析师 Jones 是这家研究机构的主席，他收集了下列基础的行业和市场数据来分析：

行业收益留存率的预测值	40%
行业权益收益率的预测值	25%
行业风险系数	1.2
政府债券收益率	6%
权益风险溢价	5%

a. 根据这些基础数据计算行业的市盈率（P_0/E_1）。

b. Jones 想知道为什么不同国家的行业市盈率不同，他为此收集了经济和市场数据。

基本因素	国家A	国家B
实际 GDP 的预期增长率	5%	2%
政府债券收益率	10%	6%
权益风险溢价	5%	4%

分析上述每一个基本因素将导致国家 A 的市盈率高还是国家 B 的市盈率高。

8. Ludlow 所在的公司要求所有分析师采用两阶段股利贴现模型和资本资产定价模型对股票进行估值。Ludlow 刚对 QuickBrush 公司进行了估值，估值结果是每股 63 美元。她现在要对 SmileWhite 公司进行估值。

a. 根据下面的信息计算 SmileWhite 公司必要收益率：

	QuickBrush	SmileWhite
风险系数 β	1.35	1.15
市场价格	45.00	30.00
内在价值	63.00	？

注：无风险利率为 4.50%；预期市场收益率为 14.50%。

b. Ludlow 估计 SmileWhite 公司的每股收益和股利的增长情况如下：

前三年	12%
此后	9%

根据两阶段股利贴现模型和上表中的数据估计 SmileWhite 公司股票的内在价值。上一年的每股股利是 1.72 美元。

c. 通过将 QuickBrush 和 SmileWhite 两家公司股票的内在价值与市场价格进行比较，你建议应购买哪一家公司的股票？

d. 与固定增长的股利贴现模型相比，说出两阶段股利贴现模型的一个优点，说出所有股利贴现模型共有的一个缺点。

9. Rio National 公司是一家美国公司，它是其所在行业中最大的竞争者。下面是该公司的财务报表和相关信息，以及相关的行业和市场数据。

Rio National 公司年末资产负债表

（单位：100 万美元）

	2017	2016
现金	13.00	5.87
应收账款	30.00	27.00
存货	209.06	189.06
流动资产总额	252.06	221.93
固定资产总额	474.47	409.47
累计折旧	(154.17)	(90.00)
固定资产净额	320.30	319.47
资产总额	572.36	541.40
应收账款	25.05	26.05
应收票据	0.00	0.00
一年内到期的长期负债	0.00	0.00
流动负债	25.05	26.05
长期负债	240.00	245.00
负债总额	265.05	271.05
普通股	160.00	150.00
留存收益	147.31	120.35
所有者权益总额	307.31	270.35
负债与所有者权益总额	572.36	541.40

Rio National 公司 2017 年的利润表
（单位：100 万美元）

收入	300.80
经营费用总额	(173.74)
经营利润	127.06
销售利得	4.00
息税折旧摊销前利润	131.06
折旧和摊销	(71.17)
息税前利润	59.89
利息	(16.80)
所得税	(12.93)
净利润	30.16

Rio National 公司 2017 年的补充信息

A. Rio National 公司 2017 年的资本化支出为 7 500 万美元。

B. 年末以 700 万美元出售了一台设备，出售时该设备的账面价值为 300 万美元，最初购买价格为 1 000 万美元。

C. 长期负债的减少表示计划外的本金偿还；2013 年没有新增借款。

D. 2017 年 1 月 1 日公司收到发行普通股的现金，共 400 000 股，每股 25 美元。

E. 一项新的评估认为公司持有的投资性土地的市场价值增加了 200 万美元，在 2017 年的利润表中并没有确认这一事项。

Rio National 公司 2017 年的普通股数据

股利支付（100 万美元）	3.20
2013 年加权平均发行在外的股份数	16 000 000
每股股利（美元）	0.20
每股收益（美元）	1.89
风险系数 β	1.80

2017 年 12 月 31 日的行业和市场数据

无风险利率	4.00%
市场指数的期望收益率	9.00%
行业市盈率的中值	19.90
预期行业收益的增长率	12.00%

一位大型共同基金的投资组合经理对基金分析师 Katrina Shaar 说："我们正在考虑购买 Rio National 公司的股票，因此我想让你分析一下该公司的价值。根据该公司过去的表现，你可以假设公司的增长率与行业增长率相同。"

  a. 利用戈登固定增长模型和资本增长定价模型，计算 2017 年 12 月 31 日 Rio National 公司股票的内在价值。

  b. 使用 2017 年年初的资产负债表数据，计算 Rio National 公司在 2017 年 12 月 31 日的可持续增长率。

10. 对 Rio National 公司的股票估值时，Katrina Shaar 在考虑是使用经营活动现金流（CFO）还是使用股东自由现金流（FCFE）。

  a. 说出将经营活动现金流转换为股东自由现金流时，Shaar 需要做的两点调整。

  b. Katrina Shaar 决定计算 Rio National 公司 2017 年的 FCFE，首先需要计算净利润。根据左表中给出的五条补充信息，判断为了得出 FCFE，是否需要调整净利润。若需要，应调整多少？

  c. 计算 Rio National 公司 2017 年的 FCFE。

11. Katrina Shaar 略微调整了对 Rio National 公司收益增长率的估计，且她希望根据调整的增长率，利用标准化（潜在的）每股收益将 Rio National 公司权益的当前价值与行业价值加以比较。下表是关于 Rio National 公司与其所在行业的部分信息。根据标准化（潜在的）每股收益，在市盈率-增长比率（PEG）的基础上，Rio National 公司的权益价值与行业相比是被高估还是低估了？假设 Rio National 的风险与行业风险相近。

Rio National 公司与其所在行业的部分信息

Rio National 公司	
盈利增长率的估计值	11.00%
当前股价（美元）	25.00
2011 年的标准化（潜在的）每股收益(美元)	1.71
2011 年加权平均发行在外的股份数	16 000 000
行业	
盈利增长率的估计值	12.00%
市盈率的中值	19.90

概念检查答案

12-1 a. 股利收益率 = 2.15/50 = 4.3%
资本利得收益率 = (59.77-50)/50
= 19.54%
总收益率 = 4.3% + 19.54% = 23.84%
b. $k = 6\% + 1.15 \times (14\% - 6\%) = 15.2\%$
c. $V_0 = (2.15 + 59.77)/1.152 = 53.75$（美元），超过了市场价格，意味着应该买入该股票

12-2 a. $D_1/(k-g) = 2.15/(0.152-0.112)$
= 53.75（美元）
b. $P_1 = P_0(1+g) = 53.75 \times 1.112$
= 59.77（美元）
c. 预期的资本利得等于 59.77-53.75 = 6.02（美元），资本利得率等于 11.2%。股利收益率 $D_1/P_0 = 2.15/53.75 = 4\%$，持有期收益率等于 4% + 11.2% = 15.2%

12-3 a. $g = ROE \times b = 20\% \times 0.60 = 12\%$
$D_1 = 0.4 \times E_1 = 0.4 \times 5 = 2$（美元）
$P_0 = 2/(0.125-0.12) = 400$（美元）
b. 当公司投资 ROE 低于 k 的项目时股价会下跌。若 $b = 0.60$，那么 $g = 10\% \times 0.60 = 6\%$，$P_0 = 2/(0.125-0.06) = 30.77$（美元）。而若 $b = 0$，则 $P_0 = 5/0.125 = 40$（美元）。

12-4 $V_{2016} = \dfrac{1.04}{1.113} + \dfrac{1.22}{1.113^2} + \dfrac{1.41}{1.113^3} + \dfrac{1.60+P_{2020}}{1.113^4}$
现根据固定增长的股利贴现模型计算 2020 年的股价，增长率 $g = 7\%$。
$P_{2020} = \dfrac{1.60 \times (1+g)}{k-g}$
$= \dfrac{1.712}{0.113-0.07}$
= 39.81（美元）
因此，$V_{2016} = 29.93$（美元）。

12-5 a. ROE = 12%
$b = 0.5/2 = 0.25$
$g = ROE \times b = 12\% \times 0.25 = 3\%$
$P_0 = D_1/(k-g)$
= 1.5/(0.10-0.03)
= 21.43（美元）
$P_0/E_1 = 21.43/2 = 10.71$
b. 若 $b = 0.4$，那么每股收益中的 $0.4 \times 2 = 0.8$（美元）将被用于再投资，剩下的 1.2 美元将作为股利发放。
$g = 12\% \times 0.4 = 4.8\%$
$P_0 = D_1/(k-g)$
= 1.2/(0.10-0.048)
= 23.08（美元）
$P_0/E_1 = 23.08/2 = 11.54$

第 13 章
CHAPTER 13

财务报表分析

在上一章中，我们探讨了股权估值的一些方法，这些方法把公司股息和期望收益作为关键输入变量。尽管估值分析师感兴趣的是经济利润，但他们容易获得的却只有财务会计数据。那么从公司的会计数据中，我们可以获得什么信息来帮助我们估计公司普通股的内在价值呢？本章将介绍投资者如何利用财务数据进行股票估值分析。

首先我们介绍的是这些数据的基本来源，包括利润表、资产负债表和现金流量表，然后讨论经济利润和会计利润的不同。尽管在估值中经济利润更为重要，但许多证据表明无论会计数据有何缺点，它们在评估公司的经济前景中仍然具有重要作用。本章展示了分析师如何利用财务比率来分析公司的盈利能力，以及如何用系统的方式来评估公司盈利的"质量"。同时本章还探讨了债务政策对各种财务比率的影响。

最后，本章讨论了运用财务报表分析这种工具来发现证券错误定价过程中存在的一些问题，部分问题的原因是公司会计政策的差异，而另外一些则是通货膨胀导致会计数据失真而引起的。

13.1 主要的财务报表

13.1.1 利润表

利润表（income statement）是对公司在某一期间内（如一年内）盈利情况的总结。它列出了在运营期内公司创造的收入、产生的费用和公司的净收益或净利润，即收入与费用之间的差额。

正确区分四类费用是有必要的：销货成本，是指归属于产品生产中的直接成本；一般管理性费用，包括管理费、工资支出、广告费以及与生产间接相关的其他运营成本；公司债务的利息费用；向联邦政府和州政府缴纳的所得税等。

表 13-1 是家得宝公司的利润表。表的最顶端是公司的营业收入，接下来是营业费用，即在产生这些收入的过程中发生的成本，包括折旧。营业收入与营业费用之间的差额叫作营业利润，然后加上或减去其他收益或费用（主要为一次性的）便得到息税前利润。息税前利润是公司向债权人和税务机构履行责任前的所得，用来衡量不考虑由债务融资造成的利息负担时公司营运的盈利能力。在利润表中，用息税前利润扣除净利息费用便得到应纳税所得额。最后，扣除应向政府缴纳的所得税后得到的净利润，显示在利润表的最后一行。

分析师通常还会准备一份同比利润表，在该表中，利润表中的所有项目都被表示为占总收入的百分比。这使得不同规模公司之间的比较更为容易。表 13-1 的最右边一栏为家得宝公司的同比利润表。

前一章中，我们看到，股票估值模型需要使用**经济利润**（economic earnings）——在不影响公司生产能力情况下可持续分配给股东的现金流。相较而言，**会计利润**（accounting earnings）更容易受到会计政策的影响，如存货计量（如先进先出法还是后进先出法）、资本性支出的分期确认（如折旧费用）。本章后半部分，我们还将针对几起典型的会计政策做深入的讨论。除了会计因素外，商业周期也使得企业的盈利经常高于或低于正常趋势线，而其能更加准确地反映持续的经济利润。也许有人会问，会计利润与经济利润之间究竟存在着怎样的联系？会计利润在投资者评估企业价值时可以发挥多大的作用？

事实上，利润表中呈报的净利润传递了大量公司经营前景的信息。当公司公告的盈利高于投资者或市场分析师预测结果时，估价随之上升，进而说明了会计利润的重要性。

表 13-1　家得宝公司合并利润表

	100 万美元	占销售收入的百分比
营业收入		
净营收	88 519	100.0%
营业费用		
销售成本	58 254	65.8%
销售及一般管理费用	14 938	16.9
其他	1 690	1.9
折旧	1 863	2.1
合计	76 745	86.7%
息税前利润	11 774	13.3%
净利息费用	752	0.8%
应纳税所得额	11 022	12.5%
所得税	4 012	4.5
净利润	7 010	7.9%
净利润分配		
股利	3 031	3.4%
留存收益	3 979	4.5%

注：由于四舍五入，各项之和与总计略有差异。
资料来源：Home Depot *Annual Report*, year ending January 2016.

13.1.2　资产负债表

利润表衡量的是公司某一时期内的盈利能力，而**资产负债表**（balance sheet）则提供了公司在某一特定时点的财务状况，它列出了公司在那一时点的资产和负债。资产与负债之间的差额是公司净值，被称为所有者权益或股东权益。像利润表一样，资产负债表也具有标准格式。表 13-2 是家得宝公司的资产负债表。

表 13-2　家得宝公司合并资产负债表

资产	100 万美元	占总资产的百分比	负债和股东权益	100 万美元	占总资产的百分比
流动资产			流动负债		
现金和有价证券	2 216	5.2%	应偿还债务	427	1.0%
应收账款	1 890	4.4	应付账款	10 533	24.8

(续)

资产	100 万美元	占总资产的百分比	负债和股东权益	100 万美元	占总资产的百分比
存货	11 809	27.8	其他流动负债	1 566	3.7
其他流动资产	1 078	2.5	流动负债合计	12 526	29.4%
流动资产合计	16 993	39.9%			
固定资产			长期债务	20 888	49.1%
有形固定资产			其他长期负债	1 965	4.6
不动产、厂房和设备	22 191	52.2%	递延长期负债费用	854	0
其他长期投资	1 263	3.0	负债合计	36 233	85.2%
有形固定资产合计	23 454	55.1%	股东权益		
无形固定资产			股本和资本公积	-24 657	-57.9%
商誉	2 102	4.9%	留存收益	30 973	72.8%
固定资产合计	25 556	60.1%	股东权益合计	6 316	14.8%
总资产合计	42 549	100.0%	负债和股东权益总计	42 549	100.0%

注：由于四舍五入，各项之和与总计略有差异。

资料来源：Home Depot *Annual Report*, year ending January 2016.

资产负债表的第一部分是对公司资产的列示。首先是流动资产，包括现金和其他项目，如可在一年内变现的应收账款和存货。接下来是长期或固定资产，有形固定资产包括建筑物、设备和车辆等。家得宝还拥有许多无形资产，如受人尊敬的品牌和专业技术，但会计人员通常不愿把这些项目包括在资产负债表中，因为它们实在难以估值。但是，当一家公司溢价收购另一家公司时，收购价格超过被收购公司账面价值的部分叫作"商誉"，在资产负债表中作为无形固定资产列示。家得宝公司有 21.02 亿美元的商誉。⊖流动资产与固定资产之和是总资产，列示在资产负债表中资产部分的最后一行。

负债和所有者权益（又称为股东权益）的安排也一样。首先是短期或流动负债，如应付账款、应计税费及一年内到期的负债。接下来是长期债务和一年后到期的其他长期负债。资产总额与负债总额之间的差额是所有者权益，即公司净值或账面价值。

所有者权益分为股票面值（股本）、资本公积和留存收益，尽管这种分类并不重要。简言之，股本加上资本公积代表公司向公众出售股票募集的资金总额。相反，当公司向公众回购股票时，可以视为反向的股票发行，所有者权益会下降。回购的股票记为库存股。投资者所持有的公开发售的股份为流通股。家得宝股票面值（股本）与资本公积合计是负值，-246.57 亿美元，说明公司回购股票的金额多于最初股票发行募集的资本。当然，大量的利润以股东的名义被用于再投资，在报表中体现为留存收益，见表 13-2。留存收益是所有者将利润再投入公司的累积值。因此，即使公司没有发行新的股份，账面价值每年仍会随再投资的增加而增加。

表 13-2 中第一列数字表示每项资产以美元计的价值。就像同比利润表一样，为了便于比较不同规模的公司，分析师们也会编制同比资产负债表，即把资产负债表中的每个项目表示为占总资产的比例，表 13-2 的最右边一栏列出了相关数据。

⊖ 按规定，公司每年都要测试商誉的减值情况。若被收购公司的价值明显低于收购价格，应将差额作为当期费用结转。例如惠普曾以较高估值收购软件公司 Autonomy，而在 2012 年不得不对其进行 88 亿美元的商誉减值。时代华纳与美国在线于 2001 年 1 月合并。2002 年，美国在线时代华纳确认了 990 亿美元的商誉减值。

13.1.3 现金流量表

利润表和资产负债表均建立在权责发生制的基础上，这意味着不论款项是否收到或付出，收入和费用均应在发生时确认。而**现金流量表**（statement of cash flows）记录的是交易的现金变化。例如，现销售一批货物，60 天后付款，利润表在销售发生时确认收入，资产负债表也立即增加一项应收账款，而现金流量表只有当账单被支付并收到现金时才会增加现金流入。

表 13-3 是家得宝公司的现金流量表。"经营活动产生的现金流"下面首先列示的是净利润，接下来是对已确认但未产生现金变动的项目的调整。例如，家得宝公司增加了 1.81 亿美元的应收账款，这部分销售收入已在现金流量表中确认，但仍未收到现金。应收账款的增加实际上意味着营运资本投资的增加，因此减少了经营活动产生的现金流。类似地，应付账款的增加意味着费用已确认，但现金仍未流出公司，任何延后支付都会增加公司当期的净现金流。

表 13-3　家得宝公司现金流量表

（100 万美元）

经营活动产生的现金流	
净利润	7 009
调整净利润	
折旧	1 863
营运资本的变化	
应收账款的减少（增加）	(181)
存货的减少（增加）	(546)
其他流动负债的增加（减少）	1 151
其他经营活动产生的现金流变化	77
调整总计	2 364
经营活动产生的现金流净额	9 373
投资活动产生的现金流	
对有形固定资产的总投资	(3 126)
对其他资产的投资	44
投资活动产生的现金流净额	(2 982)
筹资活动产生的现金流	
长期债务的增加（减少）	4 012
股票的净发行（回购）	(6 772)
股息	(3 031)
其他	4
筹资活动产生的现金流净额	(5 787)
现金的净增加	604

资料来源：Home Depot *Annual Report*, year ending January 2016.

利润表与现金流量表的另一个主要区别在于折旧。表 13-3 中对净利润的调整部分，折旧是一个主要的增加项。利润表试图随着时间平滑巨额的资本性支出，因此确认的折旧费用是将资本性支出在多年内进行分摊后的结果，而不是购买时便确认。相反，现金流量表在资本性支出发生时便确认。因此，编制现金流量表时，要把折旧费用加回到净收益中，因为发生资本性支出时便已确认为现金流出。这也是现金流量表把经营活动、投资活动和筹资活动产生的现金流分开报告的原因。这样一来，所有大额现金流（如大型投资所需的现金流）都可以在不影响经营活动现金流的情况下确认。

现金流量表的第二部分是投资活动产生的现金流的核算。例如，家得宝用 31.26 亿元现金投资于有形固定资产。这些支出是公司维持或提高生产能力所必需的资产投入。

现金流量表的最后一部分列出了筹资活动产生的现金流。发行有价证券将产生正向现金流，而回购或赎回证券则会消耗现金。例如，家得宝斥资 67.72 亿元回购股票，占到了现金开支的相当大部分。此外，支付了 30.31 亿美元的现金股息。家得宝筹资活动产生的现金流净额为 -57.87 亿美元。

家得宝经营活动产生了 93.73 亿美元的现金流净额，29.82 亿美元用于新的投资，57.87 亿美元用于支付股息和回购股票。因此，家得宝的现金持有量增加了 93.73 - 29.82 - 57.87 = 6.04 亿美元，在表 13-3 的最后一行报告。

现金流量表向人们提供了一家公司是否运转良好的重要证据。例如，若一家公司无法支付股息和用经营活动产生的现金流维持生产力，那么它必须依靠借款来满足这些现金需求，这便给人们一个重要警示：这家公司不能在长期内保持现在的股息支付水平。当现金流量表显示经营活动产生的现金不足，公司要靠举债来维持一个无法持续的股息水平时，公司的发展问题便会暴露出来。

13.2 衡量企业绩效

第1章中我们曾提出，企业与生俱来的经营目标就是价值最大化，委托代理问题和利益纠纷的存在却会妨碍这一目标的实现。究竟该如何衡量企业实际的运营绩效？金融分析师创造性地构造了一系列财务比率来分析企业绩效的诸多方面。在讲解具体的财务比率之前，我们首先考虑一下何种财务比率有助于实现企业价值增长的终极目标。

公司的财务经理主要承担两方面的责任：投资决策与融资决策。投资或资本预算决策过程要保证投入资本的有效使用，也就是要解答投入项目的盈利能力如何这一问题。例如，该如何衡量企业的盈利能力？为了达到某种盈利水平需要承担的风险和资金成本是多少？融资决策则是在思考恰当的资本来源问题。例如，支持企业发展的资金是否充足？融资是否过多依赖于债务性借款？是否有充足的流动性来满足额外的资金需求？

图 13-1 将上述问题进行了梳理，显示了当对企业投资活动进行评价时需重点考虑的两方面问题：资产的使用效率以及销售的盈利能力。对于企业运转效率和盈利能力的衡量可细化为诸多财务比率。如效率类指标多采用周转率，盈利能力类指标多采用不同的利润率。通过杠杆率和流动性两方面来衡量融资决策效率，而每一方面又存在多种统计代理变量。

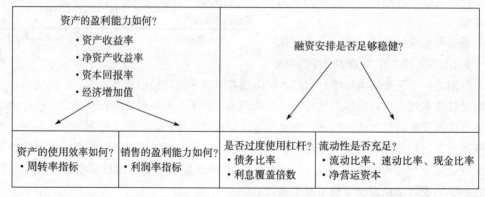

图 13-1 重要的财务问题及有助于解决这些问题的一些比率

下面一节将重点介绍核心的财务比率及其异同。

13.3 盈利能力度量

大企业的盈利多于小企业。为了便于公司间的横向比较，大部分盈利性指标被表示成 1 美元投资所创造的收益。资产收益率、净资产收益率和资本收益率是最常用的盈利能力度量指标。

13.3.1 ROA、ROC 和 ROE

1. 资产收益率（ROA）

资产收益率（return on assets）被定义为息税前利润与总资产的比率[⊖]，即

$$\text{ROA} = \frac{\text{EBIT}}{\text{总资产}}$$

该比率分子部分代表了公司的全部营业利润，因此其可以用来衡量全部资本的盈利能力。

2. 资本收益率（ROC）

资本收益率（return on capital）是 EBIT 与投入的长期资本——股权加上长期性债务的比率，表示每投入 1 美元的长期资本所带来的收益，即

$$\text{ROC} = \frac{\text{EBIT}}{\text{长期资本}}$$

3. 净资产收益率（ROE）

ROA 和 ROC 考虑了股权与债务两种融资方式的综合收益率，而 ROE 仅关注权益性融资的收益水平。**净资产收益率**（return on equity）表示股东每投入 1 美元所能赚得的净利润，即

$$\text{ROE} = \frac{\text{净利润}}{\text{所有者权益}}$$

在第 12 章我们曾讨论过，净资产收益率是影响公司收益增长率的两个主要因素之一。有时假设未来净资产收益率与过去值相等有其合理性，但是过去很高的净资产收益率并不一定意味着未来的净资产收益率也会很高。另一方面，净资产收益率下降表明公司新投资的净资产收益率低于以往投资的净资产收益率。对证券分析师来说至关重要的一点是不要把历史价值作为对未来价值的预测。近期数据或许提供了与未来业绩相关的信息，但分析师应一直关注未来。对未来股息和收益的预测决定了公司股票的内在价值。

从 ROE 与 ROA 的计算方法可以看出，两者有很强的相关性，正如下文即将介绍的，其关系受公司财务政策的影响。

13.3.2 财务杠杆与净资产收益率

所有分析师在解释公司净资产收益率的过去表现或预测其未来值时，都必须注意公司债务和权益的组合以及债务的利息率。下面举一个例子，假设 Nodett 公司是一家全股权融资公司，总资产为 1 亿美元，其所得税率为 40%。

表 13-4 列出了该公司在经济周期的三个不同阶段期间，销售收入、息税前利润和净利润等的表现。此外，它还包括了两个最常使用的衡量盈利能力的指标，即资产收益率（等于 EBIT/总资产）和净资产收益率（等于净利润/所有者权益总额）。

[⊖] 在计算 ROA 时，分子部分有多种表达方式，如 EBIT×（1-税率），或者税后营业利润，即净利润+利息×（1-税率），或者直接用净利润，尽管这种方式忽略了归属于债务投资人的那部分收益。很不幸的是，在如此重要的财务比率上缺少一致性的认识。

表13-4　经济周期不同阶段Nodett公司的盈利能力

情境	销售收入 （100万美元）	EBIT （100万美元）	ROA （%每年）	净利润 （100万美元）	ROE （%每年）
坏年份	80	5	5	3	3
正常年份	100	10	10	6	6
好年份	120	15	15	9	9

Somdett是另一家与Nodett相似的公司，但是它1亿美元的资产中有4 000万美元是债务融资，利率为8%，因此每年的利息费用为320万美元。表13-5列出了Somdett与Nodett的不同。

表13-5　财务杠杆对ROE的影响

情境	EBIT （100万美元）	Nodett		Somdett	
		净利润 （100万美元）	ROE （%每年）	净利润① （100万美元）	ROE② （%每年）
坏年份	5	3	3	1.08	1.8
正常年份	10	6	6	4.08	6.8
好年份	15	9	9	7.08	11.8

注：①Somdett公司的税后利润等于0.6×（EBIT-3 200 000）美元。
　　②ROE=净利润/权益总额，Somdett公司的权益只有6 000万美元。

我们可以发现，在三种不同的情境中，两家公司的销售收入、EBIT和ROA都是相同的，也就是说两家公司的经营风险相同，但它们的财务风险不同。尽管两家公司在三种不同情境中的ROA均相同，但是Somdett的ROE在正常年份和表现好的年份高于Nodett，而在表现较差的坏年份却低于Nodett。

因此，ROE、ROA和杠杆之间的关系可以总结为下式：⊖

$$\text{ROE} = (1-\text{税率}) \times \left[\text{ROA} + (\text{ROA}-\text{利率}) \times \frac{\text{债务}}{\text{所有者权益}}\right] \quad (13\text{-}1)$$

这种关系包含以下含义：若公司没有债务或若公司的ROA等于债务的利率，那么其ROE将等于（1-税率）×ROA。若ROE超过了利率，则ROE超过（1-税率）×ROA的程度将高于较高的负债权益比率。

这一结果是讲得通的：若ROA超过借款利率，那么公司赚到的收益将超过支付给债权人的利息，剩余的收益归公司所有者或者说股东所有。另一方面，若ROA低于借款利率，那么ROE将会下降，下降程度取决于债务权益比率。

例13-1　杠杆和ROE

这里我们使用表13-5中的数据来说明如何应用式（13-1）。在正常年份，Nodett公司的

⊖ 式（13-1）的推导过程如下：

$$\text{ROE} = \frac{\text{净利润}}{\text{所有者权益}} = \frac{\text{EBIT}-\text{利息}-\text{所得税}}{\text{所有者权益}}$$

$$= \frac{(1-\text{税率})(\text{EBIT}-\text{利息})}{\text{所有者权益}} = (1-\text{税率})\frac{(\text{ROA}\times\text{资产})-(\text{利率}\times\text{债务})}{\text{所有者权益}}$$

$$= (1-\text{税率})\left[\text{ROA}\times\frac{\text{权益}+\text{债务}}{\text{所有者权益}} - \text{利率}\times\frac{\text{债务}}{\text{所有者权益}}\right]$$

$$= (1-\text{税率})\left[\text{ROA} + (\text{ROA}-\text{利率})\times\frac{\text{债务}}{\text{所有者权益}}\right]$$

ROE 是 6%，即 10% 的 ROA 乘以（1-税率）。Somdett 公司的借款利率为 8%，债务权益比率为 2/3，ROE 为 6.8%，利用式（13-1）计算得：

$$\text{ROE} = 0.6 \times \left[10\% + (10\% - 8\%) \times \frac{2}{3}\right] = 0.6 \times \left(10\% + \frac{4\%}{3}\right) = 6.8\%$$

重点是只有当公司 ROA 超过债务利率时，增加债务才会对公司 ROE 有正的贡献。

注意，财务杠杆也会增加所有者权益的风险。从表 13-5 可以看出，在表现较差的坏年份里，Somdett 公司的 ROE 低于 Nodett 公司。相反，在表现较好的年份里，Somdett 公司的表现优于 Nodett 公司，因为 ROA 超过 ROE 为股东带来了额外的资金。债务使 Somdett 公司的 ROE 比 Nodett 公司的 ROE 对经济周期更敏感。尽管两家公司的经营风险相同（三种情境下它们的 EBIT 完全相同），但是 Somdett 公司的股东比 Nodett 公司的股东承受更大的财务风险，因为 Somdett 公司的所有经营风险要由更少的权益投资者来承担。

尽管与 Nodett 公司相比，财务杠杆增加了对 Somdett 公司 ROE 的预期，但这并不意味着 Somdett 的股价将会更高。财务杠杆确实可以提高预期 ROE，但它也增加了公司权益的风险，高贴现率抵消了对收益的高预期。

> **概念检查 13-1**
>
> Mordett 是一家与 Nodett 和 Somdett 具有相同资产的公司，但是其债务权益比率为 1.0，利率是 9%。那么在表现较差的年份、正常年份和表现较好的年份里，它的净利润和 ROE 分别是多少？

13.3.3 经济增加值

ROA、ROC 和 ROE 等盈利能力衡量指标虽经常用于绩效分析，但仅有盈利能力是远远不够的。只有当公司项目的收益率高于投资者在资本市场中的期望收益（在风险调整的基础上）时，公司才可以被认为是成功的。只有当公司再投资资金的收益率高于资本的机会成本，即市场资本化率时，将收益再投资于公司才会增加股价。为了解释机会成本，我们可以用资本收益率（ROC）与资本机会成本（k）之差来衡量公司的成功。**经济增加值**（economic value added，EVA）等于 ROC 与 k 之间的差额乘以投资到公司中的资本，因此它衡量了公司收益超过机会成本的那部分价值。经济增加值（由 Stern Stewart 咨询公司提出并推广使用）也被称为**剩余收益**（residual income）。

例 13-2　经济增加值

2015 年，家得宝的加权平均资本成本为 7.7%（根据其债务成本、资本结构、股权贝塔系数和由资本资产定价模型估计的权益成本计算得到），资本收益率为 17.5%，比其在厂房、设备和技术方面投资的资本机会成本高出 9.8%。换言之，家得宝每投资 1 美元获得的收益要比投资者投资于同等风险股票的期望收益高 9.8 美分。家得宝以 271.5 亿美元的资本获得了这一优异的收益率。因此，其经济增加值（收益率超过机会成本）为（0.175-0.077）×271.5＝26.6 亿美元。

表 13-6 列出了部分公司的经济增加值，最高的是苹果公司。从表中可以看到，沃尔玛的 EVA 远高于家得宝，尽管沃尔玛的 ROC 与资本成本之差较小，但它的 EVA 远远高于家得宝公司，这是因为沃尔玛资本总额要大很多。表中也有一些极端情况，如本田和辉瑞的收益要低于

资本的机会成本，导致 EVA 为负。

表 13-6 2015 年部分公司的经济增加值

	代码	EVA（10 亿美元）	资本（10 亿美元）	ROC（%）	资本成本（%）
Apple	AAPL	11.18	210.41	14.76	9.45
Walmart	WMT	3.28	126.08	7.42	4.82
Home Depot	HD	2.66	27.15	17.50	7.69
Intel	INTC	1.21	86.81	9.25	7.85
Walt Disney	DIS	0.51	63.58	10.18	9.37
Microsoft	MSFT	0.21	121.00	8.19	8.01
AT&T	T	0.20	257.30	4.82	4.74
Pfizer	PFE	-1.83	102.92	5.56	7.34
Honda	HMC	-4.47	123.07	1.72	5.36

资料来源：作者计算所用数据取自 finance.yahoo.com，与 Stern Stewart 报告的实际 EVA 估计有所不同。区别在于会计数据的调整方式有差异，例如在研发费用、税费、广告费用和折旧等科目的调整。表 13-6 中的估计值不一定准确，只表明了 EVA 背后逻辑关系。

从表 13-6 可以看出，即使 EVA 为负的公司，其会计利润仍有可能为正。例如，从传统标准来看，本田在 2015 年是盈利的，其 ROC 为 1.72%，但其资本成本却为 5.36%。从这一标准考虑，本田不能弥补资本的机会成本，2015 年的 EVA 为负值。EVA 把资本的机会成本当作一种真实成本，就像其他成本一样，都应从收入中扣除，从而得到一条更有意义的"底线"。正在获利但利润不足以弥补机会成本的公司，可以重新调配资本使其得到更好的利用。因此，现在越来越多的公司开始计算 EVA，并使管理层的薪水与之挂钩。

13.4 比率分析

13.4.1 对净资产收益率的分解

为了理解净资产收益率的影响因素，尤其是它的趋势和相对于竞争对手的表现，分析师通常会把净资产收益率"分解"成一系列的比率。每一个组成比率都有其自身含义，这一过程可以帮助分析师把注意力集中于影响业绩的相互独立的因素上来。这种对 ROE 的分解通常被称为**杜邦体系**（DuPont system）。

对 ROE 进行分解的一种有效方法是：

$$\text{ROE} = \underbrace{\frac{\text{净利润}}{\text{税前利润}}}_{(1)} \times \underbrace{\frac{\text{税前利润}}{\text{EBIT}}}_{(2)} \times \underbrace{\frac{\text{EBIT}}{\text{销售收入}}}_{(3)} \times \underbrace{\frac{\text{销售收入}}{\text{资产}}}_{(4)} \times \underbrace{\frac{\text{资产}}{\text{权益}}}_{(5)} \quad (13\text{-}2)$$

表 13-7 是三种不同经济状况下，Nodett 和 Somdett 两家公司所有这些比率的比较。首先看因子（3）与因子（4）及其乘积——EBIT/总资产，即公司的资产收益率。

表 13-7 对 Nodett 和 Somdett 两家公司的比率分解分析

	ROE	(1) 净利润/税前利润	(2) 税前利润/EBIT	(3) EBIT/销售收入（利润率）	(4) 销售收入/总资产（总资产周转率）	(5) 资产/权益	(6) 复合杠杆因数 (2)×(5)
坏年份							
Nodett	0.030	0.6	1.000	0.062 5	0.800	1.000	1.000
Somdett	0.018	0.6	0.360	0.062 5	0.800	1.667	0.600
正常年份							
Nodett	0.060	0.6	1.000	0.100 0	1.000	1.000	1.000

	ROE	(1) 净利润/税前利润	(2) 税前利润/EBIT	(3) EBIT/销售收入（利润率）	(4) 销售收入/总资产（总资产周转率）	(5) 资产/权益	(6) 复合杠杆因数(2)×(5)
Somdett	0.068	0.6	0.680	0.100 0	1.000	1.667	1.134
好年份							
Nodett	0.090	0.6	1.000	0.125 0	1.200	1.000	1.000
Somdett	0.118	0.6	0.787	0.125 0	1.200	1.667	1.311

因子（3）通常被称为公司的**利润率**（profit margin）或**销售收益率**（return on sales, ROS），表示每 1 美元销售收入可获得的经营利润。在正常年份利润率是 0.10，或 10%；在表现较差的坏年份是 0.062 5，或 6.25%；在表现较好的年份是 0.125，或 12.5%。

因子（4）是销售收入与总资产的比率，通常被称为**总资产周转率**（total asset turnover, ATO），它表示公司使用资产的效率，代表每 1 美元资产每年可以产生多少销售收入。正常年份里，两家公司的总资产周转率均为 1.0，意味着 1 美元资产每年可产生 1 美元销售收入；在表现较差的坏年份，该比率为 0.8；在表现较好的年份，该比率为 1.2。

比较 Nodett 和 Somdett 两家公司我们可以发现，因子（3）和因子（4）不依赖于公司的财务杠杆。在三种不同的情境下，两家公司的这两个比率均相等。类似地，因子（1）是净利润与税前利润的比率，我们称之为税收负担比率，两家公司的值相同。税收负担比率既反映了政府的税收状况，也反映了公司为尽量减少税收负担而实行的政策。在本例中，它不随经济周期改变，一直为 0.6。

因子（1）、因子（3）和因子（4）不受公司资本结构的影响，而因子（2）和因子（5）受影响。因子（2）是税前利润与 EBIT 的比率。当公司不用向债权人支付利息时，税前利润会达到最大。事实上，这个比率可用另一种方式表示：

$$\frac{税前利润}{EBIT} = \frac{EBIT - 利息费用}{EBIT}$$

我们也可以把因子（2）称为利息负担比率。Nodett 公司没有财务杠杆，因此该比率达到了最大值 1.0。财务杠杆的水平越高，利息负担比率便越低。Nodett 公司的该比率不随经济周期变化，一直为常数 1.0，说明完全不存在利息支付。然而对 Somdett 公司而言，利息费用是固定的，而息税前利润却在变化，因此利息负担比率在表现较差的年份里为 0.360，在表现较好的年份里为 0.787。

与利息负担比率紧密相关的一个比率是**利息覆盖倍数**（interest coverage ratio），或者称为**利息保障倍数**（times interest earned），被定义为

$$利息保障倍数 = \frac{EBIT}{利息费用}$$

高利息保障倍数说明公司破产的可能性很小，因为年收益远高于年利息支付。它被贷款者和借款者广泛用于判断公司的举债能力，是公司债券评级的主要决定因素。

因子（5）是资产与权益的比率，用来度量公司的财务杠杆水平，被称为**杠杆比率**（leverage ratio），等于 1 加上债务权益比率。⊖在表 13-7 中，Nodett 公司的杠杆比率是 1.000，而 Som-

---

⊖ $\frac{资产}{权益} = \frac{权益 + 债务}{权益} = 1 + \frac{债务}{权益}$

dett 公司是 1.667。

根据 13.2 节的讨论我们知道,只有当总资产收益率大于公司的债务利率时,财务杠杆才能帮助提高净资产收益率。这一事实是如何在表 13-7 的比率中反映出来的呢?

答案是,为了测度杠杆在整个框架中的影响,分析师必须计算利息负担比率与杠杆比率的乘积(即因子(2)和因子(5)的乘积,列示在表 13-7 的第七列中)。因子(6)被称为复合杠杆因数,对 Nodett 公司而言,该值在三种情境下一直为常数 1.000。但对 Somdett 公司,在正常年份和表现较好的年份里,复合杠杆因数大于 1,分别为 1.134 和 1.311,说明财务杠杆对 ROE 具有正的促进作用;在表现较差的年份里,该值小于 1,说明当 ROA 小于利率时,ROE 随债务的增加而下降。

这些关系可归纳如下,根据式(13-2):

$$ROE = 税收负担比率 \times 利息负担比率 \times 利润率 \times 总资产周转率 \times 杠杆比率$$

因为

$$ROA = 利润率 \times 总资产周转率 \tag{13-3}$$

且

$$复合杠杆因数 = 利息负担比率 \times 杠杆比率$$

我们可以把净资产收益率分解如下:

$$ROE = 税收负担比率 \times ROA \times 复合杠杆因数 \tag{13-4}$$

式(13-3)说明总资产收益率是利润率和总资产周转率的产物,其中一个比率较高通常伴随着另一个比率较低。因此,只有评估同一行业内的公司时,单独比较这些比率才有意义,跨行业比较可能会产生误导。

图 13-2 显示了周转率和利润率的均衡关系。图中的每一个点对应一个特定行业的利润率和资产周转率。资产周转率高的行业,如食品店,利润率往往较低,而利润率高的行业,如计算机周边设备,资产周转率往往较低。资产周转率与利润率的综合作用生成了 ROA 为 3% 和 10% 的两条曲线。大多数行业都在这个范围内,由此说明行业间 ROA 差异远远小于资产周转率或利润率的差异。

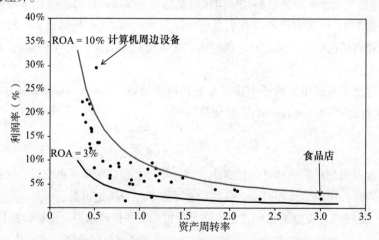

图 13-2 2015 年 45 个行业的营业利润率和资产周转率

资料来源:U.S. Census Bureau, Quarterly Report for Manufacturing and Trade Corporations, Second Quarter 2015 (www.census.gov/econ/qfr). 这是 Thomas I. Selling 和 Clyde P. Stickney "公司商业环境和战略对资产收益率的影响"中首次提出结论的数据更新版本,《金融分析师杂志》,1989 年 1~2 月,第 43-52 页。

例 13-3 利润率与资产周转率

假设有两家公司具有相同的总资产收益率,均为每年10%,一家是超市连锁店,另一家是电气设备公司。

如表 13-8 所示,超市连锁店的利润率较低,为 2%,但它通过每年使资产周转 5 次获得了 10%的总资产收益率。另一方面,资本密集型的电气公司的总资产周转率较低,仅为每年 0.5 次,但它拥有 20% 的利润率,同样实现了 10% 的总资产收益率。这里我们要强调的是,较低的利润率或资产周转率并不意味着公司很糟糕,每一比率都应按照不同的行业标准来理解。

表 13-8 不同行业间利润率和总资产周转率的不同

	利润率	×	周转率	=ROA		利润率	×	周转率	=ROA
超市连锁	2%		5.0	10%	电气公司	20%		0.5	10%

13.4.2 总资产周转率与其他资产利用比率

计算利用效率、周转率和资产子类的比率对于理解公司销售收入与资产的比率通常很有帮助。例如,我们考虑固定资产周转率而不是总资产周转率:

$$固定资产周转率 = \frac{销售收入}{固定资产}$$

这一比率表示每 1 美元的固定资产可以带来多少销售收入。

> **概念检查 13-2**
>
> 准备一张与表 13-7 相似的表,为概念检查 13-1 中的 Mordett 公司做一个比率分解分析。

我们以 GI 公司为例来说明如何利用公司财务报表计算这一比率以及其他比率。表 13-9 是 GI 公司 2014~2017 年的利润表和资产负债表。

表 13-9 GI 公司 2014~2017 年的财务报表 (单位:1 000 美元)

	2014	2015	2016	2017
利润表				
销售收入		100 000	120 000	144 000
销货成本(包括折旧)		55 000	66 000	79 200
折旧		15 000	18 000	21 600
销售和管理费用		15 000	18 000	21 600
营业利润		30 000	36 000	43 200
利息费用		10 500	19 095	34 391
应纳税所得额		19 500	16 905	8 809
所得税(税率40%)		7 800	6 762	3 524
净利润		11 700	10 143	5 285
资产负债表(年末)				
现金和有价证券	50 000	60 000	72 000	86 400
应收账款	25 000	30 000	36 000	43 200
存货	75 000	90 000	108 000	129 600
厂房和设备净额	150 000	180 000	216 000	259 200
资产总计	300 000	360 000	432 000	518 400
应付账款	30 000	36 000	43 200	51 840

(续)

	2014	2015	2016	2017
短期债务	45 000	87 300	141 957	214 432
长期债务（2025年到期、利率8%的债券）	75 000	75 000	75 000	75 000
负债总计	150 000	198 300	260 157	341 272
股东权益（发行在外100万股）	150 000	161 700	171 843	177 128
其他数据				
年末每股普通股市价（美元）		93.60	61.00	21.00

2017 年 GI 公司的总资产周转率是 0.303，低于行业平均水平 0.4。为了更好地理解 GI 公司表现不佳的原因，我们计算固定资产、存货和应收账款的资产利用率。

2017 年 GI 的销售收入是 1.44 亿美元。它仅有的固定资产是厂房和设备，年初为 2.16 亿美元，年末为 2.592 亿美元，那么 2017 年的平均固定资产为 (2.16+2.592)/2 = 2.376 亿美元。因此 GI 公司 2017 年的固定资产周转率等于 1.44/2.376 = 0.606。换句话说，在 2017 年每 1 美元的固定资产带来了 0.606 美元的销售收入。

2015 年、2016 年和 2017 年的固定资产周转率以及 2017 年的行业平均值如下所示：

2015 年	2016 年	2017 年	2017 年的行业平均
0.606	0.606	0.606	0.700

从中可以看出，GI 公司的固定资产周转率一直是不变的，且低于行业平均水平。

注意，当一个财务比率既包含利润表中的项目（涵盖某一期间），又包含资产负债表中的项目时（反映某一时点的数值），资产负债表中的项目应取期初和期末的平均值。因此，计算固定资产周转率时，使用销售收入（来自利润表）除以平均固定资产（来自资产负债表）。

另一广泛使用的周转率指标是**存货周转率**（inventory turnover ratio），它是销货成本与平均存货的比率。我们用销货成本而非销售收入作为分子，目的是保持销货与存货的一致性，都用成本来衡量。该比率测度了存货的周转速度。

2015 年，GI 的销货成本是 4 000 万美元，平均存货是 (7 500+9 000)/2 = 8 250 万美元，其存货周转率为 4 000/8 250 = 0.485。2016 年和 2017 年，存货周转率没有发生变化，均低于行业平均值 0.5。换句话说，GI 公司每 1 美元的销售收入比其竞争者要承担更高的存货水平。营运资本投资越高，反而导致每 1 美元销售收入或利润承担更高的资产水平，而且使总资产收益率低于竞争对手。

衡量效率的另一种方法是测度管理应收账款的效率，通常用**应收账款周转天数**来表示，它是把平均应收账款表示成日销售收入的某一倍数，计算式为平均应收账款/销售收入×365，可以理解为应收账款相当于多少天的销售额。你也可以把它理解成销售日期与收到付款日期之间的平均间隔，因此也被称为**应收账款平均收款期**（average collection period）。

GI 公司 2017 年的平均收款期为 100.4 天：

$$\frac{(3\ 600 + 4\ 320)/2}{14\ 400} \times 365 = 100.4(天)$$

而行业平均只有 60 天，意味着 GI 公司平均每 1 美元销售收入所对应的应收账款高于其竞争对手。这再一次说明，营运资本的投资越高，ROA 越低。

总之，这些比率说明，GI 公司相对于行业而言有较低的总资产周转率，部分是由低于行业平均的固定资产周转率和存货周转率以及高于行业平均的应收账款周转天数引起的。这暗示 GI 公司存在过剩的生产能力，且对存货和应收账款的管理能力较差。

13.4.3 流动性比率

流动性和利息覆盖倍数在评估公司证券风险方面起着重要作用，主要用来评估公司的财务能力。流动性比率包括流动比率、速动比率和现金比率等。

（1）**流动比率**（current ratio）= 流动资产/流动负债。这一比率用来衡量公司通过变现流动资产（即把流动资产转换为现金）来偿还流动负债的能力，它反映了公司在短期内避免破产的能力。例如，2015 年 GI 公司的流动比率是 (60+30+90)/(36+87.3)=1.46，其他年份分别为

2015 年	2016 年	2017 年	2017 年的行业平均
1.46	1.17	0.97	2.0

上表说明 GI 公司流动比率随时间变化的不利趋势以及落后于行业平均的不利局面。

（2）**速动比率**（quick ratio）=（现金+有价证券+应收账款）/流动负债。这一比率也称为**酸性测验比率**（acid test ratio），其分母与流动比率的分母相同，但分子只包括现金、现金等价物（有价证券）和应收账款。对于那些不能迅速把存货变现的公司而言，速动比率比流动比率能更好地反映公司的流动性。GI 公司的速动比率与其流动比率具有相同的趋势：

2015 年	2016 年	2017 年	2017 年的行业平均
0.73	0.58	0.49	1.0

（3）与现金和有价证券相比，公司应收账款的流动性相对较差，因此，除速动比率外，分析师还会计算公司的**现金比率**（cash ratio），定义如下：

$$现金比率 = \frac{现金 + 有价证券}{流动负债}$$

GI 公司的现金比率如下表所示：

2015 年	2016 年	2017 年	2017 年的行业平均
0.487	0.389	0.324	0.70

GI 公司的流动性比率连续三年大幅下降，到 2017 年为止显著低于行业平均值。流动比率和利息覆盖倍数（这段时间利息保障倍数也在下降）的共同下降说明公司的信用等级在下滑。毫无疑问，GI 公司在 2017 年具有较高的信用风险。

13.4.4 市净率：增长与价值

市场价值与账面价值比率（market-book-value ratio，P/B，也称**市净率**）等于公司普通股的每股市价除以其账面价值，即每股股东权益。一些分析师认为，公司股票的市净率越低，则投资风险越小。他们把账面价值看作支撑市场价格的"底线"。这些分析师假定市场价格不可能降至账面价值以下，因为公司总是可以选择按账面价值来变现或出售其资产。然而，这种观点是有问题的。事实上，一些公司的股票确实是在账面价值以下进行交易的，例如，上一章中

提到的关于 2016 年年中美国银行和花旗银行的例子。但是，一些分析师把较低的市净率看作一种"安全边际"，而且部分分析师在挑选股票的过程中会剔除或拒绝高市净率的股票。

事实上，对市净率的更好解释是，它是一种测度公司增长机会的工具。上一章中我们提到，公司价值的两个组成部分是现有资产和增长机会。正如下面的例子所说，公司的增长机会越好，市净率会越高。

例 13-4　市净率和增长期权

假设有两家公司，其股票的账面价值均为每股 10 美元，市场资本化率均为 15%，且盈余再投资率均为 0.60。

其中，Bright Prospects 公司的净资产收益率为 20%，远远高于其市场资本化率。高净资产收益率说明公司拥有大量增长机会。在 ROE = 0.20 的情况下，Bright Prospects 公司今年的每股收益将等于 2 美元。且再投资率等于 0.60 时，其派发的股息为 $D_1 = (1-0.6) \times 2 = 0.80$（美元/股），增长率为 $g = b \times ROE = 0.60 \times 0.20 = 0.12$，股价为 $D_1/(k-g) = 0.80/(0.15-0.12) = 26.67$（美元/股），市净率等于 26.67/10 = 2.667。

但是，Past Glory 公司的净资产收益率仅为 15%，恰好等于市场资本化率。因此，其今年的每股收益将为 1.50 美元，股息 $D_1 = 0.4 \times 1.50 = 0.60$（美元/股），增长率 $g = b \times ROE = 0.60 \times 0.15 = 0.09$，股价 $D_1/(k-g) = 0.60/(0.15-0.09) = 10$（美元/股），市净率等于 10/10 = 1。毫无疑问，出售投资收益率恰好等于其必要收益率的公司，只能获得账面价值，不可能比账面价值更高。

总结得出，市净率很大程度上由增长前景决定。

另一种把公司增长与价值联系起来的衡量指标是**市盈率**（price-earnings ratio, P/E）。事实上，正如我们在上一章中所看到的，增长机会价值与现有资产价值的比率很大程度上决定了市盈率。尽管低市盈率股票允许你为其每 1 美元的现有收益支付较低的价格，但高市盈率股票仍更值得投资，只要预期其收益增长率可以足够大。⊖

但是，许多分析师相信低市盈率的股票比高市盈率的股票更具吸引力。事实上，使用资本资产定价模型作为衡量收益率的标杆时，低市盈率的股票通常具有正的投资 α 值。但是有效市场的追随者会质疑这种观点，他们认为这种过分简单的法则根本无法带来超额收益。在这种情况下，资本资产定价模型或许根本不是测度收益率的一个好标准。

在任何情况下都要切记，股票向其所有者既传递了对当前收益的所有权，也传递了对未来收益的所有权，因此，对高市盈率的最好解释或许是表明公司拥有高增长机会的一种信号。

在结束有关市净率（P/B）以及市盈率（P/E）的讨论之前，有必要指出它们之间的重要关系：

$$ROE = \frac{收益}{账面价值} = \frac{市场价格}{账面价值} \div \frac{市场价格}{收益} = \frac{P/B}{P/E} \tag{13-5}$$

通过变形可以得到市盈率等于市净率除以净资产收益率：

$$\frac{P}{E} = \frac{P/B}{ROE}$$

⊖ 但是切记，财经报纸中所报道的市盈率是根据过去收益计算的，而价格却是根据公司未来的收益前景决定的，因此报道中的市盈率反映的是当前收益随趋势线的变动情况。

因此，即使一家公司的市净率较高，但是只要其净资产收益率足够高，它的市盈率也可以相对较低。

华尔街会经常区分"好公司"和"好投资"。一家好公司的盈利性或许会很好，净资产收益率通常也很高，但若其股价水平与其 ROE 同样很高的话，那么其市净率也将很高，进而市盈率也会很高，从而降低了该公司股票的吸引力。因此，一家公司的 ROE 很高并不能说明其股票是一项好的投资标的。相反，只要低 ROE 公司的股价足够低，其股票也会成为一项好投资标的。

表 13-10 是对本节所涉及比率内容的总结。

表 13-10 对主要财务比率的总结

杠杆		速动比率	$\dfrac{现金+有价证券+应收账款}{流动负债}$
利息负担比率	$\dfrac{EBIT-利息费用}{EBIT}$	现金比率	$\dfrac{现金+有价证券}{流动负债}$
利息覆盖倍数（利息保障倍数）	$\dfrac{EBIT}{利息费用}$	盈利能力	
杠杆比率	$\dfrac{资产}{权益}=1+\dfrac{债务}{权益}$	资产收益率	$\dfrac{EBIT}{总资产}$
复合杠杆因数	利息负担比率×杠杆比率	净资产收益率	$\dfrac{净利润}{所有者权益}$
资产利用		销售收益率（利润率）	$\dfrac{EBIT}{销售收入}$
总资产周转率	$\dfrac{销售收入}{总资产}$	市场价格	
固定资产周转率	$\dfrac{销售收入}{固定资产}$	市净率	$\dfrac{每股市场价值}{每股账面价值}$
存货周转率	$\dfrac{销货成本}{平均存货}$	市盈率	$\dfrac{每股价格}{每股收益}$
应收账款周转天数	$\dfrac{平均应收账款}{销售收入}\times 365$	收益价格比率	$\dfrac{每股收益}{每股价格}$
流动性			
流动比率	$\dfrac{流动资产}{流动负债}$		

概念检查 13-3

GI 公司 2017 年的净资产收益率、市盈率和市净率分别是多少？与行业平均值相比如何（行业平均值分别为 ROE=8.64%，P/E=8，P/B=0.69）？GI 公司 2017 年的收益价格比率与行业平均值相比如何？

13.4.5 选择基准

前面已经讨论了如何计算基本的财务比率，但是在对给定公司进行业绩评估时，仍然需要选择一个基准来比较分析该公司的比率。很显然，可以选择公司前几年的比率作为基准。例如，图 13-3 展示了家得宝公司前几年的资产收益率、利润率和资产周转率。从图中可以看出，家得宝公司 2005~2009 年资产收益率的下降主要是由利润率下滑所引起的。2008 年，利润率改善但周转率下滑，ROA 进一步恶化。

把某公司与同行业其他公司的财务比率做比较对业绩改善是很有帮助的。表 13-11 显示了美国商务部 Dun & Bradstreet 公司（行业标准与关键经营比率）和风险管理协会（年度财务报表研究）等机构会公布的各行业财务比率。许多财务比率也可以在网上查到。

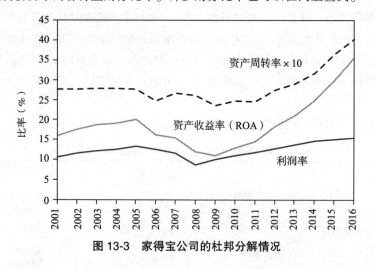

图 13-3　家得宝公司的杜邦分解情况

表 13-11　特定行业的财务比率

	资产负债率	利息覆盖倍数	流动比率	速动比率	资产周转率	利润率（%）	资产收益率（%）	净资产收益率（%）	股息支付率
所有制造业	0.25	3.85	1.32	0.88	0.62	8.06	4.99	11.85	0.59
食品	0.27	5.74	1.65	1.06	0.86	8.18	7.03	12.71	0.40
服装	0.22	8.00	2.11	1.11	1.12	8.72	9.74	21.43	0.46
印刷	0.21	7.59	1.19	0.44	0.69	10.45	7.24	25.61	0.40
化工	0.31	3.79	1.11	0.80	0.40	14.79	5.87	15.96	0.48
医药	0.32	3.42	0.98	0.73	0.31	16.93	5.21	16.76	0.43
机械	0.22	2.56	1.46	0.94	0.66	4.83	3.19	4.32	1.11
电气	0.21	3.93	1.21	0.80	0.58	7.41	4.29	5.09	1.87
汽车	0.14	6.82	1.08	0.77	1.24	5.39	6.66	15.98	0.49
计算机和电子	0.25	3.68	1.37	1.12	0.39	10.34	4.05	13.94	0.45

资料来源：U. S. Department of Commerce, *Quarterly Financial Report for Manufacturing, Mining and Trade Corporations*, first quarter 2016. Available at http://www2.census.gov/econ/qfr/current/qfr_pub.pdf.

表 13-11 列出了几个主要行业的财务比率，该表可以使你对不同行业间的差别有一个直观印象。有一些财务比率（如资产周转率和资产负债率）随时间变化相对稳定，而有些比率（如资产收益率）则对经济状况非常敏感。

13.5　财务报表分析范例

在向股东递交的 2019 年年度报告中，GI 公司的董事长写道："2019 年对 GI 公司来说又是成功的一年，就像 2018 年一样，销售收入、资产和营业利润都继续保持了 20% 的增长率。"

她说得对吗？

我们可以通过对 GI 公司进行全面比率分析来评价她的报告。我们的目的是评价 GI 公司近年来的业绩，评估它的未来前景，并确定市场价格是否真实反映了其内在价值。

表 13-12 列出了通过 GI 公司财务报表计算出的主要财务比率，公司董事长关于销售收入、

资产和营业利润增长评价确实是正确的。然而，仔细观察 GI 公司的主要财务比率我们便会发现她的第一句话，"2019 年对 GI 公司来说又是成功的一年"，是完全错误的，2019 年对 GI 公司来说是悲惨的一年。

表 13-12 GI 公司主要财务比率

年份	ROE (%)	(1) 净利润/税前利润	(2) 税前利润/EBIT	(3) EBIT/销售收入 (利润率,%)	(4) 销售收入/资产 (总资产周转率)	(5) 资产/权益	(6) 复合杠杆因数 (2)×(5)	(7) ROA (%) (3)×(4)	P/E	P/B
2017	7.51	0.6	0.650	30	0.303	2.117	1.376	9.09	8	0.58
2018	6.08	0.6	0.470	30	0.303	2.375	1.116	9.09	6	0.35
2019	3.03	0.6	0.204	30	0.303	2.723	0.556	9.09	4	0.12
行业平均	8.64	0.6	0.800	30	0.400	1.500	1.200	12.00	8	0.69

ROE 从 2017 年的 7.51% 下降到 2019 年的 3.03%。通过将 GI 公司 2019 年的净资产收益与当年的行业平均值 8.64% 比较，我们会发现 GI 公司的状况越来越糟。不断下降的市净率以及不断下降的市盈率说明投资者对公司未来盈利能力的预期越来越不乐观。

但是，资产收益率没有下降，说明 GI 公司 ROE 随时间下滑的状况与财务杠杆有关。可以看到，随着 GI 公司的杠杆比率由 2017 年的 2.117 增加到 2019 年的 2.723，它的利息负担比率（第二列）从 0.650 下降到 0.204，这导致复合杠杆因数从 1.376 下降到 0.556。

年复一年快速增长的短期债务和利息费用（见表 13-9）说明，为了筹资维持销售收入 20% 的增长率，GI 公司借入了大量高利率的短期债务。公司支付了比总资产收益率更高的利率来筹集资金进行投资，公司扩张后，状况变得更加危险。

例如 2019 年，GI 公司短期债务的平均利率为 20%，而 ROA 仅为 9.09%。你可以使用表 13-9 中的数据计算 GI 公司短期债务的利率。从资产负债表中我们可以知道其长期债务的利率为 8%，长期债务总额为 7 500 万美元，因此长期债务利息为 0.08×7 500=600 万美元。2019 年公司支付的利息总额为 34 391 000 美元，因此短期债务的利息为 34 391 000 - 6 000 000 = 28 391 000 美元，这相当于 GI 公司 2019 年年初短期债务的 20%。

当我们考察如表 13-13 所示的现金流量表后，GI 公司的问题变得更加明显，该表可以由表 13-9 中的利润表和资产负债表得出。GI 公司的经营现金流持续下降，由 2017 年的 12 700 000 美元下降到 2019 年的 6 725 000 美元。相反，公司的厂房和设备投资却不断增加，厂房和设备净额由 2016 年的 150 000 000 美元增加到 2019 年的 259 200 000 美元（见表 13-9）。令人担忧的是，资本资产几乎翻番的状况使经营活动产生的现金流大幅减少。

表 13-13 GI 公司的现金流量表   （单位：1 000 美元）

	2017	2018	2019
经营活动产生的现金流			
净利润	11 700	10 143	5 285
+折旧	15 000	18 000	21 600
+应收账款的减少（增加）	(5 000)	(6 000)	(7 200)
+存货的减少（增加）	(15 000)	(18 000)	(21 600)
+应付账款的增加	6 000	7 200	8 640
经营活动产生的现金流	12 700	11 343	6 725

	2017	2018	2019
投资活动产生的现金流			
对厂房和设备的投资①	(45 000)	(54 000)	(64 800)
筹资活动产生的现金流			
支付股息②	0	0	0
发行短期债务	42 300	54 657	72 475
现金与有价证券的变动③	10 000	12 000	14 400

注：①投资总额等于对厂房和设备的净增加额加上折旧。
②由于每年的股东权益增加额都等于净利润，说明收益再投资率为1.0，即公司没有支付股息。
③等于经营活动产生的现金流加投资活动产生的现金流加筹资活动产生的现金流，等于资产负债表中现金与有价证券每年的变化。

GI 公司的困难来自其巨额的短期债务。在某种意义上，GI 公司的运营就像一种"金字塔计划"，每年都借入越来越多的债务来维持资产和收益 20% 的增长率。但经营现金流不断下降的情况表明，新资产并没有产生足够的现金流来支持由债务产生的额外利息。最终，当公司失去继续举债的能力时，它的增长也就到头了。

从这一点来说，GI 公司的股票也许是一项具有吸引力的投资标的，其市价仅为账面价值的 12%，市盈率为 4，年收益价格比率为 25%。GI 公司很可能成为另一家公司的并购对象，并购公司可以取代 GI 公司的管理层并通过激进的政策改革来创造股东价值。

> **概念检查 13-4**
>
> 下面是关于 IBX 公司 2016 年和 2018 年的一些信息（单位均为 100 万美元）：
>
> | | 2016 | 2018 |
> |---|---|---|
> | 净利润 | 253.7 | 239.0 |
> | 税前利润 | 411.9 | 375.6 |
> | EBIT | 517.6 | 403.1 |
> | 平均资产 | 4 857.9 | 3 459.7 |
> | 销售收入 | 6 679.3 | 4 537.0 |
> | 所有者权益 | 2 233.3 | 2 347.3 |
>
> IBX 公司的 ROE 趋势是怎样的？从税收负担比率、利润率、资产周转率和财务杠杆率方面做出解释。

13.6 可比性问题

财务报表分析向我们提供了大量评价公司业绩和未来前景的工具，但比较不同公司的财务结果不是那么简单。根据一般公认会计原则，可以用几种不同的方式来表示收入和费用的各个项目，这意味着两家有着相同经济利润的公司可能会有截然不同的会计利润。

而且，当通货膨胀使美元这一测量价值的标准扭曲时，要说明同一家公司在不同时期的业绩也会变得复杂。在这种情况下，可比性问题变得尤为突出，因为通货膨胀对报告结果产生的影响通常取决于公司所采用的计算存货和折旧的特定方法。在比较不同公司同一时期和同一公司不同时期的财务结果时，证券分析师首先必须调整收益和财务比率数值，以使它们达到同一标准。

可比性问题可能产生于一般公认会计原则计算存货和折旧以及调整通货膨胀影响的灵活性，其他不可比性的重要潜在根源是租赁和其他费用的资本化、养老金成本的处理以及计提准备等。

13.6.1 存货估值

常用的存货计价方法有两种：**后进先出法**（last-in first-out，LIFO）和**先进先出法**（first-in first-out，FIFO）。下面使用一个算例来解释两者间的不同。

假设 Generic Products 公司有一批经常性存货，为 100 万单位的产品。存货每年周转一次，即销货成本与存货之比为 1。

后进先出法要求按当前生产成本对在一年内用完的 100 万单位存货进行估价，这样，最后生产的货物被认为首先售出，它们按当前成本计价。

先进先出法是假设先入库的存货先被使用或售出，售出的货物按原始成本计价。

若产品的价格保持每单位 1 美元不变，那么在两种体系下，存货的账面价值与销货成本将相等，均为 100 万美元。但是接下来假设今年由于通货膨胀，产品的价格每单位上涨了 10 美分。

若按后进先出法，销货成本为 110 万美元，但年末资产负债表中 100 万单位存货的价值仍为 100 万美元。资产负债表中的存货价值按货物成本计价。在后进先出法下，假设最后生产的产品按当前成本即 1.10 美元销售，剩下的产品是以前生产的产品，成本仅为每单位 1 美元。可以看出，尽管后进先出法精确测度了当前货物的销货成本，但它低估了在通货膨胀环境下剩余存货的当前价值。

相反，在先进先出法下，销货成本为 100 万美元，但年末资产负债表中存货的价值将为 110 万美元。结果是使用后进先出法的公司的报告利润和资产负债表中的存货价值均低于使用先进先出法的公司。

计算经济利润（即可持续现金流）时后进先出法优于先进先出法，因为它使用当前价格来计算销货成本。但后进先出法会扭曲资产负债表，因为它按原始成本来确定存货投资的成本，这会导致 ROE 偏高，因为投资基础被低估了。

13.6.2 折旧

问题的另一个来源是对折旧的衡量，在计算真实利润时，它是一个关键因素。会计中折旧的衡量方法与经济中折旧的衡量方法明显不同。根据经济中的定义，折旧是指公司为使实际生产能力维持在当前水平，必须将经营现金流再投资于公司的金额。

而会计衡量方法有很大不同。会计折旧是指把资产的原始取得成本分配到资产使用寿命中每一会计期间的金额，这一数值是财务报表中所列示的折旧值。

例如，假设某公司购买了一台经济寿命为 20 年，价格为 10 万美元的机器。在财务报表中，公司使用直线法按 10 年对这台机器计提折旧，每年的折旧额为 1 万美元。这样在 10 年后，即使它可以继续生产 10 年，机器的账面价值也会被折旧完。

计算会计利润时，在机器经济寿命的前 10 年里公司会高估折旧，而在后 10 年里会低估折旧。这会导致会计利润与经济利润相比，在最初的 10 年被低估了，而在后来的 10 年又被高估了。

折旧的可比性问题还会导致另一个问题的出现，除了报告目的，公司还可能会为了避税目的而采用不同的折旧方法。大多数公司在避税目的下会使用加速折旧法，而在报告目的下会使用直线折旧法。不同公司对厂房、设备和其他应折旧资产折旧寿命的估计也存在差异。

与折旧有关的另一个问题产生于通货膨胀,因为按照惯例,折旧是根据历史成本而非重置成本进行计提的,因此相对于重置成本而言,通货膨胀期间的折旧被低估了,相应地,真实经济利润(可持续现金流)便被高估了。

例如,假设 Generic Products 公司有一台使用寿命为 3 年的机器,原始成本为 300 万美元。公司根据直线法每年计提折旧 100 万美元,而不考虑重置成本如何变化。假设第一年的通货膨胀率为 10%,那么实际年折旧费用应为 110 万美元,但按惯例计提的折旧仍为每年 100 万美元,因此会计利润把真实经济利润夸大了 10 万美元。

13.6.3 通货膨胀和利息费用

通货膨胀不仅会扭曲公司的存货计量和折旧成本,而且它对实际利息费用的影响更大。名义利率包括通货膨胀溢价,通货膨胀会使本金真实价值受到侵蚀,通胀溢价是对这种侵蚀的补偿。因此,从借贷双方的角度考虑,支付的部分利息费用更适合被看成对本金的偿还。

例 13-5 通货膨胀和实际利润

假设 Generic Products 公司未偿还债务的账面余额为 1 000 万美元,年利率为 10%,因此按惯例每年的利息费用为 100 万美元。但若假设今年的通货膨胀率为 6%,那么实际利率为 4%,因此利润表所列示的利息费用中,有 60 万美元是通货膨胀溢价,或者说是对 1 000 万美元本金实际价值预期减少的补偿,只有 40 万美元是实际利息费用,未偿还本金的购买力下降了 60 万美元。因此,Generic Products 公司支付的 100 万美元中,有 60 万美元应被看成对本金的偿还,而不是利息费用,公司的实际收入因此被低估了 60 万美元。

> **概念检查 13-5**
>
> 在高通胀时期,ABC 公司和 XYZ 公司有相同的会计利润。ABC 公司采用后进先出法对存货进行计价,而 XYZ 公司采用先进先出法。与 XYZ 公司相比,ABC 公司有相对较少的应折旧资产和较多的债务。哪一家公司的实际利润较高?为什么?

对实际利息的错误衡量意味着通货膨胀降低了实际利润,但通货膨胀对报表中存货与折旧的影响恰好相反。

13.6.4 公允价值会计

有许多资产和负债不在金融市场交易,且其价值也不容易被观测到。例如,我们无法轻易获得员工股票期权、退休员工的医疗保健福利、建筑物或其他不动产的价值。这些资产的价值波动很大,但公司的真实财务状况很可能主要依赖它们,实际中常用的方法是按历史成本对其估价。**公允价值会计**(fair value accounting)或者称为**盯市会计**(mark-to-market accounting)的支持者认为,若财务报表可以更好地反映所有资产和负债的当前市场价值,那么它们将更加真实地反映公司财务状况和经营成果。

美国财务会计准则委员会公布的关于公允价值会计的第 157 号公告把资产分为三类:一级资产是指在活跃市场交易的资产,因此应按市场价格对其计价;二级资产是指交易不活跃,但仍根据可观察市场中类似资产进行估价的资产;三级资产是指只能根据难以观察到的输入项目进行估价的资产。与其说这些价值为盯市价值,不如说它们为"盯模价值",但它们有时也被称为"编造价值",因为通过滥用模型输入项可以非常容易地操纵估值结果。2012 年开始,公司被要求对所采用的估值方法和假设做更详尽的信息披露,并对价值评估结果的敏感性变化做出描述。

公允价值会计的反对者认为公允价值太过依赖于估计了,这使公司财务报表包含了大量潜在噪音,而且对资产估值的波动会引起利润的巨幅波动。更糟的是,主观性估值为管理者提供了一种在恰当时机操纵利润和粉饰财务状况的工具。例如,Bergstresser,Desai 和 Rauth ⊖ 发现,当管理人员积极行使他们的股票期权时,公司往往会对养老金计划的收益做出更激进的假设(这样会降低养老金义务的现值)。

2008 年,由于某些金融工具的流动性逐渐枯竭,次级抵押贷款资产池以及由这些资产池支持的衍生产品合约等金融证券的价值都出现了问题,关于公允价值会计应用扰乱金融机构的争论愈演愈烈。没有一个运作良好的市场,估计(无法直接观察到)市场价值也只能是一项缺乏安全感的练习。市场功能机制不完善,估计(无法直接观察到)出的市场价值也只能是一项欠妥的尝试。例如,瑞士信贷的员工在金融危机期间,为凸显其交易能力,故意夸大低成交量抵押债券价值而被判有罪。

一些人认为,公允价值会计迫使银行过度减记资产,从而加剧了金融危机的程度;其他人认为,不盯市就相当于故意躲避现实,或放弃解决即将陷入或已经陷入破产银行问题的责任。专栏华尔街实战 13-1 讨论了这些争论。

|华尔街实战 13-1| 盯市会计:良药还是毒药

2008 年,持有抵押担保证券的银行和金融机构对其投资组合重新估值,它们的净值随这些证券价值的下跌而大幅下跌。不仅这些证券所造成的损失是惨重的,而且其所带来的连锁反应更是加重了银行的灾难。例如,银行被要求保持与资产规模相对应的充足资金,当准备金不足时,银行会被迫缩减资产规模直至与剩余的准备金相匹配为止。但缩减规模的方式可能是要求银行减少贷款,这会限制其客户获得信贷的来源。缩减规模的方式也可能是要求银行出售资产。当多家银行一起缩减投资组合规模时会给价格造成继续下跌的压力,结果是银行不得不继续减记资产,从而形成死循环。因此,盯市会计的反对者认为,盯市会计进一步加剧了已经衰退的经济。

然而,支持者认为,反对者把信息与信使混淆了。他们认为,盯市会计只是使已发生的损失变得透明化,而不是造成这些损失的原因。反对者反驳说,当市场出现问题时,市场价格是不可靠的。他们认为,当交易活动大量减少时,资产不得不被减价出售,这些价格根本无法反映基本价值。如果市场都无法正常运转,那肯定谈不上有效。违约的担保贷款降低了银行投资组合的价值。在围绕它们的动荡中,时任美国财政部部长亨利·鲍尔森提出了早期提议之一,他支持政府以"持有至到期"价格买入不良资产。该"持有至到期"价格是根据正常运转市场对内在价值的估计而得出的。基于这一提议,美国财务会计准则委员会在 2009 年通过了一项新的指南,允许根据有序市场中的盛行价格而不是根据强制清算价格进行估值。

取消计提减值准备的规定是一种毫不掩藏的放松监管的行为。监管者知道损失已经发生了,资本也已经受损了。但若允许公司在账面上以模型价格而非市场价格记录资产,资本充足的真实

⊖ D. Bergstresser, M. Desai, and J. Rauth, "Earnings Manipulation, Pension Assumptions, and Managerial Investment Decisions," *Quarterly Journal of Economics* 121 (2006), pp. 157-195.

内涵就变得毫无意义了。即使这样，若监管的目标是避免在不景气市场上的被迫出售行为，那么提高透明度应该是最好的政策。与其忽略损失，不如承认损失并修改资本监管规定来帮助机构恢复其基本立足点。毕竟，既然财务报表被允许掩盖公司的真实情况，为何还要归咎于它们？

在摒弃公允价值会计之前，明智的做法是先找到可以替代它的方法。传统的历史成本会计允许公司按历史成本在账面上记录资产，越来越多的人已不再推崇这种方法，因为它会使投资者无法清楚了解已摇摇欲坠的公司的真实情况，同样也减轻了问题公司解决自身问题的压力。要处理损失首先必须承认它们。

13.6.5 盈余质量与会计政策

许多公司都会选择一些会计方法以使其财务报表看上去更好，公司不同的选择便产生了前面我们所讨论的可比性问题。因此，不同公司的报表收益总是或多或少地夸大了真实经济利润，经济利润是指在不降低公司生产能力的情况下可以支付给股东的持续现金流。分析师通常会评估公司的**盈余质量**（quality of earnings）。盈余质量是指现实主义和保守主义的收益数额与范围，即在多大程度上我们可以相信所报告收益的可持续性。

影响盈余质量的因素主要有以下几类：

- 坏账准备。大多数公司都利用商业信用进行销售，因此必须计提坏账准备，过低的坏账准备金会降低报告收益的质量。
- 非经常性项目。某些影响收益的项目一般不会经常性出现，这些项目包括出售资产、会计方法变更、汇率变化和非正常的投资收益等。例如，在股票市场收益较高的年份，一些公司会获得丰厚的资本利得收益，这对公司当年的盈利大有好处，但我们不能认为这种情况会反复出现，因此资本利得应被认为是收益中"低质量"的部分。类似地，公司养老金计划产生的投资收益虽然对公司盈利做出了很大贡献，但也只是一次性的。
- 收益平滑。2003年房地美陷入会计丑闻中：为了降低当年盈利，它不恰当地把投资组合中持有的抵押贷款重新分类。为什么公司会采取这种行为？因为如果后期其收益下降，它们可以通过逆向处理这些交易从而"释放"以前的收益，进而制造出收益稳定增长的假象。事实上，几乎到2008年房地美倒闭前夕，它在华尔街的绰号一直是"稳定的房地美"。与之情况类似的是，2012年第4季度，美国四大银行释放了182亿美元的外汇储备，这规模接近它们税前利润的1/4，⊖这种收益显然不会长期持续，也就是低质量的。
- 收入确认。根据一般公认会计原则，公司可以在收到款项前确认收入，这就是公司会有应收账款的原因，但有时很难确定何时确认收入。例如，假设一家计算机公司签署了一份提供产品与服务的五年期合同，那么这笔预期收入应立即确认还是在未来五年内逐步确认？关于这个问题的一种极端情况被称为"通道堵塞"，指公司向顾客出售大量货物时授予他们拒收或退货的权利。在这种情况下，公司在销售时便已将收入入账，但可能发生的退货只有在实际发生时才被确认（在未来的会计期间）。惠普公司在2012年辩称，当Autonomy公司利用渠道填塞来提高其财务业绩时，导致惠普为了

⊖ Michael Rapoport, "Bank Profit Spigot to Draw Scrutiny," *The Wall Street Journal*, October 11, 2012.

收购 Autonomy 公司支付了过高的价格。例如，Autonomy 公司向 Tikit 集团出售了价值超过 40 亿英镑的软件；这项交易被记为收入，但直到 Tikit 实际向其客户出售软件时才会得到付款。因此，在 2010 年只确认了几年的暂定未来销售。惠普为 Autonomy 公司支付了大约 111 亿美元，仅一年后就记下了 88 亿美元的投资。

若某公司的应收账款增长远远超出销售收入增长或应收账款在总资产中所占比重过大，那么公司很可能使用了这种方法。操纵现金流比操纵收入要难得多，因此许多分析师更关注现金流量表。

- 表外资产和负债。假设某家公司为另一家公司的未偿还债务提供担保，担保公司可能拥有欠债公司的部分股权。既然该债务或许需要未来偿付，那么担保公司就应把它作为一项或有负债进行披露，但这项债务不会在担保公司报表里作为应付债务列示。安然（Enron）公司在 2001 年破产之前因这种做法而臭名昭著。尽管它已为其他公司担保了债务，但未能在资产负债表上确认这些潜在负债。相反，这些负债藏身于其所谓的特殊目的实体（SPE）组成的神秘面纱之后。

此外，还需要注意其他表外项目。典型例子是租赁。例如，航空公司在资产负债表上可能没有飞机，但其长期租赁实际上等同于债务融资的所有权。如果将租赁视为经营租赁而非融资租赁，则它们可能仅出现在财务报表的脚注里。

13.6.6　国际会计惯例

分析师在试图解释财务数据时，可能会遇到上述例子中的问题。在解释国外公司的财务报表时，有可能会遇到更大的问题。这是因为这些公司并不遵循一般公认会计原则，不同国家的会计方法不同，与美国的标准存在或大或小的差异。以下是分析国外公司财务报表时需要注意的一些主要问题。

- 准备金政策。与美国相比，许多国家允许公司拥有更大的权限预留准备金以应对未来的偶发事件。由于附加准备金的提取会影响收益，因此这些国家的公司有更大的管理权限来影响报告收益。
- 折旧。在美国，公司通常会保留几套独立账本分别用于税收目的和报告目的。例如，加速折旧法通常被用于税收目的，而直线折旧法通常被用于报告目的。但是大多数其他国家不允许公司保留两套账本，国外的大多数公司也会采用加速折旧法来降低所得税，但它们不会考虑报告收益会因此变得较低的事实。这使得国外公司的报告收益低于它们采用美国准则时所得到的值。
- 无形资产。对商誉等无形资产的处理存在着巨大差异，应将其摊销还是费用化处理？若是摊销，摊销期应为多长？不同的处理方式对报告利润有很大影响。

不同会计方法产生的结果可能会大不相同，图 13-4 比较了不同国家的报告市盈率和按美国会计准则重新计算的市盈率。自从这项研究发表以后，市盈率已发生了很大改变，研究结果表明会计准则会对这些比率产生非常大的影响。

美国与欧洲会计准则存在的诸多差异缘于会计实践发展中的不同管理哲学。美国一般公认会计准则的规定非常详细、具体，考虑了各种商业环境可能性下的处理方式。而欧盟国家采用的 IFRS（国际财务报告准则，international financial reporting standards），仅是规定了财务报表编制的基本原则。虽然欧盟的规定更加灵活，但公司必须保证采取的会计政策符合 IFRS 的基本原则。

多年来，SEC 致力于使美国会计准则更符合国际规则。SEC 于 2007 年开始允许按照 IFRS 编制财报的外国公司在美国发行证券。随后，SEC 又向前迈了一步，提议允许大型美国跨国公司使用 IFRS 而不是 GAAP 来报告收益，并希望最终更广泛地采用 IFRS。但是，经过多年的谈判，SEC 改用国际财务报告准则的计划早已停滞不前。尽管 SEC 和 IASB（国际会计标准委员会）继续就会计准则展开合作，但将美国纳入单一全球会计准则体系的前景在近期看来并不乐观。

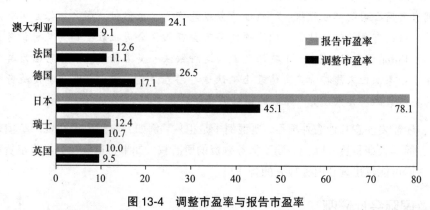

图 13-4 调整市盈率与报告市盈率

资料来源："Figure J: Adjusted versus Reported Price/Earnings Ratio" from Lawrence S. Speidell and Vinod Bavishi, "GAAP Arbitrage: Valuation Opportunities in International Accounting Standards," *Financial Analysts Journal*, November-December 1992, pp. 58-66. Copyright 1992, CFA Institute. Reproduced from the *Financial Analysts Journal* with permission from the CFA Institute.

13.7 价值投资：格雷厄姆方法

若不提及本杰明·格雷厄姆这位最伟大的"价值投资大师"的思想，关于基本面证券分析的内容就不完善。20 世纪后半叶，在现代投资组合理论提出之前，格雷厄姆是投资分析领域中唯一的、最权威的思想家、作家和导师。他对投资领域的影响至今仍非常深远。

格雷厄姆的代表作是与哥伦比亚大学的戴维·多德教授在 1934 年合著的《证券分析》。本章阐述了该书的主要思想。格雷厄姆相信，通过认真分析公司财务报表便能发现有投资价值的股票。通过多年研究，他开发了多种不同的规则来确定最重要的财务比率，并提出了判断股票价值是否被低估的关键因素。他的著作多次再版，在投资领域产生了深远影响并取得了巨大成功，由于格雷厄姆方法的广泛使用以致很难再从市场上找到符合这一技术标准认定的便宜股票。

在 1976 年的一次研讨会上，格雷厄姆说：㊀

我不再主张运用那些复杂的证券分析方法来发现投资良机。40 年前我们的书《证券分析》首次出版时，通过仔细分析我们可以发现价值被低估的股票，但自那以后，情况已发生了很大变化。过去，任何一位训练有素的证券分析师都能通过仔细研究发现价值被低估的股票。但在目前已有大量研究的情况下，我怀疑这种努力能否产生价值来抵消成本。只有在非常有限的范

㊀ 如 John Train 在其著作 *Money Master*（New York：Harper & Row，1987）中所引用的。

围内,我才赞成现已被学者广泛接受的"有效市场"理论。

但是在这次研讨会上,格雷厄姆建议使用一种简单的方法来识别价值被低估的股票:

我首选的更简单的方法是购买那些低于营运资本或流动资产净值的普通股,流动资产净值是指不包括厂房和其他固定资产,并扣除所有负债后的流动资产价值。在管理投资基金时,我们广泛运用了这种方法,在30多年的时间里,获得的年平均收益率约为20%。我认为这是一种非常简单的系统投资方法,并且这不是建立在个别结果上的,而是根据可预期的群体收益的方法。

对于那些有兴趣尝试格雷厄姆方法的人来说,有两个便利的信息来源:《标准普尔手册》和《价值线投资调查》,它们都列出了售价低于营运资本净值的股票。

小　结

1. 证券分析师应主要关注公司实际的经济利润而不是报告利润。财务报表中报告的会计利润可能是对实际经济利润的一个有偏估计,但是实证研究表明,报告利润可以传递关于公司前景的大量信息。

2. 公司的净资产收益率是收益增长率的一个关键决定因素,公司的财务杠杆水平对净资产收益率有巨大影响。仅当公司的债务利率小于总资产收益率时,债务权益比率的增加会提高净资产收益率和收益增长率。

3. 一个公司的净资产收益率是决定其收益增长率的关键因素。净资产收益率受公司财务杠杆程度的影响。只有当债务的利率低于公司的净资产收益率时,公司的债务与股权比率的增加才会提高其净资产收益率,从而提高其增长速度。

4. 把净资产收益率分解成几个会计比率,然后比较不同时间各个会计比率的变化情况以及同行业不同公司的会计比率,这种方法对分析师而言非常有用。常用的分解公式是:

$$\text{ROE} = \frac{\text{净利润}}{\text{税前利润}} \times \frac{\text{税前利润}}{\text{EBIT}} \times \frac{\text{EBIT}}{\text{销售收入}} \times \frac{\text{销售收入}}{\text{资产}} \times \frac{\text{资产}}{\text{权益}}$$

5. 与公司盈利能力或风险水平相关的其他会计比率有固定资产周转率、存货周转率、流动比率、速动比率和利息覆盖倍数。

6. 除财务报表比率外,另外两个利用公司普通股市场价格的比率是市净率和市盈率。这两个比率较低时,分析师会将之看成一种安全边际或股票价值被低估的标志。

7. 好公司并不一定是好投资,成功公司股票的市价与其成功程度相比或许过高了,若是这样,那么这些公司的股票相对于其期望收益而言或许不是一项好的投资。

8. 使用公司财务报表数据的主要问题是可比性问题,公司在选择采用什么方法计算各项收入和费用方面有很大的空间。因此在比较不同公司的财务指标之前,分析师必须按统一标准调整会计利润和财务比率。

9. 在通货膨胀时期,可比性问题会变得十分突出,通货膨胀会扭曲存货、折旧和利息费用在会计上的计量。

10. 公允价值会计和盯市会计要求大多数资产应按当前市价而非历史成本计量。这一政策已引起广泛争议,因为在很多情况下确定市场价值是非常困难的。因此反对者认为公允价值会计会使财务报表过度波动。但支持者认为财务报表应反映对当前资产价值的最佳估计。

11. 国际财务报告准则已被包括美国在内的各国普遍接受,它们与传统的美国一般公认会计原则最大的区别在于它们以"原则"为基础,而非以"规则"为基础。

习 题

1. 国际财务报告准则与美国一般公认会计原则的主要区别是什么？两者的优缺点分别是什么？
2. 若市场是有效的，那么公司进行盈余管理还有关系吗？另一方面，若公司进行盈余管理，那么管理层对有效市场的观点是如何的呢？
3. 穆迪和标准普尔等评级机构最感兴趣的财务比率是什么？股票市场分析师在决定是否购买某一股票以使投资组合更加多样化时，他最感兴趣的比率是什么？
4. Crusty Pie 公司是一家专门从事苹果贸易的公司，其销售收益率高于行业平均值但是总资产收益率与行业平均值相同，如何解释这一现象？
5. ABC 公司的销售收益率低于行业平均值，但是总资产收益率高于行业平均值，这说明它的资产周转情况如何？
6. 公司 A 和公司 B 的总资产收益率相同，但公司 A 的净资产收益率更高，如何解释这一现象？
7. 使用杜邦体系和下列数据计算净资产收益率。

杠杆比率（资产/权益）	2.2
总资产周转率	2.0
净利润率	5.5%
股息支付率	31.8%

8. 最近 Galaxy 公司将坏账费用从销售收入的 2% 降到了 1%，从而大大减少了计提的坏账准备。不考虑所得税，这一情况给营业利润和经营活动带来的现金流的即时影响是什么？

根据下列材料回答第 9~11 题。Hatfield 是一家美国的大型制造公司，年销售额超过 3 亿美元。Hatfield 公司由于违规甚至是违法编制财务报表正在接受美国证券交易委员会的调查。为进一步评估情况，美国证券交易委员会已派出一支专家队伍前去 Hatfield 公司位于费城的总部对该公司进行全面审计。

在调查过程中，美国证券交易委员会派出的专家队伍发现了 Hatfield 公司的一些特殊情况：

- 公司管理层最近一直在与当地的工会组织谈判，且该公司 40% 的全职员工为工会成员，工会代表要求增加工资和养老金福利，但管理层坚持当前不可能满足这一要求，因为公司的盈利能力一直在下降，而且现金流也非常紧张。工会代表指控管理层为了不在谈判中处于被动曾操纵财务报表。
- 公司过去几年取得的新设备在账面上均被确认为经营租赁，但之前取得的类似资产几乎一直被确认为融资租赁，同行业其他公司的财务报表表明此类设备应被确认为融资租赁。美国证券交易委员会要求管理层解释为何公司的做法与"正常"会计实务不同。
- 与销售增长率相比，Hatfield 公司的账面存货在过去几年一直在稳定增长，管理层的解释是生产方法的改进使生产效率提高，从而增加了总产量。美国证券交易委员会正在寻找 Hatfield 公司操纵存货的证据。

美国证券交易委员会派出的专家队伍并不是为了寻找舞弊的证据，而是为了寻找公司因误导股东和其他利益相关方而违反会计准则的证据。乍看 Hatfield 公司的财务报表并不能发现收益低质量的原因。

9. 工会代表认为 Hatfield 公司的管理层试图通过低估净利润来避免在谈判中做出妥协，管理层的下列哪种行为最可能造成收益低质量？
   a. 延长应折旧资产的寿命以降低折旧费用。
   b. 对公司养老金义务进行估值时使用较低的贴现率。
   c. 交货时而非收到货款时确认收入。
10. Hatfield 公司最近把所有租赁的新设备均

确认为经营租赁，这与之前将其确认为融资租赁的做法有很大不同。在融资租赁中应付租赁款的现值应被确认为一项负债。Hatfield 公司更换会计方法的动机是什么？Hatfield 公司试图：
    a. 改善杠杆比率，降低杠杆。
    b. 减少销货成本，增强盈利能力。
    c. 与同行业其他公司相比增加营业利润。
11. 美国证券交易委员会派出的专家队伍正在调查 Hatfield 公司销量增长存货却在增加的原因，确定 Hatfield 公司操纵财务指标的一种方法是调查：
    a. 存货周转率的下降。
    b. 应收账款的增长速度高于销售收入。
    c. 延期确认费用。
12. 某公司的净资产收益率为 3%，债务权益比率为 0.5，税率为 35%，债务利率为 6%，那么该公司的总资产收益率是多少？
13. 某公司的税收负担比率为 0.75，杠杆比率为 1.25，利息负担比率为 0.6，销售收益率为 10%，该公司每 1 美元资产可以创造 2.40 美元的销售收入，那么该公司的净资产收益率是多少？
14. 根据下列关于 Rocket Transport 公司的现金流量数据计算该公司的：
    a. 投资活动提供或使用的净现金。
    b. 筹资活动提供或使用的净现金。
    c. 年度现金的净增加或减少。

	（单位：美元）
现金股利	80 000
购买汽车	33 000
支付债务利息	25 000
销售旧设备	72 000
回购股票	55 000
支付供应商的现金	95 000
向顾客收取的现金	300 000

CFA考题

1. 以下是关于 QuickBrush 公司和 SmileWhite 公司财务报表的信息：

	QuickBrush	SmileWhite
商誉	公司将商誉在 20 年内进行摊销	公司将商誉在 5 年内进行摊销
财产、厂房和设备	公司在资产的经济寿命内按直线法计提折旧，建筑物的寿命 5~20 年不等	公司在资产的经济寿命内按加速法计提折旧，建筑物的寿命 5~20 年不等
应收账款	公司按应收账款的 2% 计提坏账准备	公司按应收账款的 5% 计提坏账准备

根据以上信息，哪一家公司的盈余质量更高？

2. 为了估计 MasterToy 公司的可持续增长率，Scott Kelly 正在阅读该公司的财务报表，根据下面所列示的信息回答问题。

MasterToy 公司 2017 年实际和 2018 年预期的财务报表
（财务年度截至 12 月 31 日；除每股数据外，单位均为 100 万美元）

	2017	2018	变动（%）
利润表			
收入	4 750	5 140	7.6
销货成本	2 400	2 540	
销售及一般性管理费用	1 400	1 550	
折旧	180	210	
商誉摊销	10	10	
营业利润	760	830	8.4
利息费用	20	25	

(续)

	2017	2018	变动（%）
税前利润	740	805	
所得税	265	295	
净利润	475	510	
每股收益	1.79	1.96	8.6
发行在外的平均股份数（100万）	265	260	
资产负债表			
现金	400	400	
应收账款	680	700	
存货	570	600	
财产、厂房和设备净额	800	870	
无形资产	500	530	
资产总计	2 950	3 100	
流动负债	550	600	
长期债务	300	300	
负债总计	850	900	
所有者权益	2 100	2 200	
负债和所有者权益总计	2 950	3 100	
每股账面价值（美元）	7.92	8.46	
年度每股股息（美元）	0.55	0.60	

a. 识别并计算杜邦公式的组成部分。
b. 根据杜邦公式的组成部分计算2018年净资产收益率。
c. 根据净资产收益率和收益再投资率计算2018年的可持续增长率。

3. 根据以下数据回答下列问题：

（单位：美元）

支付利息的现金	(12)
回购普通股	(32)
支付供应商的现金	(85)
购买土地	(8)
销售设备	30
支付股利	(37)
支付工资的现金	(35)
向顾客收取的现金	260
购买设备	(40)

a. 哪些属于经营活动产生的现金流？
b. 根据以上数据，计算投资活动产生的现金流。
c. 根据以上数据，计算筹资活动产生的现金流。

4. Ludlow 刚被聘任为分析师，在了解电动牙刷行业以后，她的第一份报告是关于QuickBrush 和 SmileWhite 两家公司的。她总结得到的信息如下："QuickBrush 公司的盈利能力高于 SmileWhite 公司，在过去几年里 QuickBrush 公司的销售增长率为40%，且利润率一直高于 SmileWhite 公司。Smile-White 公司的销售和利润增长率为10%，且利润率也较低。我们认为今后 SmileWhite 公司的增长率不可能超过10%，但 QuickBrush 公司可以长期维持30%的增长率。

a. Ludlow 根据净资产收益率认为 Quick-Brush 公司的盈利能力高于 SmileWhite 公司，且 QuickBrush 公司有较高的可持续增长率。使用下面两公司的年度数据中的信息，评价 Ludlow 的分析和结论。你可以通过分析计算下列项目来支持你的观点：

- 决定 ROE 的五个组成部分。
- 决定可持续增长率的两个比率：ROE 和收益再投资率。

b. 解释为什么 QuickBrush 公司过去两年的净资产收益率一直在下降，但是平均每年的每股收益却保持40%的增长率？只使用下列 QuickBrush 公司的"年度数据"提供的数据分析。

QuickBrush 公司的财务报表：年度数据（除每股数据外，单位均为 1 000 美元）

	2015 年 12 月	2016 年 12 月	2017 年 12 月	三年平均
利润表				
收入	3 480	5 400	7 760	
销货成本	2 700	4 270	6 050	
销售及一般性管理费用	500	690	1 000	
折旧及摊销	30	40	50	
营业利润（EBIT）	250	400	660	
利息费用	0	0	0	
税前利润	250	400	660	
所得税	60	110	215	
税后利润	190	290	445	
稀释每股收益	0.60	0.84	1.18	
发行在外的平均股份数（1 000 股）	317	346	376	
财务数据				
销货成本占销售收入的百分比（%）	77.59	79.07	77.96	78.24
销售管理费用占销售收入的百分比（%）	14.37	12.78	12.89	13.16
营业利润率（%）	7.18	7.41	8.51	
税前利润/EBIT（%）	100.00	100.00	100.00	
税率（%）	24.00	27.50	32.58	
资产负债表				
现金和现金等价物	460	50	480	
应收账款	540	720	950	
存货	300	430	590	
财产、厂房和设备净值	760	1 830	3 450	
资产总计	2 060	3 030	5 470	
流动负债	860	1 110	1 750	
负债总计	860	1 110	1 750	
所有者权益	1 200	1 920	3 720	
负债和所有者权益总计	2 060	3 030	5 470	
每股市价（美元）	21.00	30.00	45.00	
每股账面价值（美元）	3.79	5.55	9.89	
年度每股股息（美元）	0.00	0.00	0.00	

SmileWhite 公司的财务报表：年度数据（除每股数据外，单位均为 1 000 美元）

	2015 年 12 月	2016 年 12 月	2017 年 12 月	三年平均
利润表				
收入	104 000	110 400	119 200	
销货成本	72 800	75 100	79 300	
销售及一般性管理费用	20 300	22 800	23 900	
折旧及摊销	4 200	5 600	8 300	
营业利润（EBIT）	6 700	6 900	7 700	
利息费用	600	350	350	

(续)

	2015年12月	2016年12月	2017年12月	三年平均
税前利润	6 100	6 550	7 350	
所得税	2 100	2 200	2 500	
税后利润	4 000	4 350	4 850	
稀释每股收益	2.16	2.35	2.62	
发行在外的平均股份数（1 000股）	1 850	1 850	1 850	
财务数据				
销货成本占销售收入的百分比（%）	70.00	68.00	66.53	68.10
销售管理费用占销售收入的百分比（%）	19.52	20.64	20.05	20.08
营业利润率（%）	6.44	6.25	6.46	
税前利润/EBIT（%）	91.04	94.93	95.45	
税率（%）	34.43	33.59	34.01	
资产负债表				
现金和现金等价物	7 900	3 300	1 700	
应收账款	7 500	8 000	9 000	
存货	6 300	6 300	5 900	
财产、厂房和设备净值	12 000	14 500	17 000	
资产总计	33 700	32 100	33 600	
流动负债	6 200	7 800	6 600	
长期债务	9 000	4 300	4 300	
负债总计	15 200	12 100	10 900	
所有者权益	18 500	20 000	20 700	
负债和所有者权益总计	33 700	32 100	33 600	
每股市价（美元）	23.00	26.00	30.00	
每股账面价值（美元）	10.00	10.81	12.27	
年度每股股息（美元）	1.42	1.53	1.72	

根据下列材料回答第5~8题。Eastover公司是一家大型的多元化林业公司，约75%的销售收入来自造纸和森林产品，剩余收入来自金融服务和林木产品。该公司拥有560万英亩林地，历史成本非常低。

Mulroney是Centurion投资公司的一名投资咨询分析师，她的任务是对Eastover公司的发展前景进行投资前评估，并将之与Centurion投资公司投资组合中的另一家林业公司，即Southampton公司进行比较。Southampton公司在美国是生产木材制品的主要厂商，其销售收入的89%来自建筑材料（主要是木材和胶合板），剩余收入来自纸浆。Southampton公司拥有140万英亩林地，历史成本也很低，但是不像Eastover公司那样远远低于当前市价。

Mulroney开始通过分析净资产收益率的五个组成部分来比较研究两家公司。在分析过程中，Mulroney把权益定义为所有者权益的总额，包括优先股，而且她所使用的是资产负债表年末数据而非平均数据。

5. a. 根据下列两公司的数据计算2017年Eastover和Southampton两家公司净资产收益率的五个组成部分。并根据这五个部分，计算两家公司2017年的净资产收益率。

Eastover 公司（除发行在外的股份数外，单位均为 100 万美元）

	2013	2014	2015	2016	2017
利润表概要					
销售收入	5 652	6 990	7 863	8 281	7 406
息税前利润（EBIT）	568	901	1 037	708	795
利息费用净额	(147)	(188)	(186)	(194)	(195)
税前利润	421	713	851	514	600
所得税	(144)	(266)	(286)	(173)	(206)
税率（%）	34	37	33	34	34
净利润	277	447	565	341	394
优先股股息	(28)	(17)	(17)	(17)	(0)
普通股净利润	249	430	548	324	394
发行在外的普通股股数（100 万股）	196	204	204	205	201
资产负债表概要					
流动资产	1 235	1 491	1 702	1 585	1 367
林地资产	649	625	621	612	615
财产、厂房和设备	4 370	4 571	5 056	5 430	5 854
其他资产	360	555	473	472	429
资产总计	6 614	7 242	7 852	8 099	8 265
流动负债	1 226	1 186	1 206	1 606	1 816
长期债务	1 120	1 340	1 585	1 346	1 585
递延所得税	1 000	1 000	1 016	1 000	1 000
优先股	364	350	350	400	0
普通股	2 904	3 366	3 695	3 747	3 864
负债和所有者权益总计	6 614	7 242	7 852	8 099	8 265

Southampton 公司（除发行在外的股份数外，单位均为 100 万美元）

	2013	2014	2015	2016	2017
利润表概要					
销售收入	1 306	1 654	1 799	2 010	1 793
息税前利润（EBIT）	120	230	221	304	145
利息费用净额	(13)	(36)	(7)	(12)	(8)
税前利润	107	194	214	292	137
所得税	(44)	(75)	(79)	(99)	(46)
税率（%）	41	39	37	34	34
净利润	63	119	135	193	91
发行在外的普通股股数（100 万股）	38	38	38	38	38
资产负债表概要					
流动资产	487	504	536	654	509
林地资产	512	513	508	513	518
财产、厂房和设备	648	681	718	827	1 037
其他资产	141	151	34	38	40
资产总计	1 788	1 849	1 796	2 032	2 104

（续）

	2013	2014	2015	2016	2017
流动负债	185	176	162	180	195
长期债务	536	493	370	530	589
递延所得税	123	136	127	146	153
所有者权益	944	1 044	1 137	1 176	1 167
负债和所有者权益总计	1 788	1 849	1 796	2 032	2 104

b. 根据问题 a 的计算结果，解释两家公司净资产收益率的差异。

c. 根据 2017 年的数据，计算两家公司的可持续增长率，并说明以这些数据为基础来预测未来增长的合理性。

6. a. Mulroney 想起她在特许金融分析师的学习中曾学过，固定增长股利贴现模型是评估公司普通股价值的方法之一，她收集到了关于 Eastover 和 Southampton 两家公司当前股息和股价的数据。假设必要收益率（即贴现率）为 11%，预期增长率为 8%，利用固定增长的股利贴现模型计算 Eastover 公司的股票价值，并将其与 "当前信息"中 Eastover 公司的股价比较。

Eastover 公司、Southampton 公司与标准普尔 500 指数的价值比较

	2013	2014	2015	2016	2017	2018	五年平均（2014~2018）
Eastover 公司							
每股收益（美元）	1.27	2.12	2.68	1.56	1.87	0.90	
每股股息（美元）	0.87	0.90	1.15	1.20	1.20	1.20	
每股账面价值（美元）	14.82	16.54	18.14	18.55	19.21	17.21	
股价							
最高价（美元）	28	40	30	33	28	30	
最低价（美元）	20	20	23	25	18	20	
收盘价（美元）	25	26	25	28	22	27	
平均市盈率	18.9	14.2	9.9	18.6	12.3	27.8	
平均市净率	1.6	1.8	1.5	1.6	1.2	1.5	
Southampton 公司							
每股收益（美元）	1.66	3.13	3.55	5.08	2.46	1.75	
每股股息（美元）	0.77	0.79	0.89	0.98	1.04	1.08	
每股账面价值（美元）	24.84	27.47	29.92	30.95	31.54	32.21	
股价							
最高价（美元）	34	40	38	43	45	46	
最低价（美元）	21	22	26	28	20	26	
收盘价（美元）	31	27	28	39	27	44	
平均 P/E	16.6	9.9	9.0	7.0	13.2	20.6	
平均 P/B	1.1	1.1	1.1	1.2	1.0	1.1	
标准普尔 500 指数							
平均 P/E	15.8	16.0	11.1	13.9	15.6	19.2	15.2
平均 P/B	1.8	2.1	1.9	2.2	2.1	2.3	2.1

当前信息

	当前股价 （美元）	当前每股股息 （美元）	预期2015年的每股收益 （美元）	当期每股账面价值 （美元）
Eastover 公司	28	1.20	1.60	17.32
Southampton 公司	48	1.08	3.00	32.21
标准普尔 500 指数	1 660	48.00	82.16	639.32

b. Mulroney 的上司指出，两阶段股利贴现模型可能更适合 Eastover 和 Southampton 两家公司。Mulroney 相信，两家公司在今后三年的增长将更加迅速，然后 2021 年将以稍低的增长率稳定下来。她的预测如下所示。用 11% 作为必要收益率，根据两阶段股利贴现模型计算 Eastover 公司的股票价值，并将其与上表"当前信息"中 Eastover 公司的股价比较。

2018 年后的计划增长率

	未来三年 （2019~2021）	2021 年以后
Eastover 公司	12%	8%
Southampton 公司	13%	7%

c. 讨论固定增长股利贴现模型的优缺点，并简要说明两阶段股利贴现模型如何改进了固定增长模型。

7. 除股利贴现模型方法外，Mulroney 计算两家公司的市盈率和市净率，并将其与标准普尔 500 指数相比较。Mulroney 决定使用 2014~2018 年以及当前的数据分析。

    a. 用第 6 题所列的数据计算两家公司现在的和五年（2014~2018 年）平均相对市盈率和相对市净率（即两家公司的比率相对于标准普尔 500 指数的值），并将每家公司的当前相对市盈率与五年平均市盈率做比较，当前相对市净率与五年平均值做比较。

    b. 简要说明相对市盈率与相对市净率在估价上的缺陷。

8. Mulroney 分别使用固定增长股利贴现模型和两阶段股利贴现模型为 Southampton 公司进行了估价，结果如下：

固定增长模型	29 美元
两阶段模型	35.50 美元

根据所提供的信息和第 5~7 题的答案，选出 Mulroney 会推荐购买的股票（Eastover 公司或 Southampton 公司），并说明原因。

9. 你在查看 Graceland Rock 公司的财务报表时发现，2017~2018 年，该公司的净利润增加了，但经营活动产生的现金流减少了。

    a. 举例说明在什么情况下，Graceland Rock 公司净利润增加的同时经营活动产生的现金流减少。

    b. 为什么说经营活动产生的现金流是衡量"收益品质"的一个良好指标？

10. 某公司的销售净额为 3 000 美元，现金费用（包括所得税）为 1 400 美元，折旧为 500 美元，若本期的应收账款增加了 400 美元，那么经营活动产生的现金流是多少？

11. 某公司的流动比率为 2.0，假设该公司用现金回购将于一年内到期的应付票据，这会对流动比率和总资产周转率产生什么影响？

12. 尽管 Jones Group 公司的营业利润一直在下降，但其税后净资产收益率却一直保持不变，说明该公司是如何保持税后净资产收益率不变的。

13. 杜邦公式把净资产收益率分解为下列五个组成部分：
    - 营业利润率
    - 总资产周转率
    - 利息负担比率
    - 财务杠杆
    - 所得税税率

    使用下列"利润表和资产负债表"数据：

    a. 计算 2014 年和 2018 年以上五个组成部分的值，并根据计算出的结果计算 2014 年和 2018 年的净资产收益率。

    b. 简要说明 2014~2018 年总资产周转率和财务杠杆的变化对净资产收益率的影响。

利润表和资产负债表 (单位：美元)

	2014	2018		2014	2018
利润表数据			税后净利润	19	30
收入	542	979	**资产负债表数据**		
营业利润	38	76	固定资产	41	70
折旧和摊销	3	9	资产总额	245	291
利息费用	3	0	营运资本	123	157
税前利润	32	67	负债总额	16	0
所得税	13	37	所有者权益总额	159	220

概念检查答案

13-1 债务权益比率为 1.0，说明 Mordett 公司拥有 500 万美元的债务和 500 万美元的权益，每年的利息费用为 0.09×500 万 = 45 万美元。Mordett 公司的净利润和净资产收益率根据经济周期不同如下所示：

状况	EBIT (100 万美元)	Nodett 净利润 (100 万美元)	ROE (%)	Mordett 净利润 (100 万美元)[①]	ROE[②] (%)
坏年份	5	3	3	0.3	0.6
正常年份	10	6	6	3.3	6.6
好年份	15	9	9	6.3	12.6

注：①Mordett 公司的税后利润等于 $0.6 \times (EBIT - 450\,000)$ 美元。
②Mordett 公司权益只有 500 万美元。

13-2 对 Mordett 公司的比率分解分析如下：

	ROE	(1) 净利润/ 税前利润	(2) 税前利润/ EBIT	(3) EBIT/销售收入 (利润率)	(4) 销售收入/资产 (总资产周转率)	(5) 资产/ 权益	(6) 复合杠杆因子 (2)×(5)
坏年份							
Nodett	0.030	0.6	1.000	0.062 5	0.800	1.000	1.000
Somdett	0.018	0.6	0.360	0.062 5	0.800	1.667	0.600
Mordett	0.006	0.6	0.100	0.062 5	0.800	2.000	0.200
正常年份							
Nodett	0.060	0.6	1.000	0.100	1.000	1.000	1.000
Somdett	0.068	0.6	0.680	0.100	1.000	1.667	1.134
Mordett	0.066	0.6	0.550	0.100	1.000	2.000	1.100
好年份							
Nodett	0.090	0.6	1.000	0.125	1.200	1.000	1.000
Somdett	0.118	0.6	0.787	0.125	1.200	1.667	1.311
Mordett	0.126	0.6	0.700	0.125	1.200	2.000	1.400

13-3 GI 公司 2017 年的 ROE 为 3.03%，计算过程如下：

$$\text{ROE} = \frac{5\,285}{0.5 \times (171\,843 + 177\,128)}$$

$$= 0.030\,3 \text{ 或 } 3.03\%$$

市盈率 = 21/5.285 = 4，市净率 = 21/177 = 0.12，收益价格比率为 25%，行业平均收益价格比率为 12.5%。

注意，计算的收益价格比率并不等于市盈率/ROE。因为（通常情况下）我们计算净资产收益率时是以股东权益平均值为分母的，而计算市盈率是以年末股东权益为分母的。

13-4 对 IBX 公司的比率分析如下：

年份	ROE	(1) 净利润/税前利润	(2) 税前利润/EBIT	(3) EBIT/销售收入（利润率）	(4) 销售收入/资产（总资产周转率）	(5) 资产/权益	(6) 复合杠杆因数 (2)×(5)	(7) ROA (3)×(4)
2018	11.4%	0.616	0.796	7.75%	1.375	2.175	1.731	10.65%
2016	10.2%	0.636	0.932	8.88%	1.311	1.474	1.374	11.65%

尽管营业利润率和税收负担比率都下降了，但净资产收益率仍然增加了，因为杠杆比率和周转率增加了。注意，总资产收益率从 2016 年的 11.65% 下降到了 2018 年的 10.65%。

13-5 使用后进先出法时的报告收益低于使用先进先出法时的报告收益。较少的折旧资产使报告收益较低，因为利率中的通货膨胀溢价被视为利息费用的一部分而非对本金的偿付。若 ABC 公司报告收益与 XYZ 公司一样，尽管 ABC 公司收益的三个来源有下降的趋势，但其真实收益一定更高一些。

第 14 章
CHAPTER 14

期权市场介绍

衍生证券，或更简单的衍生工具，在金融市场中正在发挥着越来越重要的作用。这些衍生证券的价格取决或者衍生于其他证券的价格。

期权与期货合约都是衍生证券的种类之一，它们的收益取决于其他证券的价值。我们将在第 17 章中讨论的互换也是衍生证券。因为衍生工具的价值取决于其他证券的价值，所以它们是非常有用的套期保值与投机工具。从本章的期权开始，我们将在下面的四章中研究它们的应用。

全美范围内标准化的期权合约交易是从 1973 年芝加哥期权交易所的看涨期权交易开始的。这种合约一开始就很受欢迎，取代了原先股票期权的场外交易。

现在的期权合约在多个交易所交易，标的资产有普通股票、股票指数、外汇、农产品、贵金属和利率期货等。此外，随着近年来客户量身定制期权交易的快速发展，场外交易市场也正在以惊人的速度复苏。作为改变资产组合特性公认的有效方法，期权已经成为资产组合管理人必不可少的工具。

本章我们主要介绍期权市场，解释看涨期权与看跌期权的原理及投资特征，接着讲述常见的期权策略。最后，我们介绍具有期权特征的证券，如可赎回证券与可转换债券等，并简要介绍一下所谓的奇异期权。

14.1 期权合约

看涨期权（call option）赋予期权持有者在到期日或之前以特定的价格，称为**行权价格**（exercise or strike price），购买某项资产的权利。例如，行权价格为 150 美元的 IBM 股票 2 月看涨期权，就赋予其持有者在到期日或之前的任何时候以 150 美元的价格购买 IBM 股票的权利。期权持有者没有被要求一定要行使权利。只有标的资产的市值超过行权价格时，持有者才愿意行权。在这种情况下，期权持有者能够以行权价格获得标的资产。否则，当市值低于行权价格时，期权持有者放弃期权。如果期权在到期日之前没有执行，就会自然失效，不再有价值。因此，在到期日，如果股票价格高于行权价格，看涨期权价值等于股票价格与行权价格之差；但若股票价格低于行权价格，看涨期权就一文不值了。看涨期权的净利润等于期权价值减去初始购买期权时支付的价格。

期权的购买价格称为**期权费**（premium，也译为权利金），它表示如果执行期权有利可图，期权购买者为获得执行期权的权利而付出的代价。

看涨期权的卖方，出售期权获得权利金收入，来弥补日后当行权价格低于资产市值时他仍需履约时的损失。如果看涨期权在到期日时一文不值，那么卖方通过出售看涨期权净得一笔权利金。但是如果看涨期权被执行，期权出售者所得利润就是最初所获得权利金减去股票价值与行权价格的差额所余的部分。如果市场股票价值与期权行权价格的差额大于出售者最初获得的权利金，期权出售者就会发生亏损。

例 14-1 看涨期权的利润与损失

假定有一份 2016 年 8 月到期的 IBM 股票看涨期权，行权价格为每股 150 美元，于 2016 年 6 月 30 日出售，权利金为 4.1 美元，到期日之前，期权买方有权以 150 美元/股购得 IBM 股票。6 月 30 日，IBM 股票的价格为 149.6 美元/股，此时以 150 美元/股价格行权显然是无意义的。的确，如果 IBM 股票价格在到期日之前一直低于 150 美元/股，那么看涨期权直到到期日也没有任何价值。反之，如果 IBM 股票在到期日价格高于 150 美元/股，则期权持有者就会执行期权。例如，8 月 19 日 IBM 股票价格为 152 美元/股，持有者就会行权，因为他花费 150 美元购买了价值 152 美元的股票。到期日看涨期权的价值为

到期日看涨期权价值 = 股票价格 − 行权价格 = 152 − 150 = 2（美元）

尽管到期日期权持有者获得了 2 美元的报酬，期权持有者还是损失了 2.1 美元，因为他购买期权时花费了 4.1 美元：

利润 = 最终价值 − 初始投资 = 2 − 4.1 = −2.1（美元）

但无论如何，只要到期日股票价格高于行权价格，那么行权就是最优选择，因为执行期权带来的收益至少会抵偿部分初始投资。如果到期日 IBM 股票价格高于 154.1 美元/股，期权持有者就会获得净利润。在这一股价上，执行期权的收益恰好等于期权的初始投资。

看跌期权（put option）赋予期权购买者在到期日或之前以确定的行权价格出售某项资产的权利。一个行权价格为 150 美元的 IBM 股票 2 月份看跌期权，赋予其持有者在到期日前以 150 美元的价格卖给期权卖方的权利，即使 IBM 股票价格低于 150 美元。看涨期权随着资产市值升高而增值，而看跌期权随资产市值降低而增值。只有在行权价格高于标的资产价格时，看跌期权才会被行权。也就是说，在资产市值低于行权价格时，看跌期权持有者能够以行权价格出售资产。需要注意的是，投资者不需要持有 IBM 股票来执行看跌期权，只需到期日由经纪人按市场价格购买得到所需的 IBM 股票，然后出售给期权卖方，从中可净赚行权价格与市场价格的价差。

例 14-2 看跌期权的利润与损失

假定一个行权价格为 150 美元 2016 年 8 月到期的 IBM 股票看跌期权，于 6 月 30 日出售，权利金为 5.91 美元。它赋予期权持有者在 8 月 19 日到期日之前以 150 美元/股的价格出售 IBM 股票的权利。如果看跌期权的持有者以 149.6 美元/股价格购买 IBM 股票并立即以 150 美元/股的价格行权，收入为 150 − 149.6 = 0.4 美元。显然，一个支付了 5.91 美元权利金购买看跌期权

的投资者不会立即行权。当然，如果到期日 IBM 股票价格为 141 美元/股，购买看跌期权就是一笔盈利的投资。到期日看跌期权的价值为

$$到期日价值 = 行权价格 - 股票价格 = 150 - 141 = 9（美元）$$

投资者的净利润是 9-5.91=3.09（美元）。持有期的收益率为 3.09/5.91=0.52 或 52%，仅仅 50 天！显然，期权卖方（交易的另外一方）在 6 月 30 日不大可能考虑到这个结果。

当期权持有者执行期权能获得利润时，称此期权为**实值期权**（in the money）。因此，当资产价值高于行权价格时，看涨期权为实值期权；当资产价值低于行权价格时，看跌期权是实值期权。相反，当资产价值低于行权价格时，看涨期权为**虚值期权**（out of the money）；没有人会行权，即以行权价格购买价值低于行权价格的资产。当行权价格低于资产价值时，看跌期权为虚值期权。当行权价格等于资产价格时，期权称为**平价期权**（at the money）。

14.1.1 期权交易

有些期权在场外市场交易。场外市场的优势在于期权合约的条款（行权价格、到期时间和标的股份数量）可以根据交易者需求量身定制。当然，建立场外交易的期权合约的成本要比场内交易高很多。

场内交易的期权合约的到期日、行权价格都是标准化的。每份股票期权合约提供买入或卖出 100 股的权利（如果在合约有效期内发生股票拆分，合约会对此进行调整）。

期权合约条款的标准化意味着所有市场参与者都是用有限的标准证券进行交易的，这样增加了任何特定期权的交易深度，从而降低了交易成本，导致更激烈的市场竞争。交易所主要提供两种便利：一是简化交易，使买卖双方及其代理都可以自由进出交易中心；二是流动的二级市场，期权买卖双方可以迅速地、低成本地交易。

一直以来，大多数美国期权交易都在芝加哥期权交易所进行。然而，2003 年国际证券交易所（位于纽约的电子交易系统）取代了芝加哥期权交易所，成为最大的期权交易所。欧洲的期权交易统一采用电子交易系统。

图 14-1 是 2016 年 6 月 30 日 IBM 股票期权的行情。当天 IBM 的收盘价为 149.6 美元/股，⊖对应着不同到期日以及行权价格的期权报价。

如果股票价格超出了现行股票期权行权价格的范围，新的合适的期权行权价格就会被报出。因此，任何时候都有实值期权或虚值期权，如 IBM 的股票期权。

图 14-1 给出了所有看涨期权与看跌期权的到期日、行权价格。对于每份合约来说，从左至右的三列分别是期权的收盘价、交易量和持仓量（尚未履约的合约数量）。比较图 14-1 中具

PRICES AT CLOSE JUNE 30, 2016

IBM (IBM)　　　Underlying Stock Price: 149.60

Expiration	Strike	Call			Put		
		Last	Volume	Open Interest	Last	Volume	Open Interest
July 15, 2016	145	5.18	37	6319	0.48	79	5659
August 19, 2016	145	6.98	137	1943	3.60	512	2476
October 21, 2016	145	8.42	12	1310	6.35	80	1086
July 15, 2016	150	1.85	478	6521	1.81	1649	5763
August 19, 2016	150	4.10	472	2373	5.91	81	2911
October 21, 2016	150	5.43	23	2604	8.42	77	3101
July 15, 2016	155	0.79	337	13492	5.95	77	3847
August 19, 2016	155	1.90	113	5215	8.45	9	1748
October 21, 2016	155	3.60	8	1681	11.70	12	728

图 14-1　2016 年 6 月 30 日 IBM 股票期权收盘价

资料来源：Google Finance, www.google.com/finance.

⊖ 有时，这个价格可能与交易所网站上公布的收盘价不一致。这是因为有些在纽交所上市的股票在交易所收盘后依然会交易，交易所网站公告了最近的收盘价。但是，期权交易所与纽交所同时收盘，收盘期权价格对应的是纽交所收盘时的股价。

有相同到期日但行权价格不同的看涨期权的价格，你就会发现，行权价格越高，看涨期权的价格越低。这很容易理解，因为以较低的行权价格购买一份股票比以较高的行权价格购买股票获利更多。这样行权价格为 150 美元的 8 月 IBM 股票看涨期权卖价为 4.1 美元，而行权价格为 155 美元的 8 月 IBM 股票看涨期权卖价仅是 1.9 美元。相反，对看跌期权来说，行权价格越高看跌期权的期权价格就越高：同样对 IBM 股票，你肯定愿意以 155 美元而不是 150 美元卖出，这一点也反映在看跌期权价格上。行权价格为 155 美元的 8 月份 IBM 股票看跌期权卖价为 8.45 美元，而行权价格为 150 美元的 8 月看跌期权卖价仅为 5.91 美元。

如果期权合约在某一整天都没有交易，那么就以交易量与收盘价栏上的三个点来表示。因为期权交易不频繁，所以会经常发现期权价格与其他价格不一致。例如，你会发现两份不同行权价格的看涨期权的价格是相同的。这种矛盾缘于这些期权的最后交易发生在同一天的不同时刻。在任何时候，行权价格较低的看涨期权的价格一定比其他条件都相同而更高行权价格的看涨期权的价格要高。

> **概念检查 14-1**
>
> a. 一位投资者购买了 8 月到期的 IBM 股票看涨期权，行权价格为 150 美元。如果到期日当天股票价格为 160 美元，那么其收益和净利润各是多少？如果到期日股票价格为 140 美元呢？
> b. 如果投资者购买的是 8 月到期的 IBM 股票看跌期权，行权价格为 150 美元。回答上述问题。

大多数场内交易的期权的有效期都相当短，最多几个月。对于大公司股票和一些股票指数，有效期较长，甚至可长达几年。这些期权称为长期股票期权证券（LEAPS）。

14.1.2 美式期权与欧式期权

美式期权（American option）允许持有人在期权到期日或之前任何时点行使买入（如果是看涨期权）或卖出（如果是看跌期权）标的资产的权利。**欧式期权**（European option）规定持有者只能在到期日当天行权。美式期权比欧式期权行使权利的余地大，所以一般来说价值更高。实际上，除外汇期权和股票指数期权外，美国国内交易的所有期权都是美式期权。

14.1.3 期权合约条款的调整

因为期权是以设定价格买卖股票的权利，所以如果期权合约对股票分拆不做调整，那么股票分拆就会改变期权的价值。例如，图 14-1 所列的 IBM 股票看涨期权。如果 IBM 宣布将它的股票按 1:2 的比例分割，那它的股价会从 150 美元降至 75 美元。这样，行权价格为 150 美元的看涨期权会变得毫无价值，因为在期权有效期内基本没有以高于 150 美元卖出股票的可能性。

> **概念检查 14-2**
>
> 假如在执行日 IBM 股票价格为 160 美元，而看涨期权的行权价格为 150 美元，一份期权合约的收益是多少？当股票以 1:2 比例分割后，股价为 80 美元，行权价格为 75 美元，期权持有者可以购买 200 股。请说明股票分割并未影响该期权的收益。

为了解决股票分拆问题，要按分拆比降低行权价格，合约的数量也需按同比增加。例如，原来 IBM 股票看涨期权的行权价格为 150 美元，按照 1:2 的比例分拆为两份期权，每份新期权的行权价格为 75 美元。对超过 10% 的股票股利也要做同样的调整，期权标的股票数量应随股票股利同比增长，而行权价格则应同比降低。

与股票股利不同，现金股利则不影响期权合约的条款。因为现金股利降低股票价格而不会在期权合约中增加调整内容，所以期权价值受股利政策的调整。在其他情况都相同时，高股利股票的看涨期权价值较低，因为高股利减缓了股票的增值速度；相反，高股利股票的看跌期权价值较高。当然，期权价值不会在股利支付日或公告日当天突然上升或下降。股利支付是可以预期的，因此初始的期权价格已包含了股利的因素。

14.1.4 期权清算公司

期权清算公司，即期权交易的清算所，附属于期权交易所存在的交易所。期权买卖双方在价格达成一致后，就会成交。这时，期权清算公司就要介入，在交易者中充当中间人的角色，对期权卖方来说它是买方，对期权买方来说它是卖方。因此所有的交易者都只与期权清算公司打交道，由清算公司保证合约的履行。

当期权持有者执行期权合约时，清算公司就会通知出售期权有履约义务的客户所在的会员公司。会员公司选择出售期权合约的客户让其履约。卖出一份看涨期权，客户必须以行权价格交割 100 股股票；卖出一份看跌期权，则必须以行权价格买入 100 股股票。

因为清算公司保证合约履行，所以要求期权卖方缴纳保证金来确保其能够履行合约。所需保证金部分由期权的实值金额决定，因为这个金额代表了期权卖方的潜在义务。当所需保证金高于保证金账户余额时，卖方会收到补交保证金通知。相反，买方就不需要缴纳保证金，因为他只会在有利可图时执行期权。在购买了期权合约之后，持有人的其他资金就不会有风险。

保证金要求部分取决于投资者手中持有的其他证券。例如，看涨期权的卖方持有标的股票，只要把这些股票记入经纪人账户，就可以满足保证金要求。这些股票可以在期权执行时用来交割。如果期权的卖方没有标的证券，那么保证金要求就由标的资产价值和实值或虚值金额来决定。虚值期权需要的保证金要少一些，因为预期损失较低。

14.1.5 其他期权

除了股票，以其他资产为标的物的期权也被广泛交易。常见的标的物有市场指数、行业指数、外汇、农产品期货、黄金、白银、固定收益证券和股票指数等。下面我们介绍几个品种。

指数期权 指数期权是以股票市场指数为标的物的看涨或看跌期权，比如标准普尔 500 指数或纳斯达克 100 指数。指数期权不仅有几个广泛的指数，也有某些行业指数甚至商品价格指数。我们已经在第 2 章介绍过这些指数。

对不同合约或不同交易所，指数的构造也不同。例如：标准普尔 100 指数是指标准普尔公司编制的 100 种股票的市值加权平均值，权重与各股票的市值成正比；道琼斯工业指数是指 30 种股票的价格加权平均。

此外，国外股票指数期权合约也在交易。例如，日经 225 股指期权就在新加坡交易所和芝加哥商品交易所交易。像金融时报指数（FTSE 100）这样的欧洲指数期权就在纽约泛欧证交所进行交易。芝加哥期权交易所内还有石油和高科技的行业指数期权。

与股票期权不同，指数期权不需要看涨期权的卖方在执行日交割"指数"，也不需要看跌期权的买方购买"指数"，它采用现金交割的方式。在到期日计算期权的增值额，卖方将增值额支付给买方即可。期权增值额即期权行权价格与指数价值之间的差额。例如，行权价格为

2 090 点的标准普尔 100 指数看涨期权在到期日为 2 100 点,买方会收到 (2 100-2 090) 乘以合约乘数 100 或 1 000 美元每份合约的现金支付。

标准普尔 100 指数(因股票代码常被称为 OEX)、标准普尔 500 指数 (SPX)、纳斯达克 100 指数 (NDX) 和道琼斯工业指数 (DJX) 等主要指数的期权,是芝加哥期权交易所最活跃的交易合约,这些期权占据了大部分的交易量。

期货期权 期货期权赋予它们的持有者以行权价格购买或卖出特定期货合约的权利,并把某一期货价格作为期权的行权价格。尽管交割过程稍微有些复杂,期货期权合约的条款设计使得卖方能以期货价格来出售期权。在到期日,期权持有者会收到一笔净支付,该支付等于特定标的资产的当前期货价格与期权行权价格的差额。例如,如果期货价格为 37 美元,看涨期权的行权价格为 35 美元,期权持有者通过行权可以获得 2 美元的收益。

外汇期权 外汇期权赋予持有者以特定数额本国货币买入或卖出一定数额外币的权利。外汇期权合约要求以特定数额美元买入或卖出外币。合约的报价单位为每单位外币的美分数。

外汇期权与外汇期货期权之间有很大的区别。外汇期权提供的收益取决于行权价格与到期日汇率的差额。外汇期货期权提供的收益取决于行权价格与到期日汇率期货价格的差额。因为汇率与汇率期货价格一般不相等,所以期权与期货期权的价值也会不同,即便两者的到期日和行权价格都相同。外汇期货期权交易量占外汇期权交易量的绝大部分。

利率期权 利率期权的标的物包括美国中长期国债、短期国债,以及像英国和日本这样主要经济体的政府债券。还有一些利率期货期权,其标的物包括中长期国债期货、短期国债期货、财政基金期货、LIBOR 期货、欧元同业拆借利率期货⊖和欧洲美元期货。

14.2 到期日期权价值

14.2.1 看涨期权

看涨期权给予以行权价格买入证券的权利。假定你持有行权价格为 100 美元的 FinCorp 股票,股票现在价格为 110 美元,那么你就可以行使期权以 100 美元买入股票,并以 110 美元的价格卖出,结算得收益是 10 美元/股。但是如果股票价格低于 100 美元,你可以观望,什么也不做,既不亏也不赚。于是,到期时看涨期权的价值如下:

$$\text{看涨期权买方的损益} = \begin{cases} S_T - X & \text{如果 } S_T > X \\ 0 & \text{如果 } S_T \leq X \end{cases}$$

式中,S_T 为到期日的股票价格,X 为行权价格。该公式着重强调了期权收益非负的特点。也就是说:只有 S_T 大于 X 时,期权才会被行权;如果 S_T 小于 X,期权到期价值为零。此时买方的净损失等于当初购买期权而支付的金额。一般期权买方的净利润等于到期时期权价值减去初始购买价格。

一个行权价格为 100 美元的看涨期权到期时的价值如下所示:

股票价格(美元)	90	100	110	120	130
期权价值(美元)	0	0	10	20	30

⊖ 欧元同业拆借利率市场与伦敦银行同业拆借利率市场相似(见第 2 章),但在欧元同业拆借利率市场中,利率的支付是以欧元为单位的银行间存款利率。

股价低于 100 美元时，期权价值为零；股价高于 100 美元时，期权价值为股价超出 100 美元的部分，股价每提高 1 美元，期权价值就增加 1 美元。这种关系如图 14-2 所示。

在图 14-2 中，实线表示到期时看涨期权的价值。期权持有者的净利润等于毛收益减去购买期权的初始投资。假定看涨期权的成本为 14 美元，那么持有者的利润如图 14-2 虚线所示。在期权到期日，若股价小于或等于 100 美元，持有者的亏损为 14 美元。

只有在到期时股价超过 114 美元，利润才为正，盈亏平衡点为 114 美元，因为只有在此价格时，期权的收益（$S_T-X=114-100=14$ 美元）才等于看涨期权的初始成本。

相反，如果股价高了，看涨期权卖方就会有损失。因为在此情况下，卖方会接到通知，并需要以 X 美元的价格卖出价值 S_T 的股票：

$$\text{看涨期权卖方的损益} = \begin{cases} -(S_T - X) & \text{如果 } S_T > X \\ 0 & \text{如果 } S_T \leq X \end{cases}$$

如果股票价格上升，看涨期权的卖方会承担损失，但他们愿意承担此风险，因为能够获得权利金。

图 14-3 是看涨期权卖方的收益与利润，与看涨期权买方的收益与利润互为镜像。看涨期权卖方的盈亏平衡点也是 114 美元。在这个点上，期权卖方的（负的）收益正好与当初收到的权利金相等。

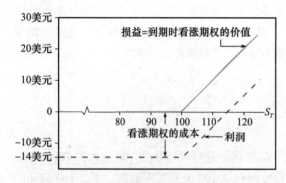

图 14-2　到期时看涨期权买方的损益与利润

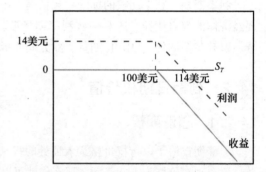

图 14-3　到期时看涨期权卖方的损益与利润

14.2.2　看跌期权

看跌期权赋予以行权价格卖出资产的权利。既然这样，看跌期权买方只有在价格低于行权价格时，才会执行期权。例如，如果 FinCorp 公司股票跌至 90 美元，看跌期权的行权价格为 100 美元，买方行权结算获得 10 美元。买方以 90 美元的价格买入股票，同时以 100 美元交割给看跌期权的卖方。

到期时看跌期权的价值为

$$\text{看跌期权买方的损益} = \begin{cases} 0 & \text{如果 } S_T \geq X \\ X - S_T & \text{如果 } S_T < X \end{cases}$$

图 14-4 中的实线表示到期时行权价格为 100 美元的 FinCorp 股票看跌期权买方的损益。如果到期时股票价格高于 100 美元，到期时看跌期权的收益与利润就没有价值，即以 100 美元卖出股票的权利不会被行使。如果到期时股票价格低于 100 美元，则股票价格每降低 1 美元期权价值就增加 1 美元。图 14-4 中虚线表示到期时看跌期权买方扣除原始期权购买成本后的净利润。

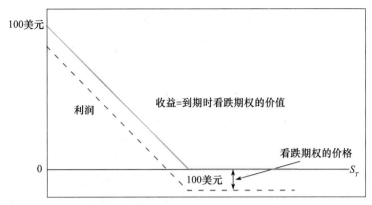

图 14-4 到期时看跌期权的损益与利润

对于裸看跌期权（例如，卖出一个看跌期权，但在股票市场上没有可对冲的股票空头）的卖方来说，如果股票价格下跌，就要承担损失。以前，人们一直认为卖出虚值很大的裸看跌期权是一种产生收入的很有吸引力的方式，以为只要到期前市场不出现大幅下跌，卖方就可以获得权利金收入，因为买方不愿意执行期权，只有市场剧烈下跌才会导致看跌期权卖方出现损失，因而这种策略被认为不会有过多风险。但是，1987年10月的市场崩盘使许多看跌期权卖方蒙受了巨大的损失，于是现在市场参与者都开始认为这种策略风险很大。

14.2.3 期权与股票投资

买入看涨期权是牛市策略，那就是说，当股票价格上涨时，看涨期权提供利润，而买入看跌期权是熊市策略。对应地，卖出看涨期权是熊市策略，卖出看跌期权是牛市策略。因为期权价值取决于标的股票的价格，所以购买期权可视为直接买入或卖出股票的替代行为。那为什么期权策略比直接股票交易更有吸引力呢？

例如，为什么你购买看涨期权而不是直接购买股票呢？也许你得到的信息使你认为股票价格会从现在的水平开始上涨，比如我们前面的例子股票现价为100美元。但你知道你的分析可能是不正确的，股票价格也可能下跌。假定6个月到期行权价格为100美元的看涨期权的售价为10美元，6个月利率为3%。考虑你有一笔资金10 000美元，有三种投资策略。简单起见，假定公司在6个月内不支付股利。

> **概念检查 14-3**
>
> 考虑四种期权策略：买入看涨期权，卖出看涨期权，买入看跌期权和卖出看跌期权。
> a. 对于每一种策略，用图形描述收益与利润，表示出它们与股价的函数关系。
> b. 为何将买入看涨期权与卖出看跌期权视为"牛市"策略？它们之间有何区别？
> c. 为何将买入看跌期权与卖出看涨期权视为"熊市"策略？它们之间有何区别？

- 策略A：全部购买股票。买入100股，每股价格100美元。
- 策略B：全部购买平价期权。买入1 000股看涨期权，每股售价10美元（即买入10份合约，每份合约100股）。
- 策略C：用1 000美元购买100份看涨期权，用剩余的9 000美元买入6个月到期的国债，赚取3%的利息收入。国债的价值会从9 000美元增加到9 000×1.03＝9 270美元。

现在以6个月到期时的股票价格为变量，来分析三种资产组合在到期时可能的价值。

资产组合	股票价格（美元）					
	95	100	105	110	115	120
资产组合 A：全部买股票	9 500	10 000	10 500	11 000	11 500	12 000
资产组合 B：全部买期权	0	0	5 000	10 000	15 000	20 000
资产组合 C：看涨期权加国债	9 270	9 270	9 770	10 270	10 770	11 270

资产组合 A 的价值为每股价格的 100 倍。资产组合 B 只有在股票价格高于行权价格时才会有价值。一旦超过临界点，资产组合 B 的价值就是股票价格超过行权价格部分的 1 000 倍。最后，资产组合 C 的价值为投资国债获得的 9 270 美元加上 100 份看涨期权获得的利润。三种资产组合的初始投资都是 10 000 美元。三种组合的收益率表示如下：

资产组合	股票价格（美元）					
	95	100	105	110	115	120
资产组合 A：全部买股票	-5.0%	0.0%	5.0%	10.0%	15.0%	20.0%
资产组合 B：全部买期权	-100.0%	-100.0%	-50.0%	0.0%	50.0%	100.0%
资产组合 C：看涨期权加国债	-7.3%	-7.3%	-2.3%	2.7%	7.7%	12.7%

它们的收益率如图 14-5 所示。

将资产组合 B 和 C 与资产组合 A 购买股票简单投资的收益率做比较，我们发现期权有两种有趣的特性。第一，期权具有杠杆作用。比较资产组合 A 与 B 的收益率，除非股票价格高于 100 美元，否则资产组合 B 的价值将为零，收益率为-100%；相反，股票收益率稍微增长，期权的收益率就会急剧增长。例如，股票价格上涨 4.3%，即从 115 美元涨至 120 美元，看涨期权的收益率从 50% 增加至 100%。在这种情况下，看涨期权是一种杠杆投资，其价值的变化幅度高于股票价值变化幅度。

图 14-5 生动地说明了这一点。全部买入期权资产组合的斜率曲线比全部买入股票资产组合陡得多，反映了它对标的证券价值变动的较高敏感度。正是因为这种杠杆作用，那些能获得内幕信息（非法）的投资者通常采用期权作为投资工具。

第二个有趣特征是期权有潜在的保险功能，正如资产组合 C 所示。因为期权到期时最低价值为零，所以 6 个月国债加期权的资产组合的价值不可能低于 9 270 美元。资产组合 C 最差的收益率是-7.3%。

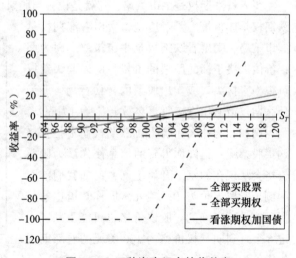

图 14-5 三种资产组合的收益率

而理论上，当公司破产时投资股票的最差收益率为-100%。当然，这种保险是有代价的，当股票价格上涨时，国债加期权的资产组合 C 的表现不如资产组合 A。

这个简单的例子说明了重要的一点。期权常常被投机者用作有效杠杆化的股票头寸，如资产组合 B，它们也常被创造性地用来降低风险敞口程度，如资产组合 C。例如，国债加期权策略的资产组合 C 的收益率与只买股票有很大不同。这个策略风险底线有绝对的限制并且很有吸引力。下面我们继续讨论几种期权策略，其新颖的风险结构也许会吸引套期保值者和其他投资者。

14.3 期权策略

将具有不同行权价格的看涨期权与看跌期权组合会得到无数种收益结构。下面我们选择几种常见的组合，讨论其动因及结构。

14.3.1 保护性看跌期权

假想你想投资某只股票，却不愿承担超过一定水平的潜在风险。仅仅是购买股票对你来说是有风险的，因为理论上你可能损失所投资的钱。你可以考虑购买股票并购买一份股票的看跌期权。表14-1给出了你资产组合的总价值：不管股票价格如何变化，你肯定能够在到期时得到一笔至少等于期权行权价格的收益，因为看跌期权赋予你以行权价格卖出股票的权利。

表14-1　到期日保护性看跌期权资产组合的价值

	$S_T \leq X$	$S_T > X$
股票	S_T	S_T
+看跌期权	$X - S_T$	0
=总计	X	S_T

例14-3　保护性看跌期权

假定行权价格 $X = 100$ 美元，期权到期时股票售价为97美元。你的投资组合的总价值为100美元。股票价值97美元，看跌期权到期时的价值为：

$$X - S_T = 100 - 97 = 3 \text{（美元）}$$

换个角度看，你既持有股票，又持有它的看跌期权，该期权赋予你以100美元卖出股票的权利。资产组合的最小价值锁定为100美元。而如果股票价格超过100美元，比如说104美元，那么以100美元卖出股票的权利就不再有价值。你不用在到期时执行期权，继续持有价值104美元的股票。

图14-6显示了**保护性看跌期权**（protective put）策略的收益与利润。C中的实线是收益，下移一定幅度（$S_0 + P$，建立头寸成本）用虚线表示是利润。注意，潜在的损失是有限的。

将保护性看跌期权策略与股票投资做比较会得到很多启发。简单起见，考虑平价保护性看跌期权，这时 $X = S_0$。图14-7比较了两种策略的利润。如果股票价格保持不变，$S_T = S_0$，股票的利润为零；如果最终股票价格上升或下降1美元，利润

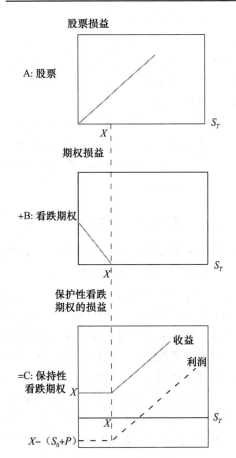

图14-6　到期日保护性看跌期权的价值

也上升或下降1美元；如果 $S_T < S_0$，则保护性看跌期权的利润为负值，且等于购买期权而付出的成本。一旦 S_T 超过了 S_0，股票价格上升1美元，看跌性保护期权的利润就增加1美元。

图14-7清楚地表明，保护性看跌期权提供了针对股价下跌的保险，限制了损失。因此，

保护性看跌期权是一种资产组合保险。保护的成本是，一旦股价上升，购买期权的成本上升就会带来利润的减少，因为这时是不需要购买期权的。

这个例子也说明，尽管人们普遍认为衍生证券意味着风险，但它也可被用来进行有效的风险管理。实际上，这种风险管理正在成为财务经理受托责任的一部分。确实，在一个常被提及的诉讼案例中，某公司的董事长布兰斯·罗斯因为利用衍生证券对存货的价格风险进行套期保值失败而被起诉，而这种套期保值可以使用保护性看跌期权来实现。

鉴于近几年的信贷危机，声称衍生工具是最佳的风险管理工具是很奇怪的。大量金融机构在信贷衍生工具建立的高风险头寸在2007～2008年间不断膨胀，由此促发了次贷危机，并导致了大量损失且不得不需要政府救助。尽管衍生工具具备一些产生巨大风险的特征，但是它们也可被用来进行有效的风险管理，至少在被恰当使用时如此。衍生工具与电动工具类似：在技术熟练的人手中很有用，但对于不熟练的人而言就非常危险了。

14.3.2 抛补看涨期权

抛补看涨期权（covered call）头寸就是买入股票的同时卖出它的看涨期权。这种头寸被称为"抛补的"是因为，将来交割股票的潜在价值正好被资产组合中的股票所抵消。相反，如果没有股票头寸而卖出看涨期权称为卖裸期权。在看涨期权到期时，抛补看涨期权的价值等于股票价值减去看涨期权的价值，如表14-2所示。期权价值被减掉是因为抛补看涨期权头寸涉及出售一份看涨期权给其他投资者，如果其他投资者执行该期权，他的利润就是你的损失。

表14-2 到期日抛补看涨期权价值

	$S_T \leq X$	$S_T > X$
股票收益	S_T	S_T
+卖出看涨期权收益	-0	$-(S_T-X)$
=总计	S_T	X

图14-8C中的实线描述了其收益类型。可

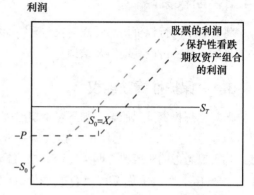

图14-7 保护性看跌期权与股票投资（平价期权）

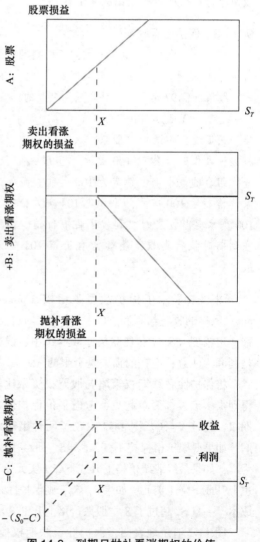

图14-8 到期日抛补看涨期权的价值

以看到：在 T 时，如果股票价格低于 X，总头寸价值为 S_T；当 S_T 超过 X 时，总价值达到最大值 X。本质上，卖出看涨期权意味着卖出了股价超过 X 的部分的要求权，而获得了初始的权利金（看涨期权价格）收入。因此，在到期时，抛补看涨期权的总价值最大为 X。图 14-8C 中虚线是其净利润。

卖出抛补看涨期权是机构投资者的常用策略，比如大量投资于股票的基金管理人，他们很乐意通过卖出部分或全部股票的看涨期权获取权利金来提高收入。尽管在股票价格高于行权价格时他们会丧失潜在的资本利得，但是如果他们认为 X 就是他们计划卖出股票的价格，那么抛补看涨期权可以被看作一种"卖出规则"。这种策略能够保证以计划的价格卖出股票。

例 14-4 抛补看涨期权

假设某养老金拥有 1 000 股股票，现在的股票价格为每股 100 美元。如果股价升至 110 美元，基金管理人愿意卖出所有的股票，并且 60 天到期，行权价格为 110 美元，看涨期权价格为 5 美元。卖出 10 份股票看涨期权合约（每份合约 100 股），就可以获得 5 000 美元的额外收入。当然，如果股票价格超过 110 美元，基金管理人就会损失超过 110 美元的那部分利润，但是既然愿意在 110 美元卖出股票，那么损失的那部分利润本来就没有可能实现。

14.3.3 跨式期权

买入**跨式期权**（straddle）就是同时买进行权价格相同（X）、到期日相同（T）的同一股票的看涨期权与看跌期权。对于那些相信价格要大幅波动，但是不知价格运行方向的投资者来说，买入跨式期权是很有用的策略。例如，假设你认为一场影响公司命运的官司即将了结，而市场对这一情况尚不了解。如果案子的判决对公司有利，股价将翻倍；如果不利，股价将跌为原来的一半。不管结果如何，买入跨式期权都是很好的策略，因为股价以 X 为中心向上或向下急剧变动都使跨式期权头寸的价值大幅增加。

对买入跨式期权来说，最糟糕的情形就是股票价格没有变化。如果 S_T 等于 X，那么到期时看涨期权和看跌期权都没有价值。这样，投资者就损失了购买期权的支出额。因此，买入跨式期权赌的是价格的波动性。买入跨式期权的投资者认为股价的波动高于市场的波动。相反，卖出跨式期权，也就是卖出看涨期权与看跌期权的投资者认为，股票价格缺乏波动性。他们现在收到权利金，希望在到期日前股票价格不发生太大变化。

买入跨式期权的收益如表 14-3 所示。图 14-9C 中的实线也描述了买入跨式期权的收益。注意，该组合的收益除了在 $S_T = X$ 时为零外，总是正值。你也许会奇怪为什么不是所有的投资者都会采取这种似乎不会亏损的策略，原因是买入跨式期权

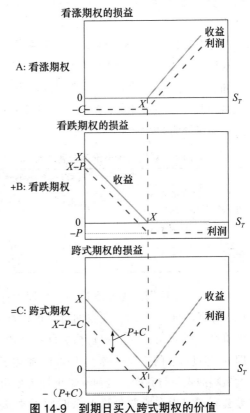

图 14-9 到期日买入跨式期权的价值

要求必须同时购买看涨期权与看跌期权。在到期日买入跨式期权头寸的价值，虽不会为负，但是只有其价值超过当初支付的权利金时才能获得利润。图14-9C中的虚线是买入跨式期权的利润。利润曲线在收益曲线的下方，两者之间的距离为购买买入跨式期权头寸的成本 $P+C$。从图中可以清晰地看出，除非股票价格显著偏离 X，否则买入跨式期权的头寸就会产生损失。只有股价与 X 的偏离大于购买看涨期权与看跌期权的全部支出时，投资者才会获得利润。

表 14-3　到期日买入跨式期权头寸的价值

	$S_T<X$	$S_T \geq X$
看涨期权的损益	0	S_T-X
+看跌期权的损益	$X-S_T$	0
=总计	$X-S_T$	S_T-X

底部条式组合期权（strips）和底部带式组合期权（straps）是跨式套利的变形。具有相同行权价格和到期日的同一证券的两份看跌期权与一份看涨期权，组成一个底部条式组合期权，而两份看涨期权与一份看跌期权组成一个底部带式组合期权。

概念检查 14-4

画出底部条式组合期权与底部带式组合期权的收益与利润图。

14.3.4　价差套利

期权**价差套利**（spread）是不同行权价格或者不同到期日的同一股票的两个或多个看涨期权（或两个或多个看跌期权）的组合。有些期权是多头，而其他期权是空头。货币价差套利是同时买入与卖出具有不同行权价格的期权，时间价差套利是卖出与买入不同到期日的期权。

考虑一种货币价差套利，具体是买入一份行权价格为 X_1 的看涨期权，卖出一份到期日相同、行权价格更高为 X_2 的看涨期权。如表14-4所示，该头寸的收益是所买期权价值与所卖期权价值的差额。

表 14-4　到期日牛市价差套利的价值

	$S_T \leq X_1$	$X_1<S_T \leq X_2$	$S_T \geq X_2$
买入行权价格为 X_1 的看涨期权的收益	0	S_T-X_1	S_T-X_1
+卖出行权价格为 X_2 的看涨期权的收益	-0	-0	$-(S_T-X_2)$
=总计	0	S_T-X_1	X_2-X_1

这时需要区别三种而不是两种情况：低价区，即到期日 S_T 比两个期权的行权价格都低；中价区，即 S_T 在两个行权价格之间；高价区，即 S_T 超过所有的行权价格。图14-10描述了这种策略的收益与利润，这种策略也称为牛市价差套利，因为在股票价格上涨时收益要么增

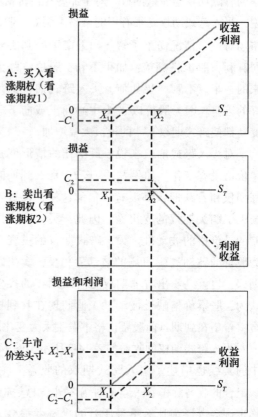

图 14-10　到期日牛市价差头寸的价值

加，要么不受影响，牛市价差套利头寸的持有者从股价上涨中获利。

牛市价差套利产生的一个原因是投资者认为某一期权的价值相对于另一期权来说被高估了。例如，一个投资者认为行权价格 $X=100$ 美元的看涨期权要比行权价格 $X=110$ 美元的看涨期权便宜，就可以进行价差套利，即便他并不看好这只股票。

14.3.5 双限期权

双限期权（collar）是一种期权策略，即把资产组合的价值限定在上下两个界限内。假设某投资者现在持有大量的 FinCorp 股票，现在股票价格为每股 100 美元。通过购买行权价格为 90 美元的保护性看跌期权就可以设定下限为 90 美元，但这需要投资者支付看跌期权的权利金。为了获得资金支付权利金，投资者可以卖出一个看涨期权，比如行权价格为 110 美元。看涨期权的价格与看跌期权的价格基本相等，这意味着这两种期权头寸的净支出基本为零。卖出看涨期权限定了资产组合的上限，即便是股票价格超过了 110 美元，投资者也不会获得超过 110 美元的那部分收益，因为价格高于 110 美元时看涨期权将被执行。这样投资者通过看跌期权的行权价格得到下限保护，同时卖出超过看涨期权行权价格的那部分利润的要求权来获得支付买入看跌期权的权利金。

例 14-5 双限期权

双限期权适合有一定财富目标但不愿意承担超过一定水平风险的投资者。例如，如果你正在考虑购买价值 220 000 美元的房子，你将把这个数字当成目标。你现在的财富是 200 000 美元，并且你不愿意承担超过 20 000 美元的风险。你可以通过以下步骤建立双限期权：①以每股 100 美元的价格购买 2 000 股股票；②购买 2 000 份看跌期权（20 份期权合约），行权价格为 90 美元；③卖出 2 000 份看涨期权，行权价格为 110 美元。这样，你不必承担大于 20 000 美元损失的风险，却得到了 20 000 美元资本利得的机会。

概念检查 14-5

画出例 14-5 中双限期权的损益图。

14.4 看跌-看涨期权平价关系

从前面的内容可知，一个保护性看跌期权组合，包括股票头寸和与该头寸对应的看跌期权，能保证最低收益，但没有限定收益上限。它并不是获得这种保护的唯一方式，看涨期权加国债的组合也能锁定风险下限，但不限定收益上限。

考虑这样的策略，购买看涨期权，同时购买面值等于看涨期权行权价格的国债，且两者到期日相同。例如，如果看涨期权行权价格为 100 美元，则每份期权合约（每份合约 100 股股票）执行时需要支付 10 000 美元，因此你所购买的国债的到期价值也应为 10 000 美元。更一般地，对你所有持有的行权价格为 X 的期权，你需购买面值为 X 的无风险零息债券。

T 时刻，当期权与零息债券到期时，组合的价值为

	$S_T \leq X$	$S_T > X$
看涨期权的价值	0	$S_T - X$
零息债券价值	X	X
总计	X	S_T

如果股票价格低于行权价格，则看涨期权价值为零，但是无风险债券到期时等于其面值 X，于是债券的价值是该组合价值的下限。如果股票价格超过 X，则看涨期权的收益是 (S_T-X)，与债券面值相加得 S_T。该组合的收益与表 14-1 中保护性看跌期权的收益是完全相同的。

如果两种资产组合的价值总是相等的，则其成本也必须相等。因此，看涨期权加债券的成本等于股票加看跌期权的成本。每份看涨期权的成本为 C，无风险零息债券的成本为 $X/(1+r_f)^T$，因此，看涨期权加债券资产组合的成本为 $C+X/(1+r_f)^T$。零时刻股票成本，即现在的股票价格为 S_0，看跌期权的成本为 P，于是有：

$$C + \frac{X}{(1+r_f)^T} = S_0 + P \tag{14-1}$$

式（14-1）称为**看跌-看涨期权平价定理**（put-call parity theorem），因为它代表看涨期权与看跌期权价格之间恰当的关系。如果这个关系被违背，就会出现套利机会。例如，你搜集了某只股票的如下数据：

股票价格	110 美元	看跌期权的价格（1 年期，行权价格 X 为 105 美元）	5 美元
看涨期权的价格（1 年期，行权价格 X 为 105 美元）	17 美元	无风险利率	每年 5%

我们可以利用式（14-1）来验证它是否违背了平价关系：

$$C + \frac{X}{(1+r_f)^T} \stackrel{?}{=} S_0 + P$$

$$17 + \frac{105}{1.05} \stackrel{?}{=} 110 + 5$$

$$117 \neq 115$$

117 不等于 115，结果是违背了平价关系，这说明存在错误定价。为了利用这个错误定价，你买入相对便宜的资产组合（股票加看跌期权组合，等式右边），并卖出相对昂贵的资产组合（看涨期权加债券组合，等式左边）。因此，如果你买入股票，买入看跌期权，卖出看涨期权并借入 100 美元 1 年（因为借入资金是购买债券的相反行为），就可以获得套利利润。

来看一下这个策略的收益。1 年后，股票价格价值为 S_T，100 美元的借款要还付本息，即现金流出 105 美元。如果 S_T 超过 105 美元，卖出看涨期权会导致现金流出（S_T-105 美元）。如果股票价格低于 105 美元，买入看跌期权的收益为（105 美元-S_T）。

表 14-5 是对结果的总结。现在的现金流为 2 美元，1 年后，各个头寸的现金流互相抵消了，也就是说实现了 2 美元的现金流入，但是没有相应的现金流出。投机者都会追求这种套利利润，直到买卖的压力使式（14-1）表达的平价关系满足为止。

表 14-5　套利策略

头寸	即期现金流	1 年后的现金流	
		$S_T<105$	$S_T \geq 105$
买入股票	-110	S_T	S_T
借入 105 美元/1.05＝100 美元	+100	-105	-105
卖出看涨期权	+17	0	$-(S_T-105)$
买入看跌期权	-5	105-S_T	0
总计	2	0	0

式（14-1）实际上只适用于在期权到期日前股票不分发股利的情况，但可以很直接地将其推广到股票支付

股利的欧式期权情况。本章最后的习题 12 将会证实这一点。看跌期权与看涨期权平价关系更一般的公式是：

$$P = C - S_0 + PV(X) + PV(股利) \tag{14-2}$$

其中，PV(股利) 表示在期权有效期内收到股利的现值。如果股票不支付股利，则式 (14-2) 就变成式 (14-1)。

注意，这个一般公式也适用于除了股票外其他资产为标的物的欧式期权。我们只需让该资产在期权有效期内的收益代替式 (14-2) 中的股利。例如，债券的看跌期权与看涨期权就满足同样的平价关系，只是债券的息票收入代替了公式中股票的股利。

但是这个一般化公式只适用于欧式期权，并且只有在每个头寸都持有到期时，式 (14-2) 两边代表的两种资产组合的现金流才会相等。如果看涨期权和看跌期权在到期日前的不同时间被执行，则不能保证两边的收益是相等的，甚至也不能保证期望收益相等，这样两种资产组合会有不同的价值。

例 14-6 看跌期权与看涨期权平价

利用图 14-1 中 IBM 期权的数据，我们看一下平价关系是否成立。8 月到期的看涨期权行权价格为 150 美元，距离到期日还有 50 天，价格为 4.1 美元，相应的看跌期权价格为 5.91 美元。IBM 当前股价为 149.60 美元，短期年化利率为 0.2%。IBM 将要发放 1.4 美元/股的股利，8 月 6 日为除息日，还有 37 天。根据平价关系可知，

$$P = C + PV(X) - S_0 + PV(股利)$$

$$5.91 = 4.10 + \frac{150}{1.002^{50/365}} - 149.60 + \frac{1.40}{1.002^{37/365}}$$

$$5.91 = 4.10 + 149.959 - 149.60 + 1.40$$

$$5.91 = 5.859$$

平价关系不满足，并且出现了每股 0.051 美元的偏差。这个偏差大到可以利用的程度了吗？几乎可以肯定地说，并没有。你必须权衡潜在的利润能否弥补看涨期权、看跌期权与股票的交易成本。更重要的是，在期权交易并不频繁的事实情况下，与平价的偏差可能并不是"真的"，也可能仅是由于"陈旧"的报价造成的，而你已不可能在此价格上进行交易了。

14.5 类似期权的证券

假如你从未直接做过期权交易，你需要在制订一个投资计划时鉴别期权的特性。许多金融工具和协议都具有明显或隐含将选择权给予一方或多方的特征。如果你想评价并正确运用这些证券，你必须理解这些嵌入期权的性质。

14.5.1 可赎回债券

从第 9 章中知道，大部分公司发行债券时都带有赎回条款，即发行方在将来某个时间可以以约定的赎回价格将债券从持有人手中买

概念检查 14-6

可赎回债券与普通债券的抛补看涨期权有何相似性？

回。债权发行商持有看涨债券的价格与债券回购时的价格相等。因此，可赎回债券实质上是出售给投资者的普通债券（没有可赎回、可转换等期权特征）与投资者同时出售给发行者的看

涨期权的组合。

当然，公司必须为它所拥有的这种隐式看涨期权付出代价。如果可赎回债券与普通债券的息票利率相同，那么可赎回债券的价格要低于普通债券：两者之差等于看涨期权的价值。如果可赎回债券是平价发行的，那么其息票利率必须高于普通债券。高息票利率是对投资者的补偿，因为发行商获得看涨期权。

图 14-11 描述了这种类似期权的特征。横轴表示与可赎回债券其他条款相同的普通债券的价值，45 度虚线表示普通债券的价值，实线表示可赎回债券的价值，点线表示公司拥有的看涨期权的价值。可赎回债券的潜在资本利得被公司拥有的以赎回价格购买债券的选择权所限制。

实际上，隐含在可赎回债券里的期权比普通的看涨期权复杂得多，因为通常它只有经过初始赎回保护期后才能被执行。债券的赎回价格也可能随时间发生变化。与交易所内交易的期权不同，可赎回债券的这些特征被定义在最初的债券契约中，并且也取决于发行公司的自身需要与对市场的把握。

14.5.2 可转换证券

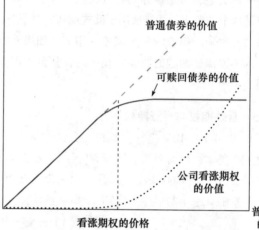

图 14-11 可赎回债券与普通债券价值的比较

可转换债券与可转换优先股都是持有者拥有期权，而不是发行公司拥有。不管证券的市场价格如何，可转换债券的持有者有权将债券或优先股按照约定比例换为普通股。

例如，一个转换比率为 10 的债券持有人可以将面值为 1 000 美元的债券换为 10 股普通股。也就是说，在这种情况下可转换价格为 100 美元；为了得到 10 股股票，投资者牺牲了面值为 1 000 美元的债券，或者说每股的面值是 100 美元。如果债券定期支付的现值低于股票价格的 10 倍，投资者就会转换，即这个转换期权是实值期权。转换比率为 10 且价值为 950 美元的债券，在股价高于 95 美元时会被转换，因为此时从债券转换的 10 股股票的价值高于债券 950 美元的价值。大部分可转换债券发行时都是深度虚值的，因为发行者在设定转换比率时就使转换是不盈利的，除非发行后股票价格大幅上涨或债券价格大幅下跌。

> **概念检查 14-7**
>
> 假设赎回保护期延长。为了使债券平价发行，发行公司提供的息票利率应如何变化？

> **概念检查 14-8**
>
> 平价发行的可转换债券与平价发行的不可转换债券相比，其息票利率是高还是低？

债券的转换价值等于转换时刻所获得股票的价值。很明显，债券的售价至少等于转换价值，否则你就可以购买债券，通过立刻转换来获得净利润。这种情况不会持续，因为如果所有投资者都这样做，最终债券价格会上升。

普通债券的价值，也称为"**债券地板**"（bond floor），是不能转换为股票的债券的价值。可转换债券的售价高于普通债券的售价，因为可转换这一特征是有价值的。实际上，可转换债券是一个普通债券与一个看涨期权的组合。因此，可转换债券具有两个市场价格的底价限制：转换价值与普通债券价值。

图 14-12 描述了可转换债券的期权特征。图 14-12a 表明了普通债券价值是发行公司股票价格的函数。对于一个健康运转的公司来说，普通债券价值与股票价格几乎是独立的，因为违约风险很低。但是，如果公司濒临倒闭（股票价格很低），违约风险增加，普通债券的价值下跌。图 14-12b 表明了债券的转换价值。图 14-12c 比较了可转换债券的价值和它的两个底价限制。

当股票价格较低时，普通债券价值是有效下限，而转换期权几乎不相关，可转换债券就像普通债券一样交易；当股票价格较高时，债券的价格就取决于它的转换价值，由于转换总是有保证的，债券实际上已与股票权益无异。

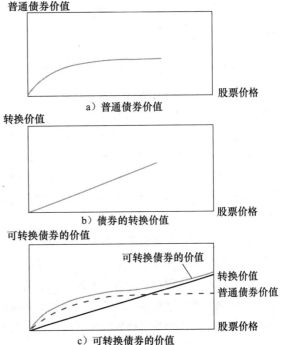

图 14-12　可转换债券的价值与股票价格之间的函数关系

我们可以通过下面两个例子来说明：

	债券 A	债券 B		债券 A	债券 B
年息票率	80 美元	80 美元	转换价值	600 美元	1 250 美元
期限	10 年	10 年	10 年期 Baa 级债券的市场收益率	8.5%	8.5%
评级	Baa	Baa	对应的普通债券价值	967 美元	967 美元
转换比率	20	25	债券的实际价格	972 美元	1 255 美元
股票价格	30 美元	50 美元	到期收益率	8.42%	4.76%

债券 A 的转换价值仅为 600 美元，而对应的普通债券价值为 967 美元，这是普通债券将来的息票与本金按照 8.5% 的利率折现的现值。债券的实际价格为 972 美元，与普通债券价值相比升水 5 美元，这反映出转换的可能性很低。根据实际价格 972 美元和定期支付的利息计算，它的到期收益率为 8.42%，与普通债券的收益率接近。

债券 B 的转换期券处于实值，转换价值是 1 250 美元，债券的实际价格是 1 255 美元，反映了它作为权益的价值（5 美元是为债券对股票价格下跌提供保护的价格）。到期收益率为 4.76%，远低于对应的普通债券的收益率。收益率大幅降低是转换期权价值较高造成的。

理论上，我们可以把可转换债券当作普通债券加上看涨期权来定价。但是在实践中，出于以下原因，这种方法的可行性较差：

- 代表期权行权价格的转换价格经常随时间变动。
- 在债券的有效期内，股票会支付一些股利，使得期权定价分析更加复杂。
- 大部分可转换债券可由公司自行决定赎回，本质上投资者与发行方都拥有对方的期权。如果发行者执行看涨期权，赎回债券，债券持有者一般在一个月内仍可以转换。当发行者知道债券持有者会选择转换的情况下，它选择执行期权，我们就说发行者强制转换。这些情况说明了债券的实际期限是不确定的。

14.5.3 认股权证

认股权证（warrants）实质上是公司发行的看涨期权。它与看涨期权的一个重要区别在于：认股权证的执行需要公司发行新股，这就增加了公司的股票数；看涨期权的执行只需要卖方交割已经发行的股票，公司的总股数不变。认股权证与看涨期权的另一个区别在于，当认证股权的持有者以行权价格购买股票时，会为公司带来现金流。这些不同点使得具有相同条款的认股权证与看涨期权具有不同的价值。

与可转换债券类似，认股权证的条款可以根据公司的需求定制。同样，与可转换债券相似，当发生股票分拆与股利支付时，行权价格与认股权证的数目也要做调整，从而使认股权证免受影响。

认股权证常与其他证券结合在一起发行。例如，债券可能附带认股权证一起发行。当然，认股权证也常常单独发行，称为独立认股权证。

一旦执行，认股权证和可转换证券就创造了增加公司股票总数的机会。这显然会影响公司以每股计的财务统计数据，所以公司年报中必须提供假设所有可转换证券与认股权证都被行权时的每股收益。这个数字称为完全稀释的每股收益。⊖

14.5.4 抵押贷款

许多贷款都要求借款人提供抵押资产作为担保，以保证贷款能够归还。一旦违约，贷款人就获得抵押物的所有权。但对没有追索权的贷款来说，贷款人对抵押物以外的财产没有追索权。也就是说，当抵押物不能抵偿贷款时，贷款人无权起诉借款人要求进一步的支付。

这种协议就给了借款人一个隐含的看涨期权。假如借款人在贷款到期日需要偿还 L 美元，抵押物价值 S_T 美元，而抵押物现在的价值为 S_0 美元。借款人拥有这样的两种选择权：在贷款到期时，如果 $L<S_T$，则借款人归还贷款；如果 $S_T<L$，借款人可以违约，放弃仅值 S_T 美元的抵押物，卸去清偿义务。⊖

另一种描述抵押贷款的方法是：借款人将抵押物移交给贷款人，贷款到期时，通过偿还贷款将抵押物赎回。期初将具有赎回权的抵押物交出去，实际上等于支付了 S_0 美元，同时获得了一个行权价格为 L 美元的看涨期权。实际上，借款人移交抵押物，并且在贷款到期时，如果 $L<S_T$，就可以 L 美元购回抵押物。这是一个看涨期权。

再一种看待抵押贷款的方法是：假定借款人肯定会归还贷款 L 美元，但是仍有将抵押物以 L 美元卖给贷款人的权利，即便是 $S_T<L$。在这种情况下，抵押物出售可以产生足够的现金流来偿还贷款。以 L 美元的价格卖出抵押物就是一个看跌期权，保证借款人通过移交抵押物得到足够的现金来偿还贷款。

这看起来很奇怪，描述同一个抵押贷款，我们既涉及看涨期权，又涉及看跌期权，而两者

⊖ 必须注意，执行可转换债券并不一定减少每股收益。只有在节省的可转换债券的利息（每股）少于之前的每股收益时，稀释的每股收益才会小于未经稀释的每股收益。

⊖ 当然，在实践中，贷款的违约并不这么简单。除了道德之外，还涉及违约方的声誉。一个纯粹的无追索权贷款的含义是：双方从一开始就约定，即使抵押物不足以偿还贷款，违约也不被当作信誉受损害的标志。

的收益却如此截然不同。实际上，两者等价只是反映了看涨期权与看跌期权的平价关系。用看涨期权描述贷款时，借款人的负债为 (S_0-C)：借款人移交了价值 S_0 抵押物，持有价值为 C 的看涨期权。用看跌期权描述贷款时，借款人有义务偿还贷款 L 美元，持有价值为 P 的看跌期权：其净负债的现值为 $[L/(1+r_f)^T-P]$。因为这两种描述对同一抵押贷款来说是等价的，则其负债的值应该相等：

$$S_0 - C = \frac{L}{(1+r_f)^T} - P \tag{14-3}$$

将 L 视为期权的行权价格，式（14-3）就是看跌期权与看涨期权平价关系。

图 14-13 说明了这个事实。图 14-13a 是贷款人收到还款的价值，等于 S_T 与 L 的最小值。图 14-13b 将其表示为 S_T 与隐含的看涨期权（贷款人出售，借款人持有）收益的差额。图 14-13c 将其视为 L 美元与看跌期权收益的差额。

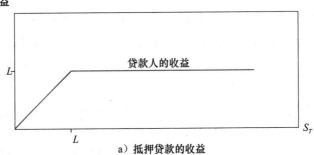

a）抵押贷款的收益

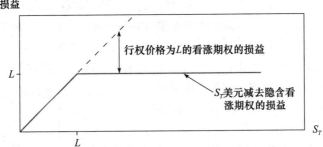

b）债权人从借款人处获得抵押物，发行一个期权给借款人，这样借款人能够以贷款面值来赎回抵押物

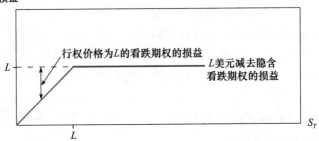

c）债权人从借款人处回收无风险的贷款，并发行看跌期权给借款人，这样借款人能够以贷款面值卖出抵押物

图 14-13 抵押贷款

14.5.5 杠杆权益与风险债务

持有公司股票的投资者受到"有限责任"的保护,意味着如果公司无法偿还债务,公司的债权人仅能扣押公司的资产,而不能对公司股东做进一步的追索。实际上,公司在任何时候借款,最大可能的抵押就是公司的全部资产。如果公司宣告破产,我们就可以解释为公司资不抵债。公司把公司资产的所有权转移给债权人,以履行清偿义务。

如同没有追索权的抵押贷款一样,债权人要求的支付额是隐式期权的行权价格,而公司价值是标的资产。股东们持有看跌期权,可将公司资产的所有权以公司债务的面值转让给债权人。

当然,我们也可以认为股东持有看涨期权,他们已将公司所有权转让给债主,但他们也有权通过还债将公司赎回。既然他们拥有以既定价格买回公司的选择,那么他们就拥有看涨期权。

认识到这一点的重要意义在于,分析师可以利用期权定价技术来对公司债券估价。原则上,风险债券的违约溢价能用期权定价模型来估计。我们将在下一章讨论这些模型。

14.6 金融工程

期权的魅力在于它能创造出不同的投资头寸,其收益取决于其他证券的价值。14.3节中的各种期权策略就是我们所见的证据。

期权也可用来设计风险模式与标的证券价格具有某种关系且它们符合特定要求的新证券或资产组合。这样,期权促进了金融工程的发展,创造了特定收益模式的资产组合。

一个简单运用期权的产品是**指数挂钩存单**(index-linked CDs)。指数挂钩存单能让散户做小头寸的指数期权。不同于支付固定利息的传统存单,指数挂钩存单的运作方式是将某个市场指数(如标准普尔500指数)收益率以特定比例收益支付给存款人,这样即使在市场下跌时也能保证最低收益率。例如,在上涨时,指数存单支付收益的70%,在下跌时保证没有损失。

很显然,指数挂钩存单实际上是一种看涨期权。在市场上涨时,存款人根据参与比率或乘数获得利润,在上述例子中收益率是70%;在市场下跌时,保证投资者没有任何损失。也很明显,银行提供这种存单就是在出售看涨期权,需要在期权市场购买指数看涨期权来对冲风险。图14-14表现的是银行对存款人的收益率。

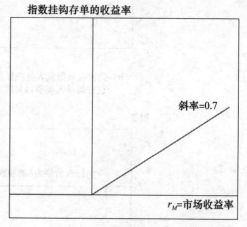

图14-14 指数挂钩存单的收益率

银行如何设定恰当的乘数呢?要回答这个问题,首先看一下期权的几个特征:

- 存款人为期权支付的价格就是所放弃的传统存单的利息。因为利息总是在期末收到,所以投资1美元利息的现值就是 $r_f/(1+r_f)$。因此,存款人用一笔确定的钱,即1美元利息

的现值 $r_f/(1+r_f)$ 去投资来获取收益，而收益取决于市场的表现。相反，银行用本应该支付传统存单的利息来保证履行义务。

- 我们所描述的期权是平价期权，即行权价格等于现在市场指数的价格。一旦市场指数超过了合约签订时的价格，期权就成了实值期权。
- 我们可以用 1 美元的投资为基础进行分析。例如，投资 1 美元于指数挂钩存单的期权成本为 $r_f/(1+r_f)$，期权的市场价值为 C/S_0：平价期权的成本为 C 美元，1 单位市场指数价值为 S_0。

现在很容易就可以确定银行提供存单的乘数。存款人每投资 1 美元，银行得到 $r_f/(1+r_f)$ 的收益。对市场指数每 1 美元的投资，银行需要购买的看涨期权成本为 C/S_0。因此，如果 $r_f/(1+r_f)$ 是 C/S_0 的 70%，那么对于 1 美元的投资，银行至多能够购买 0.7 份看涨期权，于是乘数就是 0.7。一般情况下，存单的均衡乘数为 $r_f/(1+r_f)$ 除以 C/S_0。

例 14-7　指数挂钩存单

假设每年 $r_f=6\%$，6 个月的市场指数的平价看涨期权的价值为 50 美元，市场指数为 1 000 点，于是每 1 美元市场价值的期权成本为 50/1 000 = 0.05 美元。6 个月存单的利率为 3%，这意味着 $r_f/(1+r_f)=0.03/1.03=0.029\ 1$。因此，乘数为 0.029 1/0.05 = 0.582 5。

指数挂钩存单有几种变体。投资者可以购买类似的存单来保证得到正的最低收益，如果他们愿意接受较小的存单乘数。在这种情况下，存款人购买期权的成本为每 1 美元投资 $(r_f-r_{min})/(1+r_f)$ 美元，其中 r_{min} 是保证得到的最低收益率。因为买价越低，买到的期权数量越少，所以乘数就变小了。另一种变体是熊市存单（bear CD），投资者也会得到市场指数一定比例的跌幅。例如，熊市存单将标准普尔 500 指数任何百分比跌幅的 60% 提供给存款人。

> **概念检查 14-9**
>
> 仍假设半年期利率 $r_f=3\%$，平价看涨期权卖价为 50 美元，市场指数为 1 000 点。保证最低收益率为 0.5% 的 6 个月牛市股权挂钩存单的乘数是多少？

14.7　奇异期权

期权市场获得了巨大的成功。期权使得种种投资组合成为可能，投资者对此有清楚的估价，这也反映在期权市场的巨大成交量上。期权市场的成功诱发模仿，近些年我们目睹了期权工具领域的巨大创新。部分创新发生在定制期权市场，并主要活跃在场外市场。在几年前很多期权看起来很不可思议，因此被称为"奇异期权"。在本节中，我们将从中挑选一些有趣的期权来介绍。

14.7.1　亚式期权

你已经知道了美式期权和欧式期权。亚式期权（Asian Options）的损益取决于标的资产至少在部分有效期内的平均价格。例如，一个亚式看涨期权的损益等于过去三个月股票平均价格减去行权价格，如果这个值为正，则损益就为此值，否则期权损益等于零。有些公司会对这种期权感兴趣，如公司对其利润流进行套期保值，而利润又取决于某段时间的商品平均价格。

14.7.2 障碍期权

障碍期权（barrier options）的损益不仅取决于期权到期时标的资产的价格，还取决于资产价格是否超过了一些"障碍"。例如，**触及失效期权**（down-and-out option）就是一种障碍期权，当股票价格跌至障碍价格之后，期权就变得毫无价值了。类似地，触及生效期权就是有效期内股票价格至少有一次跌破障碍价格，才能获得收益。这种期权也被称为**敲出**（knock-out）期权与**敲进**（knock-in）期权。

14.7.3 回顾期权

回顾期权（lookback options）的收益部分取决于有效期内标的资产价格的最大值与最小值。例如，一种回顾看涨期权的收益等于有效期内股票价格的最大值减去行权价格，而不是最终的股票价格。这种期权实际上是一种完美的市场计时器，回顾看涨期权持有者的收益等于以 X 美元买入资产，然后以有效期内的最高价卖出资产的收益。

14.7.4 外汇转换期权

外汇转换期权（currency-translated options）的标的资产与行权价格以外币计价。Quanto 就是一个典型的例子，投资者可以按照事先确定的汇率将投资的外汇转换为美元。这种以给定汇率将一定数量外币兑换成美元的权利是一种简单的外汇期权。Quanto 更有趣之处在于，能够兑换成美元的外币数量取决于外国证券的投资业绩，因此 Quanto 实际上提供的期权数量是随机的。

14.7.5 数值期权

数值期权（digital options），也称为两值期权，或赌注期权，其损益是固定的，取决于标的资产价格是否满足一个条件。例如，如果到期时股票价格超过行权价格，数值看涨期权就能够获得固定的 100 美元收益。

小 结

1. 看涨期权是以协商的行权价格购买某项资产的权利，看跌期权是以确定的行权价格出售某项资产的权利。
2. 美式期权允许早于或在到期日当天行权，欧式期权只能在到期日当天行权。绝大部分交易的期权在本质上都是美式期权。
3. 期权的标的物有股票、股票指数、外汇、固定收益证券和一些期货合约。
4. 期权可以用来改变投资者的资产价格风险敞口，或对资产价格波动提供保险。常用的期权策略有抛补看涨期权、保护性看跌期权、跨式期权、价差套利和双限期权。
5. 看跌期权与看涨期权平价定理将看跌期权与看涨期权的价格联系在一起。如果平价关系被违背，就会出现套利机会。具体地，平价关系为

$$P = C - S_0 + PV(X) + PV(股利)$$

式中，X 是看涨期权与看跌期权的行权价格，$PV(X)$ 是期权到期日 X 美元的现值，$PV(股利)$ 是到期日前收到股利的现值。

6. 许多经常交易的证券具有期权特征。例如，可赎回债券、可转换债券和认股权证。其他的一些协议，如抵押贷款和有限责任借款也可用一方或多方拥有的隐含期权来分析。
7. 奇异期权具有活跃的场外交易市场。

习 题

基础题

1. 我们说，期权可以被用来扩大或减少整个资产组合的风险。风险增加和风险减少的例子各有哪些？逐一解释。
2. 一个考虑卖出已有资产组合的看涨期权的投资者，他需要权衡什么？
3. 一个考虑卖出已有资产组合的看跌期权的投资者，他需要权衡什么？
4. 你为什么认为绝大多数交易活跃的期权接近于平价？

中级题

5. 回到图 14-1，它列出了各种 IBM 期权的价格。根据图中的数据计算投资于 7 月到期的下列期权的收益与利润，假定到期日股票价格为 150 美元。

    a. 看涨期权，$X = 145$ 美元
    b. 看跌期权，$X = 145$ 美元
    c. 看涨期权，$X = 150$ 美元
    d. 看跌期权，$X = 150$ 美元
    e. 看涨期权，$X = 155$ 美元
    f. 看跌期权，$X = 155$ 美元

6. 假设你认为苹果公司的股票在未来一年将大幅升值，股票现在价格为 $S_0 = 100$ 美元，6 个月到期的看涨期权的行权价格为 $X = 100$ 美元，期权价格为 $C = 10$ 美元。用 10 000 美元投资，你可以考虑以下三种策略。

    a. 投资 10 000 美元于股票，购买 100 股。
    b. 投资 10 000 美元于 1 000 个期权（10 份合约）。
    c. 用 1 000 美元购买 100 个期权（1 份合约），用余下的 9 000 美元投资于货币基金，该基金 6 个月付息（年利率 4%）。

    对于 6 个月后所列的 4 种股票价格，对应的每种策略的收益率各是多少？把结果总结在下表中，并作图。

	6 个月后股票价格（美元）			
	80	100	110	120
a. 全股票（100 股）				
b. 全期权（1 000 个）				
c. 票据+100 期权				

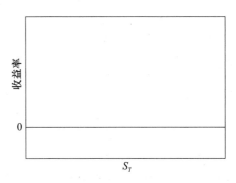

7. PUTT 公司的普通股最近一个月来交易价格变动很小，你确信 3 个月后其价格将远远突破这一个价格范围，但你并不知道它会上涨还是下跌。股票现在的价格为每股 100 美元，行权价格为 100 美元的 3 个月看涨期权价格为 10 美元。

    a. 如果无风险利率为每年 10%，行权价格为 100 美元的 PUTT 公司股票的 3 个月看跌期权的价格是多少（股票不分红）？
    b. 在对股票价格未来变动预期前提下，你会构建一个什么样的简单的期权策略？价格往什么方向变动，变动多少，你最初的投资才能获得利润？

8. CALL 公司的普通股数月来一直在每股 50 美元左右的狭窄价格区间内进行交易，并且你认为未来 3 个月内股价仍维持在这个区间内。行权价格为 50 美元的 3 个月看跌期权的价格是 4 美元。

    a. 如果无风险利率是每年 10%，行权价格为 50 美元的 CALL 公司股票的 3 个月看涨期权价格是多少，该期权是平价的（股票不分红）？
    b. 在对股票价格未来变动预期下，该用看跌期权与看涨期权构建什么样的简单的期权策略？你这个策略最多能赚多少钱？在股价往什么方向变动，变动多少时，你才会开始出现损失？
    c. 你怎么利用一个看跌期权、一个看涨期权和无风险借贷来构造一个头寸，使得到期时其与到期股票的收益结构相同？构建这一头寸的净成本是多少？

9. 你是一个使用期权头寸为你的客户定制风险敞口的资产组合管理人。下面每种情况，给定客户的目标，最佳的策略是什么？
   a. 迄今业绩表现：增加 16%
      客户目标：盈利不少于 15%
      你的情景：从现在到年底，有大幅盈利或大幅亏损的较大可能性
      i. 买入跨式期权
      ii. 多头牛市价差套利
      iii. 卖出跨式期权
   b. 迄今业绩表现：增加 16%
      客户目标：盈利不少于 15%
      你的情景：从现在到年底，有大幅亏损的可能性
      i. 买入看跌期权
      ii. 卖出看涨期权
      iii. 买入看涨期权

10. 一个投资者购买股票的价格为 38 美元，购买行权价格为 35 美元的看跌期权的价格为 0.50 美元。投资者卖出行权价格为 40 美元的看涨期权的价格为 0.50 美元。这个头寸的最大利润和损失各是多少？画出这个策略的利润与损失图，把它们当作到期日股票价格的函数。

11. 设想你持有 5 000 股股票，现在售价是每股 40 美元。你准备卖出股份，但是出于税收原因更愿意把交易推迟到下一年。如果一直持有股票至 1 月，你将面临年底前股票价格下跌的风险。你决定使用一个双限期权来限制下跌风险，且不用花费大笔额外的现金。行权价格为 35 美元的 1 月看涨期权售价是 2 美元，行权价格为 45 美元的 1 月看跌期权售价是 3 美元。如果最终股票价格为 30 美元、40 美元和 50 美元，1 月你的资产组合的价值（期权的净收益）各是多少？把以上各种情况下的收益与你简单持有股票时的收益进行对比。

12. 在本题中，我们推导欧式期权的看跌期权与看涨期权平价关系，在到期日前支付股利。为简单起见，假定在期权到期日股票一次性支付股利每股 D 美元。
   a. 在期权到期日，股票加看跌期权头寸的价值是多少？
   b. 现在考虑一个资产组合，由一个看涨期权、一个零息票债券组成，两者到期日相同，债券面值 $(X+D)$。在期权到期日，该组合的价值是多少？你会发现，不管股票价格是多少，这个价值都等于股票加看跌期权头寸的价值。
   c. 在 a 和 b 两个部分中，建立两种资产组合的成本各是多少？使这两个成本相等，你就可以得到如式 (14-2) 所示的看跌期权与看涨期权的平价关系。

13. a. 蝶式价差套利是按行权价格 X_1 买入一份看涨期权，按行权价格 X_2 卖出两份看涨期权以及按行权价格 X_3 买入一份看涨期权。X_1 小于 X_2，X_2 小于 X_3，三者等差。所有看涨期权的到期日相同。画出此策略的收益图。
   b. 垂直组合是按行权价格 X_2 买入一份看涨期权，以行权价格 X_1 买入一份看跌期权，X_2 大于 X_1。画出此策略的收益图。

14. 熊市价差套利是按行权价格 X_2 买入一份看涨期权，以行权价格 X_1 卖出一份看涨期权，X_2 大于 X_1。画出此策略的收益图，并与图 14-10 相比较。

15. Joseph 是 CSI 公司的经理，他获得了 10 000 股股票作为其退休金的一部分。股票现价是每股 40 美元。Joseph 想在下一年出售股票。但是，1 月他需要将其持有的全部股票售出以支付其新居费用。Joseph 担心继续持有这些股份的价格风险。按现价，他可以获得 400 000 美元。但如果他的股票价值跌至 350 000 美元以下，他就面临无法支付住宅款项的困境。而如果股票价值上升至 450 000 美元，他就可以在付清房款后仍结余一小笔现金。Joseph 考虑以下三种投资策略：
   a. 策略 A 是按行权价格 45 美元卖出 CSI 公司股票的 1 月看涨期权，这种看涨期权的售价为 3 美元。
   b. 策略 B 是按行权价格 35 美元购买 CSI

公司股票的 1 月看跌期权，这种期权的售价也是 3 美元。

c. 策略 C 是构建一个零成本的双限期权组合，即卖出一个 1 月看涨期权并买入一个 1 月看跌期权。

根据 Joseph 的投资目标，评价以上三种策略各自的利弊是什么。你推荐哪种策略？

16. 农业价格支持系统保证农场主的产品价格有一个最低保障价格。试将该计划描述为一份期权。标的资产是什么？行权价格是什么？

17. 拥有一家公司的债权如何类似于卖出一份看跌期权？如果是看涨期权呢？

18. 经理补偿金方案规定，公司股价超过一定水平之后，股价每上升 1 美元，经理就获得 1 000 美元的奖金。在什么方面，该协定等同于经理人获得看涨期权？

19. 考虑以下期权组合。卖出行权价 150 美元的 8 月份 IBM 看涨期权，同时卖出行权价是 145 美元的 1 月 IBM 看跌期权。

a. 画出期权到期时该资产组合的收益与 IBM 股价的函数关系图。

b. 如果 IBM 在期权到期日时的股价是 153 美元，该组合的损益将是多少？如果 IBM 的股价是 160 美元呢？使用图 14-1 中的数据来回答这个问题。

c. 在哪两个股价下，该资产组合会实现盈亏平衡？

d. 该投资者在做什么样的"赌注"？也就是说，这名投资者之所以这么做，是基于他对 IBM 股价变动有何种判断？

20. 考虑以下的资产组合。你卖出行权价格为 90 美元的看跌期权，并买入到期日相同、标的股票相同的行权价格为 95 美元的看跌期权。

a. 画出期权到期时资产组合的价值。

b. 在同一图上，画出资产组合的利润。哪一个期权费用更高？

21. 行权价格为 60 美元的 FinCorp 股票看跌期权在 Acme 期权交易所的售价为 2 美元。令人惊奇的是，具有同样到期日的行权价格为 62 美元的 FinCorp 股票看跌期权在 Apex 期权交易所的售价也是 2 美元。如果你计划持有期权头寸至到期，设计一种净投资为零的套利策略来捕捉这种价格异常带来的机会。画出到期时你的头寸的净利润。

22. 假定一只股票价值为 100 美元，预期年底股票分红为每股 2 美元。1 年期平价欧式看跌期权的售价为 7 美元。如果年利率为 5%，那么该股票的 1 年期平价欧式看涨期权的价格必定是多少？

23. 你买入一股股票，并卖出一年期看涨期权，$X = 10$ 美元，买入 1 年期看跌期权，$X = 10$ 美元。建立整个资产组合的净支出为 9.50 美元。无风险利率为多少（股票不分红）？

24. 你按行权价格 $X = 100$ 美元卖出看跌期权，并按行权价格 $X = 110$ 美元买入看跌期权。标的股票和到期日都相同。

a. 画出此策略的收益图。

b. 画出此策略的利润图。

c. 如果标的股票的贝塔值为正，该资产组合的贝塔值是正值还是负值？

25. 乔伊刚刚买入一种股票指数基金，当前售价为每股 2 400 美元。为避免损失，乔伊以 120 美元买入该基金的平价欧式看跌期权，行权价格为 2 400 美元，3 个月到期。萨利是乔伊的财务顾问，指出乔伊花了太多的钱在看跌期权上。他注意到，行权价格为 2 340 美元的 3 个月看跌期权售价仅为 90 美元，并建议乔伊使用更便宜的看跌期权。

a. 针对 3 个月后不同股票指数基金的价值，画出期权到期时股票加看跌期权头寸的利润图，分析乔伊与萨利的策略。

b. 什么时候萨利的策略更好，什么时候更糟？

c. 哪种策略承担更大的系统性风险？

26. 你卖出一个看涨期权，$X = 50$ 美元，并买入一个看涨期权，$X = 60$ 美元。两种期权基于同一股票，且到期日相同。一个看涨期权的售价为 3 美元，另一个看涨期权的售价为6美元。
a. 画出到期时此策略的收益图。
b. 画出此策略的利润图。
c. 此策略的盈亏平衡点是多少？投资者是看涨还是看跌股票？

27. 仅利用看涨期权与股票来设计一个资产组合，到期时该资产组合的价值（收益）如下图。如果现在股票价格为53美元，投资者在做何赌注？

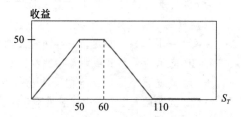

高级题

28. 你打算构建一种投资策略。一方面，你认为股票市场的上涨潜力很大，如果上涨，你愿意参与这波上涨。但是，你无法承担大量的股市损失，不愿承担股市崩盘的危险，因为你认为存在崩盘的可能。你的投资顾问建议了一种保护性看跌期权策略：同时买入市场指数基金和该基金的行权价格为1 170美元的3个月看跌期权。股票指数基金现在售价为1 350美元。但是，你的叔叔却建议你购买该指数基金的行权价格为1 260美元的3个月看涨期权，并买入面值为1 260美元的3个月短期国债。
a. 在同一幅图上，画出每种策略的收益图，把收益当作3个月后股票基金价值的函数。（提示：将期权视为股票指数基金的"每一股"的期权。每一股股票基金的当前价格是1 350美元。）
b. 哪种资产组合需要更大的初始投入？（提示：是否一个资产组合的最终收益总是不小于另一种投资组合？）
c. 假定证券的市场价格如下：

股票基金	1 350美元
短期国债（面值1 260美元）	1 215美元
看涨期权（行权价格1 260美元）	180美元
看跌期权（行权价格1 170美元）	9美元

列出3个月后股票价格 S_T = 1 000、1 260、1 350和1 440美元时，每种资产组合实现的利润。
在一张图上画出每种资产组合的利润与 S_T 的关系。
d. 哪种资产组合的风险更大？哪种贝塔值更高？
e. 说明为什么c中给出的数据不违背看跌期权与看涨期权平价关系。

29. Netflix的股票价格为100美元/股。一只联邦快递的看涨期权还有1个月到期，行权价格为105美元，售价为2美元，一只行权价格和到期日均相同的看跌期权的售价为6.94美元。一只面值为105美元，尚有1个月到期的无息债券的市价是多少？什么样的无风险报酬率是有效的年收益率？

30. 对于给定的一种股票，证明到期日相同的平价看涨期权的费用要高于平价看跌期权的费用。到期日前，股票不分红。（提示：利用看跌期权与看涨期权平价关系。）

CFA考题

1. 特许金融分析师多尼的一位客户认为，TRT原料公司（目前股价为58美元/股）的普通股股价将对涉及该公司的诉讼案的判决做出反应，股价大幅上涨或者大幅下跌。这个客户现在没有TRT原料公司的股票，他向多尼咨询，想通过宽跨式期权组合来利用股价大幅波动的机会。宽跨式期权组合就是具有不同行权价格但是到期日相同的一个看跌期权和一个看涨期权。多尼搜集的TRT期权价格如下：

项目	看涨期权	看跌期权
价格	5美元	4美元
行权价格	60美元	55美元
到期日	从现在起90天	从现在起90天

a. 多尼应向客户推荐一个多头宽跨式期权还是空头宽跨式期权来实现他的目标？

b. 计算a中选取的策略在到期时的：
  i. 每股最大可能的损失。
  ii. 每股最大可能的收益。
  iii. 盈亏平衡点时的股票价格。

2. 马丁·布朗正在准备一份区分传统债券与结构性票据的报告。讨论在息票和本金支付方面下面的结构性票据与传统债券有何区别。
  a. 与股票指数挂钩的票据
  b. 与商品挂钩的熊市债券

3. 特许金融分析师休尔斯·辛格正在对一可转换债券进行分析。这个债券及其标的普通股的特征如下：

可转换债券特征	
面值	1 000美元
年息票利率（每年支付）	6.5%
转换比率	22
市场价格	面值的105%
纯债价值	面值的99%
标的股票的特征	
当前股价	每股40美元
每年现金股利	每股1.20美元

计算这个债券的：
  a. 转换价值
  b. 市场转换价格

4. 特许金融分析师里奇·麦克唐纳通过分析Ytel公司的可转换债券与公司的普通股来评估他的投资选择。这两种证券的特征如下。

项目	可转换债券	普通股
面值	1 000美元	—
息票（每年支付）	4%	—
当前股价	980美元	35美元/股
纯债债券价值	925美元	
转换比率	25	

（续）

项目	可转换债券	普通股
转换期权	任何时间	—
股利	—	0美元
1年后预期的市场价格	1 125美元	45美元/股

a. 基于上述条件计算：
  i. Ytel可转换债券的当前市场转换价格。
  ii. Ytel可转换债券的1年期期望收益率。
  iii. Ytel普通股的1年期期望收益率。
  一年后，Ytel公司普通股股价上涨至每股51美元。同时，经过这一年，Ytel公司同样期限不可转换债券的利率上升了，而信用利差保持不变。

b. 给可转换债券价值的两个组合部分命名。指出在下列情况下每部分的价值应该下降、保持不变还是增加：
  i. Ytel公司股票价格上升。
  ii. 利率上升。

5. a. 考虑一种牛市期权价差套利策略，利用行权价格为25美元且价格为4美元的看涨期权，以及行权价格为40美元且价格为2.5美元的看涨期权。如果到期日股票价格上涨至50美元，到期日都被选择行权，那么到期日每股的净利润（不考虑交易成本）为
  i. 8.50美元。
  ii. 13.50美元。
  iii. 16.50美元。
  iv. 23.50美元。

b. 标的股票为XYZ的看跌期权，行权价格为40美元，期权价格是每股2美元，而行权价格为40美元的看涨期权的价格为每股3.5美元。未抛补看跌期权卖方的每股最大损失和未抛补看涨期权卖方的每股最大收益分别是多少？

	看跌期权卖方的每股最大损失	看涨期权卖方的每股最大收益
i	38美元	3.5美元
ii	38美元	36.5美元
iii	40美元	3.5美元
iv	40美元	40美元

概念检查答案

14-1 a. 用 S_T 表示期权到期时的股价，X 表示行权价，看涨期权到期时的价值 = $S_T - X = S_T - 150$，该值大于或等于0，否则看涨期权到期时毫无价值，且不会行权。

利润 = 最终价值 − 看涨期权的价格
= 收益 − 4.10 美元

	S_T=140 美元	S_T=160 美元
收益	0 美元	10 美元
利润	−4.10 美元	5.90 美元

b. 看跌期权到期时的价值 = $X - S_T$ = $150 - S_T$，该值大于或等于0，否则看跌期权到期时毫无价值，且不会行权。

利润 = 最终价值 − 看跌期权的价格
= 收益 − 5.91 美元

	S_T=140 美元	S_T=160 美元
收益	10 美元	0 美元
利润	+4.09 美元	−5.91 美元

14-2 股票分拆前，最终的收益为 $100 \times (160-150) = 1\,000$ 美元。股票分拆后，收益为 $200 \times (80-75) = 1\,000$ 美元。收益不受影响。

14-3 a.

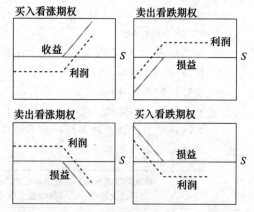

b. 一般来说，股价越高，买入看涨期权与卖出看跌期权的收益与利润就越高。从这个意义上看，这两种头寸都是看涨的，都包含着潜在的股票买入交割。但是，股价较高时，看涨期权持有者会选择交割买入股票，而当股价较低时，看跌期权的卖方有义务必须交割买入股票。

c. 一般来说，股价越低，卖出看涨期权与买入看跌期权的收益与利润越高。从这个意义上看，这两种头寸都是看跌的，都包含着潜在的股票卖出交割。但是，当股价较低时，看跌期权持有者会选择交割卖出股票，而当股价较高时，看涨期权的卖方有义务必须交割卖出股票。

14-4

底部条式组合期权的损益		
	$S_T \leq X$	$S_T > X$
2 个看跌期权	$2(X-S_T)$	0
1 个看涨期权	0	$S_T - X$

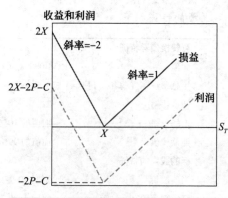

底部带式组合期权的损益		
	$S_T \leq X$	$S_T > X$
1 个看跌期权	$X-S_T$	0
2 个看涨期权	0	$2(S_T-X)$

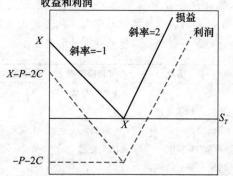

14-5 以每股为基础的利润表如下:

	$S_T \leq 90$	$90 < S_T < 110$	$S_T > 110$
买入看跌期权 ($X=90$)	$90-S_T$	0	0
股份	S_T	S_T	S_T
卖出看涨期权 ($X=110$)	0	0	$-(S_T-110)$
总计	90	S_T	110

收益图如下。如果你以 2 000 乘以每股价值,你会发现双限期权提供了一个 180 000 美元的最小收益（代表最大损失为 20 000 美元）和一个 220 000 美元的最大收益（代表房屋成本）。

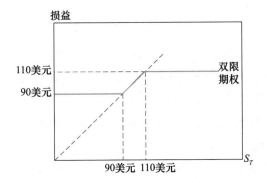

14-6 抛补看涨期权策略包括一种普通债券和该债券的看涨期权。到期时该策略的价值可以表示为普通债券价值的函数。普通债券的价值如下图的收益实线所示。下图与图 14-11 在本质上是相同的。

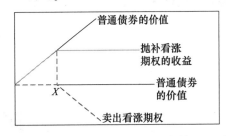

14-7 随着看涨期权保护范围的扩大,看涨期权的价值变小。因此,息票利率不需要如此之高。

14-8 更低。投资者将接受较低的息票利率以获得转换的权利。

14-9 每 6 个月存款者每 1 美元投资的隐性成本现在仅为 $(0.03-0.005)/1.03 = 0.024\ 27$ 美元。每投资 1 美元于指数,看涨期权的成本为 $50/1\ 000 = 0.05$ 美元。乘数下降为 $0.024\ 27/0.05 = 0.485\ 4$。

第 15 章
CHAPTER 15

期权定价

上一章我们分析了期权市场与策略,注意到很多证券包含影响其价值与风险收益特征的隐含期权。本章我们将注意力转移至期权定价。要理解大部分期权定价模型需要一定的数学和统计学功底,我们将着重通过简单的例子来说明模型的主要思想。

我们首先讨论影响期权价格的各种因素,然后阐明期权价格必须在一定的界限之内。接着我们转向数量模型,从简单的两状态期权定价模型开始,并说明这一方法如何一般化为精确实用的定价工具。然后,我们介绍数十年来金融理论上的重大突破:一个特殊的定价公式,即著名的布莱克-斯科尔斯模型。最后,我们研究期权定价理论在资产组合管理与控制方面的重要应用。

期权定价模型允许我们"回推"(back out)股票价格波动率的市场估计方法,我们将讨论各种隐含波动率的测量方法。接着我们介绍期权定价理论在风险管理上的重要应用。最后,我们简单探讨期权定价的经验证据和布莱克-斯科尔斯模型使用限制的证据的含义。

15.1 期权定价:导言

15.1.1 内在价值与时间价值

考虑某时刻处于虚值状态的看涨期权,这时股票价格低于行权价格,这并不意味着期权毫无价值。即使现在执行期权无利可图,但期权价值仍为正,因为在到期时股票价格有可能上涨到足以使执行期权变得有利可图。否则,最坏的结果是期权以零值失效。

价值 (S_0-X) 有时被称为实值期权的**内在价值**(intrinsic value),它是立即执行期权所带来的收益。虚值期权和平价期权的内在价值为零。期权实际价格与内在价值的差通常称为期权的**时间价值**(time value)。

选择时间价值这个术语有些美中不足,因为它很容易同货币的时间价值相混淆。在期权语境中，时间价值仅是指期权价格与期权被立即执行时价值之间的差。它是期权价值的一部分，来源于期权距离到期日还有一段时间。

期权的大部分时间价值是一种典型的"波动性价值"。因为期权持有者可以选择不执行期权，收益最低，也就是零。虽然看涨期权现在处于虚值，但仍然具有正的价格，因为一旦股价上升，就存在潜在的获利机会，而在股价下跌时却不会带来更多损失的风险。波动性价值依赖于当选择执行无利可图时可以选择不执行的权利。执行权利，不是履行义务，期权为较差的股票价格表现提供了保险。

随着股价大幅上涨，看涨期权有可能在到期时被执行。在几乎肯定要执行的情况下，价格波动性的价值达到最小。随着股价进一步升高，期权价值接近达到"经调整的"内在价值，即股票价格减去行权价格的现值，$S_0-PV(X)$。

为什么会这样呢？如果你非常肯定会执行期权，以 X 的价格购买股票，这就相当于你已经持有了股票。现在价值为 S_0 的股票就好像已经放在你的保险箱里了，事实上几个月后才会如此，而你只是现在还未付款罢了。你将来购买价值的现值就是 X 的现值，所以看涨期权的净价值为 $[S_0-PV(X)]$。○

图 15-1 是到期前看涨期权的价值函数。从价值曲线可以看出：当股票价格非常低时，期权价值几乎为零，因为几乎不存在执行期权的机会；当股票价格非常高时，期权价值接近经调整的内在

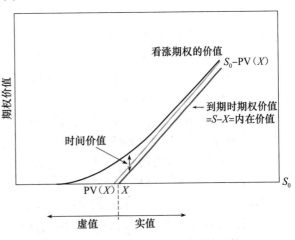

图 15-1　到期前看涨期权的价值函数

价值；在中间阶段，期权接近平值时，曲线偏离调整的内在价值对应的直线。这是因为在这个区域执行期权的收益可以忽略不计（或者为负），但期权的波动性价值却很高。

看涨期权的价值总是随着股价上涨而增加。当期权处于深度实值时，曲线的斜率最大。此时，几乎是肯定执行的，股票价格每上涨 1 个单位，期权价值就上涨 1 个单位。

15.1.2　期权价值的决定因素

我们可以确定，影响期权价值的因素至少有六个：股票价格、行权价格、股票价格的波动性、到期期限、利率和股票的股息率。看涨期权价值与股票价格同向变动，而与行权价格反向变动，因为如果期权被执行，其收益等于 (S_T-X)。看涨期权期望收益的幅度随 (S_0-X) 的增加而增加。

看涨期权价值也随着股票价格波动性的增加而增加。为了解释这个问题，假设存在两种情形，一种是到期日股票价格可能在 10~50 美元变化，另一种则在 20~40 美元变化。在这两种

○ 在这里的讨论中，我们假定期权到期前不支付股利。如果期权到期前股票支付股利，那么就有理由让你愿意在到期前得到股票，而不是到期时得到股票，因为你会得到这段时间股票支付的股利。在这种情况下，调整的内在价值就必须减去到期前股票支付股利的现值。更一般地，调整的内在价值定义为 $S_0-PV(X)-PV(D)$，其中 D 表示期权到期前所支付的股利。

情形下，股票价格期望值或平均值均为 30 美元。假定看涨期权的行权价格为 30 美元，期权的损益各是多少？

如果每种结果出现的可能性都相同，概率都为 0.2，高波动性情形下期权的期望损益为 6 美元，而低波动性情形下期权的期望损益只有一半，即 3 美元。

高波动性情形（美元）					
股票价格	10	20	30	40	50
期权损益	0	0	0	10	20
低波动性情形（美元）					
股票价格	20	25	30	35	40
期权损益	0	0	0	5	10

尽管在上述两种情形下，股票的平均价格都是 30 美元，但是高波动性情形下期权的平均损益更高。这一额外价值源于期权持有者所承受的损失是有限的，或者说是看涨期权的波动性价值。不管股票价格从 30 美元跌至何处，持有者得到的均为零。显然，对看涨期权持有者来说，股票价格表现不好时，跌多跌少没有什么区别。

但是，在股票价格表现较好的情况下，看涨期权到期时就会变成实值期权，并且股价越高，期权的收益就越大。这样，极好的股价表现带来的收益是无限的，极差的股价表现也不会使期权的收益降至零之下。这种不对称性意味着标的股票价格波动性的增加使期权的期望收益增加，从而增加了期权的价值。⊖

同样，到期期限越长，看涨期权的价值也越大。期限越长，发生影响股票价格的不可预测事件的可能就越多，从而导致股票价格可能上升的范围更大。这与波动性增加的效果是相似的。而且，随着到期期限的延长，行权价格的现值下降，这也有利于看涨期权的持有者，且增加了期权价值。由此可以推出，利率上升时，看涨期权的价值增加（假定股票价格保持不变），因为高利率降低了行权价格的现值。

最后，公司的股利支付政策也影响期权的价值。高股利政策会降低股票价格的增长率。对于任何股票的期望收益率来说，股利支付越高意味着期望资本收益率越低。对股票价格估值的抑制也降低了看涨期权的潜在收益，从而降低了期权的价值。表 15-1 对以上关系进行了总结。

概念检查 15-1

运用此前看涨期权在高、低波动率不同情境下的价值分析方法，阐述当波动率比较高时看跌期权的价值也比较大。

概念检查 15-2

准备一个类似于表 15-1 的表格，列举看跌期权价值的决定因素。如果 S、X、σ、T、r_f 和股利支付增加，美式看跌期权的价值如何变化？

表 15-1 看涨期权价值的决定因素

如果该变量增大	看涨期权的价值
股票价格，S	增加
行权价格，X	减少
波动性，σ	增加
到期期限，T	增加
利率，r_f	增加
股利支付	减少

⊖ 在解释波动性与期权价值的关系时需要格外小心。对整体（与系统性相对）波动性的分析和期权持有者仿佛更喜欢波动性的结论与现代资产组合理论并不矛盾。在传统的现金流贴现分析中，我们发现折现率适合于给定未来现金流分布的情况。高风险意味着较高的折现率和较低的现值。但是，这里来自期权的现金流取决于股票的波动性。期权价值增加并不是因为交易者喜欢风险，而是因为随着标的资产的波动性增加，来自期权的现金流期望增加。

15.2 期权价值的限制

期权定价方面有很多数量模型,在本章中我们将考察其中一部分模型。但是,所有这些模型都建立在简化的假设之上。你可能想知道期权价值的性质中哪些是普遍适用的,哪些是依赖于特定的简化。那么,我们将探讨期权价格重要的普遍性质。某些性质在股票股利支付对期权价值的影响与美式期权提前执行的可能盈利方面具有重要含义。

15.2.1 看涨期权价值的限制

对看涨期权价值最明显的限制是其价值不可能为负。因为期权并不一定执行,它不会给持有者强加任何义务。进一步讲,只要执行期权可能获得利润,期权就会有一个正的价值。期权的收益最差时为零,而且有可能为正,所以能够带来一定的收益。

我们可以给看涨期权的价值划定另一个界限。假定股票在到期日之前的时刻 T(现在为 0 时刻)支付 D 美元的股利。现在比较两个资产组合,一个包括一份股票看涨期权,而另一个是由该股票和数额为 $(X+D)/(1+r_f)^T$ 的借款组成杠杆化的股票头寸。在期权到期日那天,还付贷款 $(X+D)$ 美元。例如,一个行权价格为 70 美元的一年期期权,股利支付为 5 美元,有效年利率为 5%,那么在购买一股股票的同时,需借入 $75/1.05 = 71.43$ 美元。一年后,归还到期贷款 75 美元。

到期时杠杆化的股票头寸的收益如右表所示。

其中,S_T 表示在期权到期时的股票价格。注意到股票的收益等于不含股利的股票价值加上收到的股利。股票加借款头寸的总收益是正或负取决于 S_T

	一般表达式	数字
股票价值	S_T+D	S_T+5
-贷款偿还额	$-(X+D)$	-75
总计	S_T-X	S_T-70

是否超过了 X。建立杠杆化的股票头寸的净现金支出是 $(S_0-71.43)$ 美元,或者更一般地,$[S_0-(X+D)/(1+r_f)^T]$ 也就是当前股票价格 S_0 减去初始借款额。

如果期权到期时处于实值状态,看涨期权的收益为 (S_T-X),否则为零。在期权收益与杠杆化的头寸收益均为正时,两者收益相等,而当杠杆化的头寸收益为负时,期权收益高于杠杆化头寸的收益。因为期权收益总是高于或等于杠杆化头寸的收益,所以期权价格必须超过建立该头寸的成本。

于是,看涨期权的价值必须高于 $[S_0-(X+D)/(1+r_f)^T]$,或者更一般地:

$$C \geq S_0 - PV(X) - PV(D)$$

式中,$PV(X)$ 表示行权价格的现值,$PV(D)$ 表示期权到期时股票支付股利的现值。更一般地,我们把 $PV(D)$ 解释为期权到期日之前所有股利的现值。由于已知看涨期权的价值非负,所以可知 C 大于等于零和 $[S_0-PV(X)-PV(D)]$ 两者中的最大值。

我们还可以划定期权价值的上限,这个上限就是股票的价格。没有人会支付高于 S_0 美元的金额去购买价值为 S_0 美元的股票的期权。因此,有 $C \leq S_0$。

图 15-2 给出了看涨期权价值所处的可能范围,该范围由上述的上限和下限决定。根据我们得到的期权价值的限制,期权价值不可能处于阴影区域之外。期权到期之前,看涨期权的价值在阴影区域之内,但是不会达到上下边界,如图 15-3 所示。

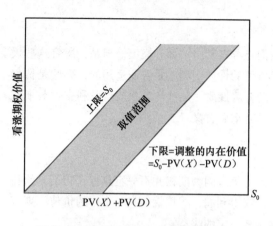

图 15-2 看涨期权价值所处的可能范围

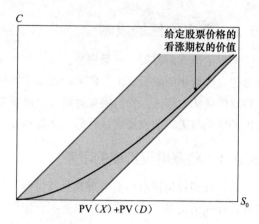

图 15-3 看涨期权价值与股票现价之间的函数关系

15.2.2 提前执行期权与股利

想平掉头寸的看涨期权持有者有两种选择：执行期权或将其出售。如果持有者在 t 时刻执行期权，获得收益为 (S_t-X)，假定期权处于实值状态。我们已经知道，期权最低可以 $[S_t-PV(X)-PV(D)]$ 的价格卖出。因此对不支付股利的股票期权，C 高于 $[S_t-PV(X)]$。因为 X 的现值小于 X 本身，所以有：

$$C \geq S_t - PV(X) > S_t - X$$

这意味着以价格 C 出售期权的收益一定大于执行期权的收益 (S_t-X)。从经济角度讲，出售期权要比执行期权更具有吸引力，这可以让期权继续存在而不是使其消失。换句话说，对不支付股利的股票看涨期权而言，"活着比死更有价值"。

如果在到期日之前执行期权无法带来收益，那么提前执行就毫无价值。因此，我们可以认为，对不支付股利的股票而言，美式看涨期权与欧式看涨期权是等价的。欧式看涨期权仅有一个执行时间，适用于欧式看涨期权的定价公式同样适用于美式看涨期权，这样情况就简单多了。

由于大多数股票是支付股利的，你可能想知道这一结果是否仅具有理论价值。并不是的，如果仔细加以考虑，你会发现，实际上我们仅要求期权到期日之前不支付股利。对大多数期权而言，现实情况确实如此。

15.2.3 美式看跌期权的提前执行

对于美式看跌期权而言，肯定会有提前执行而达到最优的可能性。我们通过一个简单的例子来加以说明。假如你购买一支股票的看跌期权，不久公司破产，股票价格变为零。当然，你想现在立即执行期权，因为股票价格已经不可能再跌了。立即执行意味着你接受行权价格，这可以让你重新投资获利。推迟执行意味着损失资金的时间价值。在到期日之前执行看跌期权的权利是一定有价值的。

现在假定公司只是濒临破产，股票售价仅为几美分，立即执行期权仍是最优的选择。毕竟，股票价格仅有几美分的下跌空间，这意味着将来执行期权不过比现在执行期权多得到几美分的收益。要在很少收益中尽可能多获得的与推迟执行带来的资金时间价值的损失之间进行权衡。显然，当股票价格低于某个值时，提前执行是最优的选择。

从以上论述可知，美式看跌期权要比相应的欧式看跌期权价值更高。美式看跌期权允许你在到期日之前的任何时间行权。因为提前执行在某些情形下可能有用，这会在资本市场上获得一个溢价。于是，在其他条件相同时，美式看跌期权的价格高于欧式看跌期权。

图15-4a给出了美式看跌期权的价值与股票现价S_0之间的函数关系。一旦股票价格跌破临界值，图中记为S^*，执行就是最优的选择。在这一点，期权价格曲线与代表期权内在价值的直线相切。当股票价格达到S^*时，看跌期权被执行，其收益等于期权的内在价值。

作为对比，如图15-4b所示，欧式看跌期权的价值并不渐近于内在价值线。因为欧式期权不允许提前执行，所以欧式看跌期权价值的最大值是$PV(X)$，发生在$S_0=0$时。显然，对于足够长的横轴，$PV(X)$可以任意小。

> **概念检查 15-3**
>
> 根据以上讨论，解释为什么看跌-看涨期权平价关系只对不支付股利的欧式股票看跌期权成立。如果股票不支付股利，为什么美式期权不满足该平价关系？

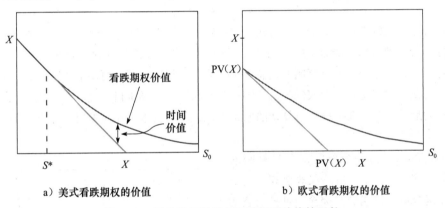

a) 美式看跌期权的价值   b) 欧式看跌期权的价值

图15-4 看跌期权价值与目前股票价格的函数

15.3 二项式期权定价

15.3.1 两状态期权定价

没有坚实的数据基础，要完全理解通常使用的期权定价公式是很困难的。但是，我们仍然可以通过一个简单的特例来对期权定价进行有价值的考察。假定在期权到期时股票价格只有两种可能：股票价格涨到给定的较高价格，或者降至给定的较低价格。虽然这看起来可能太简单，但可以帮助我们进一步理解更复杂与现实的模型。而且，我们可以拓展此模型来描述股票价格行为更合理的特征。实际上，几家大型财务公司已经使用这种模型的变体来对期权与具有期权特征的证券进行定价。

假定现在股票价格为100美元，年底的股票价格可能以因子$u=1.20$上涨到120美元（u表示上涨）或者以因子$d=0.9$下跌到90美元（d表示下跌）。该股票的看涨期权的行权价格为110美元，到期期限为1年，利率为10%。如果股票价格下跌，年底看涨期权持有者的收益将为零；如果上涨到了120美元，收益为10美元。

下面用"二叉树"来阐述这些可能性,如右图所示。

将看涨期权的收益与一个由一股股票和 81.82 美元借款组成的资产组合的收益进行比较,借款利率为 10%。这一资产组合的收益也取决于年底的股票价格(见右表)。

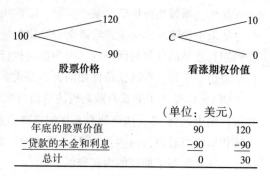

我们知道,构建资产组合的现金支出是 18.18 美元:用来买股票的 100 美元减去借款得到的 81.82 美元。因此,这个资产组合的价值树如右下图所示。

(单位:美元)

年底的股票价值	90	120
-贷款的本金和利息	-90	-90
总计	0	30

不管年底股价如何,这一资产组合的收益都是看涨期权收益的 3 倍。由于该组合收益正好相当于复制了三份看涨期权,我们可以称之为复制组合。此外,由于它们的收益相同,三份看涨期权与复制组合的价值也相同,即

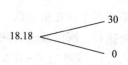

$$3C = 18.18(\text{美元})$$

或者每份看涨期权的售价 $C = 6.06$(美元)。这样,给定股票价格、行权价格、利率与股票价格波动性(即股票价格上涨或下跌的幅度),我们就能够得出看涨期权的公允价值。

这种定价方法主要依赖于复制的概念。基于股票价格以后两种可能的价值,杠杆化的资产组合的收益复制了三份看涨期权的收益,因此具有相同的市场价格。复制已经成为大部分期权定价公式的后盾。对于几个分布更复杂的股票来说,复制技术也相应地更为复杂,但原理是相同的。

我们也可以从另一个角度来考察复制的作用。仍使用前面的例子,由一股股票和出售三份看涨期权构成的资产组合是完全对冲的。它的年末价值不受最终股票价格的影响(见右表)。

(单位:美元)

股票价值	90	120
-出售三份看涨期权的义务	-0	-30
净收益	90	90

投资者构造了一个无风险资产组合,其未来收益为 90 美元。它的价值一定等于 90 美元的现值,即 $90/1.10 = 81.82$(美元)。资产组合的价值,等于股票多头 100 美元减去卖出三份看涨期权的价值 $3C$,应该等于 81.82 美元。因此 $100 - 3C = 81.82$(美元),即 $C = 6.06$(美元)。

构造一个完全对冲头寸的能力是上述论证的关键。对冲锁定了年末的收益,该收益可以用无风险利率来折现。根据股票的价值得到期权的价值,我们并不需要知道期权或者股票的贝塔值与期望收益率。完全对冲或复制的方法,使我们可以用不包含这些信息的股票现值来表示期权的价值。通过头寸对冲,最终的股票价格就不会影响投资者的收益,所以股票的风险与收益参数也不会受到任何影响。

这个例子中的对冲比率是一股股票对三份看涨期权,即 1:3。这个比率在这里简单解释如下:它是期权价值的变动范围与股价只有两个取值时的股价变动范围的比值。最初股票价格是 $S_0 = 100$(美元),将来价值等于 $d \times 100 = 90$(美元),或者 $u \times 100 = 120$(美元),变动范围为 30 美元。如果股票价格上涨,看涨期权价值为 $C_u = 10$(美元),而如果股票价格下跌,看涨期权价值 $C_d = 0$,变动范围为 10 美元。变动范围的比率为 1/3,这正是我们构造头寸的对冲比率。

对冲比率等于变动范围的比率,因为在这个两状态的例子中,期权与股票是完全相关的。

当期权与股票完全相关时，完全对冲要求持有期权与股票的比例由相对波动性来决定。

对于其他两状态期权问题，我们给出对冲比率的一般公式：

$$H = \frac{C_u - C_d}{uS_0 - dS_0}$$

其中，C_u 和 C_d 分别表示股票价格上涨与下跌时看涨期权的价值，uS_0 和 dS_0 是两状态下的股票价格。对冲比率 H 是期权与股票期末价值波动范围的比率。如果投资者售出一份期权，并持有 H 股股票，那么该资产组合的价值将不受股票价格的影响。在这种情况下，期权定价就很容易：仅仅使对冲的资产组合的价值等于已知收益的现值即可。

利用我们的例子，期权定价技术将包括以下步骤：

（1）给定年底可能的股票价格，$uS_0 = 120$ 和 $dS_0 = 90$，行权价格为110，计算得 $C_u = 10$ 与 $C_d = 0$。股票价格变动范围为30，期权价格变动范围为10。

（2）计算对冲比率为 10/30 = 1/3。

（3）卖出一份期权与1/3股股票组成的资产组合，在年末的价值确定为30美元。

（4）年利率为10%，30美元的现值为27.27美元。

（5）让对冲头寸的价值等于将来确定收益的现值：

$$1/3 S_0 - C_0 = 27.27 (美元)$$
$$33.33 - C_0 = 27.27 (美元)$$

（6）解出看涨期权的价值，$C_0 = 6.06$（美元）。

如果期权价值被高估（比如售价为6.50美元），又会如何呢？这样你可以获得套利利润，具体做法如右表所示。

虽然初始净投资为零，但是一年后的收益为正，并且是无风险的。如果期权被低估了，我们就会采取相反的套利策略：购买期权，出售股票，消除价格风险。另外，套利利润的现值正好等于期权价值高估部分的3倍。利率10%，无风险利润1.45美元的现值是1.318美元。该套利策略卖出了3份期权，给每份期权带来0.44美元的利润，正好等于期权价值被高估的数额：6.50美元减去公允价值6.06美元。

	初始现金流	对每种可能的股票价格一年后的现金流	
		$S_1 = 90$	$S_1 = 120$
（1）卖出3份期权	19.50	0	-30
（2）购买1股股票	-100	90	120
（3）以年利率10%借入80.50美元	80.50	-88.55	-88.55
总计	0	1.45	1.45

（单位：美元）

> **概念检查 15-4**
>
> 假定看涨期权价值被低估了，售价为5.50美元。阐述利用错误股价的套利策略，并证明每购买一份期权一年后可以获得0.6167美元的无风险现金流。比较该现金流的现值与期权价值错估的部分。

15.3.2 两状态方法的推广

虽然两状态股票定价模型看起来很简单，但是我们可以将其推广，加入现实的假设。首先，我们假定将1年分成2个6个月，然后假定在任何一个时期，股票都只有两个可能的价值。这里我们假定股价将上升10%（即 $u = 1.10$）或下降5%（即 $d = 0.95$）。股票的初始

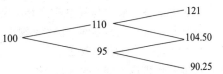

价格为每股100美元，在一年中价格可能的路径如右上图所示。中间价为104.50美元，可通

过两条途径获得：上升10%后下跌5%，或者下跌5%后上升10%。

这里有三种可能的年末股票价值与期权价值，如右图所示。

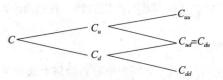

使用类似前面采用的方法，我们可以从 C_{uu} 与 C_{ud} 得到 C_u，然后从 C_{du} 与 C_{dd} 得到 C_d，最后从 C_u 和 C_d 得到 C。而且我们也没有理由就停止在6个月的时间间隔上，接下来我们可以把1年分成4个3个月，或者12个1个月，或者365天，每一个时间段都假定是一个两状态过程。虽然计算量变得很大而且枯燥，但是对计算机程序来说却很容易，并且这种计算机程序在期权市场上得到了广泛的应用。

例15-1 二项式定价

假定6个月无风险利率为5%，有一个行权价格为110美元的股票看涨期权，用上述股票价格二叉树来对此期权定价。我们首先从求 C_u 的价值入手。从这点开始，直到期权的到期日，看涨期权价值能上升至 $C_{uu}=11$（美元），因为在该点股票价格 $u \times u \times S_0 = 121$（美元），或者下跌至 $C_{ud}=0$，因为在此点，股票价格 $u \times d \times S_0 = 104.50$（美元），低于期权行权价格110美元。因此，在该点的对冲比率为

$$H = \frac{C_{uu}-C_{ud}}{uuS_0-udS_0} = \frac{11-0}{121-104.50} = 2/3$$

这样，不管到期日股票价格如何，下列资产组合的价值都为209美元，如右下表所示。该组合的当前市场价值必定等于209美元的现值：

$$2 \times 110 - 3C_u = 209/1.05 = 199.047 \text{（美元）}$$

由上式可以求得 $C_u = 6.984$（美元）。

下一步，求 C_d 的价值。很容易看出其价值一定是零。如果达到这个点（相应股票价格为95美元），期权到期日股票价格将为104.50美元或90.25美元；在任何一种情况下，期权到期时处于虚值状态。更正式地，我们注意到

（单位：美元）

	$udS_0=$ 104.50	$uuS_0=$ 121
以 $uS_0=110$ 美元的价格购买2股股票	209	242
以价格 C_u 卖出3份看涨期权	0	-33
总计	-209	209

在 $C_{ud}=C_{dd}=0$ 时，对冲比率为零，一个具有零股股票的资产组合将复制看涨期权的收益情况！

最后，我们用 C_u 和 C_d 的值求出 C 的值。概念检查15-5给出了计算 C 的步骤，并证明了期权的价值为4.434美元。

概念检查15-5

验证例15-1中看涨期权的最初价值为4.434美元。
(1) 确认期权价值的价差为 $C_u - C_d = 6.984$（美元）。
(2) 确认股票价值的价差为 $uS_0 - dS_0 = 15$（美元）。
(3) 确认对于每个看涨期权空头的对冲比率为买入0.4656股。
(4) 证明由0.4656股股票和一份看涨期权空头构成的资产组合，其第一个时期价值是无风险的。
(5) 计算上述组合支付的现值。
(6) 求出期权价值。

15.3.3 使估值模型更为实用

当我们把一年分成越来越多的时间间隔时,年末股票可能价格的范围也随之扩大。比如,我们将划分的时间间隔增加至三段,股票的预期价格也变为了四种,就像在右面的这幅股票价格树状图中所展示的这样。

因此,通过将时间划分为更多的时间间隔,我们能够克服价值模型中一个很明显的弊端:年末股票价格的数量很小。

注意,像 u^3S_0 或者 d^3S_0 这样的极端情况是很少会发生的,因为它们需要在三个子间隔内连续增加或减少。中间范围的,像 u^2dS_0 能通过不止一条途径得到,任何的价格两升一降组合将会得到 u^2dS_0。这样的方法有三种:uud,udu,duu。相反,只有 uuu 一种方法能够实现 u^3S_0 的股票价格。因此,中间范围的值可能性更大一些。当我们把模型变得更为接近实际,并且将期权到期日之前的这段时间划分为越来越多的子时间段时,股票最终的价格分布开始呈现出类似钟形的曲线,涵盖了极不可能出现的极端情况和很有可能出现的中间值的情况。用二项式分布可以将每个结果的概率描述出来,因此这种多时期的期权定价方法被称为**二项式模型**(binominal model)。

但是我们仍然需要回答一个很重要的现实问题。在把二项式模型应用于评估真实的期权之前,我们需要给 u 和 d 赋一个合理的值,股票价格的上下波动反映了其收益率的不确定性,所以 u 和 d 的数值的选择就取决于这种不确定性。设股票收益率的年标准差为 σ,Δt 为每个子间隔的时间长度,为了使二项式模型中的标准差符合你估计的 σ,可以设 $u=\exp(\sigma\sqrt{\Delta t})$,$d=\exp(-\sigma\sqrt{\Delta t})^3$。⊖ 可以看到,随着年度的波动以及子间隔的变化,$u$ 和 d 之间的差异逐步变大。这一发现很有意义,更高的 σ 值和更长的持有期使得股票的价格更加不确定。下面的这个例子阐述了如何应用这一原理。

例 15-2 根据股票波动性来校准 u 和 d

假设你正在用三个时间间隔的模型来计算 1 年期的股权价格,年标准差为 $\sigma=0.3$,到期日为 $T=1$ 年,三个子时间间隔,$\Delta t=T/n=1/3$,$u=\exp(\sigma\sqrt{\Delta t})=\exp(0.3\sqrt{1/3})=1.189$,$d=\exp(-\sigma\sqrt{\Delta t})=\exp(-0.30\sqrt{1/3})=0.841$。考虑到一个股票上涨的概率,你可以计算出任何股票最终价值的概率。例如,假设股票价格上涨的概率为 0.554,下降的概率是 0.446 ⊖,年末股票的预期价格如下表:

事件	可能的步骤	概率	最终股票价格
3 次下跌	ddd	$0.446^3=0.089$	$59.48=100\times 0.841^3$
2 次下跌 1 次上涨	ddu,dud,udd	$3\times 0.446^2\times 0.554=0.330$	$84.10=100\times 1.189\times 0.841^2$
1 次下跌 2 次上涨	uud,udu,duu	$3\times 0.446\times 0.554^2=0.411$	$118.89=100\times 1.189^2\times 0.841$
3 次上涨	uuu	$0.554^3=0.170$	$168.09=100\times 1.189^3$

⊖ 注意到,此时 $d=1/u$,这是最常见的形式,但并非唯一的方式来校准模型的经验波动率。替代性方法,见 Robert L. McDonald,*Derivatives Markets*,3rd ed.,Pearson/Addison-Wesley,Boston:2013,Ch. 10。

⊖ 在这种情况下,股票的预期收益率为 0.1,总之,年期望收益率为 r 的股票价格上升的概率为 $p=\dfrac{\exp(r\Delta t)-d}{u-d}$。

我们在图15-5的曲线a中展示了这种分布。注意，两个中间阶段的股票事实上比极端情况发生的可能性更大。

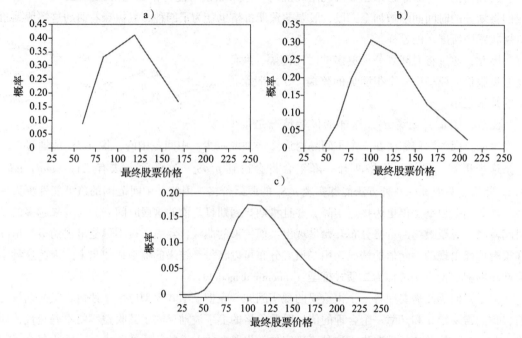

图15-5　最终股票价格的概率分布

注：可能出现结果及其相应概率，每条曲线中，股票的年综合期望收益为10%，标准差为30%。a曲线为3个间隔：在每个间隔，股票上涨18.9%或下降15.9%；b曲线为6个间隔：在每个间隔，股票上涨13.0%或下降11.5%；c曲线为20个间隔：在每个间隔，股票上涨6.9%或下降6.5%。

现在，我们可以通过将到期期间划分为更短的时间间隔来把例15-2进行拓展。正如我们在例15-3中所研究的那样，股票价格分布变得越来越有可能。

例15-3　增加时间间隔的数量

在例15-2中，我们把一年分为3个阶段，我们现在来看一下，当划分为6个和20个时间间隔时的情况如何。

时间间隔，n	$\Delta t=T/n$	$u=\exp(\sigma\sqrt{\Delta t})$	$d=\exp(-\sigma\sqrt{\Delta t})$
3	0.333	$\exp(0.173)=1.189$	$\exp(-0.173)=0.841$
6	0.167	$\exp(0.122)=1.130$	$\exp(-0.122)=0.885$
20	0.050	$\exp(0.067)=1.069$	$\exp(-0.067)=0.935$

我们在图15-5⊖的b和c中展示了这种结果。

注意，曲线c的右侧明显长于左侧。事实上，随着间隔数量的增加，分布逐步接近歪斜的对数正态分布（而不是对称的正态分布）。即使股票价格下降，在每个子区间，它永远不可能降到零以下，但其潜在性能没有相应的上限。这种不对称性产生了分布的偏态。

⊖ 为使图15-5中的分布具有可比性，我们在之前的注释中调整了概率和股票价格下跌时的公式，每条曲线中的p都代表股票的预期年收益率，复合收益率为10%。

最后，随着我们将持有期分成越来越小的间隔，每个事件树的节点对应着无限小的时间间隔，那么在这些时间间隔内股票价格的变动相应地也非常小。随着时间间隔的增加，最后股票价格越来越接近于对数正态分布。⊖这样，两状态模型过于简化的缺点就可以通过时间间隔的进一步细分来克服。

在任何一个节点上，都可以构造一个在下一个时间间隔被完全对冲的资产组合。接着，在下一个时间间隔末，到达下一个节点时，又可以重新计算对冲比率，对资产组合的构成进行更新。通过不断改变对冲头寸，资产组合总可以保持在被对冲的状态，在每个间隔都获得无风险收益。这称为动态对冲，也就是随时间不断调整对冲比率。动态对冲越来越完善，期权的定价过程也越来越精确。

> **概念检查 15-6**
>
> 在例 15-3 的表格中，随着时间间隔 Δt 的减小，u 和 d 都接近于 1（u 越来越小，d 越来越大）。这有什么意义？u 和 d 都接近于 1 的事实是否意味着股价在期权剩余期限内的总波动率更低？

|华尔街实战 15-1|　　　　　风险中性简述

我们在本章前面指出，二项式模型估值方法是以套利为基础的。我们可以通过复制它与股票加上借贷的方式来评估股票期权，这种期权的能力意味着它的价格相对于股票和利率必须是基于复制的技术，而不是风险偏好。它不能依赖于风险厌恶、资本资产定价模型或任何其他模型的均衡风险收益关系。这种观点认为，定价模型必须独立于风险厌恶，这种观点为期权定价提供了一条非常有用的捷径。想象一个风险中性的经济体，即所有的投资者都是风险中性的。这种假设的经济体必须与我们的实际价值相同，因为风险厌恶不影响估值公式。

在风险中性的经济中，投资者不会要求风险溢价，因此评估所有资产将按无风险利率折现期望收益。因此，一个证券，如看涨期权，将利用无风险利率贴现其预期的现金流来评估其价值：$C = \dfrac{"E"(CF)}{1+r_f}$。我们用"$E$"来表示期望值是为了强调这不是真正的期望值，而是假设风险中性经济中的期望。为了前后保持一致，我们必须使用风险中立时的股票收益率而不能使用真实的收益率。但是如果我们成功地保持了这种一致性，那么假设经济体的价值应该适用于我们自身。

在风险中性的经济中，我们如何计算出预期现金流呢？因为没有风险溢价，股票的期望收益率必然等于无风险报酬率。股票上涨的可能性记作 p，然后 p 必须等于股票价格上升到无风险利率时的期望利率（我们忽略股息）：

$$"E"(S_1) = p(uS) + (1-p)dS = (1+r_f)S$$

这表明 $p = \dfrac{1+r_f-d}{u-d}$，我们将 p 称为风险中性的概率来将它和实际概率加以区分。为说明这一点，在 15.3 节的开篇，我们令 $u=1.2$，$d=0.9$，$r_f=0.1$，考虑到这些值后，

$$p = \dfrac{1+0.1-0.9}{1.2-0.9} = \dfrac{2}{3}$$

现在我们来看一下，当我们用折现公式来计算风险中立经济中的期权价值时，会发生什么。我们继续沿用 15.3 节中的例子，在无风险利率的中性概率和贴现率下，我们发现期权收益现值为

$$C = \dfrac{"E"(CF)}{1+r_f} = \dfrac{pC_u + (1-p)C_d}{1+r_f}$$

$$= \dfrac{2/3 \times 10 + 1/3 \times 0}{1.10} = 6.06$$

⊖ 实际上，这里引入了更复杂的考虑。只有我们假定股票价格连续变动，也就是说，在很小的时间间隔内股票价格仅发生很小的变动时，这一过程的极限才是对数正态分布。这排除了极端事件（如公司接管）引起的股票价格异常变动。对这类问题的处理，参见：John C. Cox and Stephen A. Ross, "The valuation of Options for Alternative Stochastic Processes," *Journal of Financial Economics* 3（January-March 1976）, pp. 145-166, or Robert C. Merton, "Option Pricing When Underlying Stock Returns Are Discontinuous," *Journal of Financial Economics* 3（January-March 1976）, pp. 125-144.

这一答案完全匹配我们的无套利方法。

我们重申：这不是一个真正的预期折现值。

- 分子不是期权真正的预期现金流量，因为我们所使用的风险中性概率 p 不是真正的概率；
- 因为我们不考虑风险，所以对期权使用了不恰当的折现率；
- 从某种意义上来说，这两个偏差相抵消了，但这不仅仅是运气好：我们得到的是正确的结果，因为没有套利的方法意味着风险偏好不能影响期权价值。因此，风险中性经济的价值计算必须与我们经济中的价值相等。

当我们进入与现实更接近的多期模型时，计算较为烦琐，但思路是一样的。之前的注释说明了如何将 p 与任何预期的收益率和波动率估计数联系到一起。简单地将股票的期望收益率设定为无风险利率，利用由此产生的概率，从期权的期望收益中，按无风险利率贴现，你能够计算出期权价值。实际上这些计算利用 Excel 程序是相当容易实现的。

15.4 布莱克-斯科尔斯期权定价

尽管二项式模型非常灵活，但这种方法在实际交易中需要用到计算机。期权定价公式更为简单，没有二项式模型中复杂的算法。只要做两个假设，公式就可以被使用。这两个假设是无风险利率与股票价格的波动率在期权有效期内保持不变。在这种情况下，到期日前的时间被细分成更多的间隔，到期日股票价格分布渐近于对数正态分布，如图 15-5 所示。当股票价格分布是真正的对数分布时，我们可以得出精确的期权定价公式。

15.4.1 布莱克-斯科尔斯公式

在布莱克、斯科尔斯⊖与默顿⊜得出看涨期权定价公式之前，金融经济学家们一直在寻求一种实用的期权定价模型。斯科尔斯与默顿因此获得了 1997 年诺贝尔经济学奖。⊜现在，**布莱克-斯科尔斯定价公式**（Black-Scholes pricing formula）已被期权市场参与者广泛使用。看涨期权的定价公式为

$$C_0 = S_0 N(d_1) - Xe^{-rT} N(d_2) \tag{15-1}$$

式中

$$d_1 = \frac{\ln(S_0/X) + (r + \sigma^2/2)T}{\sigma\sqrt{T}}$$

而且 $d_2 = d_1 - \sigma\sqrt{T}$

C_0——当前的看涨期权价值；

S_0——当前的股票价格；

$N(d)$——标准正态分布小于 d 的概率，图 15-6 中的阴影部分，在 Excel 中这个函数叫 NORMSDIST(d) 或 NORM.S.DIST(d, TRUE)；

X——行权价格；

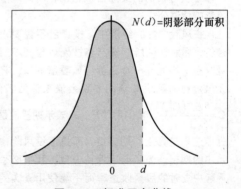

图 15-6 标准正态曲线

⊖ Fisher Black and Myron Scholes, "The Pricing of Options and Corporate Liabilities," *Journal of Political Economy* 81 (May-June 1973).

⊜ Robert C. Merton, "Theory of Rational Option Pricing," *Bell Journal of Economics and Management Science* 4 (Spring 1973).

⊜ 费舍尔·布莱克于 1995 年去世。

e——自然对数的底，约为 2.718 28，在 Excel 中，可以使用 EXP(x) 函数计算 e^x；

r——无风险利率（与期权到期期限相同的安全资产连续复利的年收益率，与离散时间的收益率 r_f 不同）；

T——期权到期时间，按年记；

ln——自然对数函数，在 Excel 中，可以用 LN(x) 函数计算 ln(x)；

σ——股票连续复利的年收益率的标准差。

注意，式（15-1）有一个惊奇的特点：期权价值并不取决于股票的期望收益率。从某种意义上说，含有股票价格的定价公式已经包括了该信息，因为股票价格取决于股票的风险与报酬特征。这里的布莱克-斯科尔斯公式假定股票不支付股利。

尽管你会觉得布莱克-斯科尔斯公式令人生畏，但是我们可以从直觉上理解。技巧是把 $N(d)$ 项（不严谨地）视为看涨期权在到期处于实值的风险调整概率。首先，看一下式（15-1），假定两个 $N(d)$ 项都接近于 1.0，也就是说，看涨期权被执行的概率很高。于是看涨期权价值等于（$S_0 - Xe^{-rT}$），这也是我们前面提到过的调整后内在价值 [$S_0 - PV(X)$]。这一点很有意义，如果确实执行了，我们就获得了现在价格为 S_0 的股票的索取权，而承担了现值 PV(X) 的义务，或者以连续复利计算的义务 Xe^{-rT}。

现在再看式（15-1），假定 $N(d)$ 项接近于 0，意味着期权不会被执行。于是该等式说明看涨期权毫无价值。对于 $N(d)$ 项，取值范围为 0~1 时，式（15-1）告诉我们可以把期权价值视为看涨期权潜在收益的现值，该收益经过到期时处于实值的概率调整。

$N(d)$ 项又是如何表示风险调整概率呢？这需要用到高级统计学的知识。注意，ln(S_0/N) 在 d_1 和 d_2 的分子中都出现了，它近似表示现在期权处于实值和虚值的百分比。例如，如果 $S_0 = 105$，$X = 100$，期权处于实值的百分比为 5%，即 ln(105/100) = 0.049。同理，如果 $S_0 = 95$，期权处于虚值的百分比为 5%，即 ln(95/100) = -0.051。分母 $\sigma\sqrt{T}$，用股票价格在剩余期限中标准差对期权的实值与虚值的百分比进行调整。当股票价格变动很小，并且距到期时间也所剩无几的时候，给定比例的实值期权一般会保持实值状态。因此，$N(d_1)$ 和 $N(d_2)$ 表示期权到期时处于实值的概率。

例 15-4 布莱克-斯科尔斯定价

你可以很容易地使用布莱克-斯科尔斯公式。假定你想对一个看涨期权进行定价，已知条件如下：

股票价格	$S_0 = 100$	到期期限	$T = 0.25$（3 个月或一个季度）
行权价格	$X = 95$	标准差	$\sigma = 0.50$（每年 50%）
利率	$r = 0.10$（每年 10%）		

首先计算：

$$d_1 = \frac{\ln(100/95) + (0.10 + 0.5^2/2) \times 0.25}{0.5\sqrt{0.25}} = 0.43$$

$$d_2 = 0.43 - 0.5\sqrt{0.25} = 0.18$$

接下来查 $N(d_1)$ 和 $N(d_2)$。在很多统计学课本里可以查到正态分布表（见表 15-2）。任何电

> **概念检查 15-7**
>
> 若标准差不是 0.5 而是 0.6，重新计算例 15-4 中看涨期权的价值。确认股票收益波动率越大，期权价值越大。

表 15-2 累积正态分布

d	N(d)	d	N(d)	d	N(d)	d	N(d)	d	N(d)	d	N(d)
-3.00	0.0013	-1.58	0.0571	-0.76	0.2236	0.06	0.5239	0.86	0.8051	1.66	0.9515
-2.95	0.0016	-1.56	0.0594	-0.74	0.2297	0.08	0.5319	0.88	0.8106	1.68	0.9535
-2.90	0.0019	-1.54	0.0618	-0.72	0.2358	0.10	0.5398	0.90	0.8159	1.70	0.9554
-2.85	0.0022	-1.52	0.0643	-0.70	0.2420	0.12	0.5478	0.92	0.8212	1.72	0.9573
-2.80	0.0026	-1.50	0.0668	-0.68	0.2483	0.14	0.5557	0.94	0.8264	1.74	0.9591
-2.75	0.0030	-1.48	0.0694	-0.66	0.2546	0.16	0.5636	0.96	0.8315	1.76	0.9608
-2.70	0.0035	-1.46	0.0721	-0.64	0.2611	0.18	0.5714	0.98	0.8365	1.78	0.9625
-2.65	0.0040	-1.44	0.0749	-0.62	0.2676	0.20	0.5793	1.00	0.8414	1.80	0.9641
-2.60	0.0047	-1.42	0.0778	-0.60	0.2743	0.22	0.5871	1.02	0.8461	1.82	0.9656
-2.55	0.0054	-1.40	0.0808	-0.58	0.2810	0.24	0.5948	1.04	0.8508	1.84	0.9671
-2.50	0.0062	-1.38	0.0838	-0.56	0.2877	0.26	0.6026	1.06	0.8554	1.86	0.9686
-2.45	0.0071	-1.36	0.0869	-0.54	0.2946	0.28	0.6103	1.08	0.8599	1.88	0.9699
-2.40	0.0082	-1.34	0.0901	-0.52	0.3015	0.30	0.6179	1.10	0.8643	1.90	0.9713
-2.35	0.0094	-1.32	0.0934	-0.50	0.3085	0.32	0.6255	1.12	0.8686	1.92	0.9726
-2.30	0.0107	-1.30	0.0968	-0.48	0.3156	0.34	0.6331	1.14	0.8729	1.94	0.9738
-2.25	0.0122	-1.28	0.1003	-0.46	0.3228	0.36	0.6406	1.16	0.8770	1.96	0.9750
-2.20	0.0139	-1.26	0.1038	-0.44	0.3300	0.38	0.6480	1.18	0.8810	1.98	0.9761
-2.15	0.0158	-1.24	0.1075	-0.42	0.3373	0.40	0.6554	1.20	0.8849	2.00	0.9772
-2.10	0.0179	-1.22	0.1112	-0.40	0.3446	0.42	0.6628	1.22	0.8888	2.05	0.9798
-2.05	0.0202	-1.20	0.1151	-0.38	0.3520	0.44	0.6700	1.24	0.8925	2.10	0.9821
-2.00	0.0228	-1.18	0.1190	-0.36	0.3594	0.46	0.6773	1.26	0.8962	2.15	0.9842
-1.98	0.0239	-1.16	0.1230	-0.34	0.3669	0.48	0.6844	1.28	0.8997	2.20	0.9861
-1.96	0.0250	-1.14	0.1271	-0.32	0.3745	0.50	0.6915	1.30	0.9032	2.25	0.9878
-1.94	0.0262	-1.12	0.1314	-0.30	0.3821	0.52	0.6985	1.32	0.9066	2.30	0.9893
-1.92	0.0274	-1.10	0.1357	-0.28	0.3897	0.54	0.7054	1.34	0.9099	2.35	0.9906
-1.90	0.0287	-1.08	0.1401	-0.26	0.3974	0.56	0.7123	1.36	0.9131	2.40	0.9918
-1.88	0.0301	-1.06	0.1446	-0.24	0.4052	0.58	0.7191	1.38	0.9162	2.45	0.9929
-1.86	0.0314	-1.04	0.1492	-0.22	0.4129	0.60	0.7258	1.40	0.9192	2.50	0.9938
-1.84	0.0329	-1.02	0.1539	-0.20	0.4207	0.62	0.7324	1.42	0.9222	2.55	0.9946
-1.82	0.0344	-1.00	0.1587	-0.18	0.4286	0.64	0.7389	1.44	0.9251	2.60	0.9953
-1.80	0.0359	-0.98	0.1635	-0.16	0.4365	0.66	0.7454	1.46	0.9279	2.65	0.9960
-1.78	0.0375	-0.96	0.1685	-0.14	0.4443	0.68	0.7518	1.48	0.9306	2.70	0.9965
-1.76	0.0392	-0.94	0.1736	-0.12	0.4523	0.70	0.7580	1.50	0.9332	2.75	0.9970
-1.74	0.0409	-0.92	0.1788	-0.10	0.4602	0.72	0.7642	1.52	0.9357	2.80	0.9974
-1.72	0.0427	-0.90	0.1841	-0.08	0.4681	0.74	0.7704	1.54	0.9382	2.85	0.9978
-1.70	0.0446	-0.88	0.1894	-0.06	0.4761	0.76	0.7764	1.56	0.9406	2.90	0.9981
-1.68	0.0465	-0.86	0.1949	-0.04	0.4841	0.78	0.7823	1.58	0.9429	2.95	0.9984
-1.66	0.0485	-0.84	0.2005	-0.02	0.4920	0.80	0.7882	1.60	0.9452	3.00	0.9986
-1.64	0.0505	-0.82	0.2061	0.00	0.5000	0.82	0.7939	1.62	0.9474	3.05	0.9989
-1.62	0.0526	-0.80	0.2119	0.02	0.5080	0.84	0.7996	1.64	0.9495		
-1.60	0.0548	-0.78	0.2177	0.04	0.5160						

子数据表程序都提供正态分布函数 $N(d)$。例如，在 Excel 中，程序名称为 NORMSDIST 或 NORM.S.DIST。利用 Excel 或表 15-2，我们可得到：

$$N(0.43) = 0.6664$$
$$N(0.18) = 0.5714$$

于是，看涨期权的价值为

$$C = 100 \times 0.6664 - 95 e^{-0.10 \times 0.25} \times 0.5714$$
$$= 66.64 - 52.94 = 13.70 \text{（美元）}$$

如果例 15-4 中期权价格是 15 美元而不是 13.70 美元，那又会怎么样呢？是不是期权被错误定价了？也许是，但在赌运气之前，应再考虑估价分析。首先，同所有模型一样，布莱克-斯科尔斯公式也是建立在使该模型近似有效的抽象简化基础之上的。

公式的一些重要假设如下：

- 在期权到期日之前，股票不支付股利。
- 利率 r 与股票的方差 σ^2 保持不变（或者更一般地，两者都是时间的已知函数，任何变化都可预测）。
- 股票价格是连续的，也就是说股票价格不会发生异常的波动，比如公司被接管的声明导致价格异常波动。

如今已有变形的布莱克-斯科尔斯公式来处理以上的这些限制条件。

其次，在布莱克-斯科尔斯模型中，你必须保证公式中各个参数都是正确的，其中的四个值（S_0、X、T 和 r）都是很清楚的，即股票价格、行权价格和到期期限都是给定的。利率也是相同期限的货币市场利率，并且股利支付至少在短期内是可以合理预测的。

最后一个输入变量是股票收益率的方差，不能直接观察到。必须从历史数据、情境分析或者其他期权价格中估计出来。我们接下来讨论这个问题。

我们在第 3 章讲过，股票市场收益率的历史方差可以从 n 个观察值得到，其公式如下：

$$\sigma^2 = \frac{n}{n-1} \sum_{t=1}^{n} \frac{(r_t - \bar{r})^2}{n}$$

其中，$\bar{r}$ 为样本期的平均收益率。在 t 天的收益率被定义为 $r_t = \ln(S_t / S_{t-1})$，与连续复利一致。注意，一个比率取自然对数，其值近似等于分子与分母的百分比差异，于是 $\ln(S_t / S_{t-1})$ 可以用来测度 $t-1$ 期至 t 期的股票收益率。历史方差一般用几个月的每日收益来计算。因为股票波动率是估计出来的，所以真实的期权价格与用公式算出的期权价格有可能不同，这是由股票的波动率估计误差造成的。

事实上，市场参与者往往从不同的角度来看期权定价问题。他们不是用所给的股票标准差按布莱克-斯科尔斯公式计算期权价格，而是会问：如果我观察到的期权价格与布莱克-斯科尔斯公式计算出来的期权价格一致的话，那么标准差是多少呢？这就是期权的**隐含波动率**（implied volatility），即期权价格中隐含的股票波动率水平。投资者可以判断实际的股票标准差是否超过了隐含波动率。如果超过了，则购买期权是一个好的选择；如果实际波动率高于隐含波动率，期权的公允价格就会高于观察到的价格。

另一个角度是比较到期日相同、行权价格不同的同一只股票的期权。具有较高隐含波动率的期权相对贵一些，因为需要较高的标准差来调节价格。分析师认为应该买入低隐含波动率期权，卖出高隐含波动率期权。

布莱克-斯科尔斯定价公式，以及隐含波动率，可以很容易使用 Excel 中的电子数据表来计算，如表 15-3 所示。模型的输入部分在 B 列，输出部分在 E 列。表格中还给出了 d_1 和 d_2 的计算公式，Excel 中的公式 NORMSDIST（d_1）或 NORM. S. DIST（d_1，TRUE）用来计算 $N(d_1)$。单元格 E6 中有布莱克-斯科尔斯公式（表 15-3 中实际上包含了对股利的调整，下一节将对此进行描述）。

表 15-3 利用布莱克-斯科尔斯公式计算期权价值

	A	B	C	D	E	F	G	H	I	J
1	输入			输出			E中数值具体计算公式			
2	Standard deviation(annual)	0.2783		d1	0.0029		(LN (B5/B6) + (B4-B7+0.5*B2^2) *B3) / (B2*SQRT (B3))			
3	Maturity(in years)	0.5		d2	-0.1939		E2-B2*SQRT* (B3)			
4	Risk-free rate(annual)	0.06		N(d1)	0.5012		NORMSDIST(E2)			
5	Stock price	100		N(d2)	0.4231		NORMSDIST(E3)			
6	Exercise price	105		B/S call value	7.0000		B5*EXP(-B7*B3)*E4-B6*EXP(-B4*B3)*E5			
7	Dividend yield(annual)	0		B/S put value	8.8968		B6*EXP(-B4*B3)*(1-E5)-B5*EXP(-B7*B3)*(1-E4)			

如需计算隐含波动率，我们可以使用 Excel 工具菜单中的目标搜索（Goal Seek）命令，如图 15-7 所示。目标搜索命令可以让我们通过改变一个单元格的值以使另一个单元格（称为目标单元格）的值等于一个特定的值。例如，如果我们看到一个售价为 7 美元的看涨期权，其他输入部分如表格所示，则我们可以利用目标搜索命令改变 B2 单元格的值（股票的标准差），从而可以使 E6 单元格的值等于 7 美元。目标单元格 E6 就是看涨期权的价格，电子数据表会计算出单元格 B2 的相应值。当你点击“OK”按钮时，电子数据表就会发现标准差 0. 278 3 与看涨期权价格 7 美元相符；如果期权售价是 7 美元，则该标准差就是期权的隐含波动率。

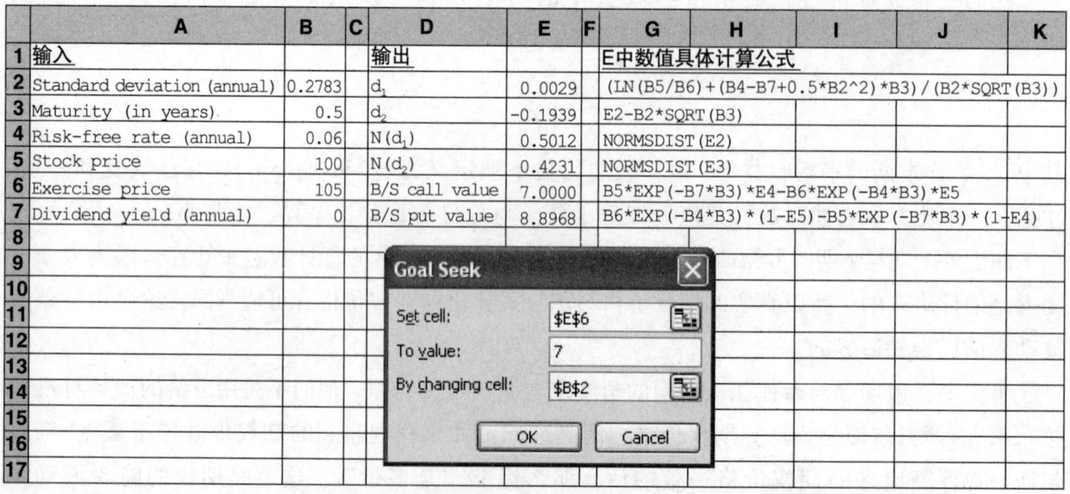

	A	B	C	D	E	F	G	H	I	J	K
1	输入			输出			E中数值具体计算公式				
2	Standard deviation (annual)	0.2783		d1	0.0029		(LN(B5/B6)+(B4-B7+0.5*B2^2)*B3)/(B2*SQRT(B3))				
3	Maturity (in years)	0.5		d2	-0.1939		E2-B2*SQRT(B3)				
4	Risk-free rate (annual)	0.06		N(d1)	0.5012		NORMSDIST(E2)				
5	Stock price	100		N(d2)	0.4231		NORMSDIST(E3)				
6	Exercise price	105		B/S call value	7.0000		B5*EXP(-B7*B3)*E4-B6*EXP(-B4*B3)*E5				
7	Dividend yield (annual)	0		B/S put value	8.8968		B6*EXP(-B4*B3)*(1-E5)-B5*EXP(-B7*B3)*(1-E4)				
8											
9											
10											
11											
12											
13											
14											
15											
16											
17											

图 15-7 利用目标搜索确定隐含波动率

芝加哥期权交易所定期计算主要股票指数的隐含波动率。图 15-8 是 1990 年以来标准普尔 500 指数 30 天隐含波动率走势。在动荡时期，隐含波动率会迅速突起。注意 1991 年 1 月（海湾战争）、1998 年 8 月（长期资本管理公司破产）、2001 年 9 月 11 日（美国恐怖袭击）、2002 年（入侵伊拉克）和 2008 年（次贷危机）是波动率高峰。因为隐含波动率与危机相关，所以它有时也被称为"投资者恐惧指数"。

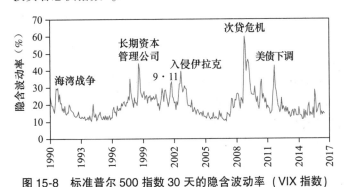

图 15-8　标准普尔 500 指数 30 天的隐含波动率（VIX 指数）

资料来源：Chicago Board Options Exchange, www.cboe.com.

自 2004 年开始，标准普尔 500 指数 30 天隐含波动率期货合约在芝加哥期权交易所开始交易。合约的收益取决于合约到期时的市场隐含波动率。合约的代码是 VIX。

随着情况的明晰，观察者用它来推断未来几个月股票的预期价格波动。在这种情况下，文章根据 2012 年年底进行的关于所谓"财政悬崖"的政治谈判，质疑了相对较低的 VIX 水平。问题在于，如果和谈失败了，VIX 的合约价格是否表明投资者对市场的潜在破坏过于自满。

图 15-8 也揭示了一个棘手的经验事实。布莱克-斯科尔斯公式假定股票波动率保持不变，而从公式中计算出的隐含波动率时间序列远非保持不变。这个矛盾提醒我们，布莱克-斯科尔斯模型（像所有的模型）是一个简化模型，并不能抓住真实市场的所有方面。在这种特定情景下，允许股票波动率有随机性，对定价模型进行拓展是有必要的，并且事实上，沿着这个思路对模型进行的改进已有许多。⊖

事实上，波动率变动不可预测，意味着选择恰当的波动率代入任何期权定价模型都是有困难的。最近一些重要的研究都致力于预测波动率变动的技术。这些技术，包括 ARCH 和随机波动率模型，假定波动率变动是部分可预测的，并通过分析波动率的当前水平和趋势来改进对未来波动率的预测。⊖

概念检查 15-8

假定表 15-3 中看涨期权的实际售价是 8 美元，它的隐含波动率是大于还是小于 27.83%？利用电子数据表来计算。

⊖ 这个领域具有影响力的文章有：J. Hull and A. White, "The Pricing of Options on Assets with Stochastic Volatilities," *Journal of Finance*（June 1987），pp. 281-300；J. Wiggins, "Option Values under Stochastic Volatility," *Journal of Financial Economics*（December 1987），pp. 351-72；and S. Heston, "A Closed-Form Solution for Options with Stochastic Volatility with Applications to Bonds and Currency Options," *Review of Financial Studies* 6（1993），pp. 327-43. 最近发表文章，参见：E. Ghysels, A. Harvey, and E. Renault, "Stochastic Volatility," in *Handbook of Statistics*, Vol. 14: *Statistical Methods in Finance*, ed. G. S. Maddala（Amsterdam：North Holland, 1996）.

⊖ 对这些模型的介绍请参见：Carol. Alexander, Market Risk Analysis, Vol. 4（England：Wiley, 2009）.

15.4.2 股利与看涨期权定价

我们已经知道布莱克-斯科尔斯公式要求股票不支付股利,当在期权到期之前股票支付股利时,我们就要调整公式。股利的支付提高了提前执行期权的可能性,对更接近现实支付股利的情况,定价公式变得比布莱克-斯科尔斯公式更为复杂。

当股票按季度发放股利时,每股价格相应大致会下跌每股分红等值的数额。特定情形下,看涨期权的持有人在除息前会选择行权,这将增加看涨期权到期前的不确定性。究竟是应该在除息日行权还是一直持有至到期日?对布莱克-斯科尔斯公式做一些拓展就可以将股利因素考虑进来,但定价公式必然会更加复杂,且随着股利发放次数的增加将更难解。⊖

在一个特定情况下,股利调整会采取一种简单的形式。我们假定标的资产支付连续现金收入。这一假设对股票指数期权来说是一个合理的假设。这里不同的股票在不同日期发放股利,从而股利收入就会以或多或少的连续现金流出现。如果股利率保持不变,记为 δ,到期之前累积股利的现值为 $S_0(1-e^{-\delta T})$。在这里,$S_0 - PV(Div) = S_0 e^{-\delta T}$,只要简单地把原公式中的 S_0 代换成 $S_0 e^{-\delta T}$,就可以得到股利支付资产的布莱克-斯科尔斯看涨期权公式。表 15-1 用的就是这种方法。

运用这一方法时要注意,即便是连续股利,提前执行看涨期权也是明智之举。严格来讲,修正的布莱克-斯科尔斯公式仅适用于欧式期权。一般原则是,在相同情况下,即便是连续分红,考虑分红的美式期权的价值大于欧式期权的。

15.4.3 看跌期权定价

我们已经讨论了看涨期权的定价,还可以通过看跌-看涨期权平价定理得到布莱克-斯科尔斯欧式看跌期权定价公式。对看跌期权定价,我们只需简单地根据布莱克-斯科尔斯公式求出看涨期权的价值,并求解出看跌期权的价值:

$$P = C + PV(X) - S_0 = C + Xe^{-rT} - S_0 \tag{15-2}$$

为了与布莱克-斯科尔斯公式一致,我们必须使用连续复利来计算行权价格的现值。

有时,直接使用看跌期权定价公式更加简单。如果我们把看涨期权布莱克-斯科尔斯定价公式代入式 (15-2),就可以得到欧式看跌期权的价值:

$$P = Xe^{-rT}[1 - N(d_2)] - S_0[1 - N(d_1)] \tag{15-3}$$

例 15-5 布莱克-斯科尔斯看跌期权定价

利用例 15-4 中的数据 [$C = 13.70$(美元),$X = 95$(美元),$S = 100$(美元),$r = 0.10$,$\sigma = 0.50$ 和 $T = 0.25$],由式 (15-3) 可知,具有相同行权价格和到期期限的股票欧式看跌期权价值为

$$95e^{-0.10 \times 0.25}(1 - 0.5714) - 100 \times (1 - 0.6664) = 6.35 \text{(美元)}$$

注意,这个值与看跌-看涨期权平价是一致的:

$$P = C + PV(X) - S_0 = 13.70 + 95e^{-0.10 \times 0.25} - 100 = 6.35 \text{(美元)}$$

正如我们已经注意到的,作为交易策略的一个步骤,我们会将该计算结果与实际看跌期权价格相比较。

⊖ Fischer Black, "Fact and Fantasy in the Use of Options," *Financial Analysts Journal* 31 (July-August 1975).

15.4.4 股利与看跌期权定价

式（15-2）和式（15-3）适用于不支付股利股票的欧式看跌期权。如我们对看涨期权所做的，如果标的资产支付股利，我们用 $S_0-\mathrm{PV}(Div)$ 代替 S_0 就可以得到欧式看跌期权的价值。表 15-3 中单元格 E7 允许股利收益率 δ 的连续股利流，在那种情况下，$S_0-\mathrm{PV}(Div)=S_0\mathrm{e}^{-\delta T}$。

但上市的美式股票期权提供了提前执行的机会，并且我们已经知道提前执行的权利是有价值的，这意味着美式看跌期权比相应的欧式期权更有价值。因此，式（15-2）和式（15-3）仅仅是美式看跌期权真实价值的下限。即便如此，这种近似的计算在很多应用中已经算是很精确的了。⊖

15.5 布莱克-斯科尔斯公式应用

15.5.1 对冲比率与布莱克-斯科尔斯公式

在第 14 章中，我们考虑过对 FinCorp 股票的两种投资：购买 100 股股票或者 1 000 份看涨期权。我们看到，看涨期权头寸比全为股票头寸对股票价格波动更为敏感。但是，为了更精确地分析股票价格的总体风险，有必要给这些相关敏感性定量。有一个工具使我们可以在总体上概括包含有不同行权价格和到期期限期权的资产组合的风险，即股票价格上涨 1 美元时期权价格的变化。因此，看涨期权的对冲比率为正值，看跌期权的对冲比率为负值。**对冲比率**（hedge ratio）通常被称为期权的**德尔塔**（delta）。

如我们在图 15-9 中对看涨期权所做的，如果画出期权价值与股票价格的函数曲线，那么对冲比率就是曲线在当前股票价格上的斜率。例如，假设当股票价格为 120 美元时，曲线斜率为 0.6。当股票价格每上升 1 美元时，期权价格近似增加 0.6 美元。

每出售 1 份看涨期权，就需要 0.6 股股票对冲投资者的资产组合。例如，某人出售 10 份看涨期权并且持有 6 股股票，根据 0.6 的对冲比率，股票价格每上升 1 美

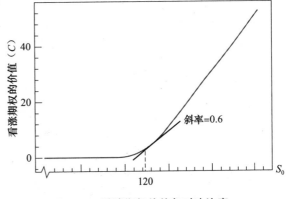

图 15-9　看涨期权价值与对冲比率

元，股票收益增加 6 美元，而售出 10 份看涨期权则损失 10×0.60 美元，即 6 美元。股票价格变动没有引起总财富变动，这就是对冲头寸所要求的。

布莱克-斯科尔斯对冲比率非常容易计算。看涨期权的对冲比率是 $N(d_1)$，看跌期权的对冲比率是 $[N(d_1)-1]$。我们将 $N(d_1)$ 定义为布莱克-斯科尔斯公式的一部分，$N(d)$ 表示标准正态曲线中至 d 的区域面积。因此，看涨期权的对冲比率总是正值且小于 1.0，而看跌期权的对冲比率总是负值且绝对值小于 1.0。

⊖ 对美式看跌期权更详细的论述，参见：R. Geske and H. E. Johnson, "The American Put Valued Analytically," *Journal of Finance* 39 (December 1984), pp. 1511-1524.

从图 15-9 中也可看出，看涨期权价值函数的斜率小于 1.0，只有当股票价格超过行权价格很多时，斜率才接近于 1.0。这就告诉我们，当股票价格变化为 1 时，期权价格的变化要小于 1，为什么会这样呢？假设目前期权处于实值，那么期权肯定被执行。在那种情况下，股票价格每上升 1 美元，期权价值也会上升 1 美元。但如果看涨期权到期时是虚值，即使股票价格经历一定涨幅后，股票价格上升 1 美元也未必增加看涨期权的最后收益。因此，看涨期权价值不会相应地增加 1 美元。

对冲比率小于 1.0 的事实与我们前面观察期权的杠杆作用与对股票价格波动的敏感性并不矛盾。尽管美元计量的期权价格变动要比股票价格变动小，但是期权收益率波动性却远比股票高，因为期权的价格较低。在我们的例子中，股票价格为 120 美元，对冲比率为 0.6，行权价格为 120 美元的期权售价为 5 美元。如果股票价格上升至 121 美元，看涨期权价格预期增加 0.6 美元至 5.6 美元。期权价值增加百分比为 $0.6/5 = 12\%$，而股票价格涨幅仅为 $1/120 = 0.83\%$。百分比变动的比率为 $12/0.83 = 14.4$。股票价格每上升 1%，期权价格就上升 14.4%。这一比率，即期权价格变动百分比与股票价格变动百分比的比值，称为**期权弹性**（option elasticity）。

对冲比率是资产组合管理与控制中最基本的工具，例 15-6 将说明这一点。

例 15-6 对冲比率

考虑两种资产组合，一种是持有 750 份 FinCorp 看涨期权和 200 股 FinCorp 股票，另一种是持有 800 股 FinCorp 股票。哪种资产组合对 FinCorp 股票价格波动的风险敞口更大？你可以利用对冲比率很容易地回答这个问题。

用 H 代表对冲比率，则股票价格每变动 1 美元，期权价格就会变动 H 美元。这样，如果 H 等于 0.6，股票价格波动时，750 份期权就相当于 $750 \times 0.6 = 450$（股）股票。显然，第一种资产组合对股票价格的敏感度要低，因为它相当于 450 股股票的期权再加上 200 股股票，要小于第二种资产组合的 800 股股票。

但是，这并不是说第一种资产组合对股票收益率的敏感度也较低。我们在讨论期权弹性时知道，第一种资产组合的总价值可能低于第二种资产组合。因此从市场总价值来说，它的敏感度较低，但是它的收益率敏感度较高。因为一份看涨期权的市场价值要低于股票价格，所以其价格变化幅度要高于股票价格变动幅度，尽管它的对冲比率小于 1.0。

> **概念检查 15-9**
>
> 如果股票价格为 122 美元，那么行权价格为 120 美元，对冲比率为 -0.4，售价为 4 美元的看跌期权的期权弹性为多少？

15.5.2 资产组合保险

在第 14 章中，我们已经知道，保护性看跌期权策略提供了一种资产保险。事实证明，投资者非常喜欢保护性看跌期权。即使资产价格下跌了，看跌期权依然被赋予以行权价格卖出资产的权利，这是一种锁定资产组合价值下限的方法。平值看跌期权（$X = S_0$）的最大损失是看跌期权的成本。资产可以以 X 美元价格出售，与其初始价值相等，所以即使资产价格下跌，投资者在这段时间内的净损失仅仅是看跌期权的成本。如果资产价格上升，潜在的空间却是没有限制的。图 15-10 画出了保护性看跌头寸在标的资产价值 P 变动时的利润与损失。

保护性看跌期权是实现**投资组合保险**（portfolio insurance）的一种简单方便的方法，它限制了资产组合在最坏情况下的收益率，但在对股票资产组合保险时，有一些实际的困难。首先，除非投资者的资产组合与看跌期权交易的市场指数相符，否则无法买到资产组合的看跌期权。其次，当用指数的看跌期权来保护非指数的资产组合时，会产生追踪误差。例如，如果市场指数上升，资产组合价值下跌，看跌期权将失去应有的保护作用。最后，交易期权的到期值可能不在投资者的意料范围内。因此，相比使用期权策略而言，投资者更愿意使用类似保护性期权收入的交易策略。

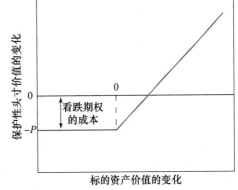

图 15-10 保护性看跌期权策略的利润

人们普遍接受的一个观点是：即使想要的资产组合的看跌期权不存在，如果这种期权确实在交易的话，也可以通过理论上的期权定价公式（例如布莱克-斯科尔斯模型）来确定期权价格对资产组合价值的反应。例如，如果股票价格将来要下降，看跌期权价值会增加。期权定价模型可以量化这种关系。保护性看跌期权资产组合对股票价格波动的净风险敞口是资产组合中两个组成部分（股票和看跌期权）的风险敞口之和。净风险敞口等于股票的风险减去看跌期权的风险。

通过持有一定数量的股票，且该股票对市场波动的净风险敞口与保护性看跌期权头寸相同，我们就可以构造"合成"的保护性看跌期权。这种策略的关键是期权的德尔塔，或者对冲比率，也就是标的股票资产组合价值的单位变化引起的保护性看跌期权价格的变化量。

例 15-7 合成的保护性看跌期权

假定现在一个资产组合的价值为 1 亿美元。以该资产组合为标的物的看跌期权的德尔塔值为 -0.6，意味着该资产组合价值每变动 1 美元，期权价值就朝相反方向变动 0.6 美元。假定资产组合价值减少了 2%，如果存在看跌期权的话，合成的保护性看跌期权的利润如下面的上部分所示（以 100 万美元计）。

我们通过出售等于德尔塔值（即 60%）的股票并购买等额的无风险短期国债来构造合成的期权头寸。基本原理是，看跌期权可以抵消股票资产组合价值变化的 60%，所以可以直接出售 60% 的股票并将收入投资于无风险资产。6 000 万美元投资于无风险资产（如短期国债）与 4 000 万美元投资于股票所组成的资产组合的利润如右表的下部分所示（以 100 万美元计）。

股票的损失	2%×100 = 2.00
看跌期权的盈利	0.6×2.00 = 1.20
净损失	= 0.80

股票的损失	2%×40 = 0.80
+国债的损失	= 0
净损失	= 0.80

合成的和实际的保护性看跌期权头寸具有同样的收益率。我们的结论是，如果你出售等于

看跌期权德尔塔值的股票，换成现金等价物，那么你在股票市场的风险敞口等于想要的保护性看跌期权头寸的风险敞口。

这种处理的困难在于德尔塔值经常改变。图15-11表明，股票价格下跌，恰当的对冲比率将增大。因此，市场下跌时需要增加额外的对冲，也就是将更多的股票变为现金。不断更新对冲比率被称为**动态套期保值**（dynamic hedging，也称为德尔塔对冲、动态对冲）。

动态对冲是资产组合保险对市场波动性有影响的原因之一。市场下跌时，资产组合保险者努力增加对冲，从而导致额外的股票抛售。这些额外的抛售又会加剧市场的下跌。

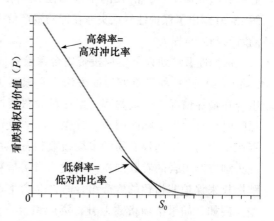

图 15-11 对冲比率随股票价格变化而变化

在实践中，当更新对冲头寸时，资产组合保险者并不直接买入或者卖出股票。作为替代，他们通过买入或卖出股票指数期货替代买卖股票使交易成本最小化。你将会在下一章中看到，在跨市场套利作用下，股票价格与指数期货价格通常紧密相连，所以期货交易就可以代替股票交易。保险者卖出相应数额的期货合约来代替卖出基于看跌期权德尔塔值的股票数量。㊀

1987年10月19日市场崩盘，有些资产组合保险人遭受了巨大的挫折，当时市场在一天之内损失了约20%。对当时所发生一切的详细描述会让你体会到看似简单直接的对冲概念的复杂性。

- 崩盘时市场波动性比以前更大。基于历史经验的看跌期权的德尔塔值过低，保险者未完全对冲，持有过多的股票，所以遭受了额外损失。
- 价格变化太快使得保险者无法保持必要的再平衡。他们总是在不断"追逐德尔塔"，却总被甩开。期货市场总是"跳空"开盘，并且开盘价比前一日收盘价低将近10%，在保险者更新他们的对冲比率之前价格就已经下跌了。
- 操作问题更严重。首先，无法获得当前的市场价格，伴随着交易执行和行情报价延迟数小时，计算正确的对冲比率不再具有可能性。其次，有时股票交易与期货交易会中止一段时间。市场崩盘时，连续再平衡的能力消失了，而这是可实施的保险项目所必需的。
- 与股票价格相比，期货按其正常价格水平时的折扣价交易，这使得卖出期货（作为卖出股票的替代）的成本很高。尽管你在第16章中将看到股票指数期货价格通常超过股票指数，但图15-12表明10月19日的期货价格远低于股票指数。当一些保险者打赌期货价格将恢复至保持对股票指数正常的升水并选择延迟出售时，他们就没有完全对冲。随着市场价格进一步下跌，他们的资产组合遭受了严重的损失。

㊀ 但是，需要注意，指数期货的使用又引入了资产组合与市场指数之间的跟踪误差问题。

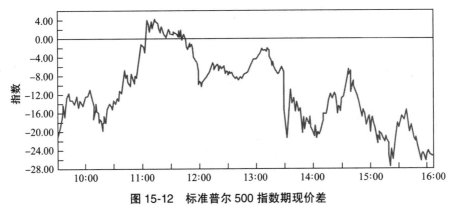

图 15-12 标准普尔 500 指数期现价差

资料来源：Report of the Presidential Task Forece on Market Mechanisms, Nicholas Brady, Chairman. January, 1988, p.33.

尽管大多数观察家认为，资产组合保险行业将永远不会从市场崩盘中复苏，但是德尔塔对冲在华尔街仍然富有生命力。动态对冲依然被大公司广泛地用来对冲期权头寸的潜在损失。例如，在 2003 年，微软结束了它的员工股票期权计划和摩根大通买入大量微软员工持有的存量期权时，市场普遍预期摩根大通会根据德尔塔对冲策略卖出微软公司股票来保护它的期权头寸。

15.5.3 期权定价与 2008~2009 年的危机

默顿⊖在一次演讲中利用期权定价模型解释了 2008~2009 年的金融危机。理解其解释的关键在于，银行向有限责任公司发放贷款或买下其债务时，隐含地给了借款人一个看跌期权。

在贷款到期时（时间 T），考虑贷款公司价值的函数 V_T；在面值为 L 的贷款到期时，考虑支付给贷款人的收益。当 $V_T \geq L$ 时，贷款人全额付清，但是当 $V_T < L$ 时，借款人得到公司，即低于承诺的收益 L。

我们可以用一种强调隐含的方式来写下收益：

$$\text{收益} = \begin{cases} L \\ V_T \end{cases} = L - \begin{cases} 0 & \text{如果 } V_T \geq L \\ L - V_T & \text{如果 } V_T < L \end{cases} \tag{15-4}$$

式（15-4）表明，贷款的回收价值等于 L（当公司有足够的资产偿还债务时），减去看跌期权的收益（公司价值 V_T，看跌期权的行权价格是 L）。因此，风险贷款就可视为一笔有担保的、价值为 L 的贷款和一份借款方看跌期权空头头寸构成的组合。

当公司销售信用违约掉期合同时（见第 9 章的 9.5 节），隐含的看跌期权更为清晰。在这里，信用违约掉期的卖方同意弥补债券发行人破产所带来的任何损失。如果发行人破产，那么就只给债权人留下了价值为 V_T 的资产，信用违约掉期的卖方有义务弥补（$L-V_T$）的差额，这在本质上是一个纯粹的看跌期权。

现在想一想，这些内幕的曝光使公司的财务状况发生了变化。看跌期权的价值如图 15-13 所示。当公司金融状况良好时（比如，V 的值远远大于 L），曲线的斜率几乎为零，由此表明

⊖ 这一资料来源为罗伯特·默顿 2009 年 3 月在麻省理工学院的一个演讲，你可以在 http://mitworld.mit.edu/video/659 网站上找到这一演讲内容。

关于借款公司的价值，隐性期权卖出者几乎没有任何曝光。例如，当公司的价值是其债务面值的 1.75 倍时，图中期权价值曲线的切线斜率只有 -0.040。但如果对经济有很大的冲击，而且公司价值下跌，那么不仅内含期权的价值上升，且其斜率变得陡峭，这意味着对未来股票的曝光将比现在更大。当公司价值仅为贷款金额的 75% 时，曲线斜率变得陡峭，为 -0.644。你可以看到，当你越来越接近悬崖的边缘时，它变得越来越平滑。

我们经常听到人们说，金融危机对资产价值产生的巨大冲击是 10-西格玛事件。他们的意思是说，这样的事件非

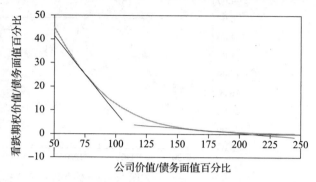

图 15-13　隐含期权价值在贷款担保中的价值（贷款期限为 1 年，公司价值的标准差为 40%，无风险利率为 6%）

常极端，与预期值相差了 10 个标准差，这样的结果几乎是难以想象的。但分析图 15-13 表明，标准差可能是一个变动的目标，随公司价值减少而急剧增加。在经济不稳定的情况下，再次投资期权，他们对进一步冲击的敏感性增加，更糟糕的结果可能就在眼前。内置不稳定的风险敞口使得像危机这样的情景更加合理，同时在我们低估一个极端情况并认为其"几乎不会发生"时，给予我们警告。

15.5.4　期权定价与投资组合理论

我们刚刚看到期权的定价模型预测出安全风险特征是不稳定的。例如，随着公司实力的减弱，其债务的风险可以迅速增大。因此，随着公司财务状况恶化，股权风险也会急剧变化。我们从第 14.5 节可以看出，杠杆企业的股权就像是公司价值中的看涨期权。如果公司的价值超过公司到期债务的价值，该公司可以选择偿还债务，从而保留公司价值和债务面值之间的差异。反之，该公司可以拖欠贷款，把公司移交给他的债权人，而股权持有人则什么都得不到。从这个意义上来讲，股权是一种看涨期权，而公司的总价值是基础财产。

在第 15.5 节中，我们看到，期权的弹性是用来衡量其收益率对于基础资产收益率的敏感程度的。例如，如果看涨期权的弹性为 5，其收益率将为基础资产收益率的 5 倍。这意味着期权的 β 值和标准偏差是标的资产的 β 值和标准差的 5 倍。

因此，在编制一个有效的投资组合的"输入清单"时，我们不妨将股权作为一种隐含期权，并计算其弹性与公司的总价值。例如，如果公司的资产与其他证券的协方差是稳定的，那么我们可以使用弹性来找到该公司的股票与这些证券的协方差，这将使我们能够计算 β 值和标准差。

不幸的是，弹性本身就是变化的。随着公司实力的减弱，其弹性将会迅速增加。图 15-14 使用布莱克-斯科尔斯模型

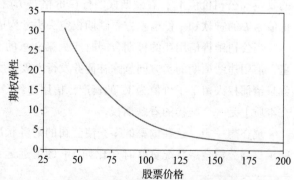

图 15-14　看涨期权弹性随股票价格的波动（参数：$\sigma = 0.25$，$T = 0.5$，$r = 0.06$，$X = 100$）

来描绘看涨期权的弹性关于基础股票价值的函数。注意，当期权越来越不值钱时（股票价格跌至 100 美元以下），弹性迅速增加，并且没有限制。同样，随着企业接近破产（企业资产的价值低于债务的面值），股权弹性开始萌芽，即使很小的财务状况变化都有可能导致风险的巨大变化。当公司健康发展时，弹性是更加稳定的（更加接近 1），即隐含看涨期权很值钱。同样，对于健康的公司来讲，股票的风险特征更为稳定。

15.5.5 对错误定价期权的对冲赌博

假定你认为 FinCorp 股票收益在未来几周的标准差为 35%，但是 FinCorp 股票看跌期权的售价却与 33% 的波动率相一致。因为看跌期权隐含波动率比你对该股票波动率的预测值要低，所以你认为该期权价格被低估。利用你掌握的像布莱克-斯科尔斯模型这种期权定价模型对波动率的估值，你可以得出看跌期权公平价格超过其实际价格。

这是否意味着就该买入看跌期权呢？也许可以，但如果 FinCorp 股价表现非常好，即便对波动率的估计是正确的，这笔投资仍将面临亏损。你希望将对波动性的赌博和买入看跌期权附带的对 FinCorp 股价下跌的赌博分离。换言之，你只不过是想通过买入低估的看跌期权来投机期权错误定价部分，却将自己置身于 FinCorp 股价表现的风险敞口。

期权的德尔塔可用一个对冲比率来表示。德尔塔被定义为

$$\text{德尔塔} = \frac{\text{期权价值的变化}}{\text{股票价值的变化}} \tag{15-5}$$

因此，德尔塔是期权定价曲线的斜率。

这个比率确切地告诉我们，为了抵消购买 FinCorp 股票的风险，必须持有多少股股票。例如，如果德尔塔是 -0.6，对冲每一份期权我们需要持有 0.6 股股票。如果我们购买 10 份期权合约，每份合约 100 股，则我们需要购买 600 股股票。如果股票价格上升 1 美元，每份看跌期权价值就会减少 0.60 美元。但是，看跌期权的损失就会被持有股票得到的收入 $1 \times 600 = 600$（美元）所补偿。

为了说明这种策略如何获得利润，让我们来看下面的例子。

例 15-8　错误定价期权投机

假定期权期限 T 为 60 天，看跌期权价格 P 为 4.495 美元，行权价格 X 为 90 美元，股票价格 S 为 90 美元，无风险利率为 4%。我们假定在未来 60 天里股票不支付股利。给定这些数据，期权的隐含波动率是 33%，正如我们所假定的。但是，你认为真正的波动率应该是 35%，意味着看跌期权的公平价格是 4.785 美元。因此，如果市场对该波动率的估值调整到你所认为是正确的值时，你的利润就是每一份看跌期权 0.29 美元。

回想一下看跌期权的对冲比率，即德尔塔，等于 $[N(d_1)-1]$，其中 $N(\cdot)$ 是累积的正态分布函数，且

$$d_1 = \frac{\ln(S/X) + (r+\sigma^2/2)\ T}{\sigma\sqrt{T}}$$

你估计 $\sigma = 0.35$，对冲比率 $N(d_1)-1 = -0.453$。

因此，假定你购买了 10 张期权合约（1 000 份看跌期权），并购买了 453 股股票。一旦市场"追上了"你估计的波动率水平，看跌期权价值就会增加。如果市场对波动性的估计在你购买这

些期权之后立即改变,则你的利润等于 1 000×0.29=290(美元)。当然,股票价格的任何变动都会对期权价格造成影响,但是对冲比率选择是合适的,则这部分风险就可以被消除。你的利润应该仅是基于看跌期权隐含波动率变动带来的影响,而股票价格带来的冲击已经被对冲掉了。

假定看跌期权价格变化反映了你对波动率的估计,表 15-4 表明,你的利润是股票价格的函数。表 15-4b 表明,就看跌期权而言,它的利润或损失取决于股票价格的上升或下降。但是,我们从表 15-4c 中可以看出,不管股票价格如何变化,每一个对冲的看跌期权提供的利润基本上都等于最初价格错估的部分。

表 15-4 对冲的看跌期权资产组合的利润 (单位:美元)

a. 建立对冲头寸的成本			
1 000 份看跌期权,每份 4.495 美元		4 495	
453 股股票,每股 90 美元		40 770	
总支出		45 265	
b. 看跌期权价值是股票价格的函数,隐含波动率为 35%			
股票价格	89	90	91
看跌期权价格	5.254	4.785	4.347
每一看跌期权的利润(损失)	0.759	0.290	(0.148)
c. 对冲的看跌期权资产组合的价值和利润			
股票价格	89	90	91
1 000 份看跌期权的价值	5 254	4 785	4 347
453 股股票的价值	40 317	40 770	41 223
总计	45 571	45 555	45 570
利润(=价值-A 中的成本)	306	290	305

注意,例 15-8 中利润并非完全独立于股票价格。这是因为随着股票价格的变化,用来计算对冲比率的德尔塔也随之变化。原理上,对冲比率随德尔塔的变化不断调整。德尔塔对股票价格的敏感度称为该期权的**伽玛**(gamma)。期权伽玛类似于债券的凸性。在这两个例子中,价值函数的曲率意味着对冲比率或久期随市场条件变化而变化,使得再平衡成为对冲策略的一个必要部分。

> **概念检查 15-10**
>
> 假定你在赌波动率时购买看涨期权而不是看跌期权,那么你会如何对冲股票价格波动带来的风险敞口?对冲比率是多少?

例 15-8 中策略的一个变体是跨期权投机。假定你观察到期限为 45 天的 FinCorp 看涨期权,行权价格为 95 美元,出售价格与波动性 $\sigma=33\%$ 的期权一致,而另一个期限为 45 天,行权价格为 90 美元的看涨期权,其隐含波动率仅为 27%。因为标的资产和到期期限都是等同的,你就得出结论,具有高隐含波动率的看涨期权价格被高估了。为了利用这个价格错估,你可以购买便宜的看涨期权(行权价格为 90 美元,隐含波动率为 27%)并卖出贵一点的看涨期权(行权价格为 95 美元,隐含波动率为 33%)。如果无风险利率是 4%,FinCorp 股票价格为每股 90 美元,则购买的看涨期权定价为 3.620 2 美元,卖出的看涨期权定价为 2.373 5 美元。

事实上,尽管你既是一个看涨期权的多头又是另一个看涨期权的空头,但这种策略并没有对冲掉 FinCorp 股票价格不确定性带来的风险敞口。这是因为行权价格不同的看涨期权对标的资产价格变动的敏感度不同。较低行权价格的看涨期权具有较高的德尔塔,因此对 FinCorp 股票价格的风险敞口更大。如果在这两种期权上你持有相同数量的头寸,就不可避免地建立了 FinCorp 股票的牛市头寸,因为你购买的看涨期权的德尔塔高于你卖出看涨期权的德尔塔。事实上，回想一下第 14 章，这个资产组合（买入较低行权价格的看涨期权并卖出较高行权价格的看涨期权）称为牛市价差套利。

我们可以利用对冲比率来建立一个对冲头寸。考虑你卖出的是行权价格为 95 美元的期权，你用它们对冲你买入的行权价格为 90 美元的看涨期权的风险敞口。于是，对冲比率为

$$H = \frac{\text{FinCorp 股价变动 1 美元时行权价格为 90 美元的看涨期权价值变动}}{\text{FinCorp 股价变动 1 美元时行权价格为 95 美元的看涨期权价值变动}}$$

$$= \frac{\text{行权价格为 90 美元的看涨期权的德尔塔值}}{\text{行权价格为 95 美元的看涨期权的德尔塔值}} > 1$$

为了对冲你购买的每个较低行权价格的看涨期权，你需要卖出较高行权价格的看涨期权的数量大于 1。因为具有较高行权价格的看涨期权对 FinCorp 股票价格敏感度较低，所以需要更多数量的股票来抵偿风险敞口。

假定该股票真正的年波动率介于两个隐含波动率之间，比如 $\sigma = 30\%$。我们知道，看涨期权的德尔塔是 $N(d_1)$。因此，这两个期权的德尔塔和对冲比率就可以这样计算：

行权价格为 90 美元的期权：

$$d_1 = \frac{\ln(90/90) + (0.04 + 0.30^2/2) \times 45/365}{0.30 \sqrt{45/365}} = 0.0995$$

$$N(d_1) = 0.5396$$

行权价格为 95 美元的期权：

$$d_1 = \frac{\ln(90/95) + (0.04 + 0.30^2/2) \times 45/365}{0.30 \sqrt{45/365}} = -0.4138$$

$$N(d_1) = 0.3395$$

对冲比率：

$$\frac{0.5396}{0.3395} = 1.589$$

因此，每购买 1 000 份行权价格为 90 美元的看涨期权，我们需要卖出 1 589 份行权价格为 95 美元的看涨期权。利用这种策略，我们就可以对两种期权的相对错误估价打赌，而不用持有 FinCorp 股票的头寸。表 15-5a 表明该头寸会产生 151.30 美元的现金流。卖出看涨期权的权利金收入超过了购买看涨期权花费的成本。

表 15-5　德尔塔中性期权资产组合的利润

a. 资产建立时的现金流		
买入 1 000 份看涨期权，X=90，价格 3.620 2 美元（隐含波动率为 27%）		现金流出 3 620.20 美元
卖出 1 589 份看涨期权，X=95，价格 2.373 5 美元（隐含波动率为 33%）		现金流入 3 771.50 美元
总计		现金净流入 151.30 美元

b. 隐含波动率为 30%的期权价格			
股票价格（美元）	89	90	91
行权价格 90 美元的看涨期权	3.478	3.997	4.557
行权价格 95 美元的看涨期权	1.703	2.023	2.382

c. 隐含波动率收敛于 30%后资产组合的价值			
股票价格（美元）	89	90	91
1 000 份看涨期权的价值	3 478	3 997	4 557
减去卖出的 1 589 份看涨期权的价值	2 705	3 214	3 785
总计（美元）	773	782	772

当你在股票和期权上建立了一个头寸，该头寸根据标的资产价格的波动进行对冲时，你的资产组合就被称为**德尔塔中性**（delta neutral）。这就是说，当股票价格波动时，该资产组合的价值既没有上涨趋势也没有下跌趋势。

检查我们的期权头寸，会发现其实就是德尔塔中性。假定这两个期权的隐含波动率在刚建立头寸之后又重新调整，两个期权都按30%的波动率定价。你预期从买入的看涨期权价值的增加以及卖出的看跌期权价值的减少中获得利润。表15-5b给出了波动率为30%时期权的价格，表15-5c给出了不同股票价格下头寸的价值。尽管每份期权的利润或损失都受股票价格的影响，但是德尔塔中性期权组合的价值却是正的，并且本质上独立于FinCorp股票的价格。再者，我们可以从表15-5a中看出，建立这样的资产组合并不需要现金支出。无论是在建立资产组合时，还是在隐含波动率收敛于30%后平掉头寸时，你都会有现金流入。

之所以出现这种不寻常的利润机会是因为你认识到了价格的偏离。如果价格处于均衡水平，这种机会就不会发生。通过德尔塔中性策略来利用价格差异，不管FinCorp股票价格如何变化，你都可以获得利润。

德尔塔中性策略也会遇到一些实际问题，其中最大的困难就是准确估计下一个时期的波动率。如果波动率的估计不准确，则德尔塔也不准确，那么总的头寸就不会被完全对冲。再者，如果波动率随时间变化，期权或期权加股票头寸通常不是中性的。例如，用股票对冲的看跌期权可能是德尔塔中性的，但不是波动率中性的。即使股票价格保持不变，市场波动率的变化也会影响期权价格。

这些问题很严重，因为波动率的估计不是完全可靠的。首先，波动率不能被直接观察到而必须从历史数据中估计，应用于未来时就存在计量误差。其次，我们已经看到，历史的和隐含的波动率都随时间而变化。因此，我们总是瞄准一个移动的目标。尽管德尔塔中性头寸对冲了标的资产价格的变化，但是它仍然面临波动率风险，该风险来自于波动率的变化不可预测。期权价格变化对波动率变化的敏感度称为期权的**引申波幅敏感度**（vega）。这样，尽管德尔塔中性头寸能够对冲掉标的资产价格变化带来的风险敞口，但是并不能消除波动率风险。

15.6 期权定价的经验证据

布莱克-斯科尔斯期权定价模型已经经受了无数次的实证检验。研究结果表明，在绝大多数情况下通过该公式计算的期权价格与实际价格相当接近。但是，该模型也不时呈现一些缺陷。

最大的问题是波动性。如果模型是准确的，所有到期日相同的股票期权的隐含波动性都应当相等——毕竟，每只期权的到期日和基础资产是相同的，由此产生的隐含波动性也应是相同的。但事实上，当把隐含波动率看成行权价格的一个函数时，典型的结果如图15-15所示，它将标准普尔500指数期权作为标的资产。隐含波动率稳步下降，行权价格上涨。显然，布莱克-斯科尔斯模型缺少了一些东西。

鲁宾斯坦[⊖]第一个提出这种模式的问题与类似于1987年10月市场崩盘的恐惧有关。如果股票价格变化平缓，深度虚值的看跌期权几乎毫无价值，因为在短时间内股票价格大幅下跌（看跌期权变为实值）的概率很小。但是一个突然的价格暴跌会使看跌期权变为实值，就像市

[⊖] Mark Rubinstein, "Implied Binomial Trees," *Journal of Finance* 49(July 1994), pp.771-818.

场崩盘，从而给予期权更高的价值。这样，股票价格大幅下跌的可能性很大，市场对这些期权的定价会比布莱克-斯科尔斯公式的定价更高。高期权价格的结果会是由布莱克-斯科尔斯模型推导出更高隐含波动率。

有趣的是，鲁宾斯坦指出，1987年股市崩盘之前，像图15-15中的隐含波动率的轨迹相对平坦，与那时市场不担心股市崩盘的观念相一致。但是，股市崩盘后隐含波动率的轨迹就开始向下倾斜，呈现出所谓的"期权微笑"形状。当我们允许使用更一般股票价格分布（包括崩盘风险和波动率随机变化）的期权定价模型时，它们产生类似于图15-15中向下倾斜的隐含波动率曲线。○

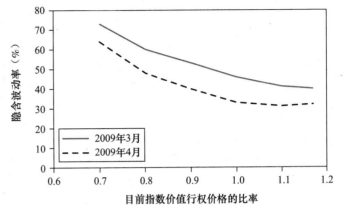

图 15-15　把标准普尔500指数隐含波动率当作行权价格的函数

资料来源：The CBOE Skew Index, Chicago Board Options Exchange, 2010.

小　结

1. 期权价值包括内在价值与时间价值或"波动性价值"。波动性价值是如果股票价格与预计方向相反时持有者有选择不执行的权利。这样，不管股票价格如何变动，期权持有者的损失都不会超过期权的成本。
2. 行权价格越低，股票价格越高，利率越高，到期期限越长，股票波动率越高，股利越低时，看涨期权的价值越高。
3. 看涨期权的价值至少等于股票价格减去行权价格与到期前支付股利之和的现值。这说明不支付股利的看涨期权的售价可能要比立即行权所获得的收益高。因为提前行权不支付股利的美式看涨期权没有价值，所以对不支付股利的看涨期权而言，欧式期权与美式期权价值相同。
4. 可以用两状态定价模型对期权进行定价。随着时期数量的增加，二项式模型能够近似反映股票价格的分布。布莱克-斯科尔斯定价公式可以视为当时间间隔持续地分为更小区间，在利率与股票波动率保持不变的情况下，二项式定价公式的极限情况。
5. 布莱克-斯科尔斯定价模型适用于不支付股利的股票期权。股利调整对于用来定价支付股利的欧式股票期权来说可能足够满足条件，但是对支付股利的美式股票期权来说，想要恰当的处理则需要更复杂的方式。
6. 不管股票是否支付股利，看跌期权都可提前执行。因此，美式看跌期权一般比欧式看跌期权价值更高。
7. 欧式看跌期权的价值可以从看涨期权的价值和看跌-看涨期权平价关系中得到。但是美式看跌期权能够提前执行，所以这种技术不适用于美式看跌期权。
8. 期权的隐含波动率是股票收益率的标准差，并与期权市场价格相一致。使期权价值与观察到的价格相等，可以通过期权定价模型推导出股票波动率。

○ 这些更一般模型的拓展分析，参见：R. L. McDonald, *Derivatives Markets*, 3rd ed. (Boston: Pearson Education [Addison-Wesley], 2013).

9. 对冲比率是卖出一份期权时,为了对冲价格风险而需要的股票数量。深度虚值看涨期权的对冲比率接近于0,深度实值看涨期权的对冲比率接近于1.0。

10. 虽然对冲比率小于1.0,但是看涨期权的弹性大于1.0。当股票价格变动1美元时,一份看涨期权的收益大于1美元(与美元收益相对)。

11. 资产组合保险可以通过购买股票头寸的保护性看跌期权来获得。当不存在合适的看跌期权时,资产组合保险就需要一个动态对冲策略,即卖出一定比例的股票资产组合,换成无风险证券,其中该比例等于看跌期权的德尔塔。

12. 期权的德尔塔用来决定期权头寸的对冲比率。德尔塔中性策略独立于标的资产价格的变化。但是德尔塔中性期权资产组合仍受波动率风险的约束。

13. 经验上,通过布莱克-斯科尔斯公式得出期权行权价格越高,隐含波动率越低。这可能是期权价格反映了股票价格存在突然大幅下跌可能性的证据。这样的"崩盘"与布莱克-斯科尔斯的假设不一致。

习 题

基础题

1. 本章中,我们表明看涨期权价值随股票波动率增加而增加。这对看跌期权价值也正确吗?利用看跌-看涨期权平价定理和数字例子来证明你的答案。

2. 你认为看涨期权行权价格增加1美元会导致看涨期权价值减少量大于还是小于1美元?

3. 高贝塔股票看跌期权的价值是否高于低贝塔股票看跌期权的价值?股票具有相同的公司特定风险。

4. 其他条件都相同,公司特定风险较大的股票看涨期权的价值是否高于公司特定风险较小的股票看涨期权的价值?两种股票的贝塔值相同。

5. 其他条件都相同,较高行权价格的看涨期权与较低行权价格的看涨期权相比,对冲比率高还是低?

中级题

6. 在下列各题中,你被要求比较给定参数的两种期权。假定无风险利率为4%,期权标的股票不支付股利。

a.
看跌期权	T	X	σ	期权价格
A	0.5	50	0.20	10美元
B	0.5	50	0.25	10美元

股票价格较低时,卖出哪一种看跌期权?

i. A
ii. B
iii. 信息不足

b.
看跌期权	T	X	σ	期权价格
A	0.5	50	0.2	10美元
B	0.5	50	0.2	12美元

股票价格较低时,一定卖出哪一种看跌期权?

i. A
ii. B
iii. 信息不足

c.
看涨期权	S	X	σ	期权价格
A	50	50	0.2	12美元
B	55	50	0.2	10美元

哪一种看涨期权的期限较短?

i. A
ii. B
iii. 信息不足

d.
看涨期权	T	X	S	期权价格
A	0.5	50	55	10美元
B	0.5	50	55	12美元

股票波动率较高时,卖出哪一种看涨期权?

i. A
ii. B

iii. 信息不足

e.
看涨期权	T	X	S	期权价格
A	0.5	50	55	10美元
B	0.5	50	55	7美元

股票波动率较高时，卖出哪一种看涨期权？

i. A

ii. B

iii. 信息不足

7. 重新考虑两状态模型中对冲比率的确定过程，我们证明了1/3股股票就能对冲1份期权。当行权价格分别为120、110、100、90美元时，对冲比率各是多少？随着期权实值程度的逐渐提高，对冲比率会如何变化？

8. 证明布莱克-斯科尔斯看涨期权对冲比率随股票价格上升而上升。考虑行权价格为50美元的1年期期权，其标的股票的年标准差为20%。短期国债收益率为每年3%。股票价格分别为45美元、50美元和55美元时，求$N(d_1)$。

9. 在本题中，我们将推导两状态看跌期权的价值。数据：$S_0=100$，$X=110$，$1+r=1.10$。S_T 两种可能的价格为130和80。

   a. 证明两状态间 S 的变动范围是50，而 P 的变动范围是30。看跌期权的对冲比率是多少？

   b. 构建一个资产组合，包括3股股票和5份看跌期权。该资产组合的收益（非随机）是多少？该资产组合的现值是多少？

   c. 给定股票现在售价为100美元，求解看跌期权的价值。

10. 计算第9题中行权价格为110美元的股票看涨期权的价值。证明你对第9题和第10题的答案满足看跌-看涨期权平价定理（在此例中不要使用连续复利计算 X 的现值，因为这里我们使用的是两状态模型，不是连续时间的布莱克-斯科尔斯模型）。

11. 根据以下信息，使用布莱克-斯科尔斯定价公式计算股票看涨期权的价值。

到期期限	6个月
标准差	每年50%
行权价格	50美元
股票价格	50美元
利率	3%
股利	0

12. 与第11题中看涨期权的行权价格和到期期限相同，使用布莱克-斯科尔斯公式计算股票看跌期权的价值。

13. 重新计算第11题中的看涨期权价值。保持其他变量不变，以下列条件逐一替代第11题中的原有条件：

    a. 到期期限为3个月。
    b. 标准差为每年25%。
    c. 行权价格为55美元。
    d. 股票价格为55美元。
    e. 利率为5%。

    独立考虑每一种情形。证明期权价值的变化与表15-1中的预测保持一致。

14. 看涨期权 $X=50$ 美元，标的股票价格 $S=55$ 美元，看涨期权售价为10美元。根据波动率估计值 $\sigma=0.30$，你会发现 $N(d_1)=0.6$，$N(d_2)=0.5$，无风险利率为0。期权价格的隐含波动率高于还是低于0.30？为什么？

15. 在表15-3中，跨式期权头寸布莱克-斯科尔斯价值的Excel公式是什么？

阅读以下案例，回答第16~21题。 特许金融分析师马克·华盛顿是BIC的分析师。一年前，BIC分析师预测美国股票市场将略微下降并建议对BIC的资产组合进行德尔塔对冲。正如预测，美国股票市场在12个月确实下跌了近4%。但是，BIC资产组合的表现令人失望，低于同行表现近10%。华盛顿被指派去检查期权策略，以确定对冲资产组合的表现不如预期的原因。

16. 哪一个是德尔塔中性资产组合的最佳表述？德尔塔中性资产组合完全对冲了：

    a. 标的资产价格的小幅变化。
    b. 标的资产价格的小幅下跌。
    c. 标的资产价格的任何变化。

17. 在讨论了德尔塔中性资产组合的概念之后，华盛顿决定有必要进一步解释德尔塔的概念。华盛顿画出了把期权价值当作标的股票价格的函数。该图形表明了德尔塔该如何解释。德尔塔是：
    a. 期权价格图形中的斜率。
    b. 期权价格图形中的曲率。
    c. 期权价格图形中的水平线。
18. 华盛顿考虑了一个德尔塔为-0.65的看跌期权。如果标的资产价格下跌了6美元，那么期权价格的最佳估计是什么？
19. BIC拥有51 750股史密斯公司股票。每股售价为69美元。行权价格为70美元的史密斯公司股票看涨期权售价为3.50美元，其德尔塔为0.69。构建一个德尔塔中性对冲，需要多少份看涨期权？
20. 回到第19题。如果股票价格下跌，德尔塔对冲需要卖出看涨期权的数量是增加还是减少？
21. 对于德尔塔中性资产组合的目标，下列哪种陈述最精确？一个德尔塔中性资产组合是结合一个_____。
    a. 股票多头和看涨期权空头，这样股票价值变化时资产组合价值保持不变。
    b. 股票多头和看涨期权空头，这样股票价值变化时资产组合价值也发生变化。
    c. 股票多头和看涨期权多头，这样股票价值变化时资产组合价值保持不变。
22. 长期国债收益率对利率变动的敏感性是高于还是低于标的债券收益率对利率的敏感性？
23. 如果股票价格下跌，看涨期权价格上升，那么看涨期权的隐含波动率如何变化？
24. 如果到期期限缩短，看跌期权价格上升，那么看跌期权的隐含波动率如何变化？
25. 根据布莱克-斯科尔斯公式，当股票价格趋于无限大时看涨期权对冲比率的值为多少？
26. 根据布莱克-斯科尔斯公式，当行权价格很小时看跌期权对冲比率的值为多少？
27. IBM平值看涨期权的对冲比率为0.4，平值看跌期权的对冲比率为-0.6。IBM平值跨式期权头寸的对冲比率为多少？
28. 考虑一个6个月期限的欧式看涨期权，行权价格为105美元。标的股票售价为每股100美元，不支付股利。无风险利率为5%。如果期权现在售价为8美元，期权隐含波动率是多少？使用表15-3回答这一问题。
    a. 进入电子数据中的工具菜单并选择"Goal Seek"。对话框要求你回答三条信息。在那个对话框中，你通过改变单元格B2来设定E6单元格的值为8。换句话说，你让电子表格寻求标准差的值（出现在单元格B2中），迫使期权的价值（单元格E6）等于8美元。然后点击"OK"按钮，你会发现看涨期权现在价值8美元，输入的标准差随之改变以保持与期权价值一致。这是期权价值为8美元时看涨期权隐含的标准差。
    b. 如果期权售价为9美元，隐含波动率如何变化？为什么隐含波动率会增加？
    c. 如果期权价格保持在8美元，但是期权到期期限缩短（比如4个月），隐含波动率如何变化？为什么？
    d. 如果期权价格保持在8美元，但是行权价格降低（比如100美元），隐含波动率如何变化？为什么？
    e. 如果期权价格保持在8美元，但是股票价格下降（比如98美元），隐含波动率如何变化？
29. 构建一个双限期权：买入一股价格为50美元的股票，买入一份6个月期的行权价格为45美元看跌期权，并且卖出一份6个月期的行权价格为55美元的看涨期权。根据股票的波动率，你可以计算出6个月期、行权价格为45美元的期权，$N(d_1) = 0.60$，而行权价格为55美元的期权，$N(d_1) = 0.35$。
    a. 如果股票价格上升1美元，双限期权盈利或损失是多少？
    b. 如果股票价格变得非常大，资产组合的德尔塔如何变化？如果股票价格变

30. 三份看跌期权的标的股票相同，德尔塔分别为-0.9、-0.5和-0.1。填表把德尔塔分配给相应的期权。

看跌期权	X	德尔塔
A	10	(a)
B	20	(b)
C	30	(c)

31. 你非常强烈地看涨EFG股票，并认为其大大超过市场上其他股票。在下列每个问题中，如果你的看涨预测是正确的，选出给你带来最大利润的资产组合。说明你的理由。

    a. 选择A：10 000美元投资于看涨期权，$X=50$。
       选择B：10 000美元投资于EFG股票。
    b. 选择A：10份看涨期权合约（每份100股），$X=50$。
       选择B：1 000股EFG股票。

32. 你想持有XYZ公司股票的保护性看跌期权头寸，锁定年末最小价值为100美元。XYZ现在售价为100美元。下一年股票价格将上升10%或下降10%，短期国债利率为5%。不幸的是，没有XYZ股票的看跌期权交易。

    a. 假定有所需要的看跌期权交易，购买它的成本是多少？
    b. 这一保护性看跌期权资产组合的成本是多少？
    c. 什么样的股票加国债头寸将确保你的收益等于$X=100$的保护性看跌期权提供的收益？证明该资产组合的收益和成本与所需的保护性看跌期权相匹配。

33. 回到例15-1。运用二项式模型对行权价格为110美元的1年期欧式看跌期权估价，该期权标的股票与原例中相同。你对看跌期权价格的计算结果是否满足看跌-看涨期权平价？

34. 假设无风险利率为零，美式看跌期权是否会被提前执行？解释之。

35. 用$P(S, T, X)$表示价格为S美元的股票欧式看跌期权的价值，到期期限为T，行权价格为X，并且用$P(S, T, X)$表示美式看跌期权的价值。

    a. 估算$P(0, T, X)$。
    b. 估算$P(0, T, X)$。
    c. 估算$P(S, T, 0)$。
    d. 估算$P(S, T, 0)$。
    e. 以b的答案说明美式看跌期权提前执行的可能性如何。

36. 你尝试对行权价格为100美元的1年期看涨期权进行估价。标的股票不支付股利，它现在售价为100美元，并且你认为有50%的机会上涨至120美元并有50%的机会下跌至80美元。无风险利率为10%。利用两状态股票价格模型计算看涨期权的价值。

37. 考虑上题中股票波动率的增加。假定如果股票价格上升，就会增加至130美元；如果股票价格下跌，就会下跌至70美元。证明此时看涨期权价值大于第36题中计算的价值。

38. 利用第36题中的数据，计算行权价格为100美元的看跌期权的价值。证明你的答案满足看跌-看涨期权平价。

39. ZYZ公司将在2个月后支付每股2美元的股利。它的股票现在售价为每股60美元。XYZ公司股票看涨期权的行权价格为55美元，到期期限为3个月。无风险利率为每月0.5%，股票波动率（标准差）为每月7%。求伪美式期权的价值。（提示：试将一个月作为一"期"，而不是把一年作为一"期"。）

40. "通用电气看涨期权的贝塔值高于通用电气股票的贝塔值。"这一说法正确还是错误？

41. "行权价格为1 930的标准普尔500指数看涨期权的贝塔值高于行权价格为1 940的指数看涨期权的贝塔值。"这一说法正确还是错误？

42. 当股票价格变得非常高时，可转换债券的对冲比率如何变化？

43. 高盛公司认为在今后的三年中市场波动

率将为每年20%。市场指数的3年期平值看涨与看跌期权以隐含波动率为22%的价格出售。高盛公司应该建立什么样的资产组合对波动率进行投机，而不用建立市场牛市或熊市头寸？使用高盛对波动率的估计值，3年期平价期权的$N(d_1)=0.6$。

44. 你持有股票的看涨期权。股票的贝塔为0.75，并且你担心股票市场可能会下跌。股票现在售价为5美元，并且你持有100万份股票期权（你持有10 000份合约，每份100股股票）。期权的德尔塔为0.8。为了对冲你的市场风险敞口，你需要买入或卖出多少市场指数资产组合？

45. 设想你是一位资产组合保险的提供商。你正在建立一个为期4年的项目。你管理的资产组合现在价值1亿美元，并且你希望最小收益为零。股票资产组合的标准差为每年25%，短期国债利率为每年5%。简单起见，假定资产组合不支付股利（或者所有股利可以再投资）。
    a. 多少钱用来购买国债？多少钱用来购买股票？
    b. 如果第一个交易日股票资产组合就下跌了3%，作为管理人你应该如何处置？

46. 假定行权价格为90美元的3个月埃克森美孚股票看涨期权正在以隐含波动率为30%的价格出售。埃克森美孚股票现在价格为每股90美元，并且无风险利率为4%。如果你认为股票的真实波动率为32%，在不承担埃克森美孚业绩风险的情况下，以你的观点，你该如何交易？对于卖出或买入的每一份期权合约，你需要持有多少股股票？

47. 使用第46题中的数据，假定行权价格为90美元的3个月看跌期权以隐含波动率为34%的价格出售。构建一个包含看涨期权与看跌期权头寸的德尔塔中性资产组合，当期权价格恢复到调整后的正确价格时该资产组合能获得利润。

48. 假定摩根大通出售价值为125万美元、贝塔值为1.5的股票资产组合的看涨期权。期权德尔塔为0.8。摩根大通想通过买入市场指数资产组合来对冲市场变化的风险。
    a. 摩根大通需要购买价值多少美元的市场指数资产组合来对冲它的头寸？
    b. 如果摩根大通使用市场指数看跌期权来对冲风险，该怎么办？买入还是卖出看跌期权？每份看跌期权对应100单位的指数，并且当前的指数价格代表价值1 000美元的股票。

49. 假如你正在计算一只尚有一年到期的股票期权的价值，隐含浮动利率（年标准差）为$\sigma=0.4$，如果你的二项式模型是用以下数据建立的，那么u和d的值是多少
    a. 一年的时间。
    b. 4个时间段，每段时间为3个月。
    c. 12个时间段，每段时间为1个月。

50. 你建立了一个二项式模型，为一个周期，并断言在一年的过程中，股票价格将上升1.5或下降2/3，你对明年股票收益率波动性的隐含假设是什么？

51. 利用期权平价关系证明，一个无息股票的平价看涨期权的成本高于平价看跌期权。若$S=(1+r)^T$看跌与看涨期权的价格相当。

52. 返回到问题36，使用华尔街实战15-1中所描述的"风险中性"来评估看涨期权的价值。确保你的答案与你所使用的两种方法的值相匹配。

53. 返回到问题38，如果股票涨了，你的收益是多少？如果股票价格下跌，会有什么收益呢？使用华尔街实战15-1中图表所描述的"风险中性"来评估看涨期权的价值。确保你的答案与你所使用的两种方法的值相匹配。

CFA考题

1. Abco 公司董事会正在担心公司养老金计划中 1 亿美元股票资产组合的下跌风险。该董事会的顾问提议暂时（一个月）用期货或者期权对冲这个资产组合。该顾问引用了下表，并陈述道：
   a. "通过卖出（做空）4 000 个期货合约，这个 1 亿美元股票资产组合能够完全规避下跌风险。"
   b. "这种保护方法的成本就是该资产组合的期望收益率为零。"

市场、资产组合与合约数据	
股票指数水平	99.00
股票期货价格	100.00 美元
期货合约乘数	250 美元
资产组合的贝塔值	1.20
合约期限（月）	3

   请评价该顾问每一个陈述的精确性。

2. 特许金融分析师迈克尔·韦伯正在对期权定价的一些方面进行分析，包括期权价值的决定因素，不同期权定价模型的特性，以及计算所得的期权价值与期权市场价格可能存在的背离。
   a. 如果标的股票波动率降低，对股票看涨期权价值的预期影响是什么？如果期权的到期期限增加呢？
   b. 使用布莱克-斯科尔斯定价模型，韦伯计算了 3 个月看涨期权的价值并注意到该计算值与期权市场价格不同。关于韦伯对布莱克-斯科尔斯期权定价模型的应用：
      i. 讨论为什么处于虚值的欧式期权的计算价值可能与它的市场价格不同。
      ii. 讨论为什么美式期权的计算价值可能与它的市场价格不同。

3. 富兰克林是一位负责衍生证券的资产组合管理人。富兰克林观察到，具有同样行权价格、到期期限和标的股票的美式期权与欧式期权。富兰克林认为欧式期权比美式期权具有更高的权利金。
   a. 试评论富兰克林认为该欧式期权会有较高权利金的观点。富兰克林被要求对 Abaco 有限公司股票的 1 年期欧式看涨期权定价，该股票最后交易价格为 43.00 美元。他已经搜集了如下信息：

股票收盘价	43.00 美元
看涨与看跌期权的行权价格	45.00 美元
1 年期看跌期权的价格	4.00 美元
1 年期国债利率	5.50%
到期期限	1 年

   b. 使用看跌-看涨期权平价和以上信息计算欧式看涨期权的价值。
   c. 试说明以下三个变量对看涨期权价值的影响（无须计算）。
      i. 短期利率提高
      ii. 股票价格波动率上升
      iii. 期权到期期限缩短

4. 现在某股票指数在 50 点水平交易。特许金融分析师保罗·瑞普想运用二项式模型对 2 年期的指数期权估价。股票指数可能上升 20% 或者下降 20%，年无风险利率为 6%，指数中的任何成分股都不派发股利。
   a. 构造一个用于股票指数定价的两期二叉树。
   b. 计算行权价格为 60 点的该指数欧式看涨期权的价值。
   c. 计算行权价格为 60 点的该指数欧式看跌期权的价值。
   d. 证明你计算的看涨期权与看跌期权的价值满足看跌-看涨期权平价。

5. 肯·韦伯斯特管理着 4 亿美元的股票资产组合，以标准普尔 500 指数为业绩基准。韦伯斯特认为，若用一些传统的基础经济指标来测度，当前市场被高估了。他担心会有潜在的损失，但又认识到指数仍可能超过目前 1 766 的水平。

   韦伯斯特正在考虑以下的双限期权策略：
   - 购买一份行权点位为 1 760 的标准普尔 500 指数看跌期权，使资产组合受到保护；
   - 卖掉一份行权点位在 1 800 的标准普尔

500 指数看涨期权，获得的资金刚好用于购买上述看跌期权；
- 因为看涨与看跌期权组合的综合德尔塔大于 $-1(-0.44-0.3=-0.74)$，如果市场继续上涨，这个期权组合的损失也不会超过股票资产组合的盈利。

下面是用于构造双限期权组合的信息：

特征	1 800 看涨期权	1 760 看跌期权
期权价格	34.10 美元	32.20 美元
期权隐含波动率	22%	24%
期权的德尔塔	0.30	-0.44

注：1. 忽略交易成本。
2. 标准普尔 500 指数 30 天历史波动率为 23%。
3. 距离期权行权日为 30 天。

a. 如果 30 天后标准普尔 500 指数发生了如下变化，请描述这个复合资产组合（标的资产组合加双限期权）的潜在收益：
  i. 上升约 5%，至 1 854 点
  ii. 保持在 1 766 点（无变化）
  iii. 下降约 5%，至 1 682 点
（无须计算。）
b. 当标准普尔 500 指数达到了 a 中所列的每一个指数点位时，对每个期权对冲比率（德尔塔）会产生什么影响？
c. 运用提供的波动率数据，对看跌期权和看涨期权进行定价：
  i. 看跌期权
  ii. 看涨期权

概念检查答案

15-1 要了解更高波动性的影响，可参考看涨期权不同场景下的分析方法。低波动率场景产生较低的期望收益。

高波动率	股票价格（美元）	10	20	30	40	50
	看跌期权收益（美元）	20	10	0	0	0
低波动率	股票价格（美元）	20	25	30	35	40
	看跌期权收益（美元）	10	5	0	0	0

15-2

如果此变量上升	则看跌期权的价值
S	减少
X	增加
σ	增加
T	增加①
r_f	减少
股利	增加

①对美式看跌期权来说，到期期限延长必定增加其价值。如果遇到最佳时机，交易者总是能及时地行权。更长的到期期限扩大了期权持有人选择的范围，这必定使期权价值上升。而对于不允许提前行权的欧式看跌期权，更长到期期限对期权价值并没有什么确定的影响。到期期限延长，增加了期权的波动性价值，因为股票的最终价格更加不确定。但同时它降低了行权价格的现值，如果看跌期权被执行了，行权价格就定下来了。因此延长到期期限对欧式看跌期权的净效果是不确定的。

15-3 平价关系假定所有期权都持有至到期且到期前无任何现金流。这种假设只针对无股利支付的欧式期权这一情况才有效。如果股票不支付股利，则美式看涨期权与欧式看涨期权是等价的，然而美式看跌期权价值要高于欧式看跌期权价值。因此，尽管根据欧式期权平价定理，有：

$$P = C - S_0 + PV(X)$$

事实上，如果是美式看跌期权，P 的价格要高于计算的结果。

15-4 因为现在期权价值被低估，我们想改变原先的策略。

	初始现金流	对于每一个可能的股票价格，1 年后的现金流	
		$S = 90$	$S = 120$
买入 3 份期权	-16.50	0	30
卖空 1 股股票；1 年后还付	100	-90	-120
以 10% 的利率贷出 83.50 美元	-83.50	91.85	91.85
总计	0	1.85	1.85

1 年后每份期权带来的无风险现金流为 $1.85/3 = 0.616\ 7$ 美元，并且现值为

0.616 7/1.10=0.56 美元，正好等于期权价值被低估的部分。

15-5 a. $C_u - C_d = 6.984 - 0 = 6.984$（美元）
b. $uS_0 - dS_0 = 110 - 95 = 15$（美元）
c. $6.984/15 = 0.465\,6$
d.

今天的行动 （时间0）	下一期的价值， 作为股票价格函数	
	$dS_0 = 95$	$uS_0 = 110$
在价格 $S_0 = 100$（美元）时，买入 0.465 6 股	44.232 美元	51.216 美元
在价格 C_0 卖出一份看涨期权	0	-6.984
总计	44.232 美元	44.232 美元

该资产组合的市场价值一定等于 44.232 美元的现值。

e. $44.232/1.05 = 42.126$（美元）
f. $0.465\,6 \times 100 - C_0 = 42.126$（美元）
$C_0 = 46.56 - 42.126 = 4.434$（美元）

15-6 当 Δt 缩小时，在每个子阶段末，股票价格分散的可能性降低，因为每一段更少的时间提供的使股票价格波动的信息变得更少。然而，随着时间间隔的缩小，直到期权到期前，会有相应更多的子时间段。因此，期权剩余生命周期的总波动将不受影响。事实上，再看一看图 15-2，随着子区间数量的增加和其长度的缩减，尽管 u 和 d 的值都开始接近1，直到期权到期，股票收益的总波动率未受影响。

15-7 因为 $\sigma = 0.6$，$\sigma^2 = 0.36$，有：
$$d_1 = \frac{\ln(100/95) + (0.10 + 0.36/2) \times 0.25}{0.6\sqrt{0.25}}$$
$$= 0.404\,3$$
$d_2 = d_1 - 0.6\sqrt{0.25} = 0.104\,3$

使用表 15-2 和插值法，或根据电子数据表函数，有：
$N(d_1) = 0.657\,0$
$N(d_2) = 0.541\,5$
$C = 100 \times 0.657\,0 - 95e^{-0.10 \times 0.25} \times 0.541\,5 = 15.53$

15-8 隐含波动率超过了 0.278 3。给定标准差为 0.278 3，则期权价值为 7 美元。如果价格为 8 美元，应该有更高的波动率。使用表 15-3 和 "Goal Seek" 功能，你能确认期权价格为 8 美元时隐含波动率为 0.313 8。

15-9 股票价格上升 1 美元，即百分比增加为 $1/122 = 0.82\%$。看跌期权下跌 $0.4 \times 1 = 0.4$ 美元，下跌百分比为 $0.4/4 = 10\%$。弹性为 $-10/0.82 = -12.2$。

15-10 一个看涨期权的德尔塔为 $N(d_1)$，这个值为正，并且在这里为 0.547。因此，每购买 10 份期权合约，你都需要卖空 547 股股票。

第 16 章
CHAPTER 16

期货市场

期货合约与远期合约都是规定在将来的某一时间购买或者出售某项资产，这一点与期权类似。关键不同之处在于，期权持有者不会被强制购买或者出售资产，当无利可图时，可以选择放弃交易。但是，期货合约或者远期合约则必须履行事先约定的合约义务。

严格地讲，远期合约并不是一项投资，因为投资是以资金交换资产。远期仅仅是现在对未来进行交易的一个承诺。远期协议是投资学的一个重要组成部分，因为它提供了对冲其他投资的重要途径，并且通常会改变投资组合的特性。

允许各类产品在未来进行交割的远期市场至少可以追溯到古希腊。有组织的期货市场直到19世纪才初露端倪。期货市场以高度标准化的交易所证券代替了非标准化的远期合约。

期货市场起源于农产品和商品，而现在已经被金融期货主导。常见的金融期货标的包括股票指数以及与利率相关的证券，如政府债券和外汇。当然，市场自身也在发生改变，越来越多的交易在电子交易平台上完成。

本章描述期货市场的运作方式及交易机制，阐述期货合约对套期保值者和投机者来说是重要的投资工具，以及期货价格与现货价格之间的关系。我们也阐述了期货是如何应用于风险管理的。本章介绍期货市场的一般原理。第17章将详细介绍具体的期货市场。

16.1 期货合约

为了说明期货与远期如何起作用以及它们可能的有用性，我们先来看一个只种单一农作物的农场主所面临的资产组合多样化问题。假定他只种小麦，那么他一个种植季度的全部收入取决于剧烈波动的小麦价格。这个农场主很难多样化他的头寸，因为他的全部财富仅来自于小麦。

必须购买小麦加工面粉的磨坊主则面临与农场主相反的资产组合。他的利润是不确定的，因为未来小麦的进货成本是不确定的。

其实，他们可以通过远期合约来降低风险。利用**远期合约**（forward contract），农场主能够不管收获时小麦的市场价格如何，以现在协商的价格在收获时出售小麦，并且现在不需要资金转移。远期合约就是在现在确定销售价格而延期交割资产，所需的是双方愿意锁定商品交割的最终价格。远期合约使交易双方免受未来价格波动的影响。

期货市场使远期合约规范化与标准化。买卖双方在集中的期货交易所进行交易。交易所将交易合约标准化：规定合约规模、可接受的商品等级和交割日期等。虽然这种标准化降低了远期合约的灵活性，但是增加了市场的流动性，因为大量的交易者只集中交易少数几个期货合约。期货合约与远期合约的不同还在于，期货合约每天都要结算盈亏，而远期合约在交割日之前并不发生任何资金转移。

集中的市场、标准化合约以及每种合约的交易市场深度使得期货头寸的清算更加便捷，而不需要与交易对手私下协商。因为交易所对交易双方进行担保，交易者就不再需要花费成本调查对手的信用状况，而只需存入一笔保证金以保证履约。

16.1.1 期货合约基本知识

期货合约要求在指定的交割日或到期日按商定的价格［称为**期货价格**（futures price），在合约到期日的支付价格］交割商品。合约严格规定了商品的规格。以农产品为例，交易所规定了能够交割的等级（如2级硬冬小麦和1级软红小麦）、交割地点与交割方式。农产品交割通过指定的交割仓库开具仓单的转移来实现。金融期货交割可以通过电子转账来完成。指数期货与指数期权采取现金交割的方式。虽然从技术上讲，期货交易需要实际交割，但实际上很少发生实物交割。交易双方经常在合约到期前平仓，以现金核算盈亏。

因为交易所已对合约的条款做了规定，所以交易者可以协商的只有期货价格了。**多头头寸**（long position）在交割日购买商品，**空头头寸**（short position）在合约到期日出售商品。多头是合约的"买方"，空头是合约的"卖方"。在这里，买与卖只是一种说法，因为合约并没有像股票或债券那样进行买卖；它只是双方之间的一个协议，在合同签订时，资金并没有易手。

图16-1列出了《华尔街日报》上的一些期货合约的价格。加粗的部分是商品名称、合约规模与报价单位，括号中为该期货合约的交易所。所列出的第一份农产品合约是芝加哥期货交易所（CBT）的玉米期货合约。2007年，芝加哥期货交易所与芝加哥商品交易所合并（目前，芝加哥期货交易所仍维持独立身份）。每份合约规模为5 000蒲式耳，报价单位为美分/蒲式耳。

紧接着下面两行是不同到期日合约的具体价格信息。以2016年7月到期的玉米合约为例，当天开盘价是348美分/蒲式耳，当日最高价是350美分/蒲式耳，最低价是333.75美分/蒲式耳，结算价（交易结束前几分钟的一个代表性交易价）是344美分/蒲式耳。这个结算价比前一个交易日结算价低9美分/蒲式耳。未平仓合约数为7872。对每个到期日的合约，都给出了类似的信息。

多头，也就是将来购买商品的一方，会从价格上涨中获利。假设7月合约到期日玉米价格为349美分/蒲式耳。以344美分/蒲式耳购买合约的多头赚取了5美分/蒲式耳。每份合约为5000蒲式耳，这样多头每份合约赚取5000×0.05美元=250美元。相应地，空头亏损5美分/蒲式耳。空头的亏损等于多头的盈利。

Futures Contracts | WSJ.com/commodities

Metal & Petroleum Futures

	Open	High hi lo	low	Settle	Chg	Open interest
Copper-High (CMX)-25,000 lbs.; $ per lb.						
July	2.2290	2.2455	2.1615	2.1815	−0.0335	3,552
Sept	2.2300	2.2480	2.1620	2.1835	−0.0335	108,854
Gold (CMX)-100 troy oz.; $ per troy oz.						
July	1342.20	1356.80	1339.70	1356.40	19.70	2,070
Aug	1345.00	1360.30	1338.50	1358.70	19.70	440,422
Oct	1345.00	1363.50	1345.00	1362.20	19.70	37,171
Dec	1352.10	1366.90	1345.70	1365.80	19.80	106,265
Feb'17	1353.30	1369.10 ▲	1353.30	1368.90	19.90	15,796
June	1365.00	1373.80	1357.30	1374.30	20.00	12,523
Palladium (NYM)-50 troy oz.; $ per troy oz.						
Aug	609.00	609.00 ▲	609.00	609.85	−3.00	3
Sept	605.65	617.40	590.60	602.65	−3.00	21,127
Dec	609.65	612.80	598.05	603.35	−2.90	492
Platinum (NYM)-50 troy oz.; $ per troy oz.						
July	1064.60	1073.20	1052.20	1072.00	17.70	635
Oct	1062.00	1079.30	1050.20	1076.90	19.80	58,916
Silver (CMX)-5,000 troy oz.; $ per troy oz.						
July	19.755	21.095 ▲	19.625	19.866	0.322	1,989
Sept	19.840	21.225 ▲	19.610	19.907	0.319	159,362
Crude Oil, Light Sweet (NYM)-1,000 bbls.; $ per bbl.						
Aug	49.11	49.35	46.33	46.60	−2.39	418,068
Sept	49.90	50.03	47.00	47.29	−2.36	282,684
Oct	50.45	50.62	47.61	47.91	−2.34	106,633
Nov	50.92	51.20	48.51	48.51	−2.31	108,604
Dec	51.59	51.75	49.07	49.07	−2.27	244,771
Dec'17	54.24	54.40	51.94	52.27	−1.82	140,180
NY Harbor ULSD (NYM)-42,000 gal.; $ per gal.						
Aug	1.5174	1.5258	1.4333	1.4456	−.0659	93,236
March	1.5343	1.5444	1.4548	1.4673	−.0637	66,430
Gasoline-NY RBOB (NYM)-42,000 gal.; $ per gal.						
Aug	1.5176	1.5249	1.4157	1.4287	−.0848	118,778
Sept	1.5223	1.5317	1.4274	1.4413	−.0787	78,861
Natural Gas (NYM)-10,000 MMBtu.; $ per MMBtu.						
Aug	2.915	2.945	2.752	2.764	−.223	212,803
Sept	2.915	2.944	2.752	2.758	−.223	216,642
Oct	2.960	2.931	2.798	2.802	−.211	111,498
Nov	3.065	3.115	2.946	2.955	−.187	65,908
Jan'17	3.410	3.472	3.327	3.341	−.151	108,006
March	3.335	3.395	3.268	3.284	−.131	62,935

Agriculture Futures

	Open	High hi lo	low	Settle	Chg	Open interest
Corn (CBT)-5,000 bu.; cents per bu.						
July	348.00	350.00 ▼	333.75	344.00	−9.00	7,872
Sept	356.25	356.50 ▼	341.00	350.75	−9.25	563,370
Oats (CBT)-5,000 bu.; cents per bu.						
July	208.00	208.50	205.25	216.00	10.50	108
Dec	192.00	193.75 ▼	188.25	191.50	−1.25	5,695
Soybeans (CBT)-5,000 bu.; cents per bu.						
July	1150.25	1150.25	1110.00	1117.00	−51.75	5,672
May	1120.00	1120.00	1073.50	1077.25	−60.25	428,587
Soybean Meal (CBT)-100 tons.; $ per ton.						
July	399.20	399.20	383.00	385.40	−19.40	3,886
Dec	391.50	391.70	378.00	378.00	−20.00	162,712
Soybean Oil (CBT)-60,000 lbs.; cents per lb.						
July	31.03	31.37	30.52	30.82	−.21	2,732
Dec	31.85	31.99	31.01	31.32	−.32	172,625
Rough Rice (CBT)-2,000 cwt.; cents per cwt.						
July	1032.00	1036.00	1020.00	1028.50	−8.00	70
Sept	1042.00	1054.00	1024.00	1031.00	−14.00	7,702
Wheat (CBT)-5,000 bu.; cents per bu.						
July	416.25	418.25 ▼	405.00	419.50	3.25	79
Sept	430.25	434.50 ▼	415.75	433.50	3.25	249,635
Wheat (KC)-5,000 bu.; cents per bu.						
July	391.00	398.75 ▼	385.00	402.00	7.75	799
Sept	500.00	509.25 ▼	493.75	508.25	8.25	27,512
Cattle-Feeder (CME)-50,000 lbs.; cents per lb.						
Aug	142.575	144.475	139.750	144.075	1.625	24,745
Sept	141.675	143.650	139.150	143.350	1.650	5,964
Cattle-Live (CME)-40,000 lbs.; cents per lb.						
Aug	113.050	114.225	111.075	113.650	.675	115,581
Oct	113.375	114.475	111.150	114.000	.725	64,211
Hogs-Lean (CME)-40,000 lbs.; cents per lb.						
July	82.750	83.650	81.950	82.050	−.625	17,601
Aug	83.950	84.825	82.175	83.250	−.700	93,143
Lumber (CME)-110,000 bd.ft; $ per1,000 bd. ft.						
July	308.50	317.50	306.30	317.50	8.20	554
Sept	315.10	325.00	311.60	322.80	7.80	3,152
Milk (CME)-200,000 lbs.; cents per lb.						
July	15.05	15.08	14.89	14.97	−.10	5,449
Aug	15.98	15.98	15.59	15.70	−.19	4,689
Cocoa (ICE-US)-10 metric tons; $ per ton.						
July	3,104	3,104	3,104	3,104	70	24
Sept	3,010	3,069	2,984	3,065	70	91,001

	Open	High hi lo	low	Settle	Chg	Open interest
Coffee (ICE-US)-37,500 lbs.; cents per lb.						
July	145.60	145.60	143.00	144.20	−.65	137
Sept	146.20	147.20	144.10	145.55	−.85	99,385
Sugar-World (ICE-US)-112,000 lbs.; cents per lb.						
Oct	20.56	21.10	20.46	20.87	.09	475,726
March'17	20.56	21.13	20.55	20.94	.10	210,447
Sugar-Domestic (ICE-US)-112,000 lbs.; cents per lb.						
Sept	28.25	28.25	28.05	28.05	−.16	1,480
Jan'17	27.00	27.00 ▲	27.00	26.65	−.38	1,416
Cotton (ICE-US)-50,000 lbs.; cents per lb.						
July	62.92	62.92	62.92	63.75	.13	49
Dec	65.50	66.14	64.25	65.21	.22	150,428
Orange Juice (ICE-US)-15,000 lbs.; cents per lb.						
July	185.00	187.65 ▲	185.00	186.65	5.80	579
Sept	177.20	185.00 ▲	174.60	183.60	5.35	14,113

Interest Rate Futures

	Open	High hi lo	low	Settle	Chg	Open interest
Treasury Bonds (CBT)-$100,000; pts 32nds of 100%						
Sept	174-130	176-130	173-240	176-080	2-18.0	559,142
June	172-280	174-270	172-140	174-120	2-19.0	82
Treasury Notes (CBT)-$100,000; pts 32nds of 100%						
Sept	133-095	133-315	133-000	133-285	26.0	2,777,302
Dec	132-200	133-020	132-200	133-000	27.0	2,637
5 Yr. Treasury Notes (CBT)-$100,000; pts 32nds of 100%						
Sept	1222-075	122-185	122-027	122-155	−11.0	2,644,19
2 Yr. Treasury Notes (CBT)-$200,000; pts 32nds of 100%						
Sept	109-210	109-235	109-197	109-227	2.5	1,081,786
30 Day Federal Funds (CBT)-$5,000,000; 100-daily avg.						
July	99.615	99.618	99.615	99.618	−.002	193,832
Aug	99.625	99.625	99.620	99.625	−.005	167,407
10 Yr. Del. Int. Rate Swaps (CBT)-$100,000; pts 32nds of 100%						
Sept	108.750	108.875 ▲	108.469	108.781	.781	25,579
1 Month Libor (CME)-$3,000,000; pts of 100%						
July	99.5450	99.5450	99.5425	99.5375	.0025	1,602
Sept	99.5300	99.5300	99.5300	99.5375	.0025	870
Eurodollar (CME)-$1,000,000; pts of 100%						
July	99.3600	99.3600	99.3500	99.3500	−.0100	189,055
Sept	99.3500	99.3550	99.3350	99.3450	−.0050	1,198,322
Dec	99.3100	99.3200	99.2950	99.3200	.0100	1,347,476
Dec'17	99.1600	99.2150	99.1350	99.2050	−.0550	1,178,481

Currency Futures

	Open	High hi lo	low	Settle	Chg	Open interest
Japanese Yen (CME)-¥12,500,000; $ per 100¥						
Sept	.9769	.9881	.9750	.9871	.0092	146,909
Dec	.9800	.9913	.9786	.9905	.0093	620
Canadian Dollar (CME)-CAD 100,000; $ per CAD						
Sept	.7746	.7795	.7682	.7701	−.0043	111,561
Dec	.7746	.7793	.7686	.7702	−.0042	3,681
British Pound (CME)-£62,500; $ per £						
Sept	1.3285	1.3351 ▼	1.3010	1.3037	−.0256	216,881
Dec	1.3330	1.3366 ▼	1.3029	1.3054	−.0254	1,575
Swiss Franc (CME)-CHF 125,000; $ per CHF						
Sept	1.0307	1.0368	1.0271	1.0273	−.0038	34,888
Australian Dollar (CME)-AUD 100,000; $ per AUD						
Sept	.7441	.7527	.7433	.7440	−.0023	71,326
Dec	.7469	.7500	.7413	.7417	−.0023	1,053
Mexican Peso (CME)-MXN 500,000; $ per MXN						
Sept	.05333	.05422	.05330	.05226	−.00118	242
Euro (CME)-€125,000; $ per €						
Sept	1.1165	1.1216	1.1092	1.1101	−.0065	343,690
Dec	1.1198	1.1254	1.1131	1.1140	−.0064	4,523

Index Futures

	Open	High hi lo	low	Settle	Chg	Open interest
Mini DJ Industrial Average (CBT)-$5 × index						
Sept	17880	17924	17689	17762	−104	103,682
Dec	17780	17807	17601	17668	−104	290
Mini S&P 500 (CME)-$50 × index						
Sept	2099.75	2104.75	2072.50	2082.70	−13.55	2,964,059
Dec	2089.50	2095.75	2064.00	2074.10	−13.65	12,960
Mini S&P Midcap 400 (CME)-$100 × index						
Sept	1499.50	1503.70	1469.80	1478.20	−18.50	79,923
Dec	1486.00	1486.00	1486.00	1472.00	−18.50	11
Mini Nasdaq 100 (CME)-$20 × index						
Sept	4438.8	4451.5	4377.5	4404.0	−29.3	197,945
Dec	4429.8	4442.0	4371.3	4396.5	−28.3	322
Mini Russell 2000 (ICE-US)-$100 × index						
Sept	1155.10	1155.10	1128.90	1135.40	−18.80	329,992
Dec	1153.30	1153.30	1149.90	1130.40	−18.80	933
Mini Russell 1000 (ICE-US)-$100 × index						
Sept	1152.10	1154.40	1146.80	1151.90	−8.70	5,307
U.S. Doller Index (ICE-US)-$1,000 × index						
Sept	95.63	96.34	95.38	96.26	.55	45,977
Dec	95.75	96.34	95.47	96.30	.55	2,405

图 16-1 期货合约的价格列表

资料来源：*The Wall Street Journal*, July 6, 2016.

总结一下，在到期日：

$$多头的利润 = 到期日现货价格 - 现时期货价格$$
$$空头的利润 = 现时期货价格 - 到期日现货价格$$

式中，现货价格是指商品交割时的实际市场价格。

所以，期货交易是零和博弈，所有的总损益为零。每一个多头对应一个空头，期货交易中所有投资者的总利润为零，对商品价格变化的净风险敞口也为零。因此，期货市场的建立对现货市场商品价格不会有显著的影响。

图 16-2a 给出了期货市场多头投资者的损益和利润线，表示利润与到期日资产价格的函数关系。我们可以看到，当到期日现货价格 P_T 等于现时的期货价格 F_0 时，投资者的利润为零。每单位标的资产的利润随到期日现货价格的升降而升降。与看涨期权的收益不同，期货多头的收益有可能是负的，比如到期日现货价格低于现时期货价格时。期货多头不像看涨期权的持有者那样具有购买的选择权，他不能简单地选择不执行合约。同样，与期权不同的是，期货多头没有必要对总收益与净利润进行区分。这是因为期货合约不是被购买，而仅仅是一份交易双方都同意的合约。期货价格使交易双方的合约现值为零。

比较图 16-2a 与图 16-2c (期货价格为 F_0 时，行权价格为 X 的看涨期权的收益与利润)，我们可以看出期货与期权之间的区别是显著的。如果价格下跌的话，期货多头投资者的损失相当大，而看涨期权投资者的损失不超过权利金。

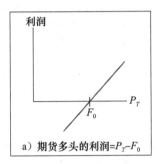 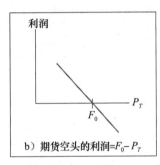 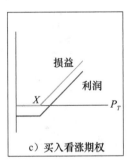

a) 期货多头的利润 = $P_T - F_0$　　b) 期货空头的利润 = $F_0 - P_T$　　c) 买入看涨期权

图 16-2　期货与期权合约买卖双方的利润

图 16-2b 是期货空头的利润线，它是期货多头利润线的镜像。

> **概念检查 16-1**
>
> a. 比较图 16-2b 期货空头的利润线与看跌期权多头的损益线，并画图。假设期权的行权价格等于期货的初始价格。
> b. 比较图 16-2b 期货空头的利润曲线与一个卖出看涨期权的投资者的收益曲线，并画图。

16.1.2　已有的合约类型

交易的期货和远期合约品种可以分为四大类：农产品、金属与矿产品（包括能源）、外汇、金融期货（固定收益证券和股票市场指数）。除了主要股票指数的期货合约，现在期货市场出现了**单一股票期货**（single-stock futures）和窄基指数的期货合约。OneChicago 从 2002 年开始为个股期货提供电子交易平台。该交易所交易最活跃股票的期货合约以及标准普尔 500（股票SPY）、纳斯达克100（QQQQ）和道琼斯工业平均指数（DIA）等ETF的期货合约，但是交易量不尽如人意。

表16-1列举了2016年交易的一些期货合约种类。现在交易的一些期货合约仅仅在几年前还被认为是不可能进行交易的。例如，电力期货、天气期货与期权合约。芝加哥商品交易所交易的天气衍生品的损益取决于天气平均水平，例如，一个地区气温高于或低于65华氏度[⊖]的累计天数。在控制电力和石油天然气使用上的风险方面，这些衍生品的潜在用途是显而易见的。

表16-1 期货合约举例

外汇	农产品	金属与能源	利率期货	股票指数
英镑	玉米	铜	欧洲美元	标准普尔500
加拿大元	燕麦	铝	欧洲日元	道琼斯工业
日元	大豆	黄金	欧元债券	标准普尔中盘股400
欧元	豆粉	白金	欧洲瑞士法郎	纳斯达克100
瑞士法郎	豆油	钯	英镑	纽约综合指数
澳大利亚元	小麦	白银	英国政府债券	罗素2000指数
墨西哥比索	大麦	原油	德国政府债券	日经225指数
巴西雷亚尔	亚麻籽	燃料油	意大利政府债券	英国FTSE指数
	油菜籽	轻柴油	加拿大政府债券	法国CAC-40指数
	黑麦	天然气	长期国债	德国DAX-30指数
	活牛	汽油	中期国债	欧澳综合指数
	活猪	丙烷	短期国债	多伦多35指数
	五花肉	商品指数	LIBOR	道琼斯欧洲STOXX 50指数
	可可	电力	欧元银行间同业拆借利率	行业指数，例如：
	咖啡	天气	市政债券指数	银行业
	棉花		联邦基金利率	电信业
	牛奶		银行承兑票据	公用事业
	橙汁		利率互换	医疗服务
	原糖			高科技产业
	木材			
	大米			

虽然表16-1包含了很多期货合约，但面对品种不断增加的期货市场，表中所列举的合约未必是全面的。专栏华尔街实战16-1讨论了一些比较稀奇的期货市场，有时被称为预测市场。这些期货合约的损益取决于总统大选的结果、特定电影的票房收入或其他情况下参与者的立场。

华尔街实战16-1　预测市场

如果你觉得标准普尔500指数和国债较为枯燥，没准儿你会对与下次总统大选的获胜者、季节性流感的严重程度或者2028年奥林匹克的主办城市等挂钩的期货产品产生兴趣。现在"期货市场"交易的品种五花八门。

例如，爱荷华电子市场（www.biz.uiowa.edu/iem）和Betfair的政治页面（www.betfair.com）开设了总统期货交易。在2016年9月，你可以买入一份期货合约，11月时，如果希拉里当选总统，你将获得1美元，但如果她落选了，则没有任何收益。合约价格（用面值的百分比来表示）用希拉里获胜的概率来表示，反映了市场参与者的普遍看法。

如果9月时，你认为希拉里获胜的概率是55%，你将以0.55美元的价格买入一份期货合约。如果你押注希拉里会败选，你可以卖出期货

[⊖] 约等于18℃。

合同。同理，你可以用特朗普期货合同来赌他的输赢。（当只有两个相关联方时，支持一方就相当于反对另一方。但在其他竞选活动中，比如初选，候选者就会出现多方，此时支持一方就不能代表反对另一方。）

下图给出了自 2014 年 11 月至 2016 年选举当日的期货合约价格。可以很清楚地看到，合约价格预示着候选人的前景。在大选的前一周，民调显示她将要当选，希拉里的期货价格上涨至 0.9 美元。当 FBI 宣布重启对她邮件服务器的调查之后，她的期货价格大幅下滑。大选日之前，当调查看似结束时，她的期货价格又反弹至 0.8 美元。看上去，至少在计票之前，她的胜利将是十拿九稳的。

将市场价格看成期货时间发生的可能性时须谨慎。因为期货合同的收益是带有风险的，合同价格反映了风险收益。因此，更确切地讲，这种可能性实际上是风险中性概率（见第 15 章）。实际上，合同的这种风险收益是不确定的。

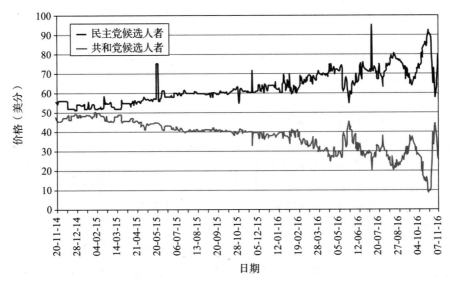

2016 年总统选举的预测市场，一党赢得选举合约支付 1 美元。

资料来源：Iowa Electronic Markets, downloaded November 16, 2016.

在期货市场之外，完善的银行与经纪人网络已经建立起了一个远期外汇市场。由于交易所交易的合约都有确定的条款，从这个意义上讲，远期市场并不是规范的交易所。在远期市场上，交易双方可以协商交割任意数量的商品，而在规范的期货市场上，合约规模和交割日期由交易所规定。在远期协议中，银行与经纪人在需要时可以为顾客或者自己就合约的内容进行协商。这一市场巨大。仅在伦敦这一最大的货币市场上，每天的货币交易量就多达 2 万亿美元。

16.2 期货市场的交易机制

16.2.1 结算所与未平仓合约

直到 15 年前，美国大部分期货交易是由一群场内经纪人在"交易大厅"进行集中交易。现在，这个公开叫价系统正在被电子交易平台所取代，尤其是金融期货交易。

这种转变来自欧洲市场的推动，电子交易在欧洲已成为标准的交易方式。欧洲期货交易所由德意志证券交易所和瑞士交易所共同持股，已经发展成为世界上最大的衍生品交易所之一。它自 2004 年以来采用全电子交易与结算平台，在美国上市交易并接受监管机构的合约结算程序。作为回应,芝加哥期货交易所采用欧洲期货交易所的竞争对手——Euronext.liffe ⊖ 提供的电子交易平台,并且大部分芝加哥期货交易所的国债期货也采用电子交易。芝加哥商品交易所保留了名叫 Globex 的电子交易平台。电子交易市场使得交易能够昼夜不停地进行。

CBOT 和 CME 于 2007 年合并为 CME 集团,准备把所有电子交易都采用 Globex。电子交易继续替代场内交易看来是不可避免的。

一旦交易达成,就轮到**清算所**(clearinghouse)出场了。多空双方并不彼此持有合约,而是由清算所作为多头的卖方和空头的买方。清算所有义务交割商品给多头并付钱给空头取得商品。结果是,清算所的净头寸为零。这种机制使清算所既是多头的交易对手,也是空头的交易对手。由于清算所必须执行买卖合约,所以任何交易者的违约行为导致的损失只会由清算所来承担。这种机制是必要的,因为期货合约是在将来进行交易的,不像即期的股票交易那样容易得到保证。

图 16-3 阐述了清算所的作用。图 16-3a 显示,在没有清算所的情况下,多头有义务按照期货价格付款给空头,空头则必须交割商品。图 16-3b 显示了清算所是怎样充当中介的,它充当了多空双方的交易对手。清算所在每次交易中既是多头也是空头,保持中立立场。

清算所使得交易者清楚便捷地清算头寸成为可能。如果你是一个合约的多头并想了结头寸,只需通知你的经纪人

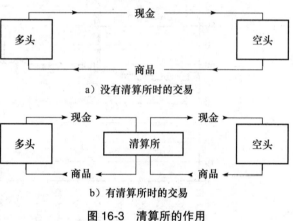

图 16-3 清算所的作用

卖出平仓就可以了。这叫作反向交易。交易所对你的多头与空头头寸进行抵消,使得你的净头寸为零。零头寸使你在合约到期日既不需要履行多头的义务,也不需要履行空头的义务。

持仓量(open interest,未平仓合约数)是未平仓的合约数量(多头与空头并不分开计算,也就是说持仓量可以定义为所有多头头寸之和或所有空头头寸之和)。清算所的净头寸为零,所以不计入持仓量。合约刚开始交易时,持仓量为零。随着时间推移,持仓量伴随着新开仓而逐渐增加。

有些杜撰的关于期货交易者的故事很有趣,比如,一个期货交易者早上醒来,发现院子草坪上堆成了小山的小麦或者玉米。但是事实上,期货合约很少进行标的资产的交割。交易者建立多头或空头头寸,获利于未来价格的上涨或下跌,在合约到期日之前往往选择平仓了结。进入交割环节的合约估计少于总持仓的 1%~3%,这取决于商品及合约的活跃度。这种商品的实际交割通过常规的供应渠道来实现,通常是注册仓单。

从图 16-1 中可以看出持仓量的典型规律。以黄金合约为例,7 月合约即将到期,持仓量很小,大部分合约已经平仓。8 月合约的持仓量最大。远月的几个合约的持仓量很小,因为它们最近才能交易,交易者还很少。对其他合约,以原油合约为例,直到 8 月才有近月合约,且近月合约的持仓量最大。

⊖ Euronext.liffe 是泛欧证券交易所的国际化衍生品市场。2002 年,泛欧证券交易所收购了伦敦国际金融期货与期权交易所(LIFFE)和葡萄牙里斯本交易所。泛欧证券交易所于 2000 年由巴黎证交所、阿姆斯特丹证交所和布鲁塞尔证交所合并而成。

16.2.2 逐日盯市与保证金账户

一个在时间 0 买入、在时间 t 平仓的多头的利润或损失就是期货价格在这段时间的变化量 F_t-F_0，而空头收益与之相反，为 F_0-F_t。

对交易者的盈亏进行累积的过程称为盯市。最初开新仓时，每个交易者都建立一个保证金账户，由现金或类似现金的短期国库券等组成，保证交易者能履行合约义务。由于期货合约双方都可能遭受损失，因此双方都必须缴纳保证金。回到表 16-1 列举的第一份玉米期货合约。例如，如果玉米合约初始保证金为 10%，则交易者每份合约需缴纳 1 720 美元作为保证金，即合约价值（3.44 美元/蒲式耳乘以 5 000 蒲式耳/合约）的 10%。

由于初始保证金也可以是有息证券，这就不会给交易者带来过大的机会成本。初始保证金一般是合约价值的 5%~15%。标的资产价格变化越大，所要求的保证金就越多。

> **概念检查 16-2**
> 盯市带给清算所的净流入或支出是什么？

在期货合约交易的任一天，期货价格都可能升或降。交易者并不等到到期日才结算盈亏，清算所要求所有头寸每日都结算盈亏。如果玉米期货价格从 344 美分/蒲式耳升至 346 美分/蒲式耳，清算所则贷记多头保证金账户，每份合约 5 000 蒲式耳乘以 2 美分/蒲式耳，或者 100 美元每份合约。相应地，清算所就会从空头保证金账户中取出这么多钱。

这种每日结算就是所谓的**盯市**（marking to market），它意味着并不是合约到期日才能实现全部的盈亏。随着期货价格的波动，交易程序也随交易方的保证金账户而变化。我们将举一个详细的例子来说明这个过程。

例 16-1　维持保证金

假设玉米的维持保证金率是 5%，初始保证金是合约价值的 10%，或者 1 720 美元。当初始保证金跌至一半，约 860 美元时，清算所就会发出保证金催付通知。每 1 美分跌幅使多头每份合约亏损 50 美元。这样期货价格只要下跌 18 美分（或其现值的 5%），交易者就会收到保证金催付通知。

除了合约的标准化以外，盯市也是期货与远期交易的主要区别。期货采取随时结算盈亏的方法，而远期则一直持有到到期日，在到期日之前，尽管合约也可以交易，但没有资金的转移。

如果盯市的结果是某交易者连续亏损，其保证金账户可能降至某关键值之下，这个关键值称为**维持保证金**（maintenance margin）。一旦保证金账户余额低于维持保证金，交易者就会收到补交保证金的通知，要求补充保证金账户余额，或者将交易规模降低至保证金账户余额能够掌控的范围。保证金制度和保证金催付程序可以保护清算所的头寸。在保证金耗尽前，交易者头寸会被平仓。交易者亏损不会超过他所缴纳的保证金总额，这样清算所就不会承担风险。

在合约到期日，期货价格应该等于商品的现货价格。因为到期合约需要立即交割，所以当天的期货价格必然等于现货价格。在自由竞争市场中，从这两个相互竞争渠道来的同一商品的成本是相等的。⊖你可以在现货市场上购买该商品，也可以在期货市场上做多头得到该商品。

从期货与现货市场两种渠道获得商品的价格必须是一致的，否则投资者就会从价格较低的市场上购买到该商品，然后到价格较高的市场上出售。如果清除套利机会的价格调整机制不出现，那套利活动就不能持续。因此，在到期日，期货价格与现货价格一致，这就是**收敛性**（convergence property）。

对一个期初（时间 0）做多头，并持有至到期（时间 T）的投资者来说，每日结算的总和是 F_T-F_0，F_T 代表合约到期日的期货价格。由收敛性可知，到期日的期货价格 F_T 等于现货价格 P_T，所以期货总盈亏可以表示为 P_T-F_0。我们可以看出，一个持有至到期日的期货合约的利润很好地追踪了标的资产价值的变化。

例 16-2 盯市

假如当前市场上 5 天后交割的白银期货的价格为 20.1 美元/盎司⊖。假定未来 5 天里期货价格发生如右下表的变动。

多头持有的每份合约逐日盯市结算的结果如右下表所示。

第一天的盈利是期货价格相比前一天的差额，即（20.20 美元 - 20.10 美元）每盎司。因为商品交易所规定每份白银期货合约的规模为 5 000 盎司，所以每份合约的盈利为 0.10 美元的 5 000 倍，即 500 美元。第三天，期货价格下跌，多头保证金账户余额减少了 350 美元。第五天，逐日结算的总和为 550 美元，等于最终期货价格 30.21 美元与初始期货价格 20.10 美元差额的 5 000 倍。因为最终的期货价格等于那一天的实时价格，这样多头每盎司白银逐日结算的总和为 P_T-F_0。

时间（天）	期货交易价格（美元）	时间（天）	期货交易价格（美元）
0（今天）	20.10	3	20.18
1	20.20	4	20.18
2	20.25	5（交割日）	20.21

时间（天）	每盎司的盈亏额	乘以 5 000 盎司/合约 = 每日收益（美元）
1	20.20 - 20.10 = 0.10	500
2	20.25 - 20.20 = 0.05	250
3	20.18 - 20.25 = -0.07	-350
4	20.18 - 20.18 = 0	0
5	20.21 - 20.18 = 0.03	150
		总计 550

16.2.3 现金交割与实物交割

大部分期货合约要求，如果合约在到期日没有平仓，则要实际交割商品，如特定等级的小麦或一笔特定金额的外汇。对于农产品来说，质量差别有可能很大，于是交易所在合约中规定质量标准。有时，合约会因质量高低设定而分别处理，通过升贴水来调整质量差别。

有些期货合约需要**现金交割**（cash settlement），如股票指数期货，其标的物是股票指数，如标准普尔 500 指数或纽约证券交易所指数。交割股票指数中的每只股票是不现实的，于是合约要求以现金交割，其金额等于合约到期日股票指数达到的值。多头逐日盯市结算汇总后得到的总损益为 S_T-F_0，S_T 是到期日 T 时股票指数的价值，F_0 是初始的期货价格。现金结算很大程

⊖ 由于存在运输成本，现货价格与期货价格之间存在微小的差异，但这是一个微不足道的因素。

⊖ 1 盎司 = 28.349 5 克。

度上模拟了实物交割，只是收到的是等于资产值的现金而不是资产本身。

更具体地说，广泛交易的 E-迷你标准普尔 500 指数合约要求交割的现金额为指数值的 50 倍。如果到期日股指为 2 000 点（这是市场上 500 只股票价格的加权平均值），不需要交割指数中包括的 500 只成分股，只需要交割现金 50 美元乘以 2 000，即 100 000 美元。这时产生的利润，相当于直接以 100 000 美元买入 50 单位的股指，然后以期货价格的 50 倍将其交割出手获得的利润。

16.2.4 监管

商品期货交易委员会（CFTC）负责监管期货市场。CFTC 负责对期货交易所的会员制定资本金要求，授权交易新合约，并对每日的交易记录进行检查。

期货交易所对期货价格每日变动额做了限定。例如，如果芝加哥交易所的白银期货价格变动幅度限定为 1 美元，且今日白银期货收盘价为 22.10 美元/盎司，那么明日交易只能在 21.10~23.10 之间美元进行。交易所也会根据观察到的合约价格的波动程度来提高或者降低每日价格变动限额。当合约价格临近到期日，通常是交割前一个月，价格变动限额常被取消。

传统上价格变动限制被认为是为了限制价格的剧烈波动。这种观点值得商榷。假如一次国际金融危机使白银现货价格上涨至 30 美元，那不会有人愿意再以 22.10 美元的价格卖出白银期货，于是期货价格以每日 1 美元（限额）的速度上涨，尽管报出的价格是没有可能实现的买方订单。实际上，在这么低的价格水平上没有人愿意卖，不会有交易。几天之后，期货价格最终会达到均衡水平，于是交易又重新开始。这个过程说明了在期货价格达到均衡水平之前不会有人愿意出售头寸。这说明价格变动限额并不能提供防止均衡价格剧烈波动的真正保护。

16.2.5 税收

由于逐日盯市程序，投资者并不能控制他们的损益在哪个纳税年度实现。价格变化是随着逐日结算逐渐实现的。因此，不论年底是否平仓，应税额都是年底累计的损益额。一般的规律是，60% 的期货损益被计入长期，40% 的损益被计入短期。

16.3 期货市场策略

16.3.1 套期保值与投机

套期保值与投机是期货市场两个相反的策略。投机者利用期货合约从价格变化中获利，而套期保值者则是为了规避价格波动带来的风险。

如果投机者认为价格会上涨，他们选择做多来获取预期利润。反之，如果认为价格会下跌，他们则选择做空。

例 16-3　用原油期货投机

假设你认为原油价格会上涨，并决定购买原油期货合约。每份合约要求交割 1 000 桶原油。原油 2 月期货合约价格每上涨 1 美元，多头盈利增加 1 000 美元，而空头则会亏损相应金额。

相反，如果你认为价格将下跌，并卖出一份原油期货合约。如果原油价格的确下跌了，那么原油价格每下跌 1 美元，你的盈利增加 1 000 美元。

如果2月份期货合约价格为54美元/桶，而原油的到期价格为53美元/桶，多头每份合约获利1 000美元，空头每份合约亏损相等的金额。相反，如果原油价格下跌至51美元/桶，多头就会损失，而空头每份合约则会获利1 000美元。

投机者为什么选择购买原油期货合约，而不是直接购买原油呢？原因之一是期货市场的交易费用非常低。

另外一个重要的原因是期货交易的杠杆效应。期货合约要求交易者仅提供比合约标的资产价值低得多的保证金。因此，与现货交易相比，期货保证金制度使投机者得到了更大的杠杆作用。

例16-4 期货与杠杆效应

假设初始保证金要求是原油期货合约价值的10%。现在期货价格是52美元/桶，且合约规模是每份合约1 000桶，则初始保证金需$0.10 \times 52 \times 1\,000 = 5\,200$（美元）。原油价格上涨1美元，涨幅为1.92%，每份合约多头盈利1 000美元，相当于初始保证金5 200美元的19.2%。这个比例是原油价格上涨幅度的10倍。由于合约保证金只有对应资产价值的1/10，该比例产生了期货头寸固有的10倍杠杆效应。

套期保值者利用期货来保护他们的头寸不受价格波动的影响。例如，一家原油销售公司预计将来原油市场将出现波动，并想保护其收入不受价格波动影响。为了对销售收入进行保值，该公司可以选择在原油期货市场做空，卖出原油期货。以下将举例说明套期保值锁定了其总收益（例如，原油销售收入加上期货头寸产生的利润）。

例16-5 利用原油期货套期保值

原油分销商预计2月出售100 000桶原油，他采取套期保值的方式规避原油价格可能出现下跌带来的损失。每份合约规模1 000桶，他可以2月交割的期货合约为100份。原油价格下跌带来的现货头寸的亏损将被期货头寸带来的盈利所弥补。

为了便于说明，假定2月交割的期货合约价格仅有3个可能的价格：51美元/桶、52美元/桶和53美元/桶。原油销售收入是原油价格的100 000倍。每份期货合约的收益是期货价格跌幅的1 000倍。收敛性保证了最终原油期货价格等于现货价格。因此，100份期货合约的盈利为$(F_0 - P_T)$的100 000倍，P_T是交割日的原油价格，F_0是初始的期货价格，即52美元/桶。

考虑该公司所有的头寸，2月的总收益计算如下：

	2月的原油价格 (P_T)（美元）		
	51	52	53
销售原油的收入：$100\,000 \times P_T$	5 100 000	5 200 000	5 300 000
+期货合约的利润：$100\,000 \times (F_0 - P_T)$	100 000	0	-100 000
总收益	5 200 000	5 200 000	5 200 000

原油到期日的价格加上期货合约的单位盈亏等于现在的期货价格52美元/桶。期货头寸的盈亏恰好抵消原油价格的变化。例如，如果原油价格跌至51美元/桶，期货合约空头头寸产生100 000美元的收益，则足以保证总收益稳定在5 200 000美元。总收益与公司以现在的期货价格卖出原油资产获得的总收益相同。

概念检查 16-3

假设例 16-5 中 2 月每桶原油价格将是 51 美元、52 美元或 53 美元。考虑一家电力公司计划在 2 月购买 100 000 桶原油。说明该公司今天购买 100 份原油期货合约,其在 2 月的支出将锁定在 5 200 000 美元。

图 16-4 是例 16-5 套期保值的原理图。原油的销售收入是一条向上倾斜的直线。期货合约的收益是一条向下倾斜的直线。两者之和是一条水平的直线。该直线是水平的,说明套期保值后公司总收益与未来原油价格无关。

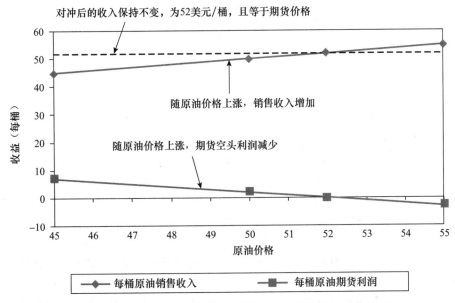

图 16-4 利用期货对冲后的收入(例 16-5,期货价格=52 美元)

对例 16-5 进行概括,你会注意到,到期日原油价格是 P_T,而期货的盈利是每桶 (F_0-P_T),因此不论原油的最后价格如何,每桶原油的收益总是 $P_T+(F_0-P_T)$,等于 F_0。

例 16-5 中原油分销商利用空头头寸规避资产出售价格波动的风险,称为空头套期保值。多头套期保值是指为规避资产购买价格波动风险而采取相应的套期保值操作。例如,一个电力供应商计划现在采购原油是担心未来采购时价格上涨。概念检查 16-4 表明,电力供应商可以通过购买原油期货合约来锁定原油的购买价格。

有些商品无法进行严格的套期保值,因为所需的期货合约并不交易。例如,一个投资经理想对多样化、积极管理的投资组合进行一段时期的套期保值。但是,只存在指数化的期货合约。由于积极管理的投资组合的收益与指数的收益高度相关,投资经理可以通过卖出指数期货合约进行有效的套期保值。用其他标的资产的期货合约进行套期保值,称为交叉套期保值。

概念检查 16-4

投资者利用股指期货对积极管理的股票投资组合进行套期保值,存在的风险来源有哪些?你如何来估计这一风险的大小?

16.3.2 基差风险与套期保值

基差（basis）是指期货价格与现货价格的价差。[一]我们已经知道：在合约到期日，基差为零：收敛性决定了 $F_T - P_0 = 0$。但在合约到期前，期货价格与现货价格之间可能会有较大的差值。

我们来讨论例 16-5 中的案例，一个空头套期保值者建立原油空头头寸以规避风险。假如他将资产与期货合约持有至合约到期，则不存在任何风险，因为到期日期货与现货价格相等，资产与期货的损益正好抵消，所以风险被消除了。如果套期保值者在期货合约到期前清算期货合约与资产，则他需要承担**基差风险**（basis risk），因为期货价格与现货价格在到期前不一定完全同步变动。在此例中，期货合约与资产的损益就不一定会完全抵消。

有些投机者会利用基差的变动来获取利润。他们赌的不是期货或现货价格的变动方向，而是两者价差的变化。当基差变小时，现货多头和期货空头的组合就会盈利。

例 16-6 基差投机

假设某投资者拥有 100 盎司黄金与 1 份空头黄金期货合约。现在黄金每盎司售价 1 391 美元，而 6 月交割的期货价格为 1 396 美元，那么现在的基差为 5 美元。明天，现货价格上涨至 1 395 美元，期货价格上涨至 1 399 美元，于是基差缩小为 4 美元。

投资者的收益和损失如下：

持有黄金的收益(每盎司)：1 395 美元 - 1 391 美元 = 4 美元

黄金期货合约的损失(每盎司)：1 399 美元 - 1 396 美元 = 3 美元

净收益等于基差的减少额，即 1 美元/盎司。

与之相关的投资策略是**日历价差**（calendar spread，跨期套利），即投资者同时成为同一标的资产的期货多头与期货空头，但是多头合约的到期日与空头合约的到期日不同。[二]如果两种期货合约价差变动与预测相符的话，即多头合约的期货价格涨幅大于（或跌幅小于）空头合约，投资者就有利可图。

例 16-7 价差投机

假设某投资者持有 9 月到期的期货合约多头与 6 月到期的期货合约空头。如果 9 月合约上涨了 5 美分，而 6 月合约上涨了 4 美分，那么他的收益为 5 美分-4 美分，即 1 美分。与基差投机类似，价差投机策略是通过价格结构的相对变化来获利的，而不是通过价格水平的变化来获利的。

16.4 期货价格的决定

16.4.1 现货-期货平价定理

我们已经知道，期货合约可用来对标的资产的价格变化进行套期保值。如果套期保值是完全的，也就是说标的资产和期货合约组成的资产组合是无风险的，那么该组合头寸的收益率应

[一] 基差这个词用得不太严谨。它有时指期货与现货价格的差 $F-P$，有时指现货与期货价格的差 $P-F$。我们在本书中始终指的是 $F-P$。

[二] 另一种策略是跨商品套利，此时投资者购买一种商品的期货合约，同时卖出另一种商品的期货合约。

与其他无风险投资的收益率相同。否则,投资者就会在价格回到均衡状态之前获得套利机会。基于这一点,我们可以推导出期货价格与标的资产价格之间的理论关系。

假设标准普尔500指数现在是1 000点,某投资者投资1 000美元于以标准普尔500指数为标的物的指数共同基金,他想进行暂时套期保值以规避市场风险。该指数基金一年内支付给投资者20美元的股利,简单起见,假定股利在年底一次支付。假定年底交割的标准普尔500指数期货合约价格为1 010美元。⊖如果投资者利用期货空头对资产组合进行套期保值,那么当年底股指点数不同时,投资者的收益也会不同。

(单位:美元)

股票投资组合的最终价值 S_T	970	990	1 010	1 030	1 050	1 070
期货空头收益(等于 $F_0-F_T=1\,010-S_T$)	40	20	0	-20	-40	-60
股息收入	20	20	20	20	20	20
总计	1 030	1 030	1 030	1 030	1 030	1 030

期货空头的收益等于初始期货价格1 010美元与年底股价的差值。这是因为收敛性:合约到期日,期货价格等于当时的股票价格。

注意,整个头寸得到了完全的套期保值。股票组合价值的增加都被期货空头收益的减少完全抵消了,总价值与股价无关。总收益1 030美元是现在的期货价格 F_0(1 010美元)与股息20美元之和。这就像投资者以现在的期货价格在年底卖出了股票,于是消除了价格风险并锁定了总收益为现在的期货价格加上股息。

这个无风险头寸的收益率是多少?股票的初始投资额为1 000美元,期货空头的建立是不需要初始现金的,因此1 000美元投资组合年底增值为1 030美元,收益率为3%。更一般地,总投资 S_0,即股票现货价格,增至期末价值 F_0+D,D 是股票组合的股息,则收益率为

$$完全套期保值股票组合的收益率 = \frac{(F_0+D)-S_0}{S_0}$$

这个收益率是无风险的,F_0 是起初购买期货合约时的期货价格。尽管股息不是完全无风险的,但在短期内是高度可预测的,尤其是对分散化的股票组合而言。与股价的不确定性相比,这里的不确定性实在是太小了。

由此推测,其他无风险投资的收益率也应该是3%,否则投资者就会面临两种有不同收益率的无风险投资策略,这种情况是不可持续的。由此,有如下结论

$$\frac{(F_0+D)-S_0}{S_0}=r_f$$

重新整理后得到期货价格为

$$F_0 = S_0(1+r_f) - D = S_0(1+r_f-d) \tag{16-1}$$

式中,d 代表股票组合的股息率,即 D/S_0。这个公式称为**现货-期货平价定理**(spot-futures parity theorem),它给出了正常情况下或理论上正确的现货价格与期货价格的关系。对平价的任何偏离都会提供无风险的套利机会。

⊖ 实际上,该期货合约交割的是250美元乘以标准普尔500指数,所以每份合约按照指数的250倍进行结算。我们只是简单假设一份合约为一个单位的指数,而不是250单位的指数。在实践中,一份合约可以对价值250美元×1 000=250 000美元的股票进行套期保值。当然,机构投资者会认为该投资组合的规模相当小。

例 16-8 期货市场套利

假如违背了平价关系,例如,如果经济中的无风险利率仅为 1%,按照式 (16-1),期货价格应该为 1 000 美元×1.01-20 美元 = 990 美元。实际期货价格 F_0 = 1 010 美元,比"理论值"高出 20 美元。这意味着投资者可以在期货做空,以 1% 的无风险利率拆借资金买入价格被相对低估的股票组合获得套利利润。这种策略产生的收益如下:

(单位:美元)

行动	期初现金流	一年后现金流
借入 1 000 美元,一年后还付本息	+1 000	-1 000×1.01 = -1 010
用 1 000 美元购买股票	-1 000	S_T+20 美元分红
做空期货 (F_0 = 1 010)	0	1 010-S_T
总计	0	20

此策略的期初投资为零,一年后现金流为正,且无风险。不管股价是多少,总有 20 美元的收益,这个收益实际上就是期货的错误估价与平价之间的差额 (= 1 010-990)。

当平价关系被违背时,利用这种错误估价的策略就会产生套利利润——不需要初始投资的无风险利润。如果存在这种机会,所有的市场参与者都会趋之若鹜,结果当然是股价上升或者期货价格下跌,直至满足式 (16-1)。类似的分析也可用于 F_0 低于 990 美元的情况,只需反向策略就能获得无风险利润。因此,结论是,在完善的市场内不存在套利机会,即

$$F_0 = S_0(1+r_f) - D$$

> **概念检查 16-5**
>
> 回到例 16-8 给出的套利策略,假如 F_0 很低,比如为 980 美元,所采取的三个步骤是什么?用类似例 16-8 中的表格给出此策略现在与一年后的现金流。确认你获得的利润与期货错误估价差额相等。

更一般地,例 16-8 中的套利策略可以表示如下表。

初始净投资额为零,因为第二步买股票所需的钱来自第一步的借款,第三步的期货空头头寸是用来套期保值的,不需要初始投入。再者,年底的总现金流入是无风险的,因为所有的条件在合约签订时都是已知的。如果最终的现金

行动	期初现金流	一年后现金流
1. 借入 S_0 美元	S_0	$-S_0(1+r_f)$
2. 购买 S_0 股票	$-S_0$	S_T+D
3. 做空期货	0	F_0-S_T
总计	0	$F_0-S_0(1+r_f)+D$

流不为零,那么所有人都会利用这个机会进行套利,最后价格变化到年底现金流为零,此时, F_0 等于 $S_0(1+r_f)-D$。

平价关系又称为**持有成本关系**(cost-of-carry relationship),因为期货价格是由在期货市场上延迟交割购买股票与在现货市场上购买立即交割股票并持有到将来的相对成本决定的。如果你现在买股票现货,就需要立即支付现金,并损失其时间价值,成本为 r_f,另外,你会收到股息,股息率为 d。因此,相对于购买期货合约,你的净持有成本率为 r_f-d,这部分成本会被期货与现货的价差所抵消。当 $F_0=S_0(1+r_f-d)$ 时,价差正好冲销了持有成本。

平价关系也很容易推广到多期情形。我们很容易知道,合约到期日越长,现货与期货间的价差就越大。这反映了合约到期日越长,净持有成本就越高。当合约在 T 时到期,平价关系为

$$F_0 = S_0(1+r_f-d)^T \tag{16-2}$$

注意，当股息收益率低于无风险利率时，式（16-2）说明期货价格超过现货价格，大量长期合同到期。但是当 $d>r_f$，在当前的情况下，股票的收益率超过以上（无风险）利率可以投资的资金收入；在这种情况下，期货价格通过更长的到期日将低于目前的股价，你可以确信，通过检查图 16-1 中的标准普尔 500 指数合同清单，情况确实如此。

尽管个股股息波动可能难以预测，宽基指数如标准普尔 500 指数的年度股息率相当稳定，近几年大致在 2%。但是该股息率具有季节性，一年之中出现规律的波峰与波谷，因此需要采用相对应月份的股息率。图 16-5 描述了标准普尔 500 指数的月度股息率特征。比如 1 月或 4 月，呈现较低的股息率水平，而 5 月则保持较高的股息率水平。

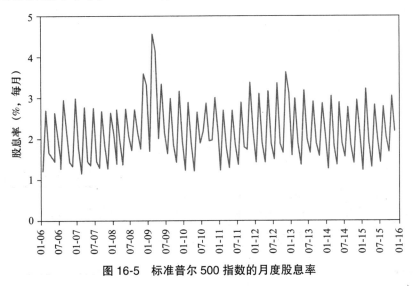

图 16-5　标准普尔 500 指数的月度股息率

我们以股票与股指期货为例推导出了平价关系，但同样的逻辑适用于所有的金融期货合约。例如，以黄金期货来说，只需股息率为零。对债券来说，可用债券的息票利率代替股票的股息率。这种情况同样满足式（16-2）所描述的平价关系。

上述的套利策略使我们相信，这些平价关系绝不仅仅是理论结果，任何对平价关系的违背都会给交易者带来巨额利润的套利机会。在下一章中，我们将会看到股票市场中的指数套利就是发现股指期货合约平价关系背离的一种工具。

16.4.2　价差

同预测期货与现货价格关系一样，我们也能得出具有不同期限的期货价格之间的关系。式（16-2）说明期货价格部分由合约的期限决定。如果无风险利率大于股息率（即 $r_f>d$），那么合约的期限越长，期货价格就越高，如果 $r_f<d$，到期日越长，期货价格就越低。从图 16-1 中可以证实，在 2013 年年末，无风险利率低于股息率时，标准普尔 500 指数的期货的期限越长，其价格越低。对黄金这类不付"股息"的资产，令 $d=0$，从而得出 F 与合约期限成正比。

为了更精确地描述价差，设在 T_1 时交割的期货价格为 $F(T_1)$，在 T_2 时交割的期货价格为 $F(T_2)$，股票股息率为 d，由平价关系式（16-2）可知

$$F(T_1) = S_0(1 + r_f - d)^{T_1}$$

$$F(T_2) = S_0(1 + r_f - d)^{T_2}$$

有

$$F(T_2)/F(T_1) = (1 + r_f - d)^{(T_2-T_1)}$$

因此，价差间的基本平价关系为

$$F(T_2) = F(T_1)(1 + r_f - d)^{(T_2-T_1)} \tag{16-3}$$

注意，式（16-3）与现货-期货平价关系所不同的是，原先的现货价格被 $F(T_1)$ 取代。直观地也可这么理解，交割日从 T_1 推迟到 T_2 向多头传递了这样的信息：股票可于 T_2 时以 $F(T_2)$ 买进，但在 T_2 之前不需要准备什么现金。所节省的成本为从 T_1 到 T_2 的净持有成本。由于交割日推迟了，使 $F(T_1)$ 带来的无风险收益率为 r_f，但同时损失了从 T_1 到 T_2 时间内所支付的股息，于是推迟交割所节省的净持有成本为 r_f-d。相应地，期货价格上升，以补偿市场参与者因为延迟交割股票和延期付款带来的损失。如果不符合此平价关系，那么就会出现套利机会（本章末习题探讨的就是这种可能性）。

例 16-9 价差定价

为说明式（16-3）的应用，假设存在一份合约，数据如右表所示：

假设短期国债有效年利率为 1%，并保持不变，股息率为 2%。根据式（16-3），相对于 1 月合约期货价格，"正确"的 3 月合约期货价格为

合约到期日	期货价格
1月15日	105.00 美元
3月15日	104.75 美元

$$105 \times (1 + 0.01 - 0.02)^{1/6} = 104.82(美元)$$

而实际的 3 月合约期货价格为 104.75 美元。也就是说，相对于 1 月合约期货价格，3 月合约期货价格被略微低估，如果不考虑交易成本，则存在套利机会。

Excel 应用：平价与价差

平价电子数据表可以帮助计算不同到期日、利率和收益水平下与现货价格相对应的期货价格。你可以使用电子数据表查看远期合约价格如何随着现货价格和持有成本波动而变化。

Excel 问题：

1. 探究收益率和利率的不同价值。如果利率上升了 2%，时间价差的大小会发生什么情况（期货价格与短期合约的差异）？
2. 如果收益率上升了 2%，会发生什么情况？
3. 如果收益率等于利率的话，会发生什么？

	A	B	C	D	E
1		现货期货平价与时间价差			
2					
3	现货价格	100			
4	收益率（%）	2		不同期限的期货价格	
5	利率（%）	1.5			
6	当前日期	5/10/2017		现货价格	100.00
7	到期日1	11/10/2017		期货价格1	99.75
8	到期日2	7/10/2018		期货价格2	99.42
9	到期日3	9/10/2018		期货价格3	99.33
10					
11	到期时间1	0.50			
12	到期时间2	1.17			
13	到期时间3	1.33			

式（16-3）还表明，所有到期日不同的合约期货价格的变动应趋于一致。这并不奇怪，因为平价关系决定了它们都同一个现货价格相联系。图16-6描绘了3种不同期限的黄金期货价格走势图。很显然，三种合约期货价格变化步调一致，正如式（16-3）所预示的，离交割日越远的期货价格越高。

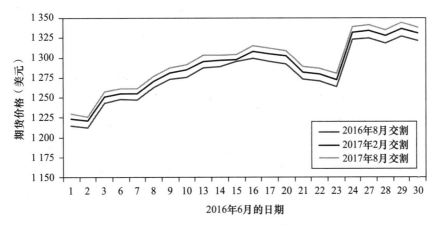

图16-6 黄金期货价格的走势图

16.4.3 远期定价与期货定价

到目前为止，我们很少注意期货与远期收益的不同时间结构。我们认为，期货多头逐日盯市的盈亏总和为 P_T-F_0，并简单假设期货合约的全部利润累积到交割日。假设合约的收益要到最后交割日才能得以实现，那么我们前面推出的平价定理严格适用于远期的定价。但是，实际现金流出的时间影响了期货价格的决定。

当逐日盯市给多头或者空头中的任一方提供系统性优势时，期货价格就会偏离平价关系。当逐日盯市对多头有利时，期货价格就会高于远期的价格，因为多头愿意给盯市带来的系统性优势一定的升水。

那么何时盯市有利于多头或者空头？当逐日盯市结算在利率较高时收到（并且能够用于投资），在利率较低时支付（并且能够融资），那么交易者就会从中获利。因为利率升高、期货价格倾向于上升时多头会受益，所以这些投资者愿意接受更高的期货价格。因此，只要利率与期货价格变化之间是正相关的，"公平"的期货价格就高于远期价格。相反，负相关意味着盯市的结果有利于空头，也隐含着均衡的期货价格要低于远期价格。

对大多数合约来说，期货价格与利率之间的协方差很低，以致期货与远期价格的差别可以忽略不计。但这个规则对于长期固定收益证券合约来说是一个例外。在这种情况下，由于价格与利率高度相关，协方差很大，足以使远期与期货价格之间产生一个明显的价差。

16.5 期货价格与预期将来的现货价格

到目前为止，我们已经分析了期货价格与当前的现货价格之间的关系。那么期货价格与将来某时现货价格的预期值之间的关系又是怎样的呢？换句话说，期货价格如何能更好地预测最终的现货价格？三种传统的理论分别是预期假设（expectation hypothesis）理论、现货溢价（normal backwardation）理论和期货溢价（contango）理论。现在所有这些传统假设都被纳入了现在资产组合理论之中。图 16-7 显示了三种传统理论中期货价格的预期轨迹。

16.5.1 预期假设

预期假设是期货定价中最简单的理论，它表明期货价格等于资产未来现货价格的期望值，即 $F_0=E(P_T)$。这种理论认为期货合约多头和空头的期望收益都是零：空头的期望盈利为 $F_0-E(P_T)$，多头的期望盈利为 $E(P_T)-F_0$，而 $F_0=E(P_T)$，故双方的期望盈利均为零。这个假设的前提是风险中性，如果所有的市场参与者都是风险中性的，他们就会对期货价格达成一致，使得各方的期望盈利均为零。

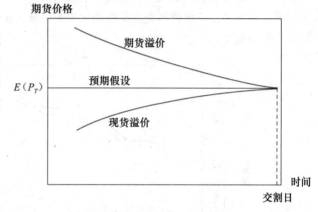

图 16-7　在预期现货价格不变的特殊情况下，期货价格随时间的变化

在无不确定性的世界中，期望假设与市场均衡有一个共同之处，那就是如果现在知道商品所有的未来时间的价格，则任何交割日的期货价格等于现在已知的那个交割日的未来现货价格。接下来我们说，当存在不确定性时，期货价格等于预期的未来现货价格，虽然这个结论很诱人，但是不正确的。因为它忽略了未来现货价格不确定的情况下期货定价必须考虑的风险溢价问题。

16.5.2 现货溢价

现货溢价理论与英国著名的经济学家约翰·梅纳德·凯恩斯和约翰·希克斯有关。他们认为，大多数商品都有自然的套期保值者想规避风险。例如，小麦农场主想规避小麦价格的不确定性风险。他们使用空头头寸，以确定的价格在将来进行交割：他们进行空头套期保值。为使投机者持有对应的多头头寸，农场主需给予投机者一定的期望盈利。只有期货价格低于将来小麦现货价格的期望值时，投机者才会做多，以获得期望利润 $E(P_T)-F_0$。投机者的期望利润是农场主的期望损失，但为了避免承担小麦价格的不确定性风险，农场主依然愿意承担期货合约带来的期望损失。现货溢价理论表明，期货价格要低于将来现货价格的期望值一定的水平，但随着到期日的临近，期货价格逐渐上升，直至最后 $F_T=P_T$。

尽管这种理论认识到了风险溢价在期货市场中的重要作用，但它基于的是所有不确定性而不是系统性风险（这并不奇怪，凯恩斯提出这个观点过后 40 年才诞生了现代资产组合理论）。现代观点提炼出了用来决定适当风险溢价的风险测度方法。

16.5.3 期货溢价

与现货溢价完全相反的期货溢价理论认为，商品的购买者才是自然的套期保值的需求者，而非供应者。同样是小麦的例子，谷物加工商愿意付一定的溢价来锁定小麦的购买价格，因此他们采取多头头寸在期货市场上进行套期保值：他们是多头套期保值者，而农场主是空头套期保值者。因为多头套期保值者愿意接受高期货价格来规避风险，且投机者必须被给予一定的溢价才建立空头头寸，所以期货溢价理论认为 F_0 必须高于 $E(P_T)$。

显然，任何商品都有自然的空头套期保值者和多头套期保值者，于是折中的传统观点即"净套期保值假设"认为，当空头套期保值者数量多于多头套期保值者时，F_0低于$E(P_T)$，反之亦然。市场上强大的一方是拥有更多自然的套期保值者的一方（多头或空头）。强大的一方必须付出溢价来吸引投机者购买足够的合约以平衡多头套期保值者和空头套期保值者的"自然"供给。

16.5.4 现代资产组合理论

三种传统假设都认为，只要给予足够的风险溢价进行补偿就会有大量投机者进入期货市场成为任意一方。现代资产组合理论通过提炼风险溢价决定中的风险的概念对上述方法进行调整。简单地说，如果商品价格有正的系统性风险，期货价格就会比预期的将来的现货价格低。

现以不付股利的股票为例说明如何使用现代资产组合理论来决定均衡的股票期货价格。如果$E(P_T)$表示今天对T时股票价格的期望，k表示股票所要求的收益率，则今天的股票价格应该等于它期望的未来收益的现值

$$P_0 = \frac{E(P_T)}{(1+k)^T} \tag{16-4}$$

从期货-现货平价关系也可得出

$$P_0 = \frac{F_0}{(1+r_f)^T} \tag{16-5}$$

因此，式（16-4）与式（16-5）的右半部分等价，使其相等并解出F_0，有

$$F_0 = E(P_T)\left(\frac{1+r_f}{1+k}\right)^T \tag{16-6}$$

从式（16-6）中可以得到，当r_f小于k时，F_0小于P_T的期望值，这适用于任何β值为正的资产。这意味着，当商品呈现正的系统性风险时（k大于r_f），合约多头会获得期望利润[F_0低于$E(P_T)$]。

> **概念检查 16-6**
> 如果期货价格是最终现货价格的无偏估计，那么关于一项资产的现货价格的风险，什么是一定正确的？

为什么会这样？期货多头的盈亏为$P_T - F_0$，如果P_T最终的实现涉及正的系统性风险，则多头的利润也涉及这种风险。持有很好的分散化资产组合的投机者只有因承担风险而被补偿以正的期望利润时，才会做期货多头。只有$E(P_T)$大于F_0时，这个期望利润才是正的。相反，期货空头遭受与多头利润同值的期望损失，进而承担负的系统性风险。分散化投资的空头愿意承担这个期望损失以降低投资风险。即便是在F_0小于$E(P_T)$时，也会进入合约。因此，如果P_T有正的β值，那么F_0肯定小于P_T的期望值。对于负β值的商品，可做相反的分析。

小 结

1. 远期合约是一种要求在未来某日以现在商定的价格交割某项资产的协定安排。多头交易者有义务买入资产，而空头交易者有义务交割资产。如果合约到期日资产价格

高于远期价格，则多头获利，因为他们是以较低的合约价格买入资产的。

2. 期货合约与远期合约类似，重要的差异在于标准化与逐日盯市，即每日结算期货合约各头寸的盈亏。相比之下，远期合约在到期之前没有现金转移。

3. 期货合约在有组织的交易所中交易，合约规模、交割资产的等级、交割日和交割地点都是标准化的。交易者仅需对合约价格进行协商。标准化大大增加了市场的流动性，并使买卖双方很容易地为所需买卖找到交易对手。

4. 结算所在每对交易者中间充当媒介，既是每个多头的空头，也是每个空头的多头。这样，交易者不需担心合约另一方的表现如何，实际上，每个交易者都需要缴纳保证金以保证履约。

5. 在合约期间的 0 至 T 时间，期货多头的损益为 F_T-F_0。因为 $F_T=P_T$，所以合约到期日多头的利润为 P_T-F_0。P_T 表示 T 时的现货价格，F_0 表示最初的期货价格。空头的损益为 F_0-P_T。

6. 期货合约可用来套期保值或投机。投机者用合约来表明对资产最终价格所持的立场。空头套期保值者利用空头来冲销所持资产所面临的一切损失。多头套期保值者利用多头来冲销所购商品价格变动带来的损益。

7. 现货-期货平价关系表明某项不附带服务与收入（如股息）的资产的均衡期货价格为 $F_0=P_0(1+r_f)^T$，如果期货价格偏离此值，市场参与者就能够获得套利利润。

8. 如果资产还附带服务或收入，收益率为 d，则平价关系变为 $F_0=P_0(1+r_f-d)^T$，这个模型也称为持有成本模型。因为它表明期货价格超过现货价格的部分实际上是将资产持有至到期日 T 的净成本。

9. 当现货价格存在系统性风险时，均衡期货价格会小于现在预期的 T 时的现货价格。这给承担风险的多头一个期望利润，也强加给空头一个期望损失。空头愿意承担期望损失来规避系统性风险。

习题

基础题

1. 为什么没有水泥期货市场？
2. 为什么个人投资者购买期货合约而不是标的资产？
3. 卖空资产与卖空期货合约的现金流有何区别？
4. 判断下述表述是正确的还是错误的，为什么？
   a. 其他条件相同，具有高股息率的股指期货价格应高于低股息率的股指期货价格。
   b. 其他条件相同，高 β 股票的期货价格应高于低 β 股票的期货价格。
   c. 标准普尔 500 指数期货合约的空头头寸的 β 值为负。
5. 期货价格与期货合约的价值之间有何区别？
6. 如何评价期货市场从更有生产力的地方吸取了资金。

中级题

7. a. 根据图 16-1 所示的迷你标准普尔 500 指数期货合约，如果保证金要求为期货价格的 10% 乘以 50 美元，你要交易 9 月合约需经过经纪人存多少钱？
   b. 如果 9 月合约期货价格上升至 2 090 美元，如果你按图中所示的价格做多，则你的净投资收益率是多少？
   c. 如果 9 月合约期货价格下跌 1%，你的收益百分比如何？
8. a. 一个个股期货合约，其标的股票没有股息，有效期为 1 年，现在价格为 150 美元，如果短期国债收益率为 3%，期货价格应该是多少？
   b. 如果合约有效期是 3 年，期货价格应该是多少？

c. 如果利率为6%，合约有效期是3年，期货价格又应该是多少？
9. 在下述情况下，资产组合管理人怎样使用金融期货来规避风险：
   a. 你有一个流动性较差并准备出售的大的债券头寸。
   b. 你从持有的国债中获得一大笔收益，并想出售该国债，但是想将这笔收益延迟到下个纳税年度。
   c. 你将在下个月收到年终奖金，并想将它投资于长期公司债券。你认为公司债券的出售收益率是非常吸引人的，并相信在未来几周内债券价格将上升。
10. 假定标准普尔500指数的值是1400点，如果1年期国债收益率为3%，标准普尔500股指的预期股息率为2%，1年期的期货价格是多少？如果短期国债收益率低于股息率，比如1%，股指期货价格是多少？
11. 考虑同一股票的期货合约、看涨期权和看跌期权交易，该股票无股利支付。3种合约到期日均为T，看涨期权和看跌期权的行权价格都为X，期货价格为F。证明如果$X=F$，则看涨期权价格等于看跌期权的价格。利用平价条件来证明。
12. 现在是1月，现行利率为2%，6月合约黄金期货价格是1500美元，而12月合约黄金期货价格为1510美元。是否存在套利机会？如果存在，你怎样操作？
13. 期货交易所刚刚引入Brandex个股期货合约，这家公司不支付股利。每份合约要求1年后买入1000股股票，短期国债收益率为6%。
    a. 如果股票价格为120美元/股，则期货价格应该是多少？
    b. 如果股票价格下跌3%，则期货价格变化多少？投资者保证金变化是多少？
    c. 如果合约的保证金为12000美元，投资者头寸的收益百分比是多少？
14. 股指期货的乘数为50美元，到期日为1年，指数的即期水平为1800点，无风险利率为每月0.5%，指数股利率为每月

0.2%。假定1个月后，股指为1820点。
   a. 确定合约逐日盯市的收益现金流。假定平价条件始终成立。
   b. 如果合约初始保证金为5000美元，求持有期的收益。
15. 作为公司财务主管，你将在3个月后为偿债基金购入100万美元的债券。你相信利率很快会下跌，因此想提前为公司购入偿债基金债券（现在正折价出售）。不幸的是，你必须征得董事会的同意，而审批过程至少要两个月。你会在期货市场采取什么措施，以规避实际买入前债券价格和收益出现的任何不利变动？你要成为多头还是空头？只需要给出定性的回答。
16. 标准普尔资产组合每年支付股息率为1%，它现在价值为2000点，短期国债收益率为4%，假定1年期的标准普尔期货价格为2050点。构建1个套利策略来证明你1年中的利润等于期货价格的错误估价的值（实际期货价格与理论价格的差值）。
17. 本章Excel应用专栏显示了怎样利用现货-期货平价关系来找出"期货价格的期限结构"，即不同到期日的期货的价格。
    a. 假定今天是2016年1月1日，年利率为3%，股票指数为2000点，股息率为2%。计算2016年2月14日、5月21日和11月18日合约的期货价格。
    b. 如果股息率高于无风险利率，期货价格期限结构会怎样变化？比如，股息率为4%。

高级题

18. a. 股票平价公式应怎样调整才能适用于国债期货合约？用什么来代替公式中的股息率？
    b. 当收益率曲线向上倾斜时，国债期货合约的期限越长，价格是越高还是越低？
    c. 用图16-1来验证你的观点。
19. 根据以下套利策略推导价差的平价关系：

①期限为 T_1 的期货多头，期货价格为 $F(T_1)$；②期限为 T_2 的期货空头，期货价格为 $F(T_2)$；③在 T_1 时，第一份合约到期，买入资产并按 r_f 利率借入 $F(T_1)$ 美元；④在 T_2 时偿还贷款。

a. 按照这个策略，0、T_1 和 T_2 时的总现金流是多少？

b. 如果不存在套利机会，为什么 T_2 时的利润一定为零？

c. 要使 T_2 时的利润为零，$F(T_1)$ 与 $F(T_2)$ 之间需满足什么样的关系？这一关系就是价差的平价关系。

CFA考题

1. 特许金融分析师琼·塔姆认为她发现了某一商品的套利机会，这个机会的信息提示如下：

商品的现货价格	120 美元
1 年期的商品期货价格	125 美元
年利率	8%

   a. 利用这一特定套利机会需要怎样的交易过程？
   b. 计算套利利润。

2. MI 公司发行 2 亿瑞士法郎的 5 年期贴现票据，这笔钱将兑换成美元去美国购买资本设备。MI 公司想规避现金头寸的风险，有以下 3 个方案：
   - 瑞士法郎平值看涨期权。
   - 瑞士法郎远期。
   - 瑞士法郎期货。

   a. 比较这 3 种衍生工具的本质特征。
   b. 根据 MI 公司的套期保值目标，评价这 3 种方案的适用性，并指出各自的优势与不足。

3. 指出期货合约与期权合约的根本区别，简要说明两者在调整资产组合风险的方式上有何不同。

4. 特许金融分析师玛丽亚·冯夫森认为固定收益证券远期合约可用来对 Star 医院退休金债券组合进行保值，以规避利率上升带来的风险。冯夫森准备了下面的例子来说明是如何操作的：

   - 10 年期面值 1 000 美元的债权，今天按面值发行，每年按票面利率支付利息。
   - 投资者计划今天买入该债券并在 6 个月后抛售。
   - 目前 6 个月无风险利率为 5%（年化）。
   - 可以利用 6 个月此债券的远期合约，其价格是 1 024.70 美元。
   - 6 个月后，因利率上升，债券加上已产生的利息的总价值预计减少为 978.40 美元。

   a. 投资者是否应该买入或卖出远期合约对债券进行保值，规避持有期利率上升的风险。
   b. 如果冯夫森对债券的价格预测正确，计算这份远期合约在到期日的价值。
   c. 计算合约签订 6 个月后这份组合投资（债券及相应的远期合约头寸）价值的变化。

5. 桑德拉·卡佩尔向玛丽亚·冯夫森咨询有关采用期货合约的方式对 Star 医院退休金计划的债权组合进行保值，以防止利率上升带来的损失。冯夫森给出的表述如下：

   a. 如果利率上升，卖出债券期货合约将在到期日前获得正的现金流。
   b. 在到期日前，持有成本使得债券期货合约的价格高于标的债券的现货价格。

   请分析冯夫森提供的两种表述是否正确。

概念检查答案

16-1

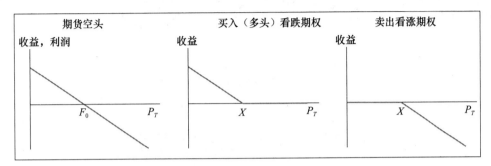

16-2
清算所对所有合约的净头寸为零。其多头头寸与空头头寸相互抵消，所以来自盯市的净现金流一定为零。

16-3

	2月原油价格 P_T（美元）		
	51	52	53
购买原油的现金流: $-100\,000 \times P_T$	-5 100 000	-5 200 000	-5 300 000
+期货多头的利润: $100\,000 \times (P_T - F_0)$	-100 000	0	+100 000
总现金流	-5 200 000	-5 200 000	-5 200 000

16-4
风险是由指数和投资组合不同步移动所造成的。因此，基础风险包括期货价格和投资组合价值之间的价差，即使期货指数与指数本身完全相关，这种基础风险也有可能会一直持续。你可以用指数模型来衡量这种风险。如果你在投资组合指数收益的基础上将活跃的投资组合的收益进行回归，回归系数等于活跃投资组合的收益方差，这一组合可以用股指期货来实现对冲。你也可以使用回归的标准差来衡量不完全套期保值头寸的风险，它将告诉你指数模型残差的标准差。因为这些是独立于大盘指数的风险收益的成分，这个标准偏差衡量了积极投资组合收益的部分变异，而这不能利用股指期货合约对冲。

16-5
期货价格为980美元，比平价低10美元，如下策略的现金流是无风险的，且正好等于错估部分。

行动	初始现金流	一年后的现金流
借出 S_0 美元	-1 000	$1\,000 \times 1.01 = 1\,010$
卖出股票期货	+1 000	$-S_T - 20$
期货多头	0	$S_T - 980$
总计	0	10 美元（无风险）

16-6
β 值一定是零。如果期货价格是一个无偏估计，则可以推知风险溢价为零，也就意味着 β 值为零。

第 17 章
CHAPTER 17

期货、互换与风险管理

第 16 章对期货市场的运作与期货定价的原理做了基本介绍。这一章将对期货市场的定价和风险管理进行更深入的研究。因为大多数增长发生在金融期货市场上，并且占了交易量的绝大部分，所以我们将重点研究金融期货合约。

对于一个完整的资产组合来说，**套期保值**（hedging）是抵消一种特定来源风险的技术。与那种野心勃勃的最优风险收益的组合不同，套期保值更为稳定和具体。因为期货合约以一定量的股票指数价值、外汇汇率和商品价格等为标的物，这对套期保值的应用来说很重要。在本章中，我们要研究几种套期保值的应用方式来解释应用的一般性原则。

我们首先讨论外汇期货，这一部分阐述远期汇率是如何由不同国家的利率差别决定的，并考察企业利用期货工具管理汇率风险。接着，我们研究股指期货，重点讨论程式化交易和指数套利。接着，我们转向最活跃的交易市场，即利率期货市场。我们还将考察商品期货的定价。最后，我们将介绍外汇与固定收益证券的互换市场。我们会发现，互换其实可以解释为远期合约的资产组合并据此定价。

17.1 外汇期货

17.1.1 市场

货币之间的汇率不停地变化，并且通常比较剧烈。这种变化是所有从事国际商务的人都关心的。例如，一个在英国销售货物的美国出口商收到以英镑支付的货款，而这些英镑的美元价值取决于付款时的即期汇率。直到付款那天，这位出口商将一直面临汇率风险。这种风险可以通过外汇期货或远期市场进行套期保值来避免。例如，如果你将在 90 天内收到 100 000 英镑，你现在可以在远期市场上卖出英镑远期，把汇率锁定在与今天远期价格相同的汇率上。

外汇的远期市场一般是非正式市场，它是一个允许客户建立远期合约在将来以当前协议的汇率买卖货币的经纪人与银行之间的交易网络。银行间的外汇市场是世界上最大的金融市场之一，许多有足够信誉的大交易商是在这里而不是在期货市场上做外汇交易。与期货市场不同，远期市场上的合约是非标准化的，每一份合约都是单独协商定价，而且也不存在期货市场中的盯市。外汇远期合约都是到了到期日才执行。市场参与者需要考虑交易对手风险，即合约对方可能因为价格对他不利而不再履行合约责任的风险。因此，在远期市场上的交易者需要有良好的信誉。

不过，芝加哥商品交易所（国际货币市场）与伦敦国际金融期货交易所等都建立了正式的外汇期货市场。这些外汇期货合约的面值都是标准化的，而且逐日盯市。更重要的是这些市场都有标准的结算程序，使得交易商很容易建立或冲销头寸。交易所的清算所要求交易者缴纳足够的保证金以保证合约能够得到良好的履行，所以在交易中不需关注交易者的身份和信誉。

图 17-1 是《华尔街日报》上汇率行情表，表中给出的是 1 美元所兑换的其他货币的数额，即直接报价以及 1 单位其他货币所兑换的美元数，即间接报价。遵照惯例，有些汇率（英镑和

Currencies U.S.-dollar foreign-exchange rates in late New York trading

Country/currency	Fri in US$	Fri per US$	US$ vs. YTD chg (%)	Country/currency	Fri in US$	Fri per US$	US$ vs. YTD chg (%)
Americas				**Thailand** baht	0.2873	34.810	−3.4
Argentina peso	0.0663	15.0920	16.6	**Vietnam** dong	0.00004486	22293	0.6
Brazil real	0.3055	3.2735	−17.4	**Europe**			
Canada dollar	0.7664	1.3049	−5.7	**Czech Rep.** koruna	0.04157	24.055	−3.3
Chile peso	0.001487	672.40	−5.1	**Denmark** krone	0.1509	6.6262	−3.6
Colombia peso	0.0003424	2920.55	−8.0	**Euro area** euro	1.1234	0.8902	−3.3
Ecuador US dollar	1	1	unch	**Hungary** Forint	0.003630	275.48	−5.2
Mexico peso	0.529	18.9093	9.9	**Iceland** krona	0.008734	114.50	−12.0
Peru new sol	0.2946	3.395	−0.6	**Norway** krone	0.1212	8.2524	−6.7
Uruguay peso	0.3415	29.2800	−2.1	**Poland** zloty	0.2588	3.8643	−1.5
Venezuela b. fuerte	0.100100	9.9901	58.4	**Russia** ruble	0.1544	64.762	−9.9
Asia-Pacific				**Sweden** krona	0.1177	8.4950	0.6
Australian dollar	0.7541	1.3261	−3.4	**Switzerland** franc	1.0252	0.9754	−2.7
China yuan	0.1495	6.6876	3.0	**Turkey** lira	0.3368	2.9695	1.8
India rupee	0.01494	66.919	1.1	**Ukraine** hryvnia	0.0375	26.6860	11.2
Indonesia rupiah	0.0000758	13184	−4.7	**UK** pound	1.3269	0.7536	11.1
Japan yen	0.009737	102.71	−14.6	**Middle East/Africa**			
Kazakhstan tenge	0.002953	338.66	−0.03	**Bahrain** dinar	2.6524	0.3770	−0.02
Malaysia ringgit	.2437	4.1039	−4.6	**Egypt** pound	0.1128	8.8643	13.2
New Zealand dollar	.7325	1.3652	−6.7	**Israel** shekel	0.2660	3.7594	−3.4
Pakistan rupee	0.00959	104.310	−0.6	**Kuwait** dinar	3.3167	0.3015	−0.7
Philippines peso	0.211	47.416	1.2	**Oman** sul rial	2.5976	0.3850	...
Singapore dollar	.7360	1.3587	−4.2	**Qatar** rial	0.2751	3.635	...
South Korea won	0.0009019	1108.73	−5.7	**Saudi Arabia** riyal	0.2666	3.7510	−0.1
Sri Lanka rupee	0.0068927	145.08	0.6	**Saudi Africa** rand	0.0694	14.4196	−6.8
					Close	Net Chg	%Chg	YTD%Chg
				WSJ Dollar Index	86.51	0.42	0.49	−4.06

图 17-1 汇率行情表，2016 年 9 月 9 日

资料来源：*The Wall Street Journal online*，September 10，2016.

欧元）采用间接报价，如 1 英镑兑换 1.326 9 美元。大部分汇率采用直接报价，如 1 美元兑换 102.7 日元。图 17-1 给出的是外汇的即期汇率。

图 17-2 是外汇期货行情表。期货市场只采用间接报价。期货合约明确规定了每一份合约的规模和交割日（每年只有四个交割日）。外汇还有非常活跃的远期市场。在远期市场中，交易商可以协商在合同双方共同同意的任何交付日期交付任何数量的货币。

	Open	Contract High hi lo	low	Settle	Chg	Open interest
Japanese Yen(CME)-¥12,500,000; $ per 100¥						
Sept	0.9766	0.9809	0.9705	**0.9739**	−0.021	133,123
Dec	0.9805	0.9848	0.9744	**0.9779**	−0.021	28,550
Canadian Dollar (CME)-CAD 100,000; $ per CAD						
Sept	0.7734	0.7753	0.7661	**0.7676**	−.0065	110,859
Dec	0.7741	0.7765	0.7666	**0.7681**	−.0064	13,007
British Pound (CME)-£62,500; $ per £						
Sept	1.3301	1.3337	1.3239	**1.3273**	−.0029	222,007
Dec	1.3321	1.3358	1.3262	**1.3295**	−.0029	34,890
Swiss Franc (CME)-CHF125,000; $ per CHF						
Sept	1.0288	1.0301	1.0223	**1.0257**	−.0026	38,439
Dec	1.0345	1.0352	1.0274	**1.0308**	−.0027	4,146

图 17-2 外汇期货行情表，2016 年 9 月 9 日
资料来源：*The Wall Street Journal*, September 10, 2016.

17.1.2 利率平价

如同股票和股票期货一样，在完善的外汇市场上存在即期汇率与期货价格之间的平价关系。如果这种所谓的**利率平价关系**（interest rate parity relationship）被违背，套利者就能够在市场上以零净投资获得无风险利润。他们的行为能使即期汇率和期货价格回到平价关系上。利率平价关系也被称为**抛补利息套利关系**（covered interest arbitrage relationship）。

我们可以用两种货币——美元与英镑来说明这种利率平价关系。设 E_0 为当前两种货币的汇率，也就是说，买 1 英镑需要 E_0 美元。F_0 为远期价格，即今天达成协议于今后某一时间 T 购买 1 英镑所需的美元数目。设美国和英国两国的无风险利率分别为 r_{US} 和 r_{UK}。

根据利率平价理论，E_0 与 F_0 之间的合理关系应该为

$$F_0 = E_0 \left(\frac{1 + r_{US}}{1 + r_{UK}} \right)^T \tag{17-1}$$

例如，如果每年的 $r_{US} = 0.04$，$r_{UK} = 0.05$，而 $E_0 = 2$ 美元/英镑，那么 1 年期远期合约的理论期货价格应该为

$$2 \times \frac{1.04}{1.05} = 1.981(\text{美元}/\text{英镑})$$

体会一下这个结果的含义，如果 r_{US} 小于 r_{UK}，即把资金投在美国比投在英国增值慢，那么为什么不是所有的投资者都决定把他们的资金投在英国呢？一个重要的原因就是美元相对于英镑会升值，所以尽管在美国的美元投资比在英国的英镑投资增值慢，但是随着时间的推移，每美元能换得的英镑数目会越来越多，这正好抵消了英国的高利率所带来的好处。

只要确定式（17-1）中美元升值是怎样表现出来的，我们就可以得到这个结论。如果美元升值，即购买 1 英镑所需要的美元数目越来越少，那么远期汇率 F_0（等于 1 年以后交割时购买 1 英镑所需要的美元数量）一定小于即期汇率 E_0。这正是式（17-1）告诉我们的：当 r_{US} 小于 r_{UK} 时，F_0 肯定小于 E_0。由 F_0 比 E_0 得到的美元升值程度恰好可以与两国利率之间的差额相抵消。当然，如果情况相反，结论正好颠倒过来：当 r_{US} 大于 r_{UK} 时，F_0 肯定大于 E_0。

例 17-1 抛补利息套利

如果利率平价被违背会怎么样呢？例如，假定期货价格是 1.97 美元/英镑而不是 1.981 美

元/英镑，那么采取以下策略。用 E_1 表示 1 年后的汇率（美元/英镑），当然它应该是一个随投机者现在的期望而改变的随机变量。

行为	初始现金流（美元）	1 年以后的现金流（美元）
1. 在伦敦借入 1 英镑并兑换成美元，1 年后偿还 1.05 英镑	2.00	$-E_1$(1.05 英镑)
2. 在美国贷出 2 美元	-2.00	2.00 (1.04)
3. 签订期货合约以 F_0 = 1.97 美元/英镑的价格购买 1.05 英镑	0	1.05 英镑 × (E_1 - 1.97 美元/英镑)
总计	0	0.011 5

第一步，你把从英国借入的 1 英镑按即期汇率兑换成 2 美元，1 年以后你必须还本付息。因为贷款是在英国按英国利率借入的，所以你需要偿还 1.05 英镑，而它相当于 E_1(1.05) 美元。第二步，在美国的贷款是按美国利率的 4% 借出的。第三步是期货头寸，你先按 1.97 美元/英镑的价格买入 1.05 英镑，然后以汇率 E_1 把它换成美元。

在这里，汇率风险正好被第一步的英镑借款与第三步的期货头寸抵消了，所以按此策略所获得的利润是无风险的，并且不需要任何净投资。

将例 17-1 中的策略推而广之：

行为	初始现金流（美元）	1 年以后的现金流（美元）
1. 在伦敦借入 1 英镑并兑换成美元	E_0	$-E_1(1+r_{UK})$
2. 把从伦敦借来的钱在美国贷出	$-E_0$	$E_0(1+r_{US})$
3. 以 F_0 美元/英镑的价格建立个期货头寸	0	$(1+r_{UK})(E_1-F_0)$
总计	0	$E_0(1+r_{US})-F_0(1+r_{UK})$

让我们再回顾一下该套利过程。第一步是在英国借入 1 英镑，然后将这 1 英镑按即期汇率 E_0 兑换成 E_0 美元，这是现金流入。1 年后，这笔英镑贷款要还付本息，共需支付 $(1+r_{UK})$ 英镑，或 $E_1(1+r_{UK})$ 美元。第二步，把由英镑贷款换得的美元投在美国，这包括一个 E_0 美元的现金流出和一个 1 年后美元的现金流入 $E_0(1+r_{US})$。最后，英镑借款的汇率风险由第三步的套期保值来消除，即事先通过期货合约中买入 $(1+r_{UK})$ 英镑以偿还英国的贷款。

套利的净利润是无风险的，它等于 $E_0(1+r_{US})-F_0(1+r_{UK})$。如果这个值是正的，就在英国借款，在美国贷款，然后建立期货多头头寸以消除汇率风险。如果这个值是负的，就在美国借款，在英国贷款，然后建立英镑期货的空头头寸。当价格正好相符排除了套利机会时，这个表达式一定为零。把这个表达式整理可得

$$F_0 = \frac{1+r_{US}}{1+r_{UK}}E_0 \tag{17-2}$$

这就是 1 年期的利率平价关系（也称为抛补利率平价）。

例 17-2 抛补利息套利

大量的经验数据都证实了利率平价关系。例如，2016 年 9 月 9 日，3 个月到期以美元计价的 LIBOR 是 0.85%，而英镑的利率是 0.38%。因此，我们期望远期汇率低于即期汇率。正如我们所观察到的：即期汇率是 1.326 9 美元/英镑，远期汇率是 1.329 5 美元/英镑。更确切地来说，根据利率平价关系得到的远期汇率是：$1.3269 \times (1.0085/1.0038)^{1/4} = 1.3285$（美元/英镑），与实际利率相等。

概念检查 17-1

如果初始期货价格 $F_0 = 2.01$ 美元/英镑,例 17-1 中如何设计套利策略?可以获得的利润是多少?

17.1.3 直接与间接报价

例 17-1 和例 17-2 中的汇率是以每英镑多少美元的形式表示的,这是一种直接汇率报价方式,欧元-美元也是直接报价的一种典型方式。相反,很多汇率的报价都是每美元多少外币(日元、瑞士法郎)的间接报价方式,比如 92 日元/美元。美元贬值反映在报价中就是汇率的下跌(1 美元可以买到的日元比原来更少了);相反,美元对英镑贬值后汇率升高(需要更多的美元来购买 1 英镑)。如果汇率是以每美元多少外币表示,那么式(17-2)中的国内和国外的汇率必须交换一下,这种情况下公式变为

$$F_0(\text{外币}/\text{美元}) = \frac{1 + r_{\text{foreign}}}{1 + r_{\text{US}}} \times E_0(\text{外币}/\text{美元})$$

如果美国的利率高于日本,那么美元在远期市场的售价就会比即期市场的低(能够购买的日元数量减少)。

17.1.4 利用期货管理汇率风险

假定有一家美国公司,其产品的大部分出口英国。公司就很容易受到美元/英镑汇率波动的影响。首先,从客户处得来的英镑的美元价值随汇率波动而波动;其次,公司在英国对客户收费的英镑价格也会受到汇率的影响。例如,如果英镑相对于美元贬值了 10%,那么为了维持与过去同样的美元等值的价格,该公司必须提高 10% 的英镑价格。但是,如果该公司面临英国产品制造商的竞争,却未必能提升 10% 的价格,或者它认为提高英镑价格会降低对其产品的需求。

为了抵消这种外汇变动的风险,公司可能从事一些在英镑贬值时能带来利润的交易。这样,贬值导致的业务上的亏损能够被金融交易上的利润所抵消。例如,该公司买入一张期货合约以今天协定的汇率把英镑兑换成美元。如果英镑贬值,那么期货头寸就会产生利润。

例如,假定 3 个月交割的英镑期货价格是 1.4 美元/英镑,如果该公司持有一张价格为 1.4 美元/英镑的期货合约,3 个月后汇率变为 1.3 美元/英镑,那么英镑空头头寸的利润是 $F_0 - F_T = 1.4$ 美元 $- 1.3$ 美元 $= 0.10$ 美元。

为了尽量抵消汇率波动带来的风险,需要在期货市场上卖出多少英镑合适呢?假如英镑每贬值 0.10 美元,下一个季度利润的美元价值就会下滑 200 000 美元,那么进行套期保值时,英镑每贬值 0.10 美元,期货头寸需要带来的利润为 200 000 美元,因此我们需要的期货头寸是 2 000 000 英镑。正如我们刚才看到的,期货合约每英镑的利润等于当前期货价格与最终汇率之差,因此 0.10 美元的贬值⊖所带来的外汇利润 = 0.10 美元 × 2 000 000 = 200 000 美元。

只要利润与汇率之间的关系大致是线性的,英镑期货的正确套利头寸就与英镑的实际贬值

⊖ 实际上,合约的利润取决于期货价格的变化,而不是即期汇率。为简单起见,我们把期货价格的下跌称为英镑的贬值。

无关。例如，如果英镑只是贬值了上述的一半，即 0.05 美元，公司的经营利润就只会损失 100 000 美元。期货头寸也只会得到上述利润的一半，即 0.05 美元×2 000 000 = 100 000 美元，同样恰好抵消了经营的风险。如果英镑升值了，套期保值仍然会抵消经营的风险，只是这种情景不见得是好事。如果英镑升值了 0.05 美元，公司可能会由于英镑升值而获得 100 000 美元的收益；然而，由于公司有义务按照初始的期货价格交割英镑，公司就会有等量的损失。

对冲比率就是用来给未受保护的资产组合套期保值所必需的期货头寸数目，在这个例子中资产组合是指公司的出口业务。通常，我们可以把对冲比率当成为了抵消某一特定未受保护头寸的风险而建立的套期保值工具的数量（比如，期货合约）。在这个例子中，对冲比率 H 就是

$$H = \frac{\text{汇率某一给定变化带来的未受保护头寸价值的变化}}{\text{对于相同汇率变化产生的一个期货头寸的利润}}$$

$$= \frac{\text{汇率每 0.10 美元变化产生的 200 000 美元}}{\text{汇率每 0.10 美元变化产生的每英镑交割的利润 0.10 美元}} = 2 000 000 \text{ 英镑待交割}$$

因为芝加哥商品交易所中每张期货合约需要交割 62 500 英镑，那么你就需要卖出 2 000 000/62 500 = 32 张合约。

对于对冲比率的一种解释是作为不确定性的基本来源敏感度的一种比率。汇率每波动 0.10 美元，经营利润的敏感度是 200 000 美元。汇率每波动 0.10 美元，期货利润的敏感度是待交割的 0.10 美元/英镑。因此，对冲比率是 200 000/0.10 = 2 000 000（英镑）。

> **概念检查 17-2**
>
> 假定美元贬值时，一家跨国公司受到了损失。具体地，假定英镑兑美元每上升 0.05 美元，该公司利润就会减少 200 000 美元，那么该公司需要持有多少张合约？应该持有多头还是空头合约？

对冲比率同样可以根据期货合约来定义。因为每张合约需要交割 62 500 英镑，则汇率每波动 0.10 美元给每张合约带来的利润是 6 250 美元。因此，以期货合约为单位的对冲比率就是 200 000 美元/6 250 美元 = 32 张合约，正如上面所得到的。

给定了未进行套期保值头寸对汇率变化的敏感度后，计算风险最小化的套期保值头寸就容易多了。但是敏感度的估计是比较困难的。例如，对于出口公司来说，一种比较幼稚的观点就是我们只需要估计预期的英镑计价的收入，然后在期货市场或远期市场交割该数目的英镑合约。然而，这种方法未能认识到英镑收入本身就是汇率的一个函数，因为该美国公司的竞争地位部分是由汇率决定的。

另一种方法则部分依赖于历史关系。例如，假定该公司准备了图 17-3 所示的一张散点图，该图把公司最近 40 个季度以来每个季度以美元计价的经营利润与该季度美元兑欧元的汇率联系起来。汇率较低，也就是欧元贬值时，利润一般来说比较低。为了对敏感度定量化，我们可以估计回归方程

利润 $= a + b$(美元/欧元汇率)

回归得到的斜率，也就是 b 的估计值，就是季度利润对汇率的敏感度。例如，如果 b

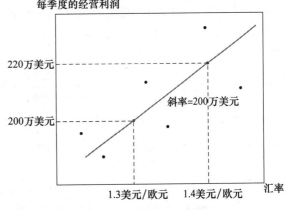

图 17-3 利润是汇率的函数

的估计值是 2 000 000，如图 17-3 所示，那么平均来说，欧元兑美元每增加 1 美元就会带来 2 000 000 美元的利润增量。这当然是我们在断定欧元兑美元的汇率下跌 0.1 美元会使利润减少 200 000 美元假定的敏感度。

当然，解释这些回归结果必须小心。例如，我们不能把一段时间内汇率在每欧元 1.20～1.50 美元波动时的利润和汇率的历史关系外推至汇率低于 1.00 美元/欧元或者高于 2.00 美元/欧元的情形。

> **概念检查 17-3**
>
> 联合米勒公司购买玉米做玉米片。玉米价格上涨时，谷类食品制造成本上升，从而利润降低。从历史上来看，每一季度的利润与玉米价格的关系都满足方程：利润 = 800 万美元 - 100 万 × 价格/蒲式耳。为了对玉米价格风险进行套期保值，联合米勒公司应该在玉米期货市场购买多少蒲式耳玉米？

另外，把过去的关系外推至将来时也必须小心。我们已经知道：指数模型回归的贝塔倾向于随时间的变化而变化；这样的问题不仅仅出现在指数模型中。更进一步地说，回归估计仅仅是一个估计。有些时候一个回归方程的参数也可能相当不精确。

对寻找一个变量对另外一个变量的平均敏感度来说，历史关系通常是一个很好的出发点。这些斜率系数不是完美的，但仍然是有用的对冲比率的指标。

17.2 股票指数期货

17.2.1 合约

与很多需要进行实物交割的期货合约不同，股票指数期货实行现金结算，结算金额等于合约到期日标的股票指数的点数与反映合约规模的乘数之积。期货多头的总利润为 $S_T - F_0$，其中 S_T 为到期日股票指数的值。现金结算节约了空头购买指数中的成分股并交割给多头，多头又将股票卖出以换取现金所花费的成本。事实上，多头的收入是 $S_T - F_0$，空头的收入为 $F_0 - S_T$。利润与真正的股票交割没有不同。

现在交易的股票指数期货合约有好几种，表 17-1 列出了一些主要的合约，合约规模一栏给出了用来计算结算金额的乘数。例如，E-迷你标准普尔 500 指数期货价格是 2 000，而最终的指数值是 2 005，那么多头的利润为 50 美元 × (2 005 - 2 000) = 250 美元。迄今为止，标准普尔 500 指数期货合约一直是美国股指期货市场上最主要的品种。⊖

表 17-1 主要股票指数期货合约

合约品种	持有市场指数	合约规模	交易所
E-迷你标准普尔 500 指数	根据 500 只股票的市值加权平均值	50 美元 × 指数	芝加哥商业交易所
迷你道琼斯工业平均指数	30 家公司的股价加权平均值	5 美元 × 指数	芝加哥交易所

⊖ 我们应该指出，这些合约的乘数产生的头寸对于许多小投资者而言金额巨大，芝加哥商品交易所电子交易系统 Globex 上交易的 E-minis 是乘数较小的同等期货合约（典型的为标准合约价值的 1/5）。E-minis 合约不仅提供股指交易，也提供外汇交易。

(续)

合约品种	持有市场指数	合约规模	交易所
迷你罗素 2000 指数	2 000 家小公司的指数	50 美元×指数	洲际交易所
纳斯达克 100 指数	100 只最大的场外交易股票的市值加权平均	100 美元×指数	芝加哥商业交易所
日经 225 指数	日经 225 只股票平均指数	5 美元×指数	芝加哥商业交易所
富时 100 指数	100 家英国公司股票的指数	10 英镑×指数	伦敦国际金融期货交易所
DAX-30 指数	30 家德国公司股票的指数	25 欧元×指数	欧洲交易所
CAC-40 指数	40 家法国公司股票的指数	10 欧元×指数	巴黎国际商品交易所
恒生指数	中国香港最大的公司股价加权平均值	50 港元×指数	香港证券交易所

这些股票市场指数都是高度相关的。表 17-2 给出了美国四种主要股票指数之间的相关矩阵：标准普尔 500 指数、道琼斯工业平均指数、基于 2 000 家小公司的罗素 2000 指数以及纳斯达克 100 指数。标准普尔 500 指数和道琼斯工业平均指数这两个宽基指数之间的相关系数最高，为 0.979，以科技公司为主 NASDAQ 指数和中小企业为主的 Russell 2000 指数与其他宽基指数相关系数比较低，并且它们之间的相关系数比较低，但是与大部分指数的相关还是超过了 0.85。

表 17-2 美国四种主要股票市场指数的相关性

	标准普尔 500 指数	道琼斯工业平均指数	罗素 2000 指数	纳斯达克 100 指数
标准普尔 500 指数	1	0.979	0.948	0.928
道琼斯工业平均指数		1	0.908	0.876
罗素 2000 指数			1	0.898
纳斯达克 100 指数				1

注：相关系数是根据 2008~2012 年月度收益率计算得出的。

17.2.2 构造合成的股票头寸：一种资产配置工具

股指期货之所以这么受欢迎，其中一个原因就是它们可以替代持有股票，从而使投资者并不需要真正买入或卖出大量股票就能进行大范围的市场操作。

因此，我们说持有指数期货就是持有"合成的"市场资产组合。投资者只需要持有指数的多头头寸，就可以替代持有市场资产组合。期货头寸建立与平仓的交易成本远低于购买现货头寸的交易成本。也正因此，那些在整个市场进行投机而不局限于个别证券的"市场时机决定者"更愿意做股指期货交易。

例如，市场时机选择的一种运作方式是在国债与大范围股票市场之间来回切换。当股票市场上扬时，市场时机决定者从国债市场进入股市，而当市场下跌时，他们又把股票换成国债，以规避市场下跌，这样他们就能从大范围的市场运作中获得利润。但是，这种市场时机选择会因为频繁买卖大量股票产生一大笔经纪费用。一个很好的替代选择就是投资国债和持有数量不断变化的市场指数期货合约，它们的交易费用更低。

具体地说，牛市时，他们建立大量的期货多头，这样一旦预测市场要转为熊市，他们就可以便宜、快捷地平仓。与在国债与股票之间来回切换相比，他们只要买入并持有国债然后调整指数期货的头寸就可以了。

你可以构造一个与持有股票指数资产组合收益一样的指数期货加国债的头寸，即

（1）买入与你想购买股票头寸相等的市场指数期货合约。例如，如果想持有1 000美元乘以标准普尔500指数，你就需要购买20份期货合约，因为每份合约要求交割50美元乘以该指数。

（2）投资足以支付合约到期日期货价格的资金于国债。最低投资额等于按期货价格清偿期货合约所需款项的现值。

例17-3　使用股票指数期货的合成头寸

假设一个机构投资者想在市场上进行为期1个月的1亿美元投资，为了使交易成本最低，决定购买E-迷你标准普尔500指数期货合约而不是真正持有股票。如果现在指数为2 000点，1个月到期的期货价格为2 020点，国债的月利率是1%，则该投资者需要买入1 000份合约。每份合约相当于价值为50美元×2 000=100 000美元的股票，且1亿美元/100 000美元=1 000。

这样它就有了5万美元乘以标准普尔500指数的多头头寸（1 000份合约乘以合约乘数50美元）。为了支付期货价格，它必须投资期货价格现值50 000倍的金额于国债，即 50 000×(2 020/

	一般形式 （每单位指数）	我们的数字 （美元）
1. 合约的利润	$S_T - F_0$	$50\,000(S_T - 2\,020)$
2. 国债的价值	F_0	$101\,000\,000$
总计	S_T	$50\,000 S_T$

1.01）=1亿美元市值的国债。注意，在国债上1亿美元的支出恰好等于直接购买股票所需要的资金数额（国债的面值是5 000×2 020=1.1亿美元）。

这是人工合成的股票头寸。在到期日，资产组合的价值是多少？设S_T是到期日T时股票指数的价值，F_0为初始的期货价格：

合约到期日的总收益与股指价值成比例，也就是说，采取这种投资组合策略与持有股票指数本身没有什么区别，除了持有期的股利分配与税收处理。

例17-3中国债加期货的策略可以被视为一种100%的股票投资策略。从一个极端的角度看，期货投资为零时这种策略就是100%的国债头寸。采取期货空头将得到与卖空股票市场指数一样的结果，因为在这两种情况下投资者都从股票价格的下跌中获利。很明显，国债加期货的资产组合为市场时机决定者开辟了一条灵活、低成本的投资途径。期货头寸可以迅速便宜地开仓与平仓。另外，由于期货空头使得投资者可以在国债上赚取利息，所以它比传统的股票卖空方式优越得多，因为卖空股票只能赚取很少或者不能赚到利息。

> **概念检查17-4**
>
> 如果一个投资者持有股票指数组合，当他对市场预期持悲观态度时，他会使用期货构造"合成退出"头寸，他也可以使用例17-3中的那种市场时机选择策略。假设该投资者持有1亿美元股票，当市场疲软时，他在持有的股票基础上增加什么样的期货头寸可以构造综合国债风险？使用例17-3中的表格，假设利润是无风险的。

17.2.3　指数套利

无论什么时候，只要实际期货价格落到无套利区域之外，我们就有获得利润的机会。这就

是平价关系如此重要的原因。除了理论上的学术意义之外，它更是一种能带来巨额利润的交易规则。**指数套利**（index arbitrage）是一种利用期货的实际价格与理论上的正确平价之间的背离来获利的投资策略。

理论上，指数套利很简单。如果期货价格过高，就卖出期货合约，买入指数的成分股。如果期货价格过低，就买入期货合约，卖出股票。通过完全的对冲，你可以获得期货价格错估带来的套利利润。

但实际中，指数套利很难进行。问题在于购买"指数成分股"。想买入或卖出标准普尔500指数中500种成分股是不大切合实际的。原因有二：一是交易成本，它可能超过套利获得的利润；二是同时买入或卖出500种不同的股票是极其困难的，并且操作过程中的任何延误都会影响暂时价差的利用效果。别忘了，其他人也将试图利用平价中的偏差，如果他们抢先交易了，他们可能会在你行权之前改变价格。

如果套利者想利用期货价格与其标的股票指数的价差获利，他就需要同时快速地交易整个资产组合的股票。因此，他们需要借助交易程序，这就是**程序化交易**（program trading），它是指买入或卖出整个资产组合的股票。电子交易使交易者可以向市场一次性下达同时买入或卖出一篮子股票的指令。⊖

这种套利行为及其相应的程序化交易能否成功取决于两件事情：现货与期货价格的相对水平和两个市场同步交易的情况。因为套利者利用的是现货与期货之间的价差，所以它们的绝对价格并不重要。

17.2.4 使用指数期货对冲市场风险

资产组合管理人应怎样利用期货对冲暴露的市场风险？例如，假设你管理一个3 000万美元的资产组合，β为0.8，你认为长期市场是牛市，但是你担心接下来的两个月内市场很容易急剧下挫。如果交易是无成本的，你可以卖出你的资产组合，并持有短期国债2个月，然后在认为市场下跌风险过去之后，再重新建立你的头寸。但在实际中，这个策略会带来难以接受的交易成本，更不用说资产组合的资本利得或损失带来的税收问题。一种替代性的方法是使用股票指数期货对冲你的风险敞口。

例17-4 对冲市场风险

假设标普500指数目前为2 000点，下跌2.5%就到了1 950点。资产组合的β值是0.8，这样你预计的损失为$0.8 \times 2.5\% = 2\%$，用美元表示就是$0.02 \times 3 000$万美元=60万美元。因此，对于标普500指数每50点的变动，这个资产组合对市场变动的敏感度为60万美元。

为了对冲这个风险，你可以卖出股票指数期货。当你的资产组合的价值随着市场下降而降低时，期货合约带来的利润能够抵消资产组合价值的降低。

期货合约对市场变动的敏感度很容易确定。合约乘数为50美元，股指每变动50点，标普500指数期货合约的利润就变化2 500美元。因此为了对冲两个月的市场风险，计算对冲比率如下

⊖ 有投资者试图通过将ETFs与市场指数挂钩来消除平价波动性，但ETFs在较差流动性市场交易时，大单可能会导致价格出现较大的滑点。

$$H = \frac{\text{资产组合价值的变化}}{1\text{ 份期货合约的利润}} = \frac{600\,000}{2\,500} = 240\text{ 份合约(空单)}$$

因为你的投资组合在市场下跌时表现不佳，所以你需要一个在市场下跌时表现良好的头寸。通过做空股指，你就可以从合约中获利以抵消资产组合的市场风险。

我们也可以用前面图17-3中外汇风险例子中的回归程序来解决这一套期保值问题。图17-4所示的资产组合的价值是标准普尔500指数价值的函数。β为0.8，斜率系数为12 000：指数上涨2.5%，即从2 000到2 050，能够带来3 000万美元的2%的利润，也就是60万美元的资本利得。因此，指数每上涨1点，你的资产组合价值就增加12 000美元。于是，为了完全抵消市场变动的风险，你需要做12 000单位的标准普尔500指数点的空头头寸。因为合约乘数是50美元，所以你需要卖出12 000/500 = 240份合约。

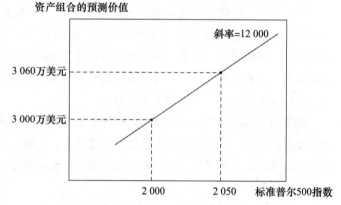

图17-4 资产组合预测值为市场指数的函数

注意，当未保护头寸对某一资产价格的回归斜率是正的，你的对冲策略是持有这一资产的空头头寸。对冲比率是回归斜率的相反数。这是因为对冲头寸必须抵消你初始的风险敞口。如果资产价值下降时，你的业绩表现变差，你需要这样一种对冲工具，即当资产价值下降时，该工具的业绩表现变好。这时就需要持有资产的空头头寸。

积极管理人有时认为，一项特定的资产被低估了，但同时市场总体上将下跌。尽管与对市场中的其他股票相比，该项资产值得买入，但在整个市场下跌时它也可能表现欠佳。为了解决这个问题，管理人可以对公司和市场分别下赌注：对公司下注，购买公司的股票，但通过对冲头寸规避市场风险。换句话说，管理人寻找一种**市场中性策略**（market-neutral bet），即持有股票是为了获得α收益（风险调整后的超额期望收益），但是市场风险已经被完全对冲，最终持有的是一个β为零的头寸。

通过允许投资者对冲市场的表现，期货合约可被基金经理用来挑选个股，而不用关心市场风险对单个股票的市场风险。选好股票以后，通过股票期货合约可以把资产组合的市场风险调整到任何想要的程度。再次说明，股票的β值对对冲策略来说尤其重要。

例17-5 市场中性下积极选股

假设基金经理购买了价值75万美元的股票，该股票的β是2/3。市场下跌3%，股票预期下跌2/3×3% = 2%，也就是15 000美元。标普500指数现在是2 000点，如果下跌3%，就是下跌60点，合约乘数为50美元，这样每份期货合约空头的利润为60×50美元 = 3 000美元。因此，股票的市场风险可以通过卖出5份标准普尔500指数期货合约来抵消。更正式地，我们计算对冲比率如下

$$H = \frac{\text{市场下跌3\%时股票价值变化}}{\text{市场下跌3\% 一份空头合约的利润}} = \frac{\text{未受保护的15\,000美元头寸}}{\text{每份合约3\,000美元的收入}} = 5\text{ 份合约}$$

现在，市场风险被对冲了，股票加期货资产组合业绩的唯一变数来源是公司股票的具体表现。

17.3 利率期货

对冲利率风险

同股票管理人一样，固定收益证券管理人有时也想对冲市场风险，即来自整个利率期限结构的变动。例如，考虑到以下这些问题。

(1) 一个固定收益证券管理人持有一个已获得相当可观的资本利得的债券组合。她预计利率会上升但是不愿意出售她的资产组合，并以一个短久期债券组合来替代该组合，因为这样做会带来巨大的交易成本和资本利得的税收。她愿意对冲她的风险敞口，以规避利率上升的风险。

(2) 一家公司计划公开发行债券。它认为目前是发行的好时机，但是因为一直存在 SEC 注册的滞后期，在 3 个月内公司不能发行债券。公司希望对冲收益率的不确定性，这样它就能全部卖掉债券。

(3) 一个养老基金下个月将收到一笔很大的现金，计划将其投资于长期债券。考虑到时利率下降的可能性，基金希望能够把长期债券的收益率锁定在当前水平。

在以上每个案例中，投资管理人都希望对冲掉利率的不确定性。为了说明操作程序，我们集中研究第一个案例，并假设资产组合管理人持有 1 000 万美元的债权资产组合，其修正久期为 9 年。⊖ 如果像所担心的那样，市场利率真的上升了，债券组合的收益率也会上升，比如说 10 个基点（0.10%），基金就会有资本损失。回顾第 10 章的内容，资本损失的百分比是修正久期 D^* 与资产组合收益率变化的乘积。因此，损失为

$$D^* \times \Delta y = 9 \times 0.10\% = 0.90\%$$

也就是 90 000 美元。这表明，收益率变化 1 个基点，未保护头寸的价值将变化 9 000 美元。这个比率被市场人士称为**基点价值**（price value of a basis point），记为 PVBP。PVBP 代表资产组合美元价值对利率变化的敏感性。我们可以用公式表示如下

$$\text{PVBP} = \frac{\text{资产组合价值的变化}}{\text{预计收益率的变化}} = \frac{90\ 000\ \text{美元}}{10\ \text{个基点}} = 9\ 000\ \text{美元} / \text{基点}$$

对冲这个风险的一种方法是建立利率期货合约的抵消头寸。国债面值为 100 000 美元，票面利率为 6%，期限为 20 年。因为具有不同的票面利率和期限，许多债券都可替代国债用于结算，实际中合约的交割标准相当复杂。我们假设用于合约交割的债券已经确定，其修正久期为 10 年，当前面值 100 美元的债券期货价格为 90 美元。因为合约要求交割 100 000 美元面值的债券，所以合约乘数是 1 000 美元。

有了以上数据，我们就可以计算期货合约的 PVBP。如果交割债券的收益率上升 10 个基点，债券价值将下降 $D^* \times 0.1\% = 10 \times 0.1\% = 1\%$。期货价格也将下跌 1%，从 90 美元降到 89.1 美元。⊜ 因为

⊖ 回忆一下修正久期的概念 D^*，它与久期 D 相关，计算公式为 $D^* = D/(1+y)$，其中 y 是债券的到期收益率。如果债券每半年付一次利息，y 就应当是半年的收益率。简单起见，我们假设每年付一次息，把 y 作为有效的年化收益率。

⊜ 这里假设期货价格与债券价格完全同比例变动，通常，也几乎如此。

合约乘数是 1 000 美元,所以每份合约空头的收益为 1 000 美元×0.90 = 900 美元。因此,期货合约的 PVBP 为 900 美元/10 个基点,即收益率变化 1 个基点为 90 美元。

现在我们可以方便地计算出对冲比率

$$H = \frac{\text{资产组合的 PVBP}}{\text{对冲工具的 PVBP}} = \frac{9\,000 \text{ 美元}}{\text{每份合约 90 美元}} = 100 \text{ 份合约}$$

这样,100 份国债合约就可以抵消资产组合在利率风险上的风险敞口。

注意,这是市场中性策略的又一个例子。例 17-5 中阐述了股票对冲策略,股指期货可被用来使得资产组合的 β 为零。在这个例子中,我们用国债期货使得债券头寸的利率风险敞口为零。经过对冲的债券头寸的久期(或 PVBP)为零。风险来源不同,但对冲策略在本质上是相同的。

> **概念检查 17-5**
>
> 假设债券组合增大 1 倍,变为 2 000 万美元,修正久期为 4.5 年。证明对冲要用的国债期货合约的数量与刚才所计算的一样,为 100 份合约。

虽然对冲比率很容易计算,但是实际中的对冲问题非常困难。在我们的例子中,我们假设国债与债券组合的收益率变动是完全一致的。虽然不同债券工具的利率有相同的变化趋势,但不同类别的债券之间还是存在相当大差异的。如图 17-5 所示,从长期来看,长期公司债券与 10 年期国债的利差具有相当大的波动。只有两类固定收益债券的利差是常数(或者至少可以精确预测),也就是两类债券收益率变动相等时,我们的对冲策略才是完全有效的。

图 17-5 10 年期国债与 Baa 级公司债券的利差

这个问题突出了这样一个事实,大多数对冲策略实际上是**交叉套期**(cross-hedging),意味对冲工具与要被对冲的资产不属于同一类资产。两种资产的价格或收益率存在差别,因此在这个意义上,对冲将不够完全。交叉对冲可以消除未受保护资产组合的总风险的一大部分风险,但是你需要意识到它们与无风险头寸相比仍有明显的距离。

17.4 互换

互换是远期合约的多期扩展。例如,不仅仅在某一时日以协议远期价格把英镑换成美元,**外汇互换**(foreign exchange swap)可以要求在若干未来时日交换货币。交易方要求在未来 5 年里每年用 160 万美元交换 100 万英镑。类似地，**利率互换**（interest rate swap）是以按固定利率产生利息的现金流换取按浮动利息产生的现金流。⊖未来 7 年交易一方每年用 100 万美元乘以短期市场利率的现金流换取一个金额等于 100 万美元乘以固定利率 5% 的现金流。

互换市场是衍生品市场的重要组成部分，目前互换市场规模大约 400 万亿美元。我们将以一个简单的利率互换例子阐述互换机制如何运作。

例 17-6　利率互换

考虑一个大型资产组合管理人现在持有总面值 1 亿美元、平均票面利率为 7% 的长期债券。该管理人认为利率将上涨。因此，他想卖掉债券，并把它们换成短期或浮动利率债券。但是每当预计利率上涨就更换资产组合的交易成本过高。调整资产组合既便宜又快捷的方式是将资产组合产生的每年 700 万美元的利息收入互换为一个按短期利率支付利息的现金流。这样，当利率上涨时，资产组合的利息收入随之增加。

某个互换交易者意愿将一份对应 6 个月 LIBOR 的现金流互换为对应固定利率 7% 的现金流。(LIBOR，伦敦银行同业拆借利率，是欧洲美元市场上银行之间短期资金借贷的利率。它是互换市场上普遍采用的短期市场利率。)资产组合管理人则会换出这份名义本金为 1 亿美元、固定利率 7% 的现金流而换入以 LIBOR 计息相等名义本金的现金流。⊜换句话说，管理人将 0.07×1 亿美元的支付换为 LIBOR×1 亿美元的支付。管理人从互换协议得到的净现金流为 (LIBOR-0.07)×1 亿美元。注意，互换协议并不意味着贷款的生成。协议双方仅仅只是将固定现金流换为可变的现金流。

以下是三种假定利率水平下资产组合管理人的净现金流：

	LIBOR		
	6.5%	7.0%	7.5%
债券资产组合的利息收入（=1 亿美元债券资产组合的 7%）	7 000 000 美元	7 000 000 美元	7 000 000 美元
来自互换的现金流 [=(LIBOR-7%)×1 亿美元的名义本金]	(500 000)	0	500 000
总计（=LIBOR×1 亿美元）	6 500 000 美元	7 000 000 美元	7 500 000 美元

注意，所有头寸的净收入（债券加互换协议）等于每种情形下的 LIBOR 乘以 1 亿美元。事实上，管理人已将固定利率债券资产组合转换成浮动利率资产组合。

17.4.1　互换和资产负债表调整

例 17-6 阐述了为什么互换对持有固定收益管理人具有极大的吸引力。这些协议提供了一种快捷低廉而且变相的资产负债表调整方式。假设一家公司发行了固定利率债券，并认为利率可能下降；它更希望已发行的是浮动利率债券。原则上，它可以发行浮动利率债券并利用收益买回已经发行的固定利率债券。但是通过接收固定利率（抵消它的固定利息义务）支付浮动利率的互换协议，把固定利率债券转换成浮动利率债券更加容易与快捷。

相反，一家银行按目前市场利率向存款客户支付利息，面临市场利率上调的风险，希望将

⊖ 利率互换与第 10 章中描述的霍默-利伯维茨债券互换类型无关。
⊜ 互换的参与者不需要相互贷款。他们只需同意交换固定现金流和按照短期市场利率计息的可变现金流。这就是为什么本金被称为名义本金的原因。名义本金仅仅用来描述互换协议的规模。在此例中，双方协议将 7% 的固定利率互换为 LIBOR；LIBOR 与 7% 的差额乘以名义本金决定了交易双方交换的现金流。

其部分融资转换为固定利率计息。它需要寻找以名义本金为基础、按浮动利率计息的接收现金流并且按固定利率支付现金流的互换交易方。这个互换头寸，加上浮动利率存款负债，将产生一个固定现金流动的净负债。银行则可投资于长期固定利率贷款，而不必担心利率风险。

再举一个关于固定收益资产组合管理人的例子。当预计利率波动时，管理人能通过互换低廉、快捷地在固定和浮动利率之间进行转换。管理人可以通过支付固定接收浮动的互换，将固定利率资产组合转换成浮动利率的资产组合，而后也可以通过一个相反的互换协议将其转回。

外汇互换也能使公司迅速便宜地调整资产负债表。例如，假设一家公司发行票面利率为8%、本金1 000万美元的债券，它更想用英镑支付其利息债务。也许，这家公司是一家英国公司，它发现在美国市场上有较好的融资机会，但又想用英镑偿还债务。那么，目前需要用美元偿还80万美元利息债务的这家公司，可以签订一份互换协议，每年用一定数目的英镑交换80万美元。这样做，它就用新的英镑债务有效地替代了美元债务。

> **概念检查 17-6**
> 某公司如何利用互换将已发行的利率等于LIBOR的浮动利率债券转换为固定利率债券？假设互换协议允许将LIBOR换为固定利率8%。

17.4.2 互换交易商

什么是互换交易商？交易商，就像典型的金融中介如银行，为什么在假设的互换中愿意为互换的意愿参与者承担起交易对手的角色？

考虑一个交易商成为一个互换客户的交易对手，假定该交易商正在按LIBOR支付和按固定利率收入。该交易商将在互换市场上寻找另外一个互换客户，该客户愿意按固定利率获得利息收益并按LIBOR支付利息。例如，公司A按7%的票面利率发行债券并希望将其转换为以浮动利率计息的债券，同时公司B发行了以LIBOR浮动利率计息的债券并希望将其转换为固定利率计息的债券。互换交易商将与公司A达成互换交易，公司A支付固定利率而接收LIBOR，然后与公司B达成互换交易，公司B支付LIBOR而接收固定利率。当两个互换交易合并在一起，互换交易商的头寸对市场利率完全中性，在一个互换中支付LIBOR，而在另一个互换中接收LIBOR。类似地，互换交易商在一个互换中支付固定利率，而在另一个互换中接收固定利率。互换交易商仅是一个中介，把支付从一方转移到另一方。㊀互换的买卖价差使它在交易中有利可图。

> **概念检查 17-7**
> 一个养老保险基金持有货币市场证券资产组合，管理人认为该组合与风险相当的短期证券相比收益更好。但是，管理人预计利率将会下降。采取什么类型的互换能使基金继续持有短期证券资产组合而同时在利率下调时获利。

互换交易的结构如图17-6所示。公司A发行了固定利率7%的债券（最左边的图），并与互换交易商达成协议，接收固定利率6.95%而支付LIBOR。因此，公司A净支付为7%+(LIBOR-6.95%)=LIBOR+0.05%，将固定利率债务转换成浮动利率债务。相反，公司B发行了浮

㊀ 事实上，情况要更复杂一些。互换交易商不仅仅是中介角色，因为它还肩负一方或另一方交易者违约的信贷风险。如图17-6所示，如果公司A违约，互换交易商仍须向公司B兑现承诺。从这个意义上说，互换交易商超出了向另一方交易者传输现金流的职能。

动利率LIBOR债券（最右边的图），并与互换交易商达成协议，支付固定利率7.05%而接收LIBOR。因此，公司B净支付为LIBOR+(7.05%-LIBOR)=7.05%，将浮动利率债务转换成固定利率债务。如图17-6所示，买卖价差是互换交易商的利润来源，在图17-6中是每年名义本金的0.10%。

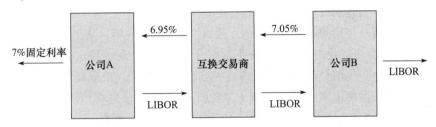

图17-6 利率互换

注：公司B向互换交易商支付固定利率7.05%以获得LIBOR。公司A从互换交易商得到6.95%，支付LIBOR。互换交易商将每期得到名义本金的0.10%的现金流。

17.4.3 其他利率合约

互换是场外市场交易的不同期限远期合约的组合。它们也是交易所上市交易的利率合约。交易活跃程度最高的是欧洲美元合约，如图17-7所示。该合约的利润与合约到期日LIBOR和合约初始利率之间的差成一定比例。它们类似于其他货币的银行同业拆借利率。例如，LIBOR的孪生兄弟EURIBOR，是在欧元区银行之间进行以欧元计价的同业拆借利率。

	Open	Contract High hi lo Low	Settle	Chg	Open interest
Eurodollar (CME)-$1,000,000; pts of 100%					
Sept	99.1200	99.1275▲ 99.1075	**99.1175**	−0.0025	1,046,998
Dec	99.0450	99.0550 99.0250	**99.0350**	−0.0100	1,488,878
March'17	99.0150	99.0200 98.9800	**98.9950**	−0.0150	1,117,165
Dec	98.9050	98.9150 98.8600	**98.8750**	−0.0300	1,367,955

图17-7 利率期货，2016年9月9日

资料来源：*The Wall Street Journal*, September 10, 2016.

欧洲美元合约的规则有些特殊。例如，考虑一份在交易所上市的合约，到期日是2016年9月。初始协议价格$F_0=99.1175$，或近似为99.12。但是，这个值并不是真正的价格。事实上，合约参与者协议商定合约利率，并且所谓的期货价格等于100减去合约利率。因为所列的期货价格是99.12，所以合约利率等于100−99.12，即0.88%。类似地，合约到期时最终期货价格$F_T=100-\text{LIBOR}_T$。因此，合约购买者的利润与下面的公式成比例

$$F_T - F_0 = (100 - \text{LIBOR}_T) - (100 - \text{合约利率}) = \text{合约利率} - \text{LIBOR}_T$$

这样，合约设计允许参与者直接按LIBOR交易。合约乘数为100万美元，但合约上所列的LIBOR是按3个月（季度）利率；LIBOR（年化）每增加1个基点，季度利率只增加1/4个基点，购买者利润减少

$$0.0001 \times 1/4 \times 1\,000\,000 \text{ 美元} = 25 \text{ 美元}$$

检查这份合约的收益，可以发现，欧洲美元合约允许交易者将固定利率（即合约利率）"互换"为浮动利率（LIBOR）。因此，实际上这是一期利率互换。注意图17-7合约全部持仓量非常巨大——1年期以内的合约数量超过300万。而且，虽然没有被《华尔街日报》披露，但是欧洲美元的重大交易合约的期限延长至10年。如此长期限的合约并不常见。它们反映了这样的事实，交易商把欧洲美元合约作为对冲工具进行长期利率互换。

17.4.4 互换定价

怎样确定合理的互换比率呢？例如，我们如何知道用 LIBOR 交换的固定利率是合理的呢？或者，在外汇互换中，英镑和美元之间的合理互换比率是多少呢？为了回答这个问题，我们必须研究一下互换协议与远期或期货合约的相似之处。

先考虑一个只有一年期的美元与英镑的互换协议。例如下一年，某交易者想用 100 万美元换取 50 万英镑。这只不过是一个简单的外汇远期合约。美元支付方协议在一年以后按今天商定的价格购买英镑。一年期交割的远期汇率是 $F_1 = 2$ 美元/英镑。根据利率平价关系，我们知道，这个远期价格与即期汇率 E_0 有关，即 $F_1 = E_0(1+r_{US})/(1+r_{UK})$。因为一年期的外汇互换实际上是一个外汇互换协议，所以合理的互换比率可以由平价关系确定。

现在考虑一个两时期的外汇互换协议。这个协议可以看作两份独立远期合约的组合。如果是这样，1 年以后汇率远期价格 $F_1 = E_0(1+r_{US})/(1+r_{UK})$，而两年之后汇率远期价格 $F_2 = E_0[(1+r_{US})/(1+r_{UK})]^2$。举一个例子，假定 $E_0 = 2.03$ 美元/英镑，$r_{US} = 5\%$，$r_{UK} = 7\%$。根据平价关系，我们可以得到远期价格 $F_1 = 2.03 \times (1.05/1.07) = 1.992$ 美元/英镑，$F_2 = 2.03 \times (1.05/1.07)^2 = 1.955$ 美元/英镑。图 17-8a 说明了假定每年交割 1 英镑的互换产生的现金流。尽管我们现在已经知道未来两年每年需要支付的美元数，可它们每年都是不同的。

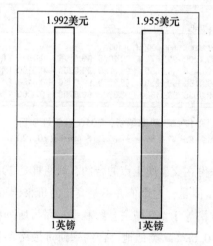
a) 两份远期合约，每份合约单独定价

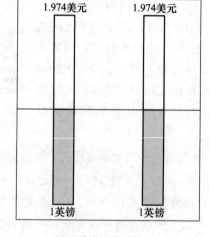
b) 两年期互换协议

图 17-8 远期合约与互换协议对比

相比之下，一份交换 2 年期外汇的互换协议要求互换久期中每年都使用固定的汇率。这就意味着每年每英镑兑付相同数量的美元，如图 17-8b 所示。因为未来两年每年汇率的远期价格分别是 1.992 美元/英镑和 1.955 美元/英镑，所以为使两年期互换成为公平交易，固定汇率必须介于这两个值之间。因此，美元支付方第一年要少支付（与远期汇率相比），而第二年要多支付。这样，互换可以视为远期合约的资产组合，但与远期合约分别定价不同，所有的交易都使用相同的远期价格。

了解了这一点，确定合理的互换价格就非常简单了。在未来两年，如果我们用两份单独的远期汇率协议每年购买 1 英镑，那么我们第一年支付 F_1 美元，第二年支付 F_2 美元。如果使用互换，每 1 英镑我们都得支付固定的价格 F^* 美元。因为这两种方式成本是相同的，我们可以

得到

$$\frac{F_1}{1+y_1} + \frac{F_2}{(1+y_2)^2} = \frac{F^*}{1+y_1} + \frac{F^*}{(1+y_2)^2}$$

式中，y_1 和 y_2 分别为用来对 1 年期和 2 年期美元现金流进行贴现的收益率，它们可以从收益曲线上得到。在我们的例子中，我们假定美国收益曲线收益率恒等于 5%，求解

$$\frac{1.992}{1.05} + \frac{1.955}{1.05^2} = \frac{F^*}{1.05} + \frac{F^*}{1.05^2}$$

我们得到 $F^* = 1.974$。相同的原理适用于任何期限的外汇互换。本质上，我们需要找到的是与一系列远期汇率协议的年度现金流现值相等的年金水平 F^*。

利率互换也可以采用相同的方法进行分析。不过，这里的远期交易是关于利率的。例如，如果你持有 100 美元名义本金，并将 LIBOR 互换为 7% 的固定利率，那么你就建立远期协议，即用 100 美元与 LIBOR 的乘积交换一个固定的 "远期" 价格——7 美元。如果互换协议具有多个时期，那么合理价差应该由整个互换期内所有的利率远期价格决定。

17.4.5 互换市场的信用风险

随着互换市场的飞速发展，市场信用风险与主要交易对手违约风险也在随之增加。实际上，尽管互换市场信用风险并非微不足道，但也不像名义本金显示的那样巨大。为了弄明白这一点，试想一个用 LIBOR 交换固定利率的简单利率互换。

交易之初，对双方来说互换的净现值都是零，因为远期合约在开始时是没有价值的：双方仅仅协议按照现在协商愿意履行的条件进行现金交换。即使一方这时想退出交易，也不会给对方造成任何损失，因为可以找到另一个交易者来代替。

但是，一旦利率或者汇率发生变化，情况就不那么简单了。例如，假设一份利率互换协议生效不久利率就上升了。因此，浮动利率支付方将承受损失，而固定利率支付方获得利益。如果此时浮动利率支付方拒绝履约，那么固定利率支付方将承担损失。但是，这个损失并不像互换名义本金那么大，因为浮动利率支付方的违约也同时解除了固定利率支付方的付款义务。损失仅仅是固定利率与浮动利率之间的差额，而不是浮动利率支付方所应支付的价款总额。

例 17-7 互换的信用风险

考虑一个名义本金为 100 万美元、5 年期互换协议内容是用 LIBOR 交换 4% 的固定利率。简单起见，假设当前收益曲线保持在 4%，LIBOR 等于 4%，除非利率发生变化，否则没有任何现金交换。但是假设现在收益突然上升至 5%，浮动利率支付方每年将向固定利率支付方支付现金 (0.05-0.04)×100 万美元 = 10 000 美元（只要浮动利率保持在 9%）。如果浮动利率支付方违约，则固定利率支付方将损失 5 年的这么多现金。该等值年金的现值是 10 000 美元×年化因素 (5%, 5 年) = 43 295 美元。该损失虽然并不少，但是比名义本金的 4% 还要小。我们得出结论，互换信用风险远比它的名义本金小。

17.4.6 信用违约掉期

尽管名称类似，但是**信用违约掉期**（credit default swap，CDS）与利率或货币互换并不是同一类型的工具。如我们在第 9 章中所见的，CDS 的支付与一家或多家公司的财务状况相关，

因此 CDS 允许交易双方在这些公司的信用风险上选择立场。当引发了一个"信用事件",比如说新发行债券违约或无力支付利息,卖方将提供保护并承担债券市场的损失。例如,互换卖方有义务支付面值并获得违约债券(即互换要求实物交割)或者向互换买方支付债券面值与市场价值之间的差额(称为现金交割)。互换买方向卖方定期支付费用以在信用事件发生时获得保护。

与利率互换不同,信用违约掉期并不需要定期支付利率差额。实际上,它们更像对特定信用事件的保险单。债券持有者可能购买这些互换把信用风险敞口转移给互换卖方,有效提高他们资产组合的信用质量。但是与保险单不同,互换购买者并不一定要持有 CDS 合约的标的债券,因此信用违约掉期可以用来对目标公司信用条件的变化进行纯粹投机。

17.5 商品期货定价

商品期货的定价基本上与股票期货一样。不过有一点不同,那就是商品的持有成本,尤其是易损商品,比金融资产的持有成本大得多。一些期货合约的标的资产并不能简单地"持有"或保存在资产组合中,如电力期货。此外,一些商品的现货价格有明显的季节性变化,这也会影响商品期货的价格。

17.5.1 有储存成本时的定价

除了利息费用外,商品的持有成本还包括储存成本、保险成本和存货毁损备抵。为了确定商品的期货价格,我们再考虑一下前面提到的那种同时持有资产与该资产期货空头的套利方法。这里我们用 P_T 表示 T 时商品的价格,另外,简单起见,假定所有的非利息成本为 C,在合约到期时,T 一次性付清。这些费用出现在最终的现金流中。因为市场不允许存在套利机会,所以这种净投资为零的无风险策略的最终现金流应该为零。

行动	初始现金流	T 时的现金流
买入资产;在 T 时支付持有成本	$-P_0$	P_T-C
借入 P_0;在 T 时还付本息	P_0	$-P_0(1+r_f)$
期货空头	0	F_0-P_T
总计	0	$F_0-P_0(1+r_f)-C$

如果现金流为正,按照这种方法不需要任何投资就可以保证得到利润。如果现金流为负,采取相反的步骤仍可以获得利润。实际上,反向操作需要卖出商品,这是不常见的,不过只要合理地考虑了储存成本就仍是可行的。这样⊖,我们可以得到

$$F_0 = P_0(1+r_f) + C$$

最后,如果我们令 $c=C/P_0$,即 c 是以百分比形式表示的持有成本,我们就可写出

$$F_0 = P_0(1+r_f+c) \tag{17-3}$$

这就是一个包含储存成本的 1 年期的期货平价关系。将式(17-3)与上一章股票平价关系式(16-1)做比较,你会发现它们非常相似。实际上,如果我们把持有成本视为"负股利"的话,这两个公式就是完全相同的。这是一种很直观的解释,因为商品持有者不是收到股利收益 d,而是支付储存成本 c。显然,该平价关系只是我们以前推导出的平价关系的简单拓展。

⊖ Robert A. Jarrow and George S. Oldfield, "Forward Contracts and Futures Contracts," *Journal of Financial Economics* 9 (1981).

虽然我们称 c 为商品的持有成本，更一般地我们也可以把它解释为净持有成本，即持有成本扣除来源于持有存货的收益。例如，持有存货的部分——"便利收益"便可以防止缺货，以免延误生产或失去客户。

必须说明的是，式（17-3）是在假设资产可以被买进并储存的前提下得到的，因此它只适用于现在需要储存的商品。有两类商品不能储存：一类是储存在技术上是不可行的，如电力；另一类是出于经济原因不应储存的商品，例如，现在就买进一种农产品而计划3年后才最终使用，这是非常愚蠢的。事实上，最好的办法是等到第3年收获后再去购买，这样就可以避免储存成本。而且，如果3年后产量与今年相当的话，那你也能以与今年差不多的价格买到它。等到3年后再去购买，你节省了利息费用和储存成本。

因为在收获期间储存商品是昂贵的，所以式（17-3）不适用于跨越收获时期的持有情况，也不适用于那些"应时"的易腐烂商品。黄金是一种可储存商品，所以它的期货价格随着期限的延长而稳步上升，而小麦期货价格却是季节性的：3~7月新收获小麦上市时它的期货价格会明显回落。

图17-9是一种农产品价格典型的季节性走势。显然，这种走势与股票或黄金等金融资产的价格走势有很大的不同，后者不会有季节性的价格变化。金融资产具有价格是因为持有它们能够获得期望收益。相反，农产品价格在每次收获时都会大幅下跌，这就使得跨收获期储存农产品常是无利润的。

跨季的期货定价需要一种不同的方法，该方法不是建立在跨收获期储存的基础之上。我们使用风险溢价理论和贴现现金流（DCF）分析来代替一般的无套利约束。

> **概念检查 17-8**
>
> 尽管受到资本约束，人们还是希望购买并"存储"股票，但人们不愿意购买并存储大豆，那么股票价格走势与大豆价格走势之间的什么特性差异导致了这样的结果？

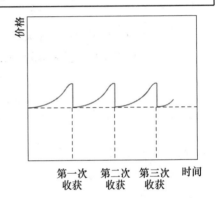

图17-9　农产品价格典型的季节性走势，价格经通货膨胀调整

17.5.2　商品期货的贴现现金流分析

给定未来某一时刻商品现货价格的当前预期和该价格风险特征的测度指标，我们就可以测量未来某一时刻得到该商品的权利的现值。我们简单地根据资本资产定价模型与套利定价模型来计算恰当的风险溢价，然后用风险调整后的利率对预期的现货价格进行贴现，见下面的例子。

例17-8　商品期货定价

表17-3列出了一系列商品的 β 系数。例如，橘汁的 β 系数估计值为0.117。如果当前国债的利率为5%，历史上市场风险溢价为8%，那么由资本资产定价模型计算出来的橘汁的合理贴现率为

$$5\% + 0.117 \times 8\% = 5.94\%$$

表 17-3 商品的 β 系数

商品	β 系数	商品	β 系数	商品	β 系数	商品	β 系数
小麦	-0.370	肉鸡	-1.692	橘汁	0.117	猪	-0.148
玉米	-0.429	胶合板	0.660	丙烷	-3.851	猪肚	-0.062
燕麦	0.000	土豆	-0.610	可可	-0.291	鸡蛋	-0.293
大豆	-0.266	铂金	0.221	银	-0.272	木材	-0.131
豆油	-0.650	羊毛	0.307	铜	0.005	白糖	-2.403
豆粕	0.239	棉花	-0.015	牛	0.365		

资料来源:Zvi Bodie and Victor Rosansky, "Risk and Return in Commodity Futures," *Financial Analysts Journal* 36 (May-June 1980). Copyright 1980, CFA Institute. Reproduced from the *Financial Analysts Journal* with permission from the CFA Institute. All rights reserved.

如果预期 6 个月后的橘汁现货价格为每磅[⊖] 1.45 美元,那么 6 个月后购买橘汁的价格的现值就为

$$1.45/1.0594^{1/2} = 1.409 \text{（美元）}$$

那么,合理的橘汁期货价格是多少呢?这份合约要求最终交割橘汁时按期货价格执行。我们刚才已经得出橘汁的现值是 1.409 美元,它应该等于支付橘汁的期货价格的现值。协议在 6 个月后支付 F_0 美元的现值是 $\frac{F_0}{1.05^{1/2}} = 0.976 \times F_0$。(注意,贴现率是无风险利率 5%,因为承诺的支付是固定的,与市场条件无关。)

使承诺支付 F_0 的现值与承诺收到商品的现值相等,我们就可以得到

$$0.976 F_0 = 1.409 \text{（美元）}$$

即

$$F_0 = 1.444 \text{（美元）}$$

确定合理期货价格的一般规律是,使未来支付 F_0 的现值与即将收到商品的现值相等,因此我们有

$$\frac{F_0}{(1+r_f)^T} = \frac{E(P_T)}{(1+k)^T}$$

即

$$F_0 = E(P_T)\left(\frac{1+r_f}{1+k}\right)^T \tag{17-4}$$

式中,k 为商品的必要收益率,它可以从资产市场均衡模型,如资本资产定价模型中得到。

注意,式(17-4)与现货-期货平价关系完全一致。例如,用式(17-4)计算一种不付股利股票的期货价格。因为股票的全部收益都是资本利得,所以它的期望资本利得率应该等于它的必要收益率 k。因此,股票的期望价格应该是它的当前价格乘以 $(1+k)^T$,或 $E(P_T) = P_0(1+k)^T$,把它代入式(17-4)得到 $F_0 = P_0(1+r_f)^T$,这与平价关系完全相同。

> **概念检查 17-9**
>
> 假定橘汁的系统性风险增加,而在时刻 T 的期望价格不变。如果预期的现货价格不变,那么期货价格是否发生变化?如何变?你答案背后的直觉是什么?

⊖ 1 磅 = 0.453 6 千克。

小　结

1. 外汇期货合约有很多品种，其中还包括欧洲货币指数。外汇期货的利率平价关系为

$$F_0 = E_0 \left(\frac{1 + r_{\text{US}}}{1 + r_{\text{foreign}}} \right)^T$$

   其中汇率是用每单位外币的美元数标价的。如果期货价格偏离了这个价值就意味着存在套利机会。不过，实证研究表明，通常平价关系都能得到满足。

2. 各种股票市场指数的期货合约都采用现金结算。把这些合约与国债合约结合可以构造综合股票头寸，对市场时机决定者而言，这是一种非常有价值的工具。同样，股票指数期货合约也可以被套利者用来从股票期货平价关系背离中获取利润。

3. 对冲要求投资者购买一种资产，该资产能够抵消其资产组合对特定风险来源的敏感度。对冲头寸要求对冲工具能够带来与要保护头寸相反方向的收入。

4. 对冲比率指需要消除风险暴露所需对冲工具，例如期货合约的数量。系统性市场风险的对冲比率与标的股票资产组合的规模和 β 值成比例。固定收益资产组合的对冲比率与基点的价格值成比例，也就是与资产组合的修正久期和规模成比例。

5. 很多对冲基金认为两种或两种以上证券存在相对错误定价时会使用对冲策略来构造市场中性头寸。它们不是套利策略，而是一种特殊的获取利润机会的单一业务。

6. 利率期货合约可以用债务证券标价（如国债期货合约）或者直接用利率标价（如欧洲美元合约）。

7. 互换，把一系列现金流进行交换，可以视为远期合约的资产组合。每次交换都可以视为一个单独的远期协议。不过，与每次交换都单独定价不同的是，互换把一个"远期价格"用于所有的交换。因此，互换的价格是每次交换都单独定价得到的远期价格的平均值。

8. 标的商品存在储存成本，所以商品期货定价比较复杂。当投资者愿意储存商品时，把储存成本扣除便利收益，可以得到如下期货定价方程：

$$F_0 = P_0 (1 + r_f + c)^T$$

   非利息的净储存成本 c，就相当于一种"负股利"。

9. 当储存商品不是为了投资时，正确的期货价格应该根据一般的风险溢价原则确定，即

$$F_0 = E(P_T) \left(\frac{1 + r_f}{1 + k} \right)^T$$

   对可储存商品而言，合理期货价格的均衡条件（风险-报酬）和无套利预期是彼此一致的。

习　题

1. 股票的贝塔值是股票市场对冲操作的关键变量。债券的久期是固定收益对冲的关键变量。它们的使用方式有何类似之处？在计算对冲头寸上有何区别？

2. 一家美国的出口公司可以使用外汇期货对冲它的外汇敞口风险。它的期货头寸部分取决于客户的外币计价的销售账单。但是，一般来说，它的期货头寸是否应该高于或低于对冲这些账单所需的期货合约数。对冲策略中还需要有其他什么考虑？

3. 黄金开采企业和原油生产企业可以利用期货对冲未来收入的不确定性，以规避价格波动，但是交易常超过 1 年期。假设一家公司想利用短期限合约对冲更长期的（比如自今开始 4 年内）商品价格风险。对原油或黄金生产企业来说，你认为该对冲是否有效？

4. 你认为在未来几个月市政债券与国债收益率的价差将不断缩小。你如何利用市政债券和国债期货合约从这种变化中获得利润？

5. 考虑标准普尔 500 指数期货合约，一年到期。年利率为 3%，未来一年预期支付股

利的价值为35美元。指数现行水平为2000。假定你能卖空标准普尔500指数。

　　a. 假定市场的年期望收益率为8%。一年后预期的指数水平是多少？

　　b. 理论上，标准普尔500指数一年期货合约的无套利定价是多少？

　　c. 假定期货价格是2012点。是否存在套利机会？如果存在，怎样套利？

6. 假定标准普尔500指数为2000点。

　　a. 如果与低价经纪商交易每份期货合约的成本为25美元（合约乘数为50美元），期货合约控制的每1美元股票的交易成本是多少？

　　b. 如果纽约证券交易所的上市股票平均价为40美元，则期货合约控制的每一股"典型股票"的交易成本是多少？

　　c. 对于小投资者而言，每股直接交易成本为10美分，期货市场的交易成本是它的多少倍？

7. 你管理资产组合的价值为1950万美元，现在全部投资于股票，并且认为市场正处于短期下跌趋势的边缘。你会将自己的资产组合暂时转换为国债，却不想承担交易成本并重新构建你的股票头寸。作为替代，你决定暂时用标准普尔500指数期货合约来对冲你的股票头寸。

　　a. 你是买入还是卖出合约？为什么？

　　b. 如果你的股权投资是投资于一个市场指数基金，你应该持有多少份合约？标准普尔500指数现在是1950点，合约乘数是50美元。

　　c. 如果你的资产组合的β值是0.6，你对b的答案有何变化？

8. 管理人持有β为1.25的价值为100万美元的股票资产组合。她想用标准普尔500股票指数期货合约对冲资产组合的风险。为了使她持有头寸的波动性最小化，她应该在期货市场卖出多少美元价值的指数？

9. 假定IBM股票的收益率、市场指数以及计算机行业指数之间的关系可以用回归方程表示：$r_{IBM} = 0.5 r_M + 0.75 r_{Industry}$。如果一个计算机行业期货合约已被交易，你将如何对冲系统性因素和行业因素对IBM股票表现造成的风险敞口？对所持有的每1美元的IBM股票，你该买进或者卖出价值多少美元的市场以及行业指数合约？

10. 假定欧元的现货价格为1.10美元。1年期期货价格为1.15美元。是美国利率高还是欧元区的利率高？

11. a. 英镑的现货价格为1.50美元。如果1年期政府债券的无风险利率在美国为1%，在英国为2%，1年期英镑远期价格必定是多少？

　　b. 如果远期价格高于a中的答案，投资者应怎样进行无风险套利？给出数字实例。

12. 考虑以下信息：

$$r_{US} = 4\% \quad r_{UK} = 7\%$$
$$E_0 = 2.00 \text{ 美元/英镑}$$
$$F_0 = 1.98 \text{ (1年期交割)}$$

利率每年支付。给定这些信息：

　　a. 应向哪个国家贷款？

　　b. 应向哪个国家借款？

　　c. 怎样套利？

13. 农场主布朗种植1号红玉米，并想对收获季节的价值进行套期保值。但是，市场中只有以2号黄玉米为标的物进行交易的期货合约。假定黄玉米都是以红玉米90%的价格出售。如果他的收成为100 000蒲式耳，并且每份期货合约要求交割5000蒲式耳，为了给他的头寸套期保值，农场主布朗该买入还是卖出多少张期货合约？

14. 回到图17-7。假定列在第一行的欧洲美元合约1月到期时LIBOR为0.60%。持有欧洲美元合约双方的利润或者损失是多少？

15. 短期债券收益率一般比长期债券收益率波动性更高。假定你已估计出5年期债券收益率每变动15个基点，20年期债券收益率变动10个基点。你持有一个价值100万美元的5年期、修正久期为4年的资产组合，并且想用当前修正久期为9年、售价为$F_0 = 95$美元的国债期货对冲你的利率风险敞口。你应该卖出多少张期货合约？

16. 某管理人持有价值 100 万美元的债券资产组合，修正久期为 8 年。她想通过做空国债期货对冲资产组合的风险。国债的修正久期为 10 年。为了最小化她的头寸的方差，她需要卖出价值多少美元的国债？

17. 某公司计划在 3 个月内发行价值 1 000 万美元的 10 年期债券。在当前的收益率水平下，该债券的修正久期为 8 年。中期国债期货合约的售价 $F_0 = 100$ 美元，修正久期为 6 年。该公司怎样使用这种期货合约来对冲围绕它出售债券收益率的风险？债券和合约都是平价。

18. a. 如果黄金现货价格是 1 500 美元/盎司，无风险利率是 2%，存储和保险成本为零，1 年交割的黄金远期价格应该是多少？利用套利工具来证明你的结论。
    b. 如果远期价格为 1 550 美元，说明你如何获得无风险套利利润。

19. 如果现在玉米收成很差，你认为这会对今天 2 年期交割的玉米期货价格产生什么影响？在什么情况下会没有影响？

20. 假定玉米价格是有风险的，其 β 值为 0.5。每月存储成本为 0.03 美元，现在的现货价格为 5.5 美元，3 个月后预期的现货价格为 5.88 美元。如果市场期望收益率为每月 0.9%，无风险利率为每月 0.5%，你会储存玉米 3 个月吗？

21. 假定美国的收益率曲线平坦在 4%，欧元收益率曲线平坦在 3%。现在汇率是 1.50 美元/欧元。3 年期的外汇互换协议的互换比率是多少？该互换协议要求每年以 100 万欧元换取一定数量的美元。

22. 沙漠贸易公司已经发行了 1 亿美元价值的长期债券，固定利率为 7%。公司实施了一个利率掉期，它支付 LIBOR 并且在 1 亿美元名义本金的基础上接收一个固定的 6% 利率。公司的资金总成本是多少？

23. ABC 公司与 XYZ 公司签订了一个 5 年期互换协议，支付 LIBOR 而接收固定利率 6%，名义本金为 1 000 万美元。两年后，市场上 3 年期互换比率为以 LIBOR 换取 5%；在此时，XYZ 破产并对它的互换义务违约。
    a. 为什么 ABC 公司会因这项违约受损？
    b. 由于违约，ABC 公司遭受的市场价值损失是多少？
    c. 假定是 ABC 公司破产。你认为这项互换协议在公司重组中会如何处置？

24. 现在，可以进行 5 年期互换，以 LIBOR 换取 5%。场外互换定义为以 LIBOR 与除 5% 以外的固定利率进行互换。例如，某企业息票利率为 7% 的已发行债务可以转换为浮动利率债务，只要通过互换，它就支付 LIBOR 7% 的固定利率。要是这种互换的交易双方都接受，要预先支付多少钱？假定名义本金为 1 000 万美元。

25. 假定某股票指数资产组合的 1 年期期货价格为 1 914 美元，股票指数现价为 1 900 美元，1 年期无风险利率为 3%，在市场指数上 1 900 美元的投资年底可以获得 40 美元的分红。
    a. 这一合约错误定价程度如何？
    b. 构造一个初始投资为零的套利资产组合，并证明你可以锁定无风险利润并等于期货价格的错估部分。
    c. 现在假定（对散户而言是正确的）你按市场指数做空成分股股票，卖空的收益由经纪人代为保管，你不能从基金中获得任何利息收入。是否仍存在套利机会（假定你并未拥有指数的成分股）？解释之。
    d. 根据做空规则，股票–期货价格关系的无套利边界是什么？即给定股指为 1 900 点，要使套利机会不存在，期货价格最高和最低界限各是多少？

26. 考虑标准普尔 500 指数 6 月交割的期货市场数据，距现在正好 6 个月。标准普尔 500 指数为 1 950 点，6 月到期的合约价格 $F_0 = 1 951$。
    a. 如果现在利率为每半年 2.5%，指数中股票平均股息率为每半年 1.9%，你需要获得股票卖空的收入中的多大部分才能挣得套利利润？
    b. 假定你实际上可以获得卖空收入的

90%。要使套利机会不存在，期货合约价格下限是多少？实际期货价格可下降多少就达到无套利边界？构建合理的套利策略，并计算相应的利润。

CFA考题

1. 特许金融分析师唐纳·多尼想探究期货市场潜在的非有效性。TOBEC指数现货价值185点。TOBEC期货合约用现金结算，并且标的合约价值等于指数价值乘以100。目前，年无风险利率为6.0%。
   a. 计算6个月到期期货合约的理论价格，使用持有成本模型。指数不支付股利。交易一个期货合约总（双边）交易成本是15美元。
   b. 计算6个月到期的期货合约价格下限。

2. 假定你的客户说："我投资于日本股市，但是想消除某个时期在这个市场上的风险敞口。我能否完成这个目标，而不用承担卖出股票并在预期改变后再买回股票的成本和不便？"
   a. 简要描述一个对冲投资于日本股市的市场风险和外汇风险的策略。
   b. 简要说明为什么a中你描述的对冲策略可能不是完全有效的。

3. 特许金融分析师瑞娜·迈克尔斯计划未来90天内在美国政府现金等价物上投资100万美元。迈克尔斯的客户授权她使用非美国政府现金等价物，但要利用外汇远期合约对冲兑换美元的外汇风险。
   a. 计算下表中90天末对冲投资的两种现金等价物的美元价值。写出计算过程。
   b. 简要描述能够说明你结果的理论。
   c. 根据这一理论，估计90天期美国政府现金等价物的隐含利率。

   90天期现金等价物的利率（%）

日本政府	7.6
瑞士政府	8.6

   汇率（每1美元兑换的外汇金额）

	即期	90天远期
日元	133.05	133.47
瑞士法郎	1.526 0	1.534 8

4. 在研究了艾瑞斯·汉姆森的信用分析后，乔治·戴维斯正在考虑是否将尤卡丹雪场的剩余现金（以墨西哥比索持有）投资于墨西哥的债券市场以增加持有期收益。虽然戴维斯投资墨西哥计价的债券，但是投资目标是获得以美元计价的持有期收益的最大化。

   戴维斯发现墨西哥1年期债券收益率较高，并且被认为是无信用风险的，该债券很有吸引力。但是他担心墨西哥比索的贬值会减少按美元计价的持有期收益。汉姆森搜集了下面的金融数据以帮助戴维斯进行决策：

   搜集的经济与金融数据（%）

美国1年期国债收益率	2.5
墨西哥1年期债券收益率	6.5

   名义汇率

即期	9.500 0 比索=1.00美元
1年期远期	9.870 7 比索=1.00美元

   汉姆森建议购买墨西哥1年期债券并使用1年期外汇远期对冲外汇风险敞口。计算汉姆森建议的投资策略所带来的美元持有期收益。该策略所带来的美元持有期收益比直接投资美国国债的收益多还是少？

5. a. 巴梅拉·伊舒克是一个日本银行的外汇交易员，正在计算6个月期日元/美元外汇期货合约的价格。她搜集到以下外汇与利率数据：

日元/美元即期汇率	124.30日元/1.00美元
6个月的日元利率	0.10%
6个月的美元利率	3.80%

   利用以上数据，计算6个月期日元/美元外汇期货合约的理论价格。

   b. 伊舒克还利用以下外汇与利率数据重新计算3个月期日元/美元外汇期货合约的价格。因为3个月日元利率刚刚上升至0.5%，伊舒克意识到存在套利机会，并决定借入 100 万美元购买日元。用以下数据计算伊舒克投资策略的日元套利利润：

日元/美元即期汇率	124.30 日元/1.00 美元
新 3 个月日元利率	0.50%
3 个月美元利率	3.50%
3 个月外汇期货合约的价值	123.260 5 日元/1.00 美元

6. 詹妮丝·戴尔斯是一个美国资产组合管理人，管理着 8 亿美元的资产组合（6 亿美元股票和 2 亿美元债券）。作为对短期市场事件预期的反应，戴尔斯想通过期货将资产组合调整为 50% 的股票和 50% 的债券，并将头寸持有至"直到恢复初始资产组合的最佳时机"。戴尔斯利用金融期货调整资产组合配置的策略是正确的。股票指数期货的乘数是 250 美元，债券期货名义面值是 100 000 美元。与期货策略相关的其他信息如下：

债券资产组合的修正久期	5 年
债券资产组合的到期收益率	7%
债券期货的基点价格值	97.85 美元
股票指数期货的价格	1 378 美元
股票资产组合的 β 值	1.0

  a. 论述以期货调整资产配置的策略的必要性并解释该策略如何能使戴尔斯实施资产配置调整。不要求计算分析。
  b. 计算实施戴尔斯的资产配置策略所需要的每种合约的数量：
     i. 债券期货合约；
     ii. 股票指数期货合约。

7. 根据以下信息求解本题。

发行	价格（美元）	到期收益率（%）	修正久期（年）①
美国国债 11.75%，到期日 2032 年 11 月 15 日	100	11.75	7.6
美国国债期货合约多头（合约 6 个月到期）	63.33	11.85	8.0
XYZ 公司债券 12.50%，到期日 2023 年 6 月 1 日（AAA 级，偿债基金信用债券）	93	13.50	7.2
AAA 级公司债券对美国国债收益率的波动率＝1.25 : 1.0（1.25 倍）			

（续）

假定美国国债期货合约多头无佣金与保证金要求，无税收

一份美国国债期货合约是一份面值 100 000 美元美国长期国债的要求权

① 修正久期＝久期/(1+y)。

情景 A 一个固定收益管理人持有价值 2 000 万美元的美国国债头寸，票面利率为 11.75%，到期日为 2032 年 11 月 15 日。他预计在不远的将来，经济增长率和通货膨胀率都会高于市场预期。机构限制规定不允许资产组合中任何已有债券在货币市场上出售。

情景 B XYZ 公司的财务主管最近确信在不远的将来利率会下降。他认为这是提前购买公司的偿债基金债券的大好时机，因为这些债券正在折价销售。他准备在公开市场上购买面值 2 000 万美元的 XYZ 公司债券，票面利率为 12.5%，到期日为 2023 年 6 月 1 日。面值 2 000 万美元的债券头寸现在公开市场的售价为每 100 美元售 93 美元。不幸的是，财务主管的决策必须获得董事会的批准，而审批过程需要 2 个月。此例中董事会的批准只不过是形式而已。

对以上两种情况，证明怎样利用国债期货来对冲利率风险。列出计算过程，包括所用期货合约的数量。

8. 你利用过去一年的月末数据，以 10 年期 KC 公司债券收益率对 10 年期美国国债收益率做回归。你得到以下的结果：

$$\text{收益率}_{KC} = 0.54 + 1.22 \times \text{收益率}_{美国国债}$$

其中收益率$_{KC}$是 KC 债券的收益率，收益率$_{美国国债}$是美国国债的收益率。10 年期美国国债的修正久期是 7.0 年，KC 债券的修正久期是 6.93 年。

a. 假定 10 年期美国国债收益率变化了 50 个基点，计算 10 年美国国债价格变化的百分比。
b. 假定 10 年期美国国债收益率变化了 50 个基点，利用上面的回归公式计算 KC 债券价格变动的百分比。

概念检查答案

17-1 根据利率平价关系，F_0 应该为 1.981 美元。因为期货价格太高，我们应该改变刚才考虑的套利策略。

	当前现金流（美元）	1 年后的现金流（美元）
1. 在美国借入 2 美元，将其兑换为 1 英镑	+2.00	-2.00（1.04）
2. 在英国贷出 1 英镑	-2.00	$1.05E_1$
3. 签订合约，以 2.01 美元/英镑的期货价格卖出 1.05 英镑	0	（1.05 英镑）（2.01 英镑 $-E_1$）
总计	0	0.030 5

17-2 因为美元贬值时，公司经营变差，它利用期货对冲，能够在那种情景下提供利润。它需要持有英镑期货的多头头寸，这意味着当期货价格上升，即购买 1 英镑需要更多的美元时，合约将带来利润。特定的对冲比率取决于：如果购买 1 英镑所需的美元数量增加 0.05 美元，同时利润下降 200 000 美元，这样期货多头带来的利润增加为 0.05 美元 × 62 500 = 3 125 美元。对冲比率为

$$\frac{0.05 \text{ 美元的美元贬值带来的 20 万美元}}{0.05 \text{ 美元的美元贬值期货合约带来的 3 125 美元}}$$
$$= 64 \text{ 份多头合约}$$

17-3 玉米价格每上升 1 美元，利润减少 100 万美元。因此，公司需要按当日价格购买 100 万蒲式耳的期货合约。这样玉米价格每上升 1 美元期货头寸会带来 100 万美元的利润。合约带来的利润会抵消经营带来的利润损失。

17-4

	一般情况（每单位指数）	我们的数字
持有 50 000 单位股票指数资产组合，$S_0 = 2~000$	S_T	50 000S_T
卖出 1 000 份合约	$F_0 - S_T$	1 000×50 美元×(2 020$-S_T$)
总计	F_0	101 000 000 美元

净现金流是无风险的，月收益率为 1%，等于无风险利率。

17-5 一个基点的价格价值依然是 9 000 美元，利率一个基点的变化使这个 2 000 万美元资产组合的价值减少 0.01% × 4.5 = 0.045%。因此，对冲利率风险所需要的期货合约应为该资产组合规模的一半，并且是其修正久期的 2 倍。

17-6

	LIBOR		
	7%	8%	9%
债券支付者（LIBOR×1 000 万美元）	-700 000	-800 000	-900 000
固定支付者获得 1 000 万美元×(LIBOR-0.08)	-100 000	0	+100 000
净现金流	-800 000	-800 000	-800 000

不管 LIBOR 是多少，该公司净现金流出等于 0.08×本金，相当于公司发行了一个票面利率为 8% 的固定利率债券。

17-7 管理者想持有货币市场证券，因为相对于其他短期限资产，它们的价格更具有吸引力。但是，这里有利率将要下降的预期。通过签订互换协议支付短期利率并接收固定利率，管理者能够继续持有这个特定的资产组合并从利率下跌中获利。如果利率确实下降，那么这个合成的固定利率资产组合价值会增加。

17-8 股票提供的总收益（资本利得加股利）足够弥补投资者投资于股票的时间价值。农产品价格并不一定随着时间而上升。事实上，在收获季节，农产品价格会下跌。囤积在经济上的吸引力不复存在。

17-9 如果系统性风险较高，合适的贴现率 k 会提高。根据式（17-4），我们可以推出 F_0 会下降。直觉上，如果橘汁的预期价格保持不变，1 磅橘汁的要求权的价值就会减少，然而与这一要求权有关的风险却上升了。因此，投资者愿意今天为期货交割所支付的数额较低。